U0037744

序

Introduction

「Hit101西洋流行鋼琴百大首選」是挑選自西洋流行音樂中，最經典好聽的歌曲，將這些歌曲精心編成鋼琴演奏曲，在編曲的過程中，我們考慮了初學與進階的兩種程度，讓曲子的難易度落在適中，並簡化繁複的反覆，善用反覆記號來紀錄樂譜，讓每首歌曲的翻頁次數減到最少，整個譜面更加簡單易彈，每首歌曲均提供左右手完整簡譜並以首調方式進行採譜。

如果您手邊的西洋歌曲鋼琴樂譜資料已經老舊，別忘了帶一本回家彈彈新的編曲、新的詮釋；擔任教學工作的鋼琴老師們不必再為了不曉得要舉什麼曲例給學生練習而傷破腦筋，本書不但將每首好歌與經典曲目的雙手個別彈奏方法清楚編曲，更讓您在教學的過程中輕鬆引領學生演奏世界級的金曲。

自習的同學們更不必為了收集標準曲目而翻遍各大書店的書架，本簡譜系列已出版有「Hit101中文流行鋼琴百大首選」、「Hit101中文經典鋼琴百大首選」、「Hit101校園民歌鋼琴百大首選」，現在「Hit101西洋流行鋼琴百大首選」更是你不能錯過的樂譜，祝大家演奏愉快、琴藝精進！

作者　邱哲豐

目錄
CONTENTS

A

B

C

D

E

G

F

M

I

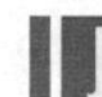

J

K

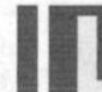

L

M

N

S

O

R

T

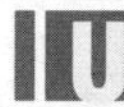

U

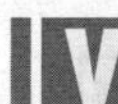

V

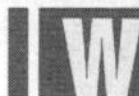

W

Y

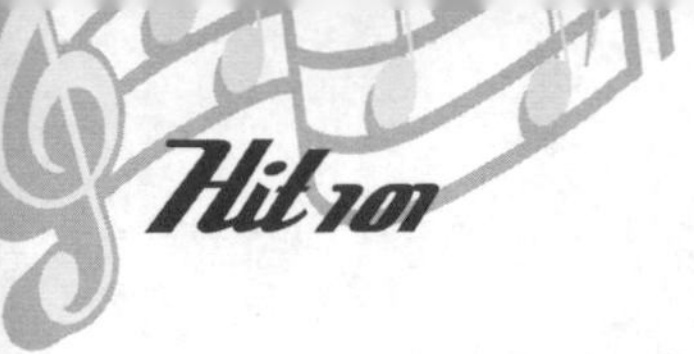

Always On My Mind

詞 / 曲：Wayne Thompson / Mark James / Johnny Christopher　演唱：Willie Nelson

♩ = 72　4/4

Key:C　Andante

[A]

C　G/B　Am　C/G

0 0 34 5 · 43 | 3 2 2 — — | 0 0 12 3 2 177

Maybe I didn't love you quite as of-ten as I could
Maybe I didn't hold you all those lone-ly lonely

1 5 1 — — | 7 2 5 7 7 5 2 | 6 3 6 5 3 5

F　C　G/B

6 — 0 0 | 0 0 34 5 · 43 | 3 2 2 — —

have Maybe I didn't treat you
times and I guess I never told you

4 1 4 5 5 4 5 6 | 1 5 1 — — | 7 2 5 7 7 5 2

Am　C/G　D/F#　𝄋 F [B]

0 0 12 3 2 17 | 6 — — — || 0 0 45 6 6 6545

quite as good as I should have If I made you feel
I'm so happy that you're mine Little things I should have

6 3 6 5 3 5 | #4 6 2 #4 4 2 6 4 || 4 4 1 6 4 1 6 4 1 6

C/E　Dm　C/E　F

551 3 0 0 | 0 023 4 3 21 | 3 2 — — —

second best girl I'm sor-ry I was blind
said and done I just nev-er took the time

3 3 5 3 5 3 5 1 | 2 6 4 3 1 5 | 4 1 4 6 6 —

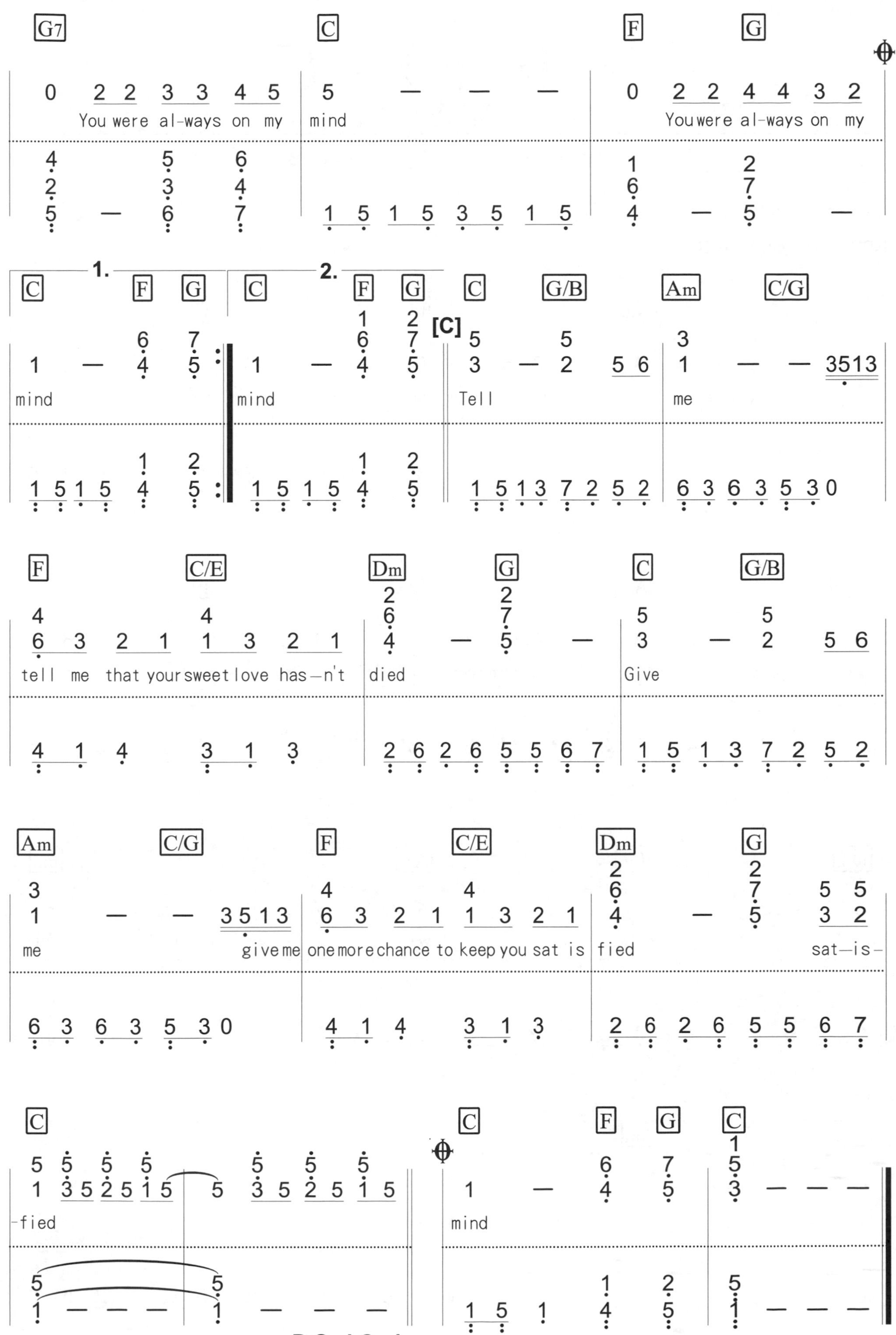
G7 C F G
You were al-ways on my mind
You were al-ways on my
C F G C F G C G/B Am C/G
1. 2. [C]
mind mind Tell me
F C/E Dm G C G/B
tell me that your sweet love has-n't died Give
Am C/G F C/E Dm G
me give me one more chance to keep you sat is fied sat-is-
C C F G C
-fied mind
D.S.al Coda

A Time For Us

（電影"殉情記"主題曲）

詞 / 曲：Nino Rota　演唱：Andy Williams

♩ = 90　3/4

Key:Am　Andantino

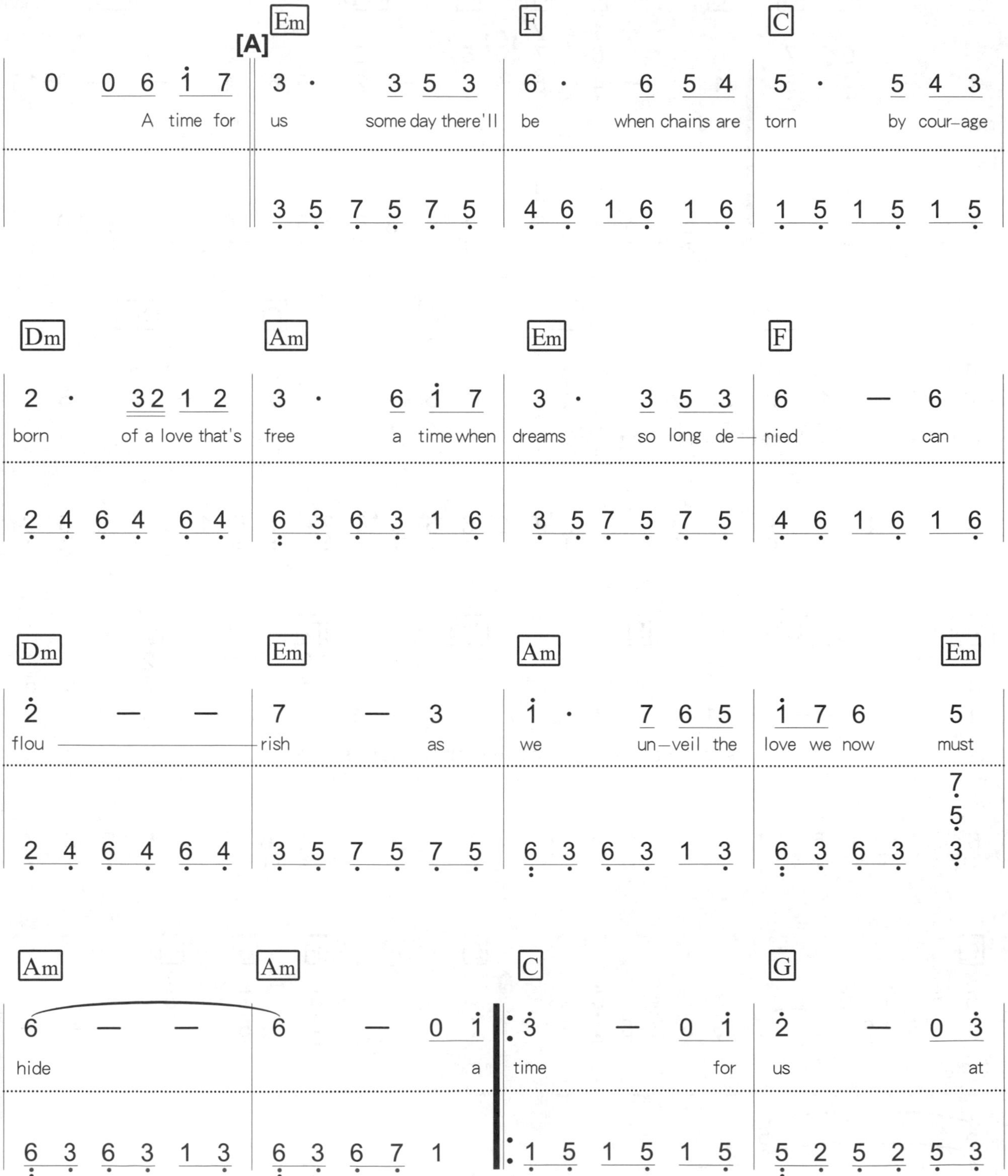

[A]

Em | F | C

0 0 6 i 7 | 3 · 3 5 3 | 6 · 6 5 4 | 5 · 5 4 3

A time for | us some day there'll | be when chains are | torn by cour–age

3 5 7 5 7 5 | 4 6 1 6 1 6 | 1 5 1 5 1 5

Dm | Am | Em | F

2 · 32 1 2 | 3 · 6 i 7 | 3 · 3 5 3 | 6 — 6

born of a love that's | free a time when | dreams so long de– | nied can

2 4 6 4 6 4 | 6 3 6 3 1 6 | 3 5 7 5 7 5 | 4 6 1 6 1 6

Dm | Em | Am | Em

2 — — | 7 — 3 | i · 7 6 5 | i 7 6 5

flou — | rish as | we un–veil the | love we now must

2 4 6 4 6 4 | 3 5 7 5 7 5 | 6 3 6 3 1 3 | 6 3 6 3 3/5/7

Am | Am | C | G

6 — — | 6 — 0 i |: 3 — 0 i | 2 — 0 3

hide | a | time for | us at

6 3 6 3 1 3 | 6 3 6 7 1 |: 1 5 1 5 1 5 | 5 2 5 2 5 3

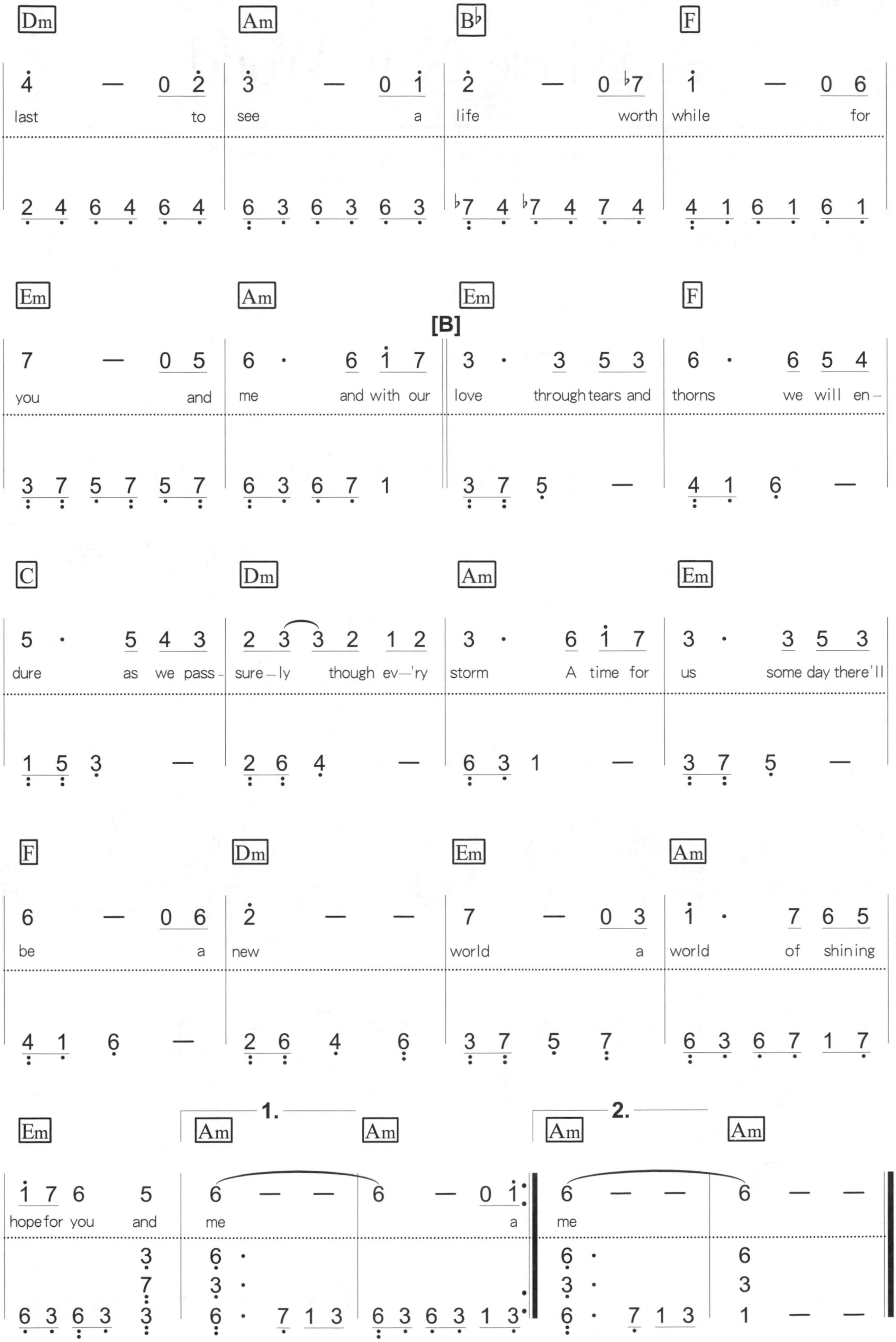

Dm | Am | B♭ | F

4̇ — 0 2̇ | 3̇ — 0 1̇ | 2̇ — 0 ♭7 | 1̇ — 0 6

last to | see a | life worth | while for

2 4 6 4 6 4 | 6 3 6 3 6 3 | ♭7 4 ♭7 4 7 4 | 4 1 6 1 6 1

Em | Am | Em | F

[B]

7 — 0 5 | 6 · 6 1̇ 7 || 3 · 3 5 3 | 6 · 6 5 4

you and | me and with our | love through tears and | thorns we will en–

3 7 5 7 5 7 | 6 3 6 7 1 || 3 7 5 — | 4 1 6 —

C | Dm | Am | Em

5 · 5 4 3 | 2 3 3 2 1 2 | 3 · 6 1̇ 7 | 3 · 3 5 3

dure as we pass– | sure–ly though ev–'ry | storm A time for | us some day there'll

1 5 3 — | 2 6 4 — | 6 3 1 — | 3 7 5 —

F | Dm | Em | Am

6 — 0 6 | 2̇ — — | 7 — 0 3 | 1̇ · 7 6 5

be a | new | world a | world of shining

4 1 6 — | 2 6 4 6 | 3 7 5 7 | 6 3 6 7 1 7

Em | 1. Am | Am | 2. Am | Am

1̇ 7 6 5 | 6 — — | 6 — 0 1̇ :|| 6 — — | 6 — — ||

hope for you and | me | a | me

6 3 6 3 (3 7 3) | (6 3 6) · 7 1 3 | 6 3 6 3 1 3 :|| (6 3 6) · 7 1 3 | (6 3 1) — — ||

A Whole New World

（動畫"阿拉丁"主題曲）

詞 / 曲：Tim Rice / Alan Menken　演唱：Peabo Bryson & Regina Belle

♩ = 104　4/4

Key:C-E♭ Moderato

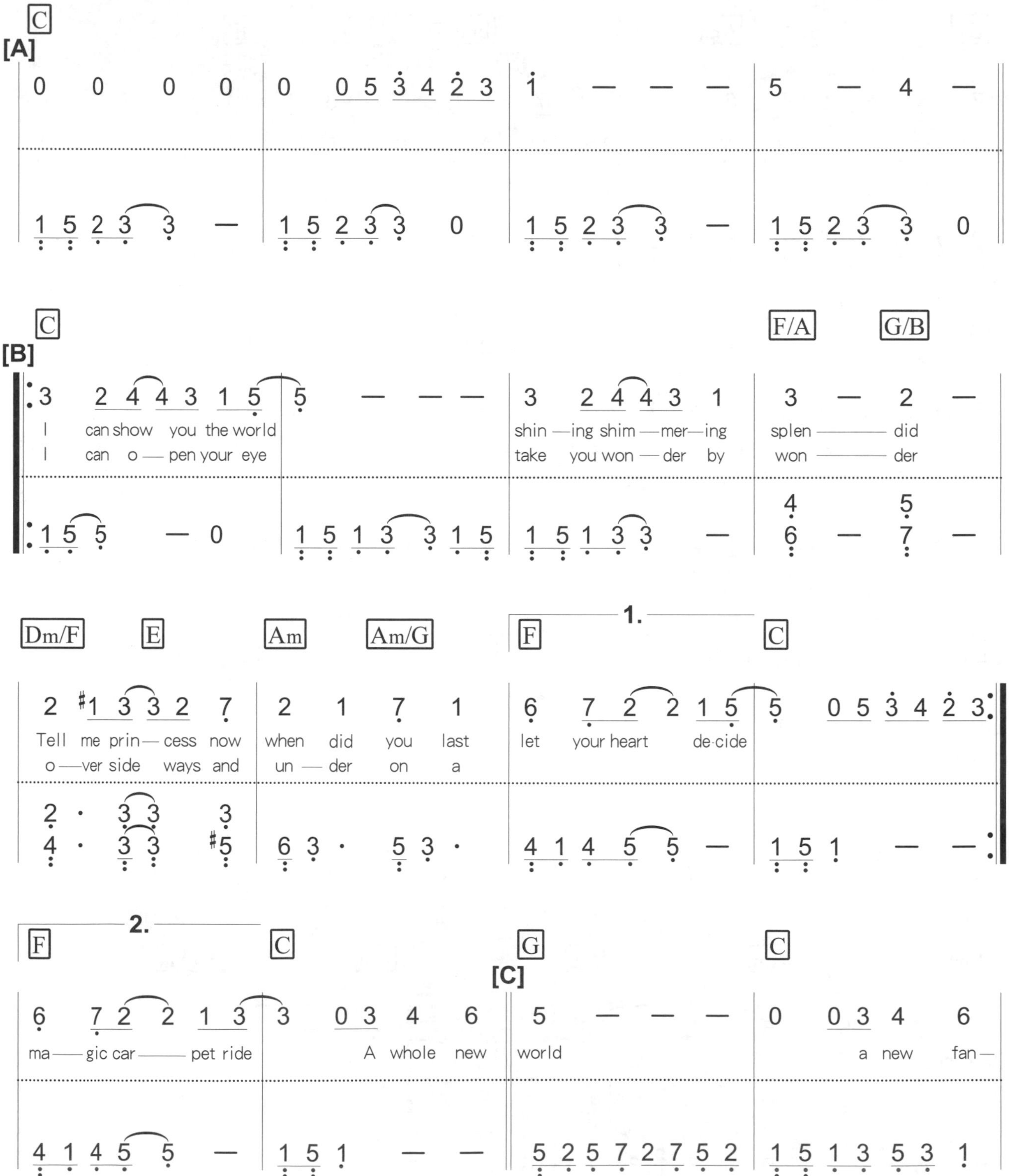

[A] C

[B] C　F/A　G/B

I can show you the world / shin-ing shim-mer-ing / splen-did

I can o-pen your eye / take you won-der by / won-der

Dm/F　E　Am　Am/G　F (1.)　C

Tell me prin-cess now / when did you last / let your heart de-cide

o-ver side ways and / un-der on a

F (2.)　C　[C] G　C

ma-gic car-pet ride / A whole new / world / a new fan-

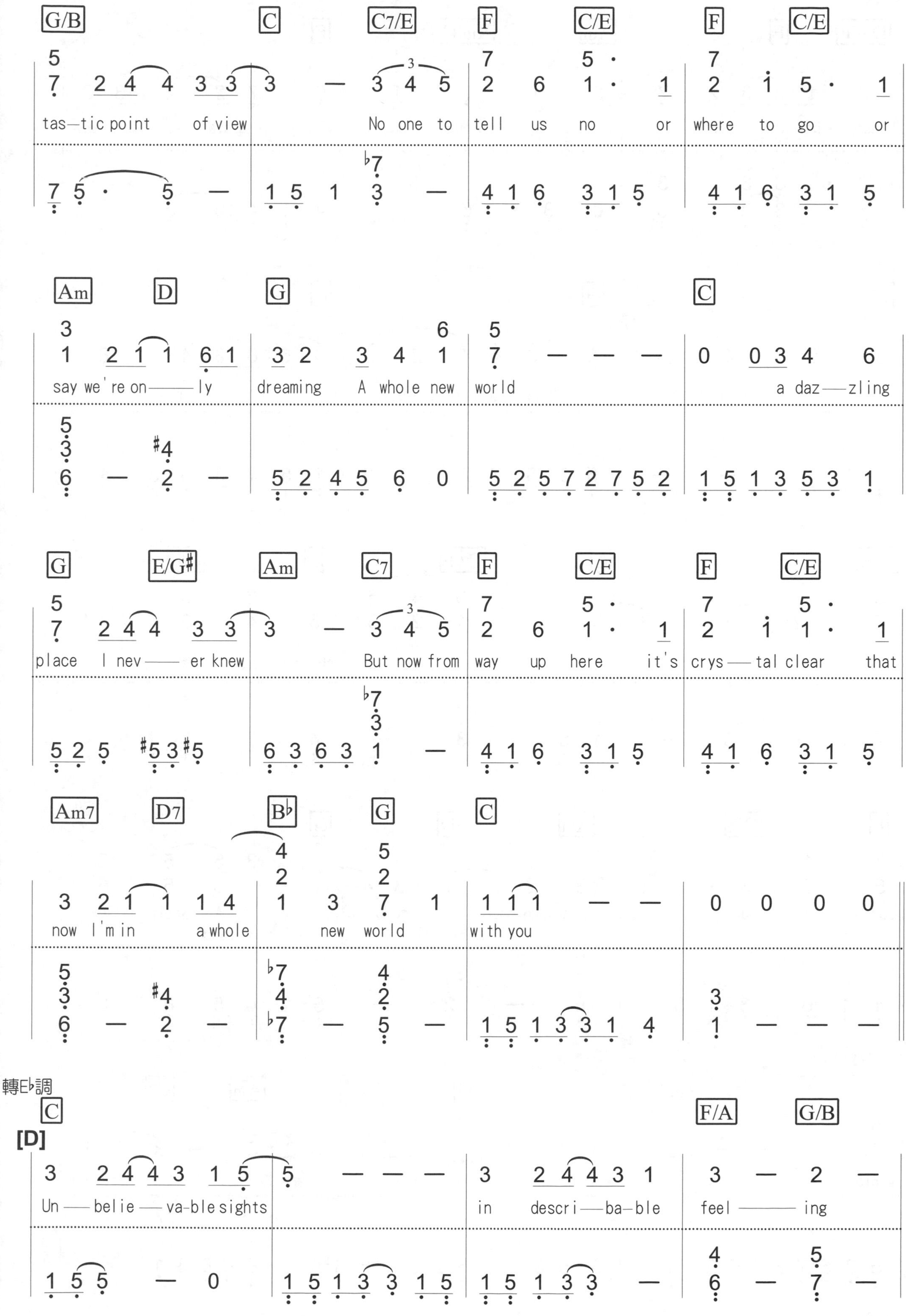

G/B C C7/E F C/E F C/E

tas—tic point of view No one to tell us no or where to go or

Am D G C

say we're on—ly dreaming A whole new world a daz—zling

G E/G# Am C7 F C/E F C/E

place I nev—er knew But now from way up here it's crys—tal clear that

Am7 D7 B♭ G C

now I'm in a whole new world with you

轉E♭調

C F/A G/B

[D]

Un—belie—va-ble sights in descri—ba-ble feel—ing

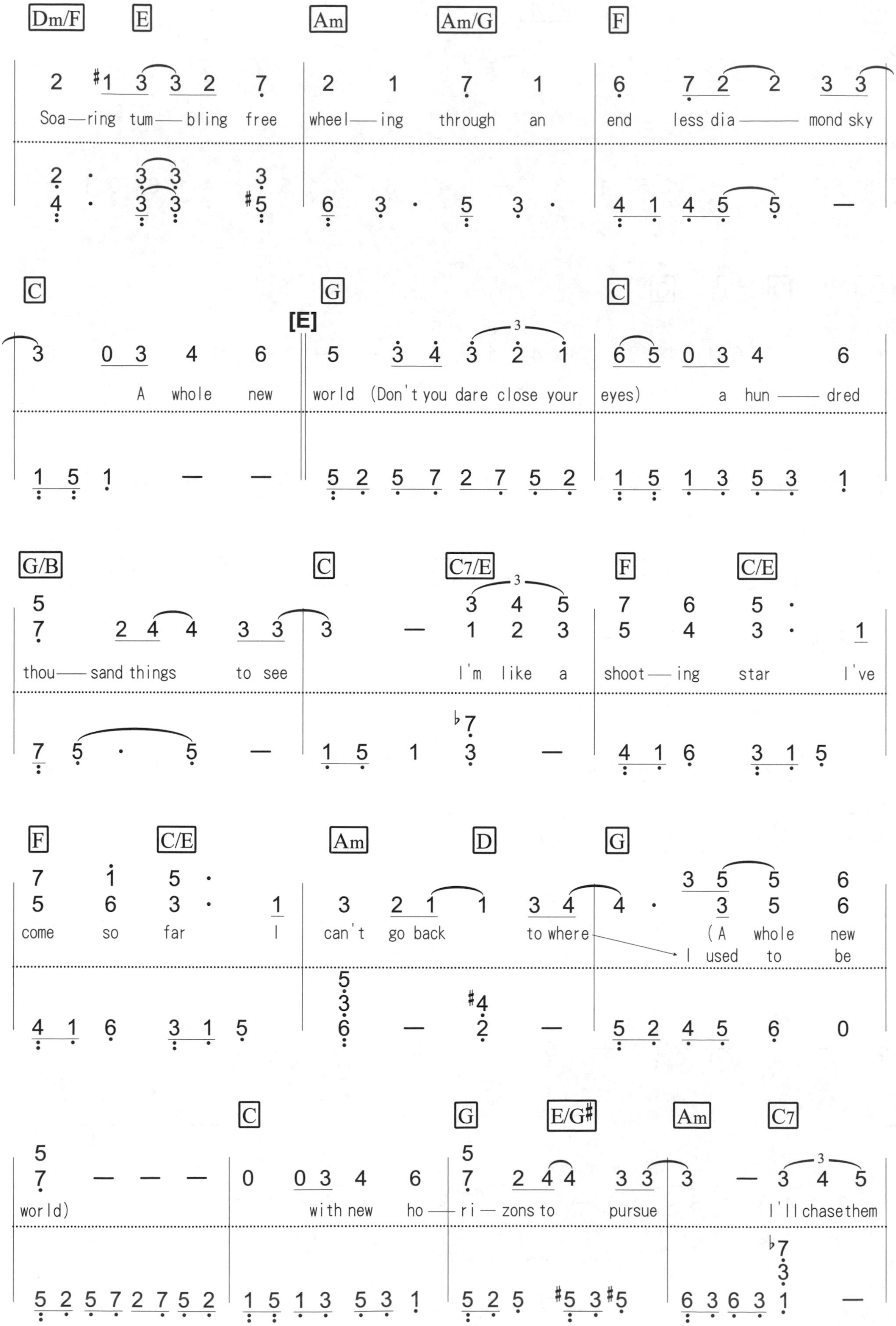

Dm/F E Am Am/G F

Soa—ring tum—bling free wheel—ing through an end less dia——mond sky

C G C

[E]

A whole new world (Don't you dare close your eyes) a hun——dred

G/B C C7/E F C/E

thou——sand things to see I'm like a shoot——ing star I've

F C/E Am D G

come so far I can't go back to where (A whole new I used to be

C G E/G# Am C7

world) with new ho——ri—zons to pursue I'll chase them

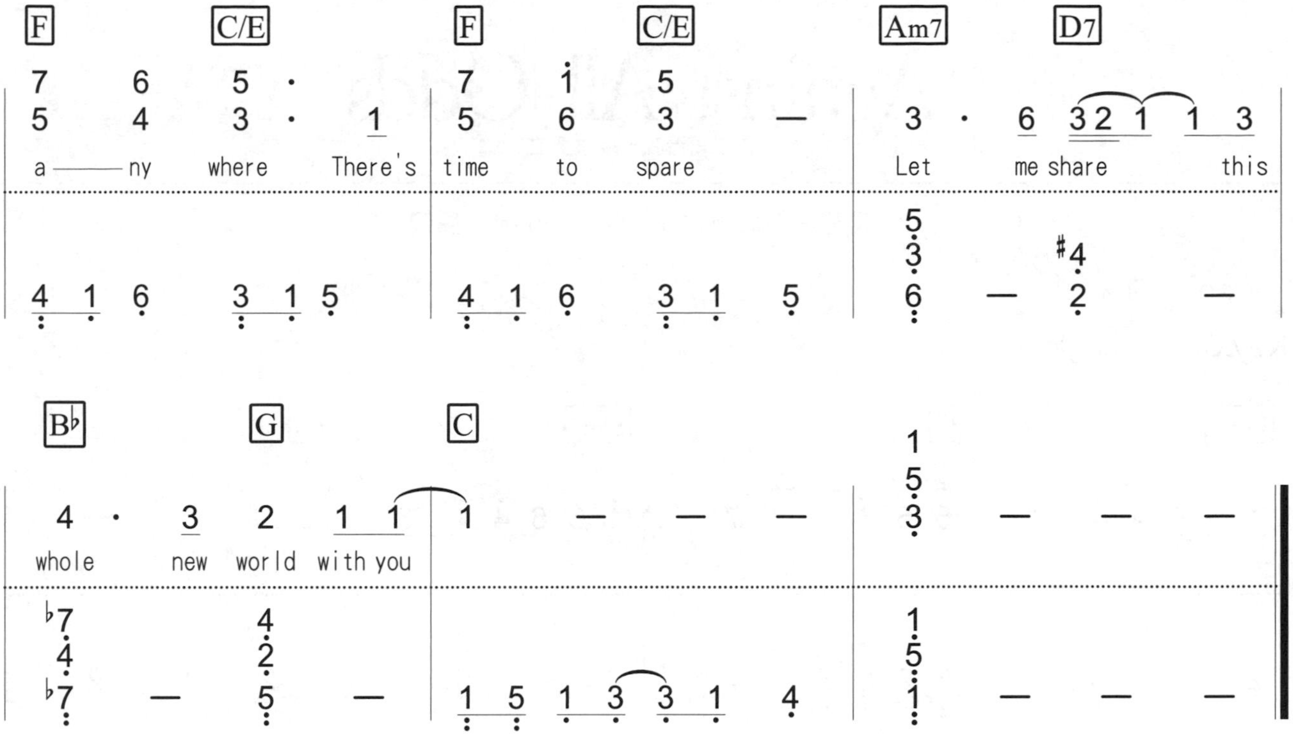

F C/E | F C/E | Am7 D7

7 6 5 · | 7 1 5 |
5 4 3 · 1 | 5 6 3 — | 3 · 6 3 2 1 1 3

a —— ny where There's time to spare Let me share this

4 1 6 3 1 5 | 4 1 6 3 1 5 | 5 3 6 — #4 2 —

B♭ G | C |

4 · 3 2 1 1 | 1 — — — | 1 5 3 — — —

whole new world with you

♭7 4 ♭7 — 4 2 5 — | 1 5 1 3 3 1 4 | 1 5 1 — — —

Against All Odds

（電影"再看我一眼"主題曲）

詞 / 曲：Phil Collins　演唱：Phil Collins

♩ = 60　4/4

Key:C　Adagio

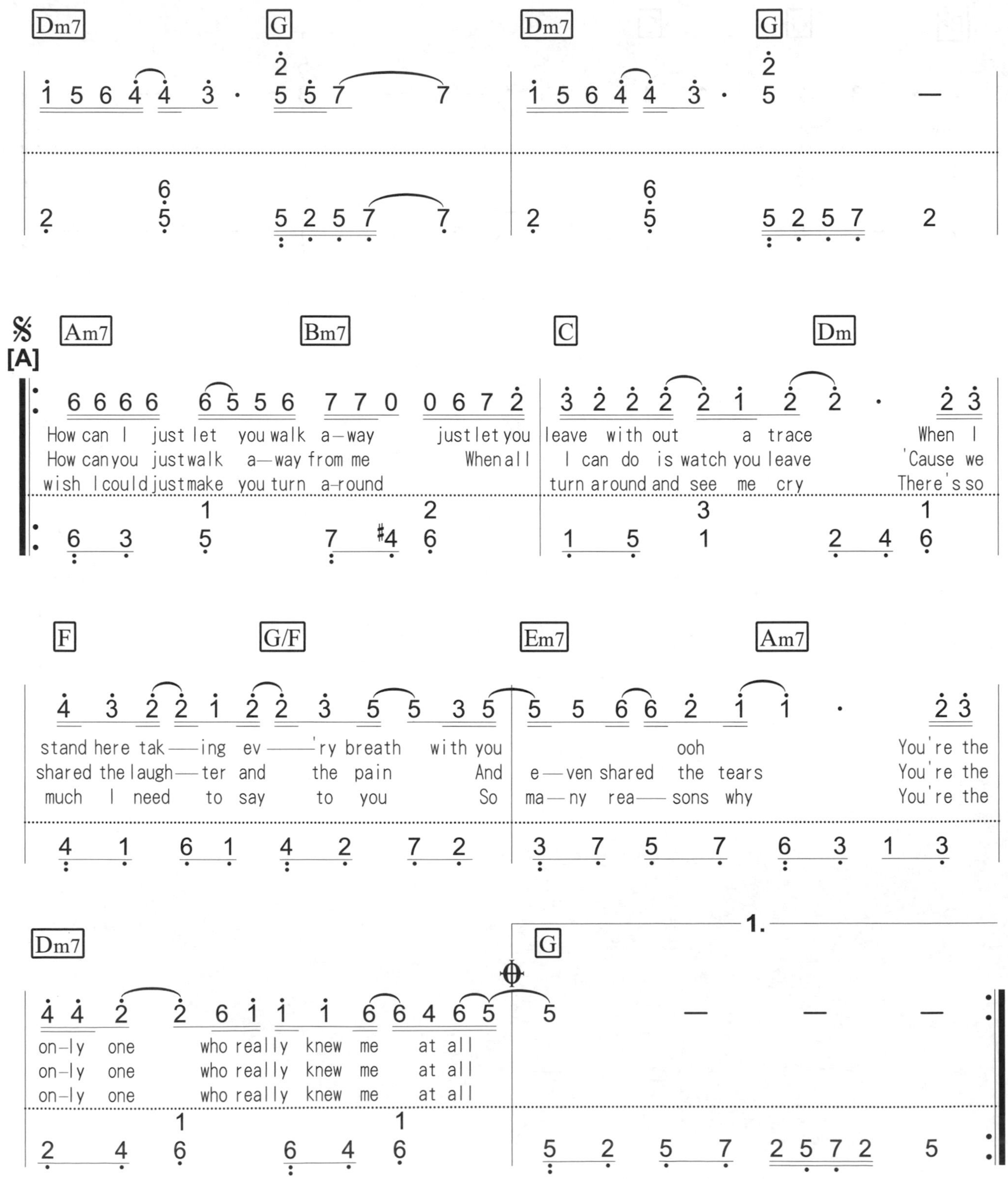

Dm7　G　Dm7　G

[A]

Am7　Bm7　C　Dm

How can I just let you walk a-way just let you leave with out a trace When I

How can you just walk a-way from me When all I can do is watch you leave 'Cause we

wish I could just make you turn a-round turn around and see me cry There's so

F　G/F　Em7　Am7

stand here tak-ing ev-'ry breath with you ooh You're the

shared the laugh-ter and the pain And e-ven shared the tears You're the

much I need to say to you So ma-ny rea-sons why You're the

Dm7　1.　G

on-ly one who real-ly knew me at all

on-ly one who real-ly knew me at all

on-ly one who real-ly knew me at all

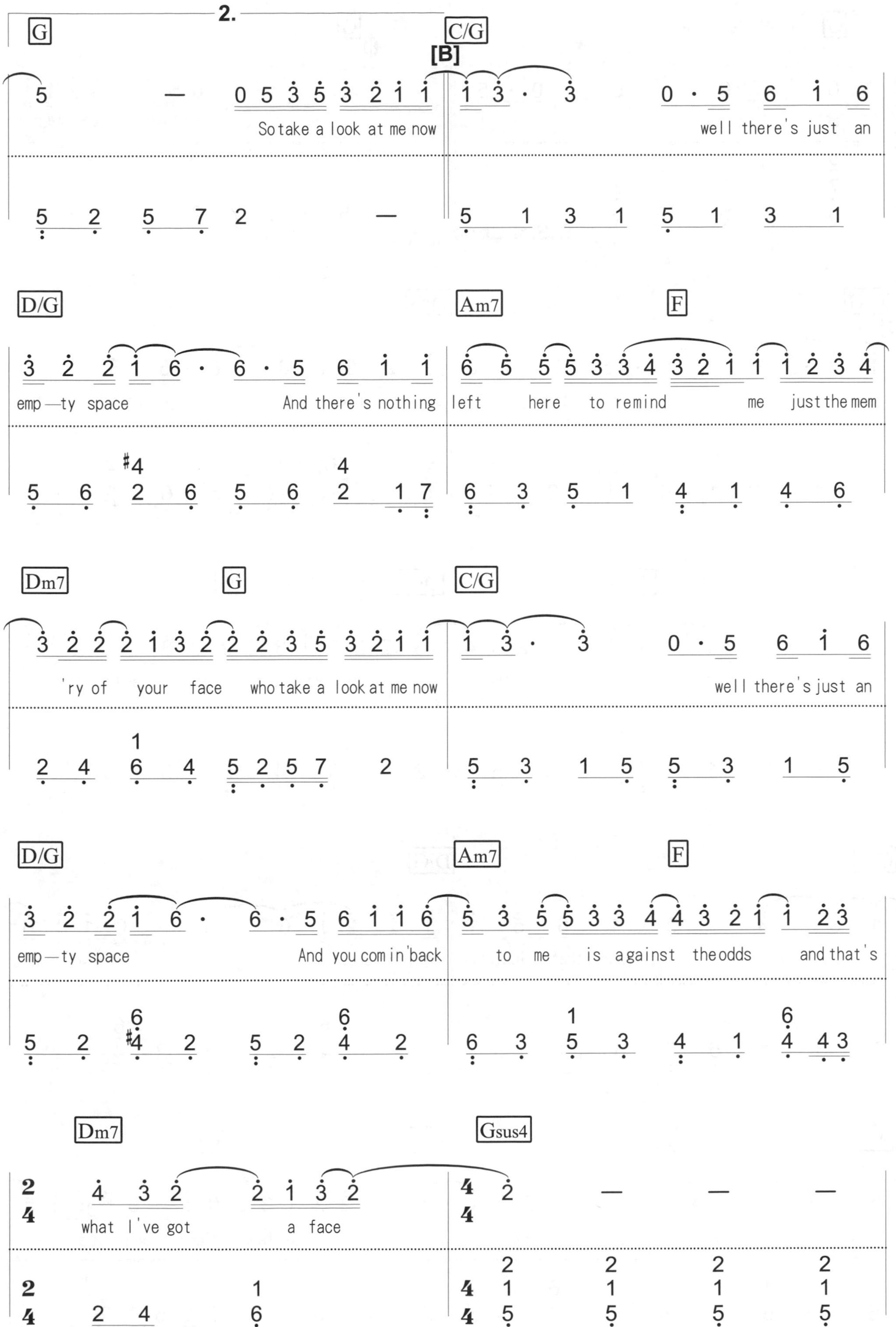
2.
G
C/G
[B]
So take a look at me now
well there's just an
D/G
Am7
F
emp—ty space
And there's nothing
left here to remind me just the mem
Dm7
G
C/G
'ry of your face
who take a look at me now
well there's just an
D/G
Am7
F
emp—ty space
And you comin'back
to me is against the odds and that's
Dm7
Gsus4
what I've got a face

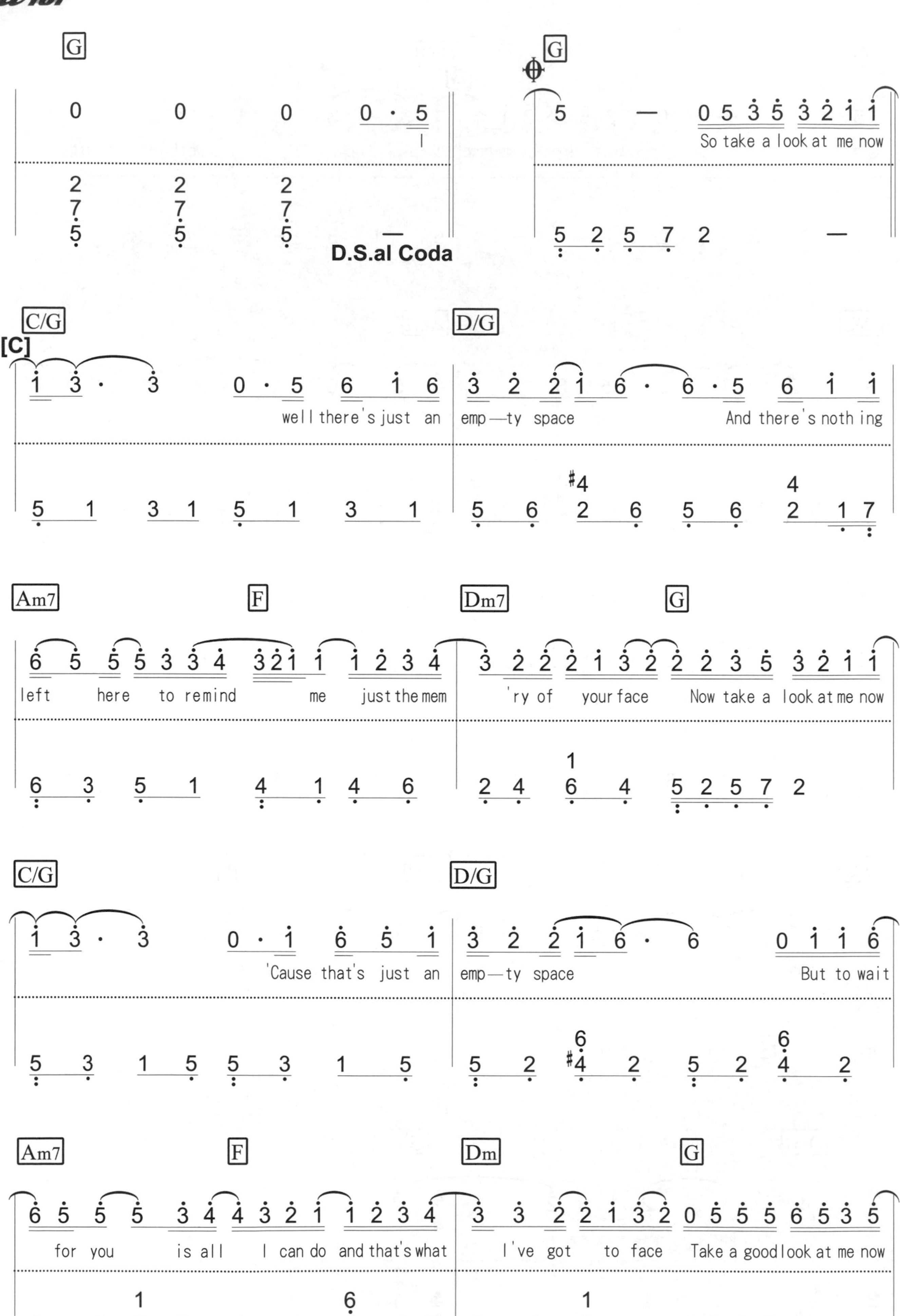
G
I
D.S.al Coda
G
So take a look at me now
C/G
[C]
well there's just an
D/G
emp—ty space
And there's noth ing
Am7
F
left here to remind me just the mem
Dm7
G
'ry of your face Now take a look at me now
C/G
'Cause that's just an
D/G
emp—ty space
But to wait
Am7
F
for you is all I can do and that's what
Dm
G
I've got to face Take a good look at me now

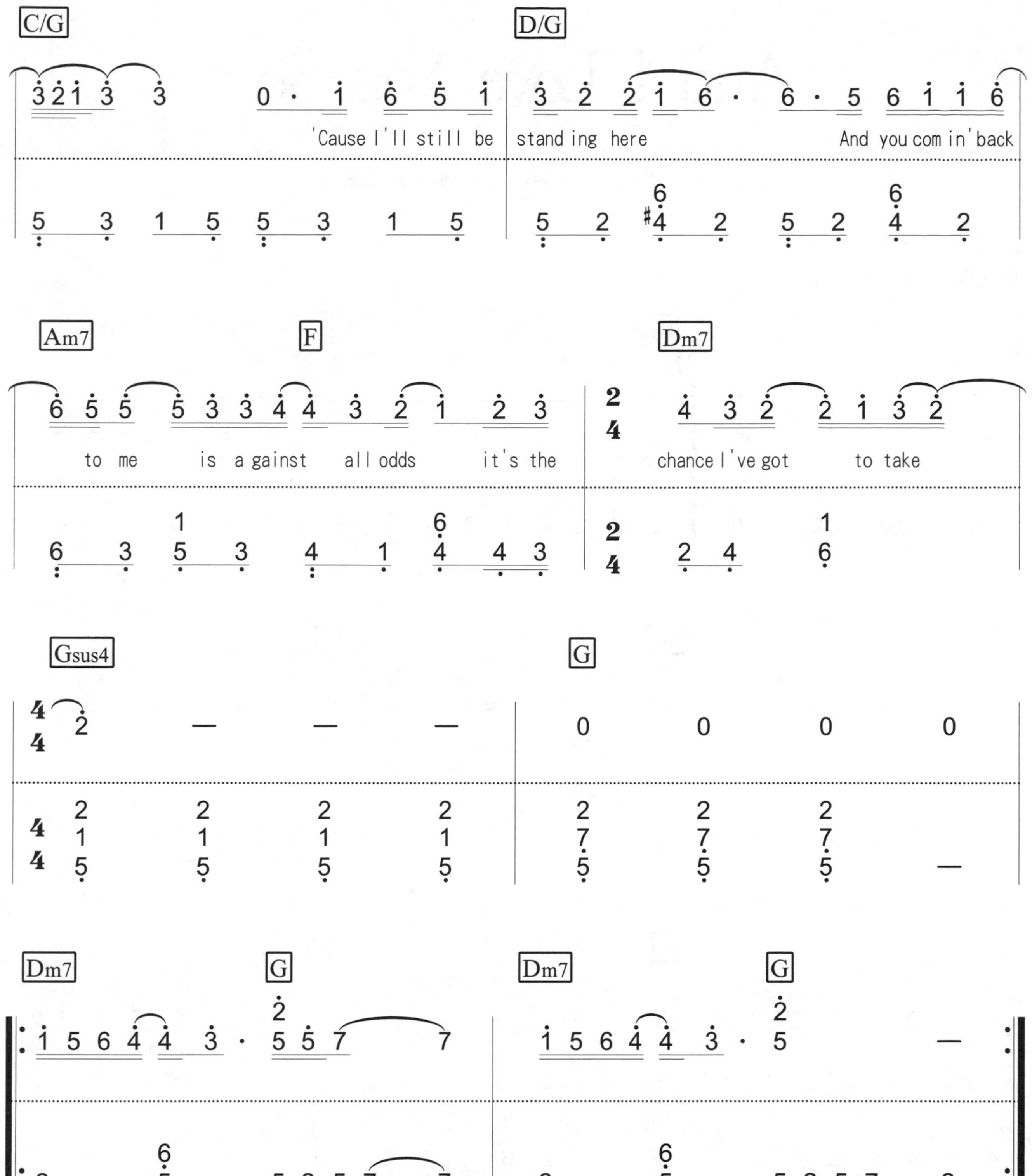
C/G
D/G
'Cause I'll still be
stand ing here
And you com in' back
Am7
F
Dm7
to me
is a gainst
all odds
it's the
chance I've got
to take
Gsus4
G
Dm7
G
Dm7
G

And I Love You So

詞 / 曲：Don Mclean　演唱：Don Mclean

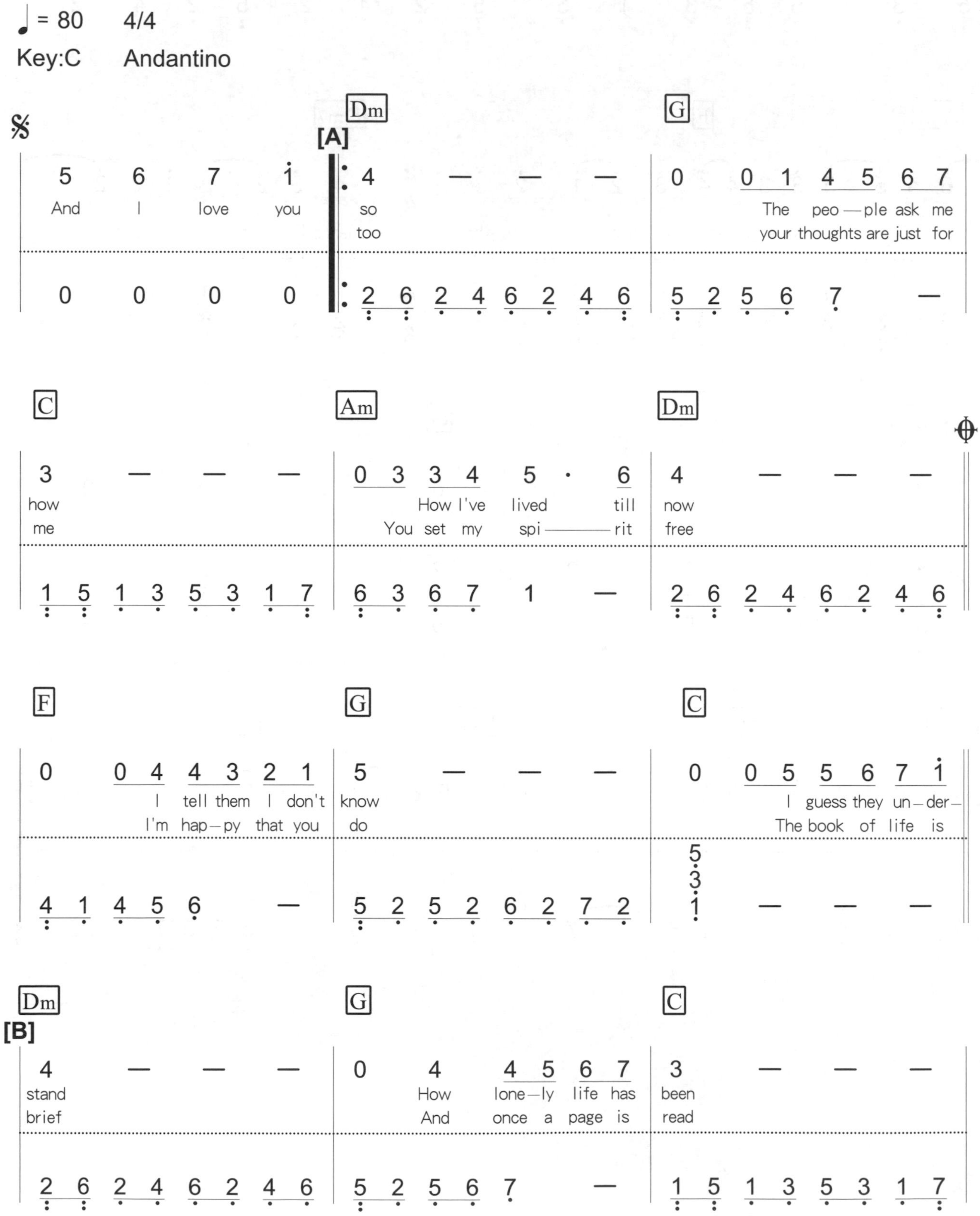

♩ = 80　4/4
Key:C　Andantino

𝄋

	Dm [A]	G
5 6 7 i	4 — — —	0 0 1 4 5 6 7
And I love you	so / too	The peo—ple ask me / your thoughts are just for
0 0 0 0	2 6 2 4 6 2 4 6	5 2 5 6 7 —

C	Am	Dm
3 — — —	0 3 3 4 5 · 6	4 — — —
how / me	How I've lived till / You set my spi——rit	now / free
1 5 1 3 5 3 1 7	6 3 6 7 1 —	2 6 2 4 6 2 4 6

F	G	C
0 0 4 4 3 2 1	5 — — —	0 0 5 5 6 7 i
I tell them I don't / I'm hap—py that you	know / do	I guess they un—der— / The book of life is
4 1 4 5 6 —	5 2 5 2 6 2 7 2	1 3 5 — — —

Dm [B]	G	C
4 — — —	0 4 4 5 6 7	3 — — —
stand / brief	How lone—ly life has / And once a page is	been / read
2 6 2 4 6 2 4 6	5 2 5 6 7 —	1 5 1 3 5 3 1 7

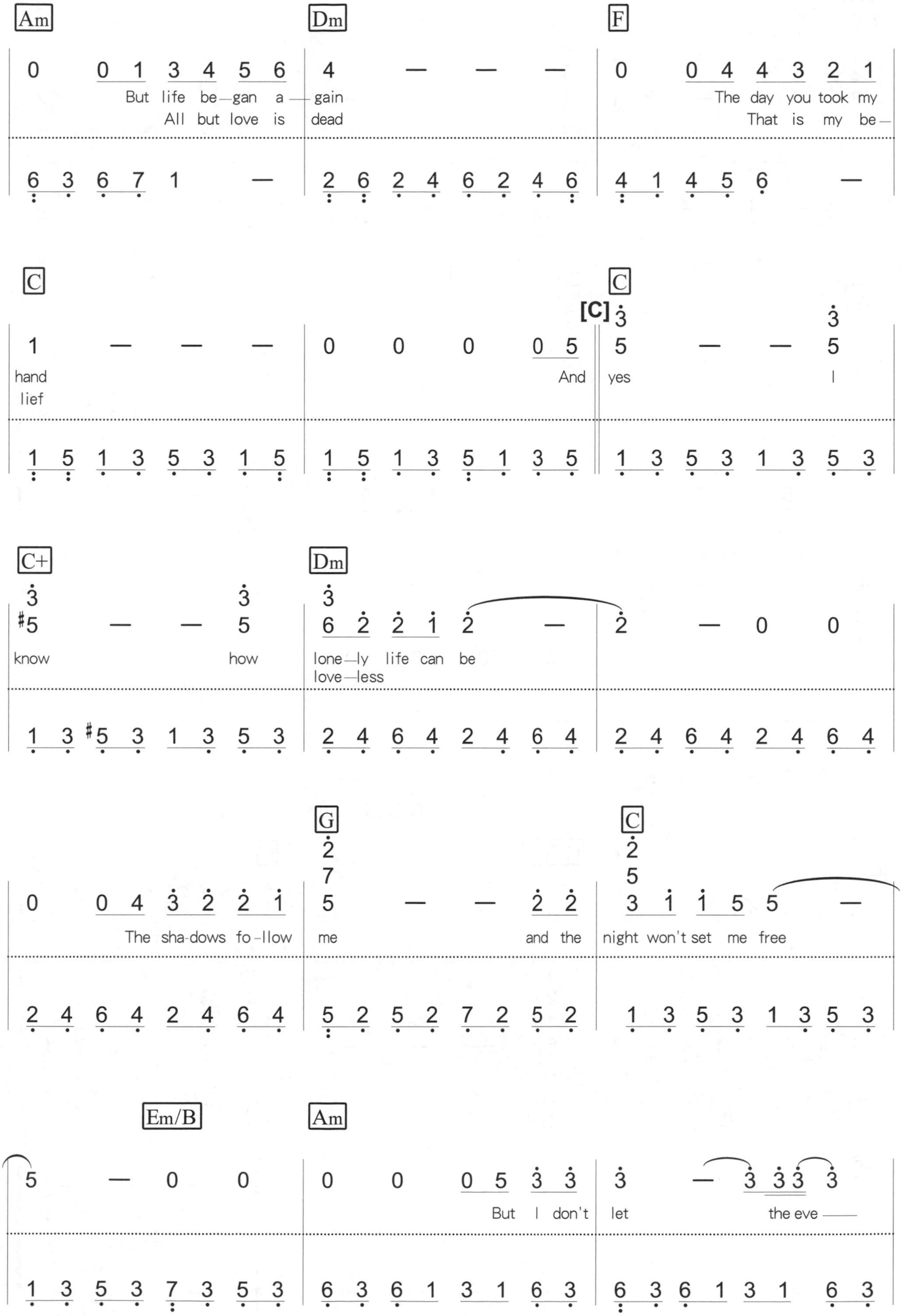

Am | Dm | F

0 0 1 3 4 5 6 | 4 — — — | 0 0 4 4 3 2 1

But life be—gan a—gain The day you took my

All but love is dead That is my be—

6 3 6 7 1 — | 2 6 2 4 6 2 4 6 | 4 1 4 5 6 —

C | | [C] C

1 — — — | 0 0 0 0 5 | 3 5 — — 3 5

hand And yes I

lief

1 5 1 3 5 3 1 5 | 1 5 1 3 5 1 3 5 | 1 3 5 3 1 3 5 3

C+ | Dm |

3 #5 — — 3 5 | 3 6 2 2 1 2 — | 2 — 0 0

know how lone—ly life can be

love—less

1 3 #5 3 1 3 5 3 | 2 4 6 4 2 4 6 4 | 2 4 6 4 2 4 6 4

| G | C

0 0 4 3 2 2 1 | 2 7 5 — — 2 2 | 2 5 3 1 1 5 5 —

The sha-dows fo-llow me and the night won't set me free

2 4 6 4 2 4 6 4 | 5 2 5 2 7 2 5 2 | 1 3 5 3 1 3 5 3

Em/B | Am |

5 — 0 0 | 0 0 0 5 3 3 | 3 — 3 3 3 3

But I don't let the eve——

1 3 5 3 7 3 5 3 | 6 3 6 1 3 1 6 3 | 6 3 6 1 3 1 6 3

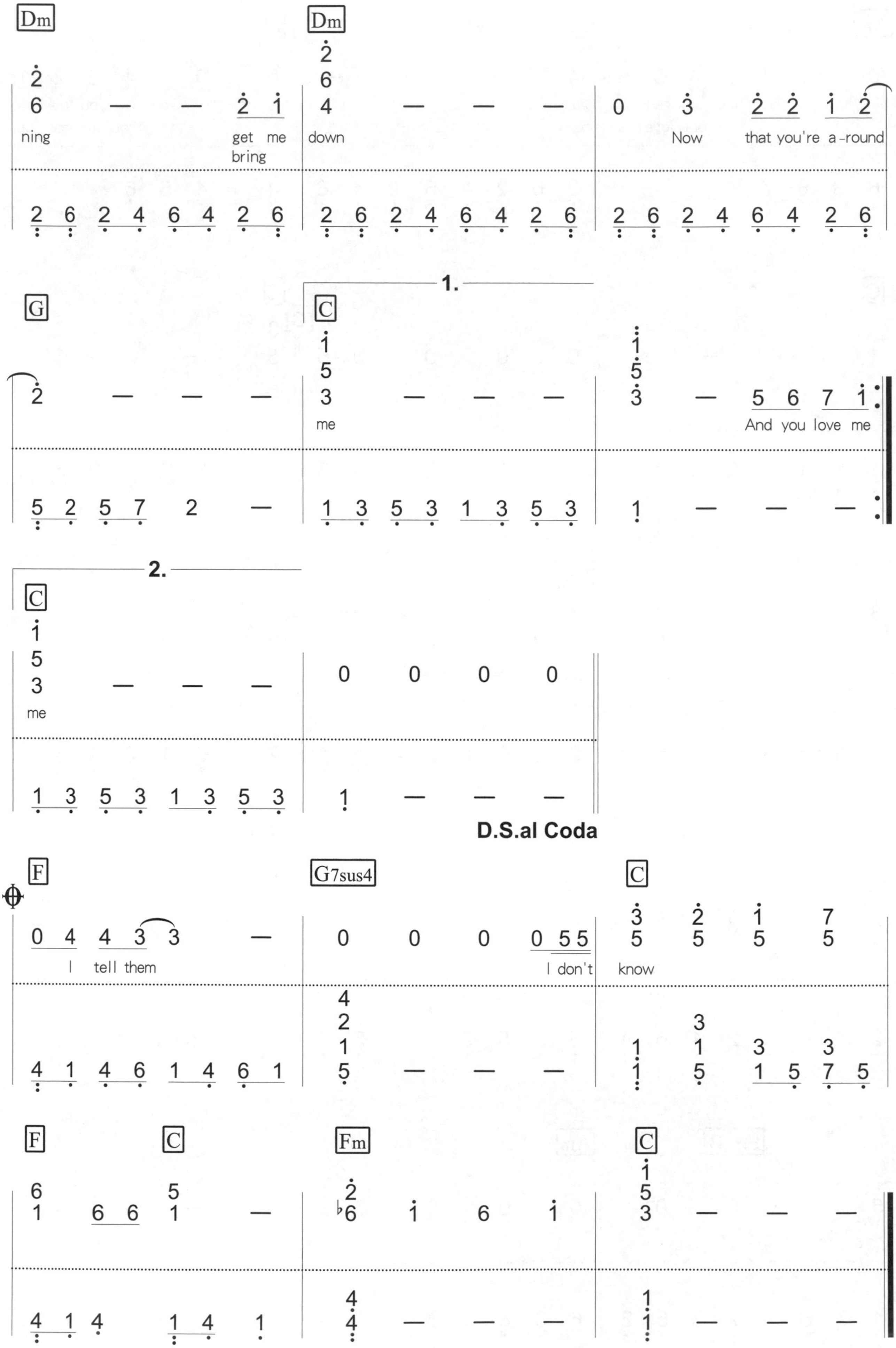

Dm Dm

ning get me bring down Now that you're a-round

G C (1.)

me And you love me

C (2.)

me

D.S.al Coda

F G7sus4 C

I tell them I don't know

F C Fm C

Arthur's Theme

（電影"二八佳人花公子"主題曲）

詞 / 曲：Burt Bacharach / Carole Bayer Sager / Christopher Cross / Peter Allen　演唱：Christopher Cross

♩ = 100　4/4

Key:C　Moderato

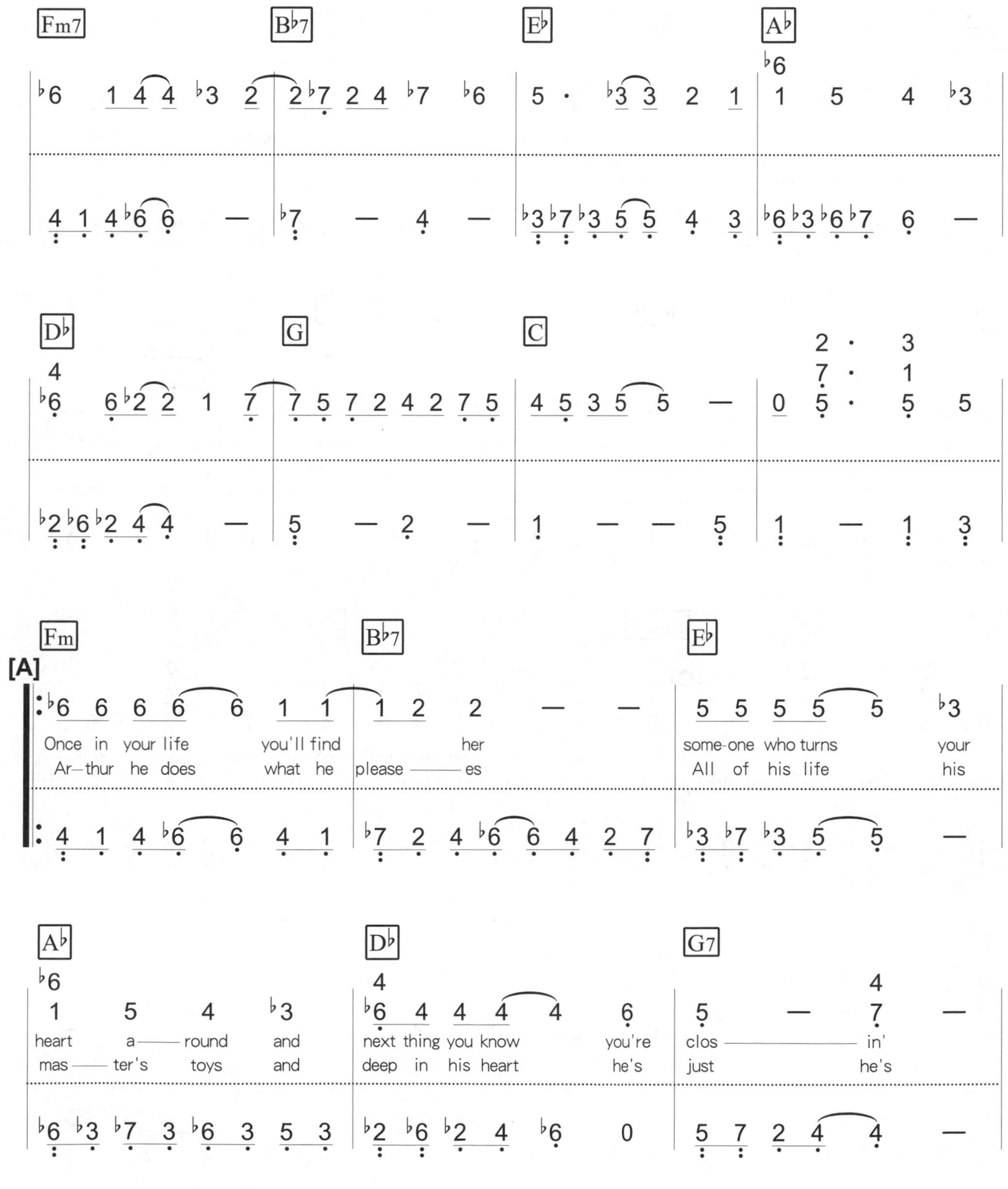

Fm7　B♭7　E♭　A♭

D♭　G　C

[A]

Fm　B♭7　E♭

Once in your life you'll find her some-one who turns your

Ar-thur he does what he please-es All of his life his

A♭　D♭　G7

heart a-round and next thing you know you're clos-in'

mas-ter's toys and deep in his heart he's just he's

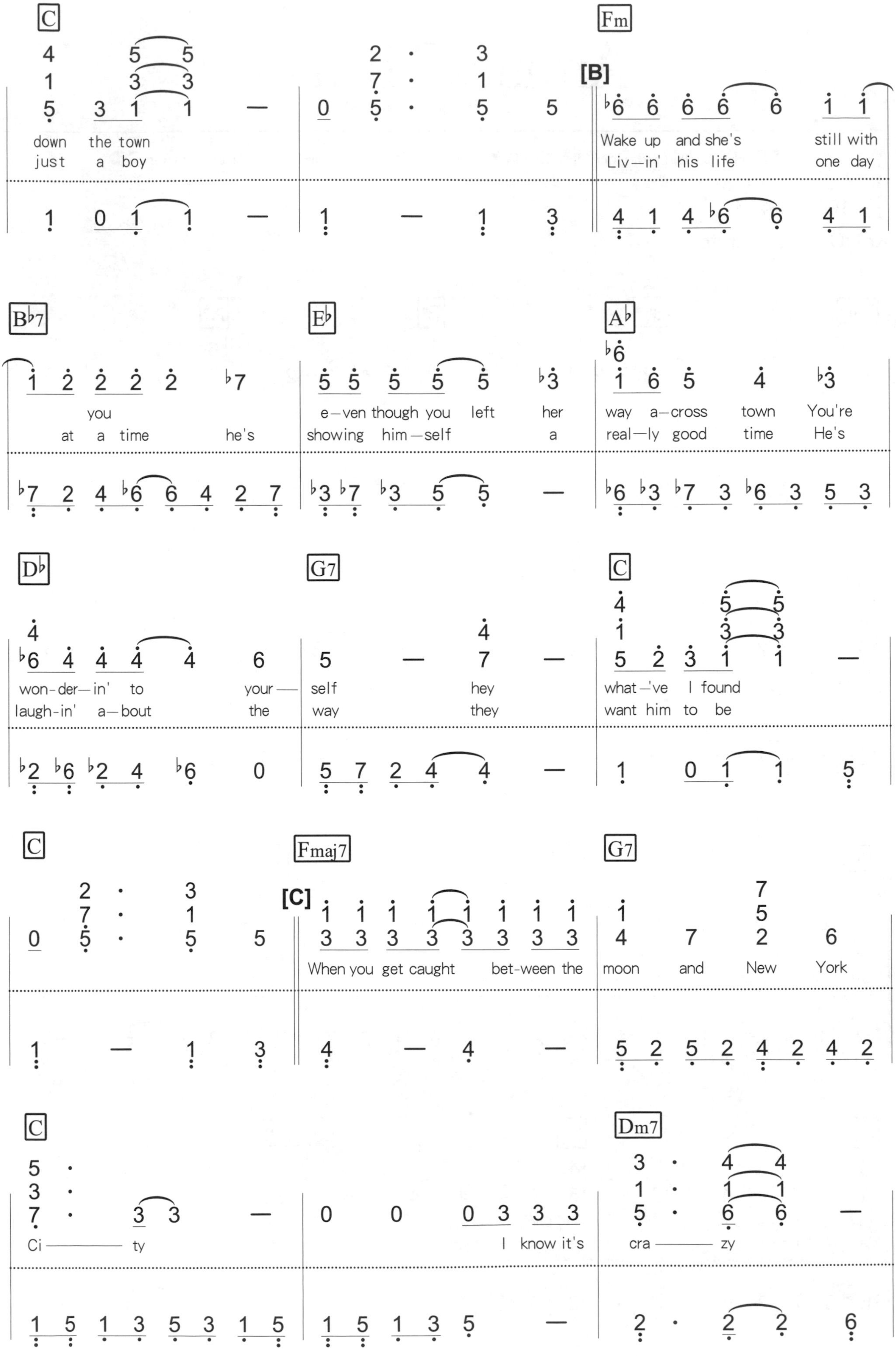

C | | Fm [B]

down the town / just a boy | | Wake up and she's still with / Liv—in' his life one day

B♭7 | E♭ | A♭

you / at a time he's | e—ven though you left her / showing him—self a | way a—cross town You're / real—ly good time He's

D♭ | G7 | C

won-der—in' to your— / laugh-in' a—bout the | self hey / way they | what—'ve I found / want him to be

C | [C] Fmaj7 | G7

| When you get caught bet-ween the | moon and New York

C | | Dm7

Ci — ty | I know it's | cra — zy

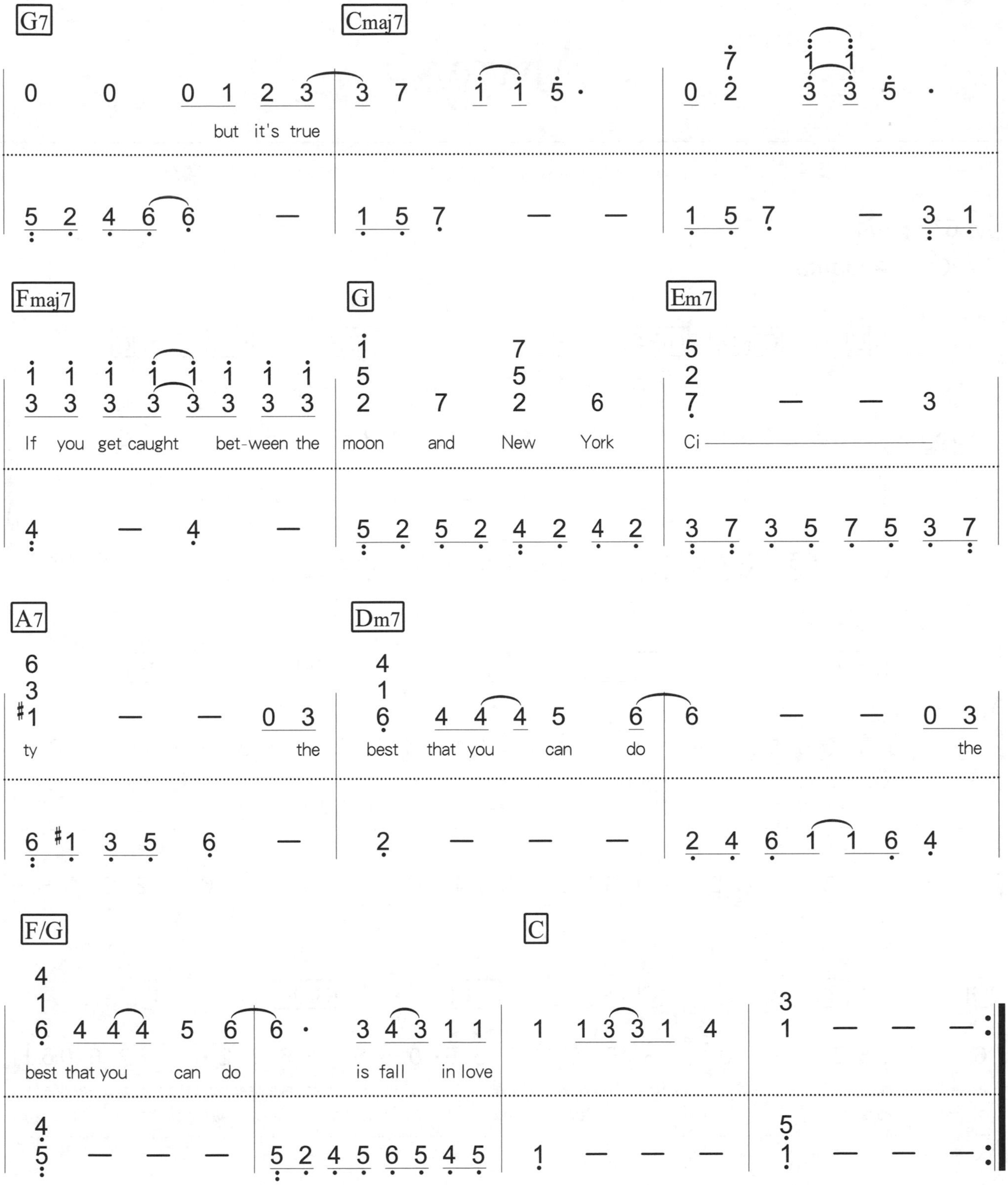

G7 Cmaj7

but it's true

Fmaj7 G Em7

If you get caught bet-ween the moon and New York Ci

A7 Dm7

ty the best that you can do the

F/G C

best that you can do is fall in love

Always

詞 / 曲：Jonathan Lewis / David Lewis / David Lewis / Wayne Lewis　演唱：Atlantic Starr

♩ = 67　4/4

Key:C　Andante

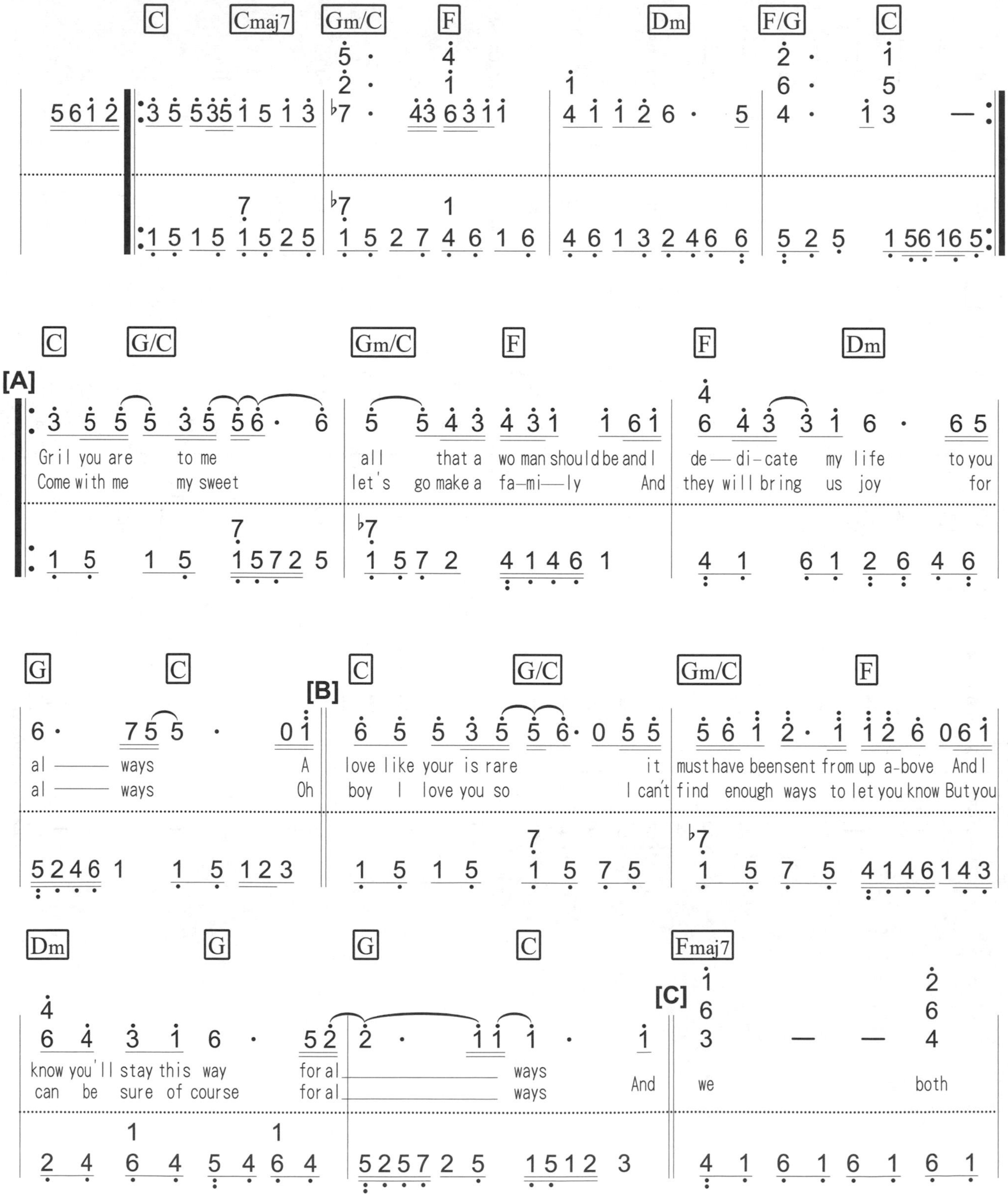

C　Cmaj7　Gm/C　F　Dm　F/G　C

[A]

C　G/C　Gm/C　F　F　Dm

Gril you are to me all that a wo man should be and I de — di - cate my life to you

Come with me my sweet let's go make a fa – mi — ly And they will bring us joy for

G　C

al —— ways A

al —— ways Oh

[B]

C　G/C　Gm/C　F

love like your is rare it must have been sent from up a-bove And I

boy I love you so I can't find enough ways to let you know But you

Dm　G　G　C

know you'll stay this way for al —— ways And

can be sure of course for al —— ways

[C]

Fmaj7

we both

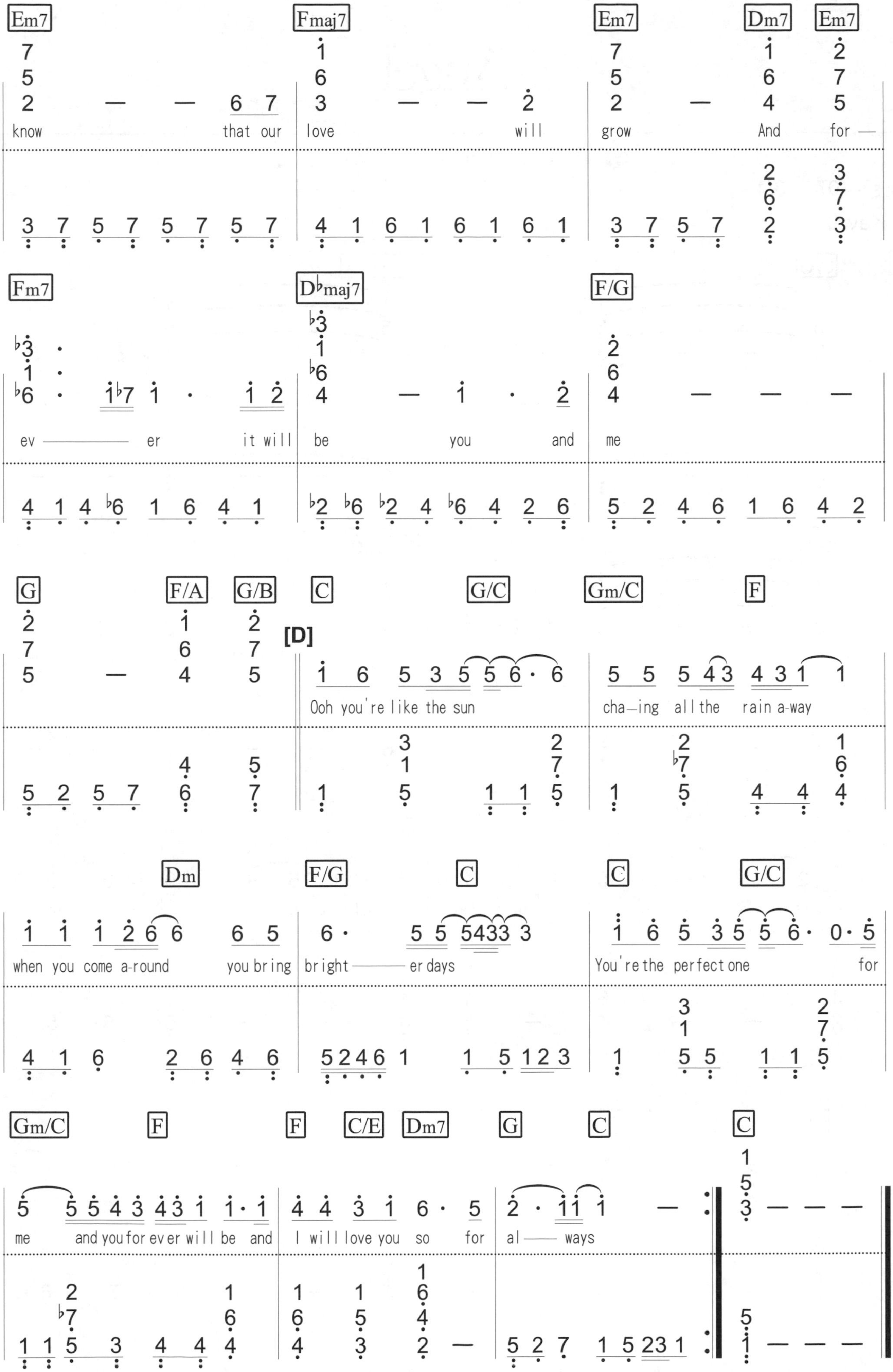

Em7 | Fmaj7 | Em7 Dm7 Em7

know that our love will grow And for —

Fm7 | D♭maj7 | F/G

ev —— er it will be you and me

G F/A G/B | C G/C | Gm/C F

[D]

Ooh you're like the sun cha–ing all the rain a-way

Dm | F/G C | C G/C

when you come a-round you bring bright —— er days You're the perfect one for

Gm/C F | F C/E Dm7 G | C | C

me and you for ev er will be and I will love you so for al —— ways

Angel

詞 / 曲：Sarah Mclachlan　演唱：Sarah Mclachlan

♩=107　3/4

Key:C

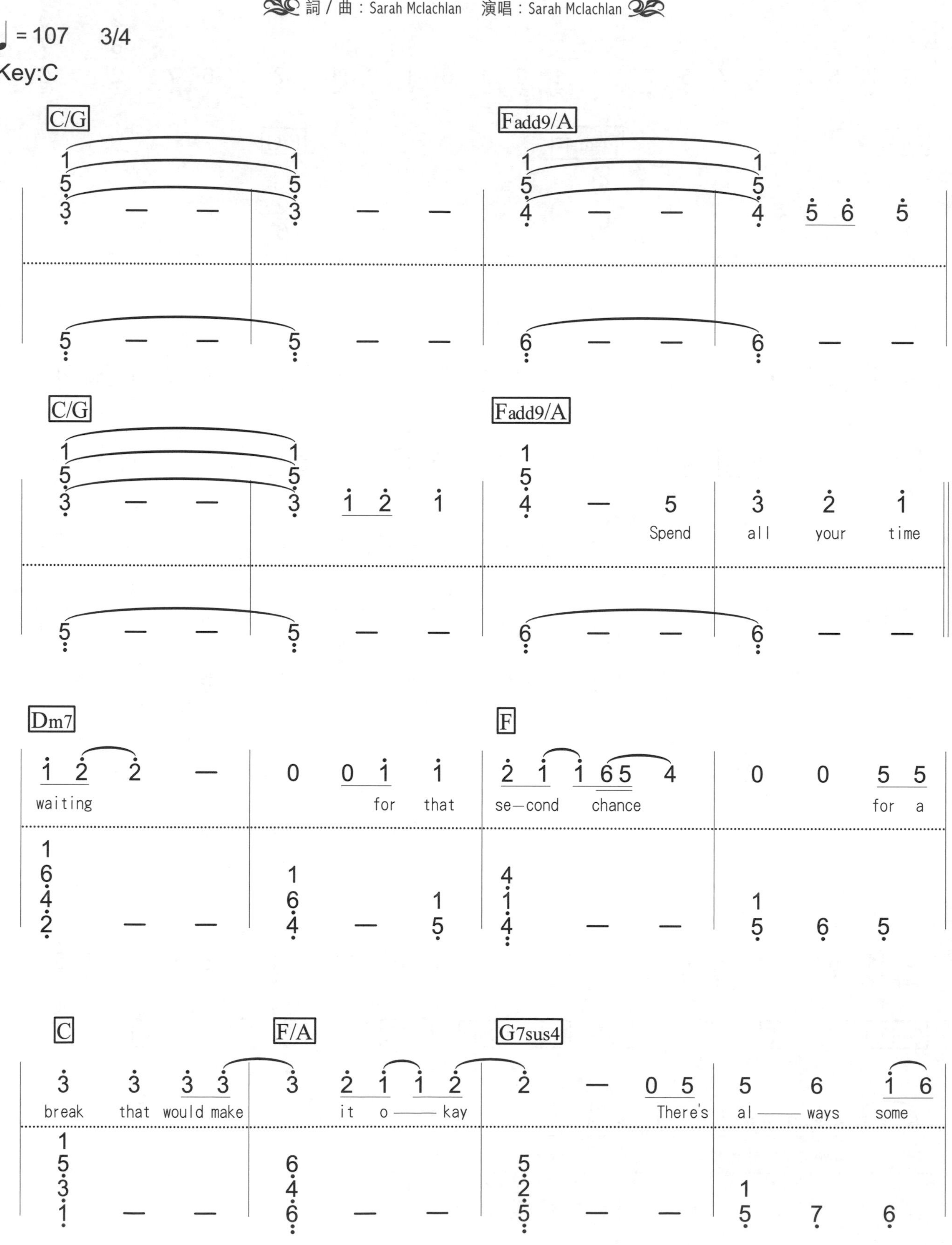

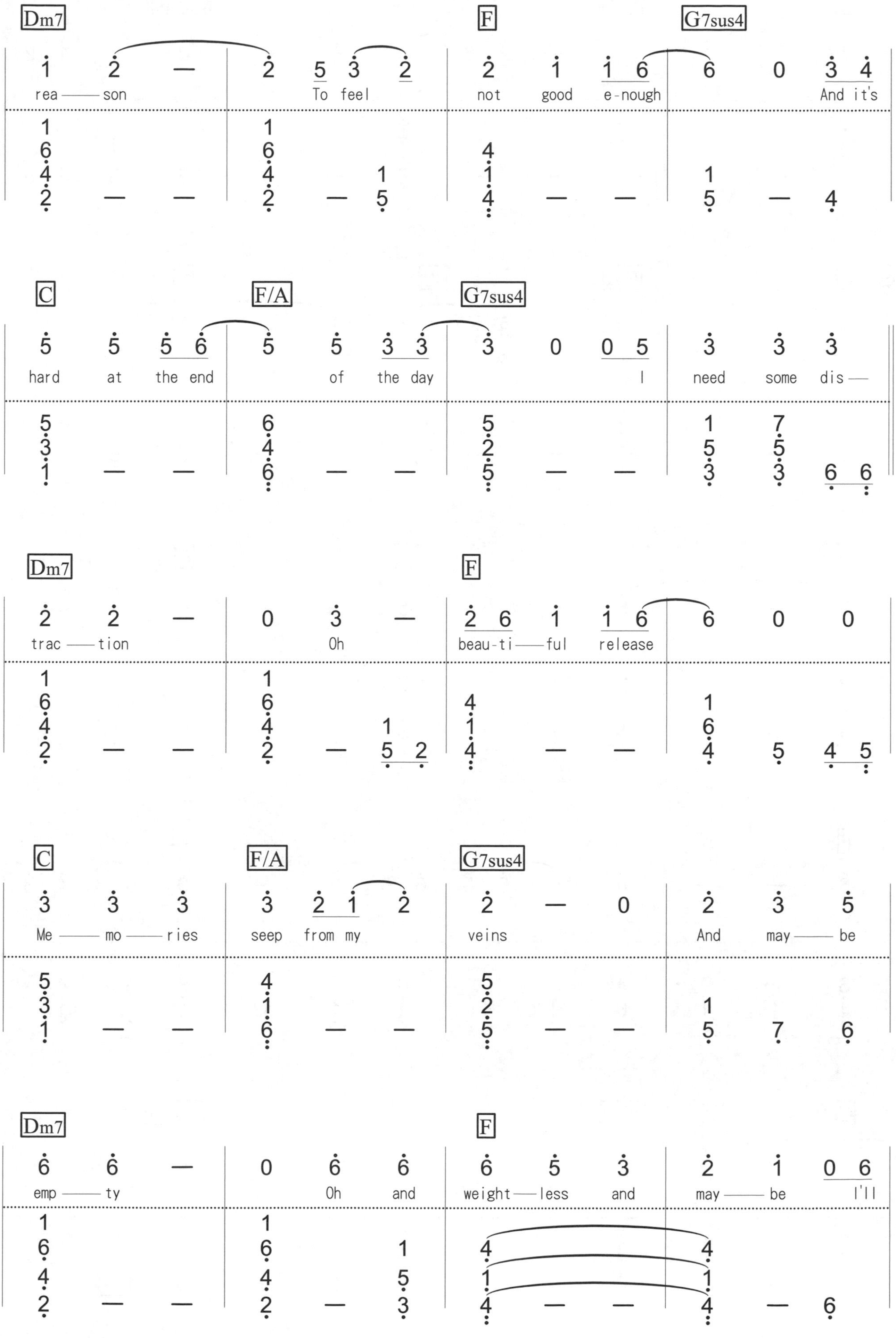

Dm7 | F | G7sus4

rea — son To feel not good e-nough And it's

C | F/A | G7sus4

hard at the end of the day I need some dis —

Dm7 | F

trac — tion Oh beau-ti — ful release

C | F/A | G7sus4

Me — mo — ries seep from my veins And may — be

Dm7 | F

emp — ty Oh and weight — less and may — be I'll

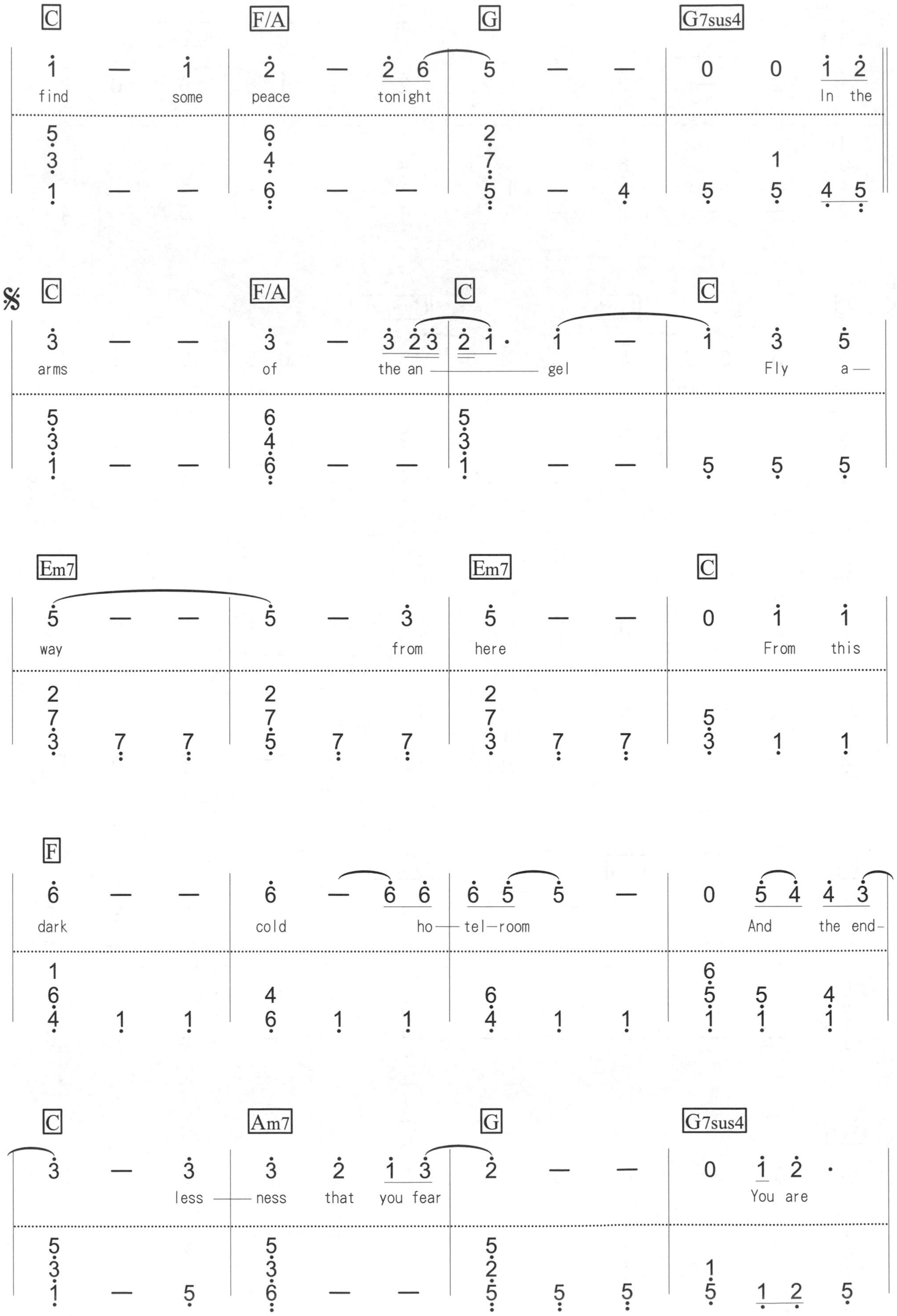

C F/A G G7sus4

find some peace tonight In the

𝄋 C F/A C C

arms of the an — gel Fly a —

Em7 Em7 C

way from here From this

F

dark cold ho — tel — room And the end —

C Am7 G G7sus4

less — ness that you fear You are

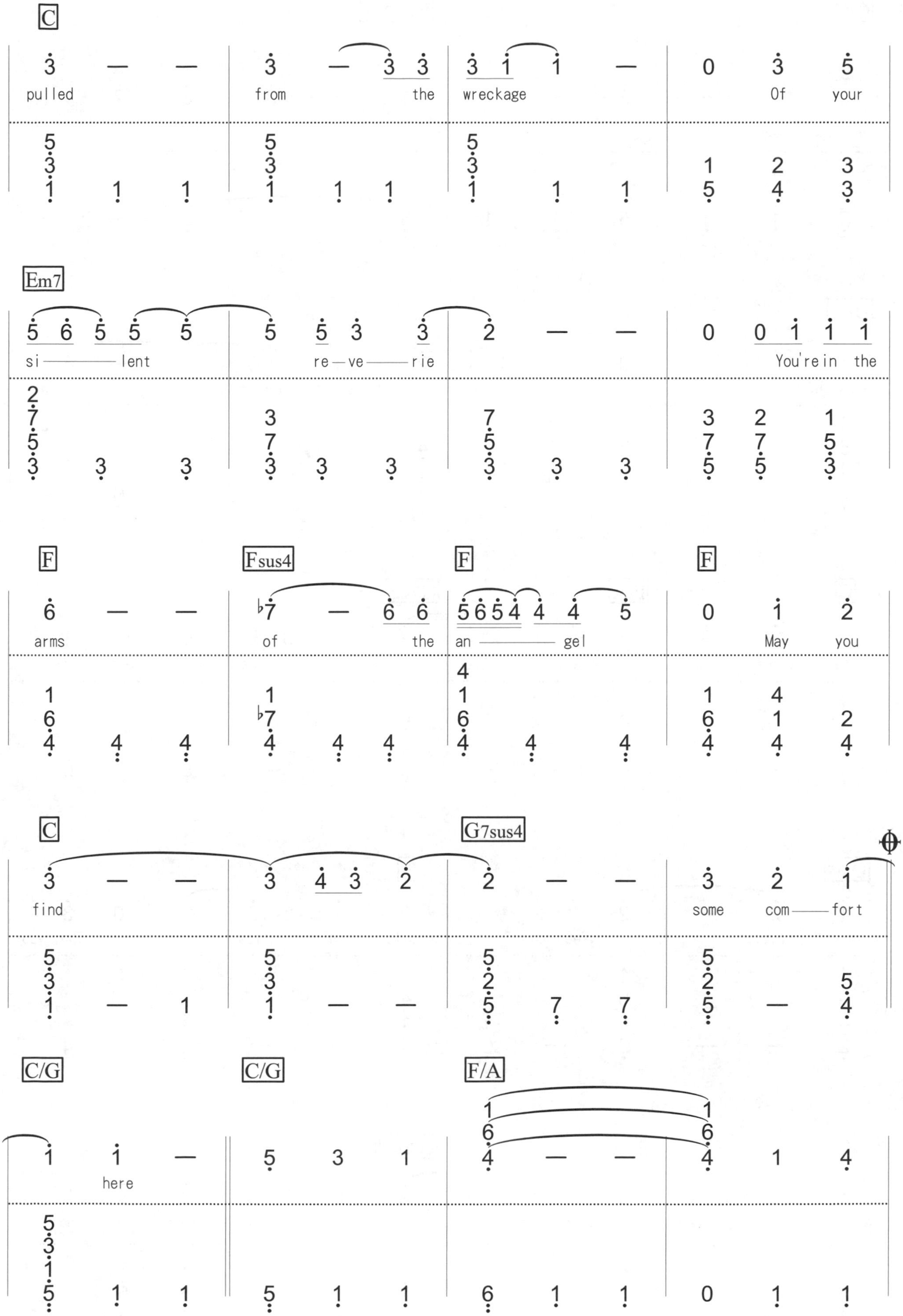

C

pulled from the wreckage Of your

Em7

si — lent re — ve — rie You're in the

F Fsus4 F F

arms of the an — gel May you

C G7sus4

find some com — fort

C/G C/G F/A

here

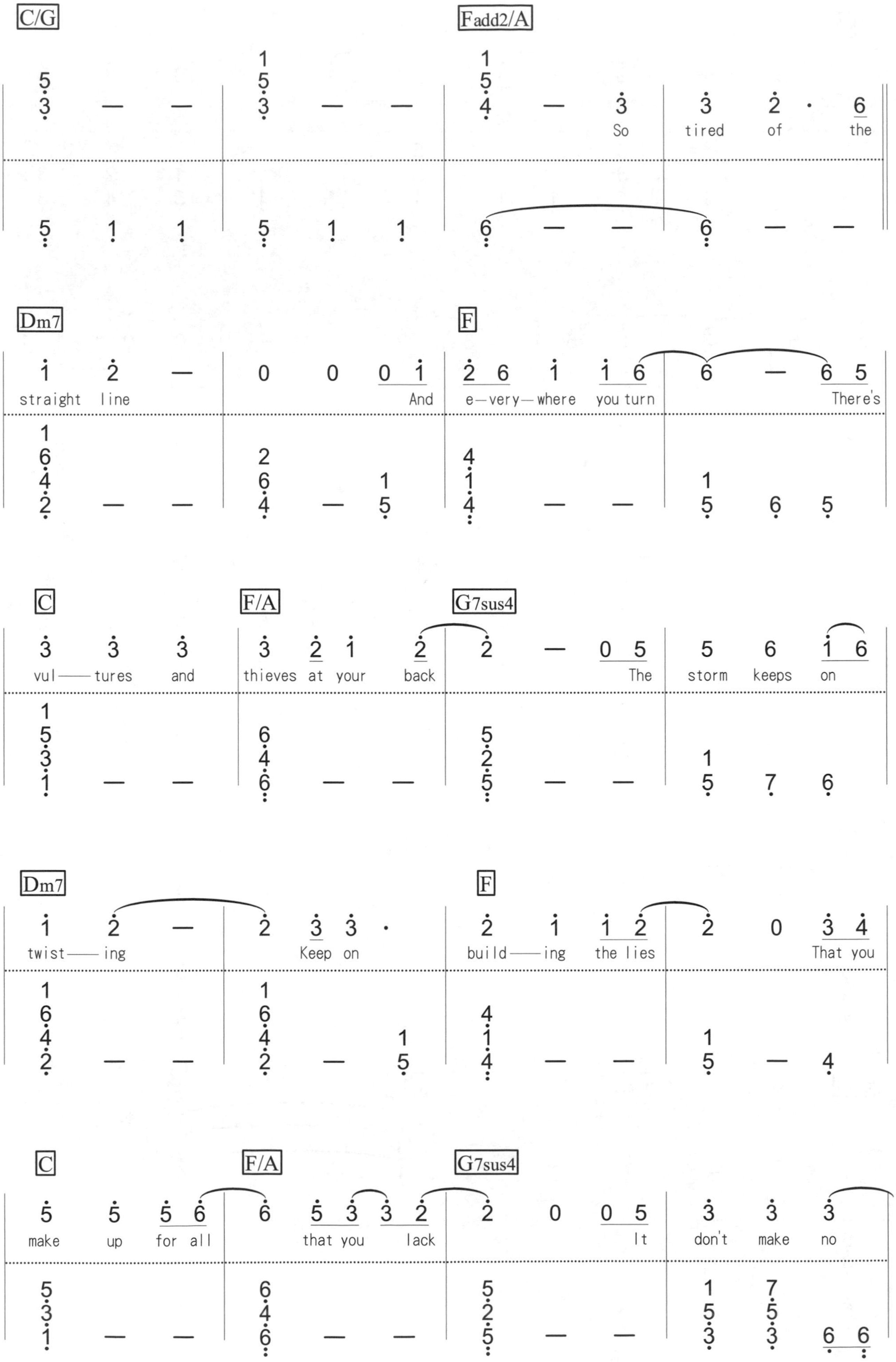

C/G | Fadd2/A

So tired of the

Dm7 | F

straight line And e-very-where you turn There's

C | F/A | G7sus4

vul-tures and thieves at your back The storm keeps on

Dm7 | F

twist-ing and Keep on build-ing the lies That you

C | F/A | G7sus4

make up for all that you lack It don't make no

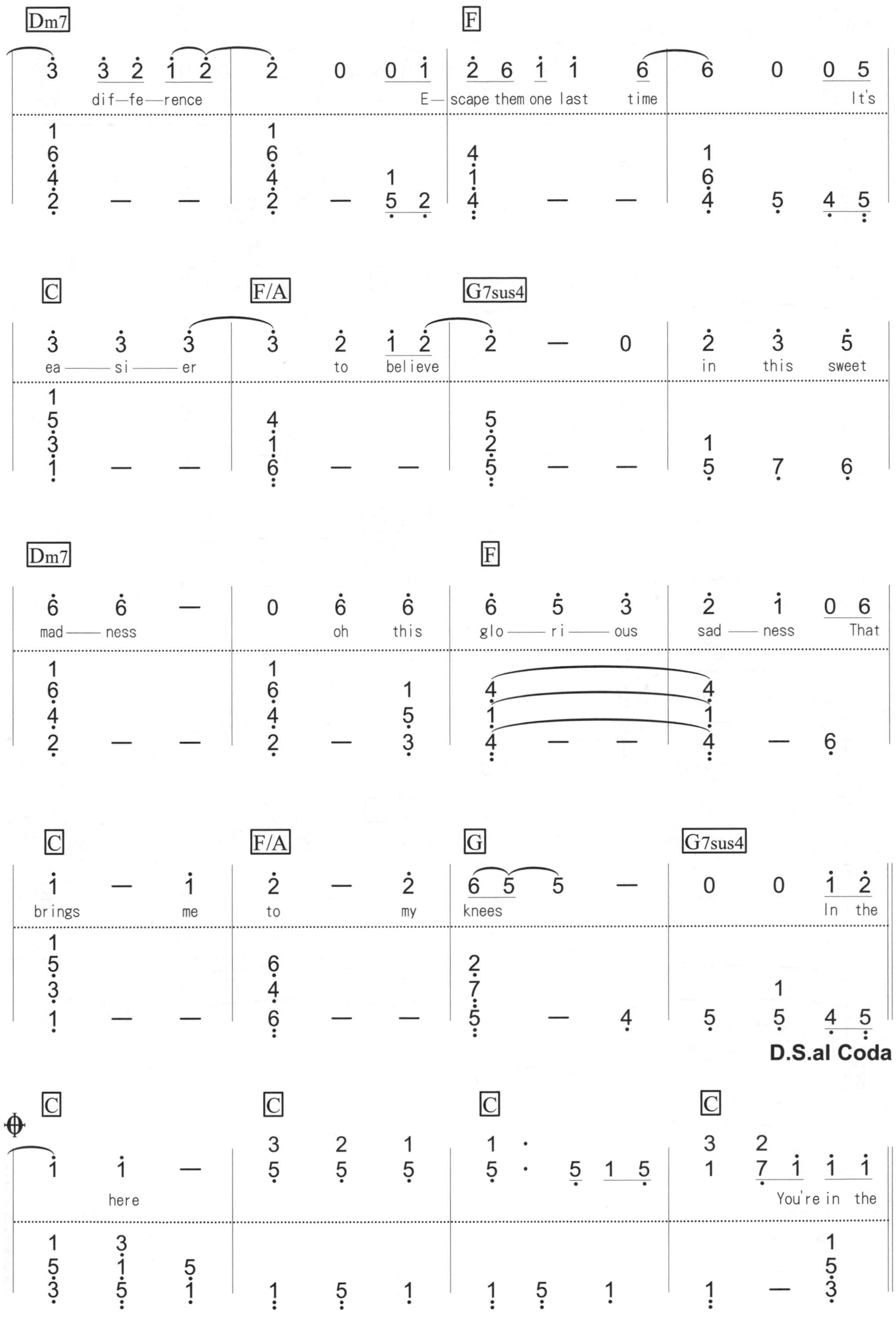

Dm7 F

dif—fe—rence E—scape them one last time It's

C F/A G7sus4

ea—si—er to believe in this sweet

Dm7 F

mad—ness oh this glo—ri—ous sad—ness That

C F/A G G7sus4

brings me to my knees In the

D.S.al Coda

C C C C

here You're in the

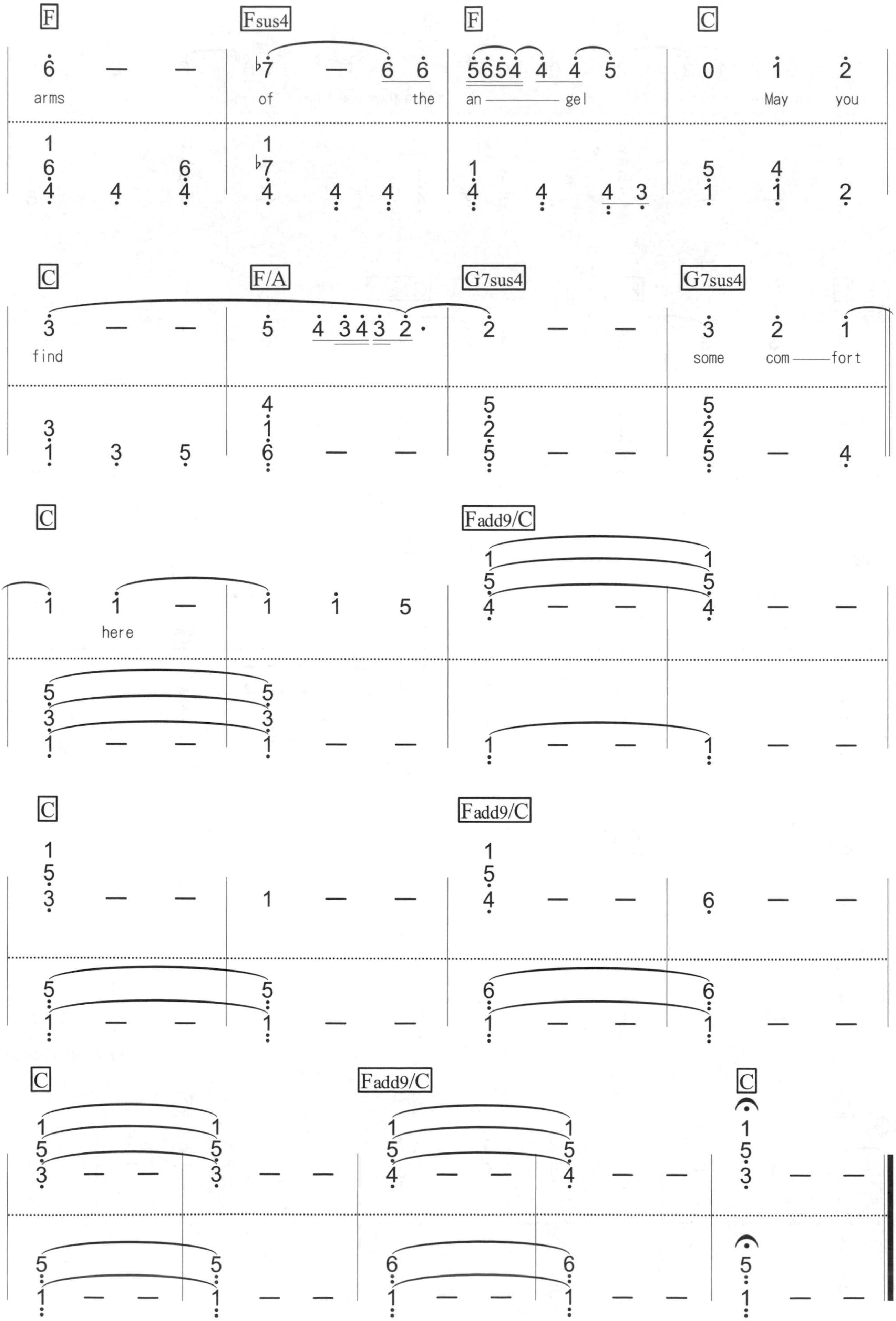

F | Fsus4 | F | C

arms of the an — gel May you

C | F/A | G7sus4 | G7sus4

find some com — fort

C | Fadd9/C

here

C | Fadd9/C

C | Fadd9/C | C

Beauty And The Beast

（動畫"美女與野獸"主題曲）

詞 / 曲：Howard Ashman / Alan Menken　演唱：Celine Dion

♩ = 100　4/4

Key:C　Moderato

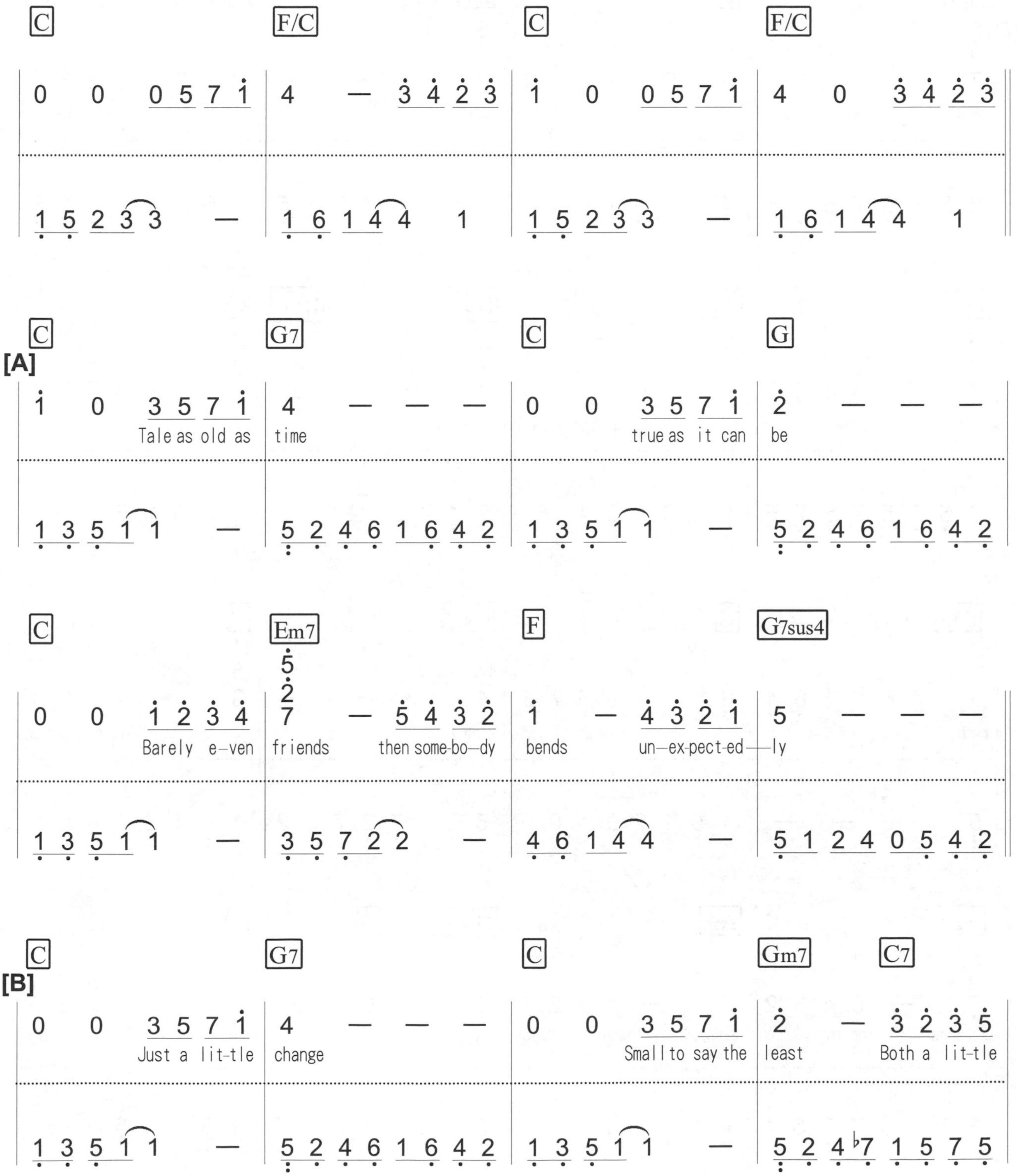

C | F/C | C | F/C

0 0 0 5 7 1 | 4 — 3 4 2 3 | 1 0 0 5 7 1 | 4 0 3 4 2 3 ||

1 5 2 3 3 — | 1 6 1 4 4 1 | 1 5 2 3 3 — | 1 6 1 4 4 1 ||

[A]

C | G7 | C | G

1 0 3 5 7 1 | 4 — — — | 0 0 3 5 7 1 | 2 — — —

Tale as old as | time | true as it can | be

1 3 5 1 1 — | 5 2 4 6 1 6 4 2 | 1 3 5 1 1 — | 5 2 4 6 1 6 4 2

C | Em7 | F | G7sus4

0 0 1 2 3 4 | 7 2 5 — 5 4 3 2 | 1 — 4 3 2 1 | 5 — — — ||

Barely e–ven | friends then some-bo–dy | bends un–ex-pect-ed– | –ly

1 3 5 1 1 — | 3 5 7 2 2 — | 4 6 1 4 4 — | 5 1 2 4 0 5 4 2 ||

[B]

C | G7 | C | Gm7 C7

0 0 3 5 7 1 | 4 — — — | 0 0 3 5 7 1 | 2 — 3 2 3 5

Just a lit-tle | change | Small to say the | least Both a lit-tle

1 3 5 1 1 — | 5 2 4 6 1 6 4 2 | 1 3 5 1 1 — | 5 2 4 ♭7 1 5 7 5

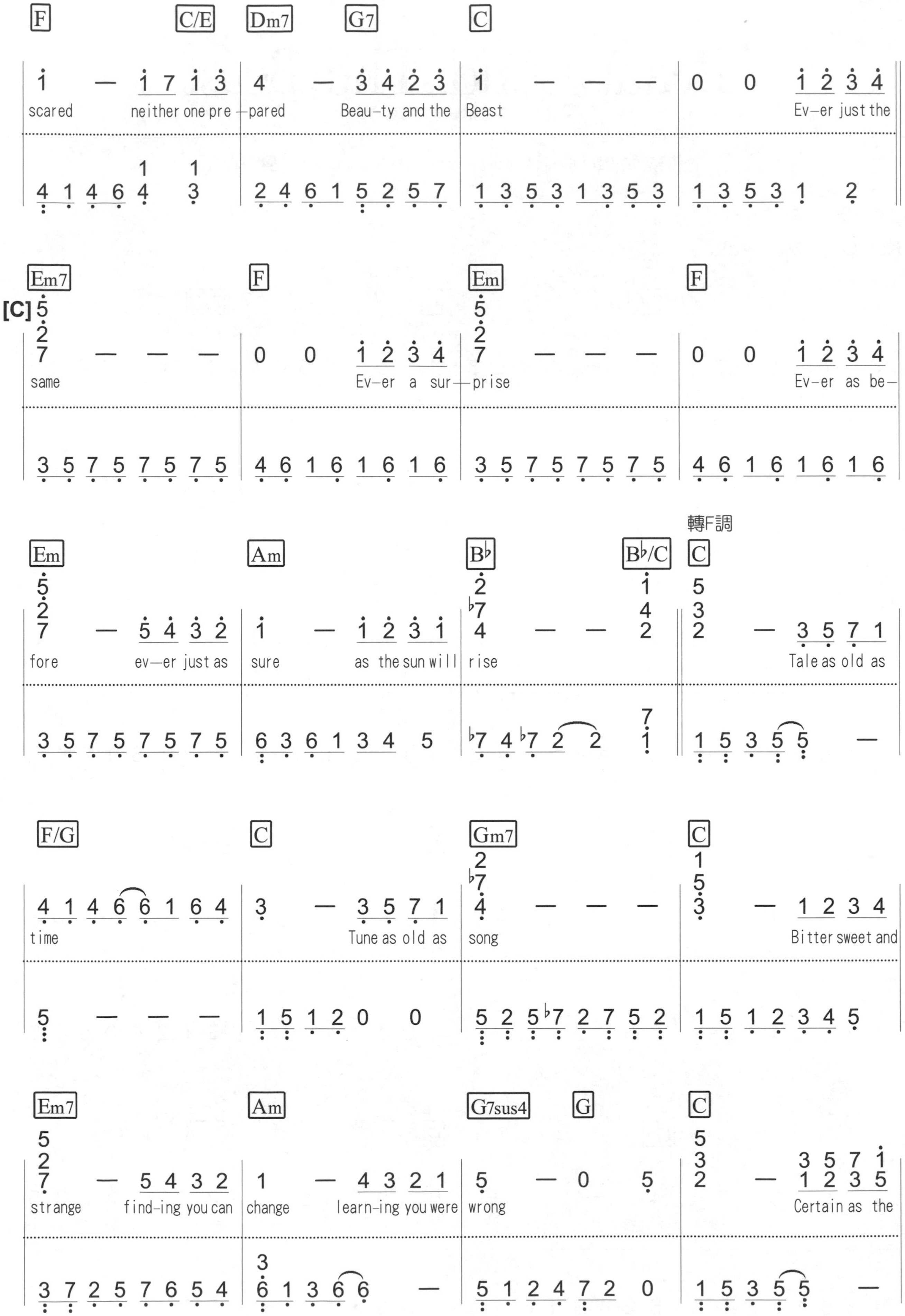

F C/E Dm7 G7 C

scared neither one pre-pared Beau-ty and the Beast Ev-er just the

[C]

Em7 F Em F

same Ev-er a sur-prise Ev-er as be-

轉F調

Em Am B♭ B♭/C C

fore ev-er just as sure as the sun will rise Tale as old as

F/G C Gm7 C

time Tune as old as song Bit-ter sweet and

Em7 Am G7sus4 G C

strange find-ing you can change learn-ing you were wrong Cer-tain as the

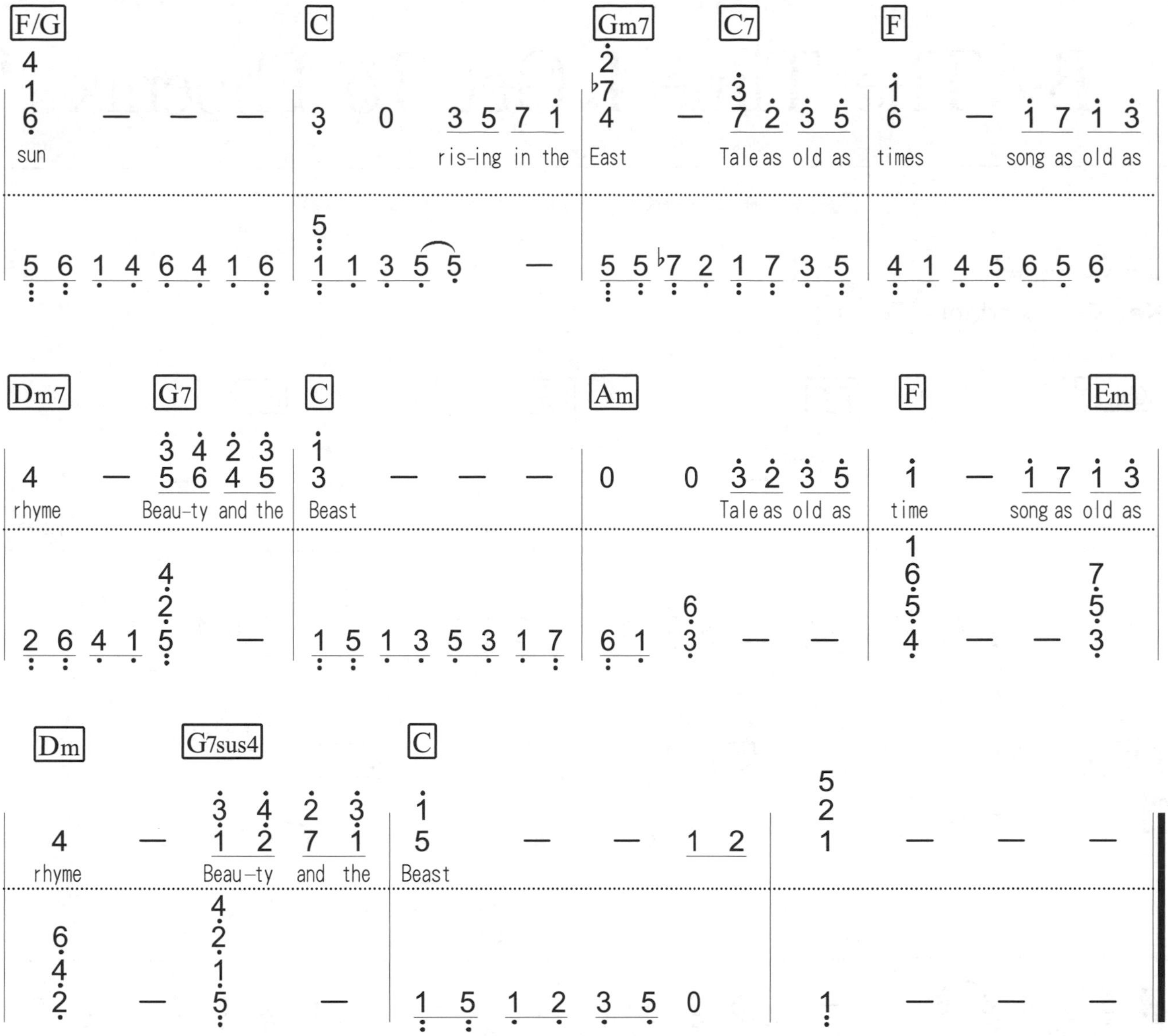

F/G　C　Gm7　C7　F

sun　ris-ing in the　East　Tale as old as　times　song as old as

Dm7　G7　C　Am　F　Em

rhyme　Beau-ty and the　Beast　Tale as old as　time　song as old as

Dm　G7sus4　C

rhyme　Beau-ty and the　Beast

By The Time I Get To Phoenix

詞 / 曲：Jimmy Webb / Glen Campbell　演唱：Glen Campbell

♩ = 88　4/4
Key:F　Andante

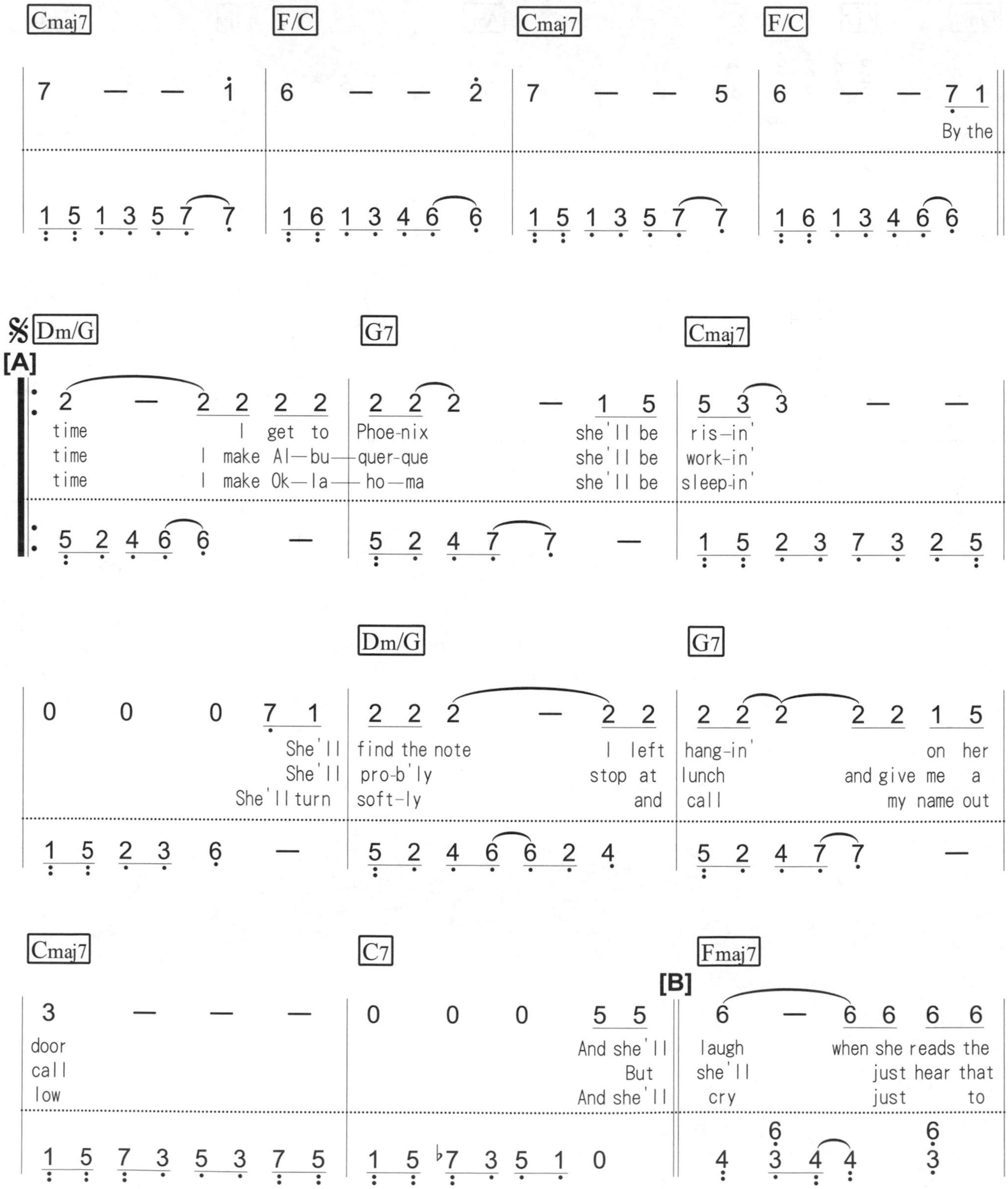

Cmaj7 F/C Cmaj7 F/C

By the

[A]

Dm/G G7 Cmaj7

time I get to Phoe-nix she'll be ris-in'
time I make Al-bu-quer-que she'll be work-in'
time I make Ok-la-ho-ma she'll be sleep-in'

Dm/G G7

She'll find the note I left hang-in' on her
She'll pro-b'ly stop at lunch and give me a
She'll turn soft-ly and call my name out

Cmaj7 C7 Fmaj7

door And she'll
call But
low And she'll

[B]

laugh when she reads the
she'll just hear that
cry just to

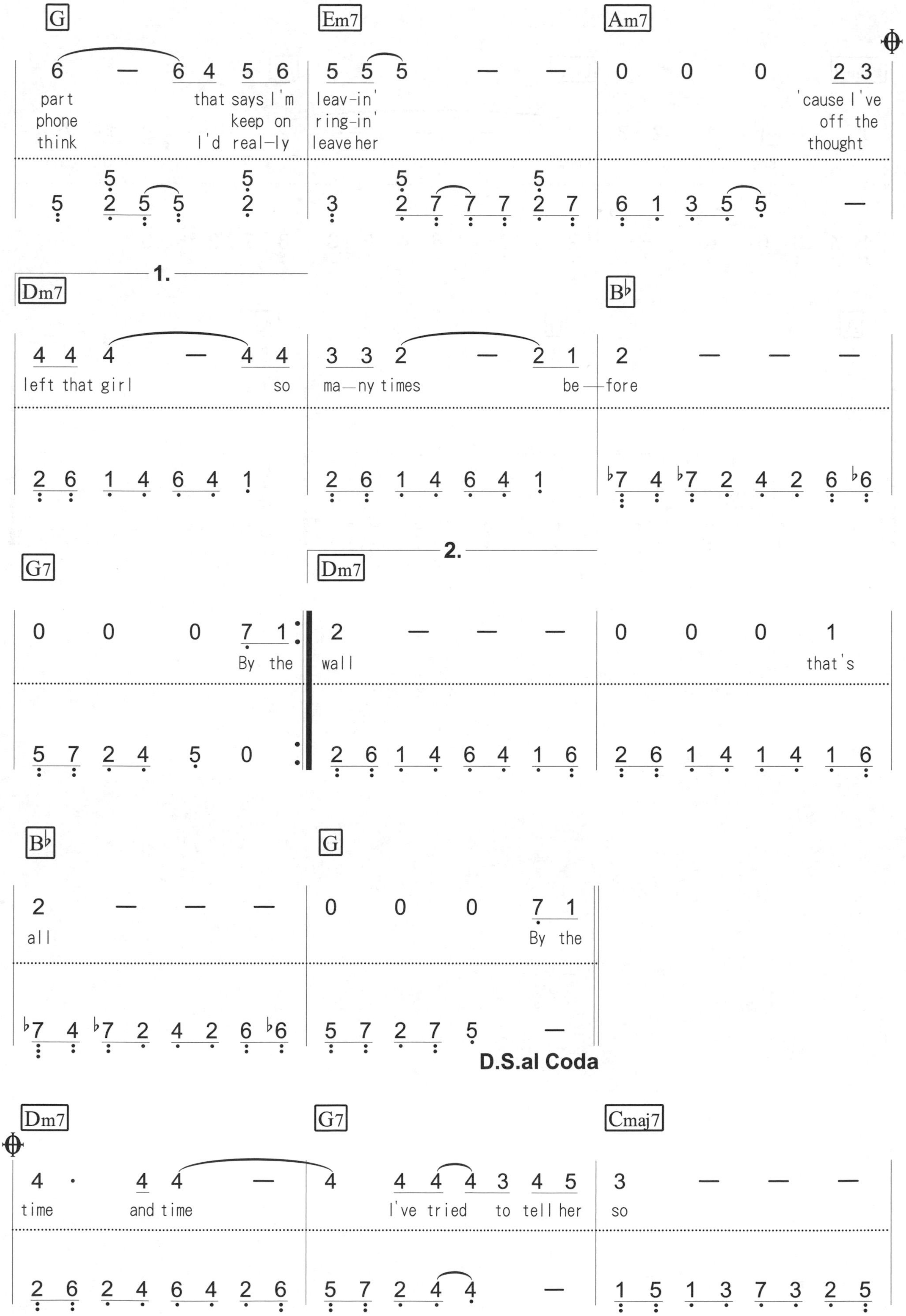

G | Em7 | Am7 𝄌

6 — 6 4 5 6 | 5 5 5 — — | 0 0 0 2 3

part that says I'm | leav-in' | 'cause I've
phone keep on | ring-in' | off the
think I'd real-ly | leave her | thought

5 5/2 5 5 5/2 | 3 5/2 7 7 7 5/2 7 | 6 1 3 5 5 —

1.
Dm7 | | B♭

4 4 4 — 4 4 | 3 3 2 — 2 1 | 2 — — —

left that girl so | ma—ny times be—fore

2 6 1 4 6 4 1 | 2 6 1 4 6 4 1 | ♭7 4 ♭7 2 4 2 6 ♭6

2.
G7 | Dm7 |

0 0 0 7 1 :‖ 2 — — — | 0 0 0 1

By the | wall | that's

5 7 2 4 5 0 :‖ 2 6 1 4 6 4 1 6 | 2 6 1 4 1 4 1 6

B♭ | G

2 — — — | 0 0 0 7 1 ‖

all | By the

♭7 4 ♭7 2 4 2 6 ♭6 | 5 7 2 7 5 — ‖

D.S.al Coda

𝄌 Dm7 | G7 | Cmaj7

4 · 4 4 — | 4 4 4 4 3 4 5 | 3 — — —

time and time | I've tried to tell her | so

2 6 2 4 6 4 2 6 | 5 7 2 4 4 — | 1 5 1 3 7 3 2 5

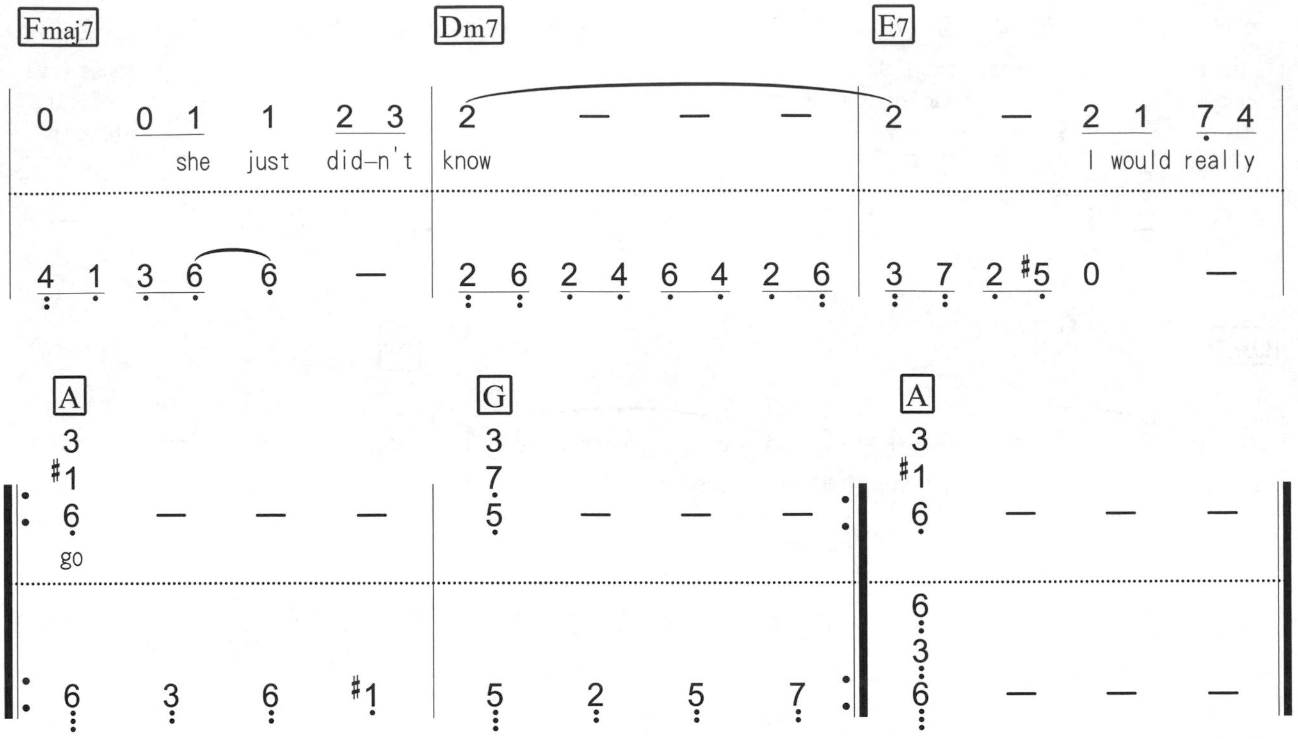

Fmaj7 | Dm7 | E7

0 0 1 1 2 3 | 2 — — — | 2 — 2 1 7 4

she just did-n't know | | I would really

4 1 3 6 6 — | 2 6 2 4 6 4 2 6 | 3 7 2 #5 0 —

A | G | A

3 #1 6 — — — | 3 7 5 — — — | 3 #1 6 — — —

go

6 3 6 #1 | 5 2 5 7 | 6 3 6 — — —

Bridge Over Troubled Water

詞 / 曲：Paul Simon　演唱：Simon & Garfunkel

♩ = 98　4/4

Key:E♭　Andantino

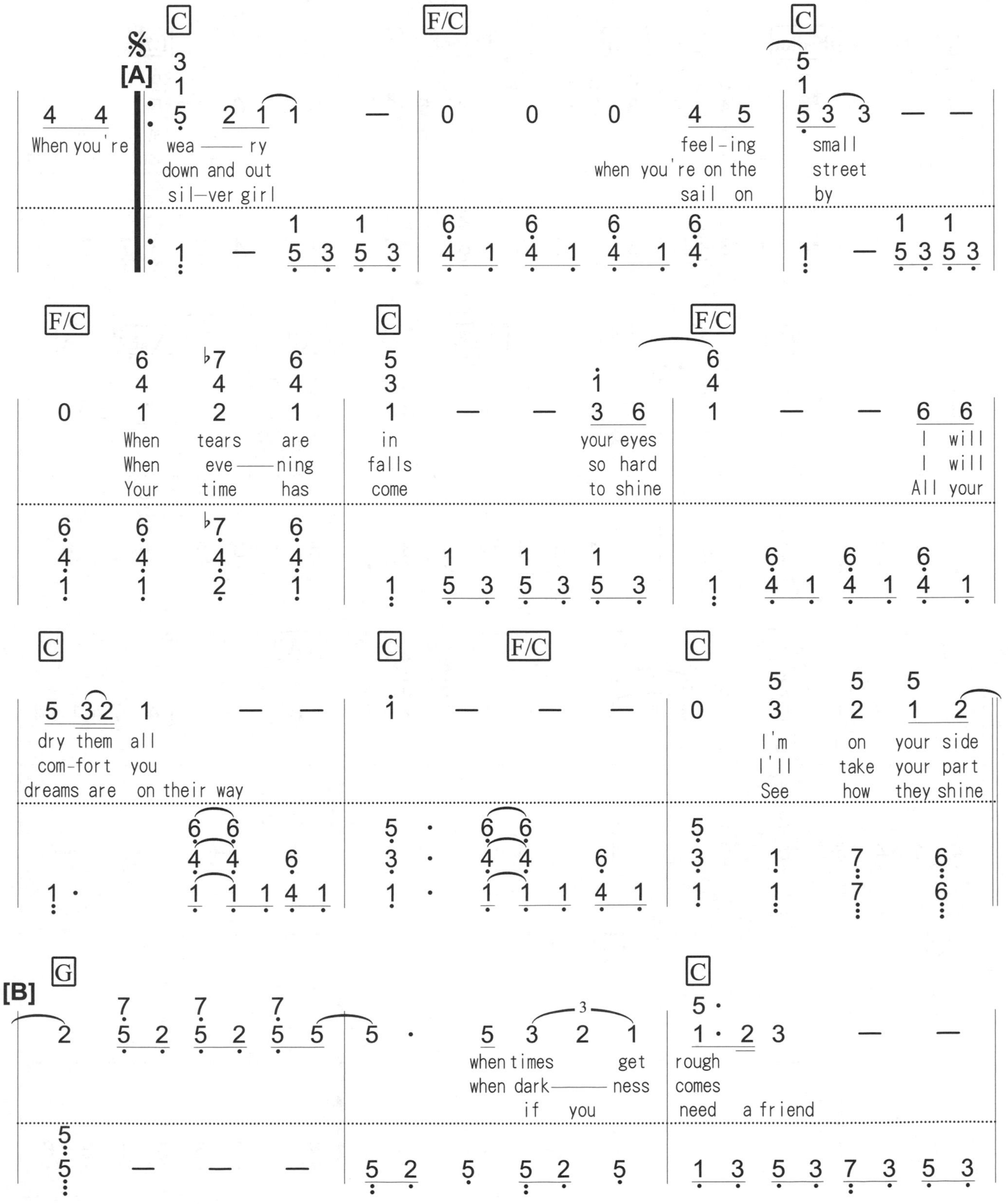

[A]

C　F/C　C

When you're wea — ry feel-ing small
down and out when you're on the street
sil—ver girl sail on by

F/C　C　F/C

When tears are in your eyes I will
When eve—ning falls so hard I will
Your time has come to shine All your

C　C　F/C　C

dry them all I'm on your side
com-fort you I'll take your part
dreams are on their way See how they shine

[B]

G　C

when times get rough
when dark—ness comes
if you need a friend

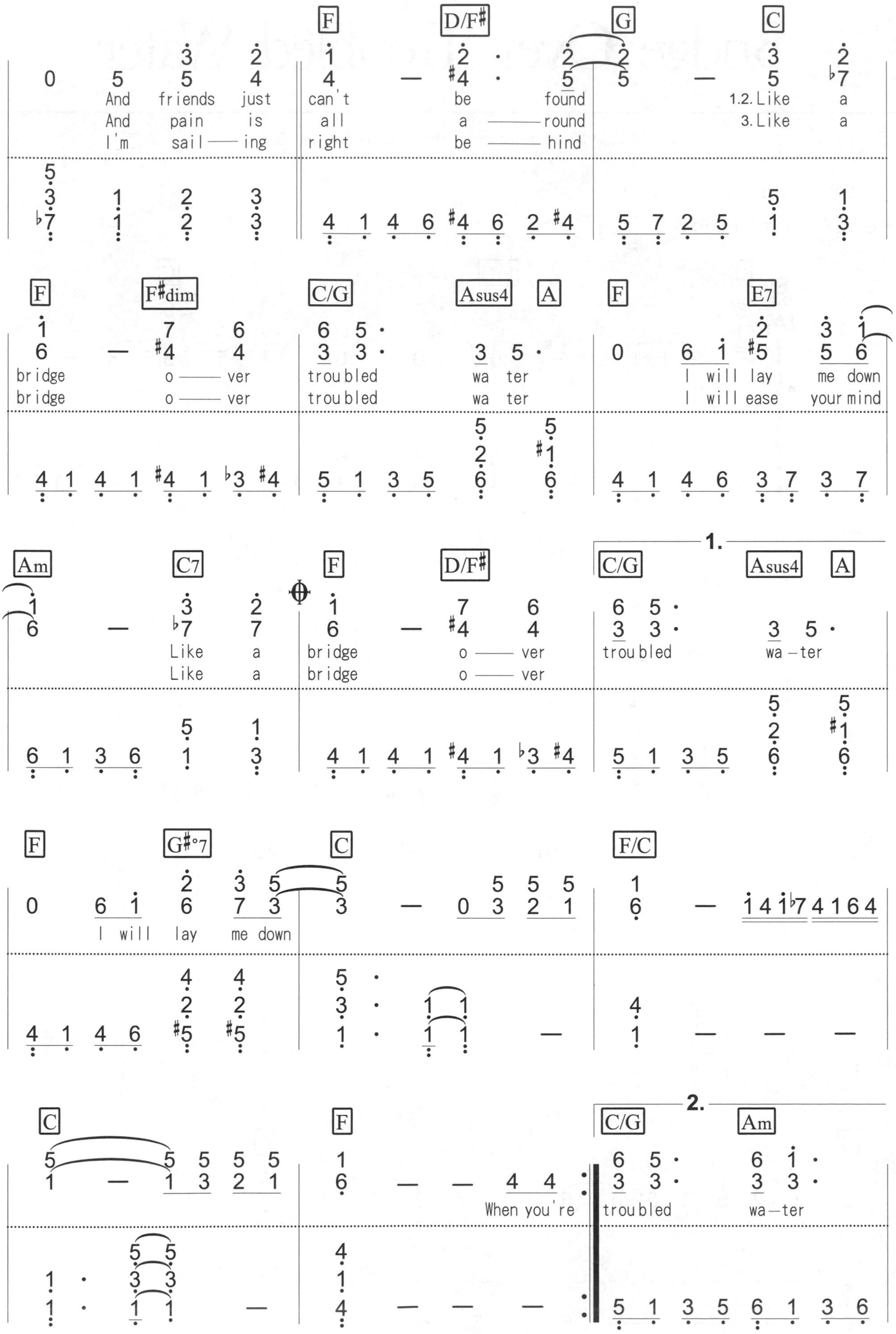

F D/F# G C

And friends just can't be found 1.2. Like a
And pain is all a — round 3. Like a
I'm sail — ing right be — hind

F F#dim C/G Asus4 A F E7

bridge o — ver troubled wa ter I will lay me down
bridge o — ver troubled wa ter I will ease your mind

Am C7 F D/F# 1. C/G Asus4 A

Like a bridge o — ver troubled wa — ter
Like a bridge o — ver

F G#°7 C F/C

I will lay me down

C F 2. C/G Am

When you're troubled wa — ter

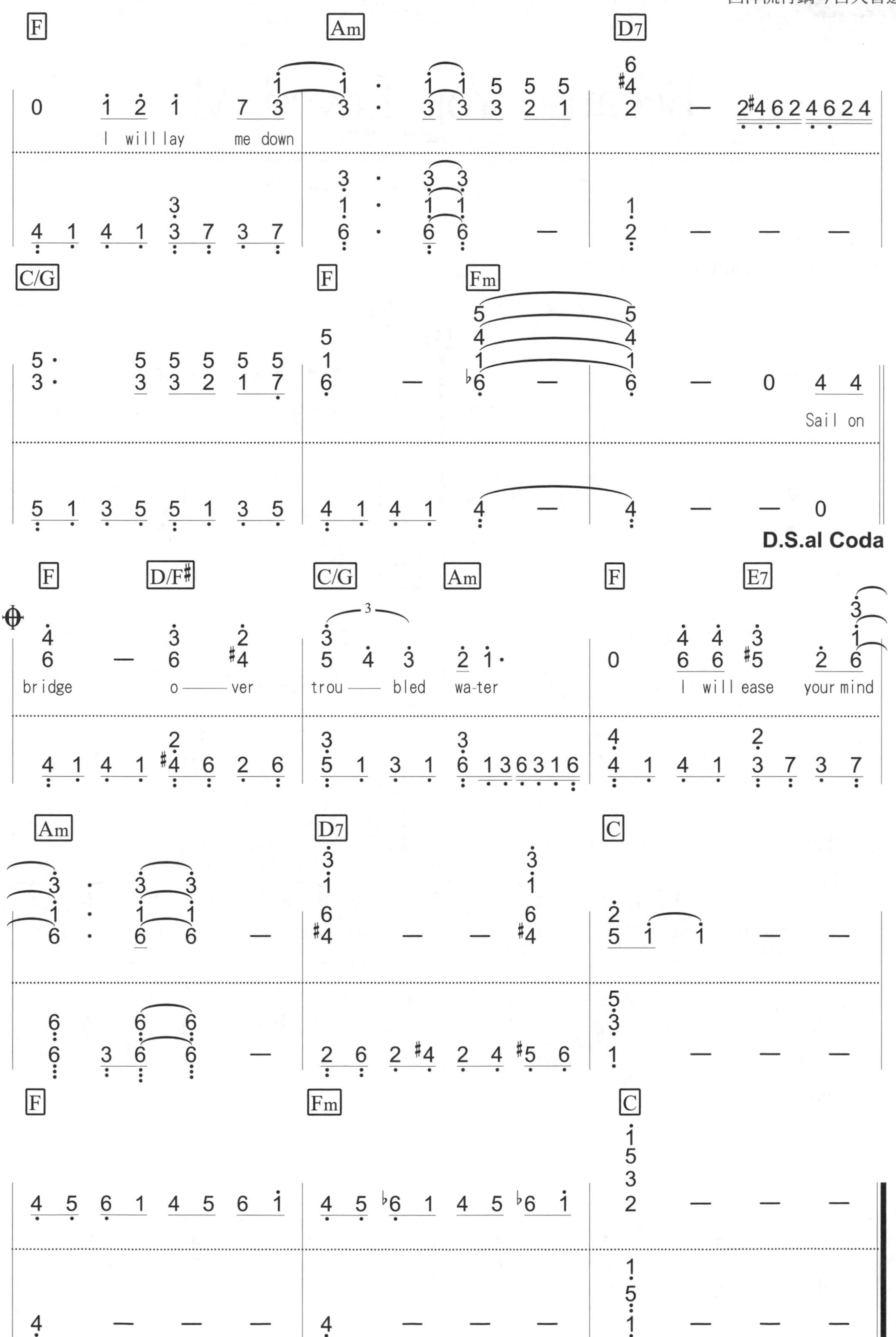
F
Am
D7
I will lay me down
C/G
F
Fm
Sail on
D.S.al Coda
F
D/F♯
C/G
Am
E7
bridge o ver
trou bled wa-ter
I will ease your mind
Am
D7
C
F
Fm
C

Because You Loved Me

(電影"因為你愛過我"主題曲)

詞 / 曲：Shaking Steven　演唱：Celine Dion

♩ = 88　4/4

Key:C　Andante

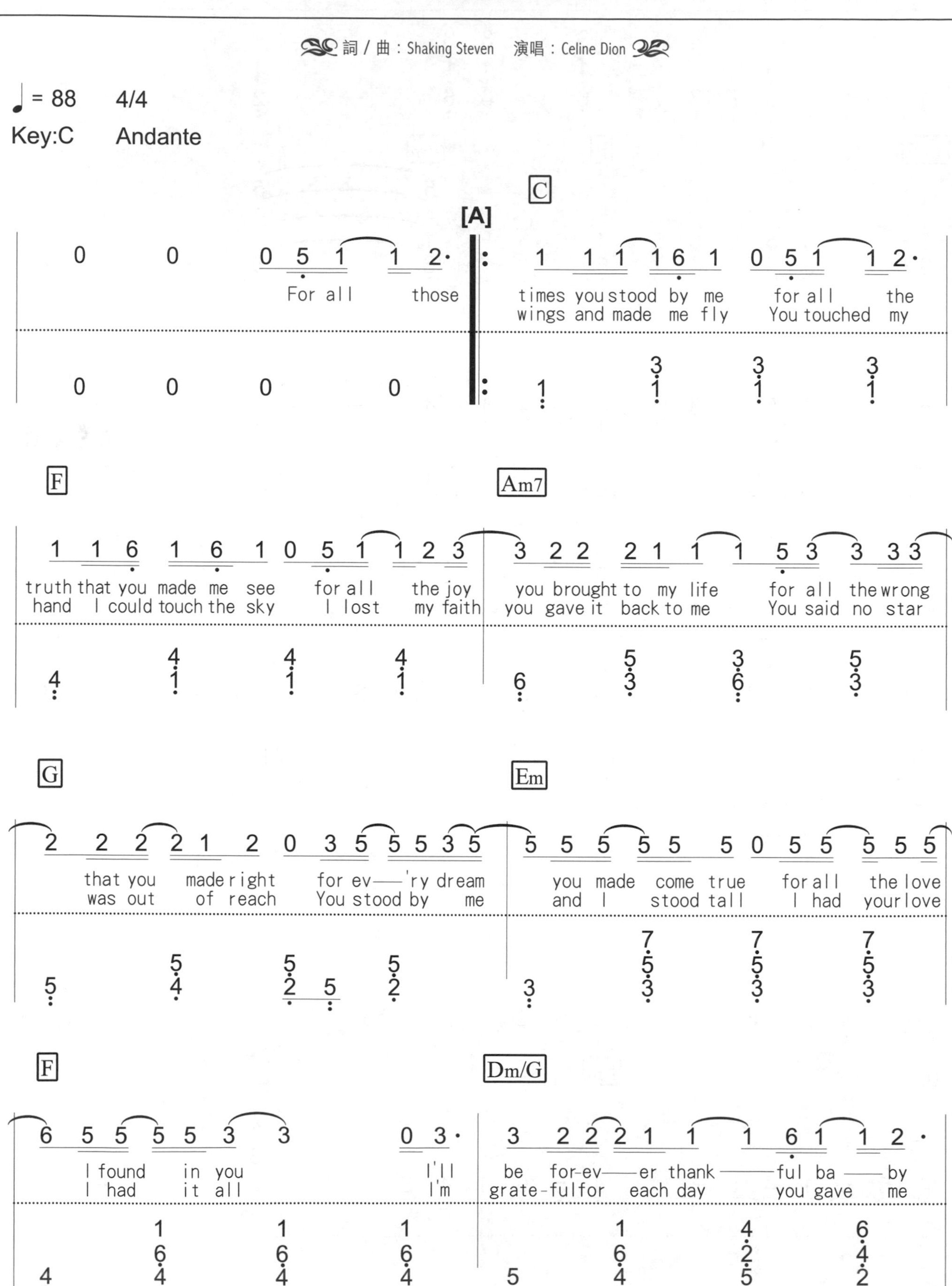

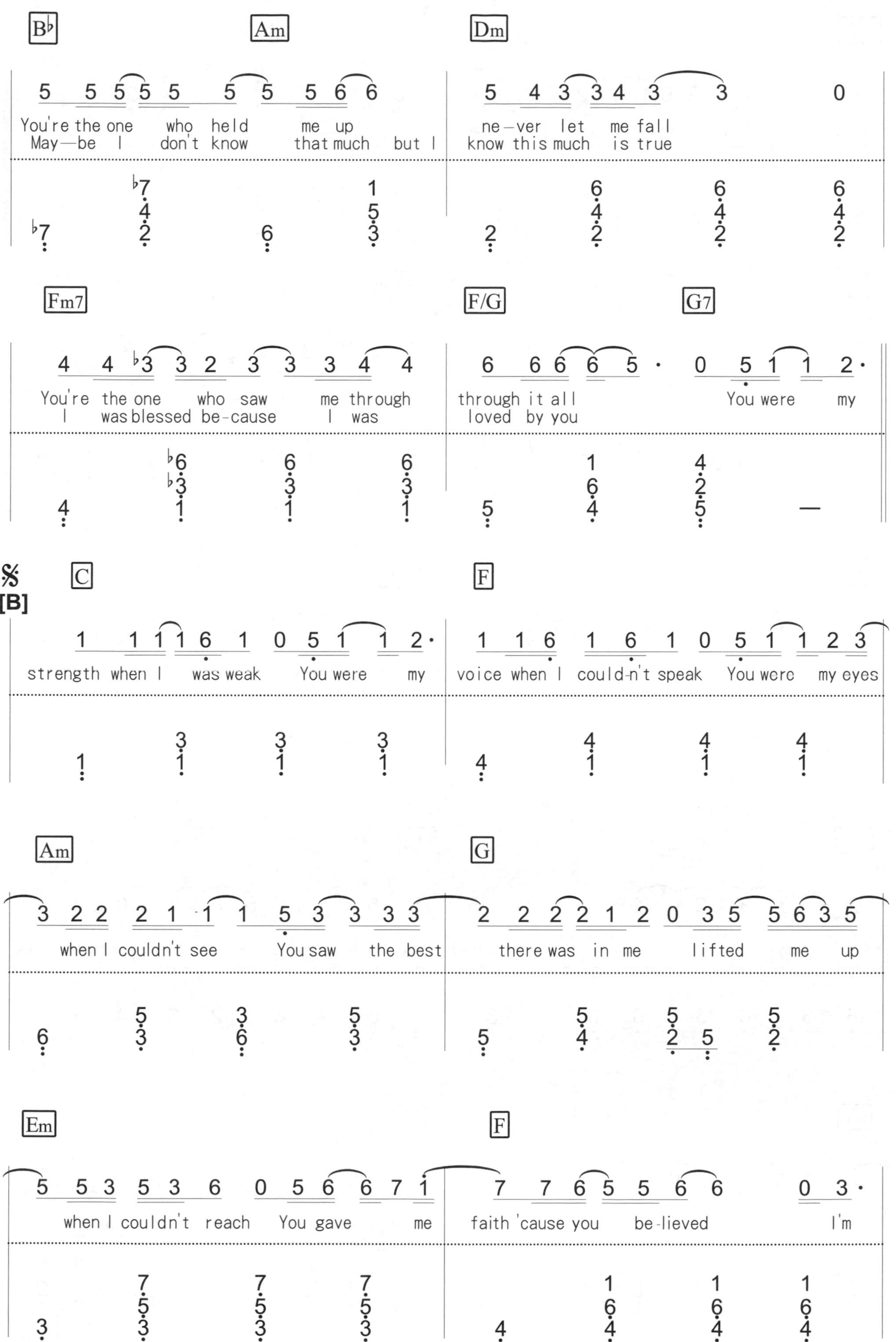
B♭
Am
Dm
You're the one who held me up
May—be I don't know that much but I
ne—ver let me fall
know this much is true
Fm7
F/G
G7
You're the one who saw me through
I was blessed be-cause I was
through it all
loved by you
You were my
[B]
C
F
strength when I was weak You were my
voice when I could-n't speak You were my eyes
Am
G
when I couldn't see You saw the best
there was in me lifted me up
Em
F
when I couldn't reach You gave me
faith 'cause you be-lieved I'm

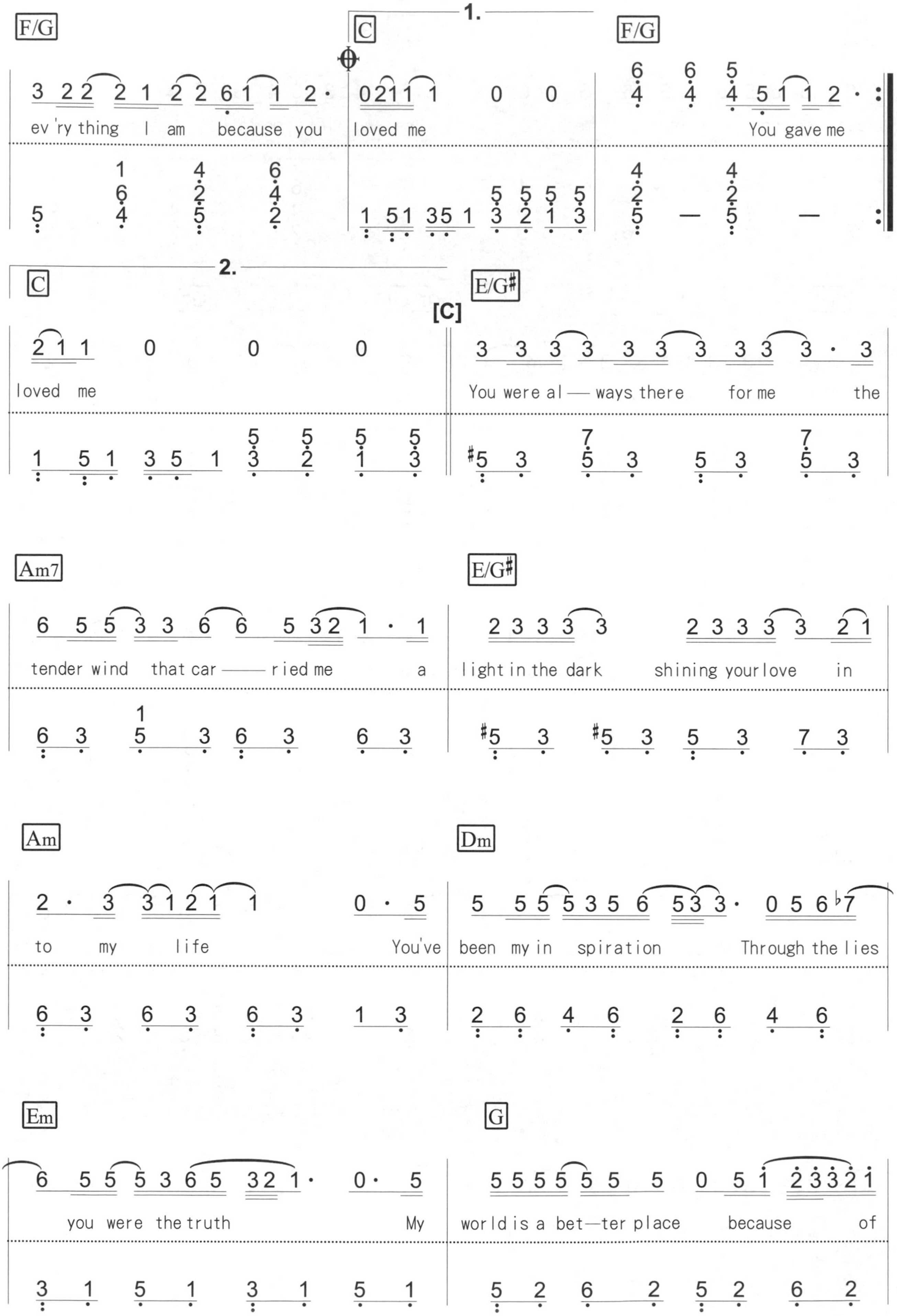

F/G | C (1.) | F/G

ev 'ry thing I am because you loved me You gave me

C (2.) | [C] E/G♯

loved me You were al — ways there for me the

Am7 | E/G♯

tender wind that car — ried me a light in the dark shining your love in

Am | Dm

to my life You've been my in spiration Through the lies

Em | G

you were the truth My world is a bet—ter place because of

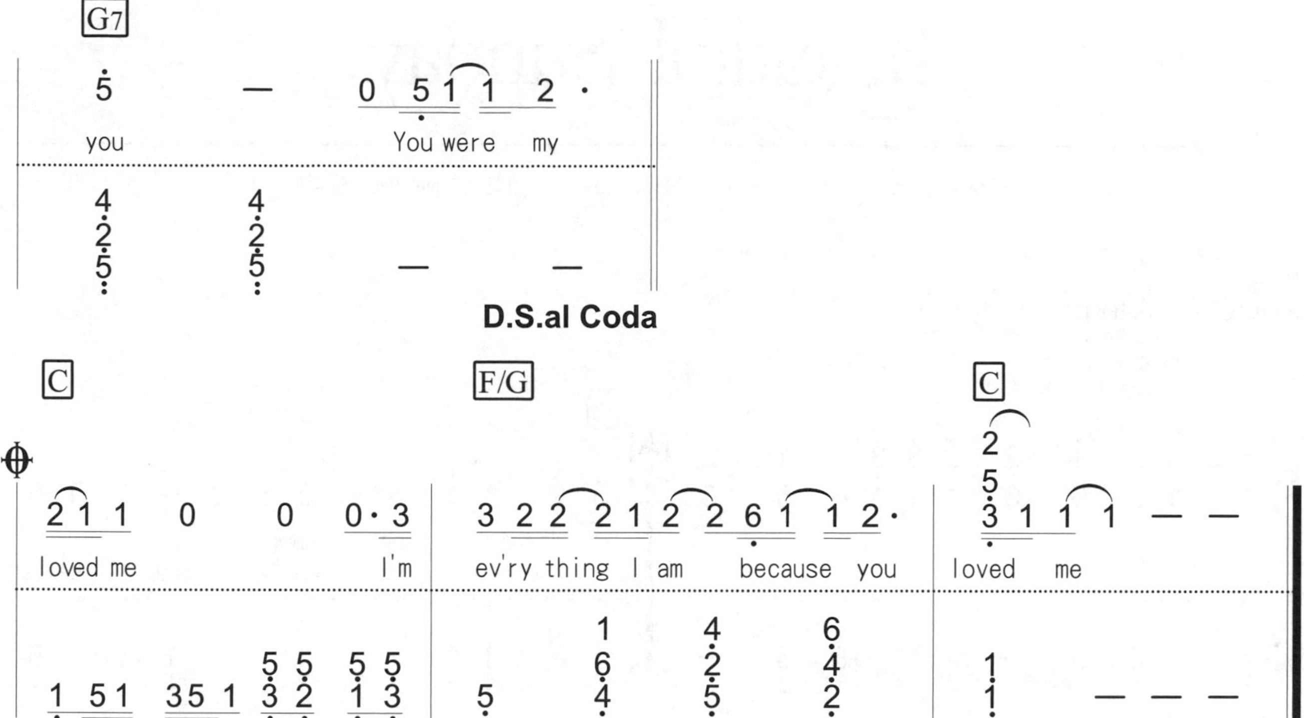
G7
you
You were my
D.S.al Coda
C
F/G
C
loved me
I'm
ev'ry thing I am because you
loved me

Beautiful Sunday

詞 / 曲：Boone / Daniel Music : Boone / Daniel　演唱：Daniel Boone

♩ = 127　4/4
Key:C　Allegro

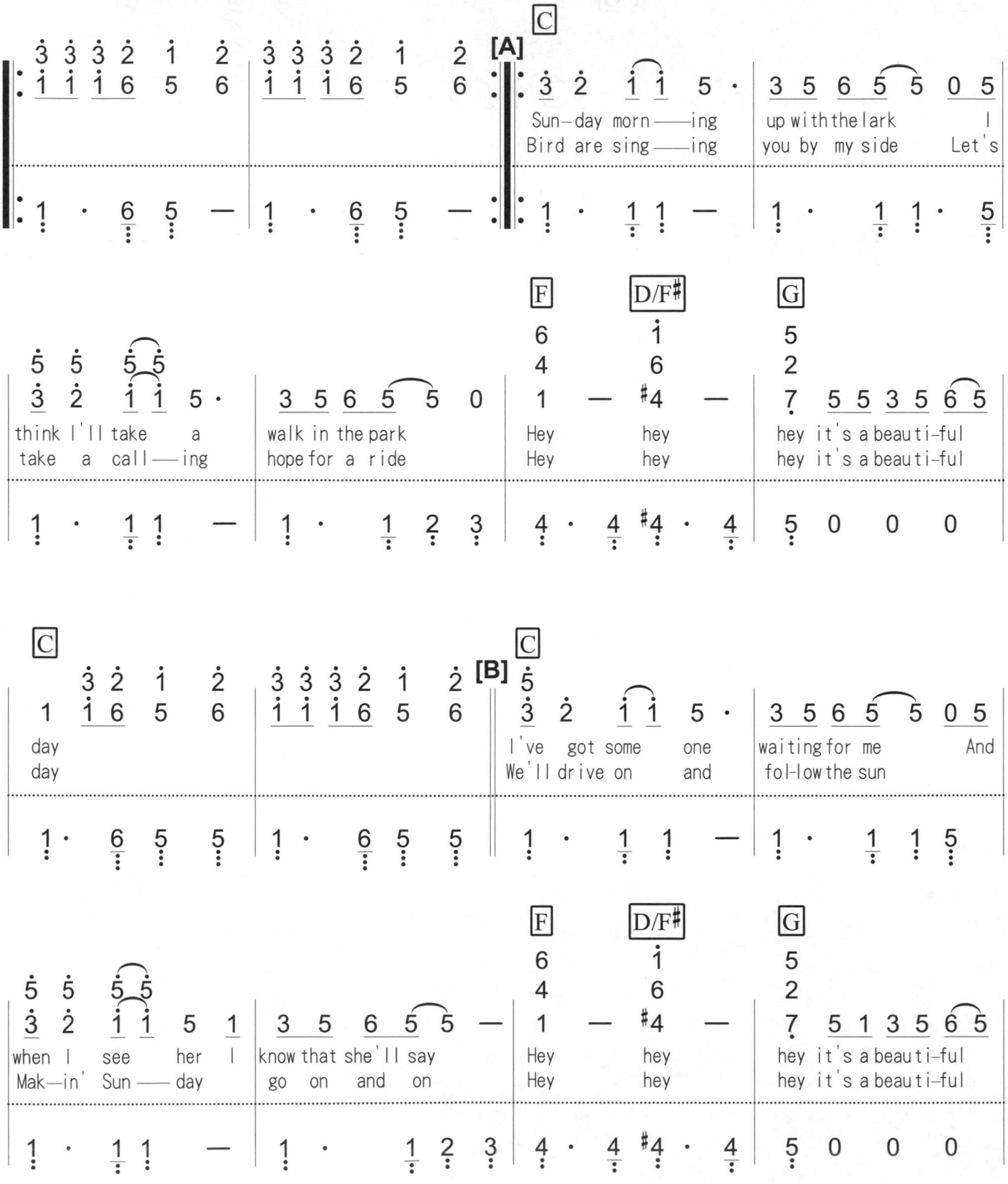

[A]

Sun-day morn—ing up with the lark I think I'll take a walk in the park Hey hey hey it's a beau-ti-ful day
Bird are sing—ing you by my side Let's take a call—ing hope for a ride Hey hey hey it's a beau-ti-ful day

[B]

I've got some one waiting for me And when I see her I know that she'll say Hey hey hey it's a beau-ti-ful
We'll drive on and fol-low the sun Mak-in' Sun—day go on and on Hey hey hey it's a beau-ti-ful

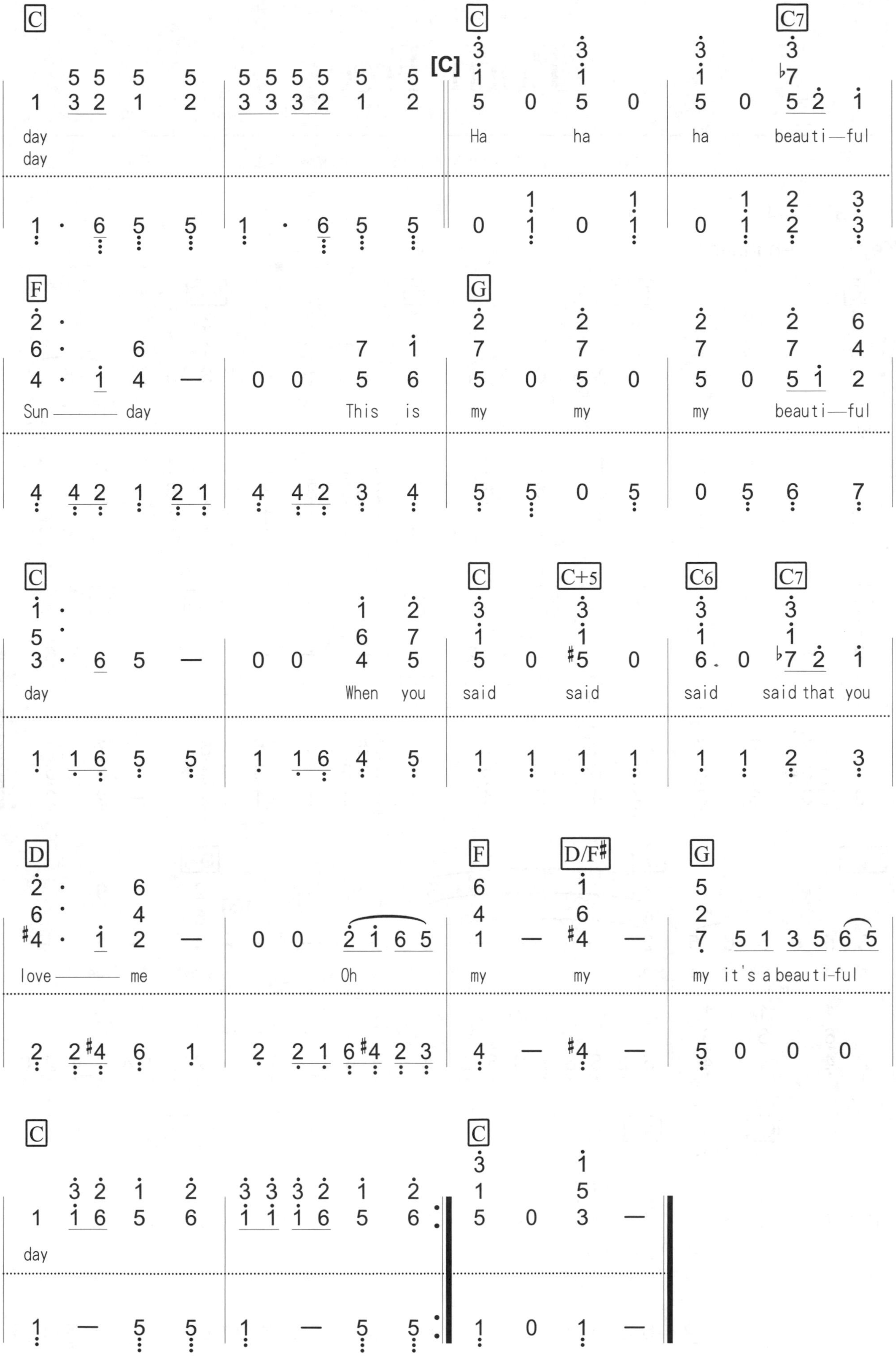

C | | [C] C | C7

day
day

Ha ha ha beauti—ful

F | | G |

Sun —— day This is my my my beauti—ful

C | | C C+5 | C6 C7

day When you said said said said that you

D | | F D/F# | G

love —— me Oh my my my it's a beauti-ful

C | | C

day

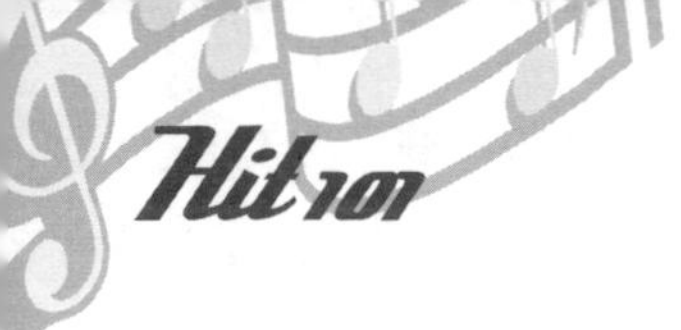

Born Free

詞 / 曲：Don Black / John Barry　演唱：Andy Williams

♩ = 98　4/4

Key:C　Andantino

[A]

C　F/C　C　F/C

Born free as free as the wind blows as free as the

Live free and beau-ty sur—rounds you the world still a—

Em7　F　G7　C　Dm　G (1.)

grass grows born free to fol-low your heart

stounds you

Dm7 (2.)　G7　[B] Dm

each time you look at a star　Stay free

G7　Am　Am7(♭5)

where no walls di—vide you　you're free as a roar—ing tide

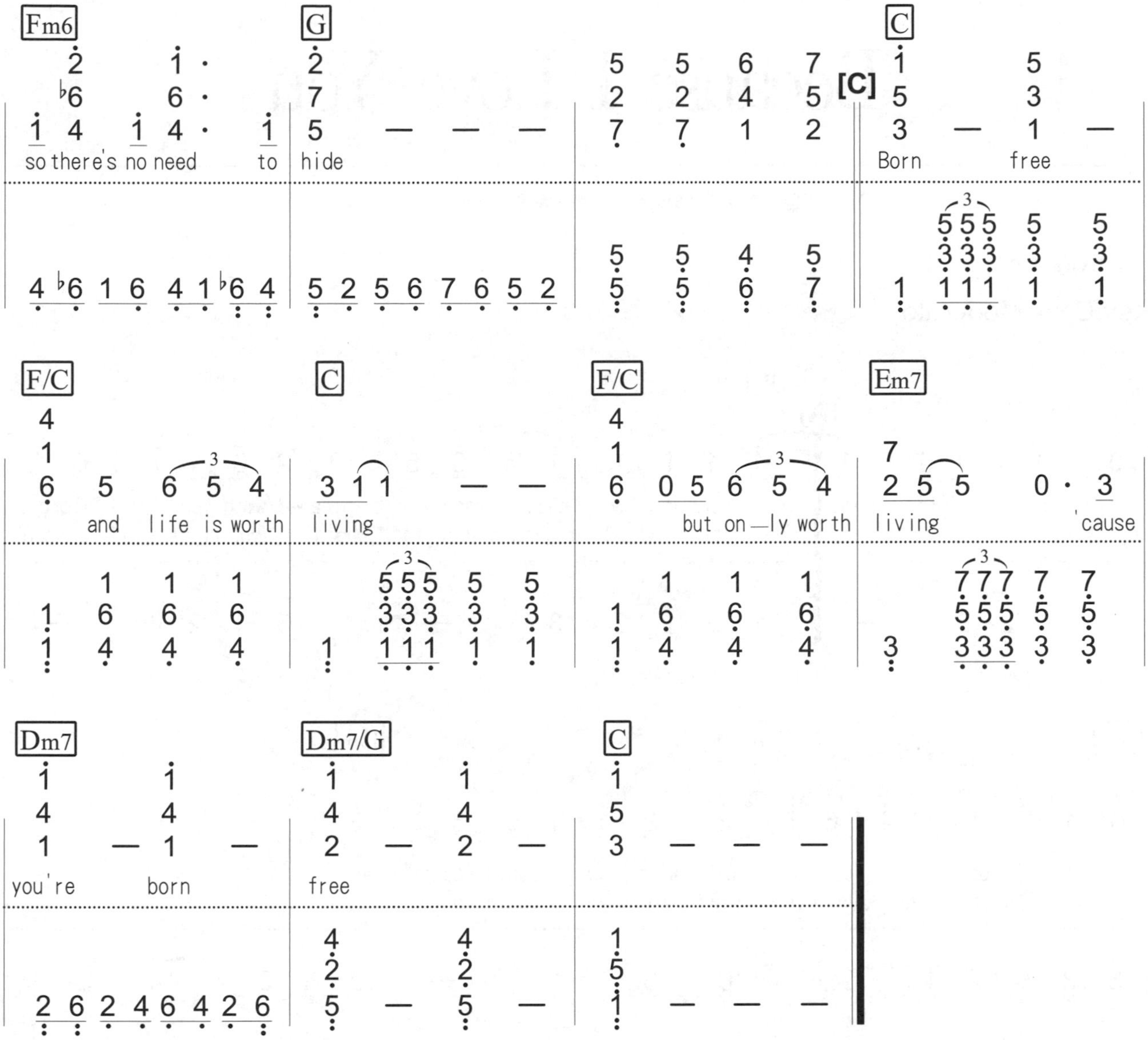

Fm6 | G | | [C] C

so there's no need to hide | | | Born free

F/C | C | F/C | Em7

and life is worth | living | but on—ly worth | living 'cause

Dm7 | Dm7/G | C

you're born | free |

Because I Love You

詞 / 曲：Shaking Steven　演唱：Shaking Steven

♩ = 100　4/4
Key:C　Moderato

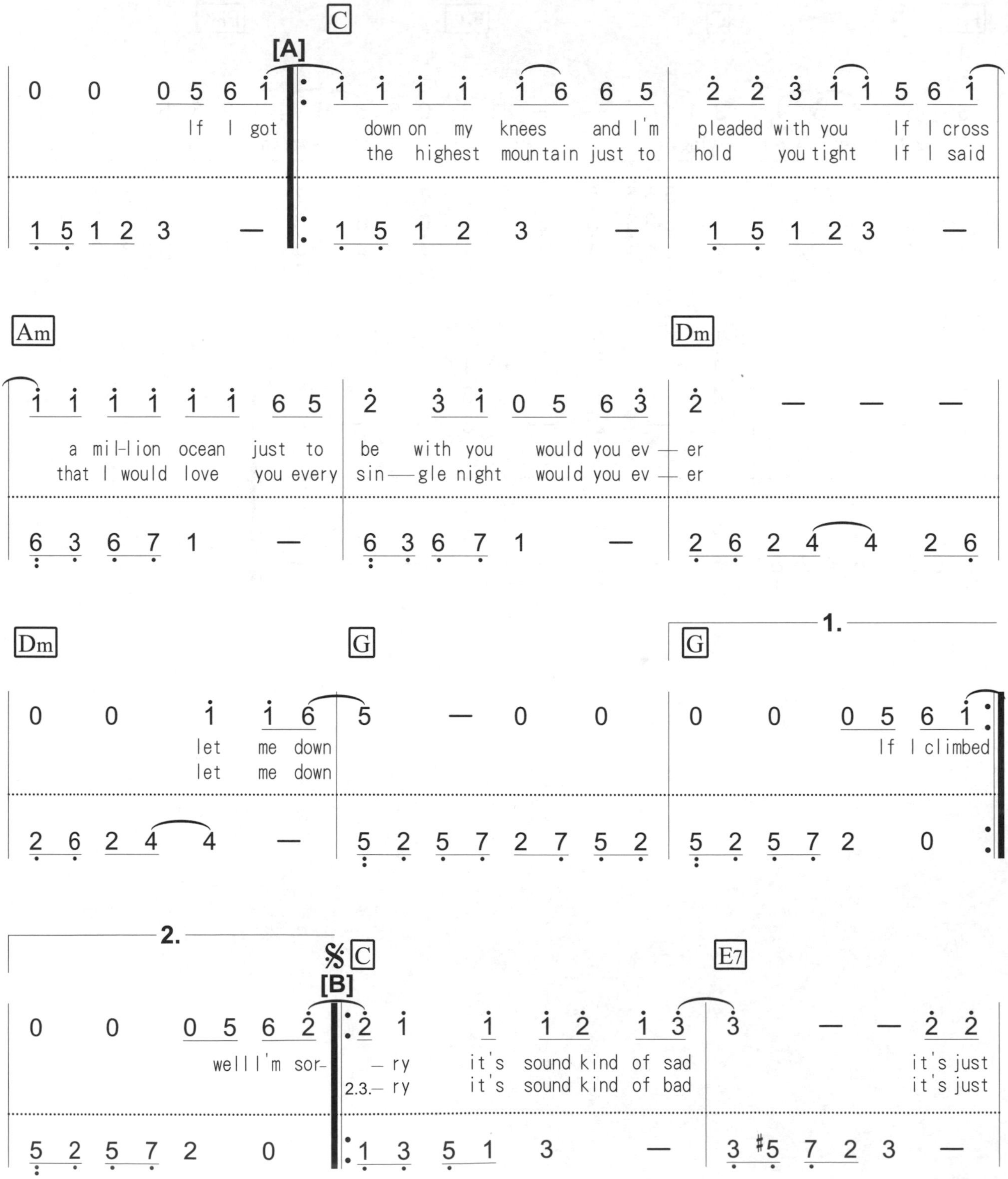

[A] C

0 0 0 5 6 1 | 1 1 1 1 1 6 6 5 | 2 2 3 1 1 5 6 1 |
If I got | down on my knees and I'm | pleaded with you If I cross
the highest mountain just to | hold you tight If I said

1 5 1 2 3 — | 1 5 1 2 3 — | 1 5 1 2 3 — |

Am　Dm

1 1 1 1 1 1 6 5 | 2 3 1 0 5 6 3 | 2 — — — |
a mil-lion ocean just to | be with you would you ev — | er
that I would love you every | sin — gle night would you ev — | er

6 3 6 7 1 — | 6 3 6 7 1 — | 2 6 2 4 4 2 6 |

Dm　G　1. G

0 0 1 1 6 | 5 — 0 0 | 0 0 0 5 6 1 :|
let me down | | If I climbed
let me down

2 6 2 4 4 — | 5 2 5 7 2 7 5 2 | 5 2 5 7 2 0 :|

2.　[B] 𝄋 C　E7

0 0 0 5 6 2 | 2 1 1 1 2 1 3 | 3 — — 2 2 |
well I'm sor- | — ry it's sound kind of sad | it's just
2.3.— ry it's sound kind of bad | it's just

5 2 5 7 2 0 | 1 3 5 1 3 — | 3 #5 7 2 3 — |

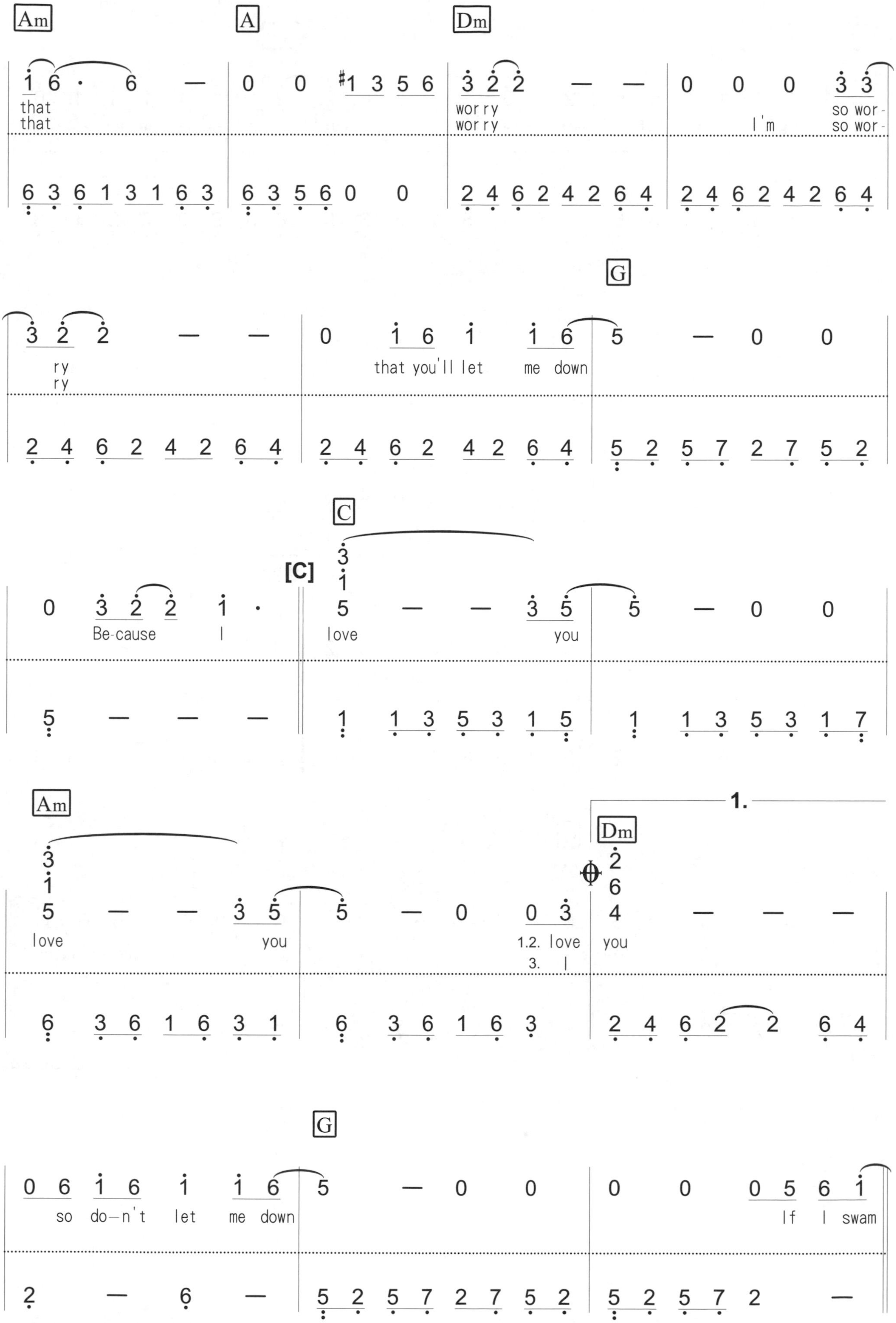

Am | A | Dm |

| 1 6 · 6 — | 0 0 #1 3 5 6 | 3 2 2 — — | 0 0 0 3 3 |

that / that | | wor ry / wor ry | I'm so wor- / so wor-

| 6 3 6 1 3 1 6 3 | 6 3 5 6 0 0 | 2 4 6 2 4 2 6 4 | 2 4 6 2 4 2 6 4 |

G

| 3 2 2 — — | 0 1 6 1 1 6 | 5 — 0 0 |

ry / ry | that you'll let me down |

| 2 4 6 2 4 2 6 4 | 2 4 6 2 4 2 6 4 | 5 2 5 7 2 7 5 2 |

[C] C

| 0 3 2 2 1 · | 3/1/5 — — 3 5 | 5 — 0 0 |

Be-cause I | love you |

| 5 — — — | 1 1 3 5 3 1 5 | 1 1 3 5 3 1 7 |

Am | 1. Dm

| 3/1/5 — — 3 5 | 5 — 0 0 3 | 𝄌 2/6/4 — — — |

love you | 1.2. love / 3. I | you

| 6 3 6 1 6 3 1 | 6 3 6 1 6 3 | 2 4 6 2 2 6 4 |

G

| 0 6 1 6 1 1 6 | 5 — 0 0 | 0 0 0 5 6 1 |

so do-n't let me down | | If I swam

| 2 — 6 — | 5 2 5 7 2 7 5 2 | 5 2 5 7 2 — |

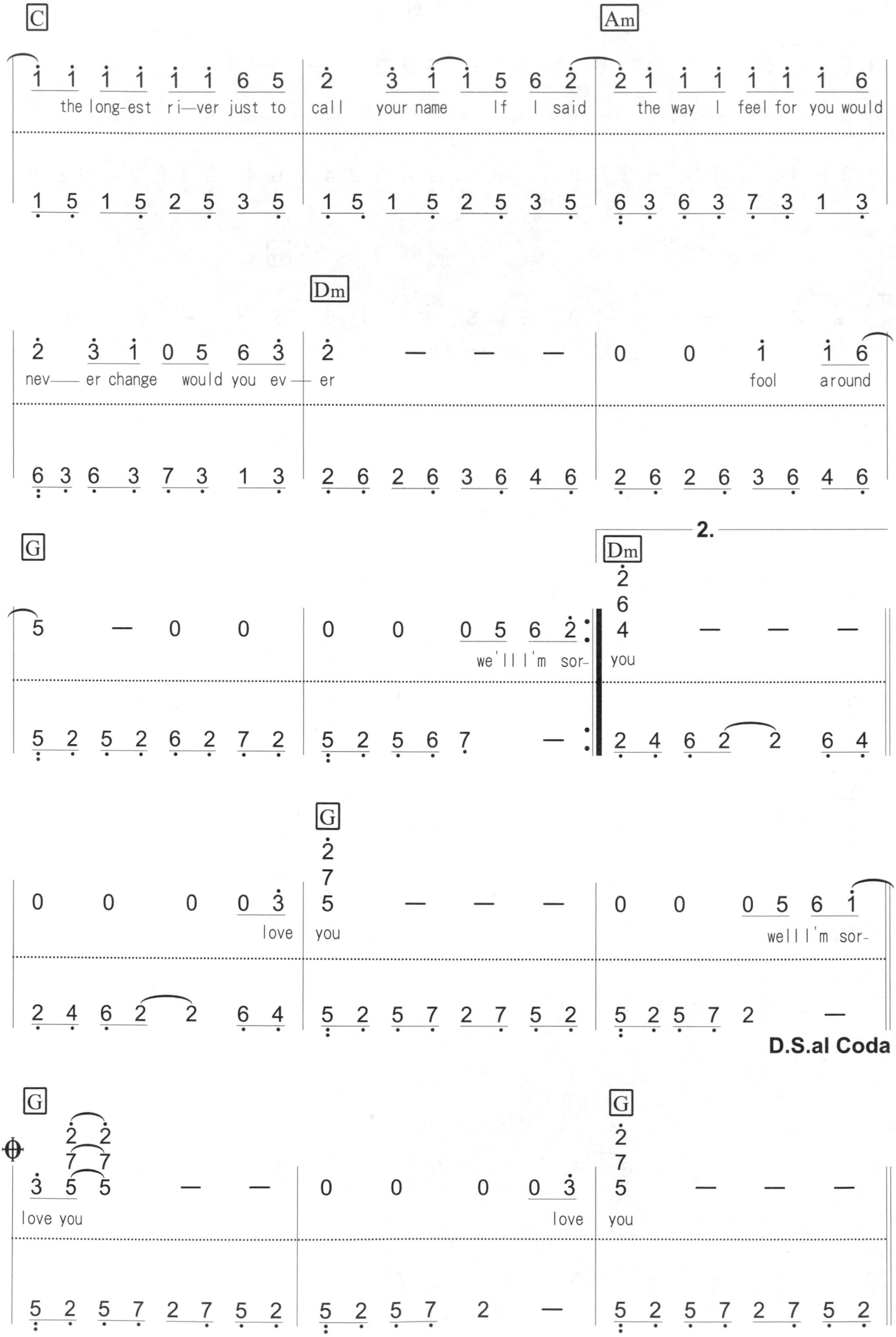

C | | Am
1 1 1 1 1 1 6 5 | 2 3 1 1 5 6 2 | 2 1 1 1 1 1 1 6
the long-est ri—ver just to | call your name If I said | the way I feel for you would
1 5 1 5 2 5 3 5 | 1 5 1 5 2 5 3 5 | 6 3 6 3 7 3 1 3

| Dm |
2 3 1 0 5 6 3 | 2 — — — | 0 0 1 1 6
nev— er change would you ev— | er | fool around
6 3 6 3 7 3 1 3 | 2 6 2 6 3 6 4 6 | 2 6 2 6 3 6 4 6

G | | 2. Dm
5 — 0 0 | 0 0 0 5 6 2 :‖ 2/6/4 — — —
| we'll I'm sor- | you
5 2 5 2 6 2 7 2 | 5 2 5 6 7 — :‖ 2 4 6 2 2 6 4

| G |
0 0 0 0 3 | 2/7/5 — — — | 0 0 0 5 6 1
love | you | well I'm sor-
2 4 6 2 2 6 4 | 5 2 5 7 2 7 5 2 | 5 2 5 7 2 —

D.S.al Coda

G | | G
⊕ 3 2/7/5 2/7/5 — — | 0 0 0 0 3 | 2/7/5 — — —
love you | love | you
5 2 5 7 2 7 5 2 | 5 2 5 7 2 — | 5 2 5 7 2 7 5 2

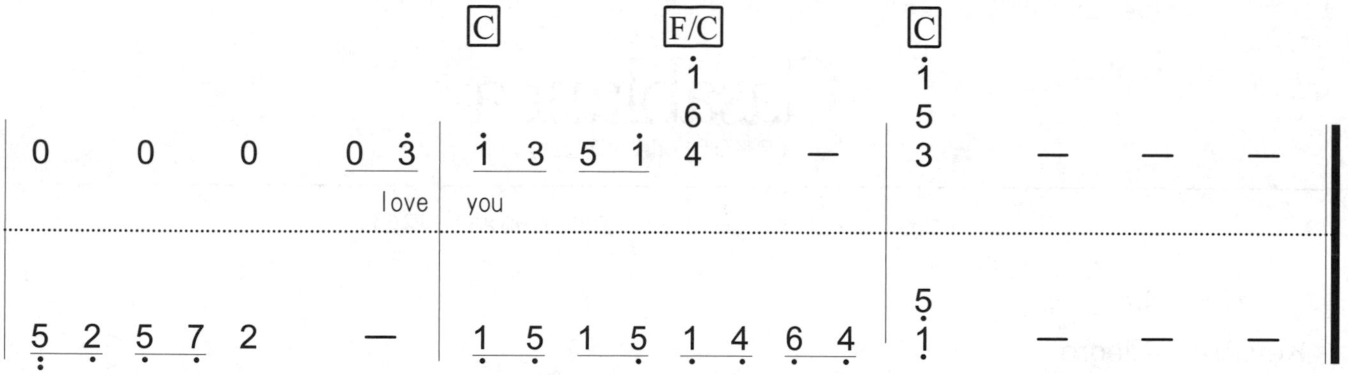

C F/C C

0 0 0 0 3 | 1 3 5 1 4 — | 3 — — — ‖

love you

5 2 5 7 2 — | 1 5 1 5 1 4 6 4 | 1 — — — ‖

Casablanca

（電影"北非諜影"主題音樂）

詞 / 曲：B.Higgins / J.Healy　演唱：Bertie Higgins

♩ = 126　4/4

Key:Am　Allegro

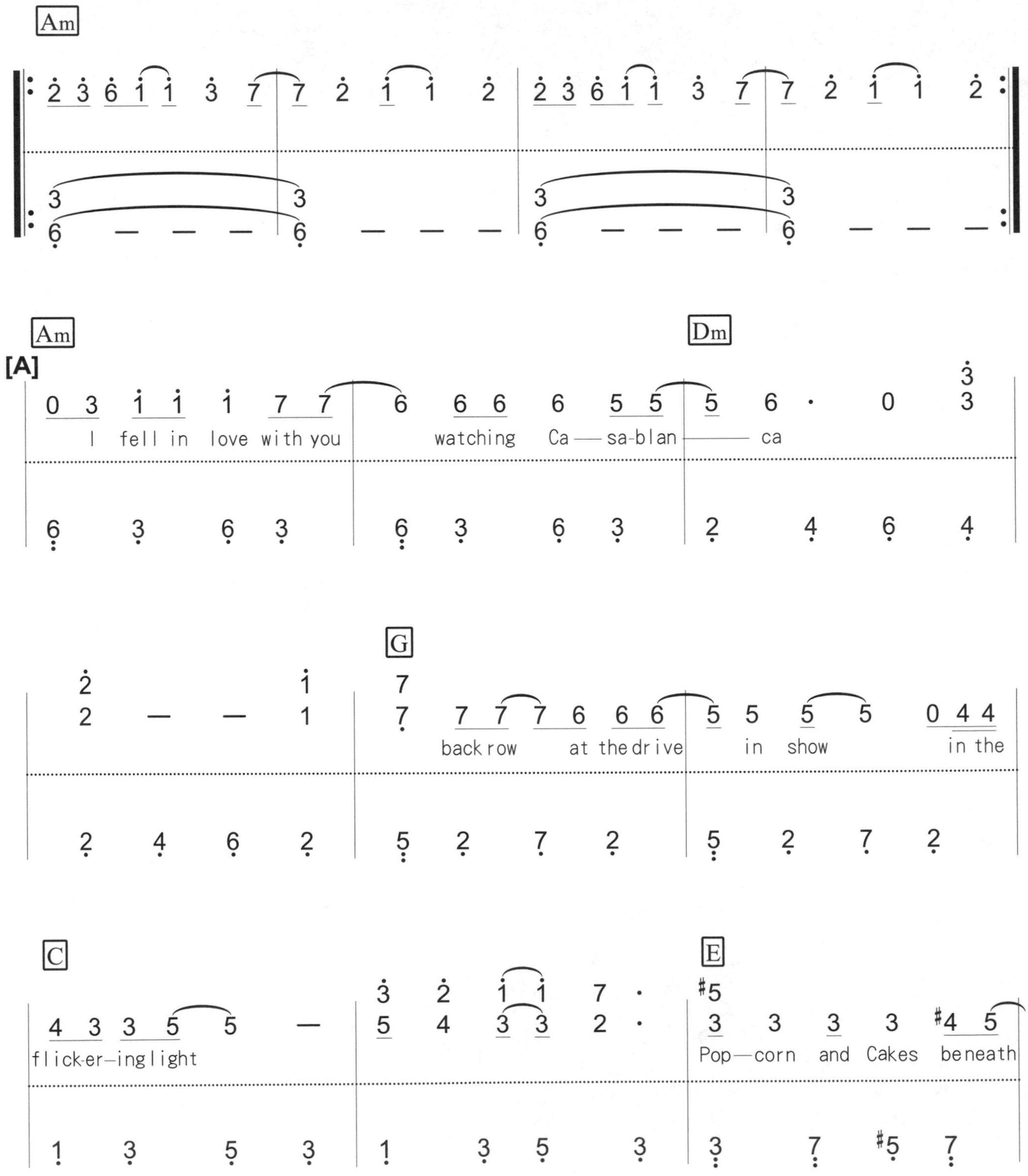

Am

Am　Dm

[A]

I fell in love with you watching Ca — sa-blan — ca

G

back row at the drive in show in the

C　E

flick-er-ing light Pop — corn and Cakes beneath

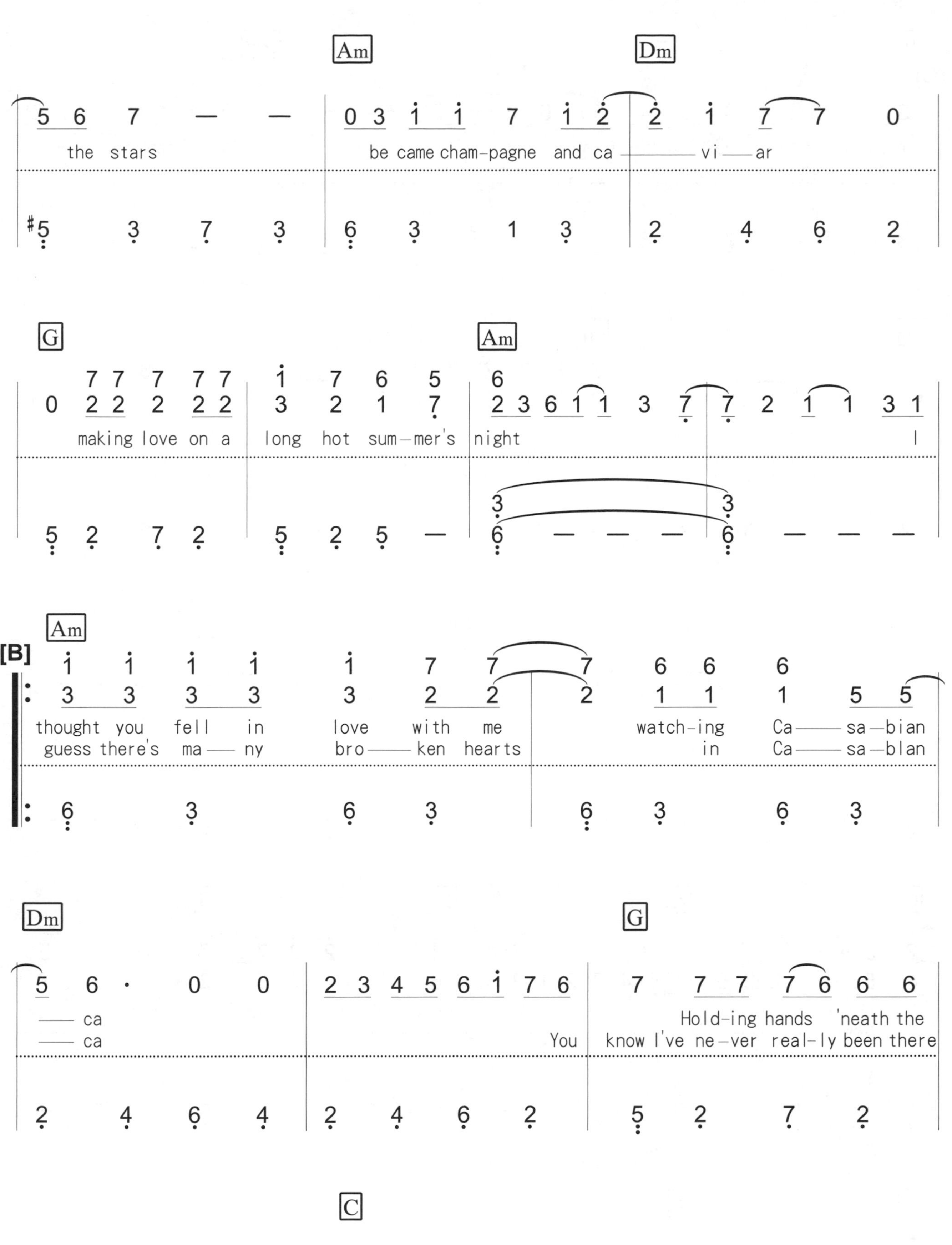
Am
Dm
the stars
be came cham-pagne and ca — vi — ar
G
Am
making love on a long hot sum-mer's night
I
[B]
Am
thought you fell in love with me watch-ing Ca — sa-bian
guess there's ma — ny bro — ken hearts in Ca — sa-blan
Dm
G
— ca
— ca
You
Hold-ing hands 'neath the
know I've ne-ver real-ly been there
C
pad-dle fans in Rick's can-dle lit ca — fe
so I don't know
I

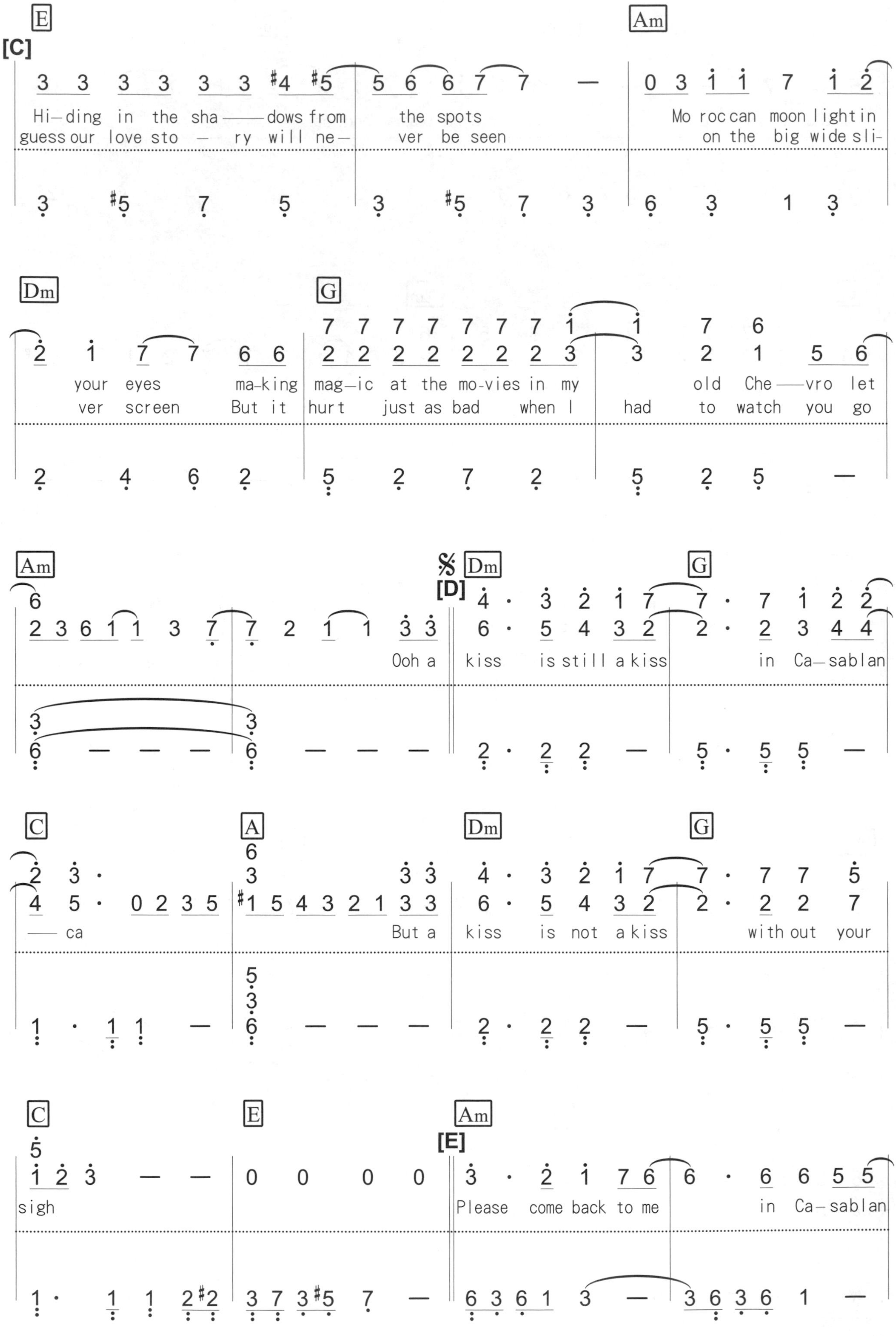

[C]

E — Am

Hi-ding in the sha—dows from the spots Mo roc can moon light in

guess our love sto — ry will ne— ver be seen on the big wide sli-

Dm — G

your eyes ma-king mag—ic at the mo-vies in my had old Che—vro let

ver screen But it hurt just as bad when I had to watch you go

Am — 𝄋 [D] Dm — G

Ooh a kiss is still a kiss in Ca—sablan

C — A — Dm — G

—— ca But a kiss is not a kiss with out your

C — E — [E] Am

sigh Please come back to me in Ca—sablan

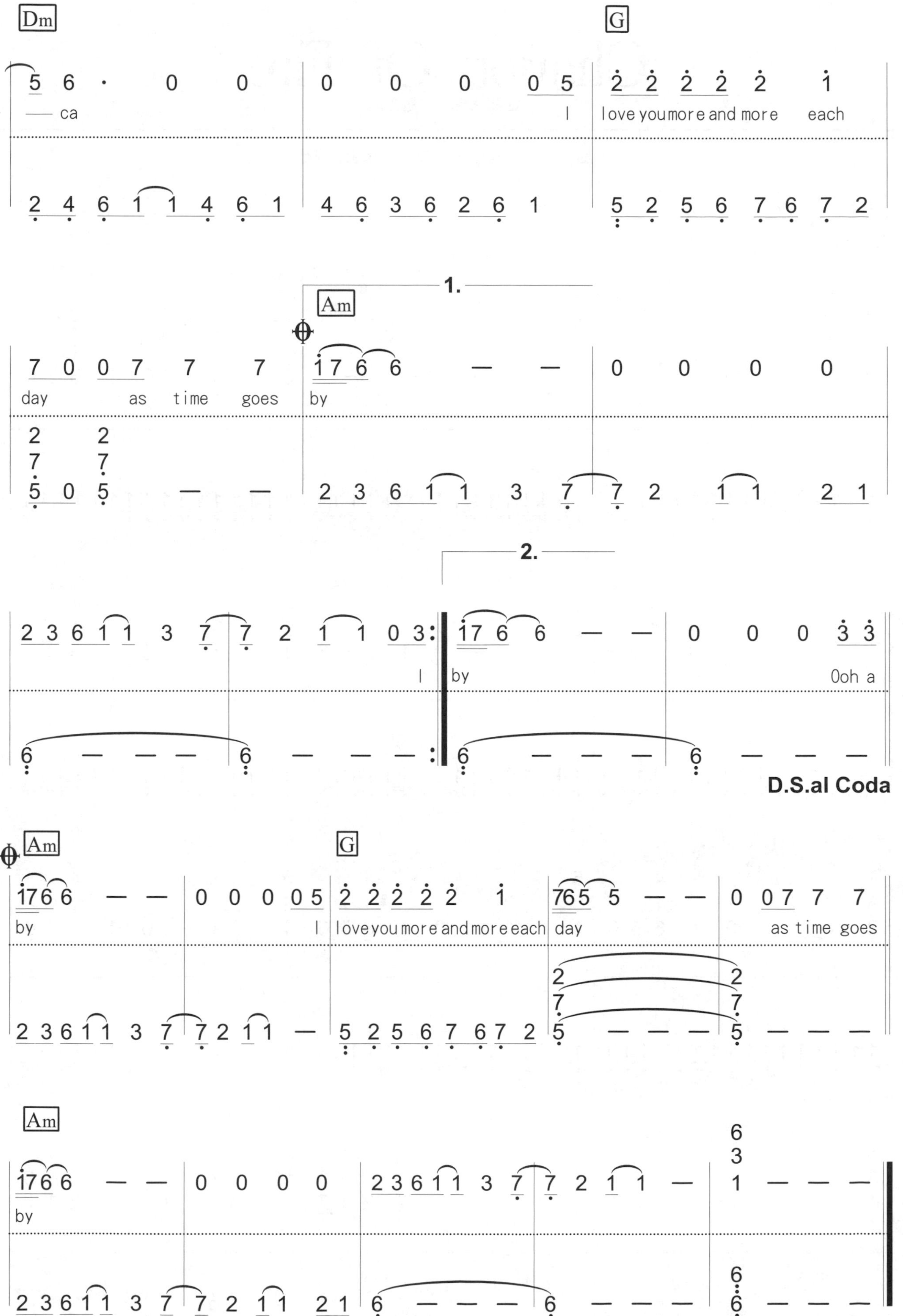
Dm
G
ca
I
love you more and more each
Am
day as time goes by
1.
2.
I
by
Ooh a
D.S.al Coda
Am
G
by
I
love you more and more each
day
as time goes
Am
by

Chariots Of Fire

(電影"火戰車"主題音樂)

詞 / 曲：Vangelis 演唱：（演奏曲）

♩ = 60 4/4

Key:C

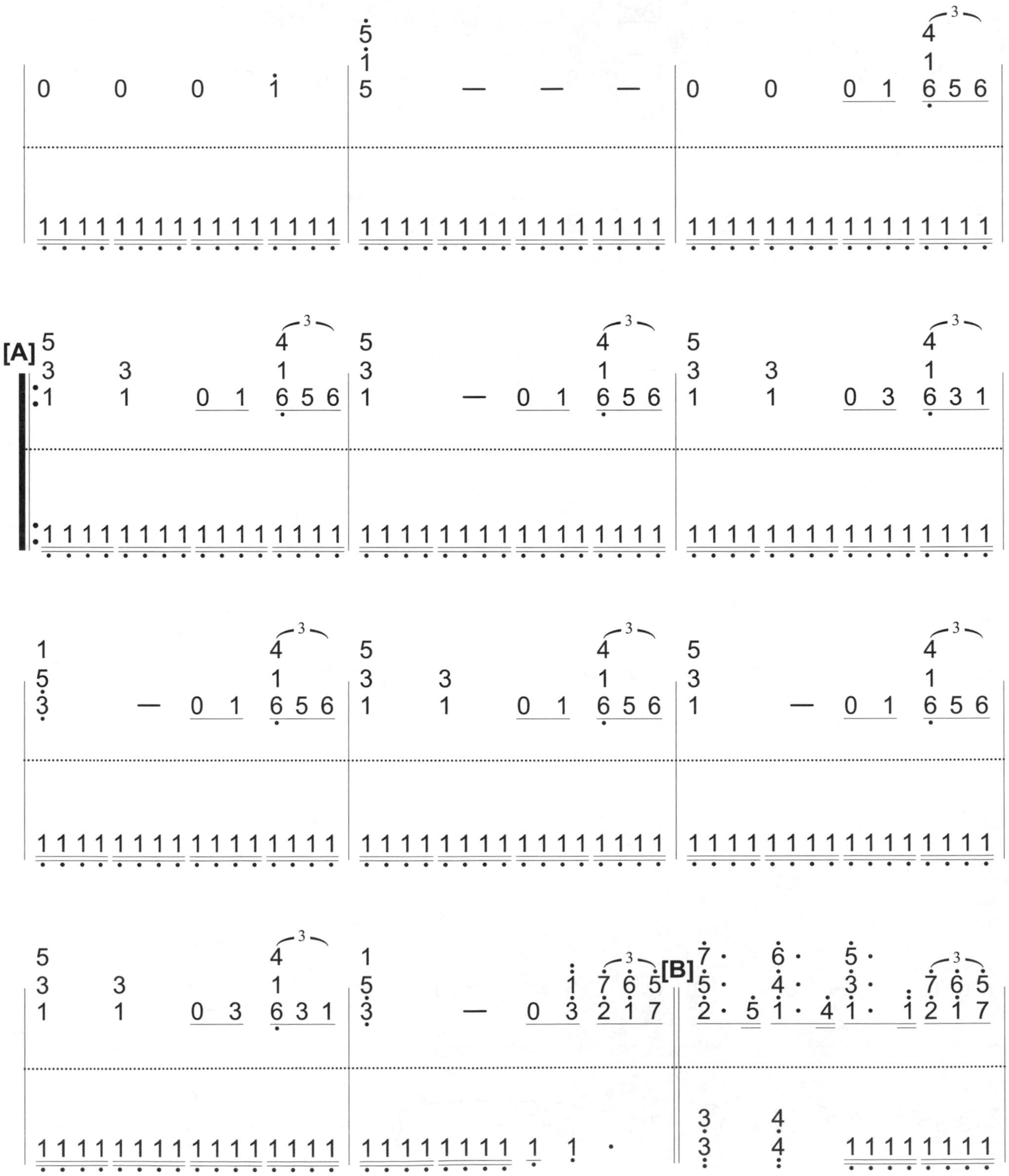

[A]

[B]

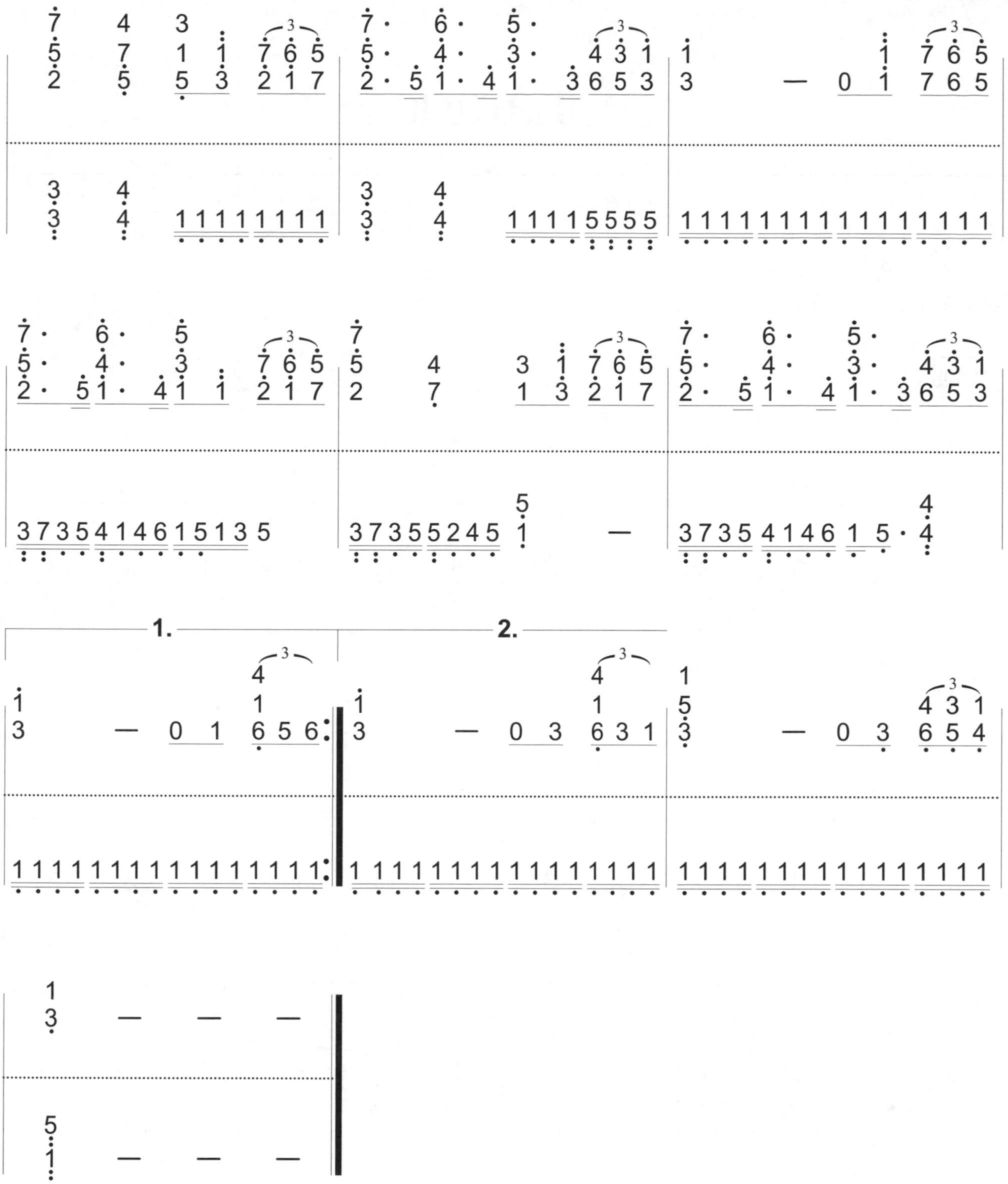

1.

2.

Charade

詞 / 曲：Henry Mancini　演唱：Andy Williams

♩ = 128　3/4

Key:Am

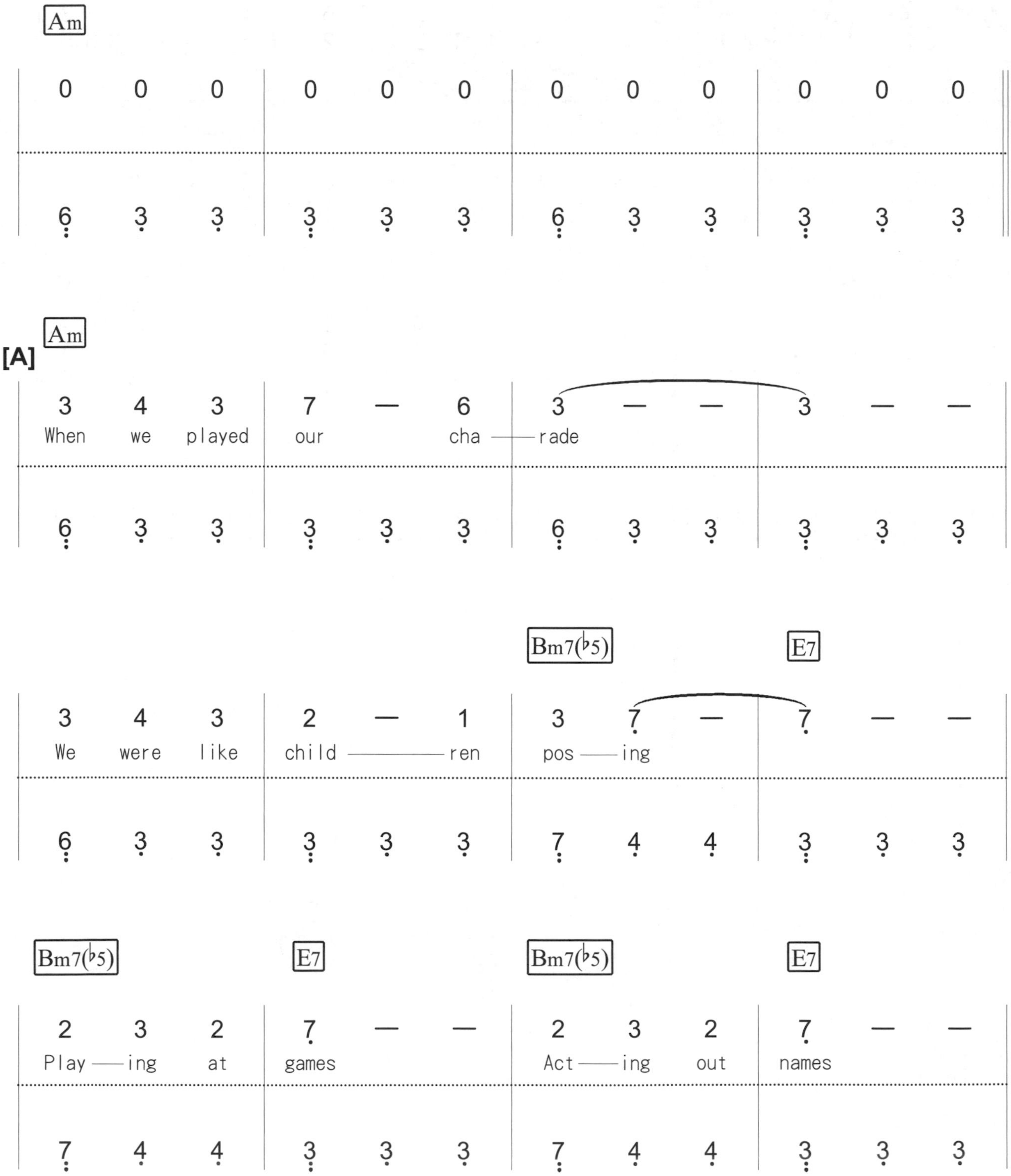

Am

| 0 0 0 | 0 0 0 | 0 0 0 | 0 0 0 ||

| 6 3 3 | 3 3 3 | 6 3 3 | 3 3 3 ||

[A]

Am

| 3 4 3 | 7 — 6 | 3 — — | 3 — — |

When we played our cha — rade

| 6 3 3 | 3 3 3 | 6 3 3 | 3 3 3 |

Bm7(♭5)　E7

| 3 4 3 | 2 — 1 | 3 7 — | 7 — — |

We were like child — ren pos — ing

| 6 3 3 | 3 3 3 | 7 4 4 | 3 3 3 |

Bm7(♭5)　E7　Bm7(♭5)　E7

| 2 3 2 | 7 — — | 2 3 2 | 7 — — |

Play — ing at games Act — ing out names

| 7 4 4 | 3 3 3 | 7 4 4 | 3 3 3 |

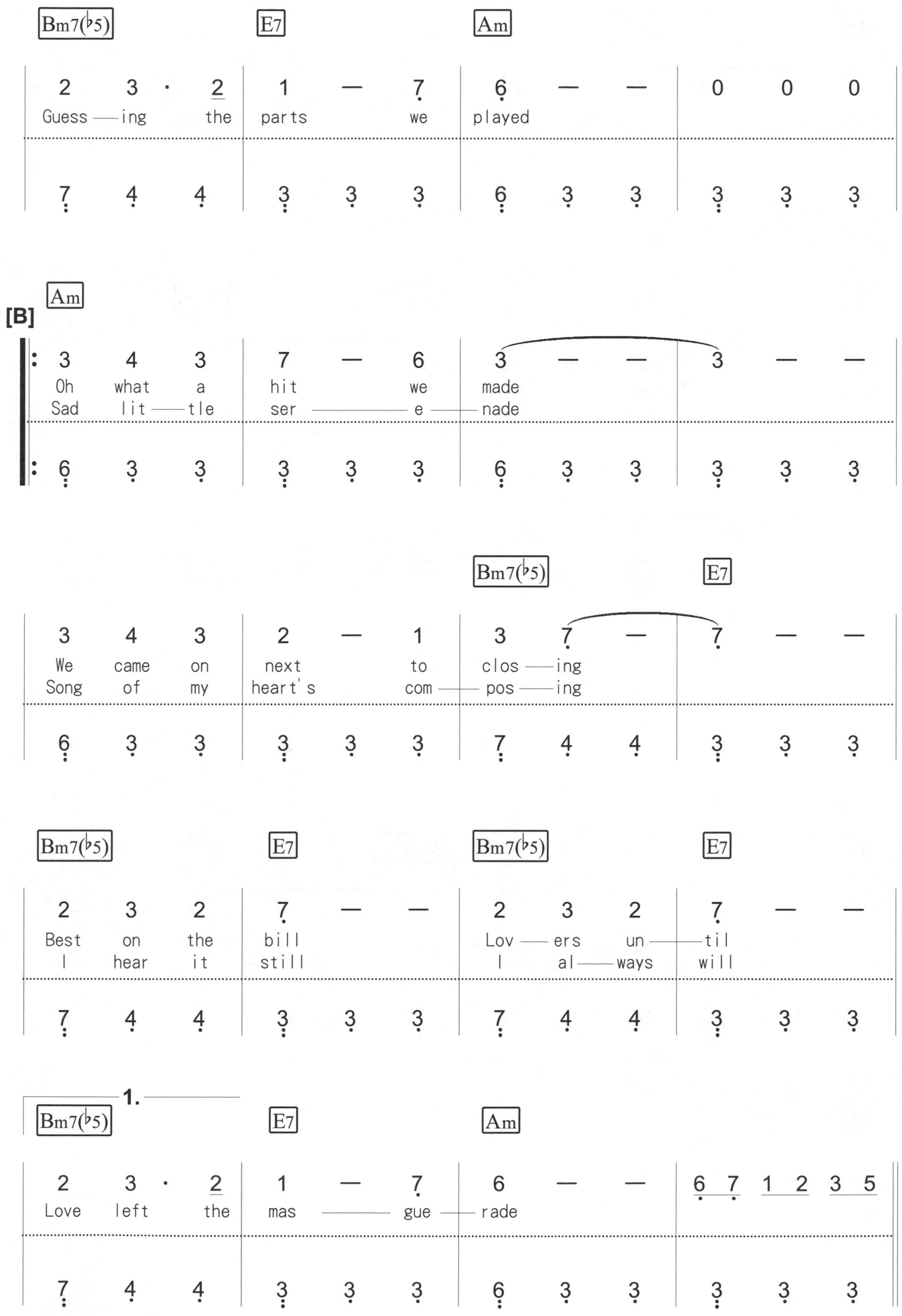

Bm7(♭5) | E7 | Am |

2 3 · 2	1 — 7	6 — —	0 0 0
Guess — ing the	parts we	played	
7 4 4	3 3 3	6 3 3	3 3 3

[B]

Am

: 3 4 3	7 — 6	3 — —	3 — —
Oh what a	hit we	made	
Sad lit — tle	ser — e —	nade	
: 6 3 3	3 3 3	6 3 3	3 3 3

Bm7(♭5) | E7

3 4 3	2 — 1	3 7 —	7 — —
We came on	next to	clos — ing	
Song of my	heart's com —	pos — ing	
6 3 3	3 3 3	7 4 4	3 3 3

Bm7(♭5) | E7 | Bm7(♭5) | E7

2 3 2	7 — —	2 3 2	7 — —
Best on the	bill	Lov — ers un —	til
I hear it	still	I al — ways	will
7 4 4	3 3 3	7 4 4	3 3 3

1.

Bm7(♭5) | E7 | Am

2 3 · 2	1 — 7	6 — —	6 7 1 2 3 5	
Love left the	mas — gue —	rade	
7 4 4	3 3 3	6 3 3	3 3 3	

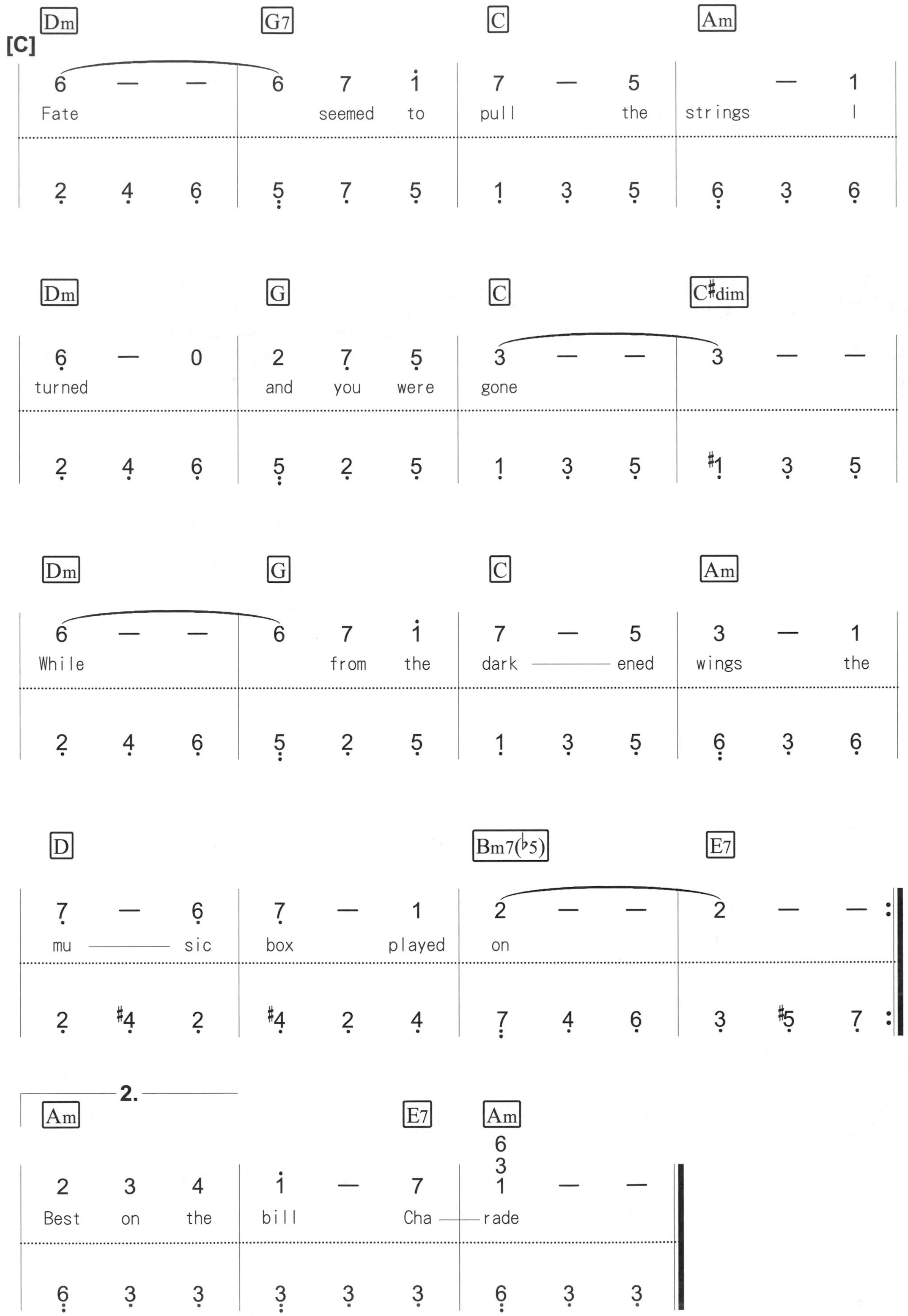

[C]

Dm			G7			C			Am		
6	—	—	6	7	i	7	—	5		—	1
Fate				seemed	to	pull		the	strings		I
2	4	6	5	7	5	1	3	5	6	3	6

Dm			G			C			C♯dim		
6	—	0	2	7	5	3	—	—	3	—	—
turned			and	you	were	gone					
2	4	6	5	2	5	1	3	5	♯1	3	5

Dm			G			C			Am		
6	—	—	6	7	i	7	—	5	3	—	1
While				from	the	dark	—	ened	wings		the
2	4	6	5	2	5	1	3	5	6	3	6

D						Bm7(♭5)			E7		
7	—	6	7	—	1	2	—	—	2	—	— :
mu	—	sic	box		played	on					
2	♯4	2	♯4	2	4	7	4	6	3	♯5	7 :

2.

Am					E7	Am		
2	3	4	i	—	7	6/3/1	—	—
Best	on	the	bill		Cha	— rade		
6	3	3	3	3	3	6	3	3

Can't Help Fallin' In Love

詞 / 曲：George Weiss / Hugo Perett / Luigi Creatore　演唱：Elvis Presley

♩ = 72　6/8

Key:F

C

| 0 · 0 · | 0 · 0 · | 0 · 0 · | 0 · 0 · |

| 1 3 5 1 5 3 | 1 3 5 1 5 3 | 1 3 5 1 5 3 | 1 · 1 · |

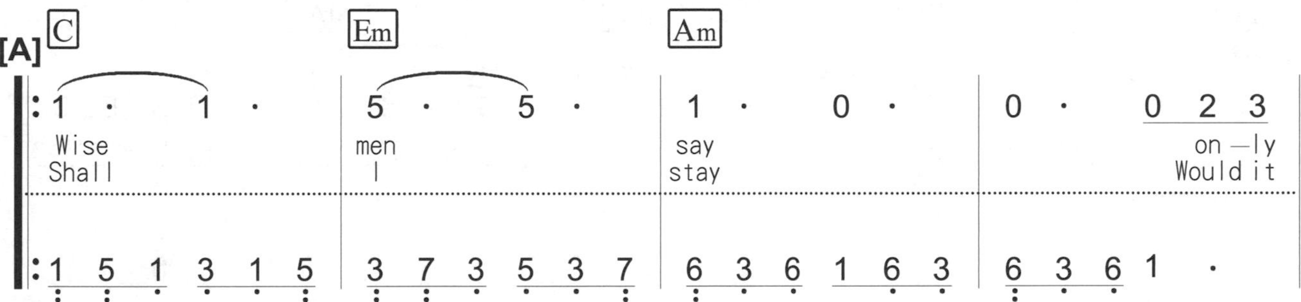

F　C/E　G　G

| 4 · 4 · | 3 · 3 · | 2 · 2 · | 0 · 0 0 5 |

| fools | rush | in | But |

| be | a | sin | If |

| 4 1 4 6 4 1 | 3 1 3 5 3 1 | 5 2 5 7 5 2 | 5 2 5 7 7 0 |

F　G　Am　Dm

| 6 · 6 · | 7 · 7 · | 1 · 1 · | 2/4 3/5 3/5 4/6 |

| I | can't | help | fall — ing in |

| I | can't | help | fall — ing in |

| 4 1 4 0 4 1 | 5 2 5 0 5 2 | 6 3 6 1 6 3 | 2 · 2 · |

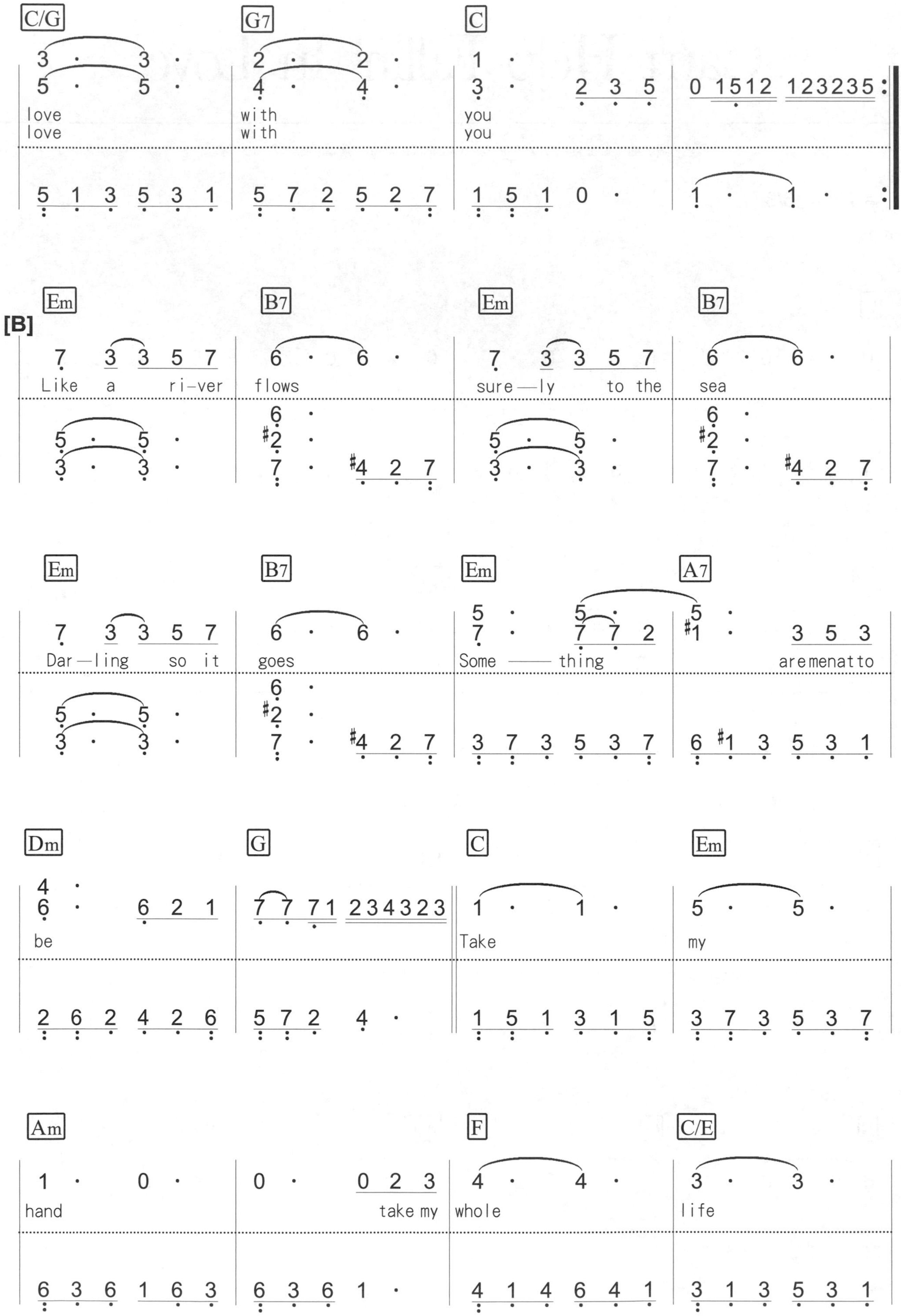

C/G G7 C

love with you
love with you

[B]

Em B7 Em B7

Like a ri-ver flows sure—ly to the sea

Em B7 Em A7

Dar—ling so it goes Some —— thing are meant to

Dm G C Em

be Take my

Am F C/E

hand take my whole life

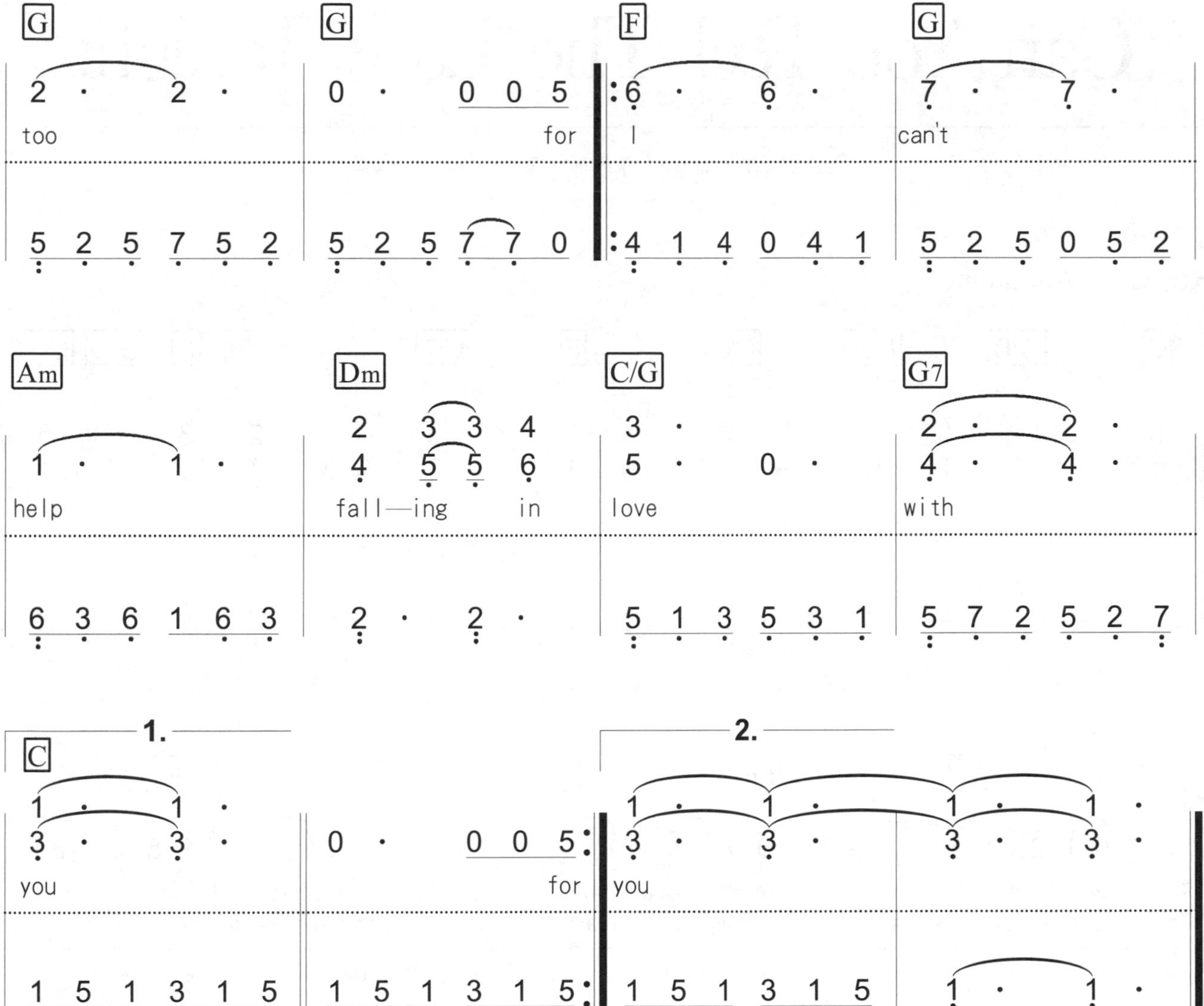
G
G
F
G
too
for
I
can't
Am
Dm
C/G
G7
help
fall—ing
in
love
with
C
1.
2.
you
for
you

Can You Feel The Love Tonight

（動畫"獅子王"主題曲）

詞 / 曲：Tim Rice / Elton John　演唱：Elton John

♩ = 92　4/4

Key:C　Andantino

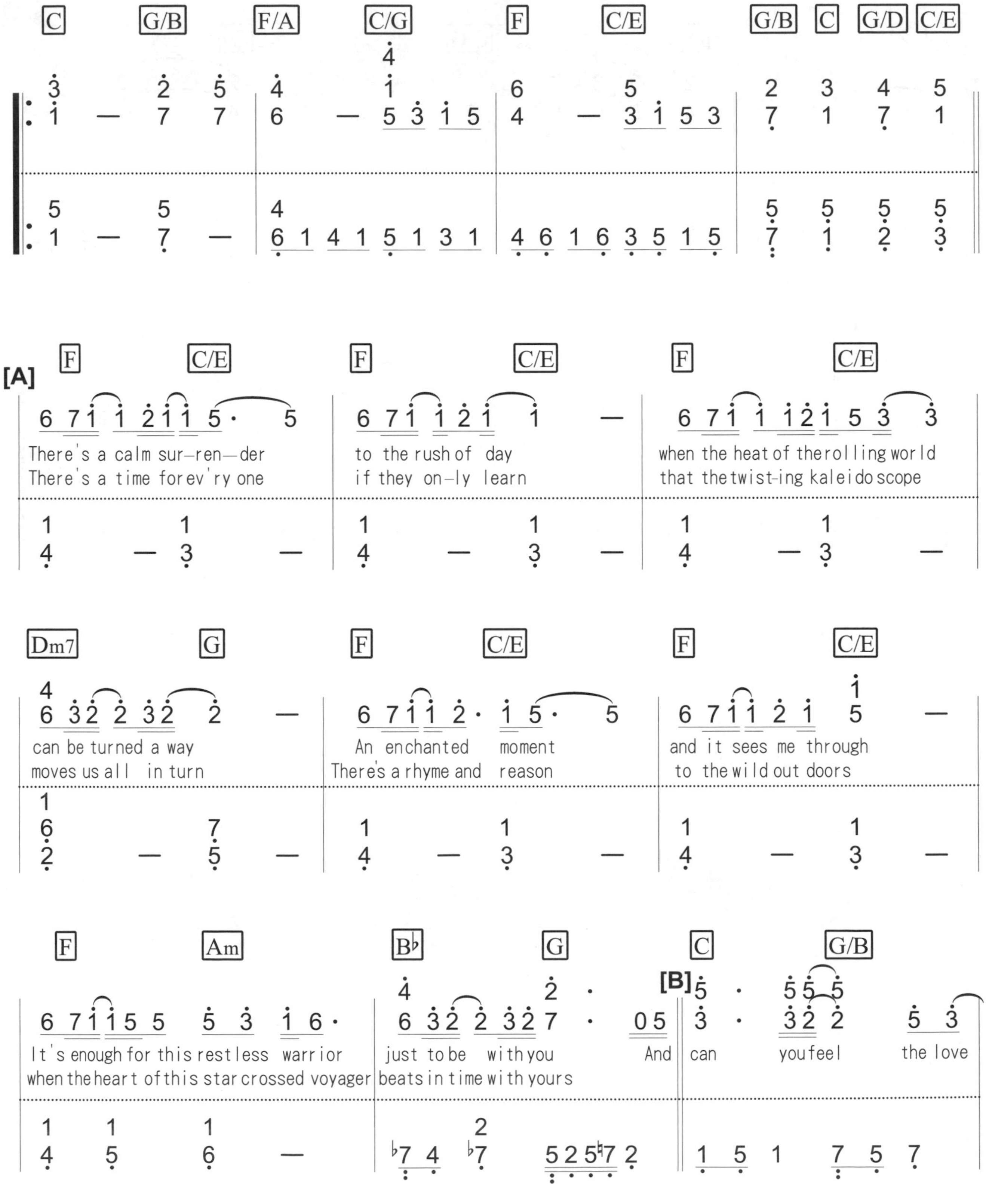

C　G/B　F/A　C/G　F　C/E　G/B　C　G/D　C/E

[A]

F　C/E　F　C/E　F　C/E

There's a calm sur-ren-der to the rush of day when the heat of the rol-ling world
There's a time for ev'ry one if they on-ly learn that the twist-ing kaleidoscope

Dm7　G　F　C/E　F　C/E

can be turned a way An enchanted moment and it sees me through
moves us all in turn There's a rhyme and reason to the wild out doors

F　Am　B♭　G　C　G/B

It's enough for this restless warrior just to be with you And [B] can you feel the love
when the heart of this star crossed voyager beats in time with yours

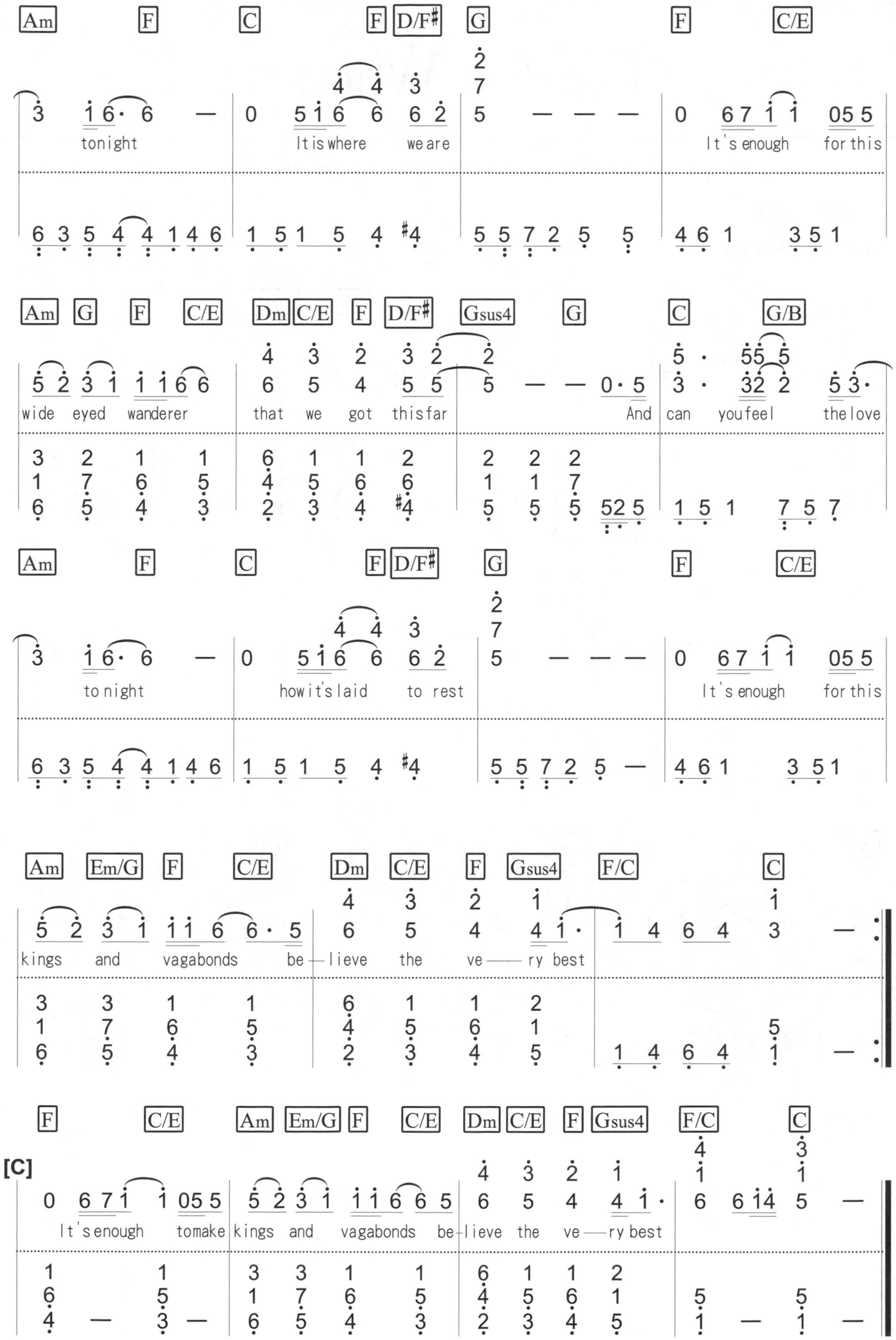

Am F C F D/F♯ G F C/E

tonight It is where we are It's enough for this

Am G F C/E Dm C/E F D/F♯ Gsus4 G C G/B

wide eyed wanderer that we got this far And can you feel the love

Am F C F D/F♯ G F C/E

to night how it's laid to rest It's enough for this

Am Em/G F C/E Dm C/E F Gsus4 F/C C

kings and vagabonds be-lieve the ve-ry best

F C/E Am Em/G F C/E Dm C/E F Gsus4 F/C C

[C]

It's enough to make kings and vagabonds be-lieve the ve-ry best

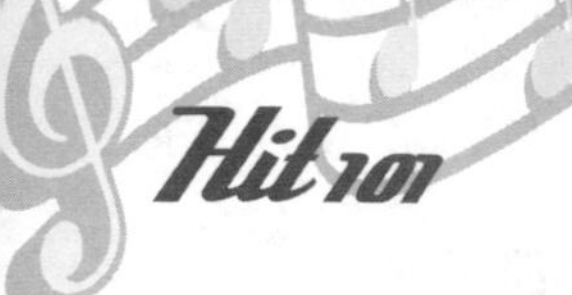

Careless Whisper

詞 / 曲：George Michael / Andrew Ridgeley　演唱：Gerge Micheal

♩ = 90　4/4
Key:Dm　Andantino

Am7　Dm7　Em7　Emaj7

Em7　[A] Am　Dm

I feel so un — sure as I
Time can ne — ver mend the

Fmaj7　Em7　Am

take your hand and lead you to the dance floor as the music dies
care — less whis — per of a good friend to the heart and mind

Dm7　Fmaj7　Em7

something in your eyes calls to mind a silver screen and you're it's sad good —
ig — no-rance is kind there's no comfort in the truth pain is all you'll

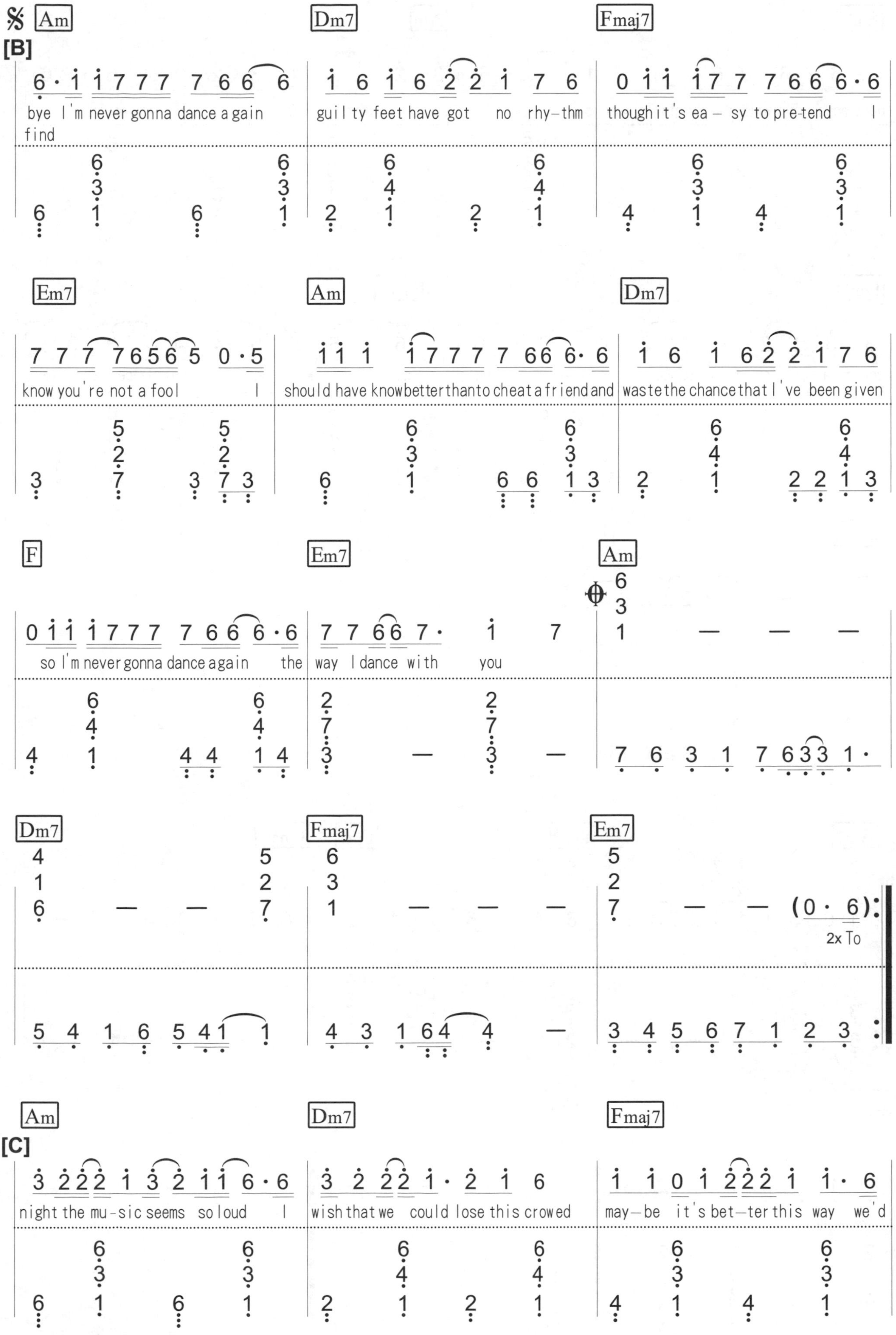

[B]

Am | Dm7 | Fmaj7

bye I'm never gonna dance again | guilty feet have got no rhythm | though it's easy to pretend I

find

Em7 | Am | Dm7

know you're not a fool I | should have know better than to cheat a friend and | waste the chance that I've been given

F | Em7 | Am

so I'm never gonna dance again the | way I dance with you

Dm7 | Fmaj7 | Em7

2x To

[C]

Am | Dm7 | Fmaj7

night the music seems so loud I | wish that we could lose this crowed | maybe it's better this way we'd

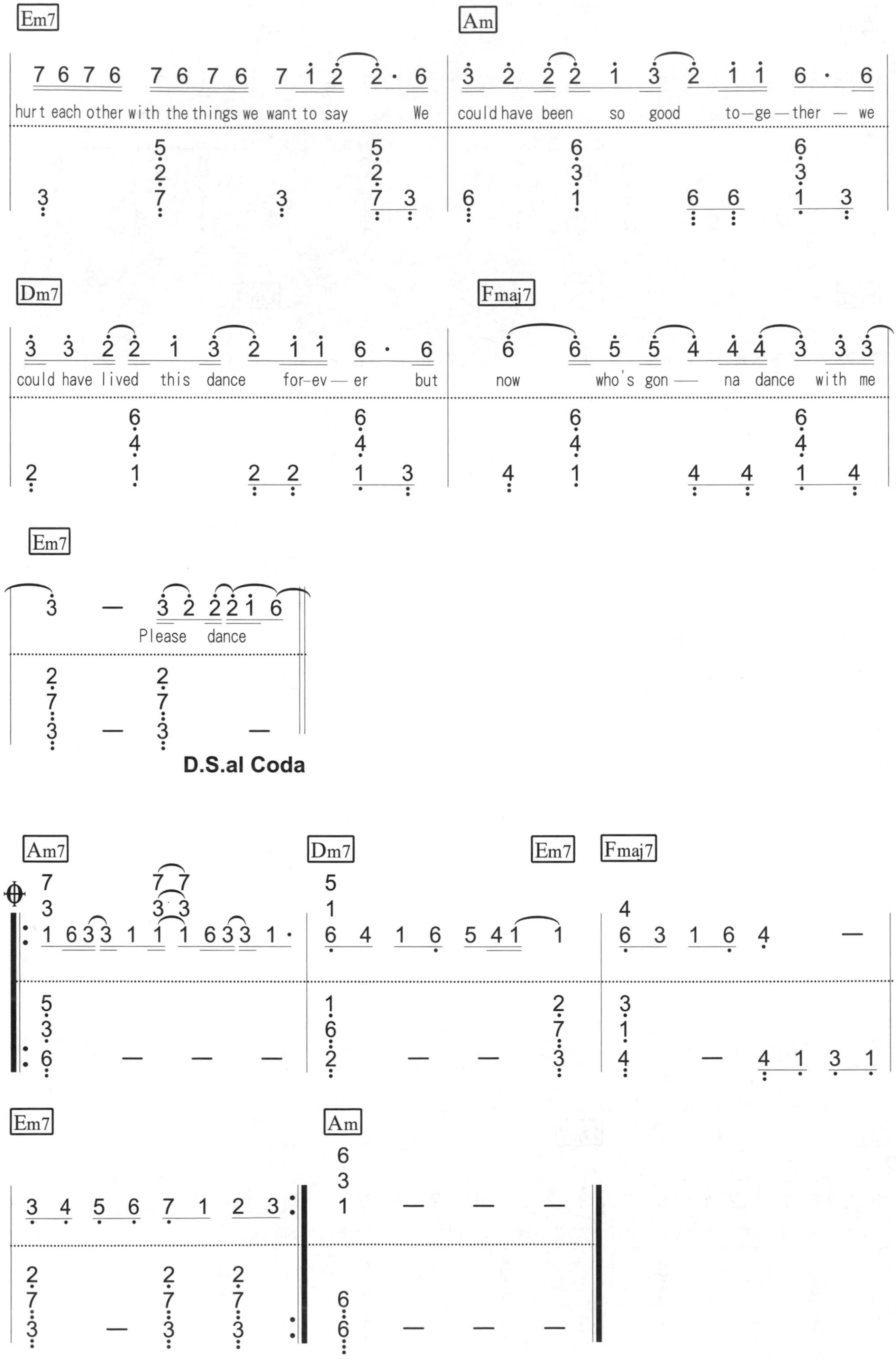

Em7 Am

hurt each other with the things we want to say We could have been so good to—ge—ther — we

Dm7 Fmaj7

could have lived this dance for-ev — er but now who's gon — na dance with me

Em7

Please dance

D.S.al Coda

Am7 Dm7 Em7 Fmaj7

Em7 Am

Can't Take My Eyes Off You

詞 / 曲：Bob Crewe / Bob Gaudio　演唱：Andy Williams

♩ = 116　4/4

Key:C

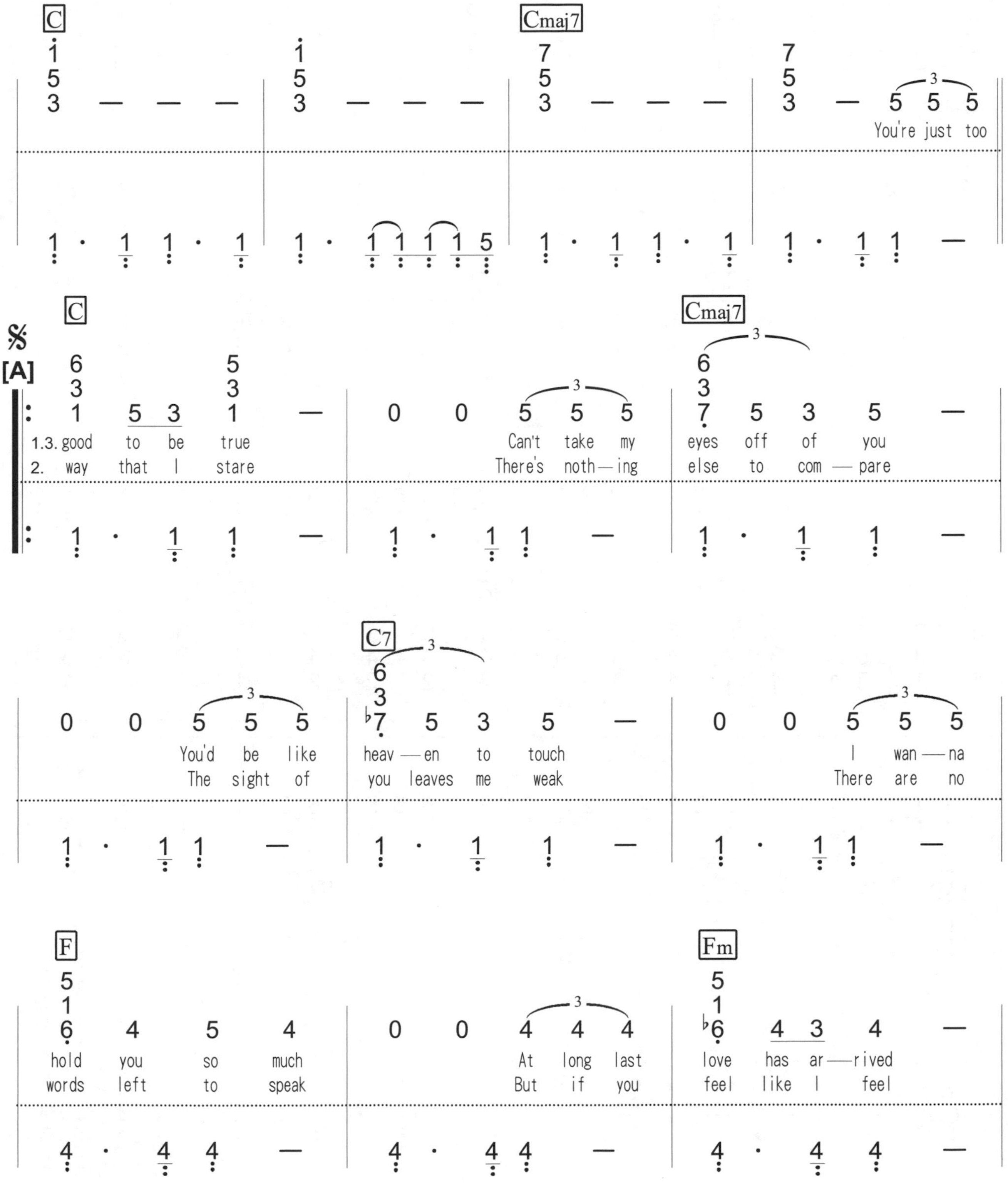

C　Cmaj7

You're just too

[A]

C　Cmaj7

1.3. good to be true　Can't take my eyes off of you

2. way that I stare　There's noth — ing else to com — pare

C7

You'd be like heav — en to touch　I wan — na

The sight of you leaves me weak　There are no

F　Fm

hold you so much　At long last love has ar — rived

words left to speak　But if you feel like I feel

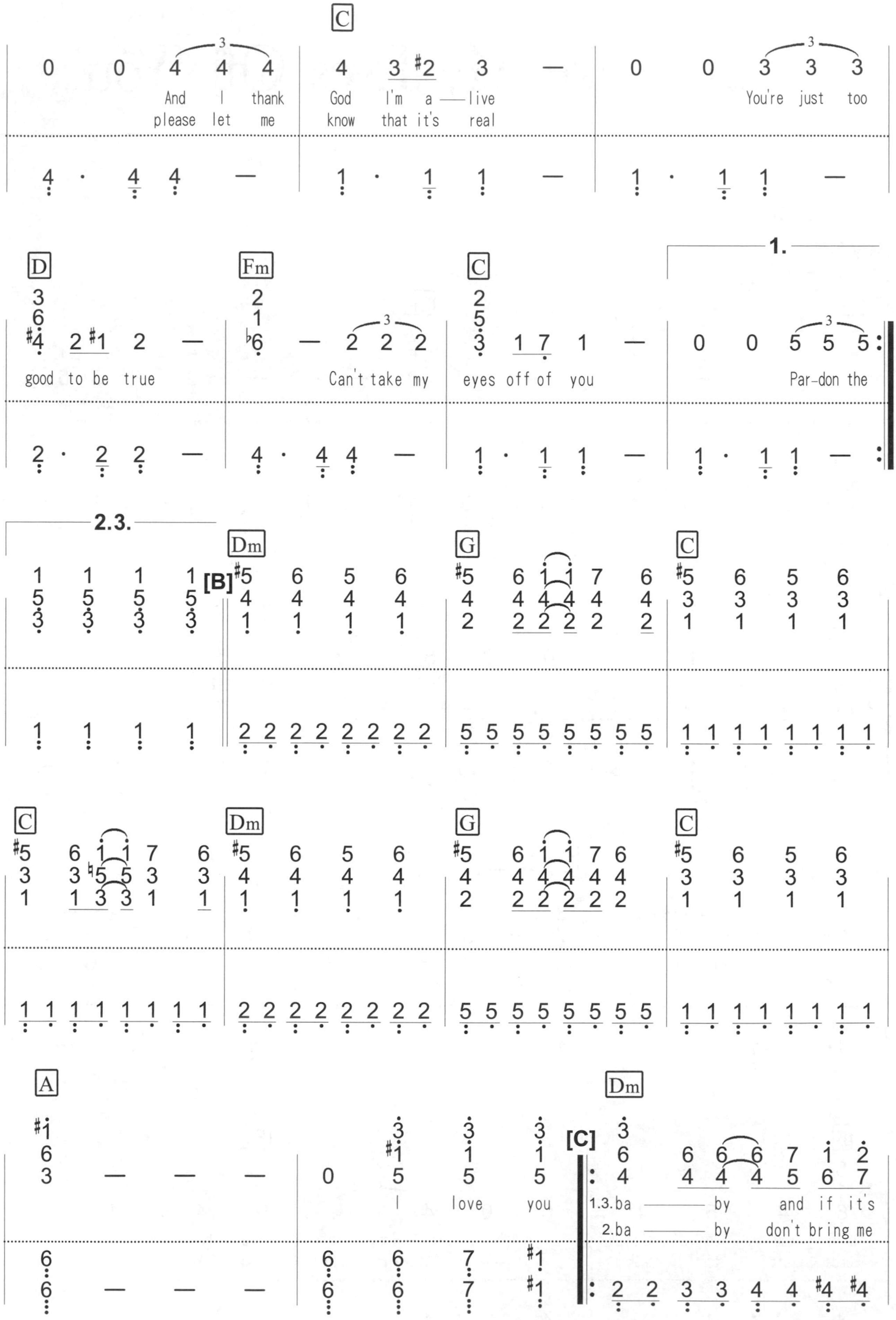

C

And I thank God I'm a — live
please let me know that it's real
You're just too

D Fm C 1.

good to be true
Can't take my eyes off of you
Par-don the

2.3. Dm G C

[B]

C Dm G C

A Dm

I love you
[C]
1.3.ba — by and if it's
2.ba — by don't bring me

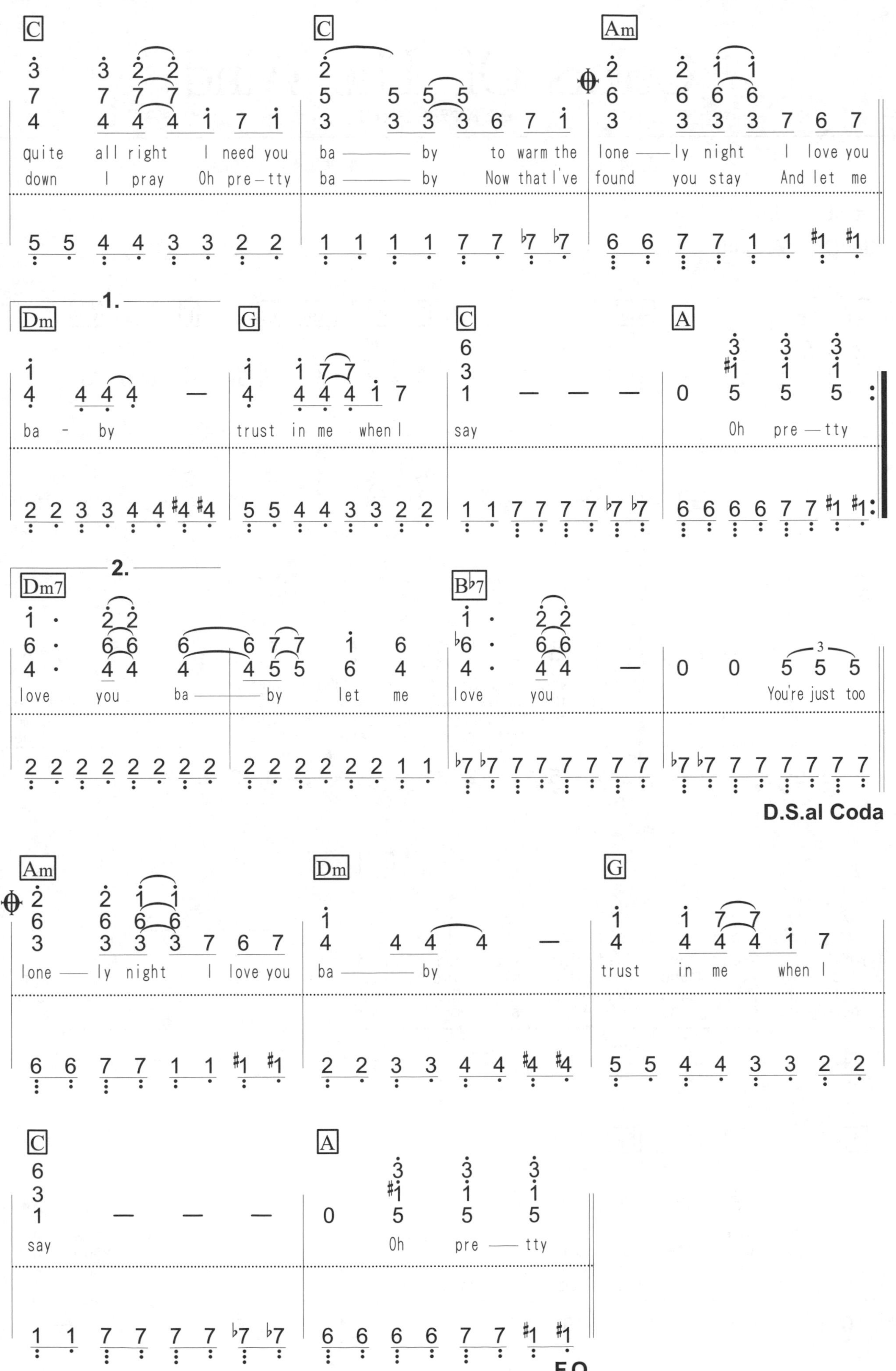
quite all right I need you
down I pray Oh pre-tty
ba by to warm the
ba by Now that I've
lone-ly night I love you
found you stay And let me
ba - by
trust in me when I
say
Oh pre-tty
love you ba by let me
love you
You're just too
D.S.al Coda
lone-ly night I love you
ba by
trust in me when I
say
Oh pre-tty
F.O.

Colors Of The Wind

（動畫"風中奇緣"主題曲）

詞 / 曲：Stephen Schwartz / Alan Menken　演唱：Vanessa Williams

♩ = 68　4/4

Key:C　Andante

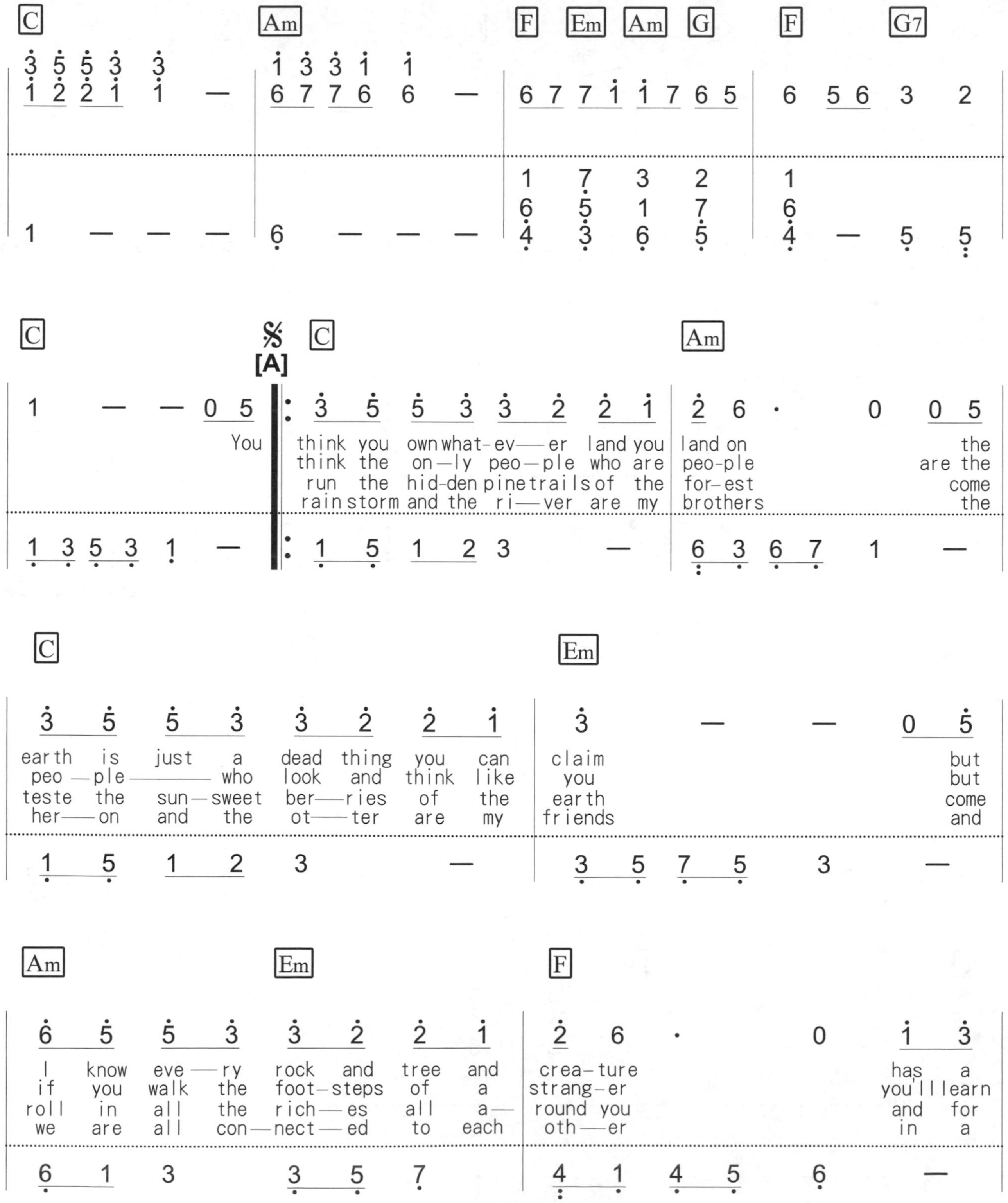

C　Am　F Em Am G　F　G7

C　𝄋 [A] C　Am

You
think you own what-ev—er land you land on the
think the on—ly peo—ple who are peo-ple are the
run the hid-den pine trails of the for-est come
rain storm and the ri—ver are my brothers the

C　Em

earth is just a dead thing you can claim but
peo—ple—— who look and think like you but
teste the sun—sweet ber—ries of the earth come
her—on and the ot—ter are my friends and

Am　Em　F

I know eve—ry rock and tree and crea-ture has a
if you walk the foot-steps of a strang-er you'll learn
roll in all the rich—es all a— round you and for
we are all con—nect—ed to each oth—er in a

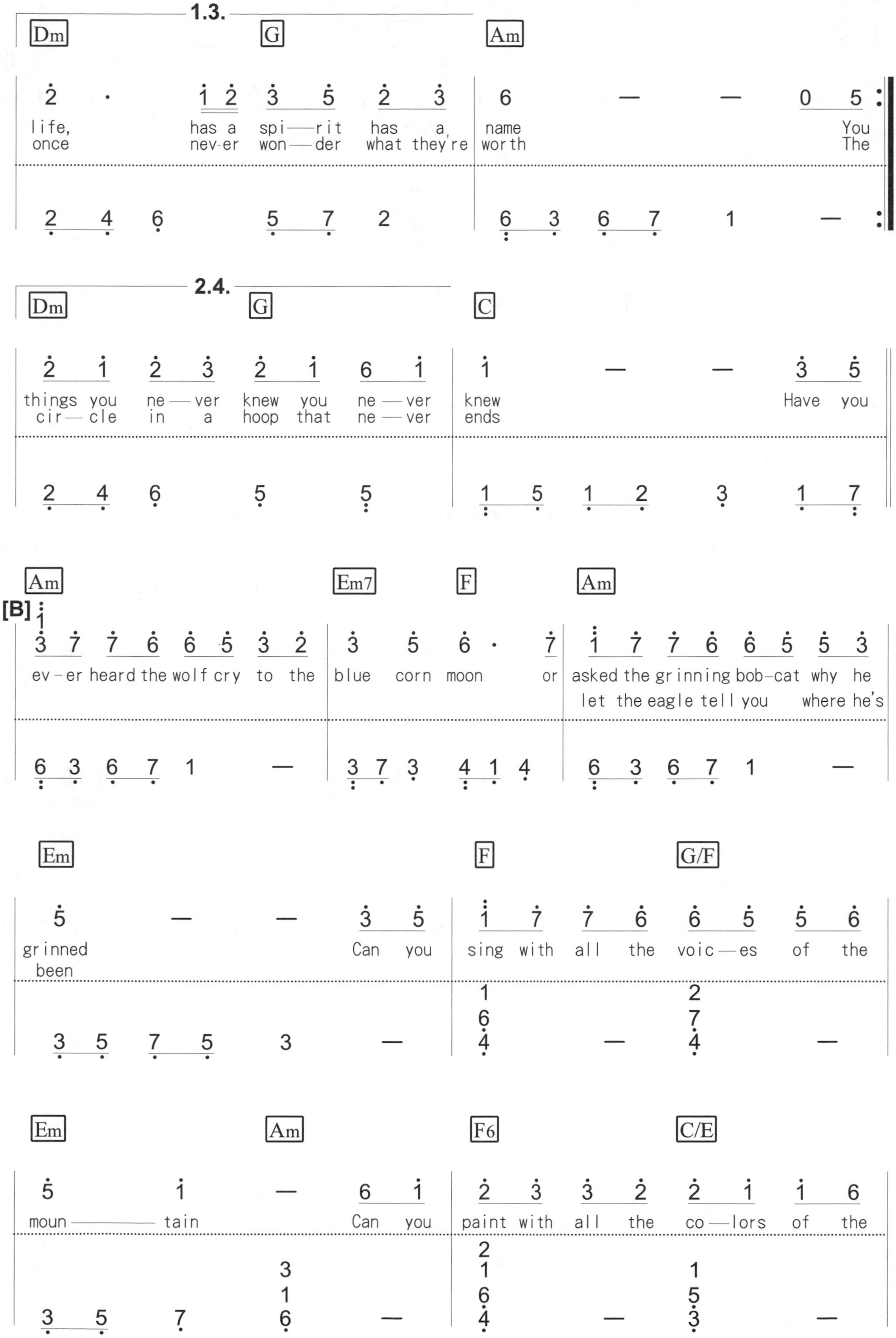

1.3.

Dm G Am

2 · 1 2 3 5 2 3 | 6 — — 0 5 :|

life, has a spi—rit has a name You

once nev-er won—der what they're worth The

2 4 6 5 7 2 | 6 3 6 7 1 — :|

2.4.

Dm G C

2 1 2 3 2 1 6 1 | 1 — — 3 5 ||

things you ne—ver knew you ne—ver knew Have you

cir—cle in a hoop that ne—ver ends

2 4 6 5 5 | 1 5 1 2 3 1 7 ||

[B]

Am Em7 F Am

3 7 7 6 6 5 3 2 | 3 5 6 · 7 | 1 7 7 6 6 5 5 3 |

ev-er heard the wolf cry to the blue corn moon or asked the grinning bob-cat why he

let the eagle tell you where he's

6 3 6 7 1 — | 3 7 3 4 1 4 | 6 3 6 7 1 — |

Em F G/F

5 — — 3 5 | 1 7 7 6 6 5 5 6 |

grinned Can you sing with all the voic—es of the

been

3 5 7 5 3 — | 1 6 4 — 2 7 4 — |

Em Am F6 C/E

5 1 — 6 1 | 2 3 3 2 2 1 1 6 |

moun——tain Can you paint with all the co—lors of the

3 5 7 3 1 6 — | 2 1 6 4 — 1 5 3 — |

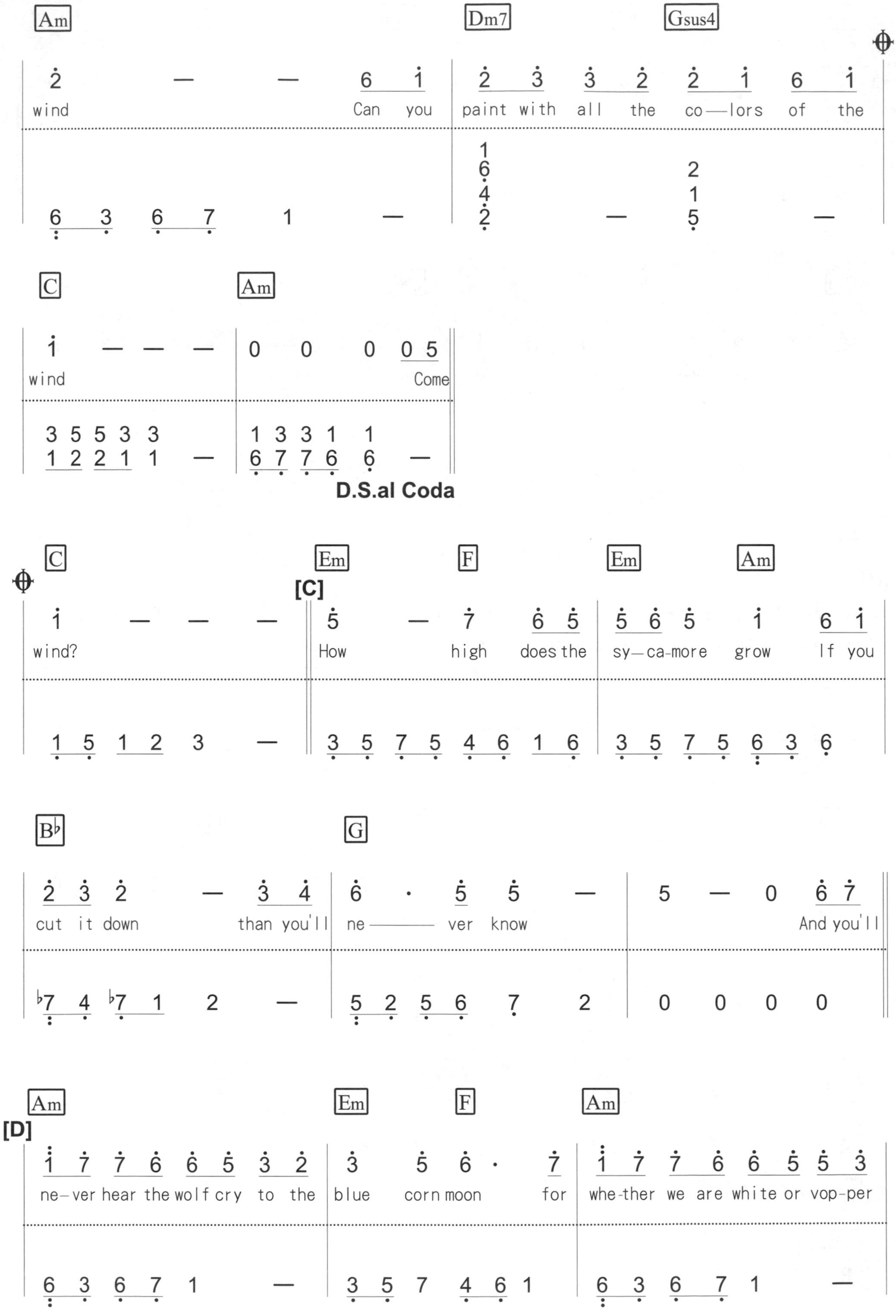

Am | Dm7 | Gsus4

2 — — 6 1 | 2 3 3 2 2 1 6 1 ⊕

wind Can you | paint with all the co—lors of the

6 3 6 7 1 — | 1 6 4 2 — 2 1 5 —

C | Am

1 — — — | 0 0 0 0 5

wind | Come

3 5 5 3 3 / 1 2 2 1 1 — | 1 3 3 1 1 / 6 7 7 6 6 —

D.S.al Coda

⊕ C | [C] Em F | Em Am

1 — — — | 5 — 7 6 5 | 5 6 5 1 6 1

wind? | How high does the | sy—ca-more grow If you

1 5 1 2 3 — | 3 5 7 5 4 6 1 6 | 3 5 7 5 6 3 6

B♭ | G

2 3 2 — 3 4 | 6 · 5 5 — | 5 — 0 6 7

cut it down than you'll | ne——ver know | And you'll

♭7 4 ♭7 1 2 — | 5 2 5 6 7 2 | 0 0 0 0

[D] Am | Em F | Am

1 7 7 6 6 5 3 2 | 3 5 6 · 7 | 1 7 7 6 6 5 5 3

ne-ver hear the wolf cry to the | blue corn moon for | whe-ther we are white or vop-per

6 3 6 7 1 — | 3 5 7 4 6 1 | 6 3 6 7 1 —

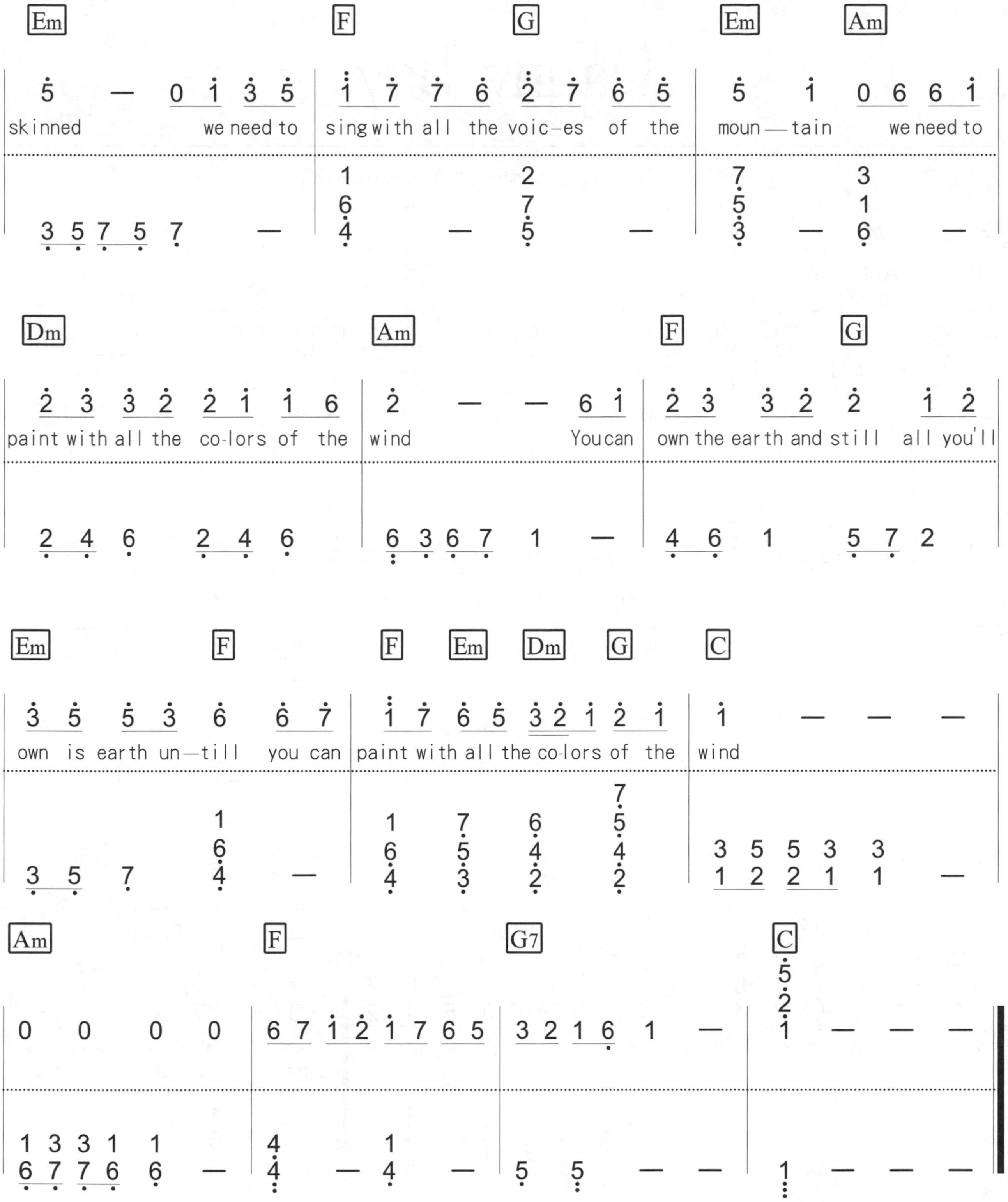

Em | F G | Em Am

5 — 0 1 3 5 | 1 7 7 6 2 7 6 5 | 5 1 0 6 6 1 |

skinned we need to | sing with all the voic-es of the | moun—tain we need to

3 5 7 5 7 — | 1/6/4 — 2/7/5 — | 7/5/3 — 3/1/6 — |

Dm | Am | F G

2 3 3 2 2 1 1 6 | 2 — — 6 1 | 2 3 3 2 2 1 2 |

paint with all the co-lors of the | wind You can | own the earth and still all you'll

2 4 6 2 4 6 | 6 3 6 7 1 — | 4 6 1 5 7 2 |

Em F | F Em Dm G | C

3 5 5 3 6 6 7 | 1 7 6 5 3 2 1 2 1 | 1 — — — |

own is earth un—till you can | paint with all the co-lors of the | wind

3 5 7 1/6/4 — | 1/6/4 7/5/3 6/4/2 7/5/4/2 | 3/1 5/2 5/2 3/1 3/1 — |

Am | F | G7 | C

0 0 0 0 | 6 7 1 2 1 7 6 5 | 3 2 1 6 1 — | 5/2/1 — — — ‖

1/6 3/7 3/7 1/6 1/6 — | 4/4 — 1/4 — | 5 5 — — | 1 — — — ‖

Danny Boy

詞 / 曲：Frederic E.Weatherly 演唱：Celtic Woman

♩= 72 4/4

Key:C Andante

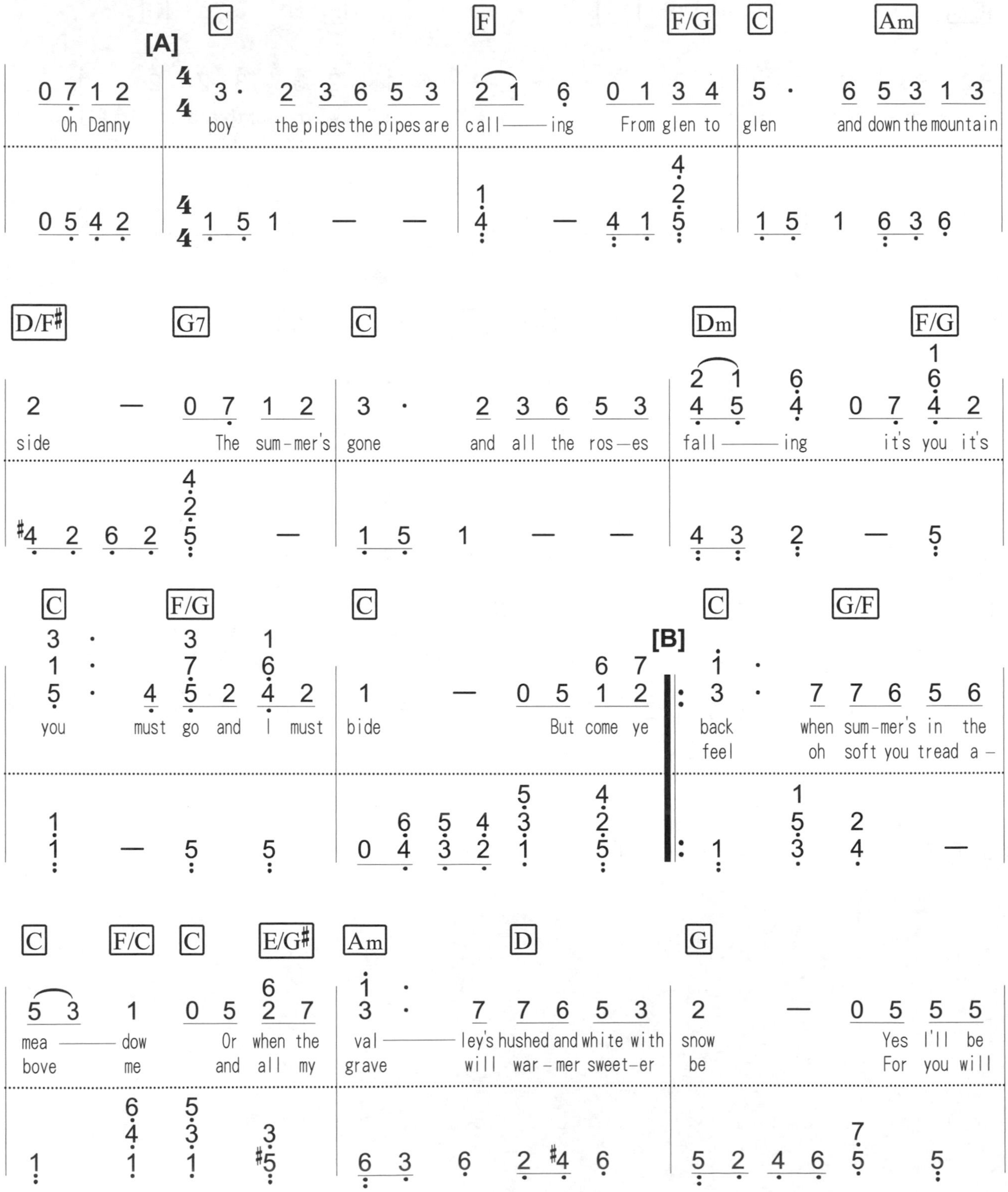

[A]

C | F | F/G | C | Am

0 7 1 2 | 4/4 3· 2 3 6 5 3 | 2 1 6 0 1 3 4 | 5 · 6 5 3 1 3

Oh Danny | boy the pipes the pipes are | call——ing From glen to | glen and down the mountain

D/F♯ | G7 | C | Dm | F/G

2 — 0 7 1 2 | 3 · 2 3 6 5 3 | 2 1 6 0 7 4 2

side The sum-mer's | gone and all the ros-es | fall——ing it's you it's

C | F/G | C | [B] C | G/F

5 · 4 5 2 4 2 | 1 — 0 5 1 2 | ‖: 3 · 7 7 6 5 6

you must go and I must | bide But come ye | back when sum-mer's in the

feel oh soft you tread a-

C | F/C | C | E/G♯ | Am | D | G

5 3 1 0 5 2 7 | 3 · 7 7 6 5 3 | 2 — 0 5 5 5

mea——dow Or when the | val——ley's hushed and white with | snow Yes I'll be

bove me and all my | grave will war-mer sweet-er | be For you will

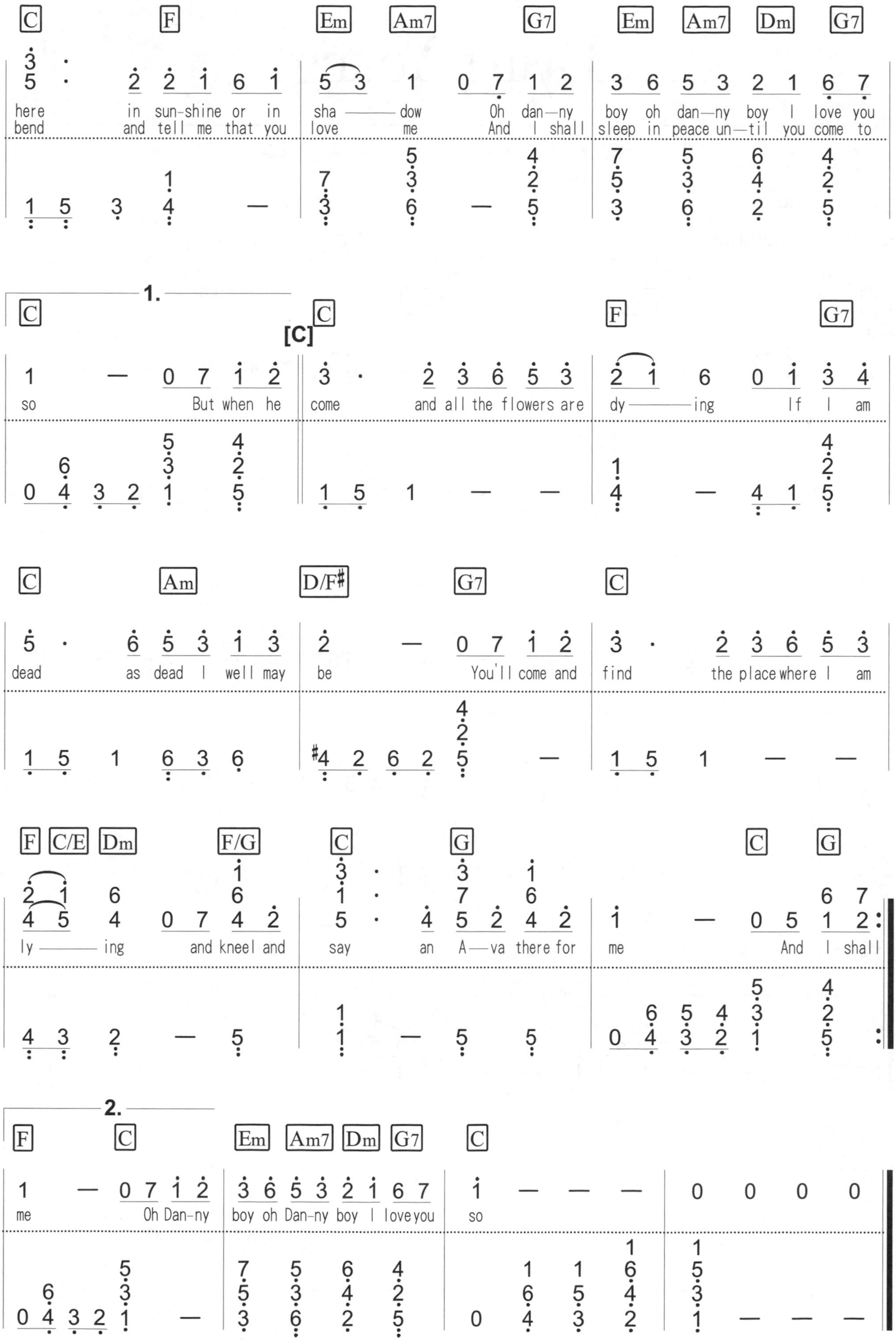

C F Em Am7 G7 Em Am7 Dm G7

here in sun-shine or in sha dow Oh dan-ny boy oh dan-ny boy I love you
bend and tell me that you love me And I shall sleep in peace un-til you come to

1. C [C] C F G7

so But when he come and all the flowers are dy ing If I am

C Am D/F# G7 C

dead as dead I well may be You'll come and find the place where I am

F C/E Dm F/G C G C G

ly ing and kneel and say an A-va there for me And I shall

2. F C Em Am7 Dm G7 C

me Oh Dan-ny boy oh Dan-ny boy I love you so

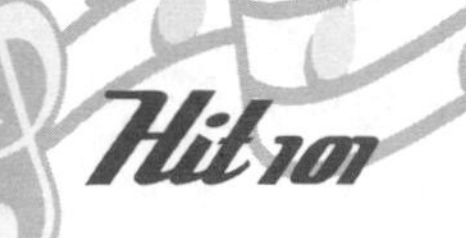

Dying Young

詞 / 曲：James Newton Howard　演奏：Kenny.G

♩ = 72　4/4

Key:C　Andante

[A]

C	F/C	G/C	C
1 ·	2 ·	7 ·	
3 · 5 5 · 5	4 · 5 5 —	2 · 6 6 5 45	3 — — —
	6 / 4 4	7 / 5 5	
1 5 1 — —	1 1 1 — —	1 1 1 — —	1 5 1 — 1 7

Am	E/G#	F	G
6 ·	7 ·	1	
1 · 3 3 · 6	3 · 3 3 —	4 7 6·76 5 43 2	2 — — 0
6 3 6 — —	#5 3 7 — —	4 1 4 6 1 —	5 2 5 6 7 5

𝄋 [B]

C	F/C	G/C	C
1 ·	2 ·	7	
3 · 5 5 · 5	4 · 5 5 —	2 1 2 2 7·6	5 — — —
	6 / 4 4	7 / 5 5	
1 5 1 — —	1 1 1 — —	1 1 1 — —	1 5 1 — 1 7

Am	E/G#	F	G
6 ·	7	1	
1 · 3 3 · 6	3 3 3 3 —	4 7 6 5 5 · 34	5 43 2 2 —
6 3 6 — —	#5 3 7 — —	4 1 4 6 1 —	5 2 5 6 7 5

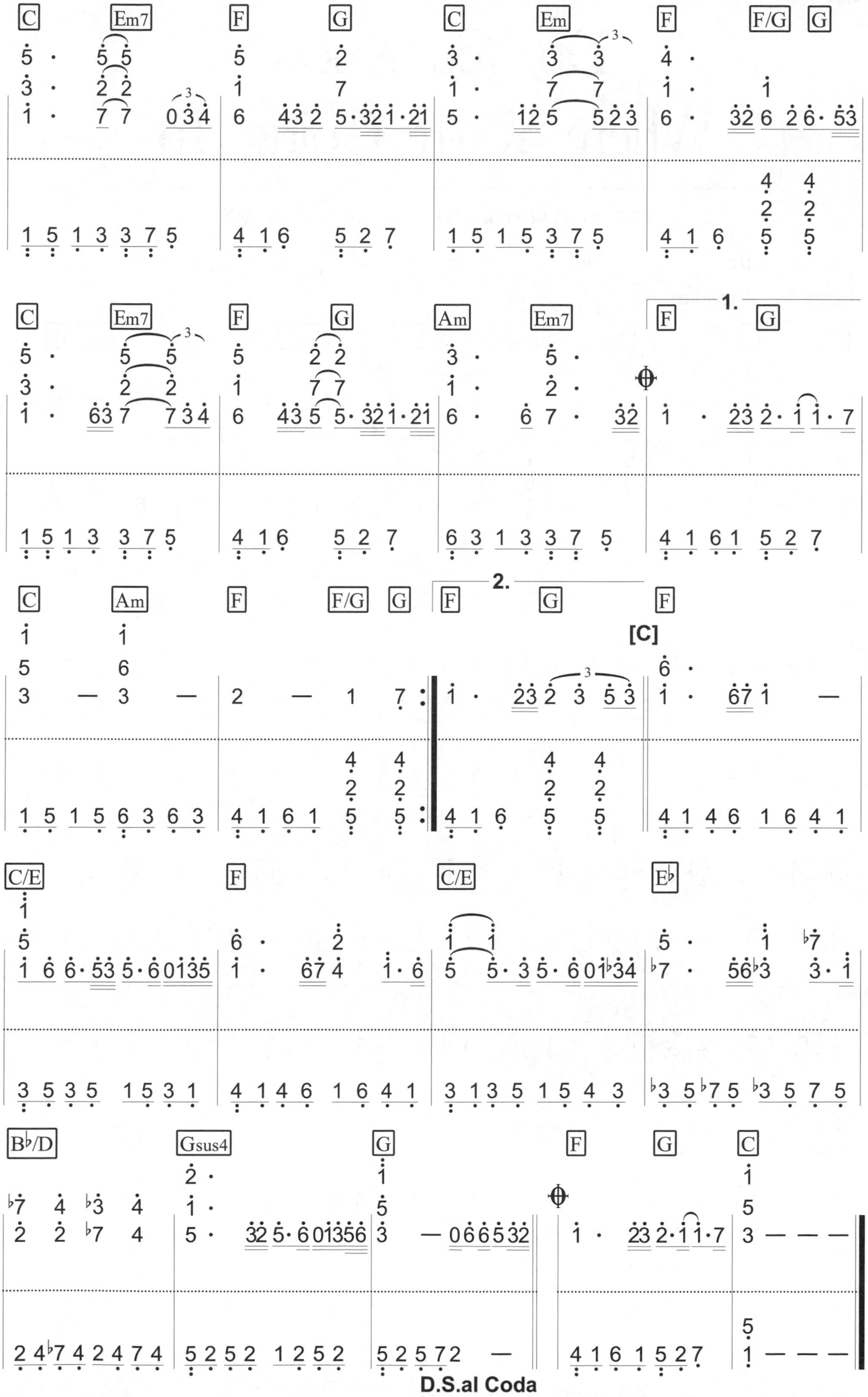

C Em7 | F G | C Em | F F/G G

C Em7 | F G | Am Em7 | 1. F G

C Am | F F/G G :|| 2. F G | F [C]

C/E | F | C/E | E♭

B♭/D Gsus4 | G || F G | C

D.S.al Coda

Do You Know Where You're Going To

詞 / 曲：Michael Masser / Gerald Goffin　演唱：Diana Ross

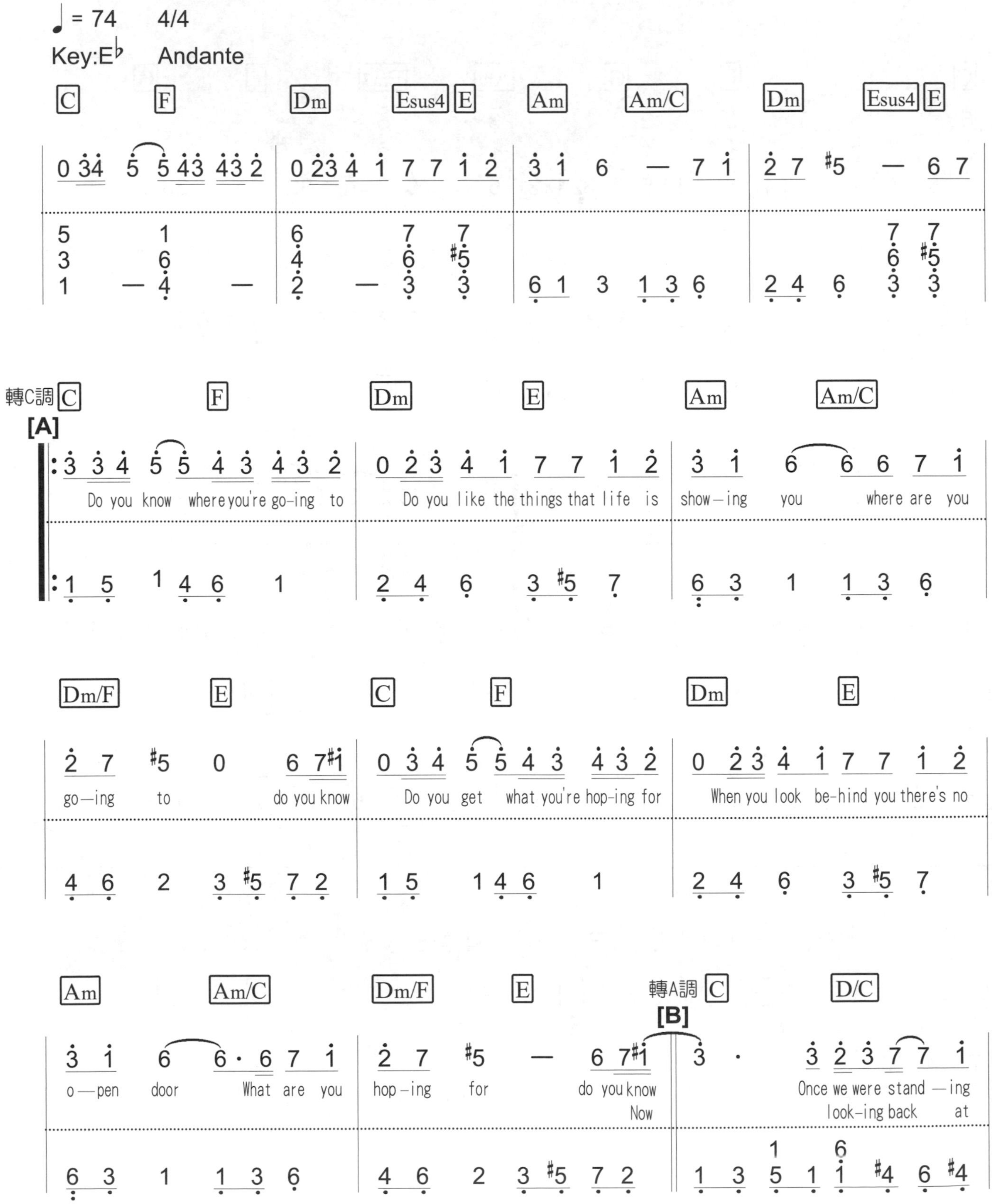

♩ = 74　4/4
Key:E♭　Andante

C　F　Dm　Esus4　E　Am　Am/C　Dm　Esus4　E

| 0 34 5 5 43 43 2 | 0 23 4 1 7 7 1 2 | 3 1 6 — 7 1 | 2 7 #5 — 6 7 |

| 5 3 1 — 1 6 4 — | 6 4 2 — 7 6 3 7 #5 3 | 6 1 3 1 3 6 | 2 4 6 7 6 3 7 #5 3 |

轉C調

[A]

C　F　Dm　E　Am　Am/C

|: 3 3 4 5 5 4 3 4 3 2 | 0 2 3 4 1 7 7 1 2 | 3 1 6 6 6 7 1 |

Do you know where you're go-ing to　Do you like the things that life is　show—ing you where are you

|: 1 5 1 4 6 1 | 2 4 6 3 #5 7 | 6 3 1 1 3 6 |

Dm/F　E　C　F　Dm　E

| 2 7 #5 0 6 7#1 | 0 3 4 5 5 4 3 4 3 2 | 0 2 3 4 1 7 7 1 2 |

go—ing to do you know　Do you get what you're hop-ing for　When you look be-hind you there's no

| 4 6 2 3 #5 7 2 | 1 5 1 4 6 1 | 2 4 6 3 #5 7 |

Am　Am/C　Dm/F　E　轉A調 C　D/C

[B]

| 3 1 6 6 · 6 7 1 | 2 7 #5 — 6 7#1 || 3 · 3 2 3 7 7 1 |

o—pen door What are you　hop-ing for do you know　Now　Once we were stand—ing　look-ing back at

| 6 3 1 1 3 6 | 4 6 2 3 #5 7 2 || 1 3 1 5 1 6 1 #4 6 #4 |

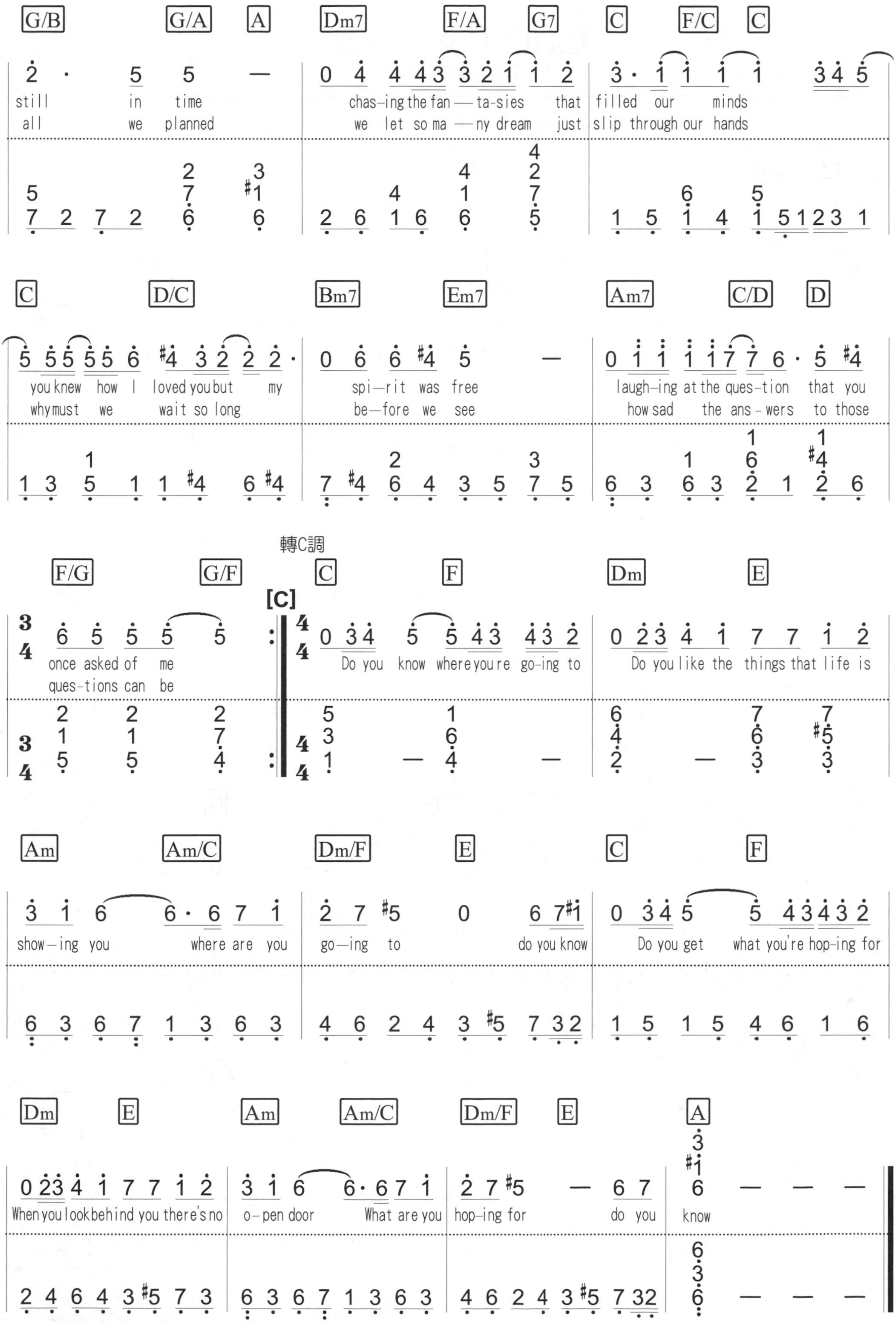

G/B G/A A Dm7 F/A G7 C F/C C

still in time chas-ing the fan — ta-sies that filled our minds
all we planned we let so ma — ny dream just slip through our hands

C D/C Bm7 Em7 Am7 C/D D

you knew how I loved you but my spi-rit was free laugh-ing at the ques-tion that you
why must we wait so long be-fore we see how sad the ans-wers to those

轉C調

F/G G/F [C] C F Dm E

once asked of me Do you know where you're go-ing to Do you like the things that life is
ques-tions can be

Am Am/C Dm/F E C F

show-ing you where are you go-ing to do you know Do you get what you're hop-ing for

Dm E Am Am/C Dm/F E A

When you look behind you there's no o-pen door What are you hop-ing for do you know

Endless Love

（電影"無盡的愛"主題曲）

詞 / 曲：Lionel Richie　演唱：Lionel Richie & Diana Ross

♩ = 72　4/4

Key:C

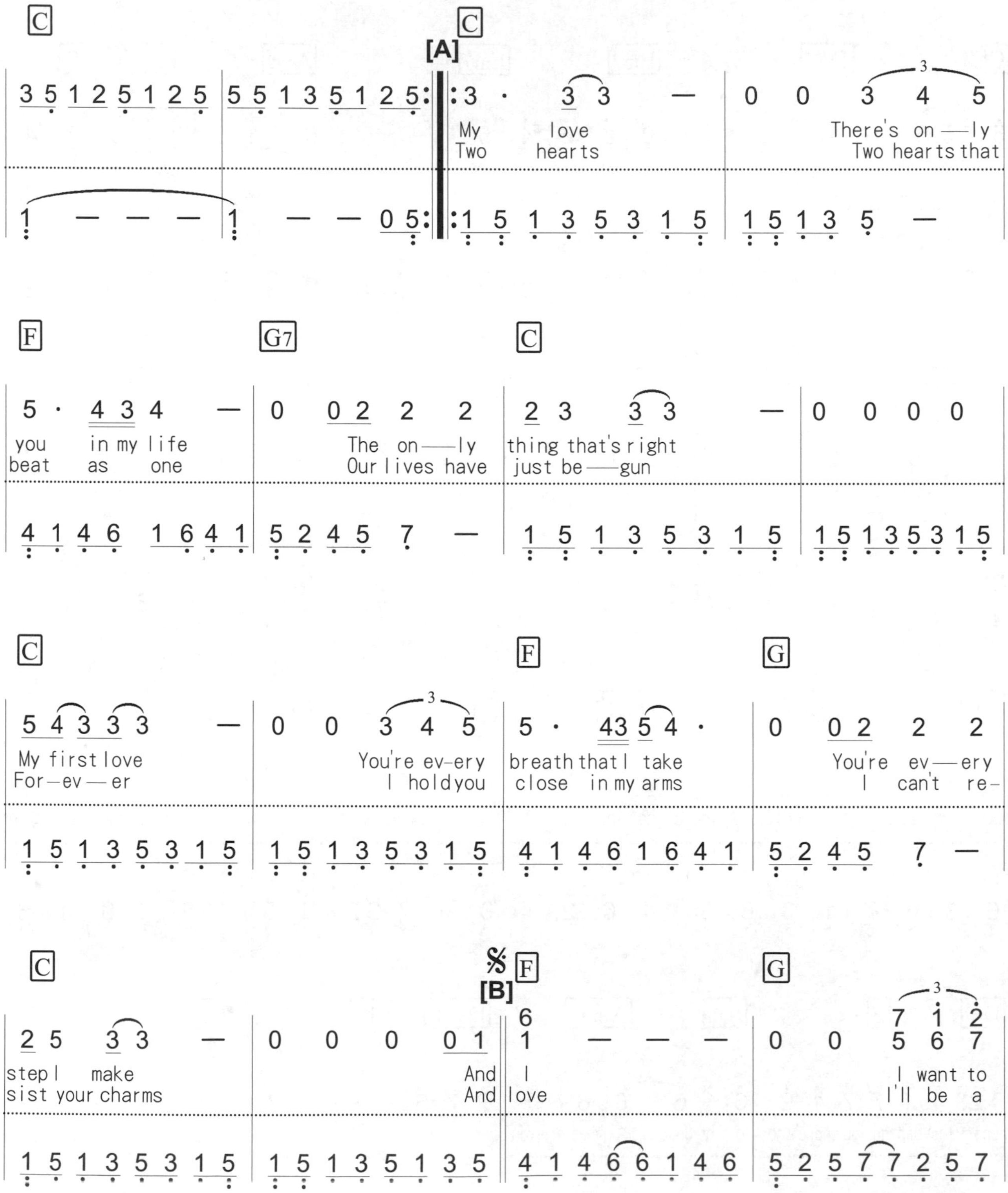

C | C [A]

3 5 1 2 5 1 2 5 | 5 5 1 3 5 1 2 5 :‖: 3 · 3 3 — | 0 0 3 4 5

My love / There's on—ly

Two hearts / Two hearts that

1 — — — | 1 — — 0 5 :‖: 1 5 1 3 5 3 1 5 | 1 5 1 3 5 —

F | G7 | C

5 · 4 3 4 — | 0 0 2 2 2 | 2 3 3 3 — | 0 0 0 0

you in my life / The on—ly / thing that's right

beat as one / Our lives have / just be—gun

4 1 4 6 1 6 4 1 | 5 2 4 5 7 — | 1 5 1 3 5 3 1 5 | 1 5 1 3 5 3 1 5

C | F | G

5 4 3 3 3 — | 0 0 3 4 5 | 5 · 43 5 4 · | 0 0 2 2 2

My first love / You're ev-ery / breath that I take / You're ev—ery

For-ev—er / I hold you / close in my arms / I can't re-

1 5 1 3 5 3 1 5 | 1 5 1 3 5 3 1 5 | 4 1 4 6 1 6 4 1 | 5 2 4 5 7 —

C | 𝄋 F [B] | G

2 5 3 3 — | 0 0 0 0 1 | 6/1 — — — | 0 0 7/5 1/6 2/7

step I make / And / I / I want to

sist your charms / And / love / I'll be a

1 5 1 3 5 3 1 5 | 1 5 1 3 5 1 3 5 | 4 1 4 6 6 1 4 6 | 5 2 5 7 7 2 5 7

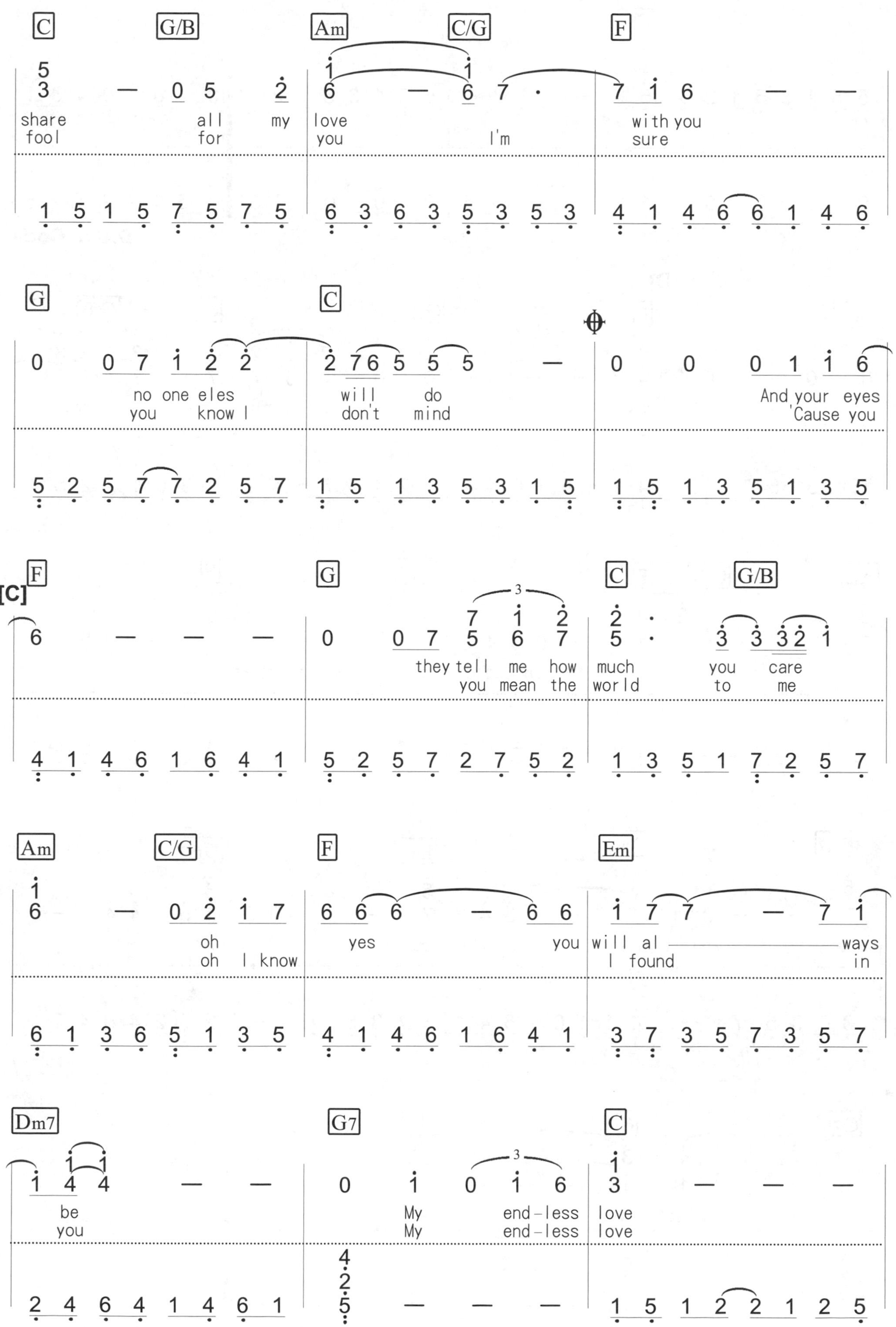
C
G/B
Am
C/G
F
share all my love with you
fool for you I'm sure
G
C
no one eles will do
you know I don't mind
And your eyes
'Cause you
[C]
F
G
C
G/B
they tell me how much you care
you mean the world to me
Am
C/G
F
Em
oh yes you will al ways be
oh I know I found in you
Dm7
G7
C
My end-less love
My end-less love

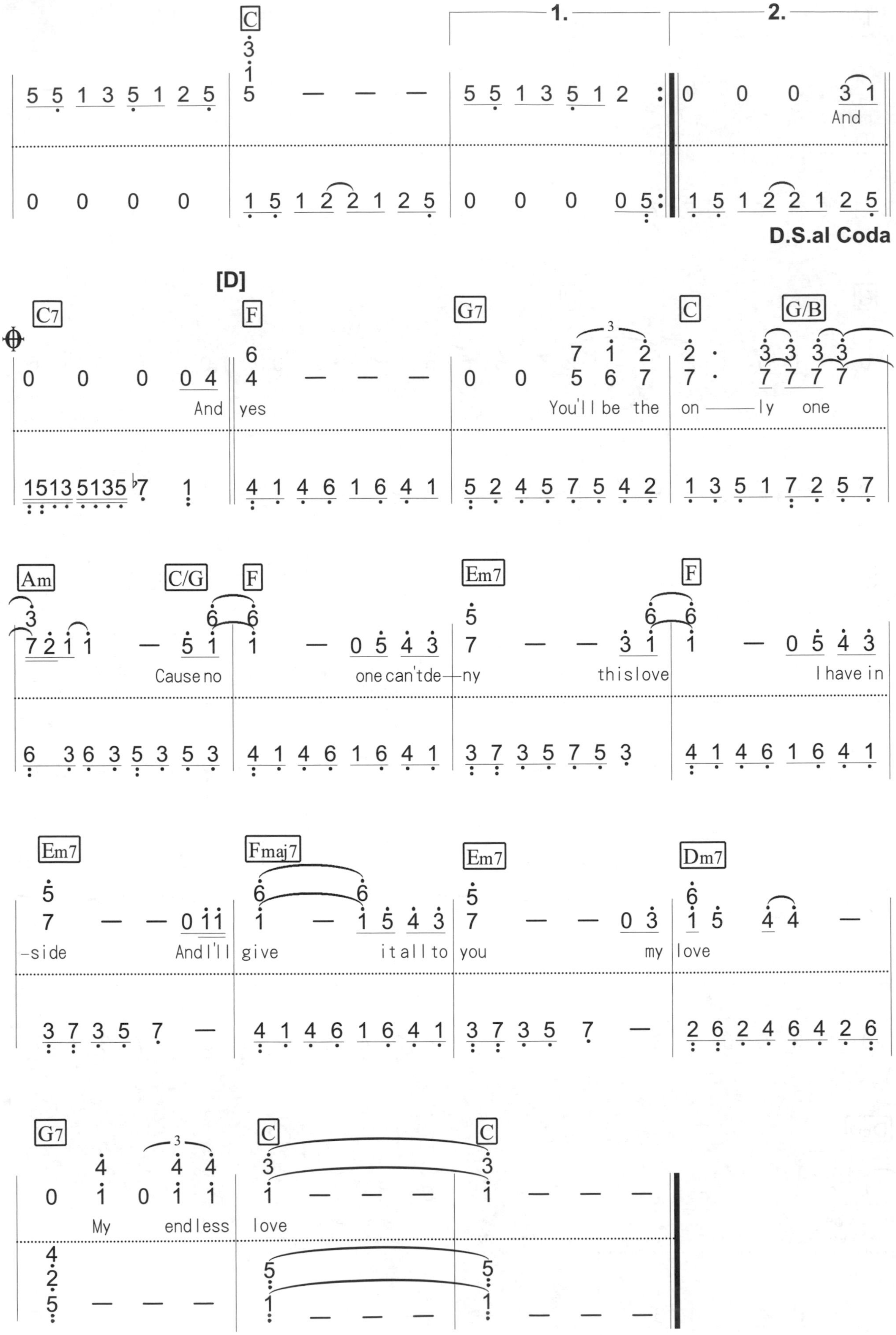

C

1. 2.

And

D.S.al Coda

[D]

C7 F G7 C G/B

And yes You'll be the on — ly one

Am C/G F Em7 F

Cause no one can't de — ny this love I have in

Em7 Fmaj7 Em7 Dm7

-side And I'll give it all to you my love

G7 C C

My endless love

Eternal Flame

詞 / 曲：Susanna Hoffs / Tom Kelly / Billy Steinberg　演唱：The Bangles

♩ = 78　4/4
Key:G　Andantino

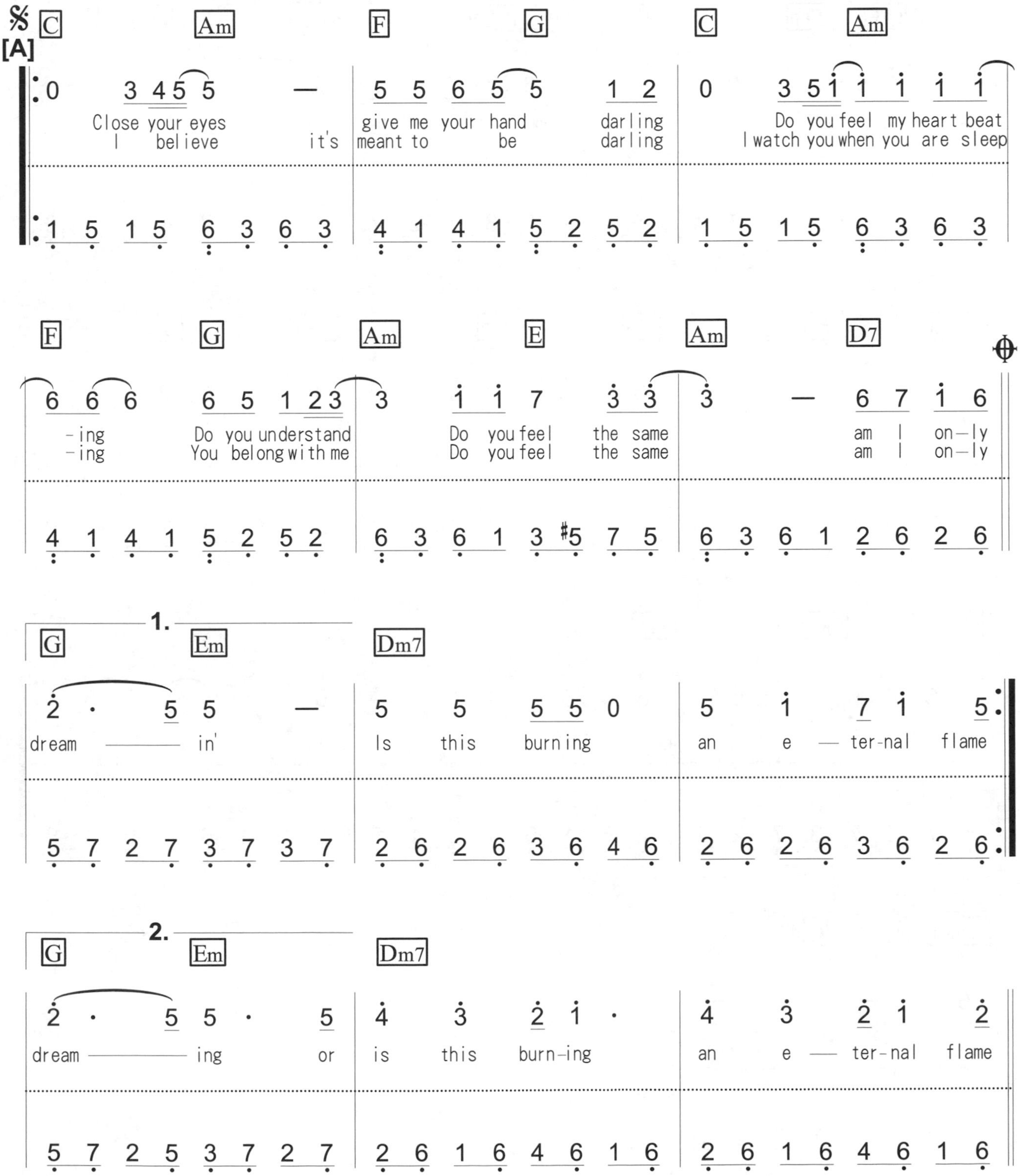

𝄋 [A]

C　Am　|　F　G　|　C　Am
0 3 4 5 5 — | 5 5 6 5 5 1 2 | 0 3 5 1 1 1 1 1
Close your eyes | give me your hand darling | Do you feel my heart beat
I believe it's | meant to be darling | I watch you when you are sleep
1 5 1 5 6 3 6 3 | 4 1 4 1 5 2 5 2 | 1 5 1 5 6 3 6 3

F　G　|　Am　E　|　Am　D7　⊕
6 6 6 6 5 1 2 3 | 3 1 1 7 3 3 | 3 — 6 7 1 6
-ing Do you understand | Do you feel the same | am I on-ly
-ing You belong with me | Do you feel the same | am I on-ly
4 1 4 1 5 2 5 2 | 6 3 6 1 3 #5 7 5 | 6 3 6 1 2 6 2 6

1.
G　Em　|　Dm7
2 · 5 5 — | 5 5 5 5 0 | 5 1 7 1 5
dream in' | Is this burning | an e — ter-nal flame
5 7 2 7 3 7 3 7 | 2 6 2 6 3 6 4 6 | 2 6 2 6 3 6 2 6

2.
G　Em　|　Dm7
2 · 5 5 · 5 | 4 3 2 1 · | 4 3 2 1 2
dream — ing or | is this burn-ing | an e — ter-nal flame
5 7 2 5 3 7 2 7 | 2 6 1 6 4 6 1 6 | 2 6 1 6 4 6 1 6

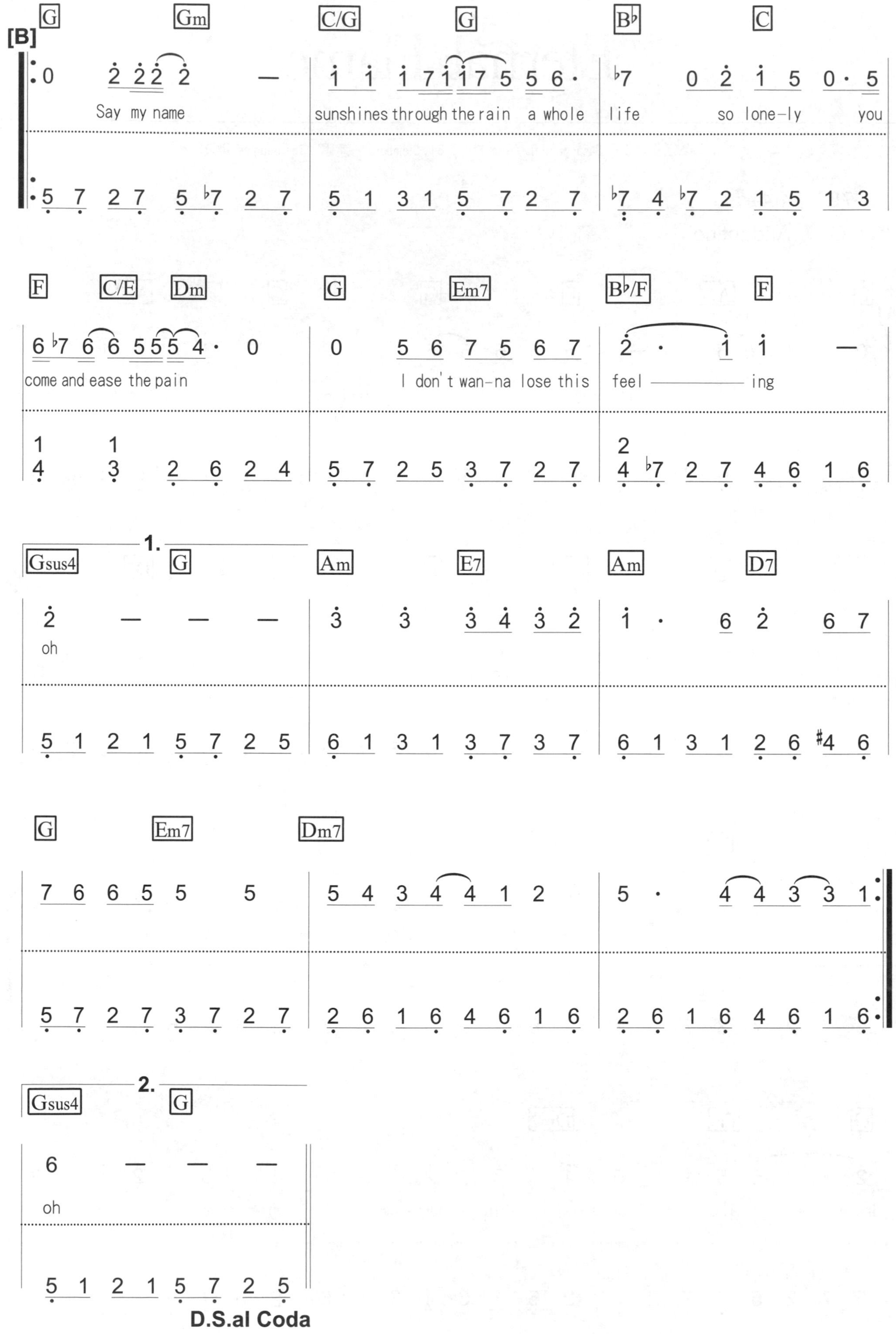

[B]

G Gm C/G G B♭ C

0 2 2 2 2 — | 1 1 1 7 1 1 7 5 5 6· | ♭7 0 2 1 5 0·5

Say my name sunshines through the rain a whole life so lone-ly you

5 7 2 7 5 ♭7 2 7 | 5 1 3 1 5 7 2 7 | ♭7 4 ♭7 2 1 5 1 3

F C/E Dm G Em7 B♭/F F

6 ♭7 6 6 5 5 5 4· 0 | 0 5 6 7 5 6 7 | 2 · 1 1 —

come and ease the pain I don't wan-na lose this feel —— ing

1 1 2 6 2 4 | 5 7 2 5 3 7 2 7 | 2 4 ♭7 2 7 4 6 1 6

4 3 | | 4

1.

Gsus4 G Am E7 Am D7

2 — — — | 3 3 3 4 3 2 | 1 · 6 2 6 7

oh

5 1 2 1 5 7 2 5 | 6 1 3 1 3 7 3 7 | 6 1 3 1 2 6 ♯4 6

G Em7 Dm7

7 6 6 5 5 5 | 5 4 3 4 4 1 2 | 5 · 4 4 3 3 1

5 7 2 7 3 7 2 7 | 2 6 1 6 4 6 1 6 | 2 6 1 6 4 6 1 6

2.

Gsus4 G

6 — — —

oh

5 1 2 1 5 7 2 5

D.S.al Coda

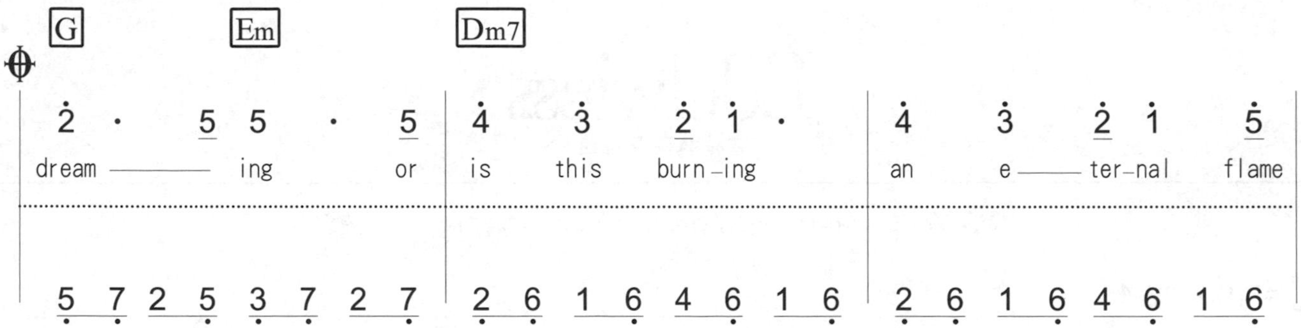
G
Em
Dm7
dream ing or
is this burn-ing
an e ter-nal flame

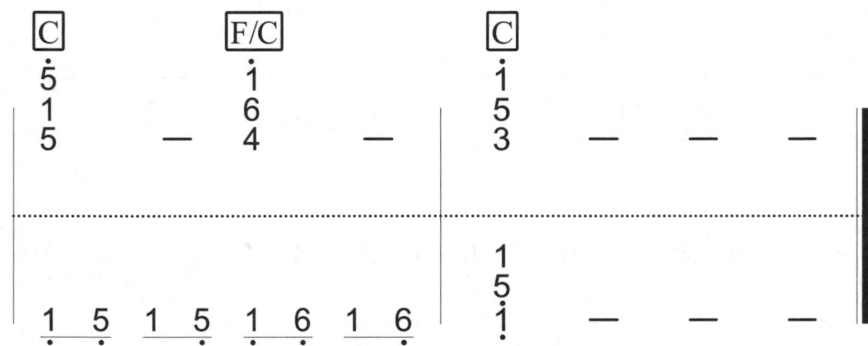
C
F/C
C

Edelwiess

(電影"真善美"插曲)

詞 / 曲：Richard Rodgers / Oscar Hammerstein　演唱：Ray Conniff

♩ = 100　3/4
Key:C　Moderato

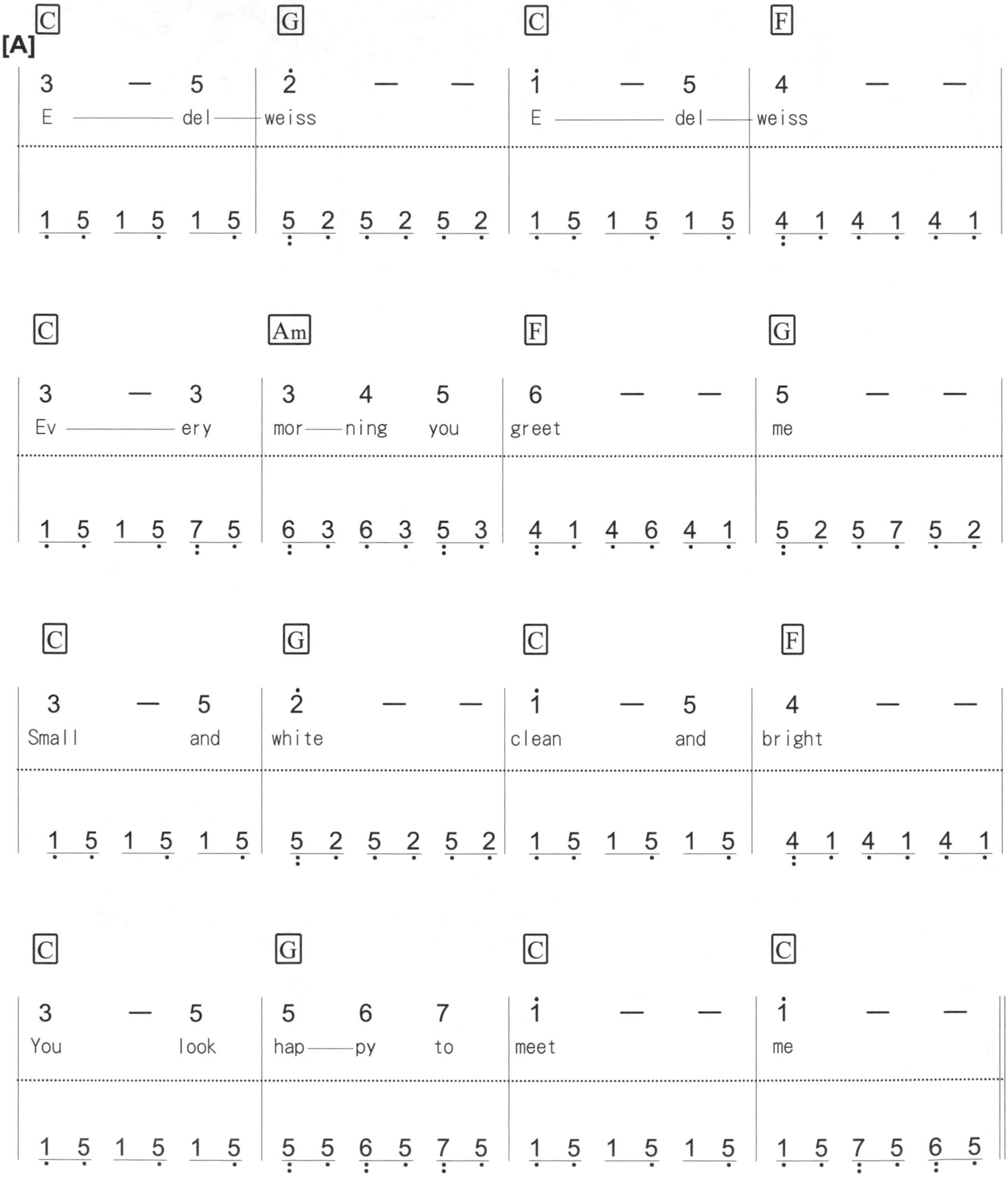

[A]

C	G	C	F
3 — 5	2 — —	1 — 5	4 — —
E —— del ——	weiss	E —— del ——	weiss
1 5 1 5 1 5	5 2 5 2 5 2	1 5 1 5 1 5	4 1 4 1 4 1

C	Am	F	G
3 — 3	3 4 5	6 — —	5 — —
Ev —— ery	mor —— ning you	greet	me
1 5 1 5 7 5	6 3 6 3 5 3	4 1 4 6 4 1	5 2 5 7 5 2

C	G	C	F
3 — 5	2 — —	1 — 5	4 — —
Small and	white	clean and	bright
1 5 1 5 1 5	5 2 5 2 5 2	1 5 1 5 1 5	4 1 4 1 4 1

C	G	C	C
3 — 5	5 6 7	1 — —	1 — —
You look	hap —— py to	meet	me
1 5 1 5 1 5	5 5 6 5 7 5	1 5 1 5 1 5	1 5 7 5 6 5

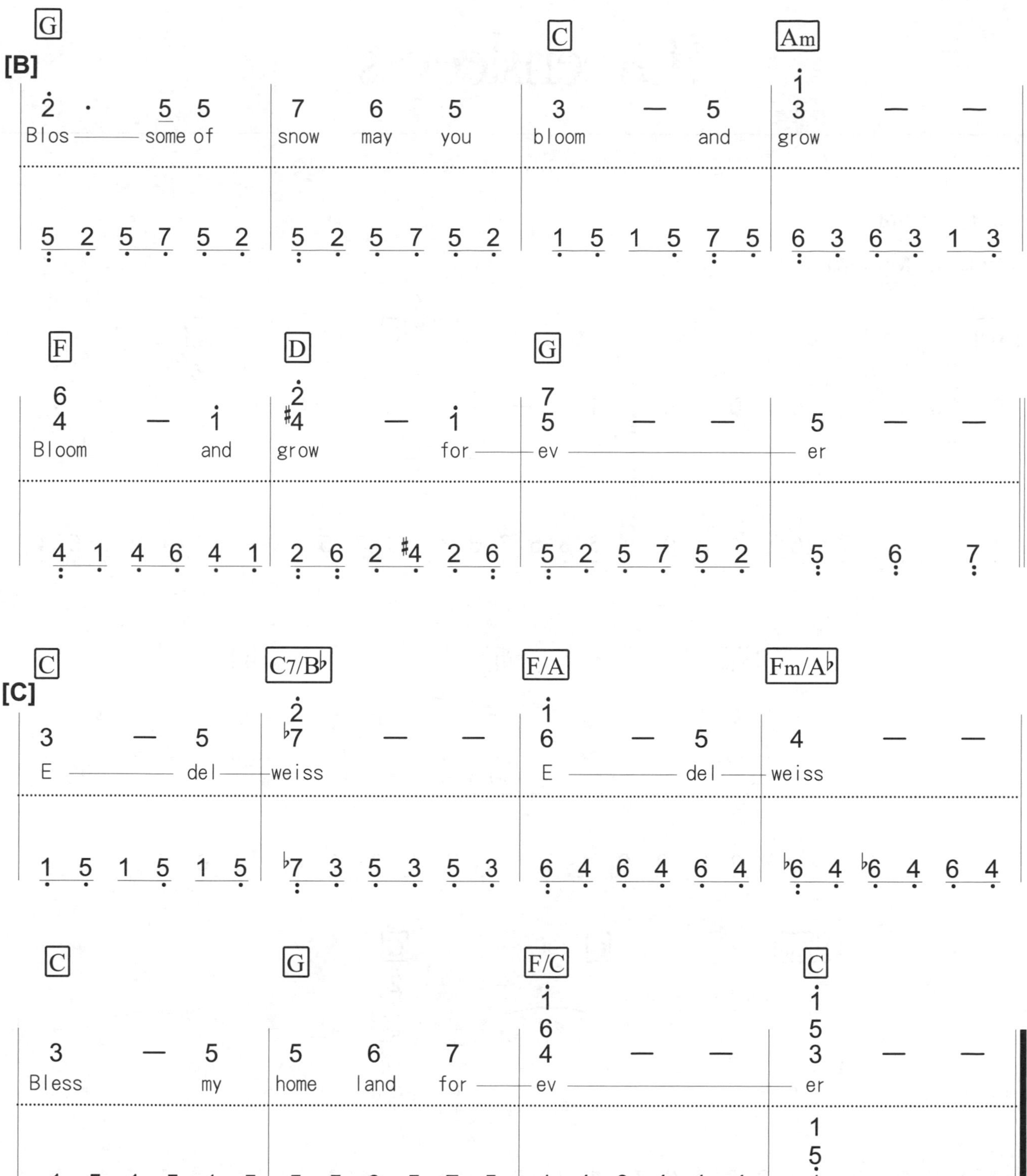
[B]
G C Am
Blos some of snow may you bloom and grow
F D G
Bloom and grow for ev er
[C]
C C7/B♭ F/A Fm/A♭
E del weiss E del weiss
C G F/C C
Bless my home land for ev er

Greensleeves

詞 / 曲：English Folk Song 演唱：Olivia Newton-John

♩ = 100 3/4

Key:Em Moderato

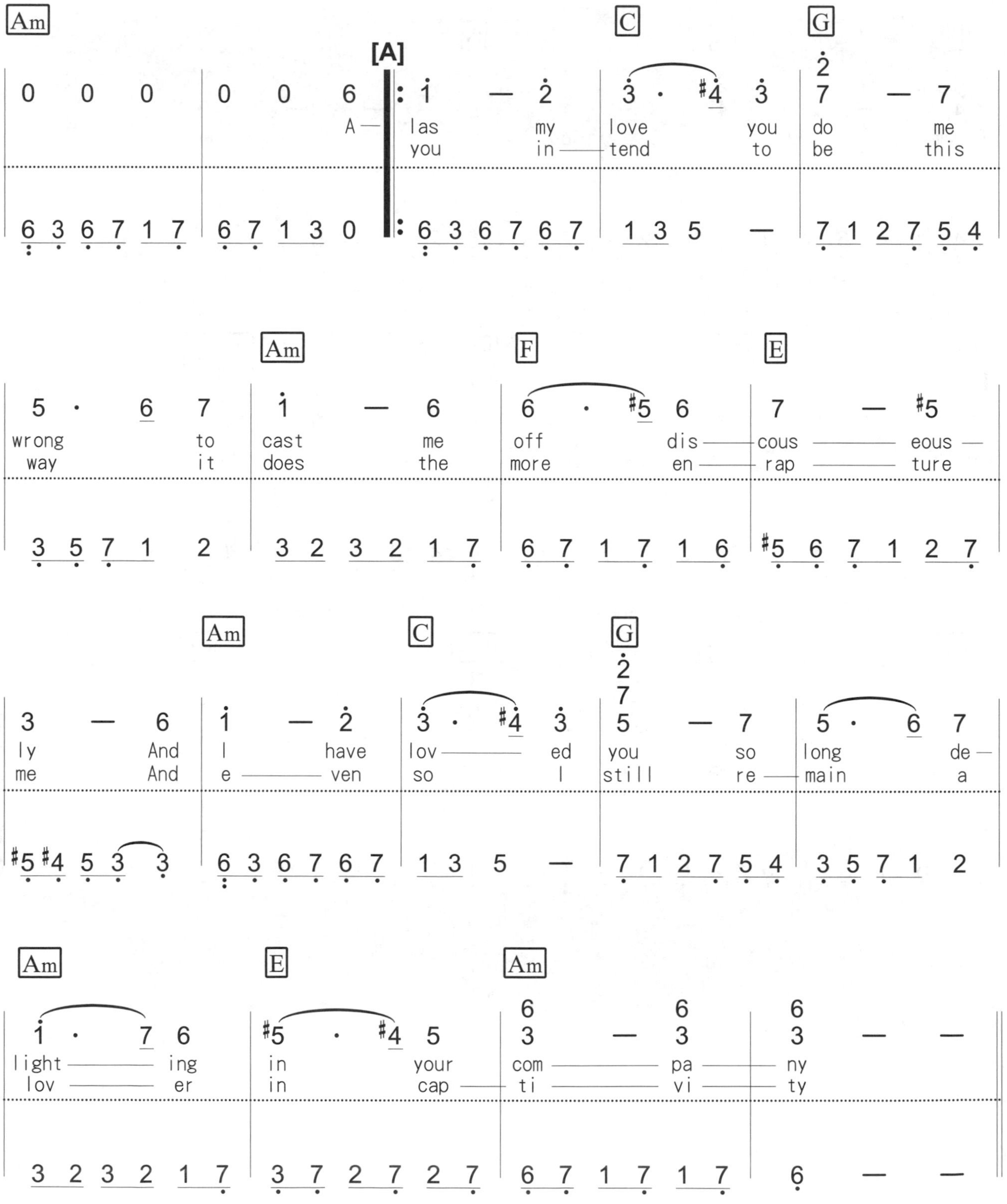

Am | | C | G

0 0 0 | 0 0 6 [A] |: 1 — 2 | 3 · #4 3 | 2 7 — 7

A— las my love you do me

you in— tend to be this

6 3 6 7 1 7 | 6 7 1 3 0 |: 6 3 6 7 6 7 | 1 3 5 — | 7 1 2 7 5 4

| Am | F | E

5 · 6 7 | 1 — 6 | 6 · #5 6 | 7 — #5

wrong to cast me off dis— cous— eous—

way it does the more en— rap— ture

3 5 7 1 2 | 3 2 3 2 1 7 | 6 7 1 7 1 6 | #5 6 7 1 2 7

| Am | C | G |

3 — 6 | 1 — 2 | 3 · #4 3 | 2 7 5 — 7 | 5 · 6 7

ly And I have lov— ed you so long de—

me And e— ven so I still re— main a

#5 #4 5 3 3 | 6 3 6 7 6 7 | 1 3 5 — | 7 1 2 7 5 4 | 3 5 7 1 2

Am | E | Am |

1 · 7 6 | #5 · #4 5 | 6 3 — 6 3 | 6 3 — — ‖

light— ing in your com— pa— ny

lov— er in cap— ti— vi— ty

3 2 3 2 1 7 | 3 7 2 7 2 7 | 6 7 1 7 1 7 | 6 — — ‖

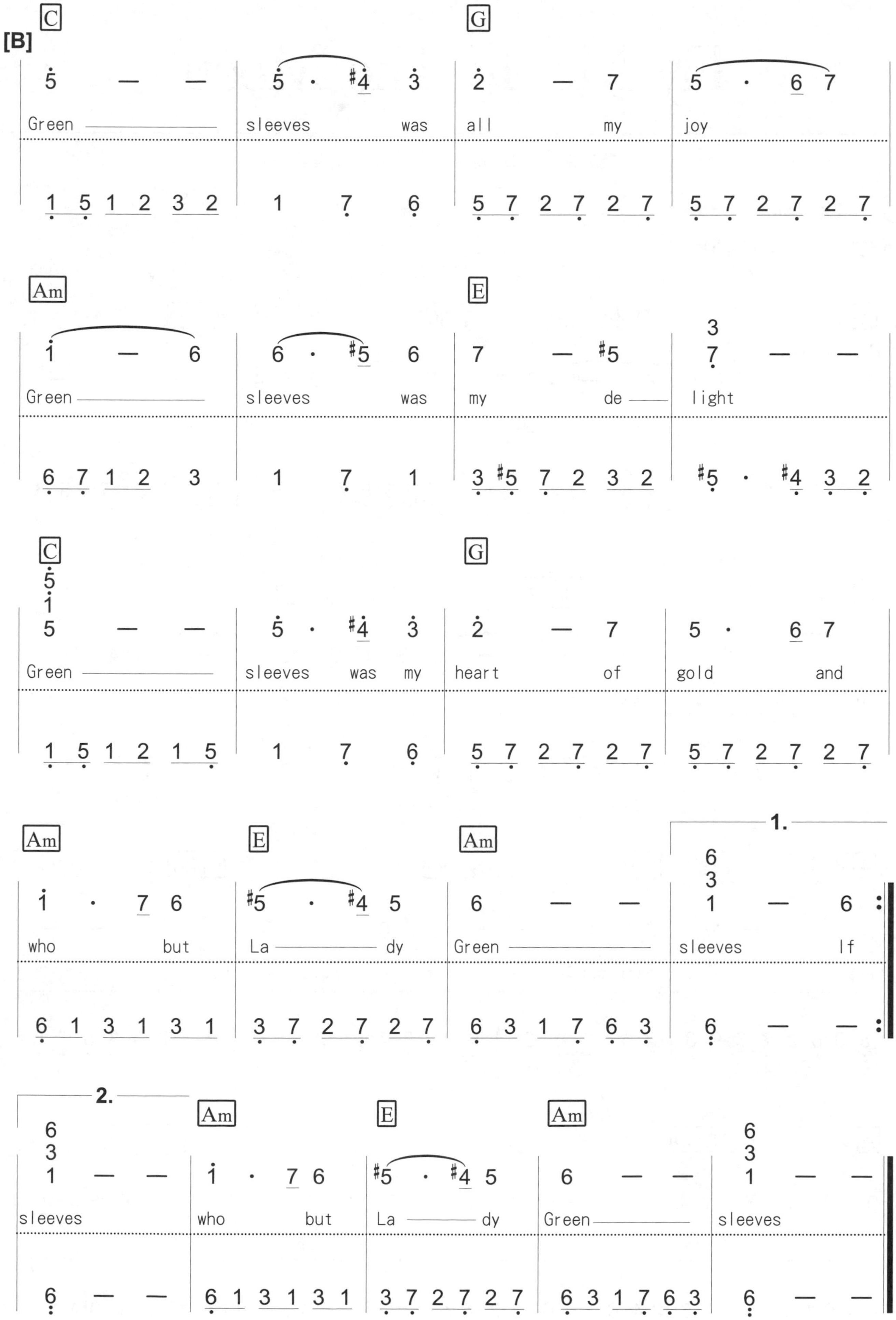

[B]

C		G	
5 — —	5 · #4 3	2 — 7	5 · 6 7
Green	sleeves was	all my	joy
1 5 1 2 3 2	1 7 6	5 7 2 7 2 7	5 7 2 7 2 7

Am		E	
1 — 6	6 · #5 6	7 — #5	3/7 — —
Green	sleeves was	my de	light
6 7 1 2 3	1 7 1	3 #5 7 2 3 2	#5 · #4 3 2

C		G	
5/1/5 — —	5 · #4 3	2 — 7	5 · 6 7
Green	sleeves was my	heart of	gold and
1 5 1 2 1 5	1 7 6	5 7 2 7 2 7	5 7 2 7 2 7

Am	E	Am	1.
1 · 7 6	#5 · #4 5	6 — —	6/3/1 — 6 :
who but	La dy	Green	sleeves If
6 1 3 1 3 1	3 7 2 7 2 7	6 3 1 7 6 3	6 — — :

2.	Am	E	Am	
6/3/1 — —	1 · 7 6	#5 · #4 5	6 — —	6/3/1 — —
sleeves	who but	La dy	Green	sleeves
6 — —	6 1 3 1 3 1	3 7 2 7 2 7	6 3 1 7 6 3	6 — —

Fly Me To The Moon

詞 / 曲：Bart Howard　演唱：Diana Krall

♩ = 122　4/4

Key:C　Moderato

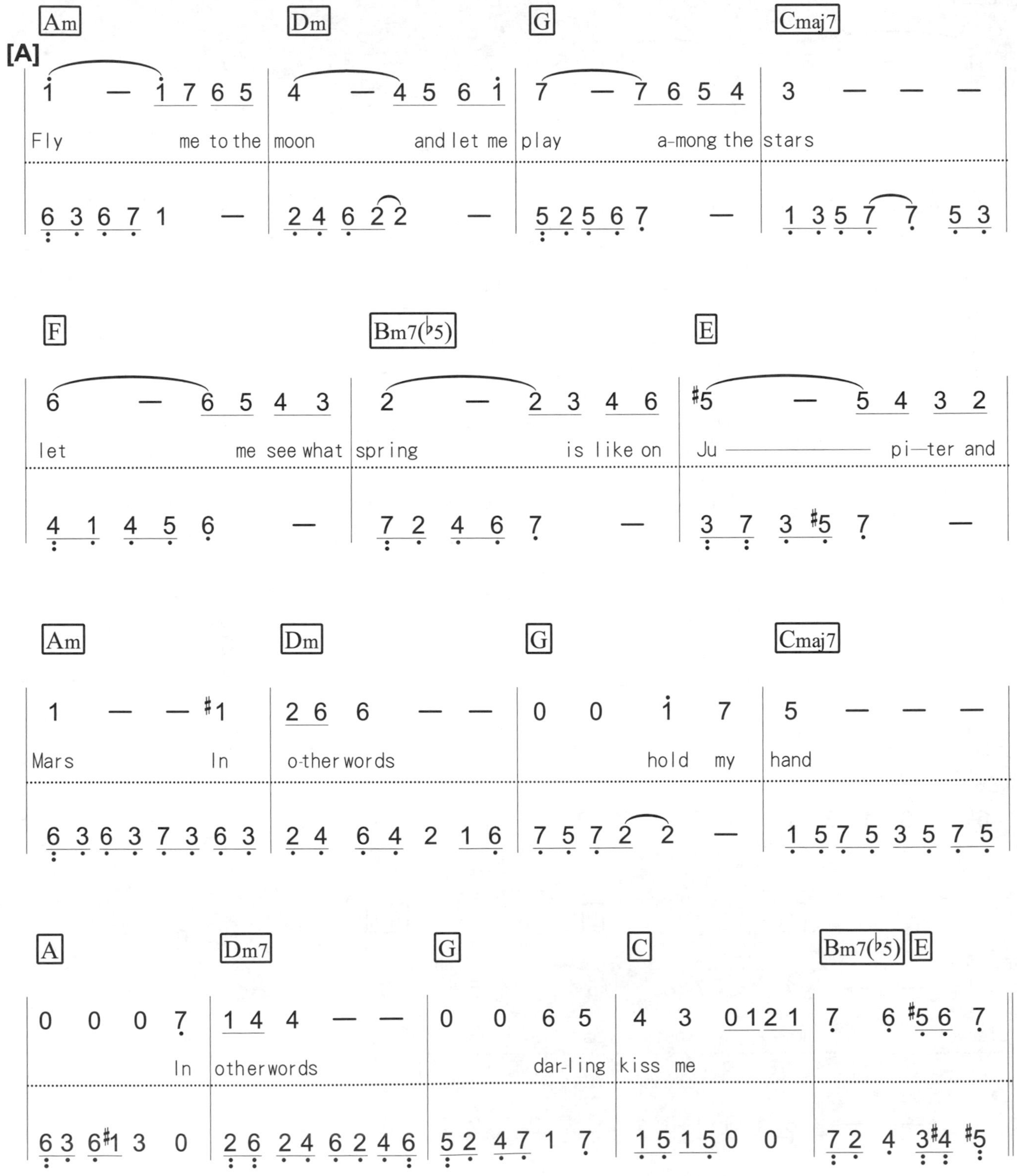

[A]

Am | Dm | G | Cmaj7

Fly me to the moon and let me play a-mong the stars

F | Bm7(♭5) | E

let me see what spring is like on Ju — pi—ter and

Am | Dm | G | Cmaj7

Mars In o-ther words hold my hand

A | Dm7 | G | C | Bm7(♭5) E

In otherwords dar-ling kiss me

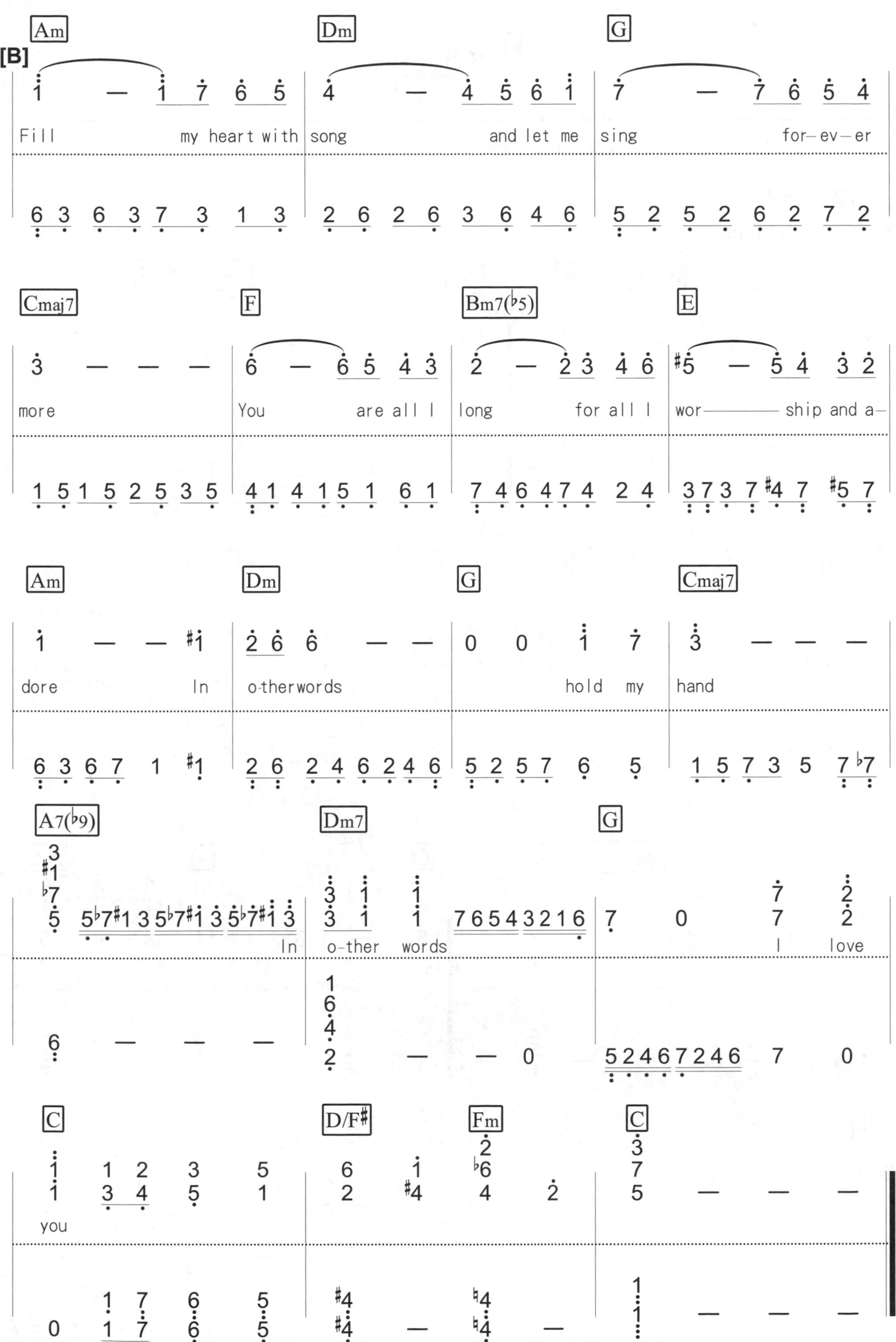
[B]
Am
Dm
G
Fill my heart with song and let me sing for-ev-er
Cmaj7
F
Bm7(♭5)
E
more You are all I long for all I wor——ship and a-
Am
Dm
G
Cmaj7
dore In o-therwords hold my hand
A7(♭9)
Dm7
G
In o-ther words I love
C
D/F#
Fm
C
you

Feeling

詞 / 曲：Morris Albert　演唱：Morris Albert

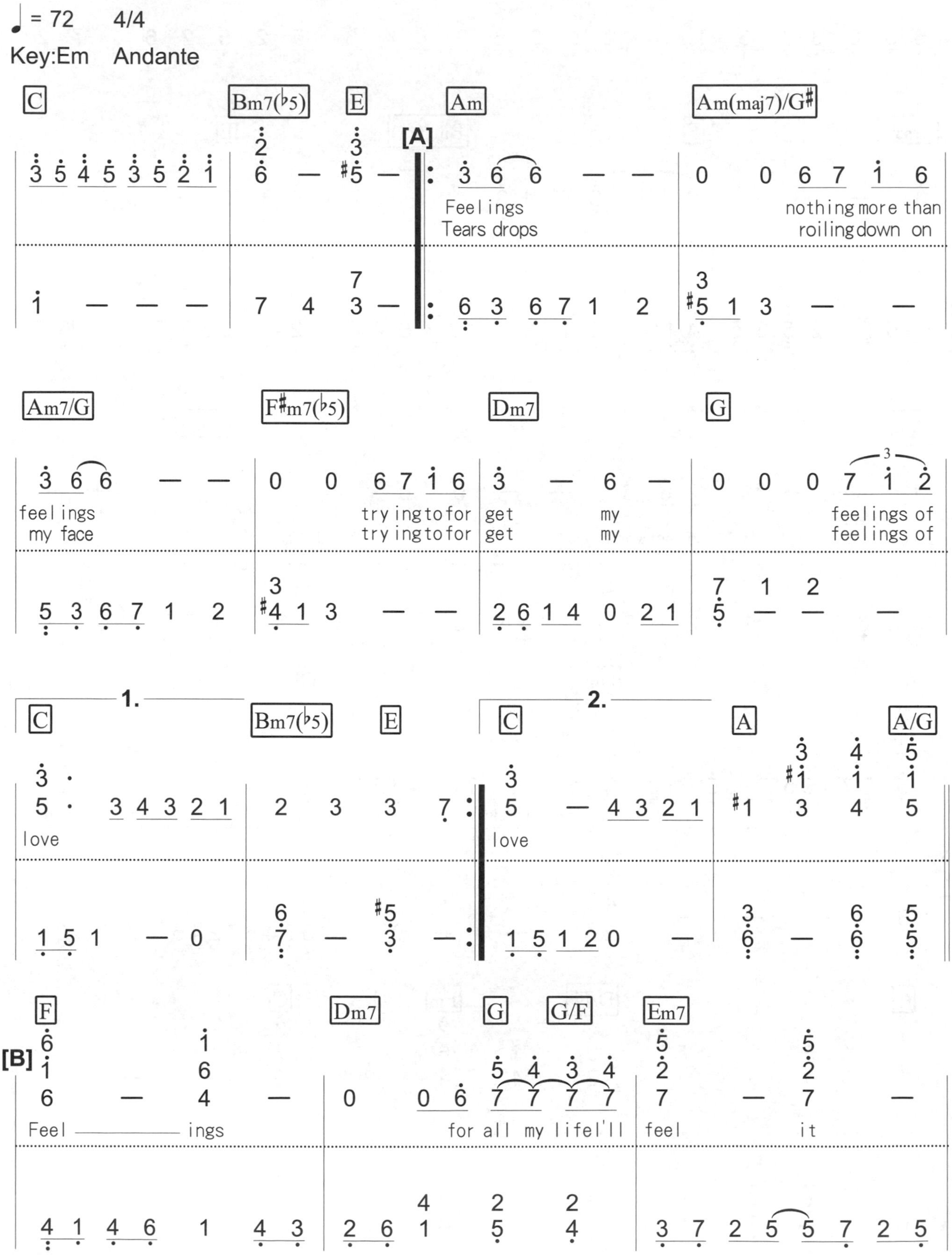

♩ = 72　4/4

Key:Em　Andante

C　Bm7(♭5)　E　[A] Am　Am(maj7)/G♯

Feel ings　nothing more than
Tears drops　roiling down on

Am7/G　F♯m7(♭5)　Dm7　G

feel ings　trying to for　get　my　feel ings of
my face　trying to for　get　my　feel ings of

1. C　Bm7(♭5)　E　2. C　A　A/G

love　love

F　Dm7　G　G/F　Em7

[B]

Feel ——— ings　for all my life I'll　feel　it

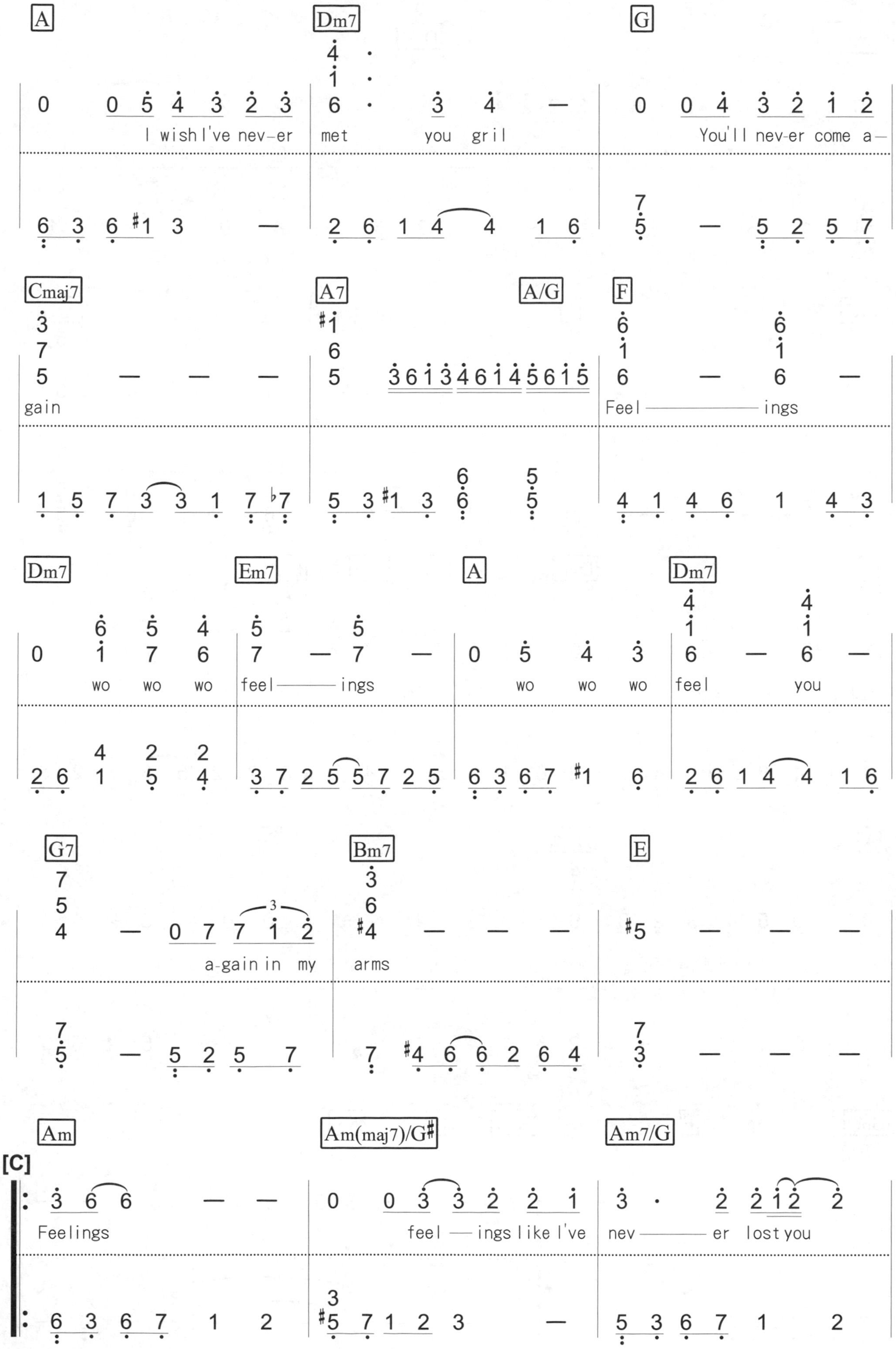

A | Dm7 | G

0 0 5 4 3 2 3 | 6 · 3 4 — | 0 0 4 3 2 1 2

I wish I've nev-er met you gril You'll nev-er come a-

Cmaj7 | A7 A/G | F

5 — — — | 5 3613 4614 5615 | 6 — 6 —

gain Feel ——— ings

Dm7 Em7 | A | Dm7

0 1 7 6 | 7 — 7 — | 0 5 4 3 | 6 — 6 —

wo wo wo feel ——— ings wo wo wo feel you

G7 | Bm7 | E

4 — 0 7 7 1 2 | #4 — — — | #5 — — —

a-gain in my arms

[C]

Am | Am(maj7)/G# | Am7/G

3 6 6 — — | 0 0 3 3 2 2 1 | 3 · 2 2 1 2 2

Feelings feel — ings like I've nev ——— er lost you

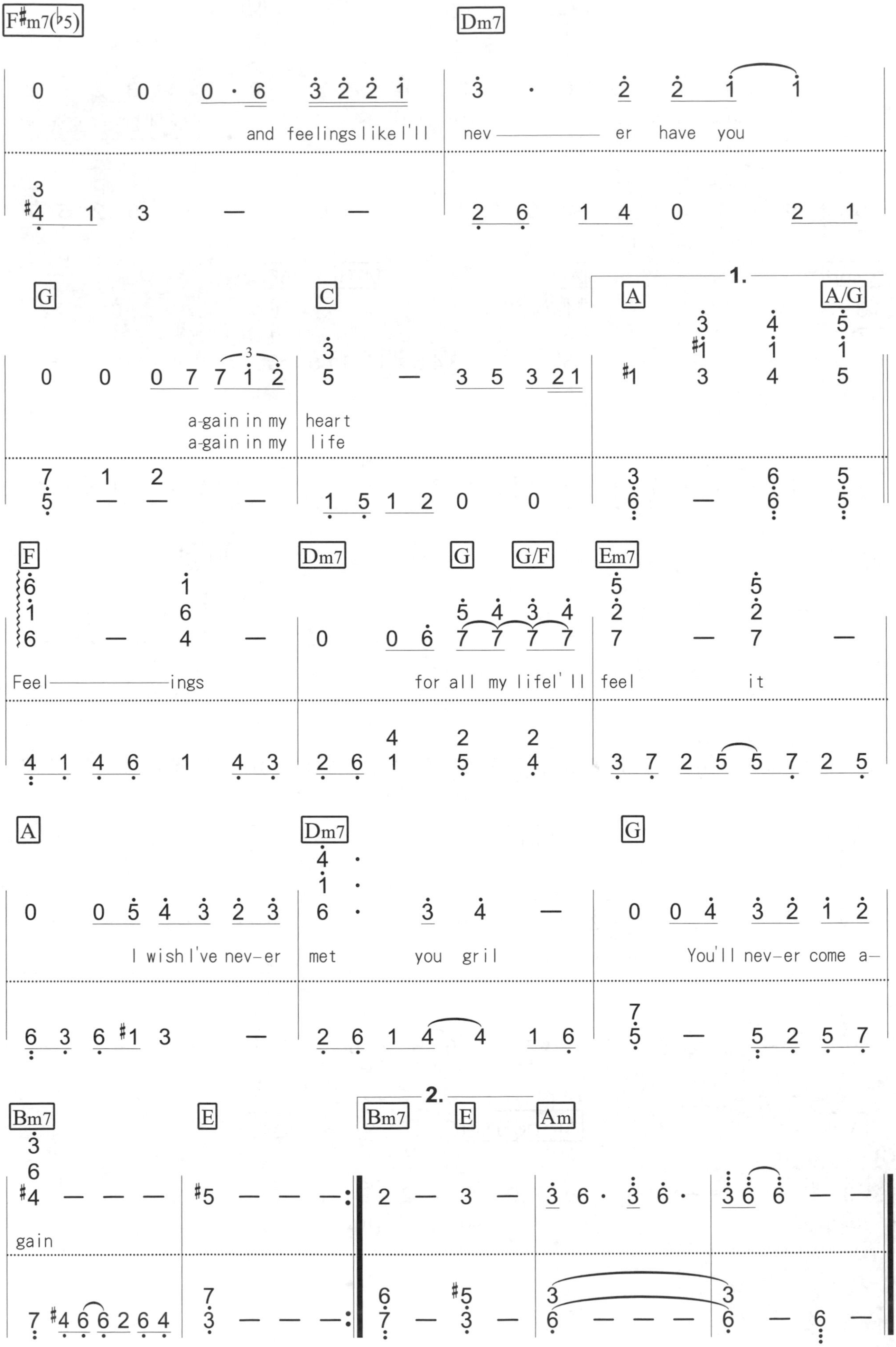

F#m7(♭5) Dm7

and feelings like I'll nev — er have you

G C A A/G

1.

a-gain in my heart
a-gain in my life

F Dm7 G G/F Em7

Feel — ings for all my life I'll feel it

A Dm7 G

I wish I've nev-er met you gril You'll nev-er come a-

Bm7 E Bm7 E Am

2.

gain

Hey Jude

詞 / 曲：Lennon / McCartney 演唱：The Beatles

♩ = 82 4/4

Key:F

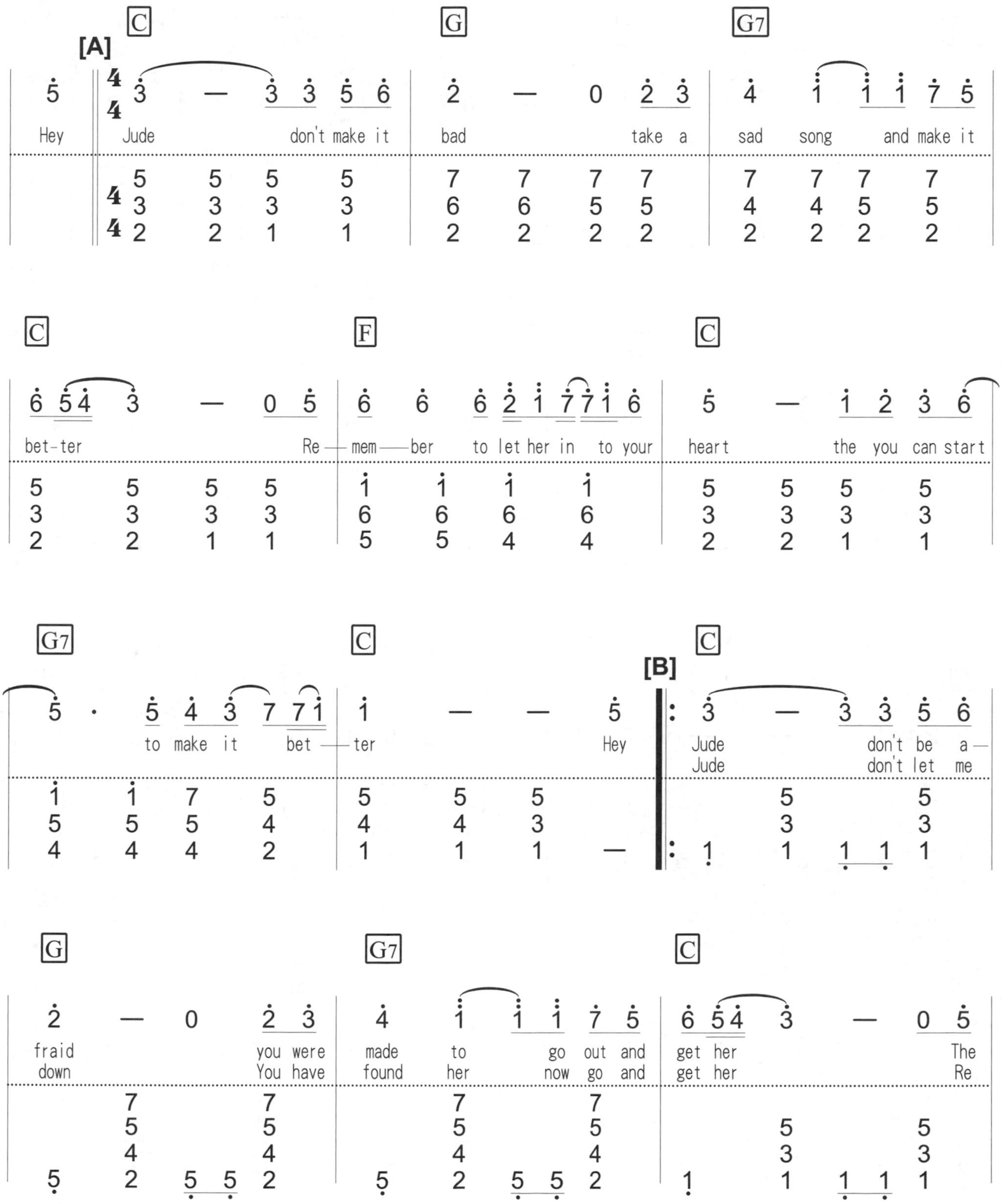

[A]

C G G7

Hey Jude don't make it bad take a sad song and make it

C F C

bet-ter Re — mem — ber to let her in to your heart the you can start

G7 C

to make it bet — ter Hey

[B]

C

Jude don't be a —
Jude don't let me

G G7 C

fraid you were made to go out and get her The
down You have found her now go and get her Re

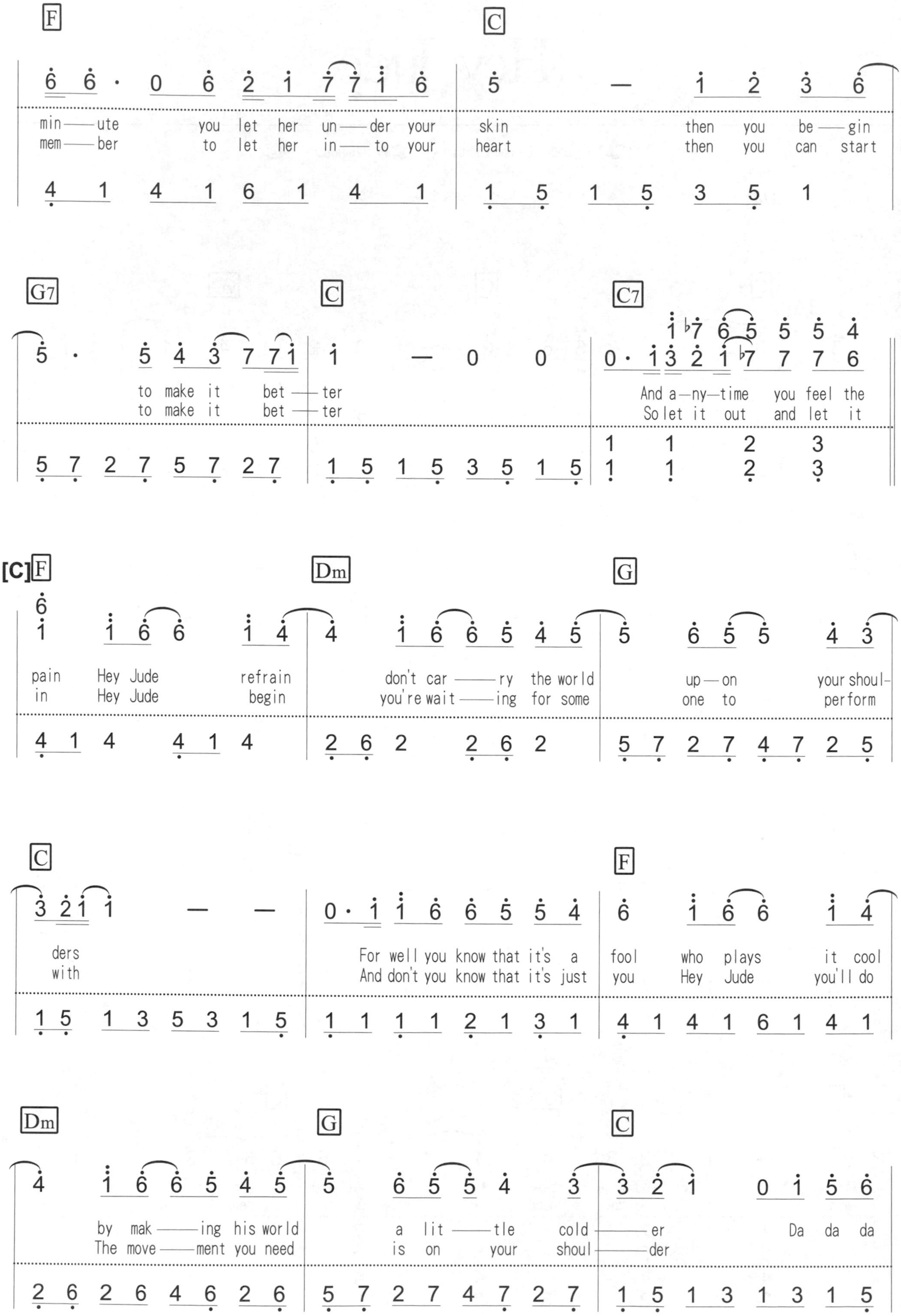

F | C

6 6 · 0 6 2 1 7 7 1 6 | 5 — 1 2 3 6

min — ute you let her un — der your | skin then you be — gin

mem — ber to let her in — to your | heart then you can start

4 1 4 1 6 1 4 1 | 1 5 1 5 3 5 1

G7 | C | C7

5 · 5 4 3 7 7 1 | 1 — 0 0 | 0 · 1 3 2 1 ♭7 7 7 6 (1 ♭7 6 5 5 5 4)

to make it bet — | ter | And a — ny — time you feel the

to make it bet — | ter | So let it out and let it

5 7 2 7 5 7 2 7 | 1 5 1 5 3 5 1 5 | 1 1 2 3 (1 1 2 3)

[C] F | Dm | G

1 (6) 1 6 6 1 4 | 4 1 6 6 5 4 5 | 5 6 5 5 4 3

pain Hey Jude refrain | don't car — ry the world | up — on your shoul-

in Hey Jude begin | you're wait — ing for some | one to perform

4 1 4 4 1 4 | 2 6 2 2 6 2 | 5 7 2 7 4 7 2 5

C | | F

3 2 1 1 — — | 0 · 1 1 6 6 5 5 4 | 6 1 6 6 1 4

ders | For well you know that it's a | fool who plays it cool

with | And don't you know that it's just | you Hey Jude you'll do

1 5 1 3 5 3 1 5 | 1 1 1 1 2 1 3 1 | 4 1 4 1 6 1 4 1

Dm | G | C

4 1 6 6 5 4 5 | 5 6 5 5 4 3 | 3 2 1 0 1 5 6

by mak — ing his world | a lit — tle cold — | er Da da da

The move — ment you need | is on your shoul — | der

2 6 2 6 4 6 2 6 | 5 7 2 7 4 7 2 7 | 1 5 1 3 1 3 1 5

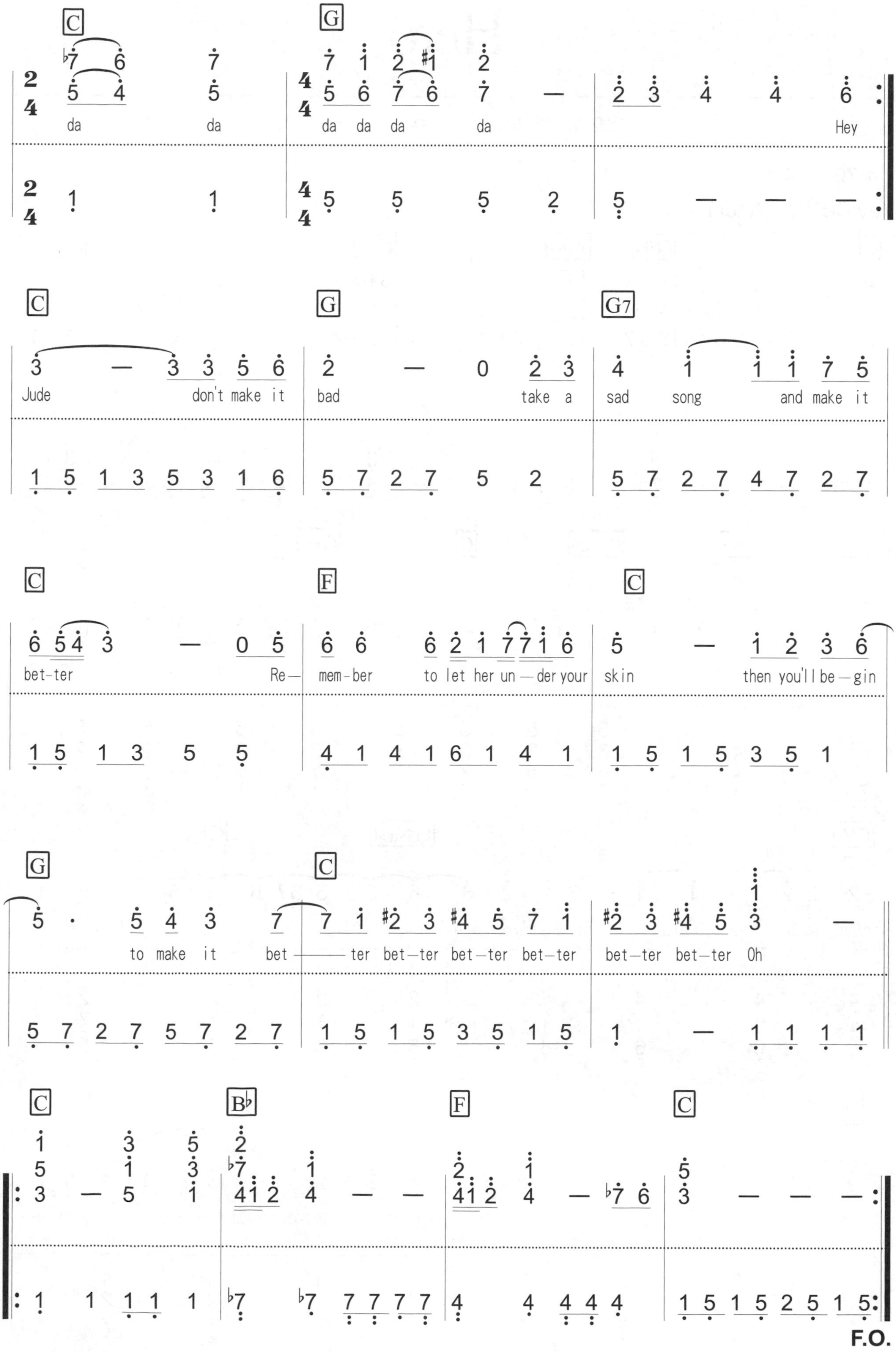

C　G

da　da　da da da　da　Hey

C　G　G7

Jude　don't make it　bad　take a　sad　song　and make it

C　F　C

bet-ter　Re—　mem-ber　to let her un—der your　skin　then you'll be—gin

G　C

to make it　bet———ter　bet-ter　bet-ter　bet-ter　bet-ter　bet-ter　Oh

C　B♭　F　C

F.O.

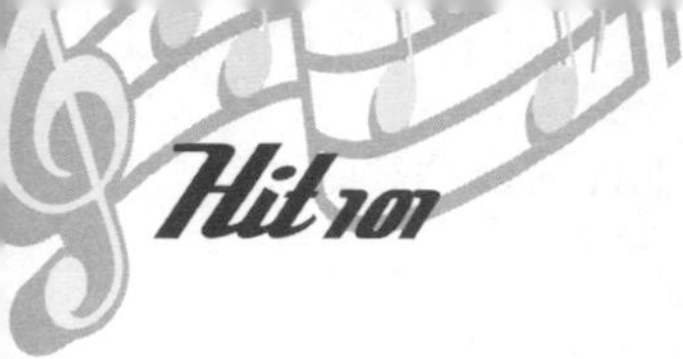

Hero

詞 / 曲：Mariah Carey　演唱：Mariah Carey

♩ = 70　4/4

Key:C-E♭-C　Andante

C　G/B　Am7　C/G　F　C/E

Dm7　F/G　Cadd9　C　Gm/B♭

There's a

[A]

he — ro　If you　look inside　your heart　You don't

F/A　G7sus4　G

have to be　a — fraid　of what you are　There's an

C　B♭/D

ans — wer　If you　reach in — to your soul ——　And the

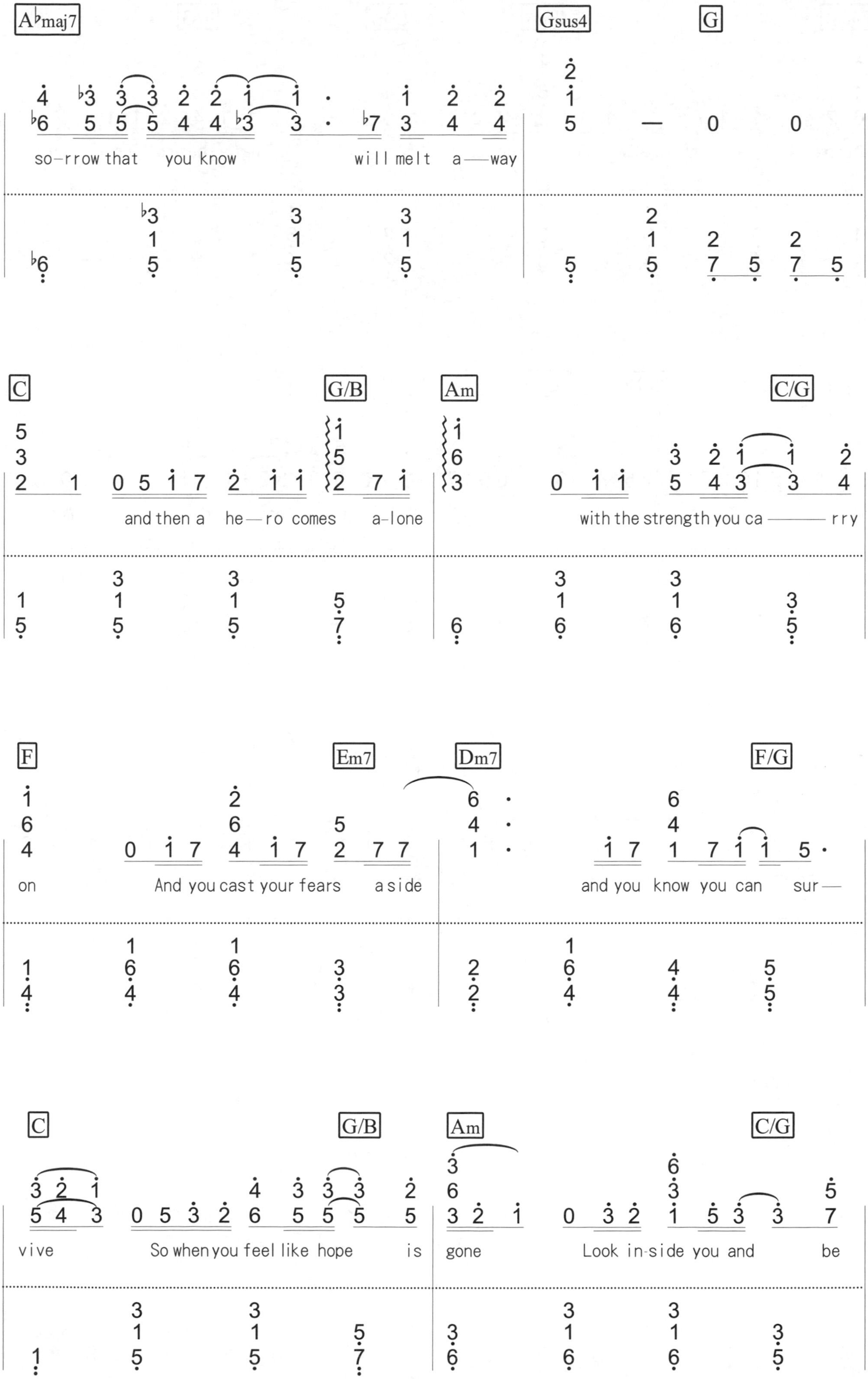

A♭maj7 Gsus4 G

so-rrow that you know will melt a—way

C G/B Am C/G

and then a he—ro comes a-lone with the strength you ca——rry

F Em7 Dm7 F/G

on And you cast your fears aside and you know you can sur—

C G/B Am C/G

vive So when you feel like hope is gone Look in-side you and be

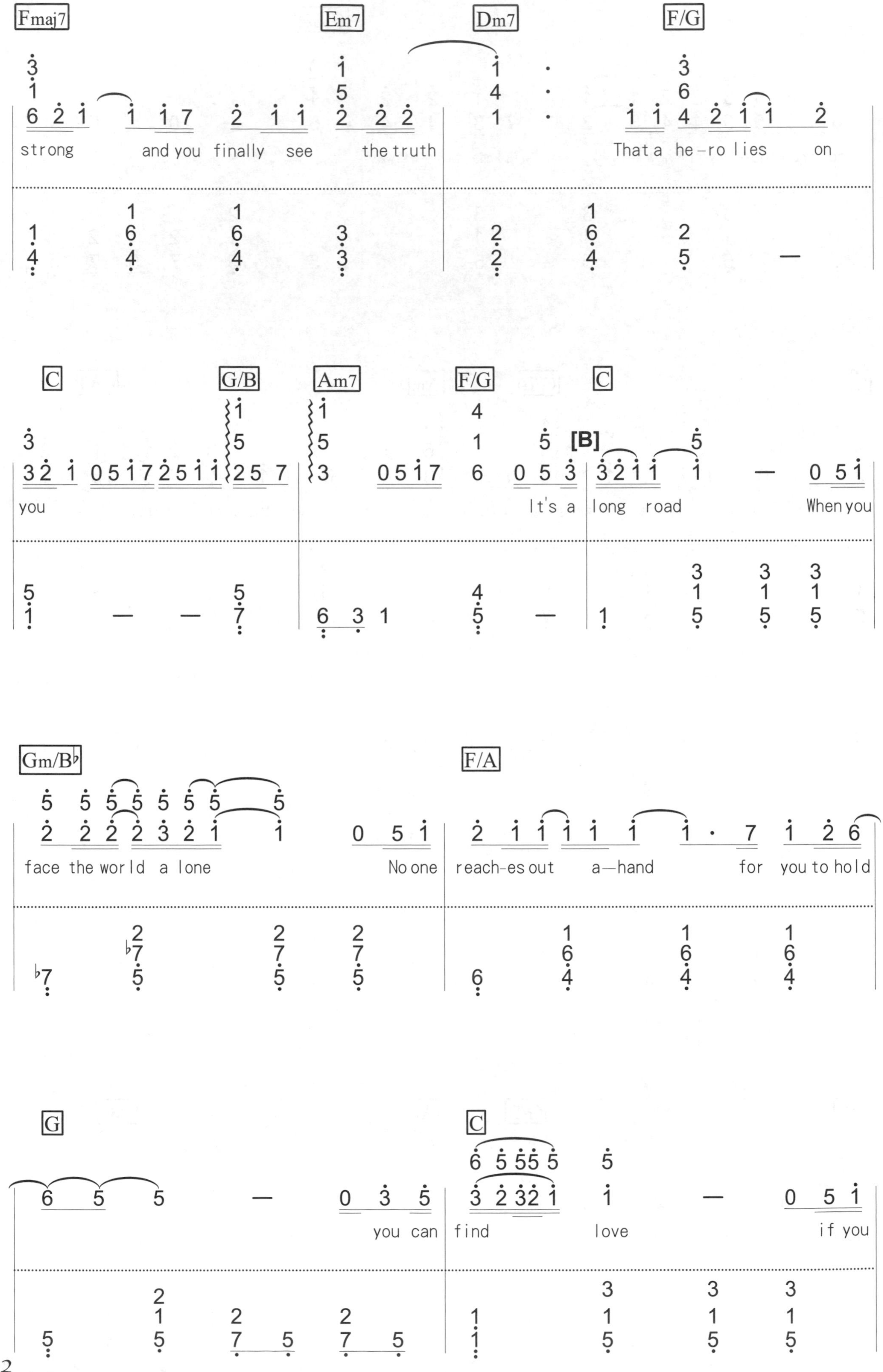

Fmaj7 | Em7 | Dm7 | F/G

strong and you finally see the truth That a he-ro lies on

C | G/B | Am7 | F/G | C

you It's a [B] long road When you

Gm/B♭ | F/A

face the world a lone No one reach-es out a—hand for you to hold

G | C

you can find love if you

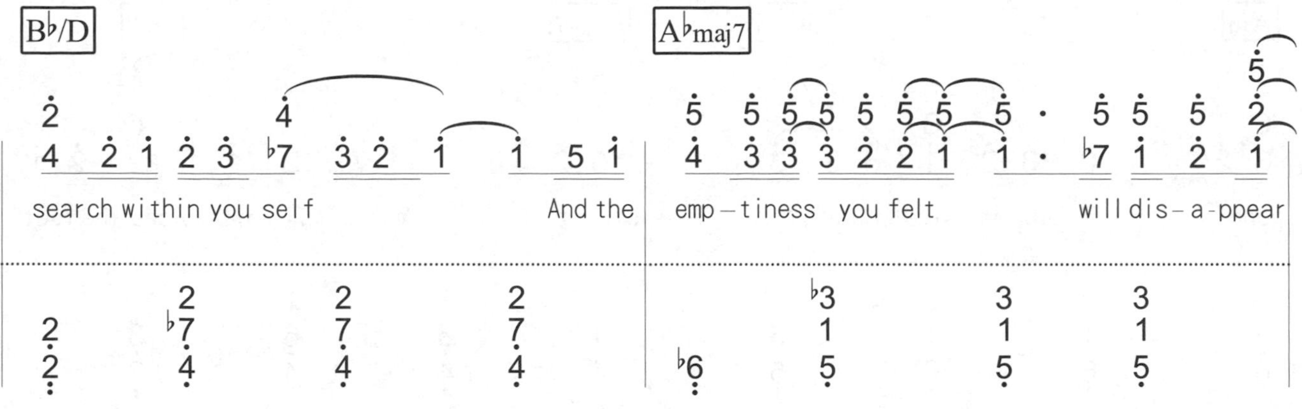

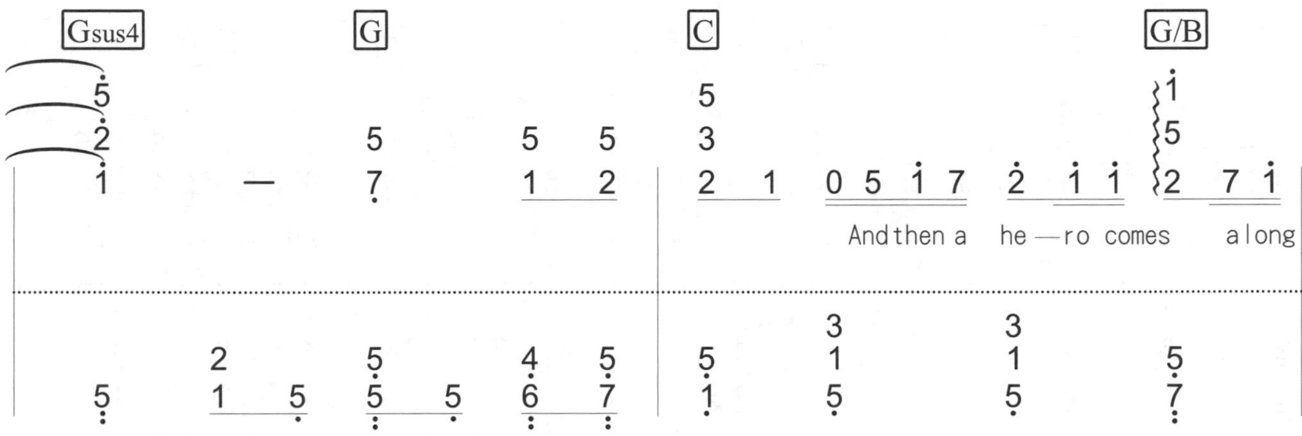

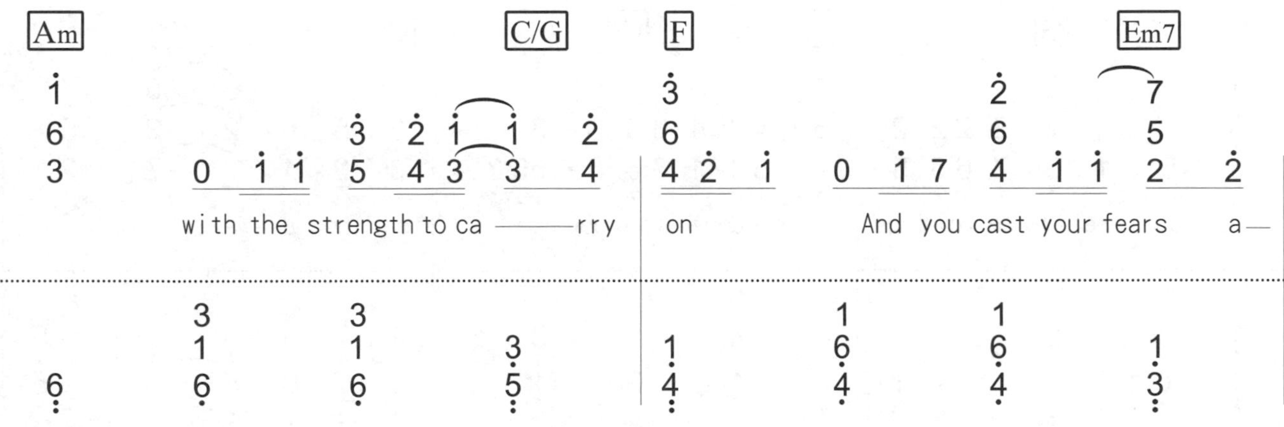

Dm7 F/G C G/B

side and you know you can sur— vive So when you feel like hope is

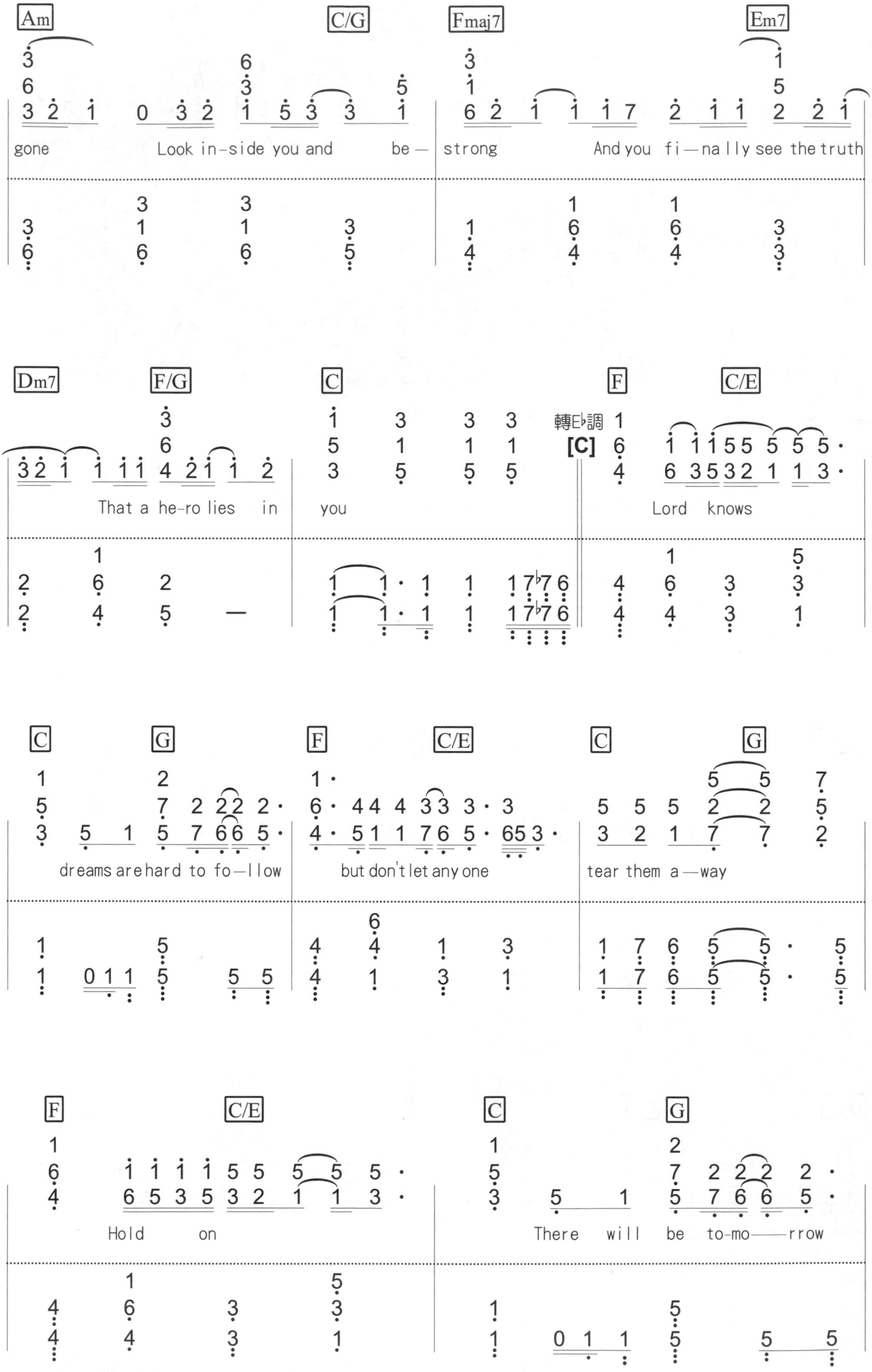

Am C/G Fmaj7 Em7

gone Look in-side you and be — strong And you fi — na lly see the truth

Dm7 F/G C 轉E♭調 [C] F C/E

That a he-ro lies in you Lord knows

C G F C/E C G

dreams are hard to fo — llow but don't let any one tear them a — way

F C/E C G

Hold on There will be to-mo — rrow

F C/E E7sus4 E

In Time you'll find your way

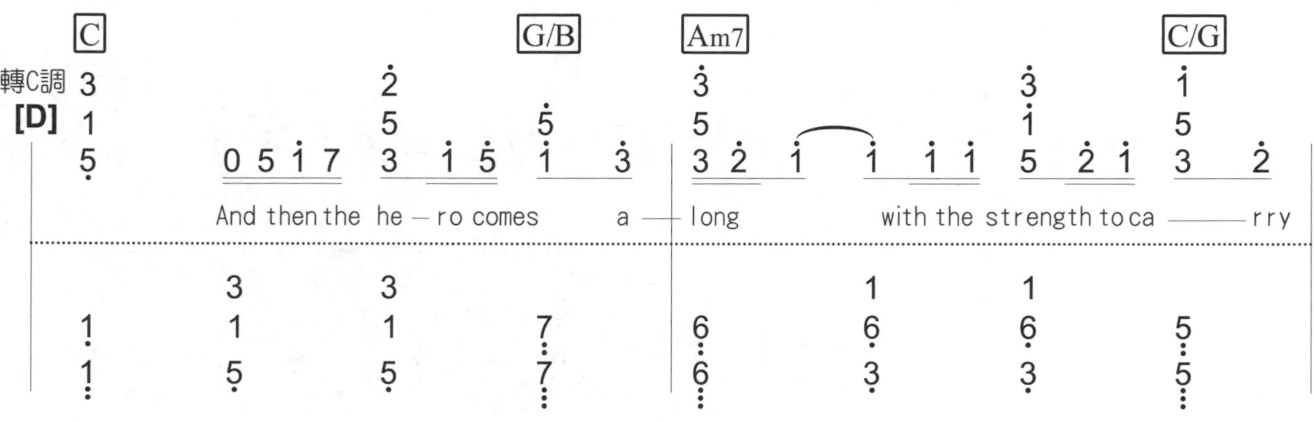

F Em7 Dm7 F/G

on And you cast fears a-side and you know you can sur-

C G/B Am C/G

vive So when you feel like hope is gone Look in-side you and be

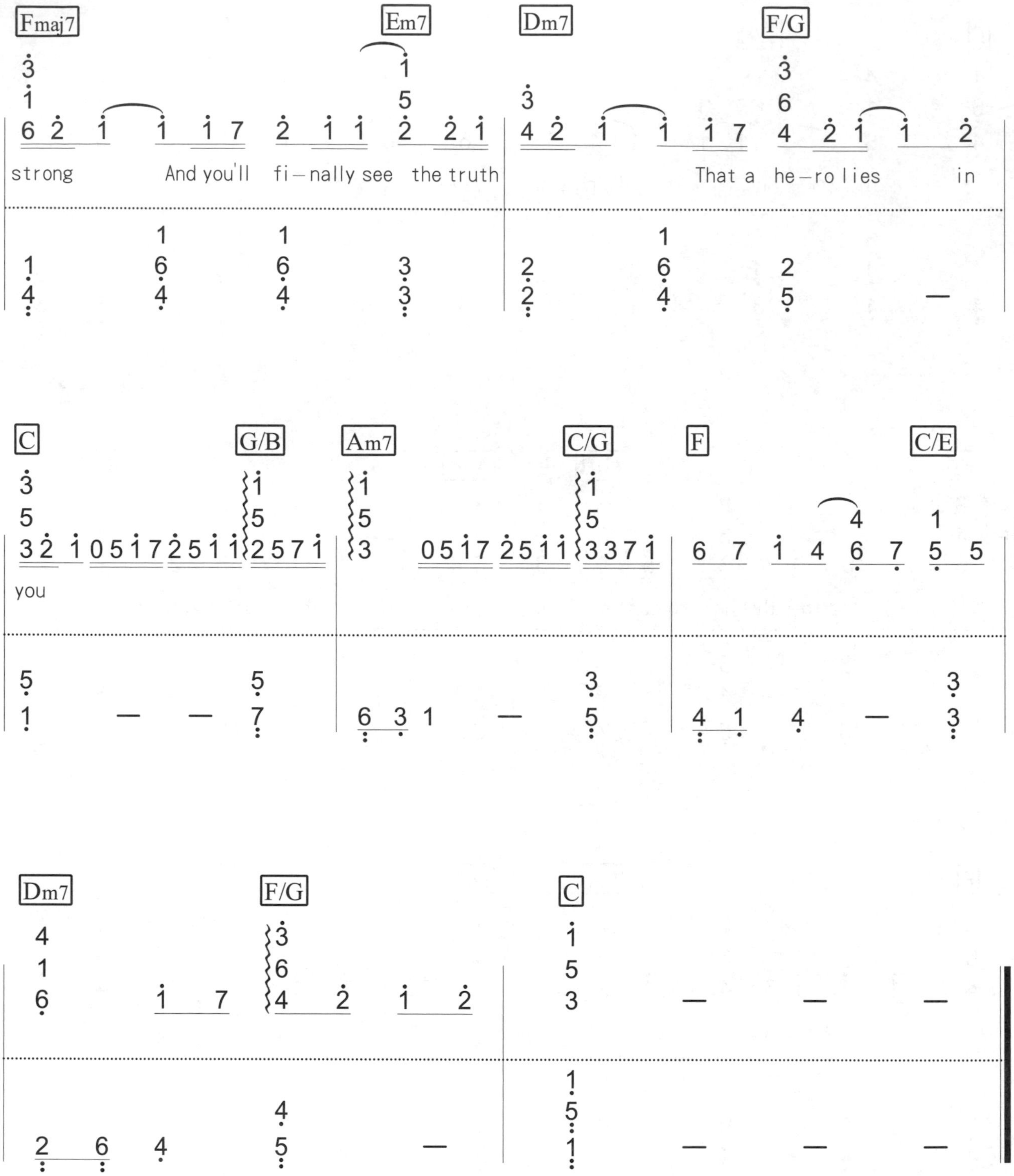

Fmaj7 Em7 | Dm7 F/G

strong And you'll fi-nally see the truth | That a he-ro lies in

C G/B | Am7 C/G | F C/E

you

Dm7 F/G | C

Have I Told You Lately

詞 / 曲：Van Morrison　演唱：Rod Stewart

♩ = 72　4/4
Key:C　Andante

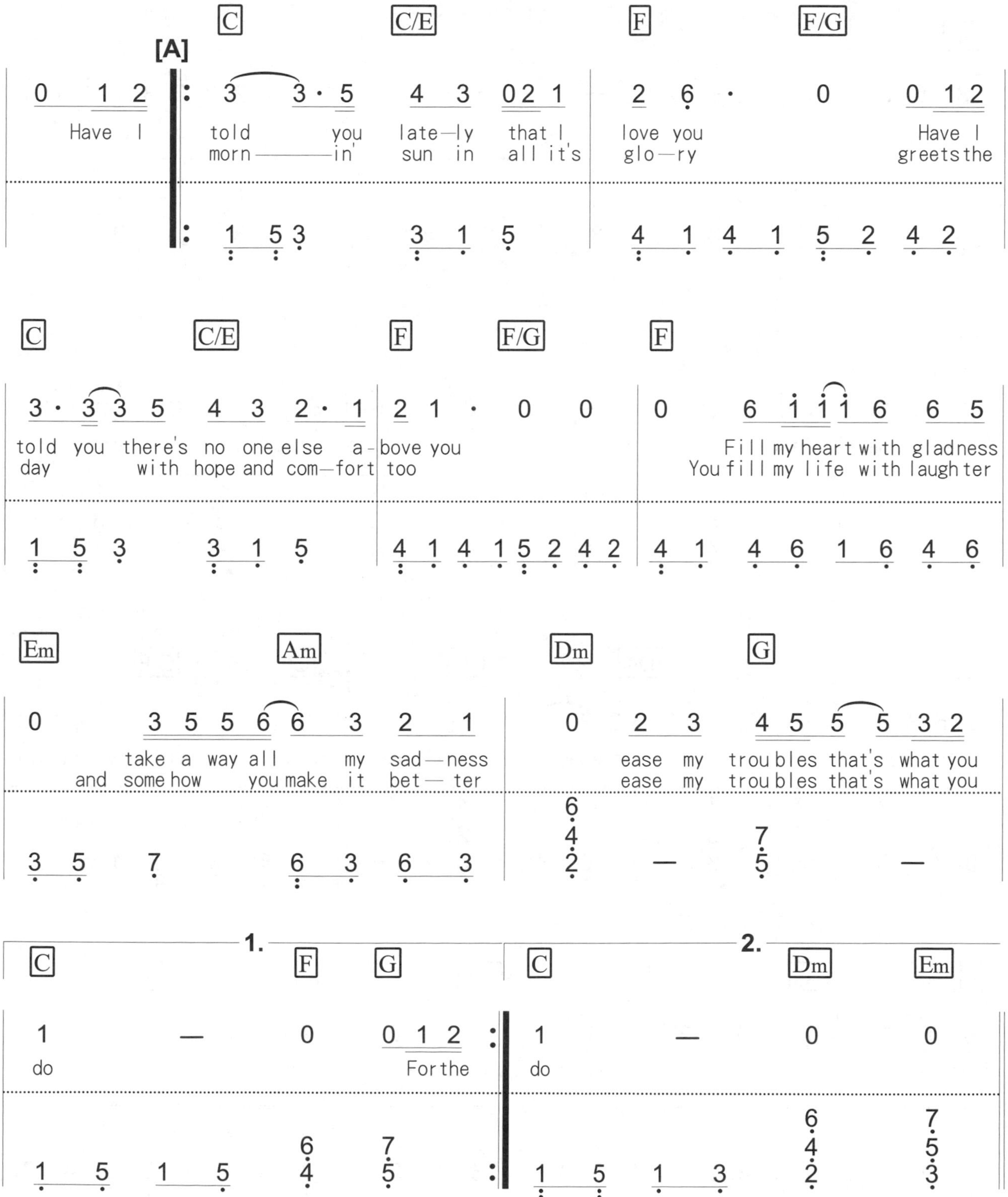

[A]

C　C/E　F　F/G

Have I told you late—ly that I love you
Have I

morn——in' sun in all it's glo—ry
greets the

C　C/E　F　F/G　F

told you there's no one else a - bove you
Fill my heart with gladness

day with hope and com—fort too
You fill my life with laughter

Em　Am　Dm　G

take a way all my sad—ness ease my troubles that's what you
and some how you make it bet— ter ease my troubles that's what you

1.　C　F　G
do　For the

2.　C　Dm　Em
do

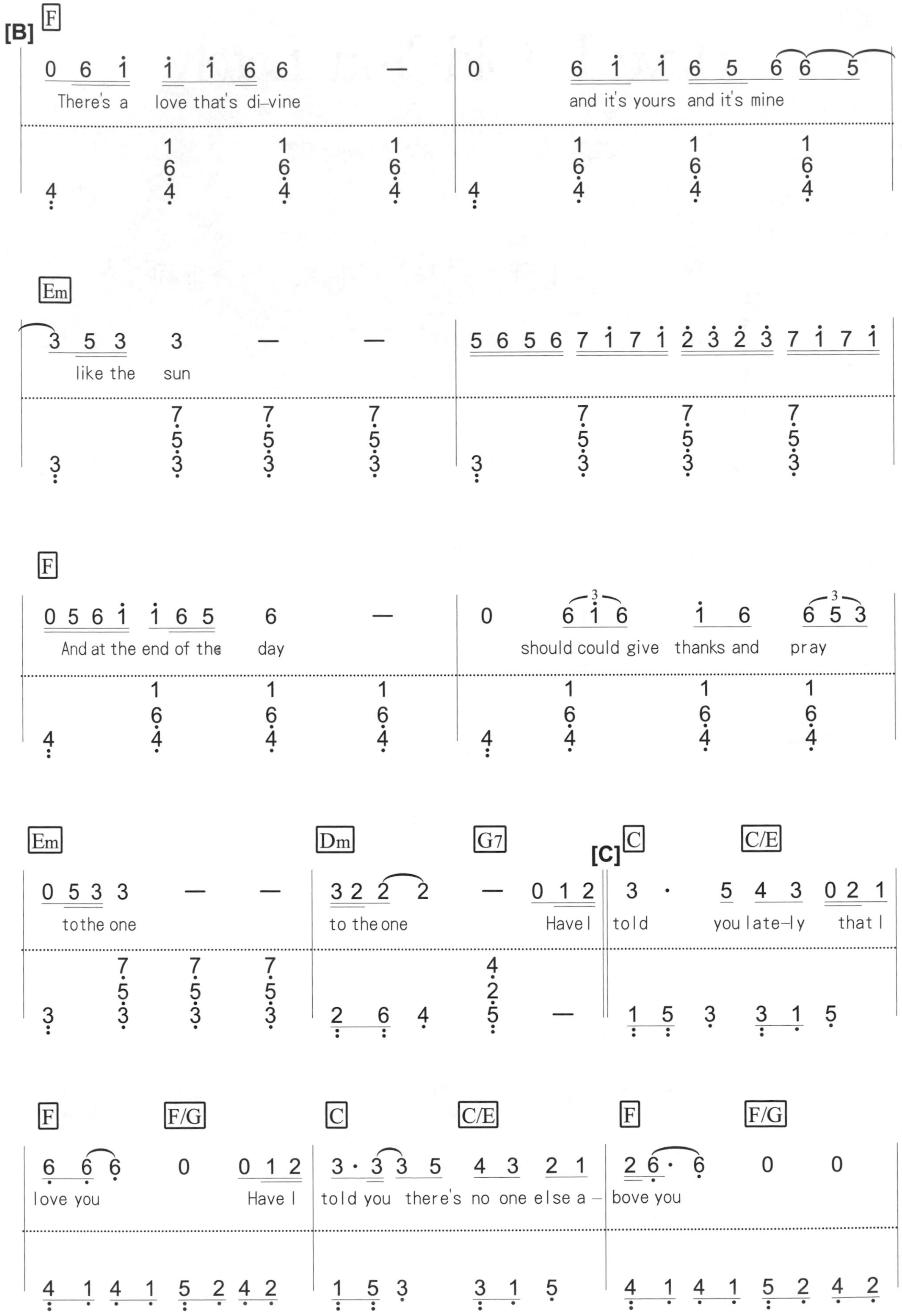

[B]

F

0 6 1 1 1 6 6 — | 0 6 1 1 6 5 6 6 5

There's a love that's di-vine | and it's yours and it's mine

4 164 164 164 | 4 164 164 164

Em

3 5 3 3 — — | 5 6 5 6 7 1 7 1 2 3 2 3 7 1 7 1

like the sun

3 753 753 753 | 3 753 753 753

F

0 5 6 1 1 6 5 6 — | 0 6 1 6 1 6 6 5 3

And at the end of the day | should could give thanks and pray

4 164 164 164 | 4 164 164 164

Em | Dm | G7

0 5 3 3 — — | 3 2 2 2 — 0 1 2

to the one | to the one Have I

3 753 753 753 | 2 6 4 425 —

[C]

C | C/E

3 · 5 4 3 0 2 1

told you late-ly that I

1 5 3 3 1 5

F | F/G | C | C/E | F | F/G

6 6 6 0 0 1 2 | 3 · 3 3 5 4 3 2 1 | 2 6 · 6 0 0

love you Have I | told you there's no one else a – | bove you

4 1 4 1 5 2 4 2 | 1 5 3 3 1 5 | 4 1 4 1 5 2 4 2

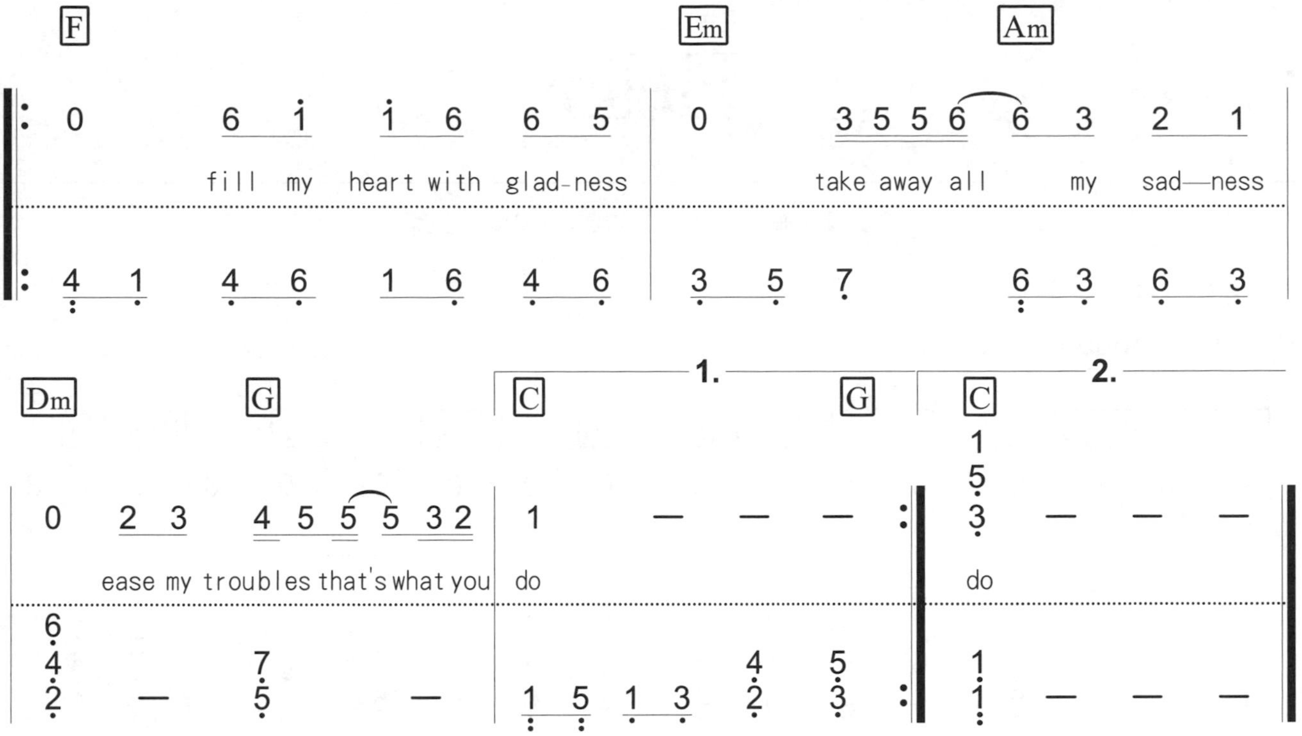

F Em Am

0 6 1 1 6 6 5 | 0 3 5 5 6 6 3 2 1

fill my heart with glad-ness take away all my sad—ness

4 1 4 6 1 6 4 6 | 3 5 7 6 3 6 3

Dm G C 1. G 2. C

0 2 3 4 5 5 5 3 2 | 1 — — — | 1 5 3 — — —

ease my troubles that's what you do do

6 4 2 — 7 5 — | 1 5 1 3 4 2 5 3 | 1 1 — — —

Hello

詞 / 曲：Lionel Richie 演唱：Lionel Richie

♩ = 66 4/4

Key:Am Andante

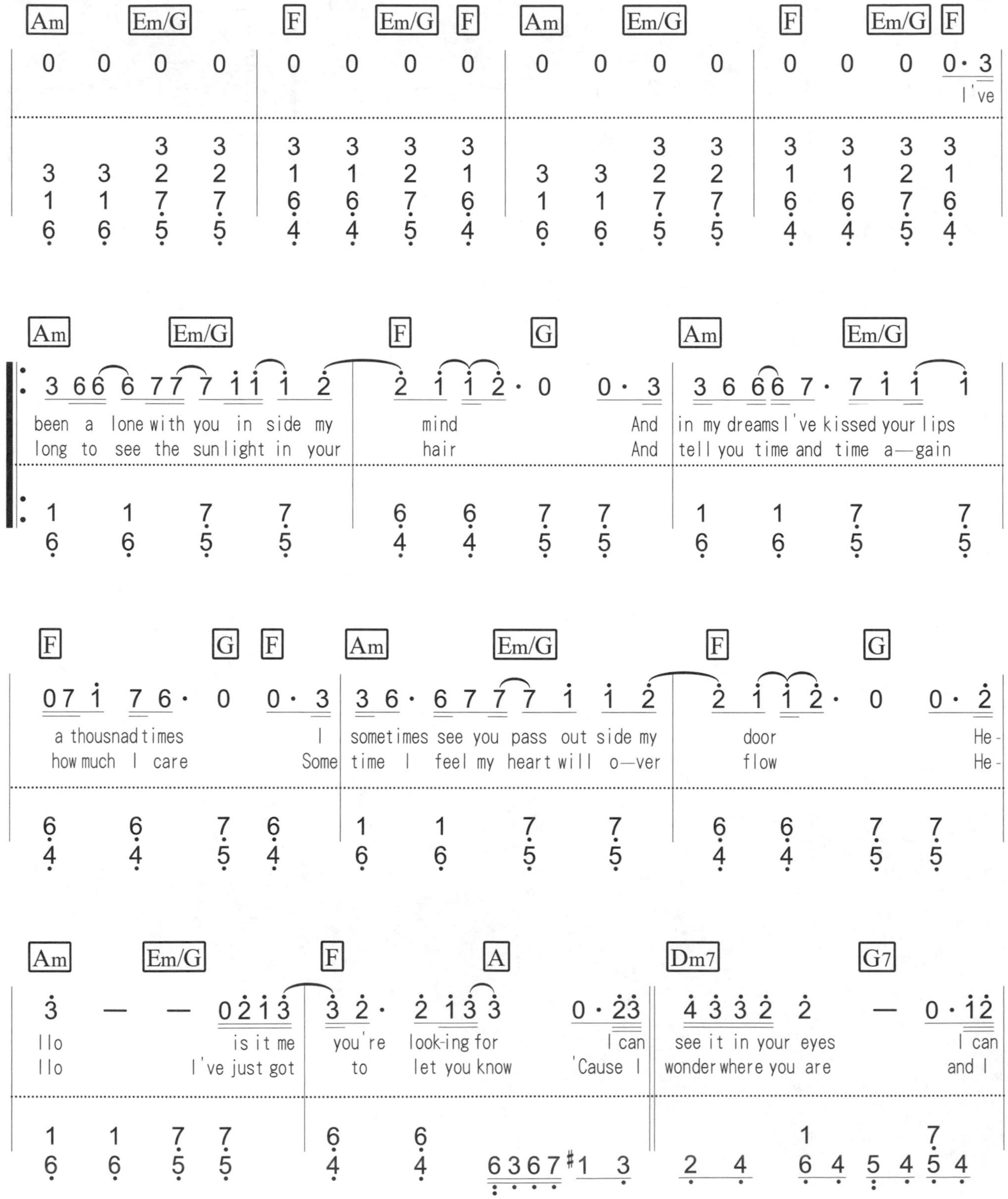

Am Em/G F Em/G F Am Em/G F Em/G F

I've

Am Em/G F G Am Em/G

been a lone with you in side my mind And in my dreams I've kissed your lips

long to see the sun light in your hair And tell you time and time a—gain

F G F Am Em/G F G

a thousnad times I sometimes see you pass out side my door He-

how much I care Some time I feel my heart will o—ver flow He-

Am Em/G F A Dm7 G7

llo is it me you're look-ing for I can see it in your eyes I can

llo I've just got to let you know 'Cause I wonder where you are and I

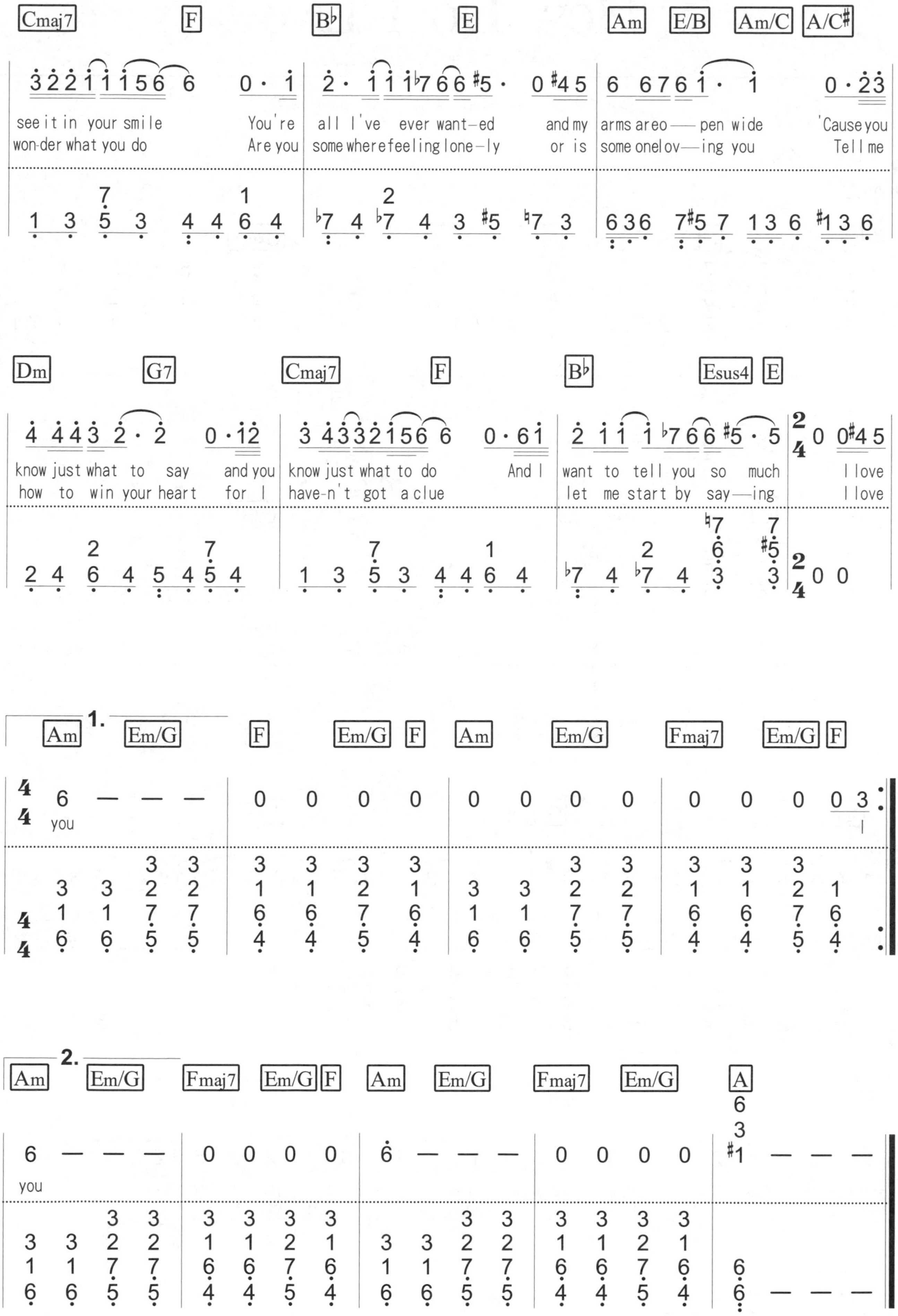

Cmaj7 F B♭ E Am E/B Am/C A/C♯

see it in your smile You're all I've ever want-ed and my arms are o—pen wide 'Cause you
won-der what you do Are you some where feeling lone-ly or is some one lov—ing you Tell me

Dm G7 Cmaj7 F B♭ Esus4 E

know just what to say and you know just what to do And I want to tell you so much I love
how to win your heart for I have-n't got a clue let me start by say—ing I love

Am 1. Em/G F Em/G F Am Em/G Fmaj7 Em/G F

you I

Am 2. Em/G Fmaj7 Em/G F Am Em/G Fmaj7 Em/G A

you

How Do I Live

（電影"空中監獄"主題曲）

詞 / 曲：Diane Warren　演唱：Trisha Yearwood

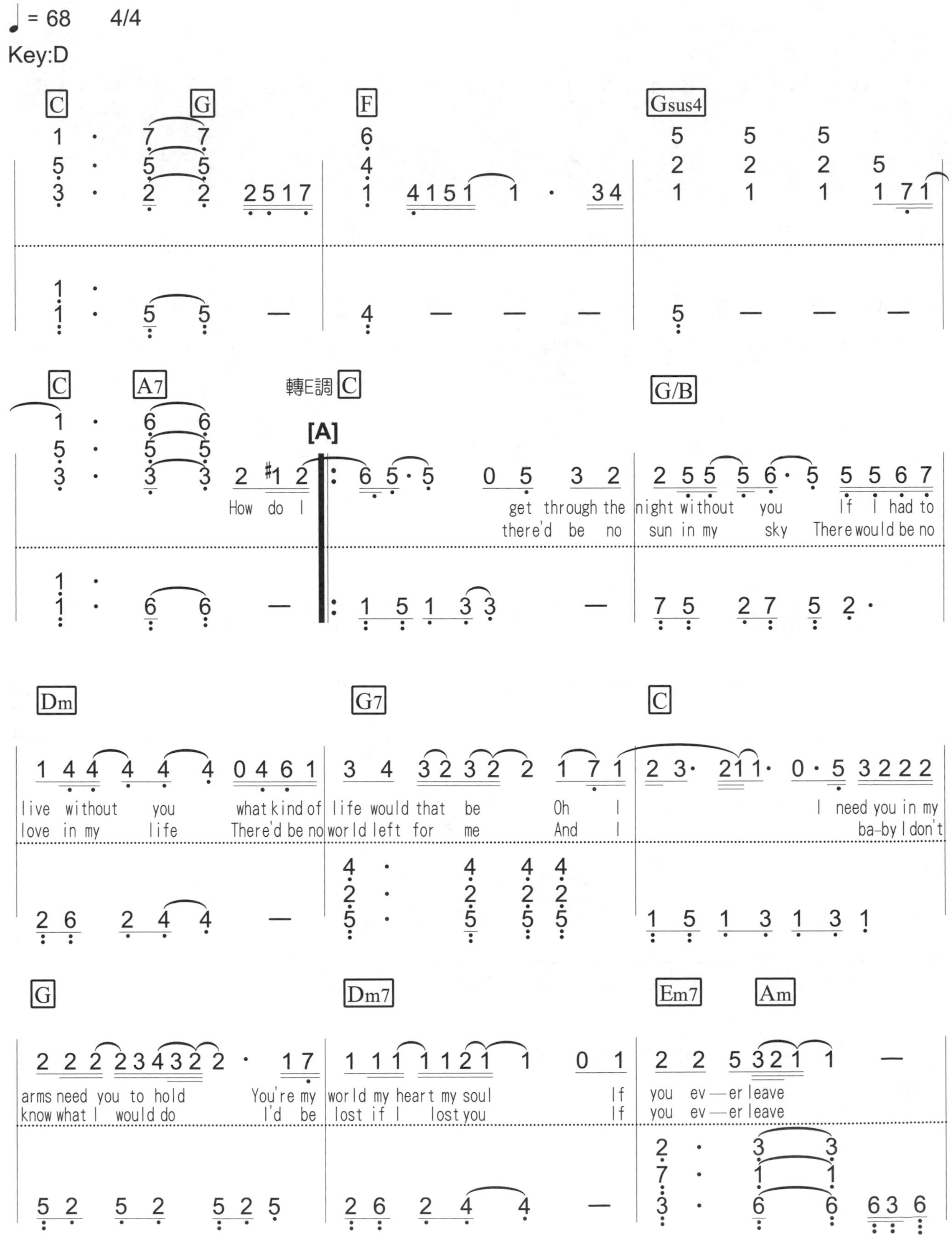

♩ = 68　4/4

Key:D

C　G　F　Gsus4

C　A7　轉E調 C　G/B

[A]

How do I get through the night without you If I had to
there'd be no sun in my sky There would be no

Dm　G7　C

live without you what kind of life would that be Oh I I need you in my
love in my life There'd be no world left for me And I ba-by I don't

G　Dm7　Em7　Am

arms need you to hold You're my world my heart my soul If you ev—er leave
know what I would do I'd be lost if I lost you If you ev—er leave

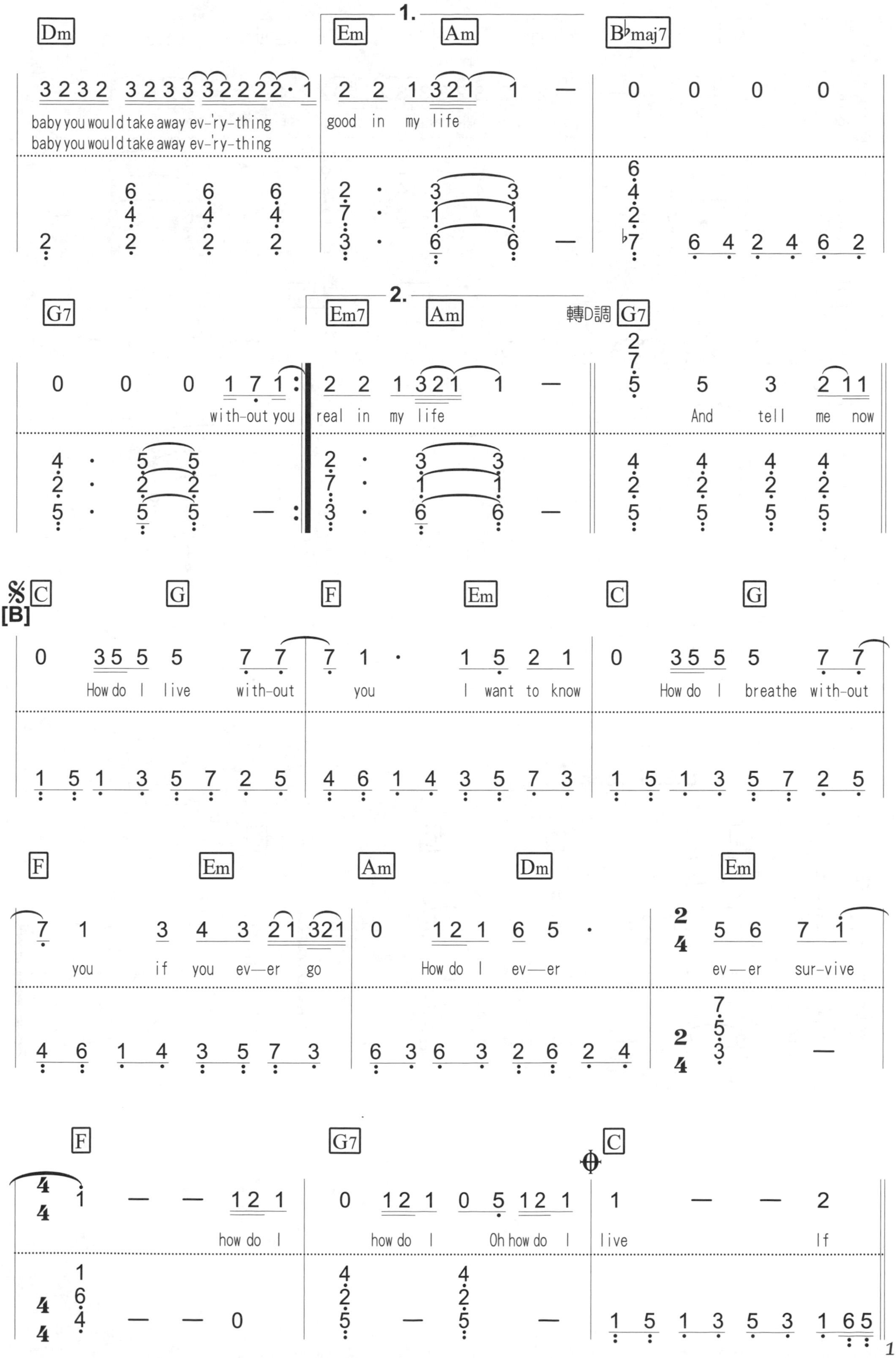

Dm | 1. Em Am | B♭maj7

baby you would take away ev-'ry-thing good in my life
baby you would take away ev-'ry-thing

G7 | 2. Em7 Am | 轉D調 G7

with-out you real in my life And tell me now

[B] 𝄋 C G | F Em | C G

How do I live with-out you I want to know How do I breathe with-out

F Em | Am Dm | Em

you if you ev—er go How do I ev—er ev—er sur-vive

F | G7 | 𝄌 C

how do I how do I Oh how do I live If

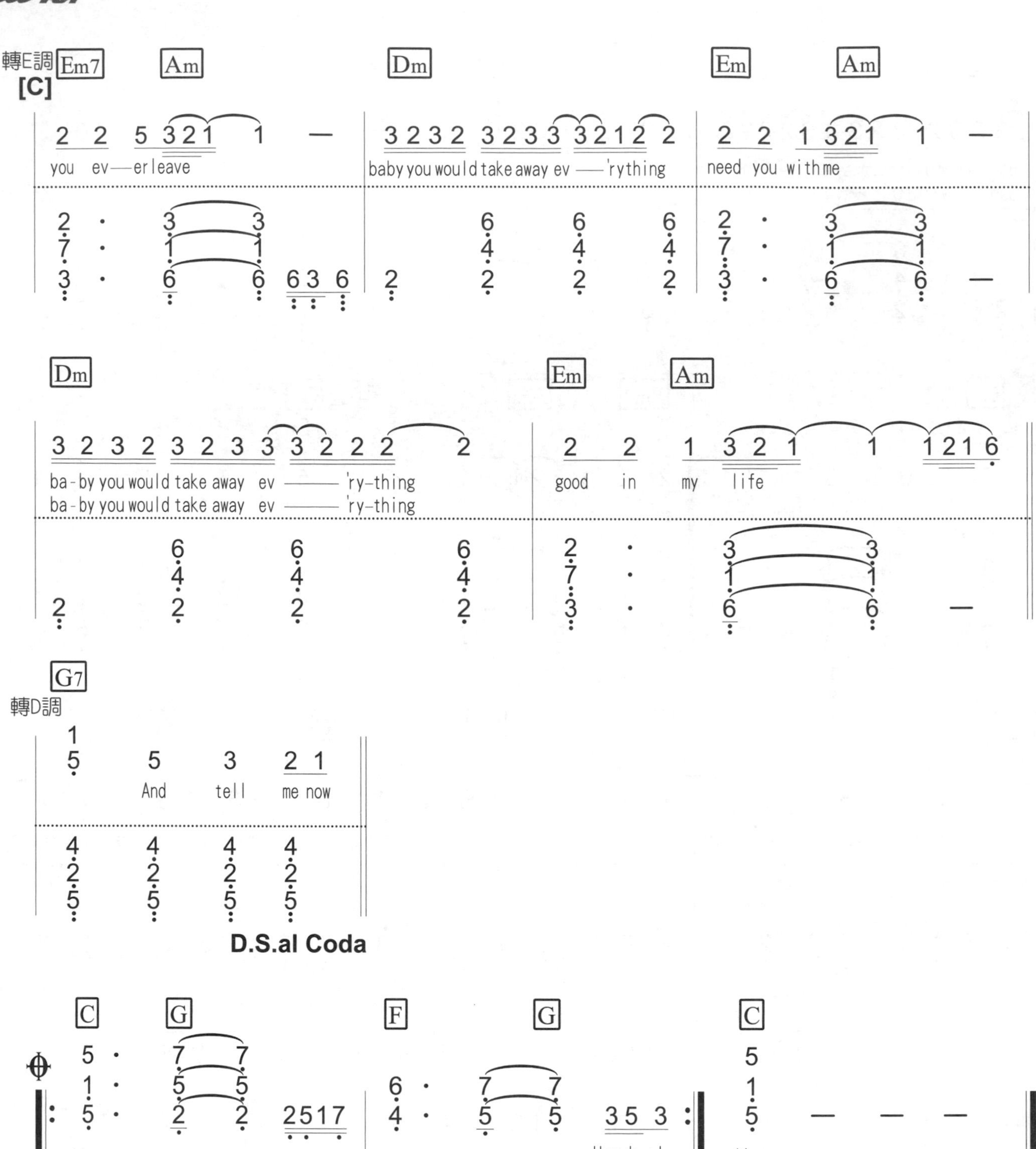
轉E調
[C]
Em7
Am
Dm
Em
Am
you ev—er leave
baby you would take away ev — 'rything
need you with me
Dm
Em
Am
ba-by you would take away ev — 'ry-thing
ba-by you would take away ev — 'ry-thing
good in my life
G7
轉D調
And tell me now
D.S.al Coda
C
G
F
G
C
live
How do I
live

I Just Call To Say I Love You

（電影"紅衣女郎"主題曲）

詞 / 曲：Stevie Wonder　演唱：Stevie Wonder

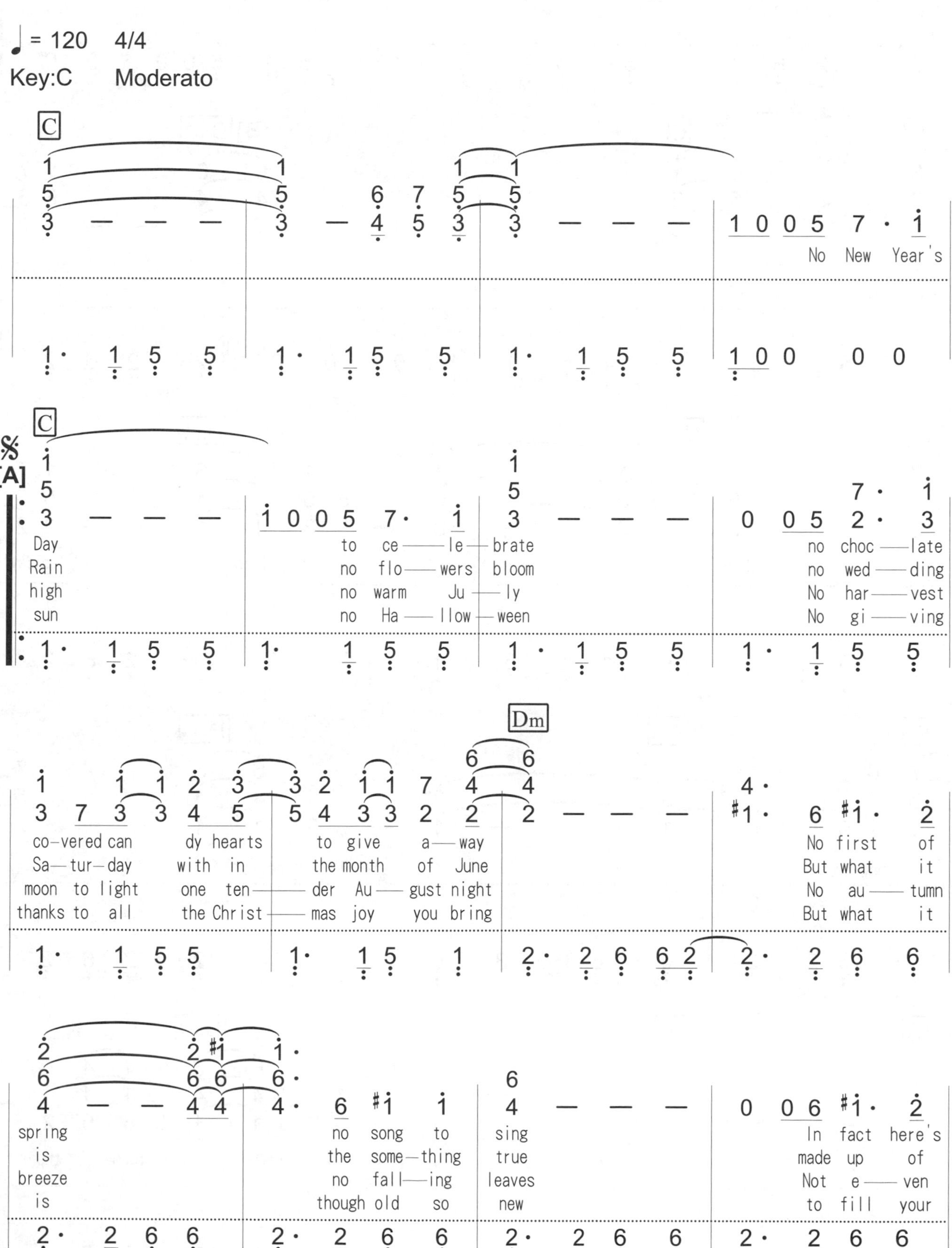

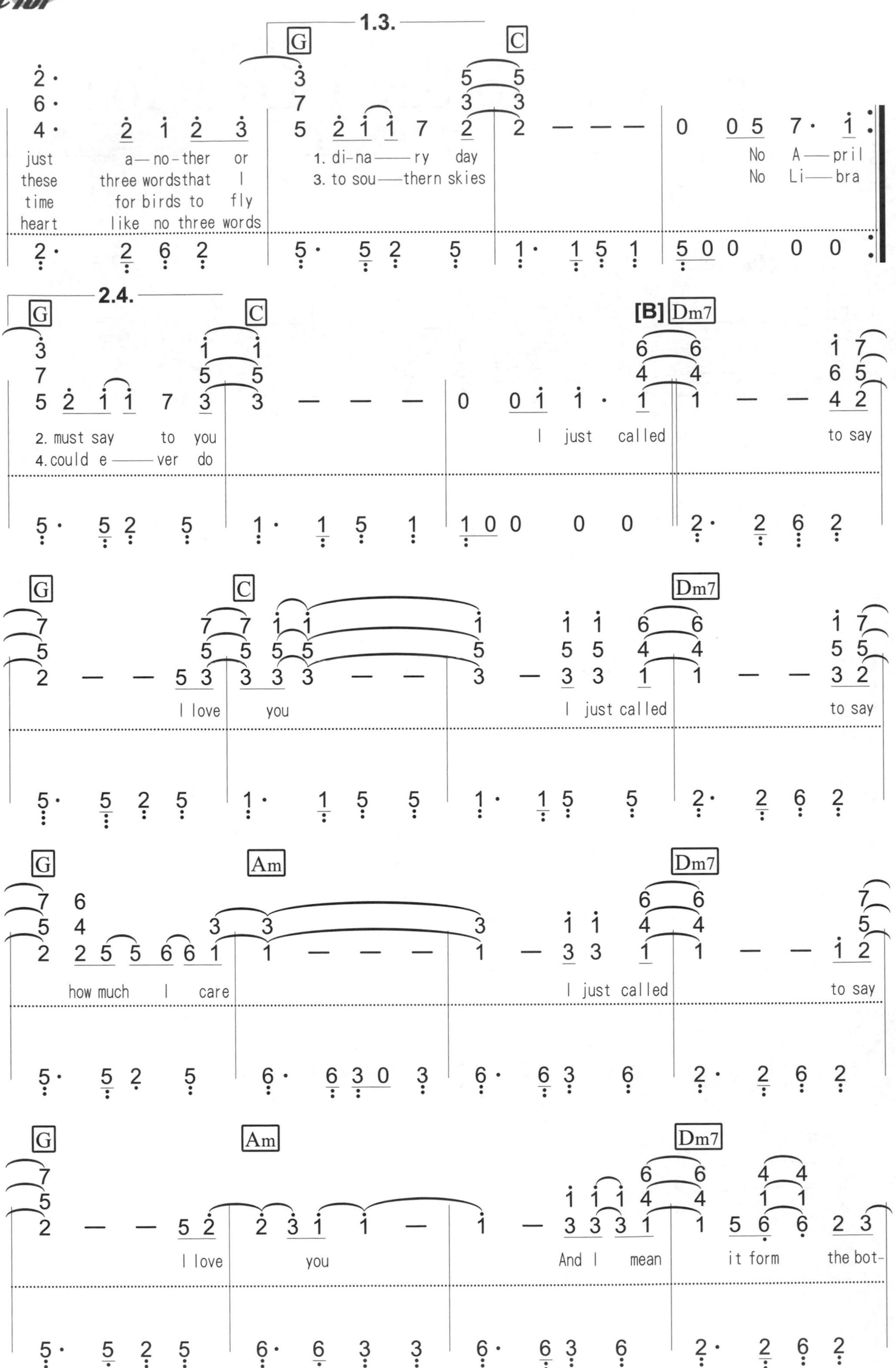
1.3.
G
C
just a—no-ther or
these three words that I
time for birds to fly
heart like no three words
1. di-na—ry day
3. to sou—thern skies
No A—pril
No Li—bra
2.4.
G
C
[B] Dm7
2. must say to you
4. could e—ver do
I just called to say
G
C
Dm7
I love you
I just called to say
G
Am
Dm7
how much I care
I just called to say
G
Am
Dm7
I love you
And I mean it form the bot-

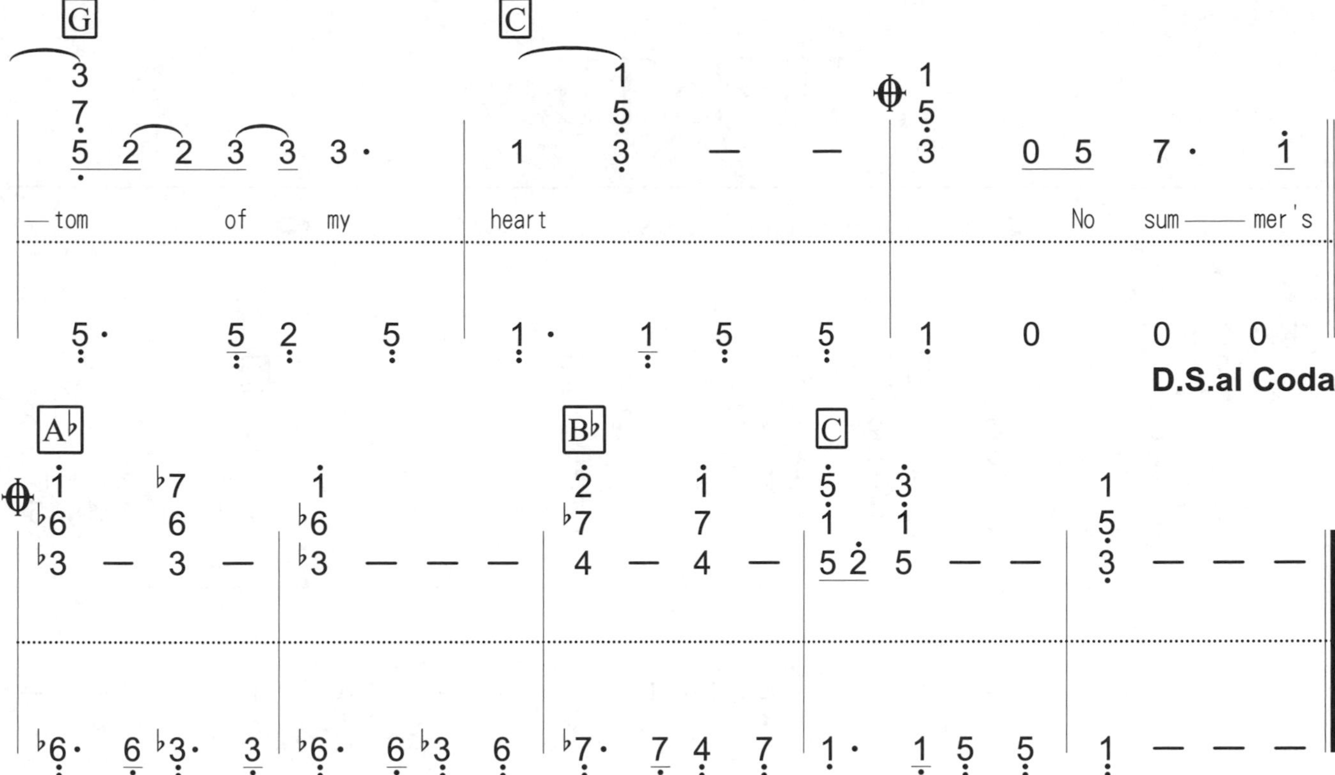
G
C
A♭
B♭
C
tom
of
my
heart
No
sum
mer's
D.S.al Coda

I'll Be There

詞 / 曲：West,Bob/Hutch,Willie / Gordy,Berry/Davis,Hal　演唱：Mariah Carey

♩ = 86　4/4

Key:C-B♭-C

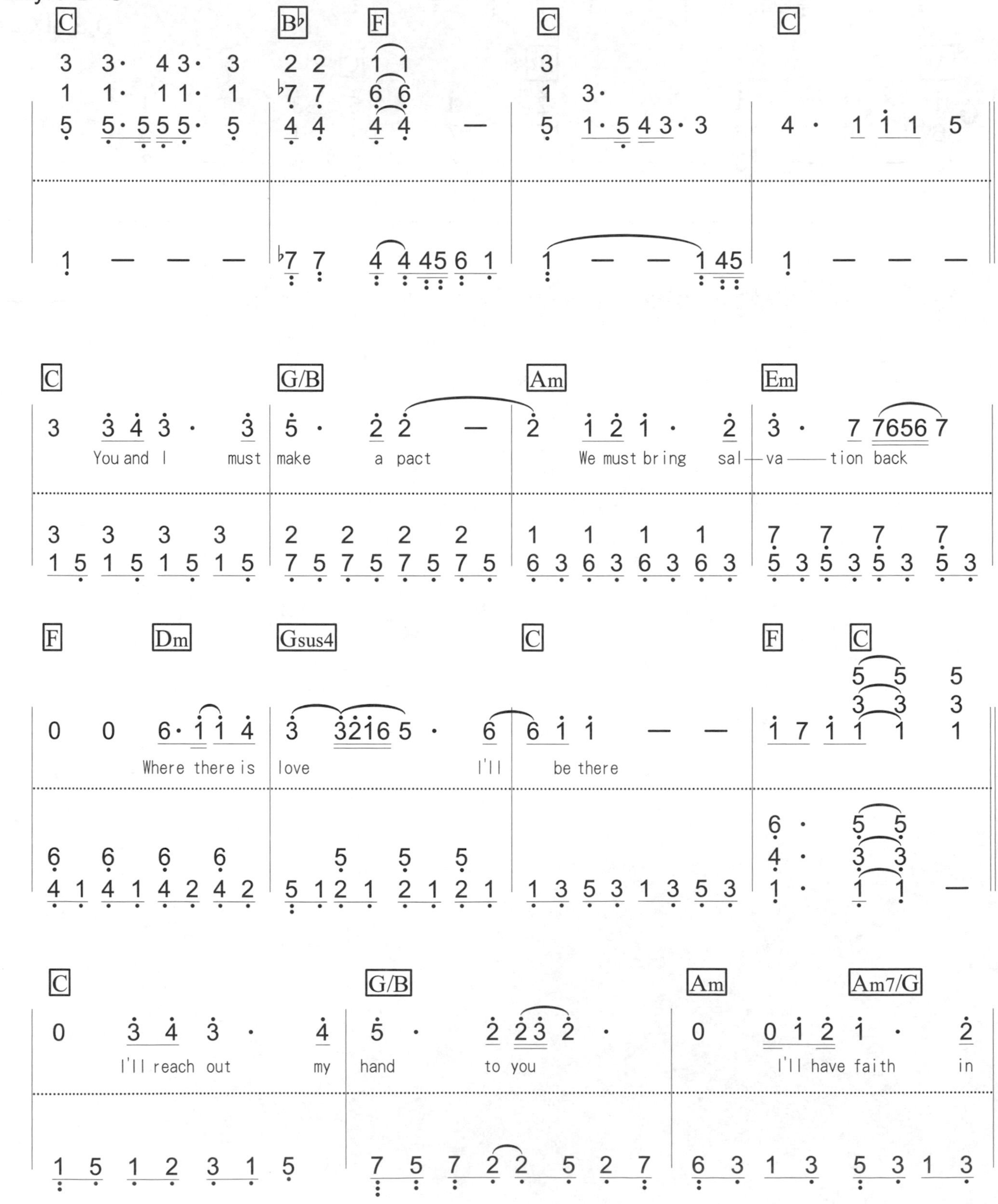

C　B♭　F　C　C

C　G/B　Am　Em

You and I must make a pact We must bring sal—va—tion back

F　Dm　Gsus4　C　F　C

Where there is love I'll be there

C　G/B　Am　Am7/G

I'll reach out my hand to you I'll have faith in

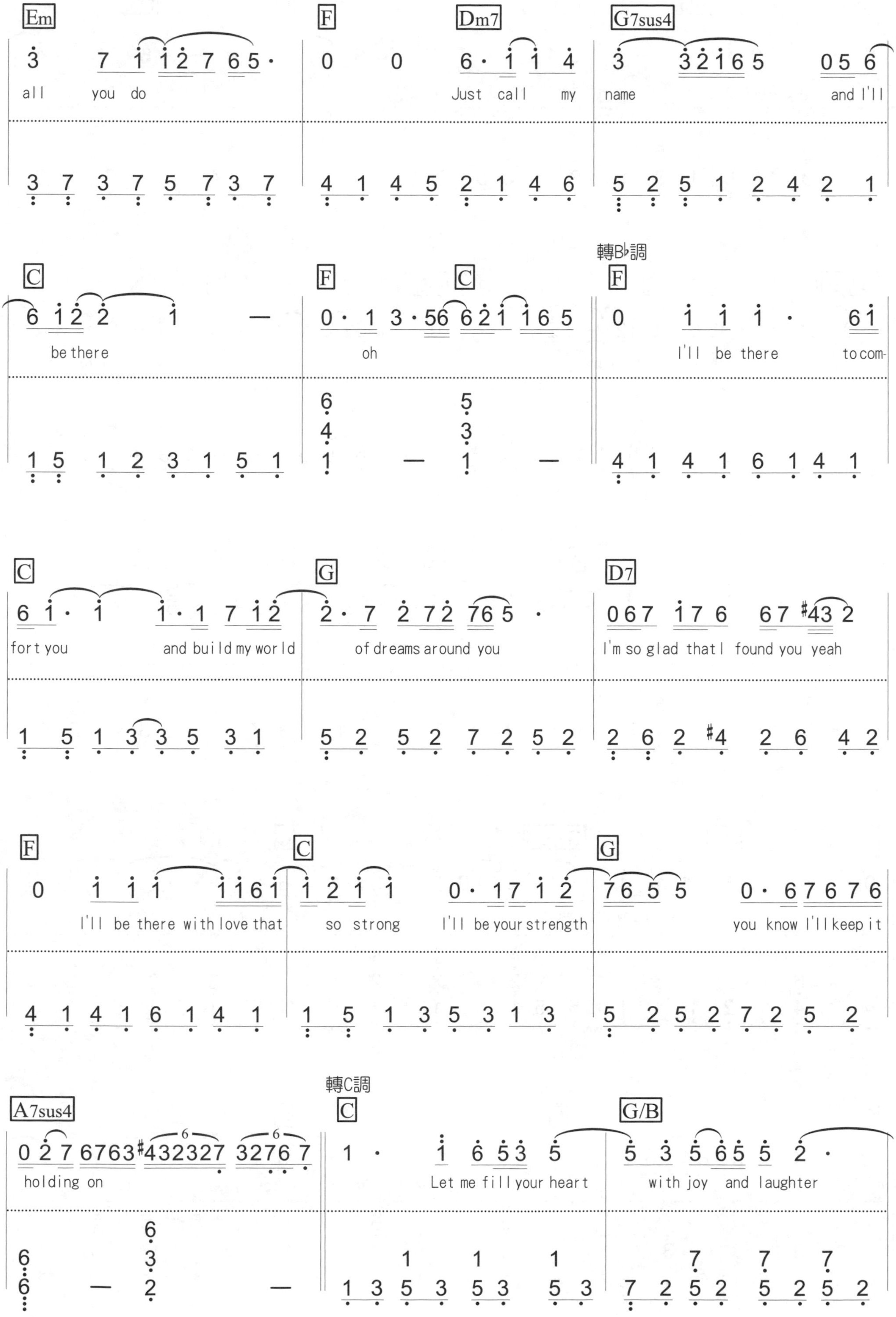

Em | F Dm7 | G7sus4

all you do | Just call my | name and I'll

C | F C | 轉B♭調 F

be there | oh | I'll be there to com-

C | G | D7

fort you and build my world | of dreams around you | I'm so glad that I found you yeah

F | C | G

I'll be there with love that | so strong I'll be your strength | you know I'll keep it

A7sus4 | 轉C調 C | G/B

holding on | Let me fill your heart | with joy and laughter

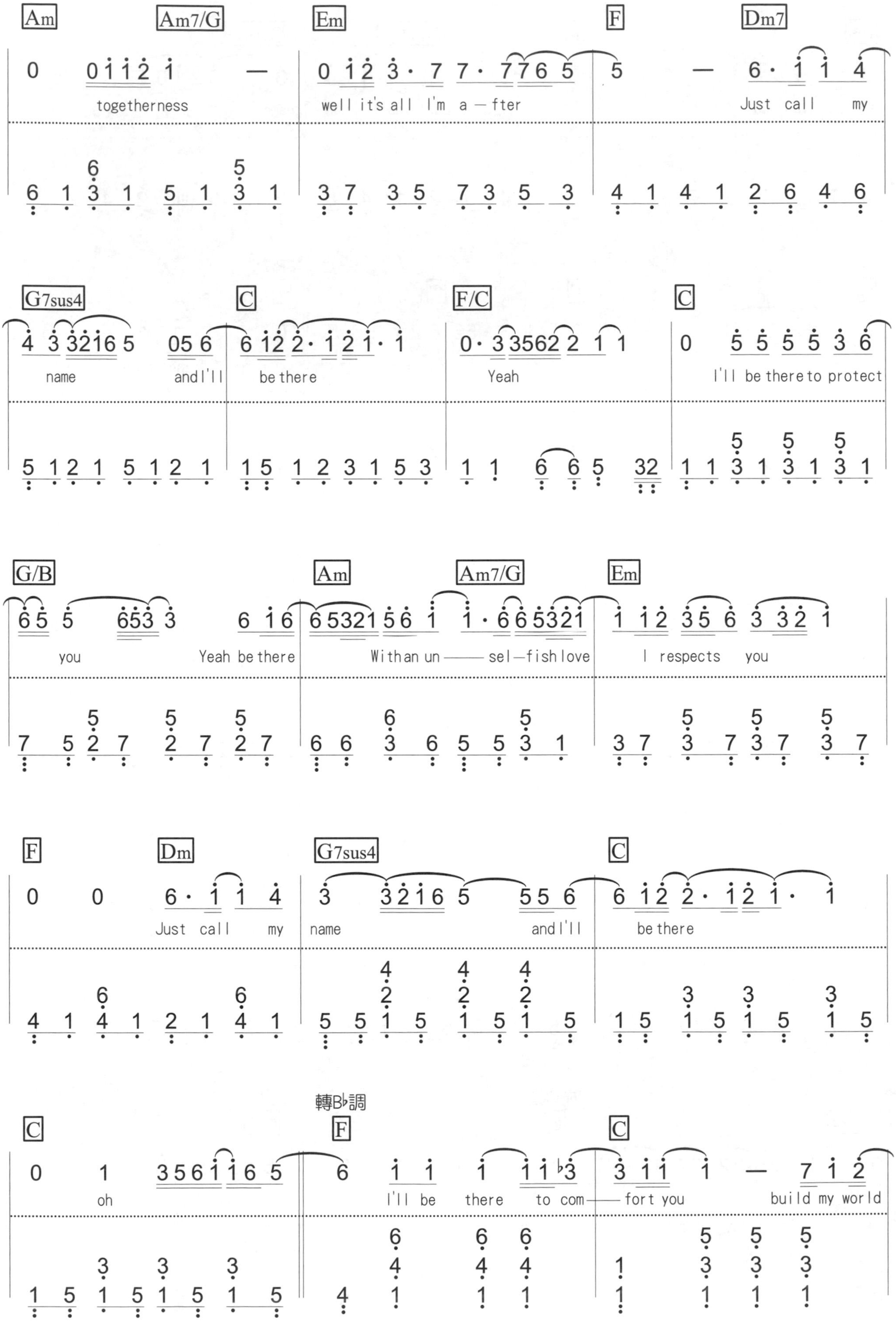

Am Am7/G Em F Dm7

togetherness well it's all I'm a — fter Just call my

G7sus4 C F/C C

name and I'll be there Yeah I'll be there to protect

G/B Am Am7/G Em

you Yeah be there With an un —— sel — fish love I respects you

F Dm G7sus4 C

Just call my name and I'll be there

轉B♭調

C F C

oh I'll be there to com — fort you build my world

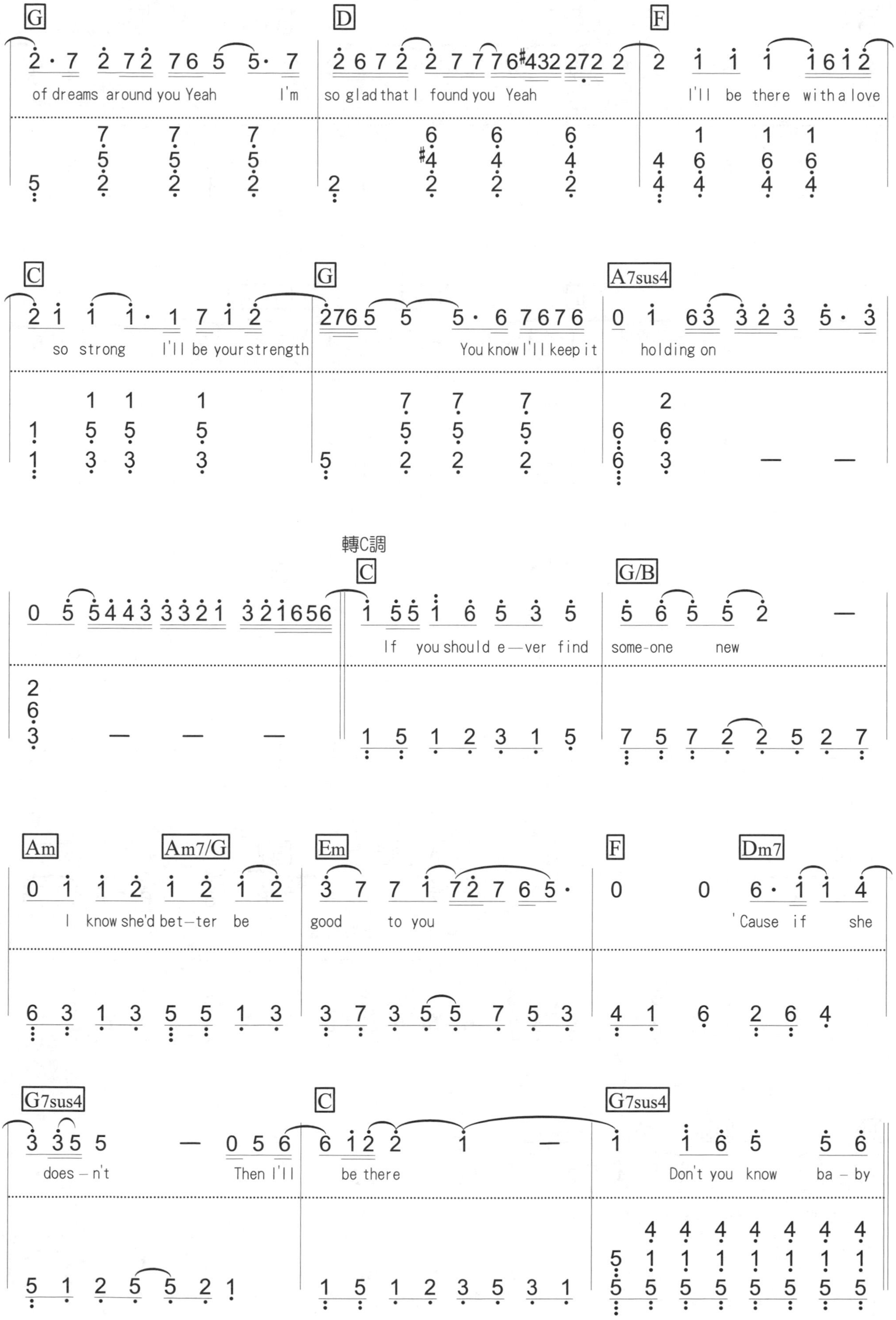

G　D　F

of dreams around you Yeah I'm so glad that I found you Yeah I'll be there with a love

C　G　A7sus4

so strong I'll be your strength You know I'll keep it holding on

轉C調

C　G/B

If you should e—ver find some-one new

Am　Am7/G　Em　F　Dm7

I know she'd bet—ter be good to you 'Cause if she

G7sus4　C　G7sus4

does—n't Then I'll be there Don't you know ba—by

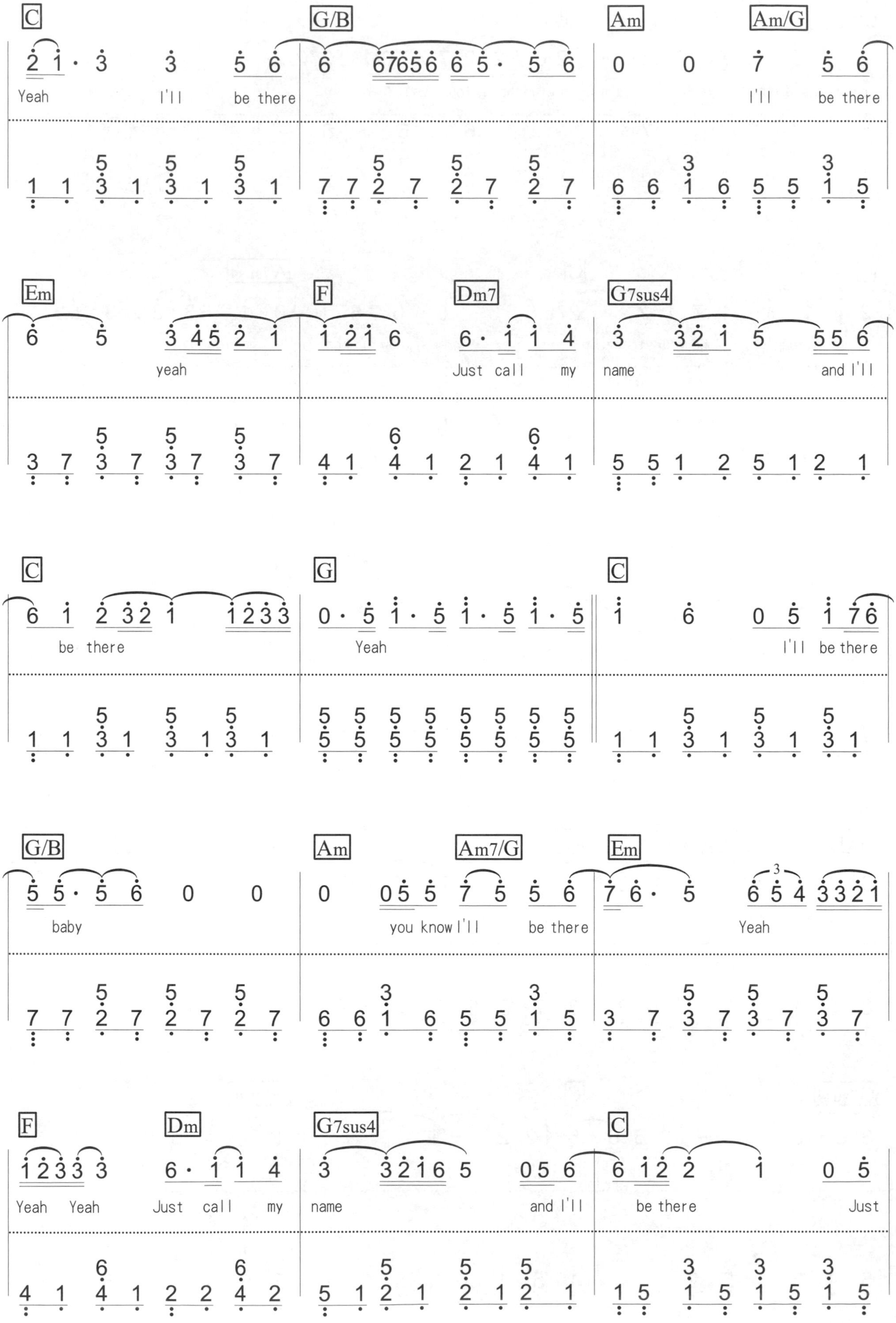

C G/B Am Am/G

Yeah I'll be there I'll be there

Em F Dm7 G7sus4

yeah Just call my name and I'll

C G C

be there Yeah I'll be there

G/B Am Am7/G Em

baby you know I'll be there Yeah

F Dm G7sus4 C

Yeah Yeah Just call my name and I'll be there Just

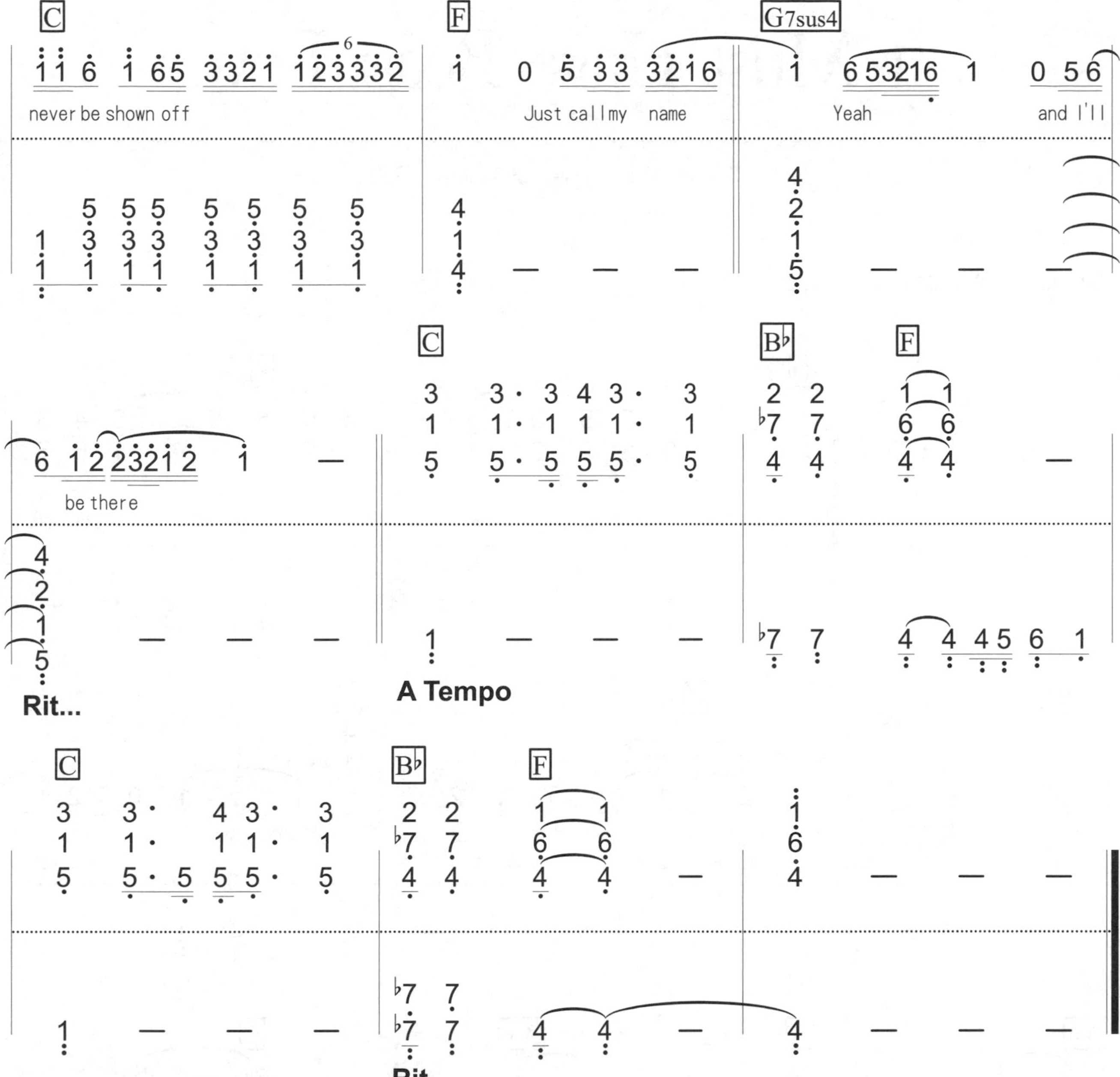
C
F
G7sus4
never be shown off
Just call my name
Yeah
and I'll
be there
B♭
Rit...
A Tempo
Rit...

It Must Have Been Love

（電影"麻雀變鳳凰"主題曲）

詞 / 曲：Per Gessle 演唱：Roxette

♩ = 88 4/4

Key:C Andantino

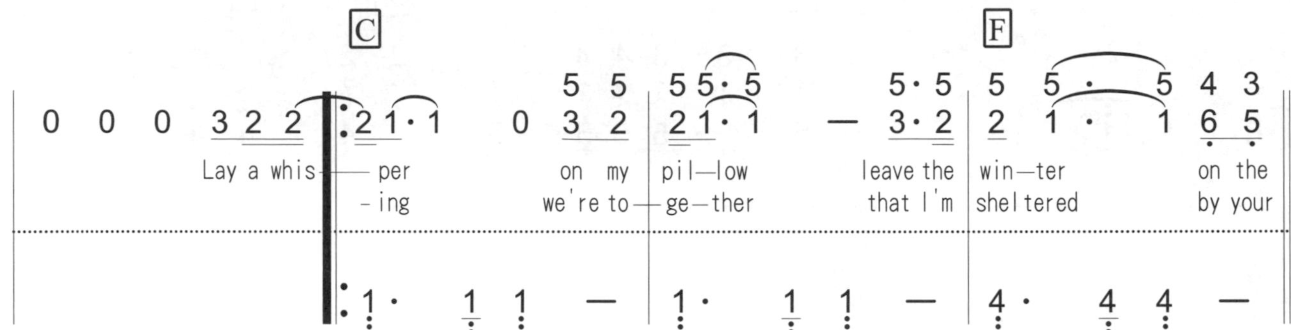

G C F

ground I wake up lone— ly there's air of si—lence in the bed–

heart But in and out —side I've turned to wa—ter like a tear–

Dm G Am C

room and all a—round Touch me now hard I close my eyes and dream

drop in your palm and it's a winter's day I dream

F G C

a way It must have been love but it's o—ver now

a way It must have been love but it's o—ver now

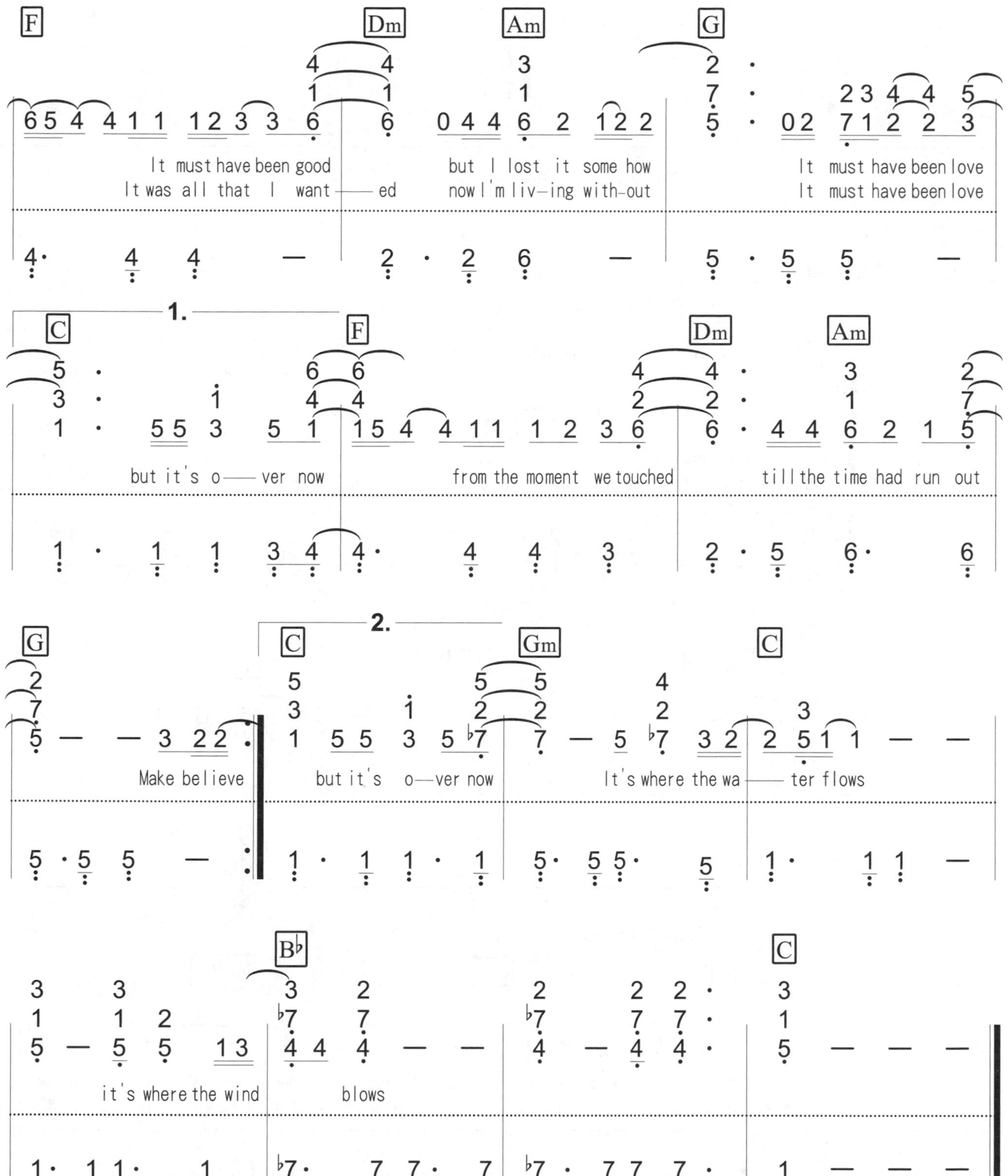
It must have been good
It was all that I want — ed
but I lost it some how
now I'm liv-ing with-out
It must have been love
It must have been love
but it's o — ver now
from the moment we touched
till the time had run out
Make believe
but it's o — ver now
It's where the wa — ter flows
it's where the wind
blows

If

詞 / 曲：David A. Gates　演唱：Bread

♩ = 108　4/4

Key:C　Moderato

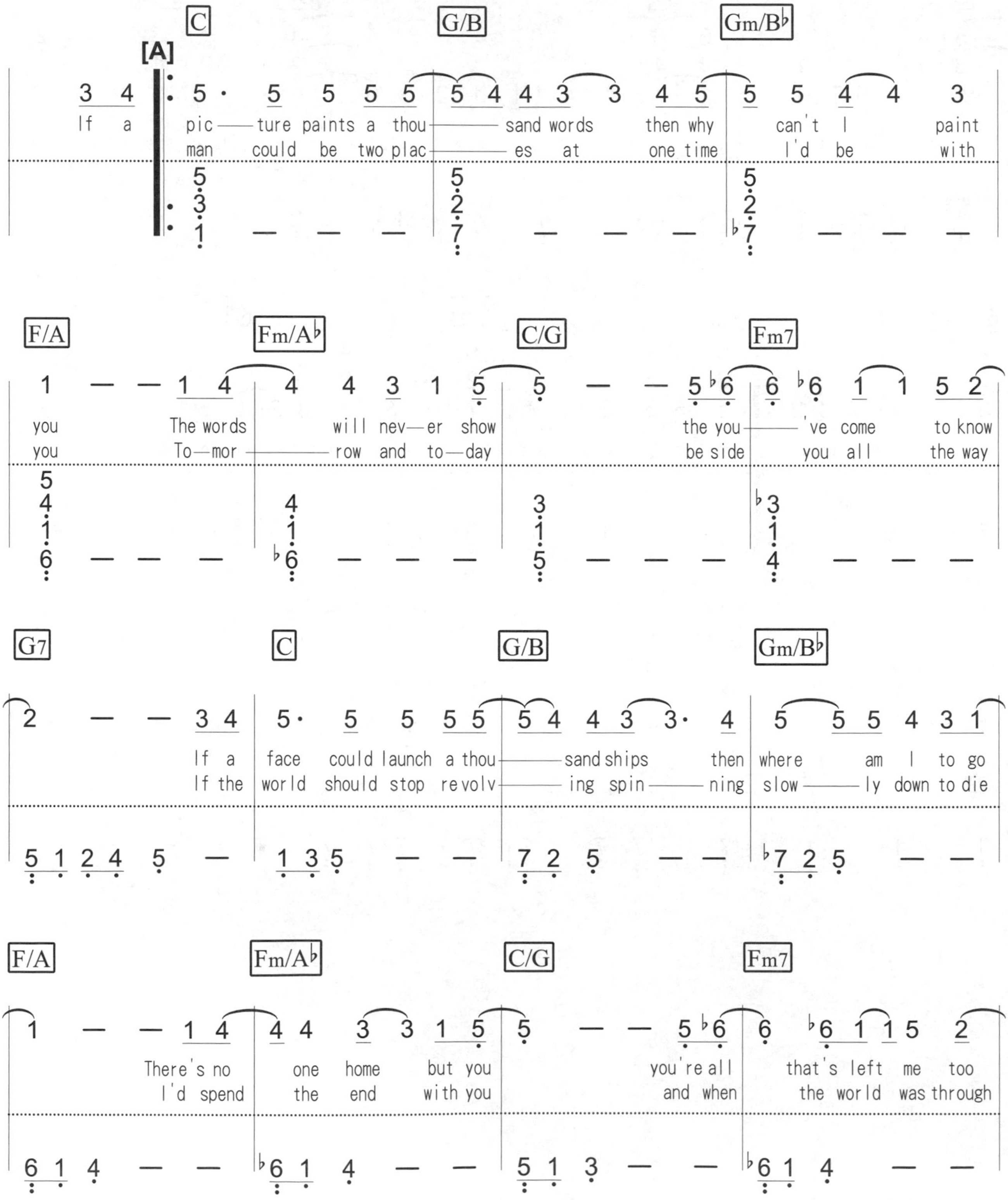

[A]

C　G/B　Gm/B♭

If a picture paints a thousand words then why can't I paint with

man could be two places at one time I'd be with

F/A　Fm/A♭　C/G　Fm7

you The words will never show the you've come to know

you Tomorrow and today beside you all the way

G7　C　G/B　Gm/B♭

If a face could launch a thousand ships then where am I to go

If the world should stop revolving spinning slowly down to die

F/A　Fm/A♭　C/G　Fm7

There's no one home but you you're all that's left me too

I'd spend the end with you and when the world was through

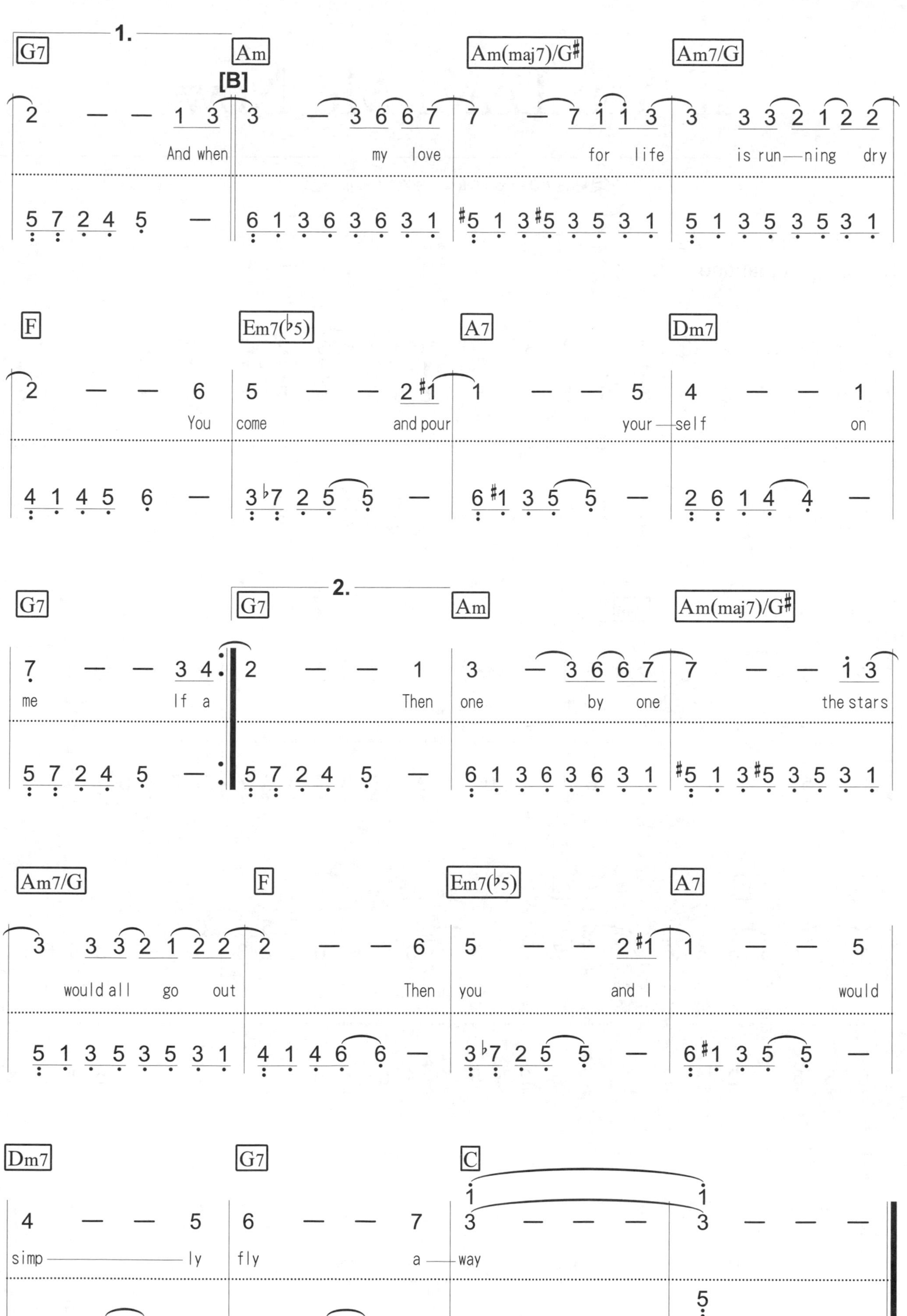

G7
1.
Am
[B]
Am(maj7)/G#
Am7/G
And when my love for life is run—ning dry
F
Em7(♭5)
A7
Dm7
You come and pour your—self on
G7
2.
Am
Am(maj7)/G#
me If a Then one by one the stars
Am7/G
F
Em7(♭5)
A7
would all go out Then you and I would
Dm7
G7
C
simp—ly fly a—way

If You Leave Me Now

詞 / 曲：Peter Cetera　演唱：Chicago

♩ = 95　4/4

Key:C　Andantino

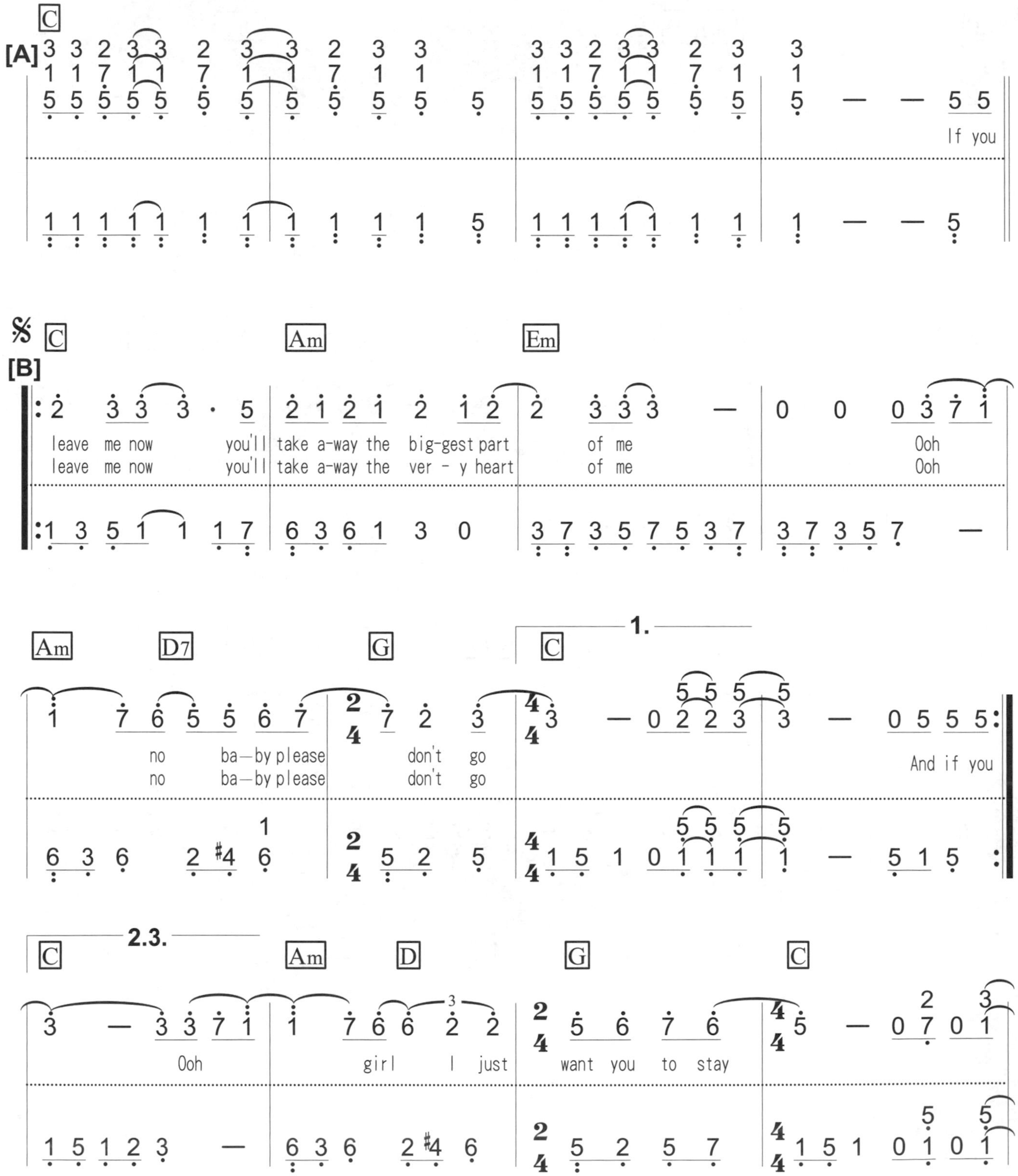

[A]

C

If you

[B]

C　Am　Em

leave me now you'll take a-way the big-gest part of me Ooh

leave me now you'll take a-way the ver - y heart of me Ooh

Am　D7　G　1. C

no ba-by please don't go And if you

no ba-by please don't go

2.3. C　Am　D　G　C

Ooh girl I just want you to stay

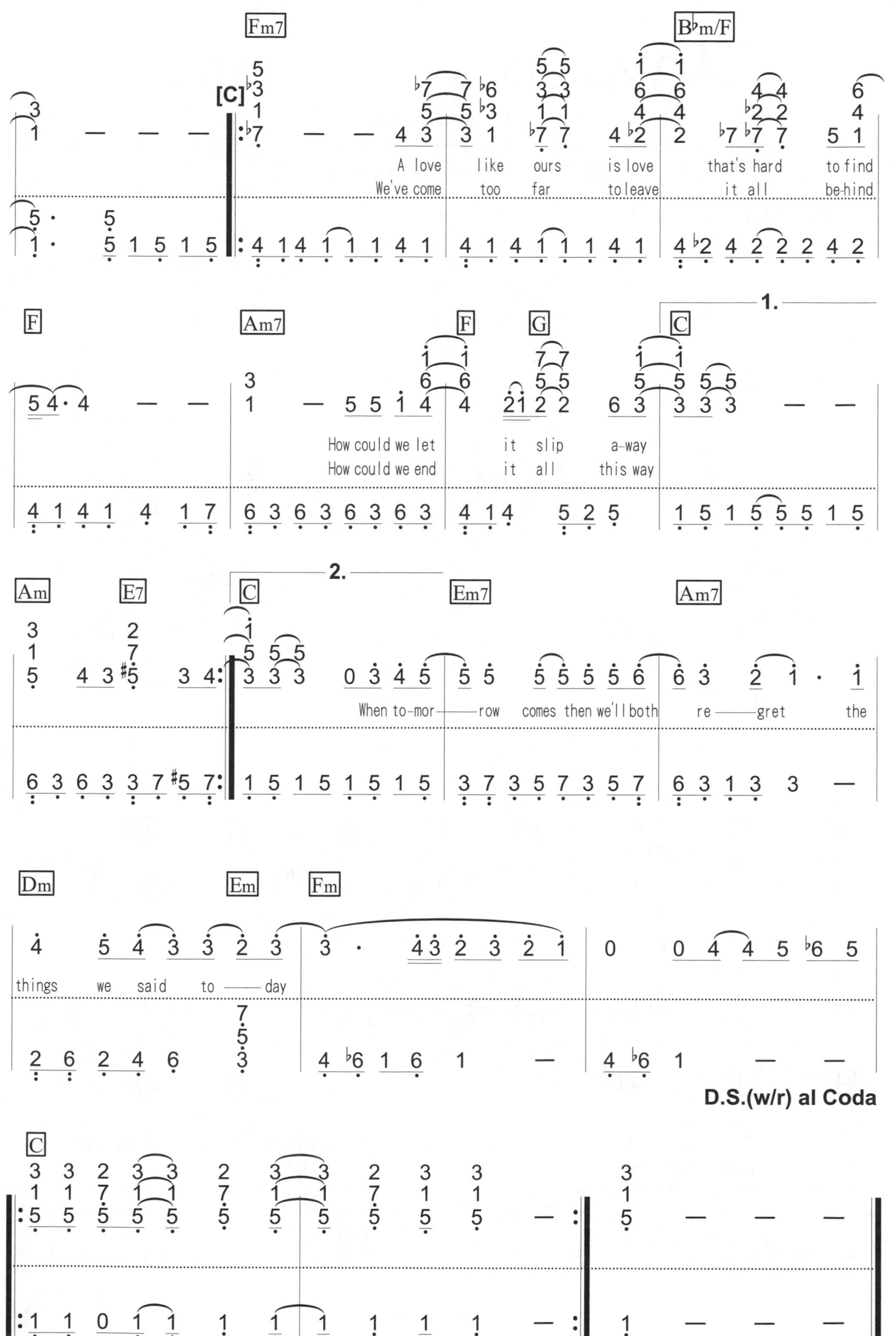
Fm7
[C]
Bbm/F
A love like ours is love that's hard to find
We've come too far to leave it all be-hind
F
Am7
F
G
1.
C
How could we let it slip a-way
How could we end it all this way
Am
E7
2.
C
Em7
Am7
When to-mor-row comes then we'll both re-gret the
Dm
Em
Fm
things we said to-day
D.S.(w/r) al Coda
C

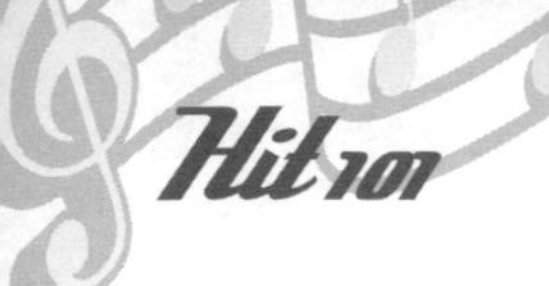

I Will Always Love You

（電影"終極保鑣"主題曲）

詞 / 曲：Dolly Parton　演唱：Whitney Houston

♩ = 72　4/4

Key:C　Andante

[A]

C　Am

If I should stay I would on—ly be in your

F　G　C　Am

way So I'll go but I know I'll think of you ev–ry step of the

F　G　C　Am　F　G　C　Am

way And [B] I will al–ways love you I

F　G　C　F　G

will al–ways love you

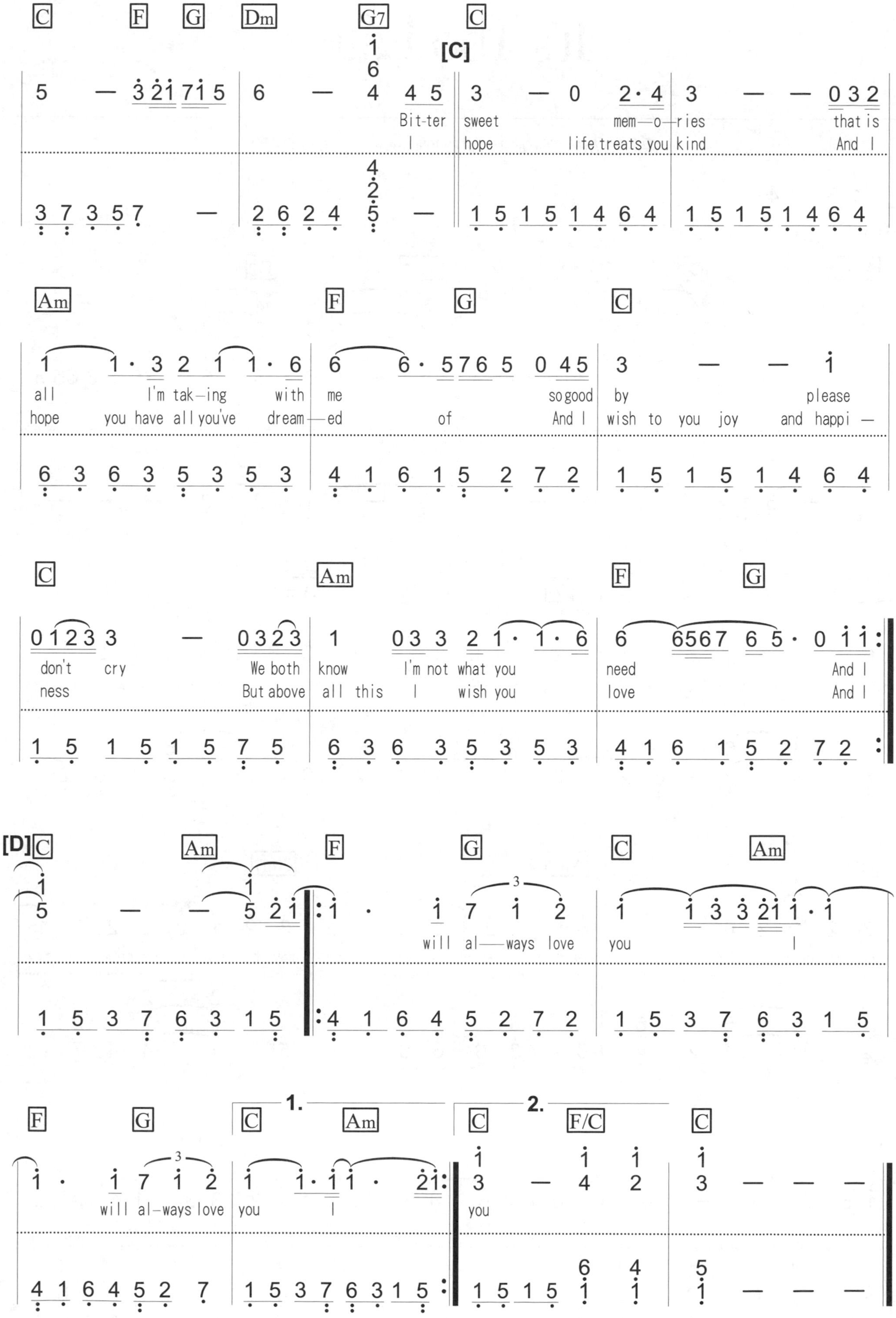

C F G Dm G7 C

[C]

5 — 3 2 1 7 1 5 | 6 — 4 4 5 | 3 — 0 2·4 | 3 — — 0 3 2

Bit-ter sweet mem—o—ries that is

I hope life treats you kind And I

3 7 3 5 7 — | 2 6 2 4 5 — | 1 5 1 5 1 4 6 4 | 1 5 1 5 1 4 6 4

Am F G C

1 1·3 2 1 1·6 | 6 6·5 7 6 5 0 4 5 | 3 — — 1

all I'm tak—ing with me so good by please

hope you have all you've dream—ed of And I wish to you joy and happi—

6 3 6 3 5 3 5 3 | 4 1 6 1 5 2 7 2 | 1 5 1 5 1 4 6 4

C Am F G

0 1 2 3 3 — 0 3 2 3 | 1 0 3 3 2 1·1·6 | 6 6 5 6 7 6 5· 0 1 1 :|

don't cry We both know I'm not what you need And I

ness But above all this I wish you love And I

1 5 1 5 1 5 7 5 | 6 3 6 3 5 3 5 3 | 4 1 6 1 5 2 7 2 :|

[D] C Am F G C Am

5 — — 5 2 1 |: 1 · 1 7 1 2 | 1 1 3 3 2 1 1·1

will al—ways love you I

1 5 3 7 6 3 1 5 |: 4 1 6 4 5 2 7 2 | 1 5 3 7 6 3 1 5

F G 1. C Am 2. C F/C C

1 · 1 7 1 2 | 1 1·1 1 · 2 1 :| 3 — 4 2 | 3 — — —

will al—ways love you I you

4 1 6 4 5 2 7 | 1 5 3 7 6 3 1 5 :| 1 5 1 5 1 1 | 1 — — —

It's Too Late

詞 / 曲：KING,CAROLE / STERN,TONI 演唱：Carole King

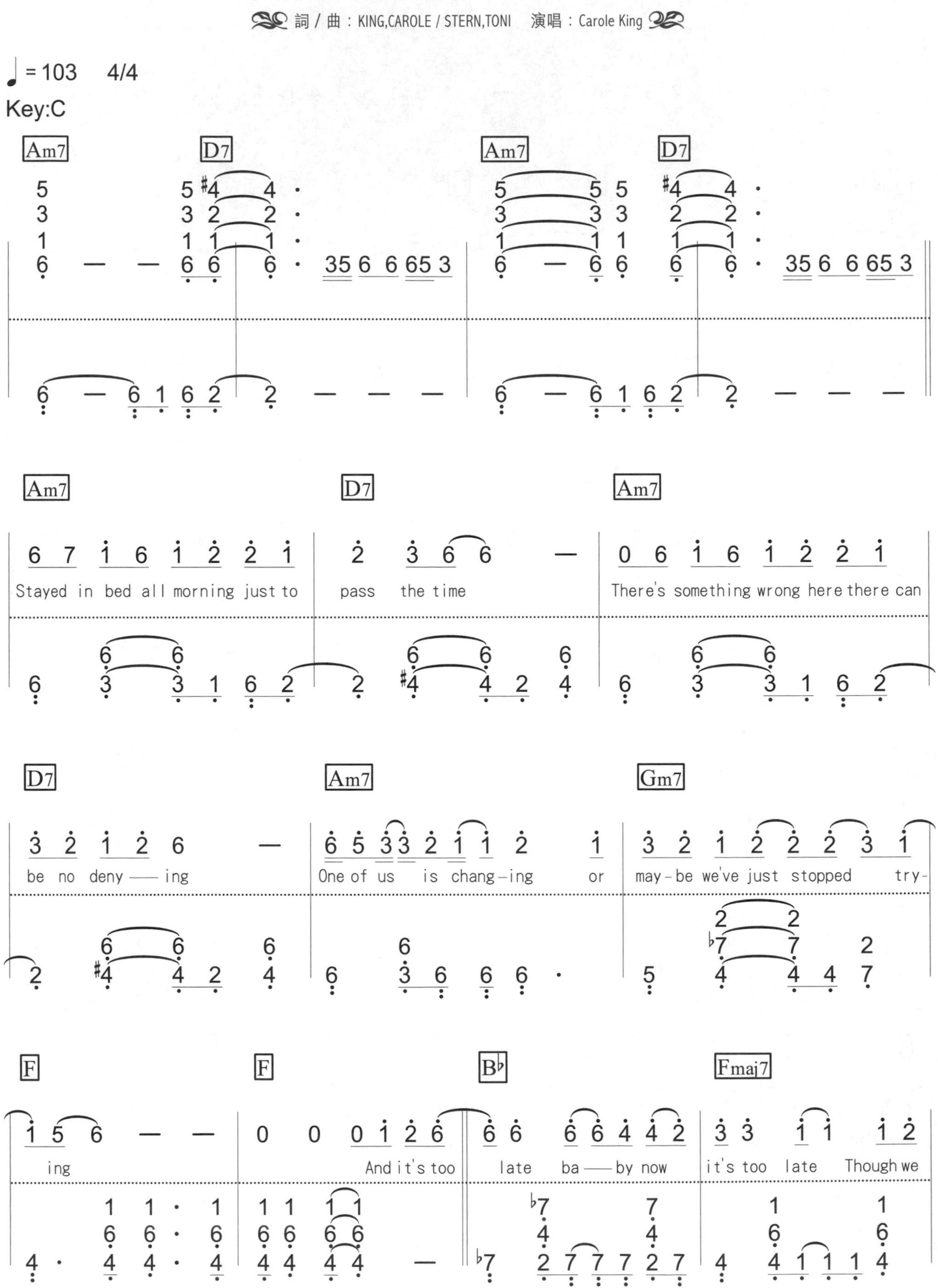

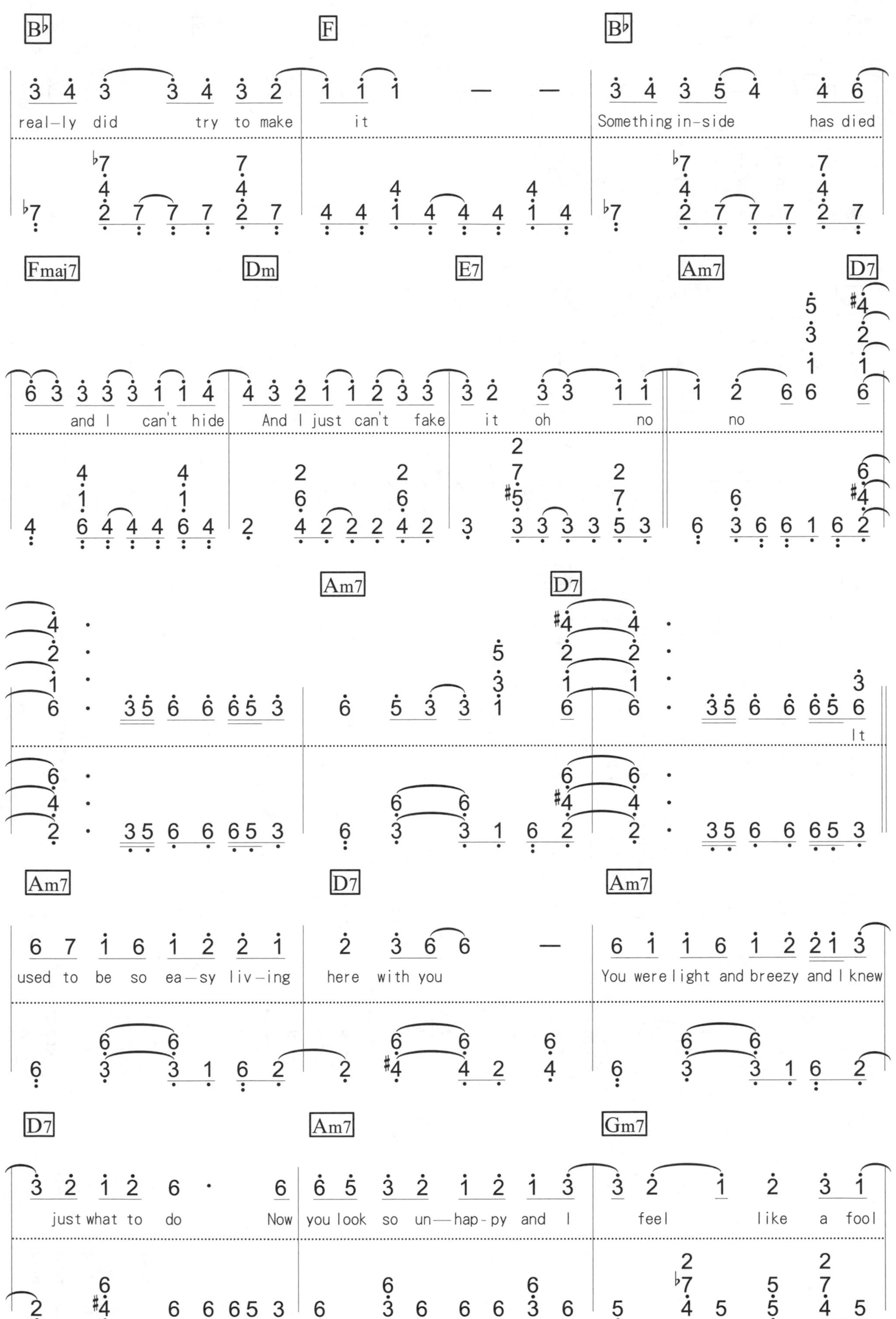
B♭ F B♭
real-ly did try to make it
Something in-side has died
Fmaj7 Dm E7 Am7 D7
and I can't hide And I just can't fake it oh no no
Am7 D7
It
Am7 D7 Am7
used to be so ea-sy liv-ing here with you
You were light and breezy and I knew
D7 Am7 Gm7
just what to do Now you look so un-hap-py and I feel like a fool

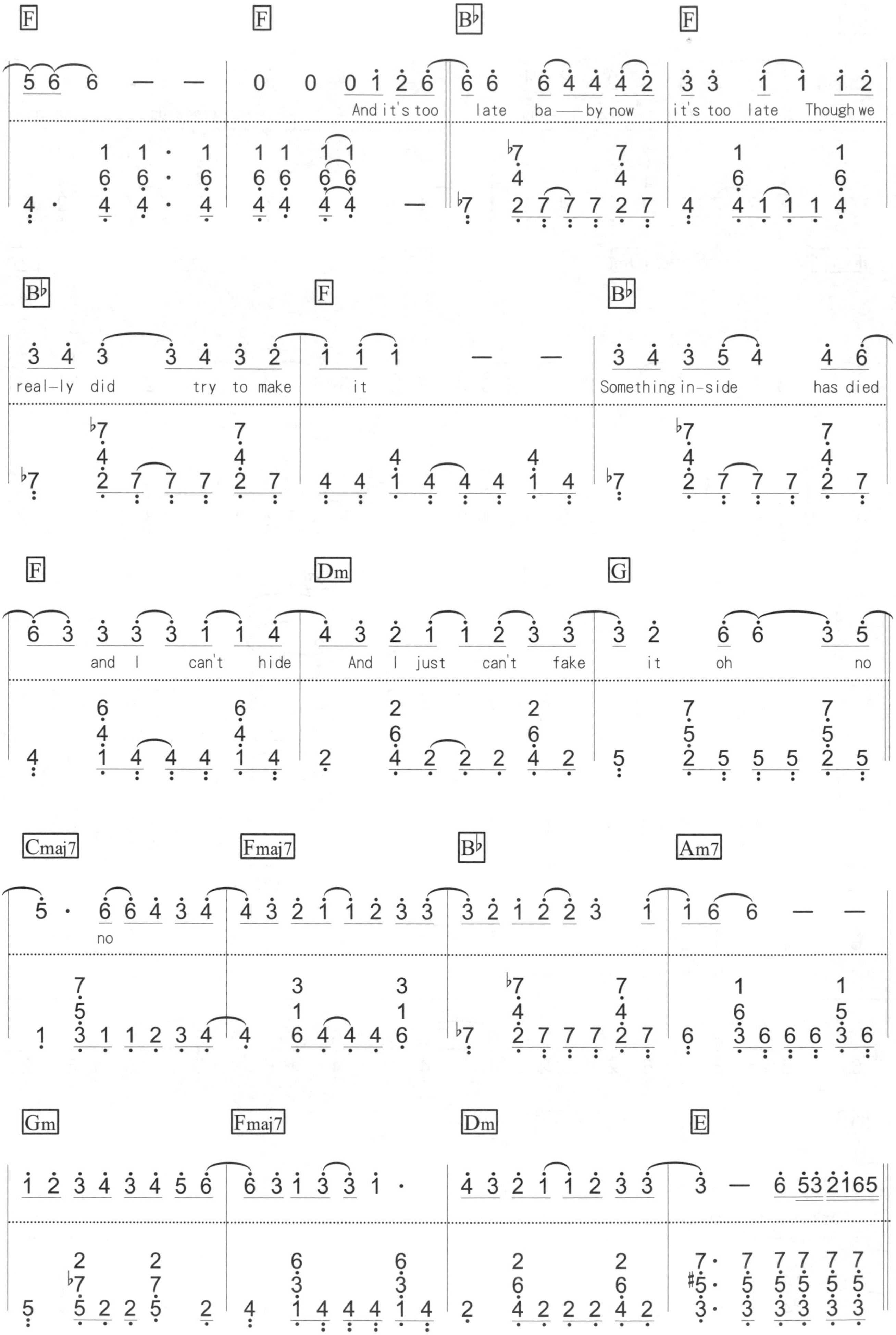

F F B♭ F

And it's too late ba — by now it's too late Though we

B♭ F B♭

real-ly did try to make it Something in-side has died

F Dm G

and I can't hide And I just can't fake it oh no

Cmaj7 Fmaj7 B♭ Am7

no

Gm Fmaj7 Dm E

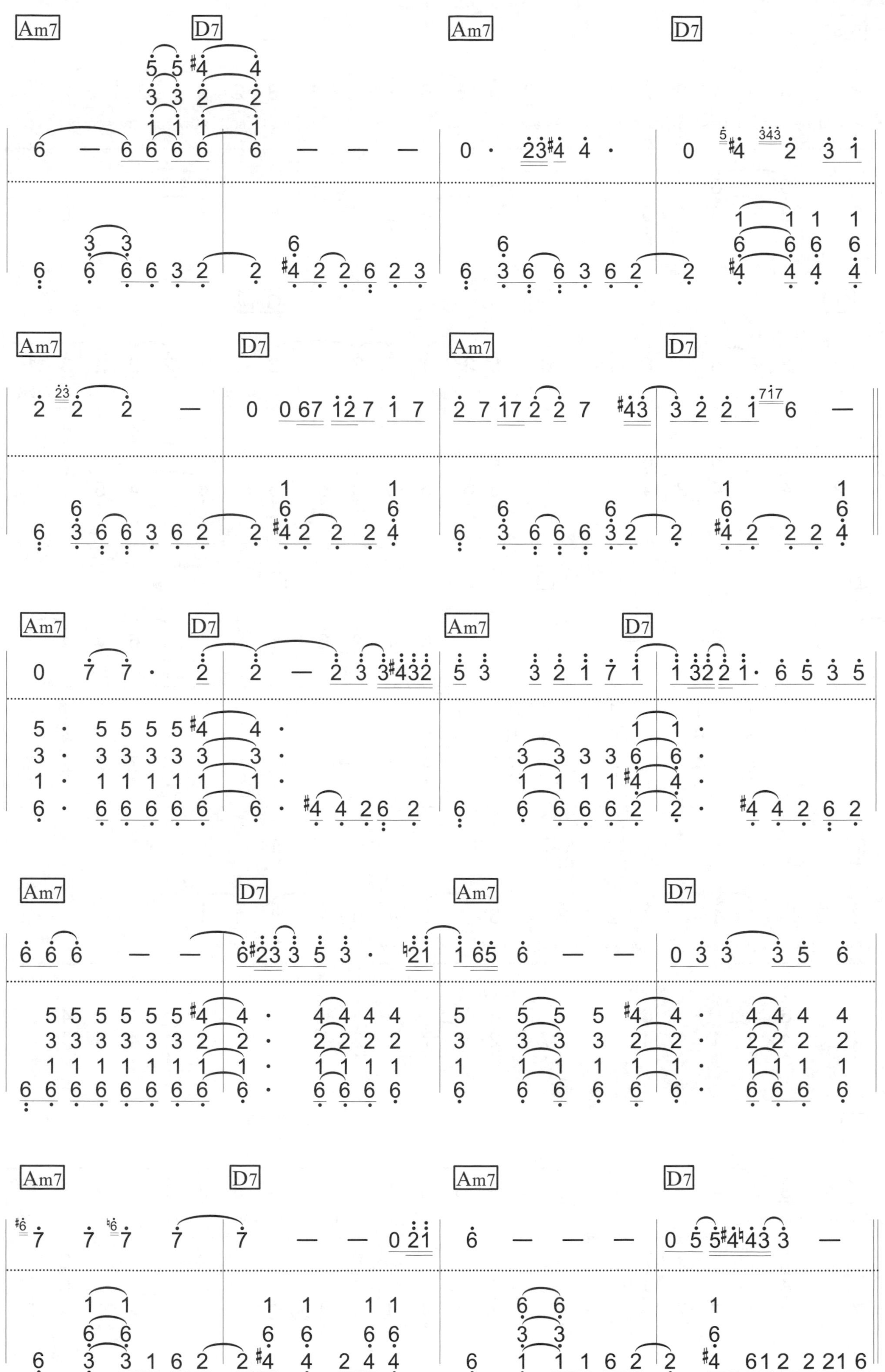
Am7
D7
Am7
D7
Am7
D7
Am7
D7
Am7
D7
Am7
D7
Am7
D7
Am7
D7
Am7
D7
Am7
D7

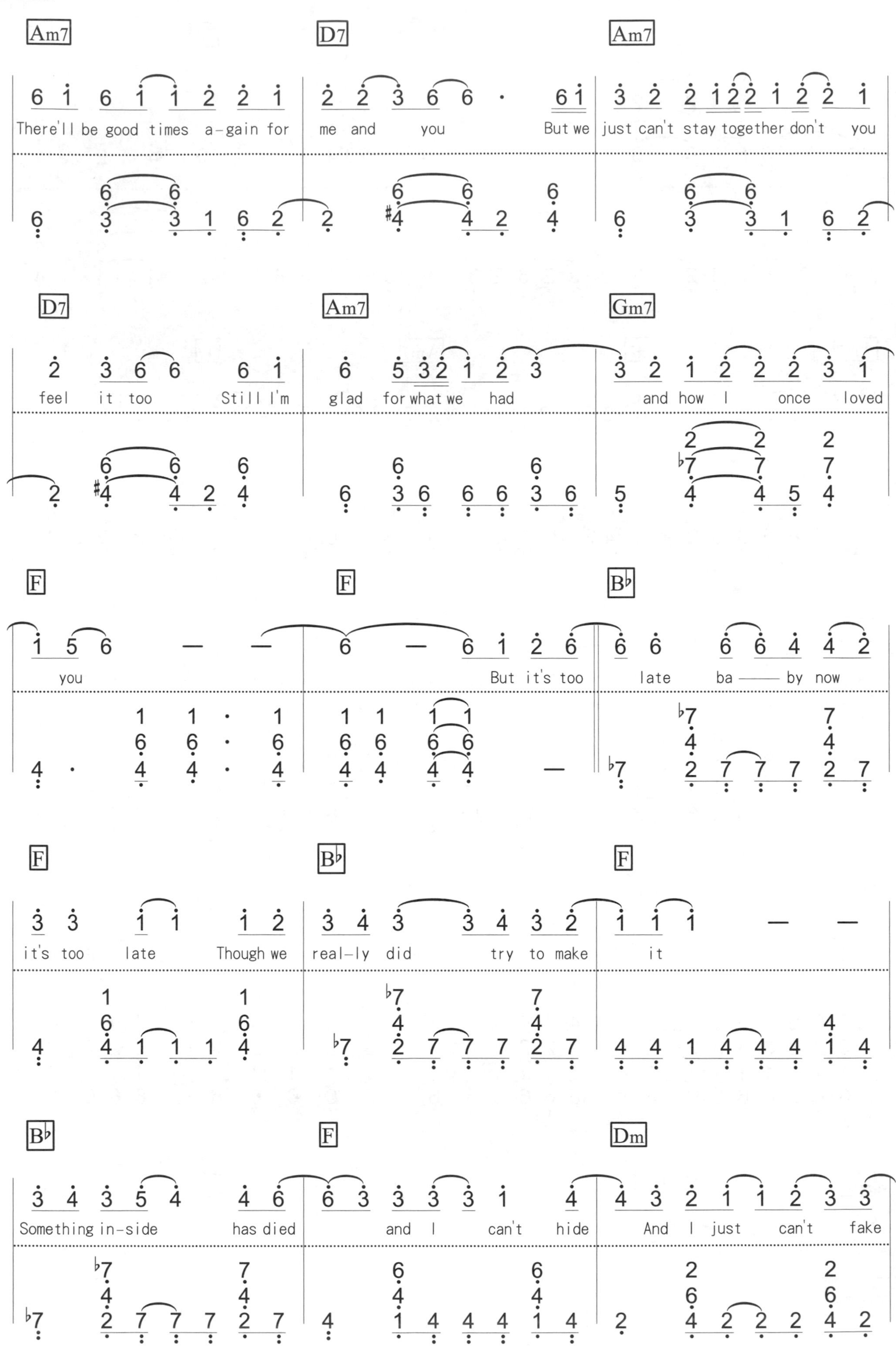
Am7 D7 Am7
There'll be good times a-gain for me and you But we just can't stay together don't you
D7 Am7 Gm7
feel it too Still I'm glad for what we had and how I once loved
F F B♭
you But it's too late ba —— by now
F B♭ F
it's too late Though we real-ly did try to make it
B♭ F Dm
Something in-side has died and I can't hide And I just can't fake

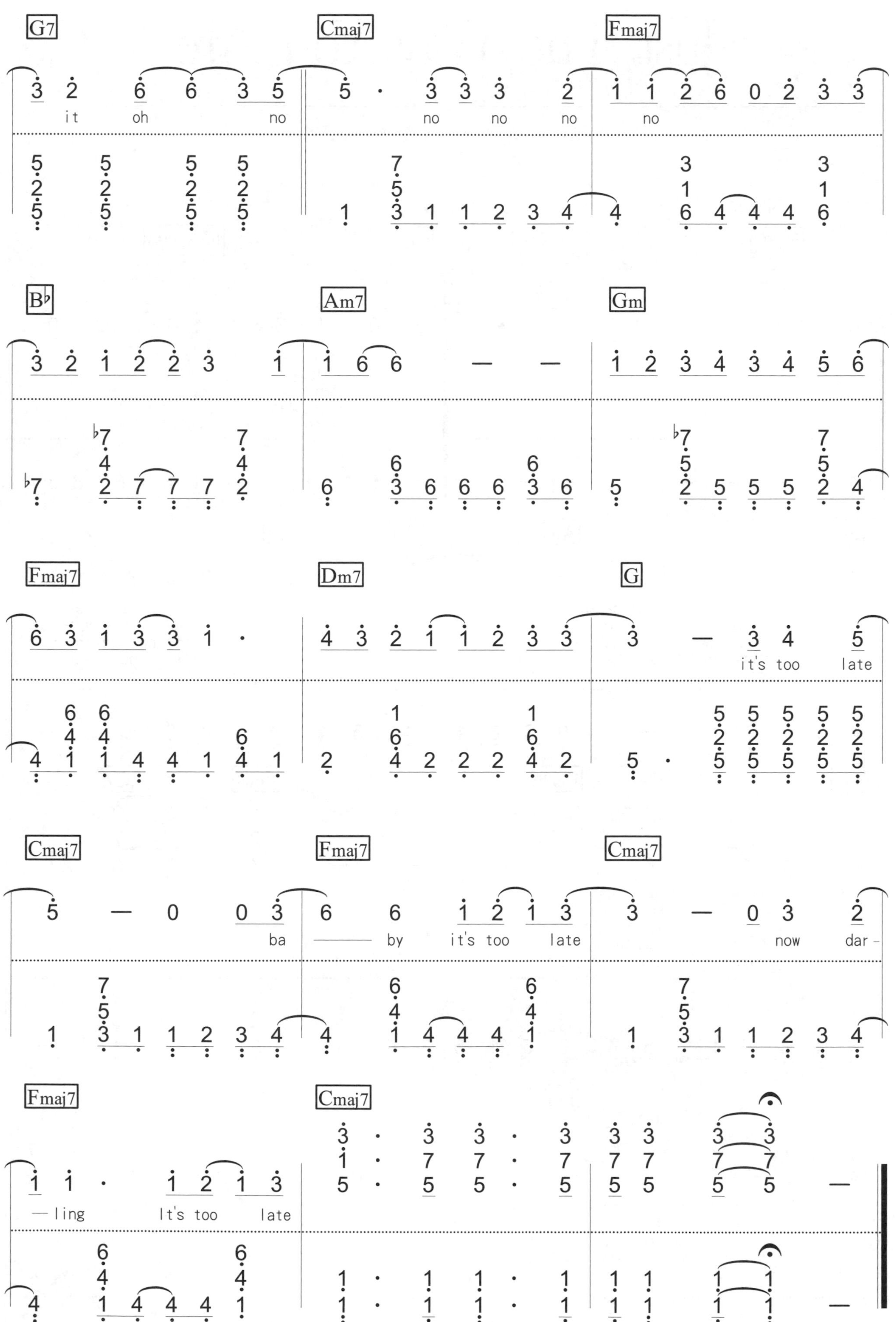
G7
Cmaj7
Fmaj7
it
oh
no
no
no
no
no
B♭
Am7
Gm
Fmaj7
Dm7
G
it's too
late
Cmaj7
Fmaj7
Cmaj7
ba
by
it's too
late
now
dar -
Fmaj7
Cmaj7
— ling
It's too
late

Just The Way You Are

詞 / 曲：Billy Joel　演唱：Billy Joel

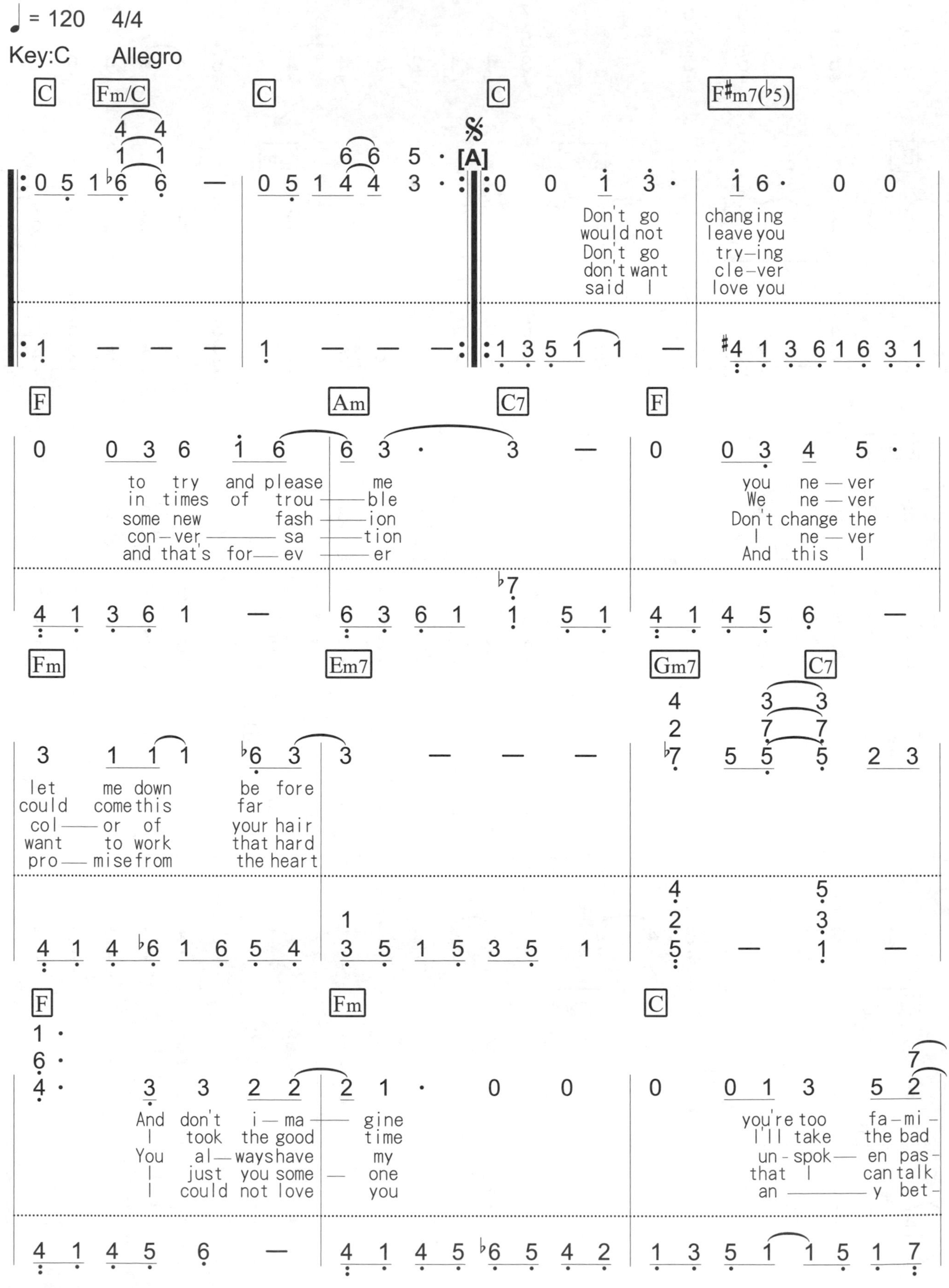

♩ = 120　4/4

Key:C　Allegro

[A]

Don't go changing to try and please me / you never let me down before / And don't imagine you're too fa-mi-
would not leave you in times of trouble / We never could come this far / I took the good time I'll take the bad
Don't go trying some new fashion / Don't change the color of your hair / You always have my unspoken pas-
don't want clever conversation / I never want to work that hard / I just you some one that I can talk
said I love you and that's forever / And this I promise from the heart / I could not love you an-y bet-

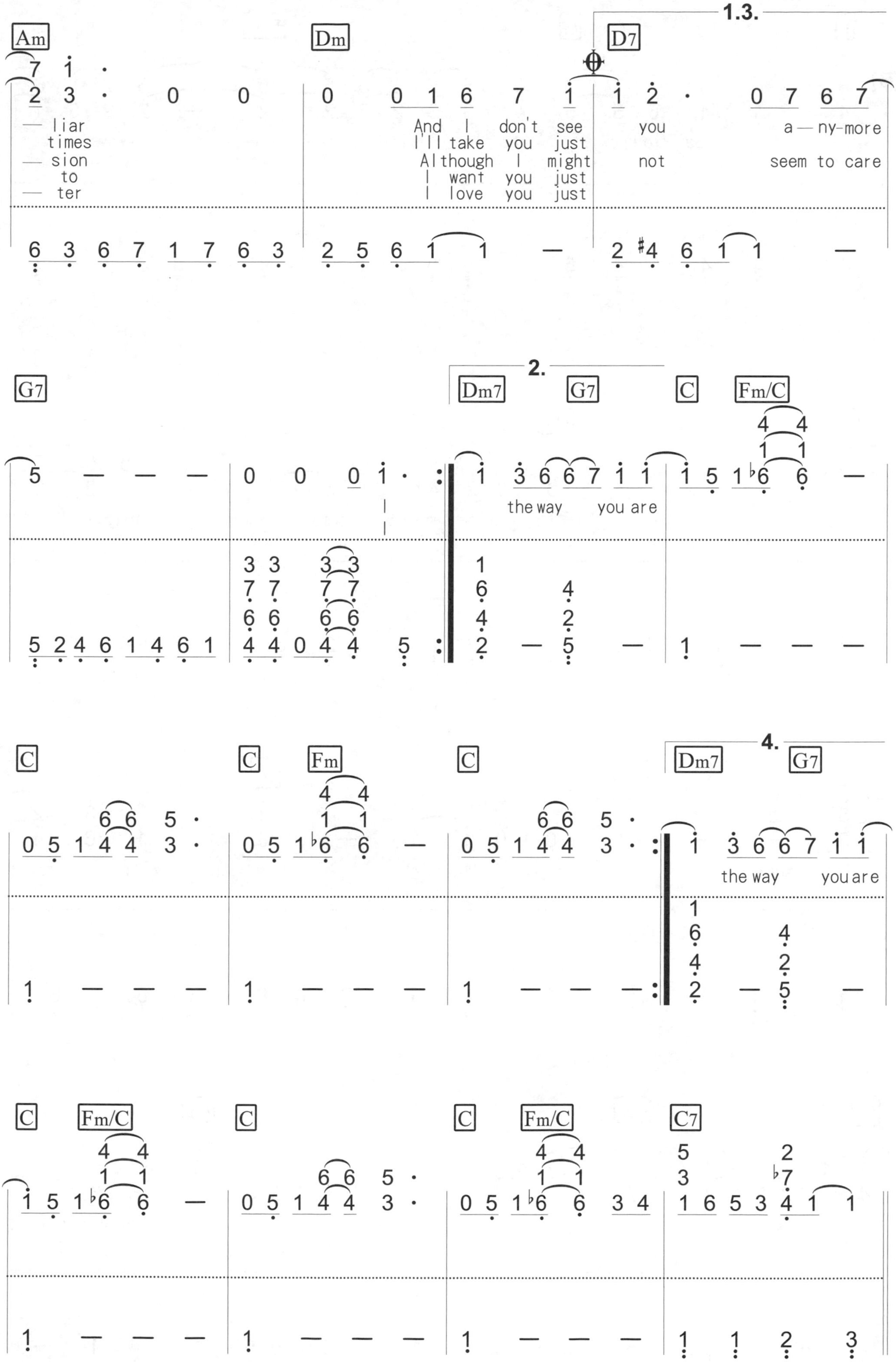

Am Dm 1.3. D7

— liar
times
— sion
to
— ter

And I don't see you a — ny-more
I'll take you just
Although I might not seem to care
I want you just
I love you just

G7 2. Dm7 G7 C Fm/C

I
I

the way you are

C C Fm C 4. Dm7 G7

the way you are

C Fm/C C C Fm/C C7

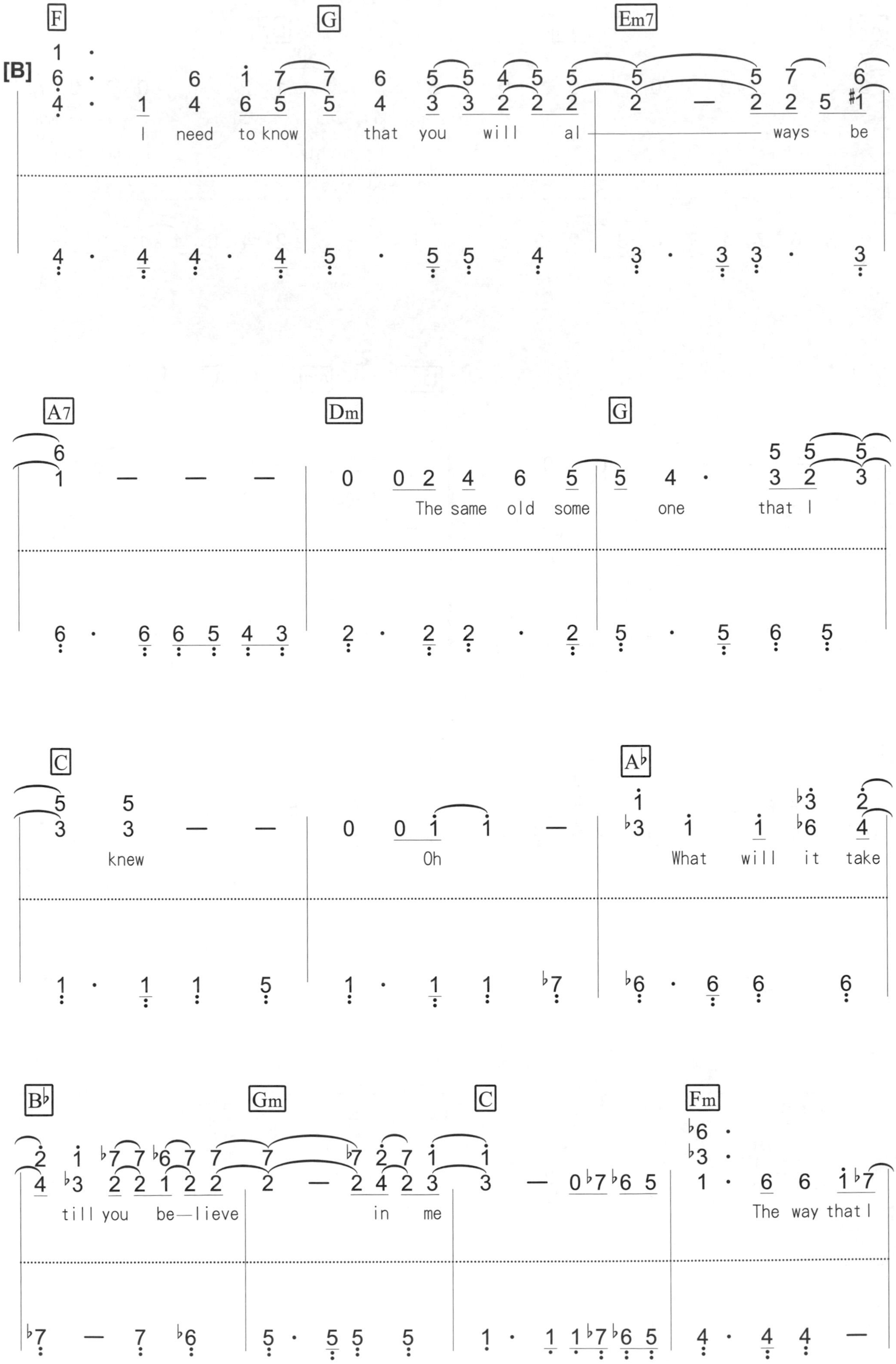

[B]

F G Em7
I need to know that you will al — ways be

A7 Dm G
The same old some one that I

C A♭
knew Oh What will it take

B♭ Gm C Fm
till you be—lieve in me The way that I

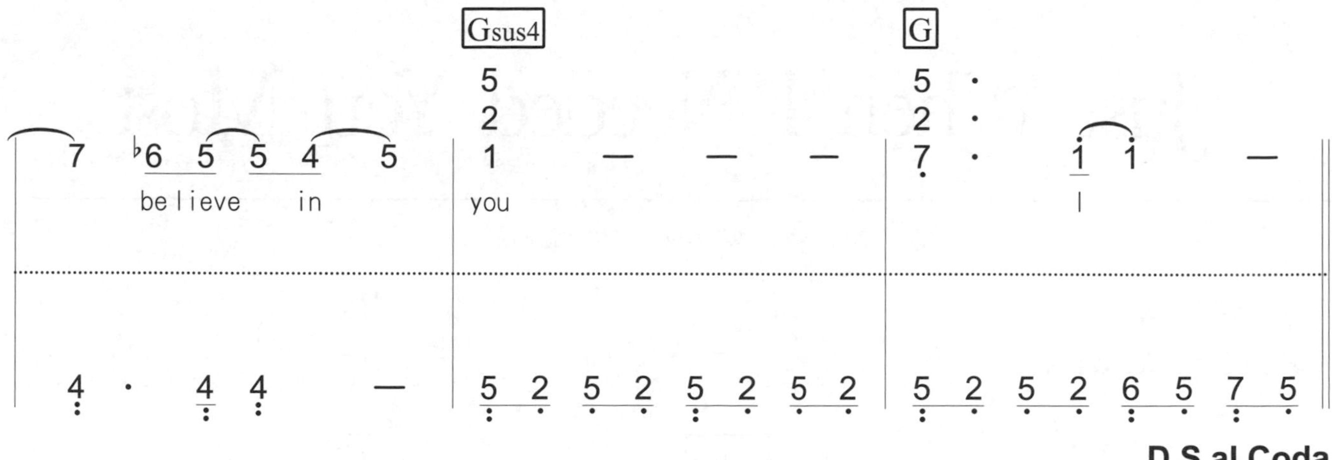

D.S.al Coda

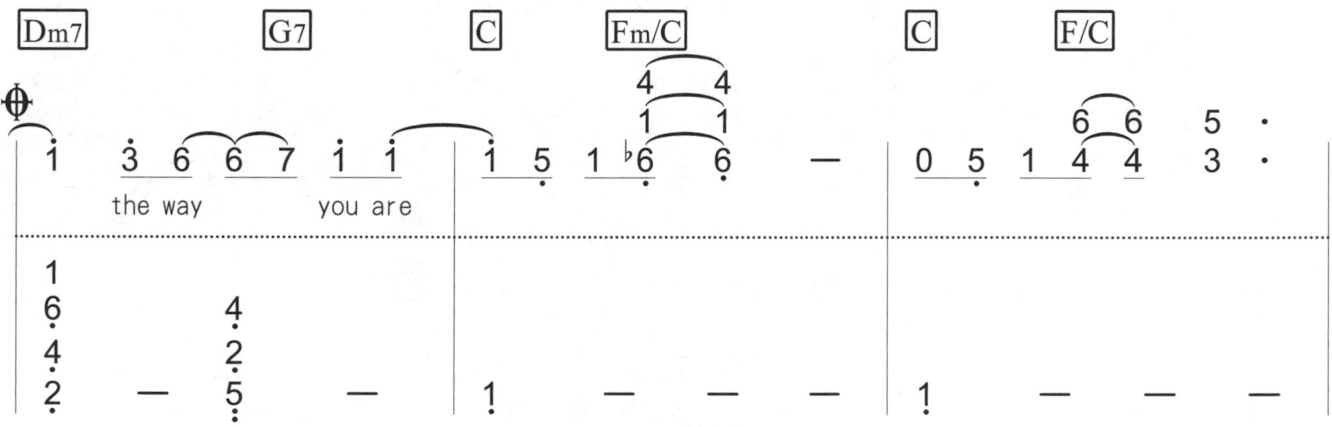

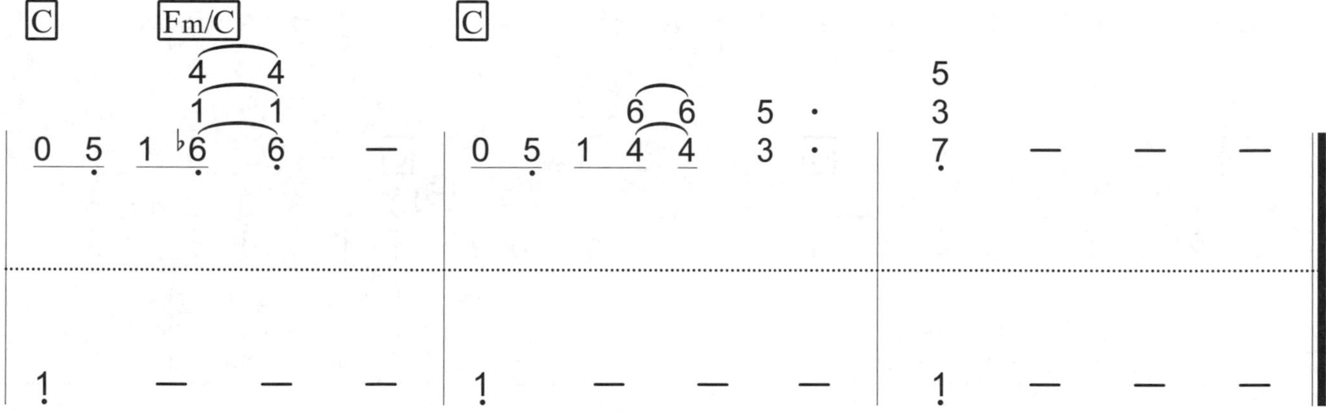

Just When I Needed You Most

詞 / 曲：Randy Vanwarmer　演唱：Randy Vanwarmer

♩ = 100　4/4

Key:C　Moderato

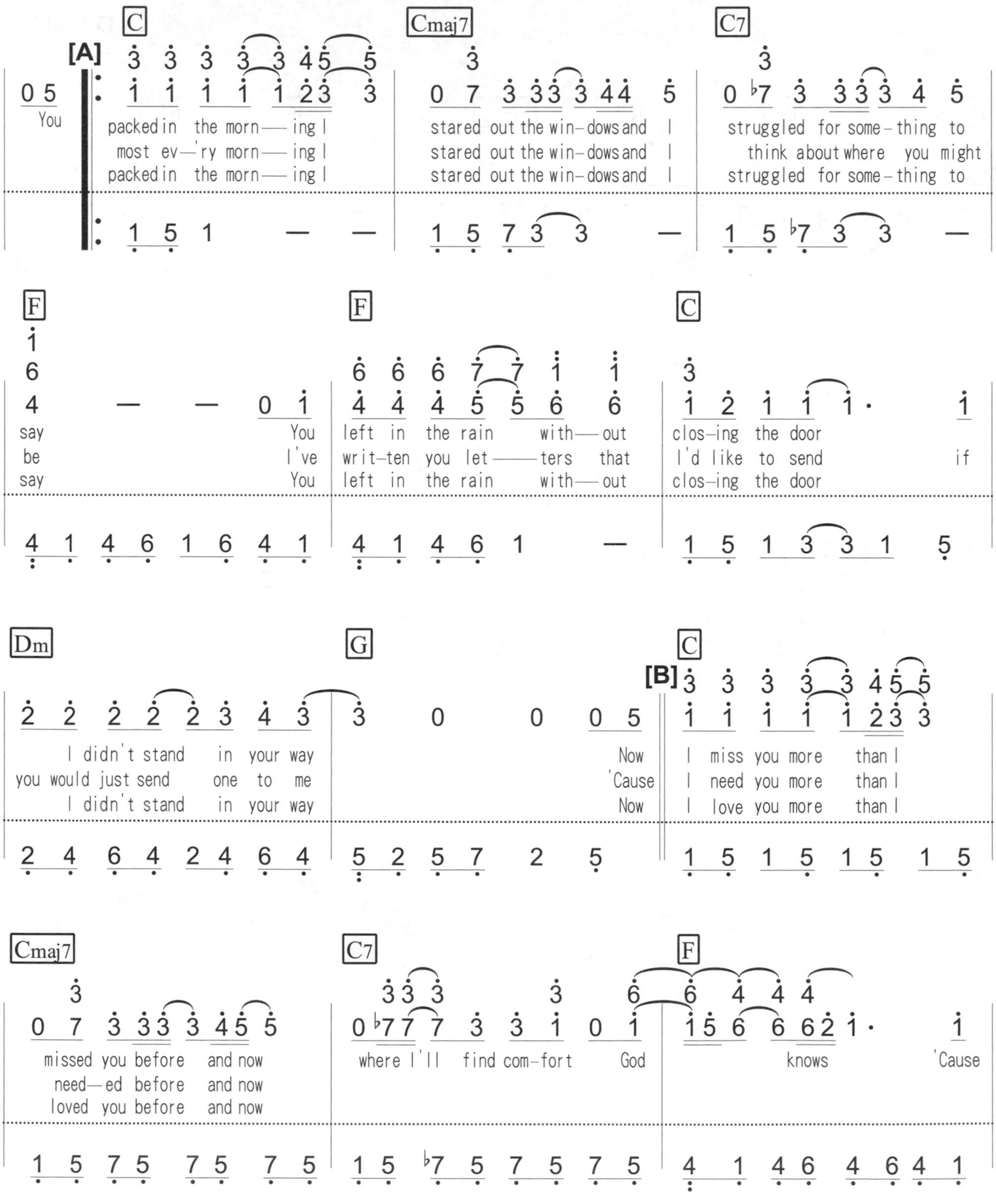

[A]

C | Cmaj7 | C7 | F | F | C | Dm | G

You
packed in the morn— ing I　stared out the win-dows and I　struggled for some-thing to　say　You　left in the rain with— out　clos-ing the door　I didn't stand in your way　Now

most ev—'ry morn— ing I　stared out the win-dows and I　think about where you might　be　I've　writ-ten you let— ters that　I'd like to send　if　you would just send one to me　'Cause

packed in the morn— ing I　stared out the win-dows and I　struggled for some-thing to　say　You　left in the rain with— out　clos-ing the door　I didn't stand in your way　Now

[B]

C | Cmaj7 | C7 | F

I miss you more than I　missed you before and now　where I'll find com-fort God　knows　'Cause

I need you more than I　need—ed before and now

I love you more than I　loved you before and now

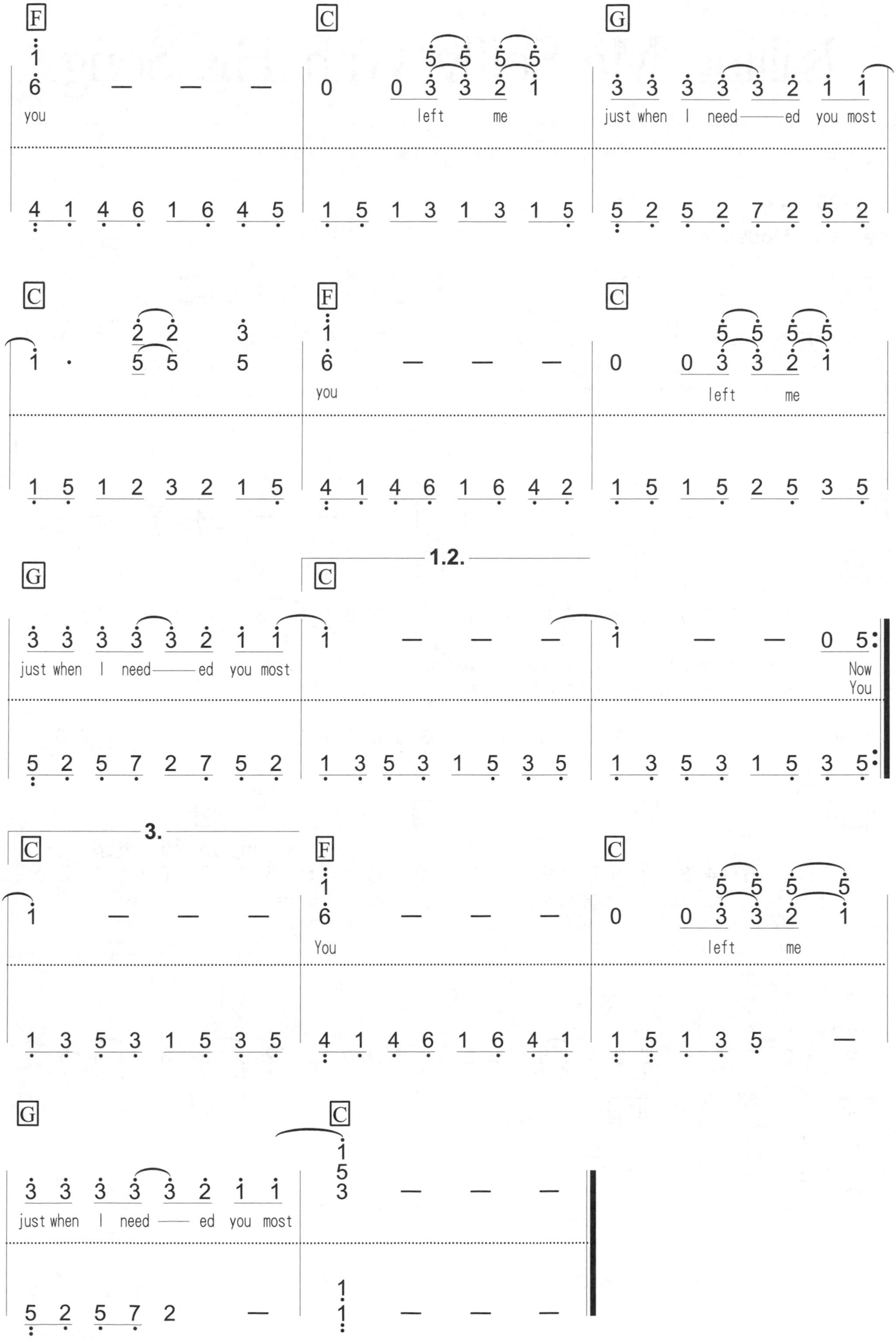

F C G

you left me just when I need — ed you most

C F C

you left me

G C 1.2.

just when I need — ed you most

Now
You

C 3. F C

You left me

G C

just when I need — ed you most

Killing Me Softly With His Song

詞 / 曲：N.Gimbel / C.Fox　演唱：Roberta Flack

♩= 100　4/4
Key:Am　Moderato

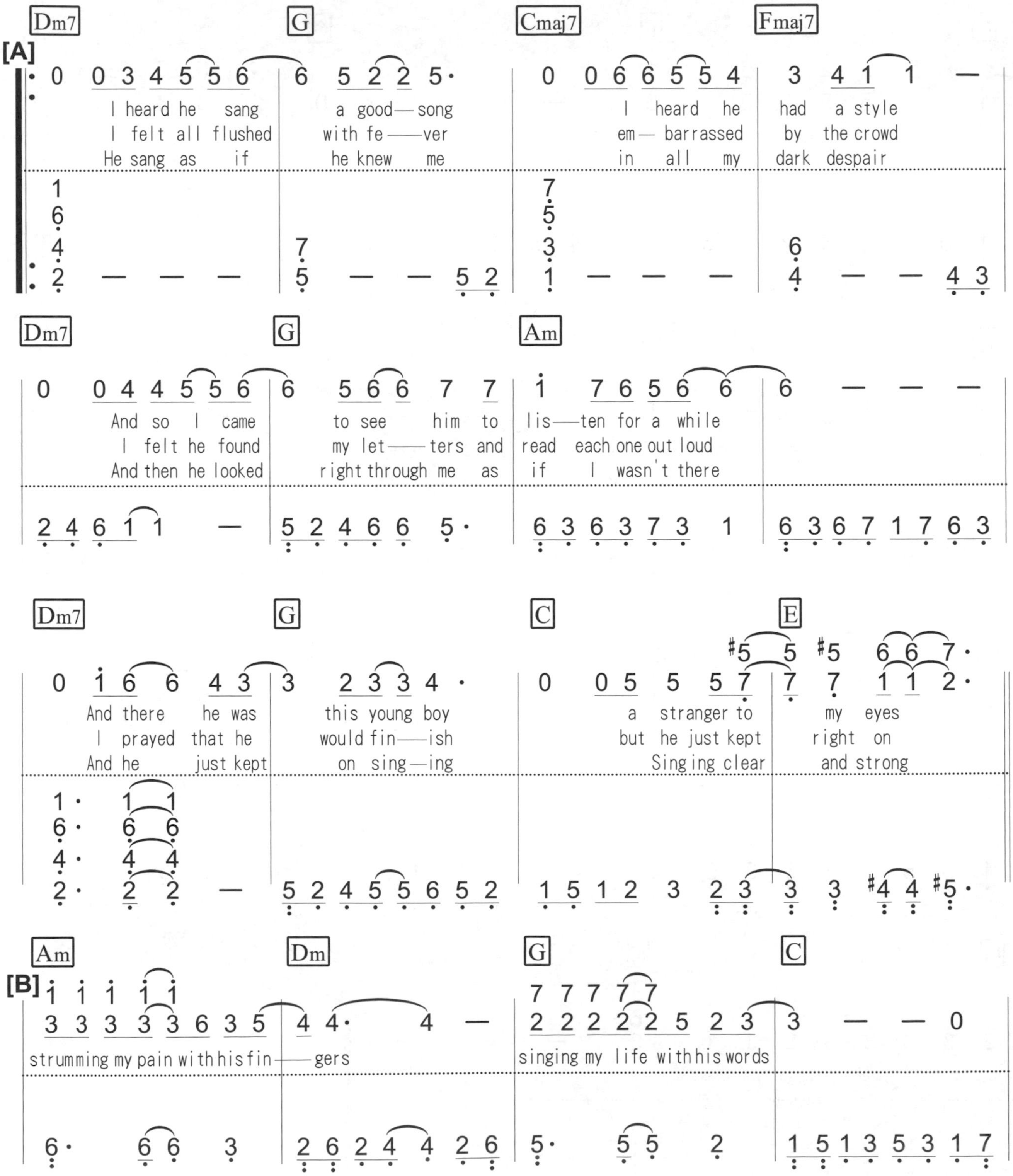

[A]

Dm7 | G | Cmaj7 | Fmaj7

I heard he sang a good — song I heard he had a style
I felt all flushed with fe — ver em — barrassed by the crowd
He sang as if he knew me in all my dark despair

Dm7 | G | Am

And so I came to see him to lis — ten for a while
I felt he found my let — ters and read each one out loud
And then he looked right through me as if I wasn't there

Dm7 | G | C | E

And there he was this young boy a stranger to my eyes
I prayed that he would fin — ish but he just kept right on
And he just kept on sing — ing Singing clear and strong

[B]

Am | Dm | G | C

strumming my pain with his fin — gers singing my life with his words

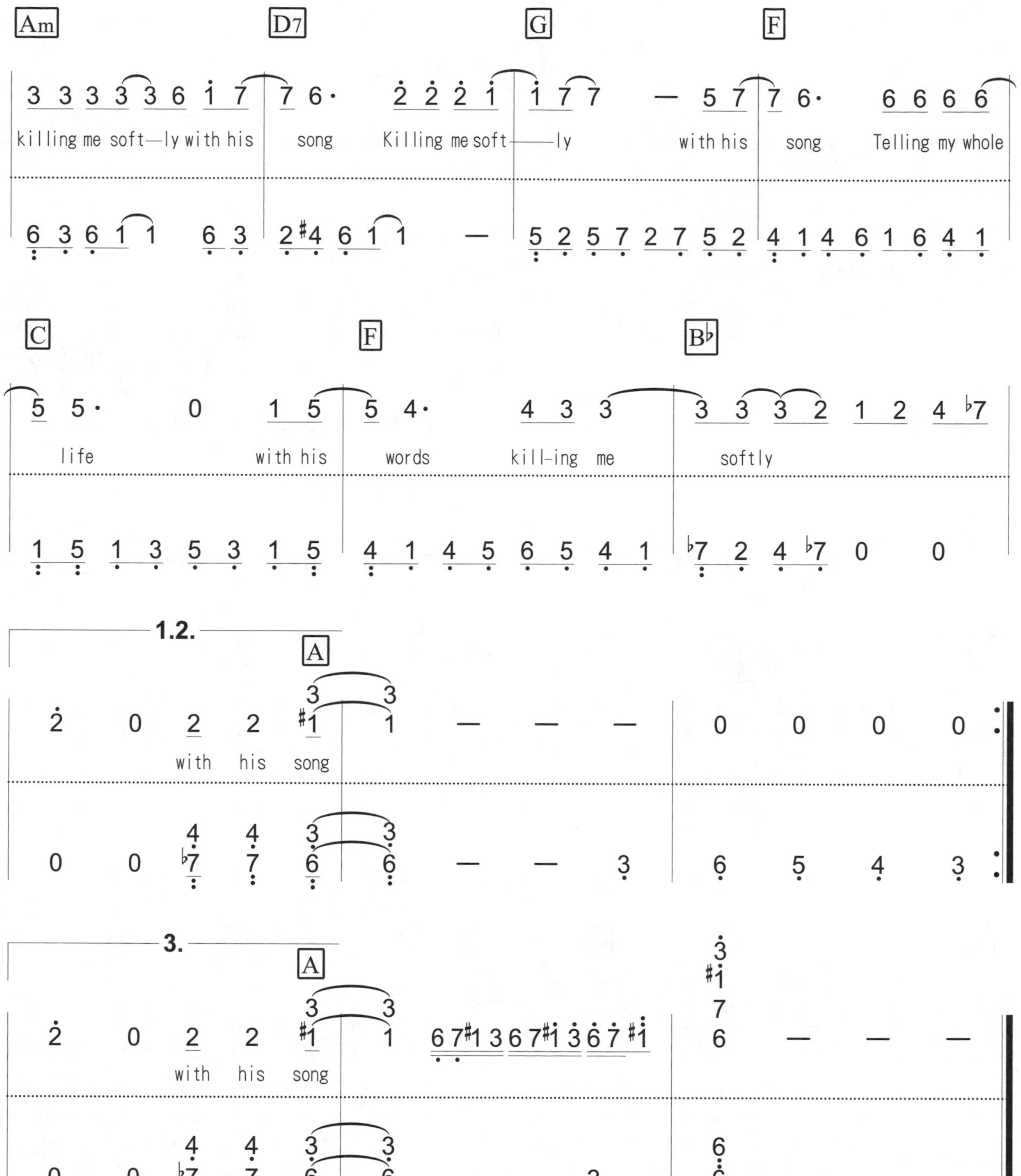
Am
D7
G
F
killing me soft—ly with his
song
Killing me soft——ly
with his
song
Telling my whole
C
F
B♭
life
with his
words
kill-ing me
softly
1.2.
A
with his song
3.
A
with his song

La Bamba

詞 / 曲：Richie Valens　演唱：Los Lobos

♩ = 120　4/4

Key:C　Allegro

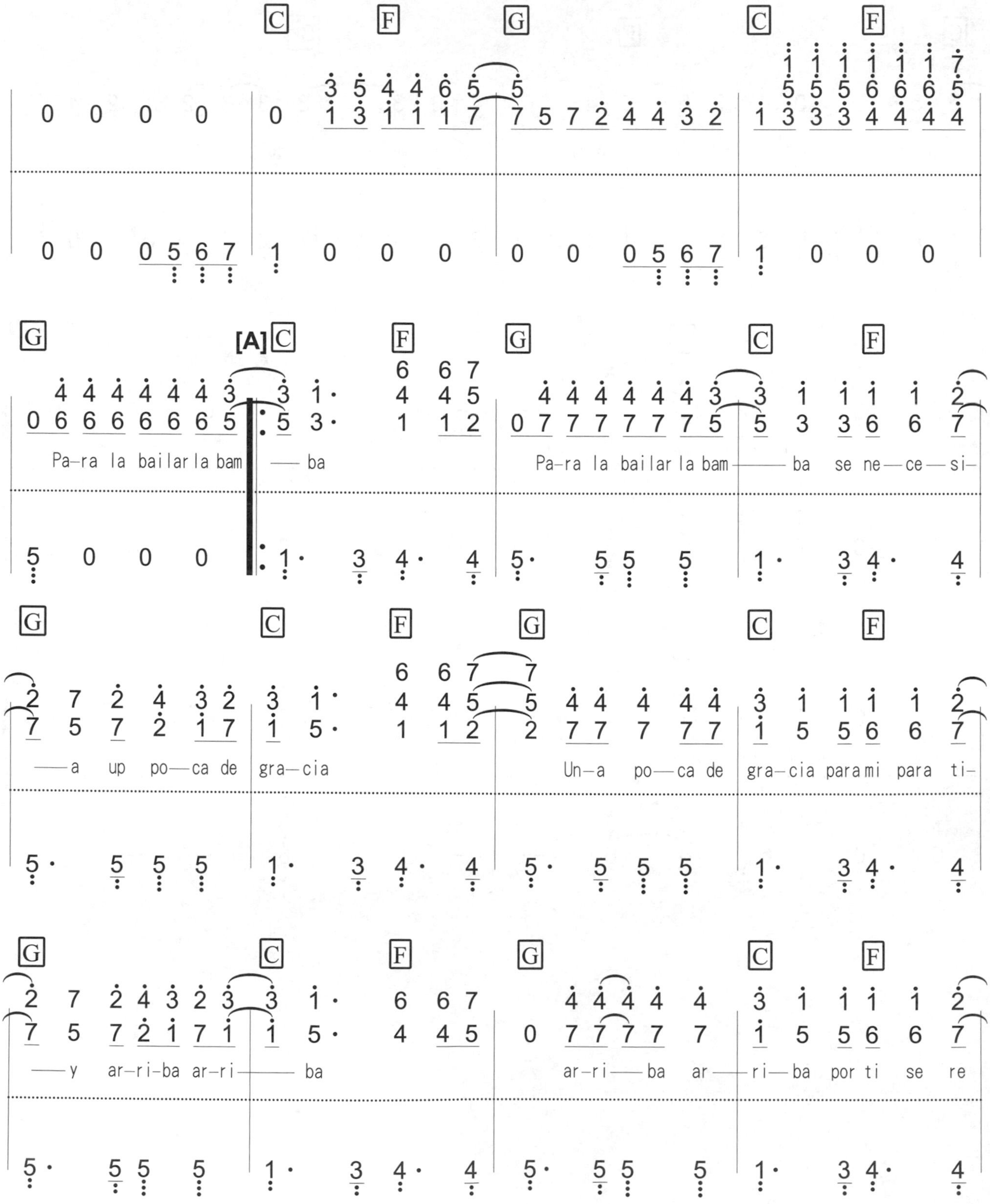

[A]

Pa-ra la bai lar la bam — ba

Pa-ra la bai lar la bam — ba se ne — ce — si — a up po — ca de gra — cia

Un-a po — ca de gra — cia para mi para ti — y ar-ri-ba ar-ri — ba

ar-ri — ba ar — ri — ba por ti se re

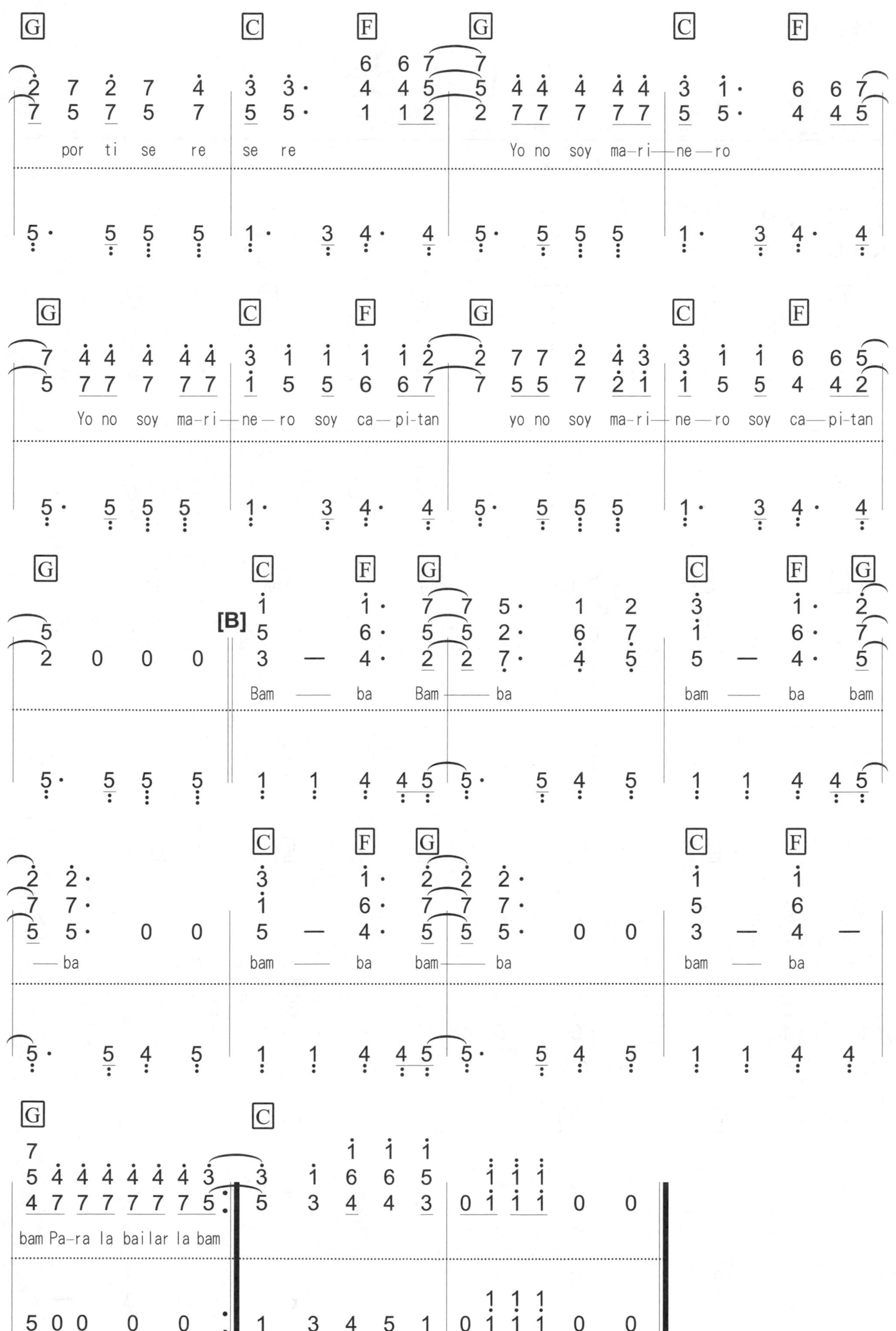
por ti se re se re Yo no soy ma-ri-ne-ro
Yo no soy ma-ri-ne-ro soy ca-pi-tan yo no soy ma-ri-ne-ro soy ca-pi-tan
[B]
Bam ba Bam ba bam ba bam
ba bam ba bam ba bam ba
bam Pa-ra la bailar la bam

Let It Be

詞 / 曲：Paul Mccartney　演唱：The Beatles

♩= 72　4/4

Key:C

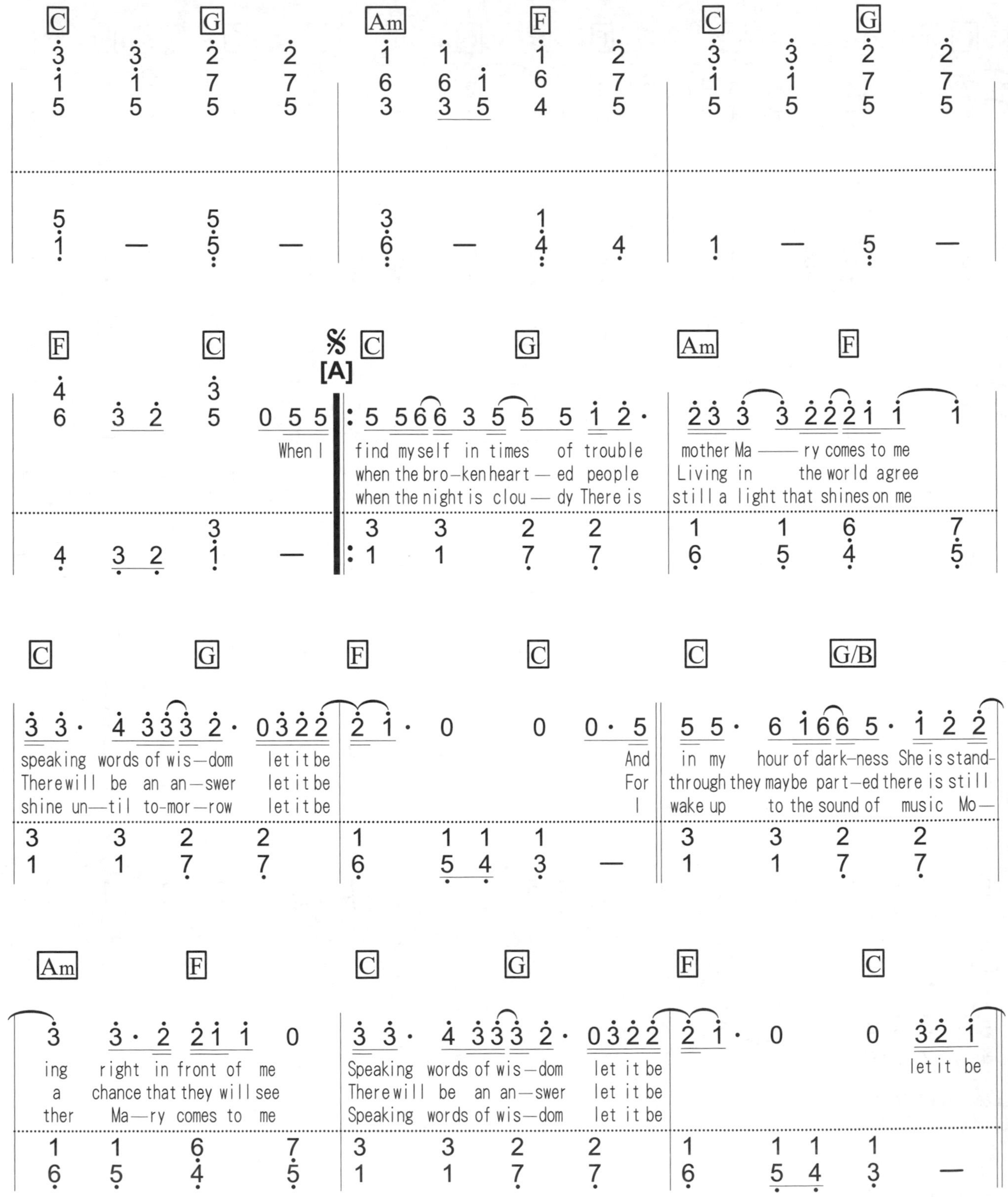

C　G　Am　F　C　G

F　C　𝄋 [A] C　G　Am　F

When I | find myself in times of trouble | mother Ma —— ry comes to me
when the bro—ken heart — ed people | Living in the world agree
when the night is clou — dy There is | still a light that shines on me

C　G　F　C　C　G/B

speaking words of wis—dom let it be | And | in my hour of dark—ness She is stand-
There will be an an—swer let it be | For | through they may be part—ed there is still
shine un—til to-mor—row let it be | I | wake up to the sound of music Mo—

Am　F　C　G　F　C

ing right in front of me | Speaking words of wis—dom let it be | let it be
a chance that they will see | There will be an an—swer let it be
ther Ma—ry comes to me | Speaking words of wis—dom let it be

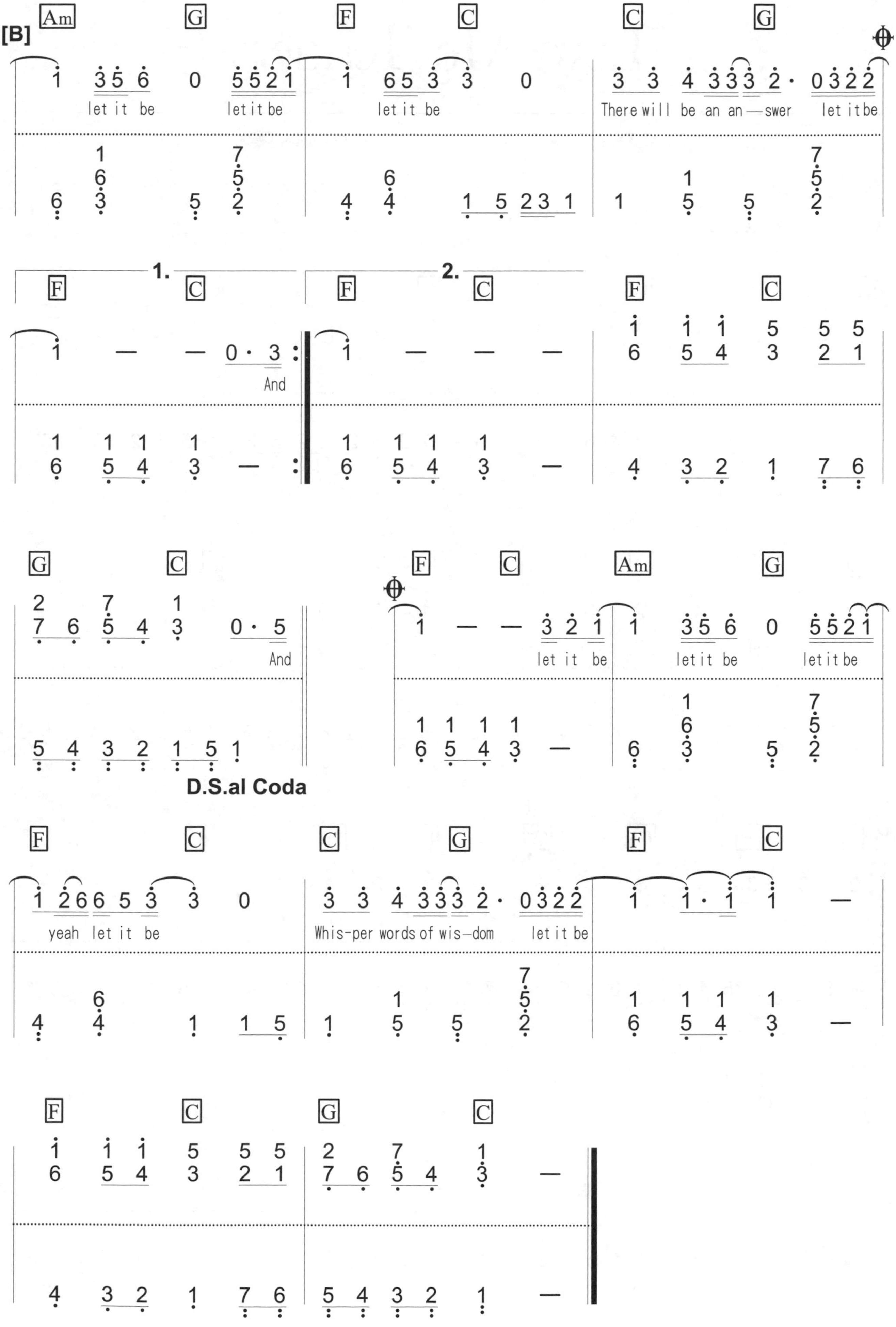

[B]

Am G F C C G

let it be let it be let it be There will be an an—swer let it be

F C F C F C

1. 2.

And

G C F C Am G

And let it be let it be let it be

D.S.al Coda

F C C G F C

yeah let it be Whis-per words of wis-dom let it be

F C G C

Love Me Tender

詞 / 曲：Vera Matson / Elvis Presley　演唱：Elvis Presley

♩ = 72　4/4

Key:C　Andante

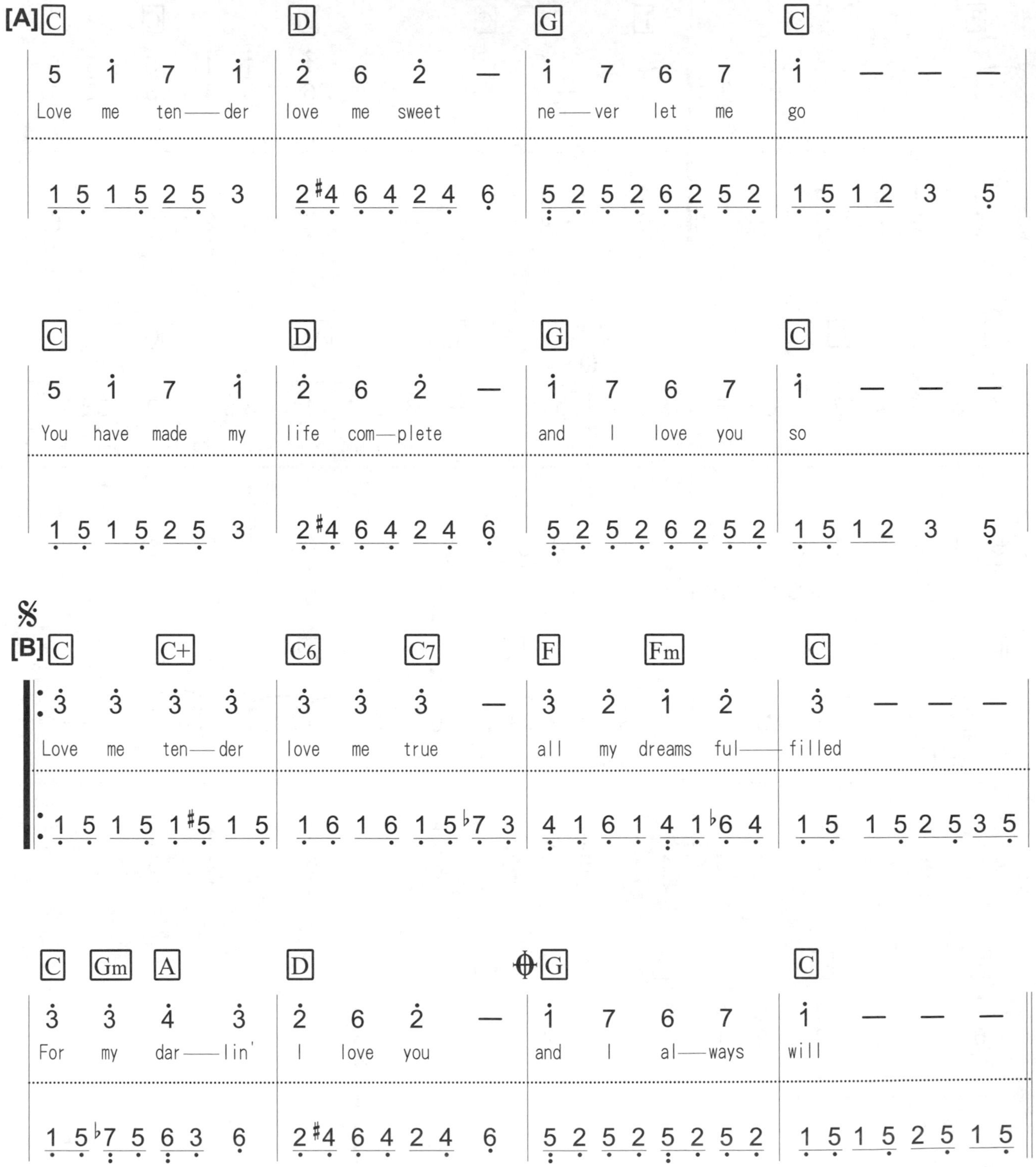

[A]

C	D	G	C
5 1 7 1	2 6 2 —	1 7 6 7	1 — — —
Love me ten—der	love me sweet	ne—ver let me	go
1 5 1 5 2 5 3	2 #4 6 4 2 4 6	5 2 5 2 6 2 5 2	1 5 1 2 3 5

C	D	G	C
5 1 7 1	2 6 2 —	1 7 6 7	1 — — —
You have made my	life com—plete	and I love you	so
1 5 1 5 2 5 3	2 #4 6 4 2 4 6	5 2 5 2 6 2 5 2	1 5 1 2 3 5

𝄋

[B]

C C+	C6 C7	F Fm	C
𝄆 3 3 3 3	3 3 3 —	3 2 1 2	3 — — —
Love me ten—der	love me true	all my dreams ful—	filled
𝄆 1 5 1 5 1 #5 1 5	1 6 1 6 1 5 b7 3	4 1 6 1 4 1 b6 4	1 5 1 5 2 5 3 5

C Gm A	D	𝄌 G	C
3 3 4 3	2 6 2 —	1 7 6 7	1 — — —
For my dar—lin'	I love you	and I al—ways	will
1 5 b7 5 6 3 6	2 #4 6 4 2 4 6	5 2 5 2 5 2 5 2	1 5 1 5 2 5 1 5

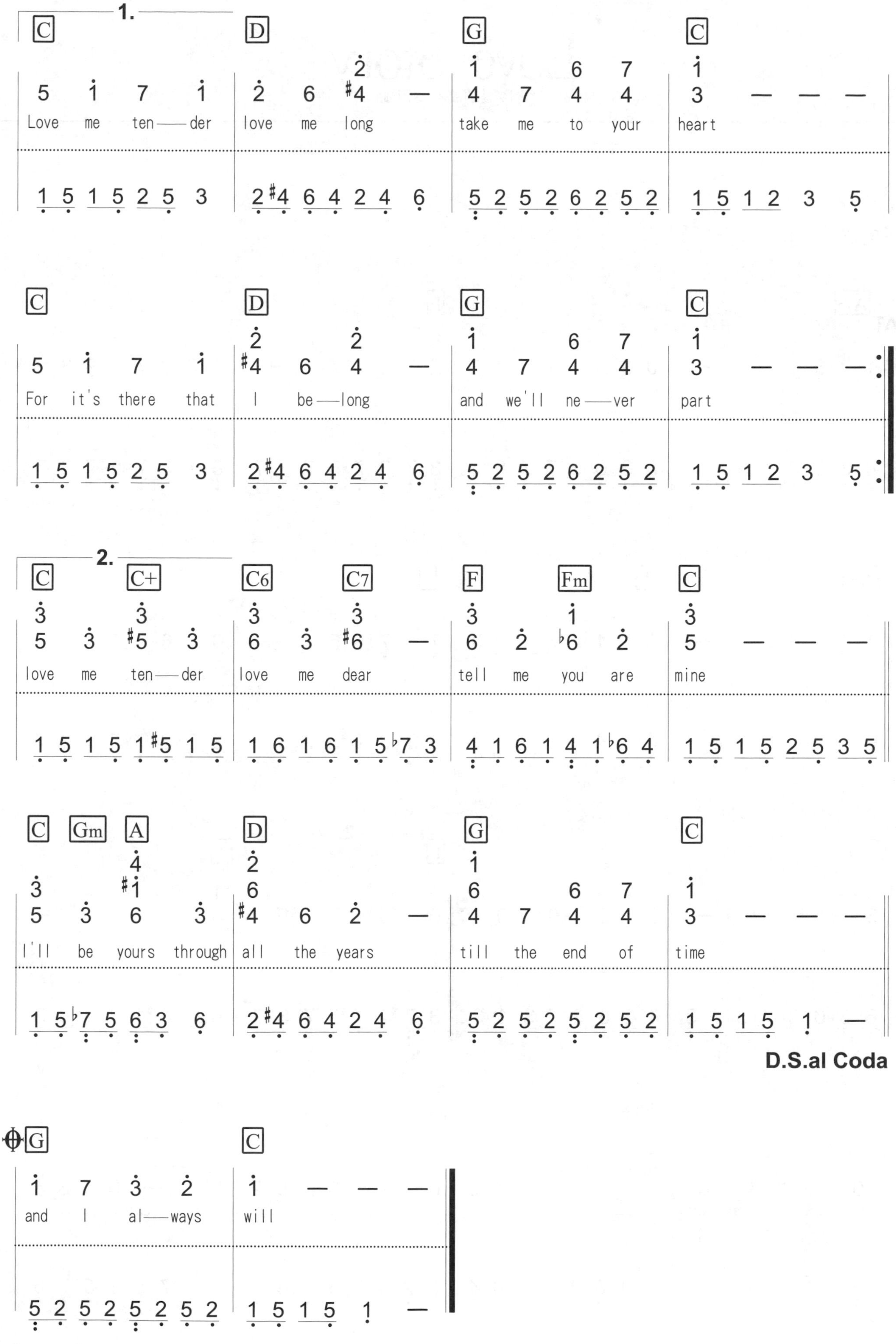

1.

C D G C

Love me ten—der love me long take me to your heart

C D G C

For it's there that I be—long and we'll ne—ver part

2.

C C+ C6 C7 F Fm C

love me ten—der love me dear tell me you are mine

C Gm A D G C

I'll be yours through all the years till the end of time

D.S.al Coda

Coda G C

and I al—ways will

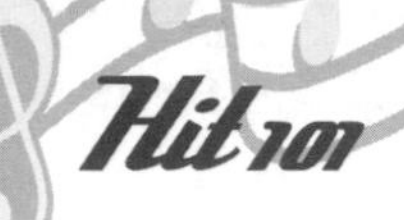

Love Story

（電影"愛的故事"主題曲）

詞 / 曲：Erich Segal　演唱：(演奏曲)

♩ = 72　4/4

Key:Am

[A]

Am | | E |

|: 1 3 3 1 1 — | 0 3 3 1 1 3 4 3 | 2 2 2 7 7 — | 0 2 2 7 7 2 3 2 |

|: 6 3 6 3 7 3 6 3 | 6 3 6 3 7 3 6 3 | 3 7 3 7 #5 7 3 7 | 3 7 3 7 #5 7 3 7 |

Am | F | E | Φ 1.

| 1 1 1 6 6 — | 0 1 1 6 6 1 2 1 | 7 7 7 #5 5 — | 0 6 7 4 |

| 6 3 6 3 1 3 6 3 | 4 1 4 1 6 1 4 1 | 3 7 3 7 #5 7 3 7 | 3 7 3 7 #5 7 3 7 |

Am | | 2. E | A

| 3 — — — | 0 0 0 0 :| 0 6 7 #5 | #1/3 — — — |

| 6 3 6 3 7 3 1 3 | 6 3 6 3 7 3 1 3 :| 3 7 #4 7 #5 7 3 7 | 6 3 6 #1 3 1 6 3 |

| Dm | G | Cmaj7

[B]

| 0 2 3 6 || 4/6 — 4/6 6 4 6 | 6 7 7 0 2 5 2 | 3/5 — 3/5 5 3 5 |

| 6 6/3/5 6/3/5 #1/3/5 || 2 4 6 4 2 4 6 4 | 5 2 5 2 5 2 5 2 | 1 5 7 5 1 5 7 5 |

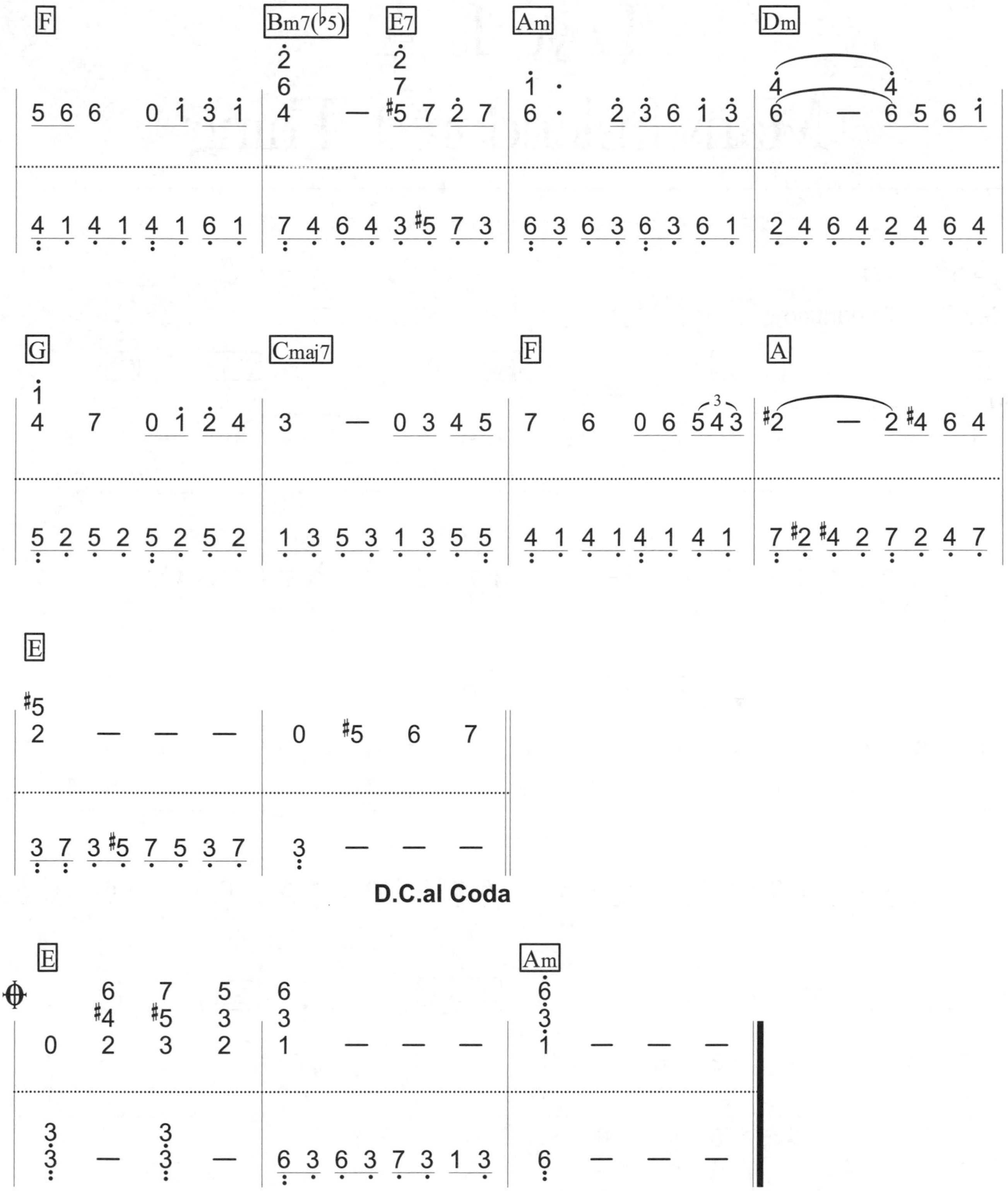

F | Bm7(♭5) E7 | Am | Dm

| 5 6 6 0 1 3 1 | 4 — ♯5 7 2 7 | 6 · 2 3 6 1 3 | 6 — 6 5 6 1 |

| 4 1 4 1 4 1 6 1 | 7 4 6 4 3 ♯5 7 3 | 6 3 6 3 6 3 6 1 | 2 4 6 4 2 4 6 4 |

G | Cmaj7 | F | A

| 4 7 0 1 2 4 | 3 — 0 3 4 5 | 7 6 0 6 5 4 3 | ♯2 — 2 ♯4 6 4 |

| 5 2 5 2 5 2 5 2 | 1 3 5 3 1 3 5 5 | 4 1 4 1 4 1 4 1 | 7 ♯2 ♯4 2 7 2 4 7 |

E

| 2 — — — | 0 ♯5 6 7 ||

| 3 7 3 ♯5 7 5 3 7 | 3 — — — ||

D.C.al Coda

E | Am

Φ | 0 2 3 2 | 1 — — — | 1 — — — |

| 3 — 3 — | 6 3 6 3 7 3 1 3 | 6 — — — |

Love Is A Many Splendored Thing

詞 / 曲：Sammy Fain / Paul Francis Webster　演唱：Andy Williams

♩ = 90　4/4

Key:C　Andantino

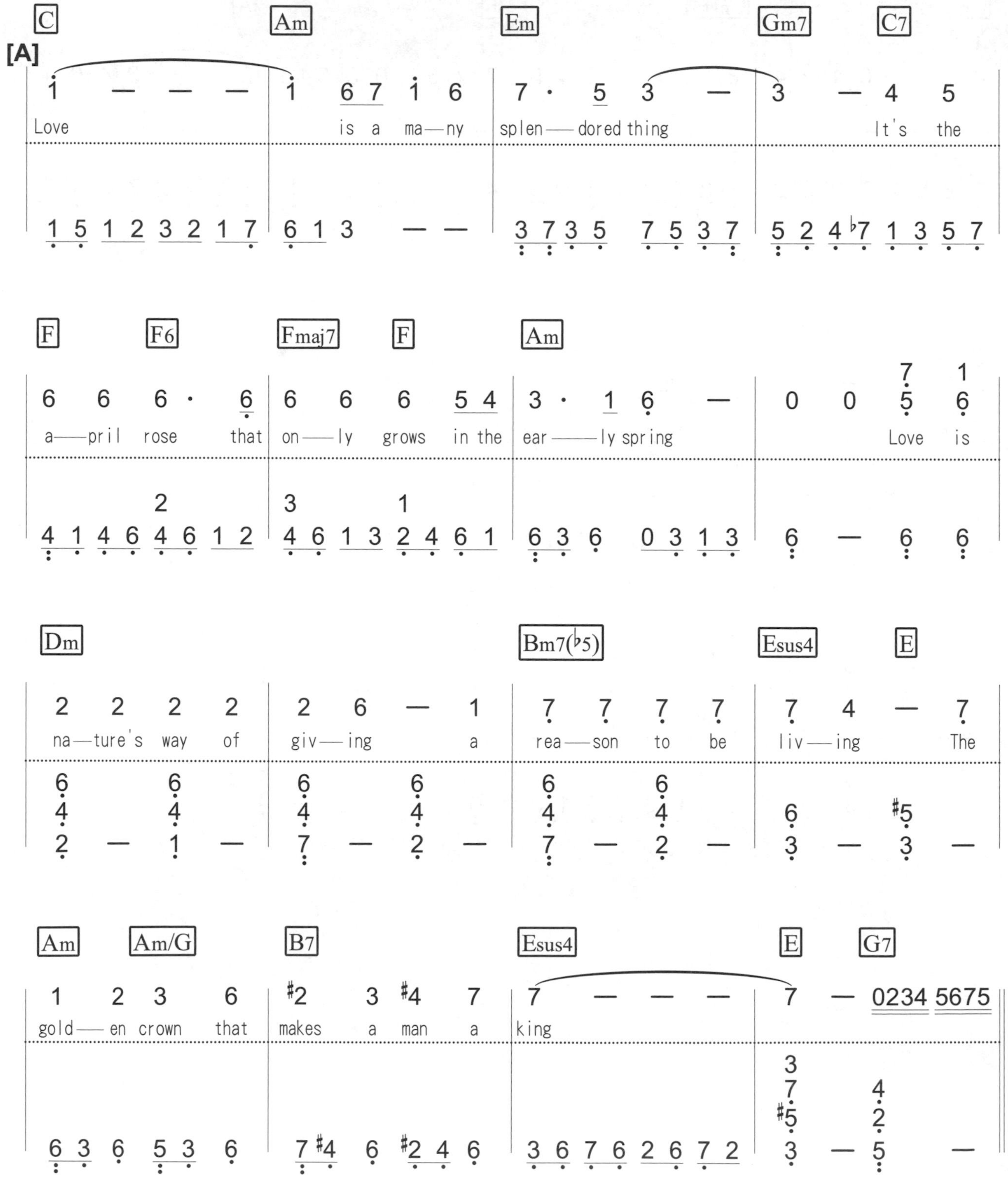

[A]

C　Am　Em　Gm7　C7

Love is a ma—ny splen—dored thing It's the

F　F6　Fmaj7　F　Am

a—pril rose that on—ly grows in the ear—ly spring Love is

Dm　Bm7(♭5)　Esus4　E

na—ture's way of giv—ing a rea—son to be liv—ing The

Am　Am/G　B7　Esus4　E　G7

gold—en crown that makes a man a king

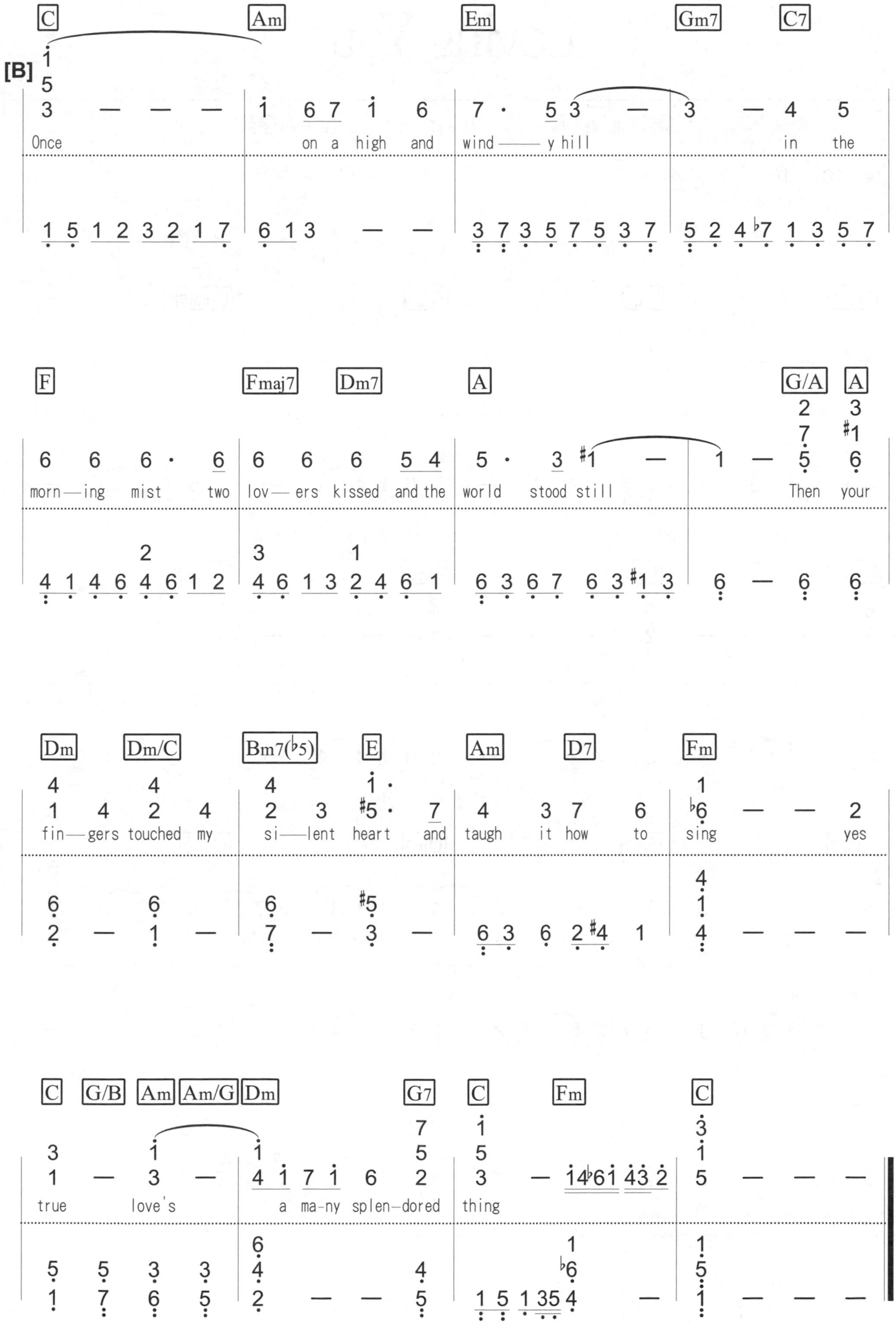

[B]

C Am Em Gm7 C7

Once on a high and wind — y hill in the

F Fmaj7 Dm7 A G/A A

morn — ing mist two lov — ers kissed and the world stood still Then your

Dm Dm/C Bm7(♭5) E Am D7 Fm

fin — gers touched my si — lent heart and taugh it how to sing yes

C G/B Am Am/G Dm G7 C Fm C

true love's a ma-ny splen-dored thing

Loving You

詞 / 曲：Minnie Ripperton / Rudolph　演唱：Minnie Riperton

♩ = 116　4/4

Key:C

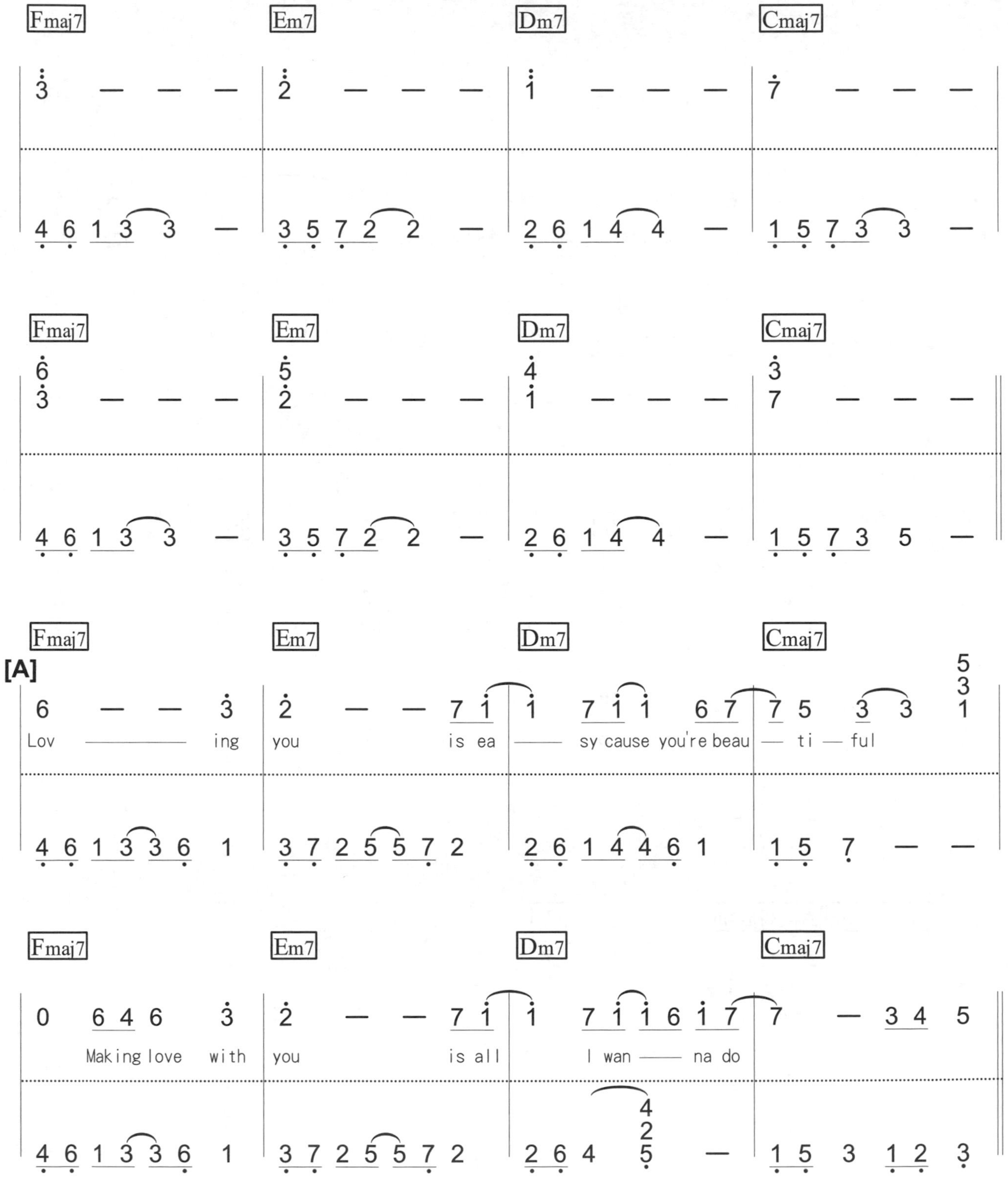

Fmaj7 | Em7 | Dm7 | Cmaj7

Fmaj7 | Em7 | Dm7 | Cmaj7

[A]

Fmaj7 | Em7 | Dm7 | Cmaj7

Lov — ing you is ea — sy cause you're beau — ti — ful

Fmaj7 | Em7 | Dm7 | Cmaj7

Mak ing love with you is all I wan — na do

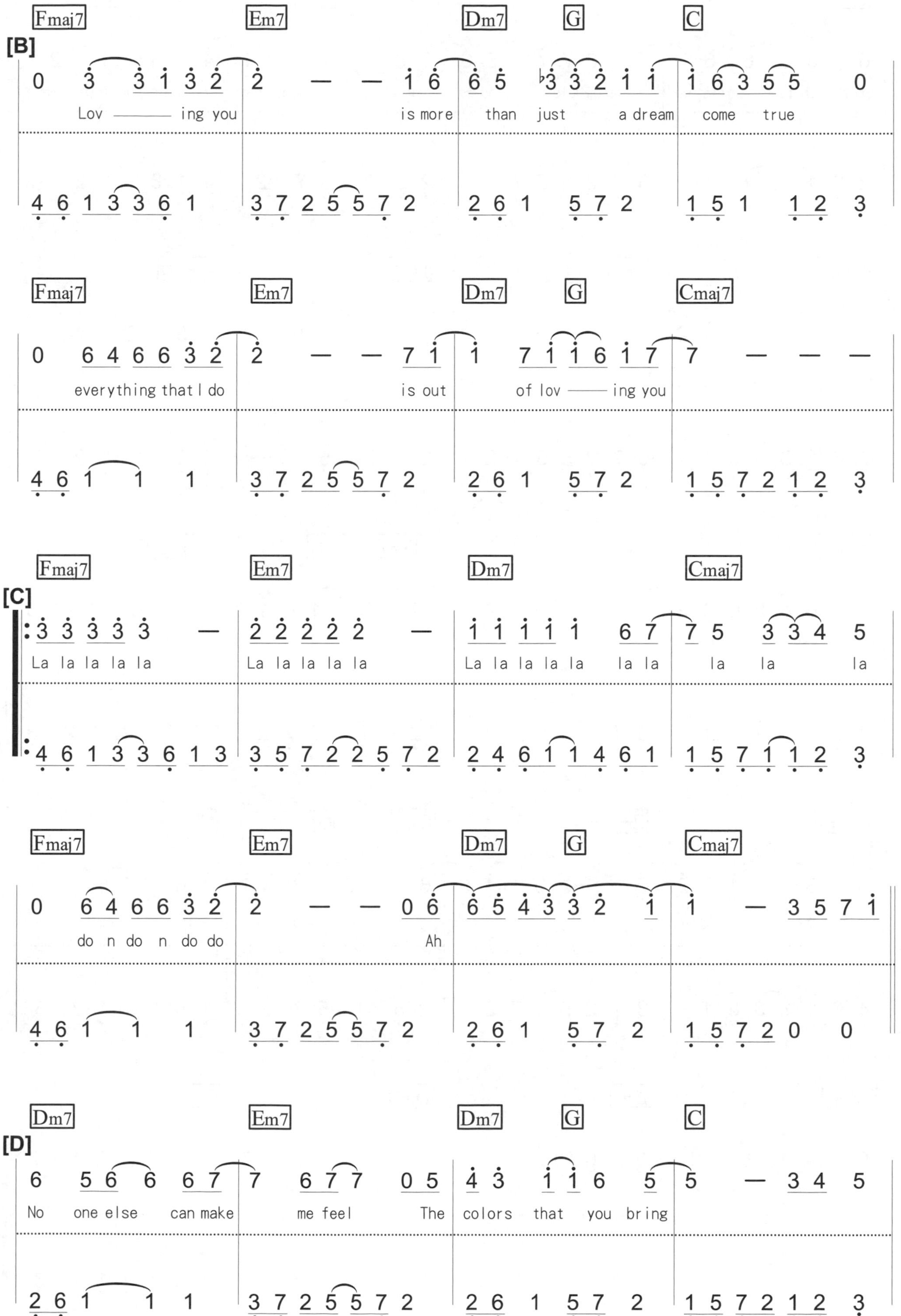

Fmaj7 Em7 Dm7 G C
[B]
Lov ing you is more than just a dream come true
Fmaj7 Em7 Dm7 G Cmaj7
everything that I do is out of lov ing you
Fmaj7 Em7 Dm7 Cmaj7
[C]
La la la la la La la la la la La la la la la la la la la la
Fmaj7 Em7 Dm7 G Cmaj7
do n do n do do Ah
Dm7 Em7 Dm7 G C
[D]
No one else can make me feel The colors that you bring

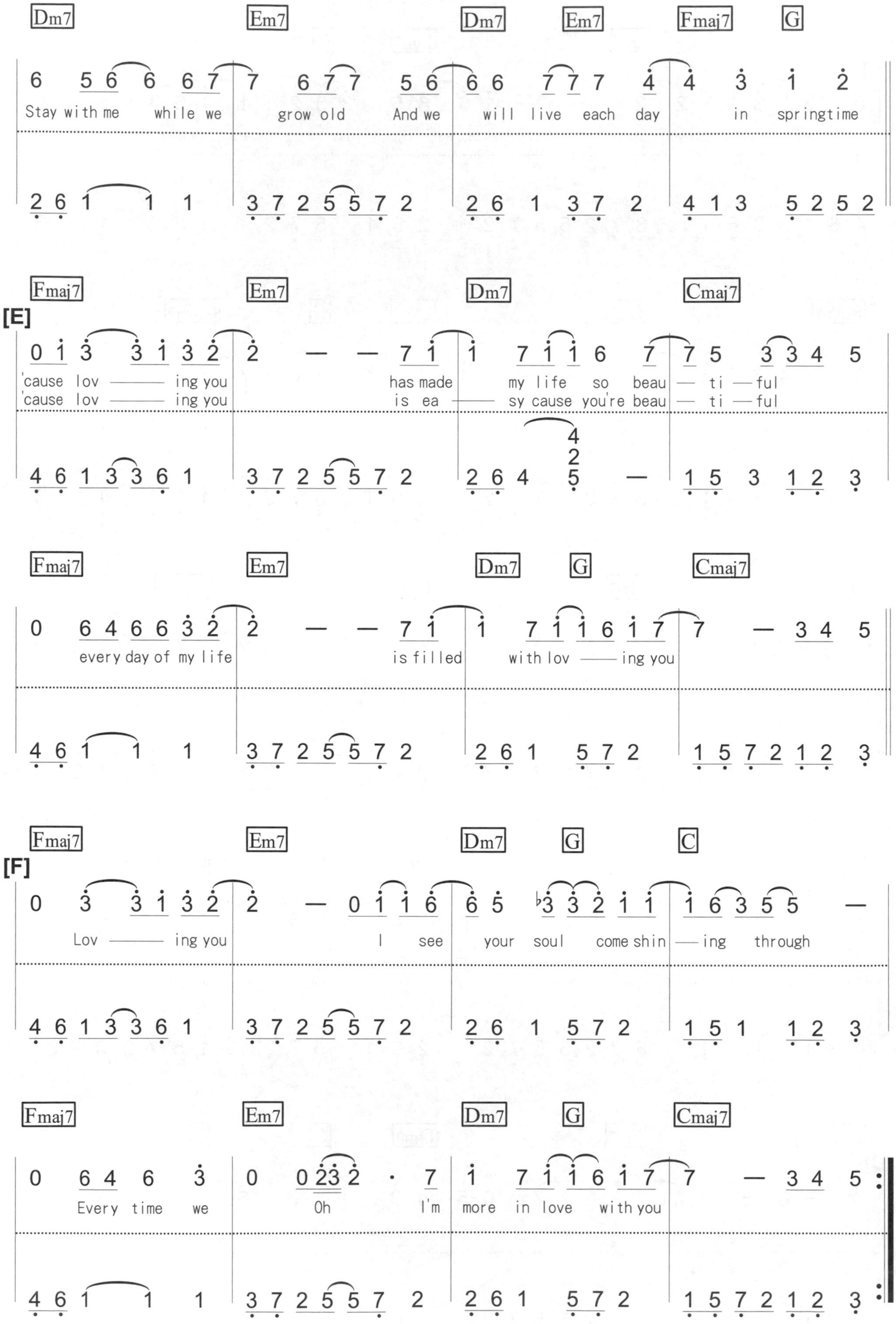

Dm7 Em7 Dm7 Em7 Fmaj7 G

6 5 6 6 6 7 7 6 7 7 5 6 6 6 7 7 7 4 4 3 1 2

Stay with me while we grow old And we will live each day in springtime

2 6 1 1 1 | 3 7 2 5 5 7 2 | 2 6 1 3 7 2 | 4 1 3 5 2 5 2

Fmaj7 Em7 Dm7 Cmaj7

[E]

0 1 3 3 1 3 2 2 — — 7 1 1 7 1 1 6 7 7 5 3 3 4 5

'cause lov — ing you has made my life so beau — ti — ful

'cause lov — ing you is ea — sy cause you're beau — ti — ful

4 6 1 3 3 6 1 | 3 7 2 5 5 7 2 | 2 6 4 5 2 4 — | 1 5 3 1 2 3

Fmaj7 Em7 Dm7 G Cmaj7

0 6 4 6 6 3 2 2 — — 7 1 1 7 1 1 6 1 7 7 — 3 4 5

every day of my life is filled with lov — ing you

4 6 1 1 1 | 3 7 2 5 5 7 2 | 2 6 1 5 7 2 | 1 5 7 2 1 2 3

Fmaj7 Em7 Dm7 G C

[F]

0 3 3 1 3 2 2 — 0 1 1 6 6 5 ♭3 3 2 1 1 1 6 3 5 5 —

Lov — ing you I see your soul come shin — ing through

4 6 1 3 3 6 1 | 3 7 2 5 5 7 2 | 2 6 1 5 7 2 | 1 5 1 1 2 3

Fmaj7 Em7 Dm7 G Cmaj7

0 6 4 6 3 0 0 23 2 · 7 1 7 1 1 6 1 7 7 — 3 4 5 :

Every time we Oh I'm more in love with you

4 6 1 1 1 | 3 7 2 5 5 7 2 | 2 6 1 5 7 2 | 1 5 7 2 1 2 3 :

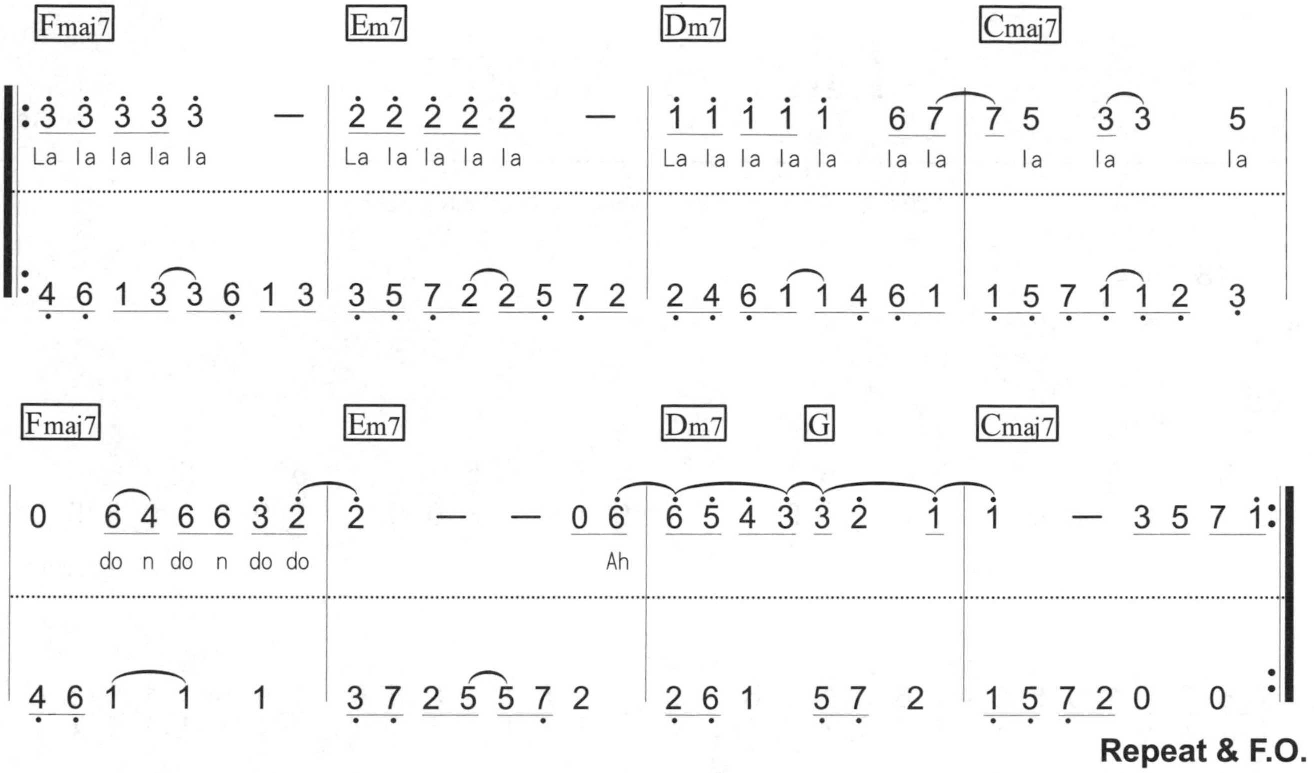

Fmaj7 | Em7 | Dm7 | Cmaj7

3 3 3 3 3 — | 2 2 2 2 2 — | 1 1 1 1 1 6 7 | 7 5 3 3 5

La la la la la | La la la la la | La la la la la la la | la la la

4 6 1 3 3 6 1 3 | 3 5 7 2 2 5 7 2 | 2 4 6 1 1 4 6 1 | 1 5 7 1 1 2 3

Fmaj7 | Em7 | Dm7 G | Cmaj7

0 6 4 6 6 3 2 | 2 — — 0 6 | 6 5 4 3 3 2 1 | 1 — 3 5 7 1

do n do n do do | Ah

4 6 1 1 1 | 3 7 2 5 5 7 2 | 2 6 1 5 7 2 | 1 5 7 2 0 0

Repeat & F.O.

Like A Virgin

詞 / 曲：Billy Steinberg / Tom Kelly　演唱：Madonna

♩ = 118　4/4

Key:C　Moderato

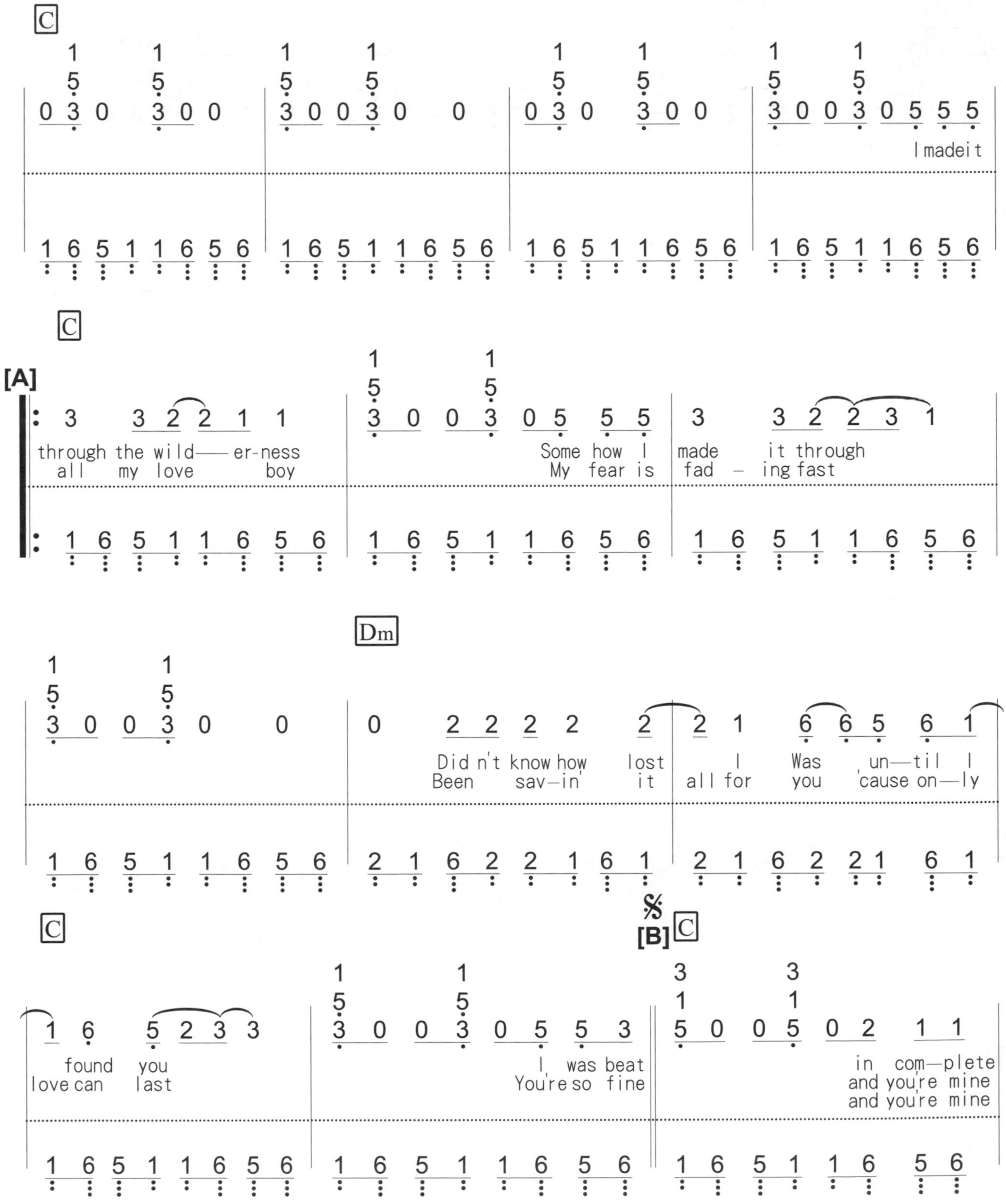

C

I made it

C

[A]

through the wild—— er-ness
all my love boy

Some how I
My fear is

made it through
fad – ing fast

Dm

Did n't know how lost it
Been sav—in' it

I Was un—til I
all for you 'cause on—ly

C

found you
love can last

I was beat
You're so fine

𝄋 [B] C

in com—plete
and you're mine
and you're mine

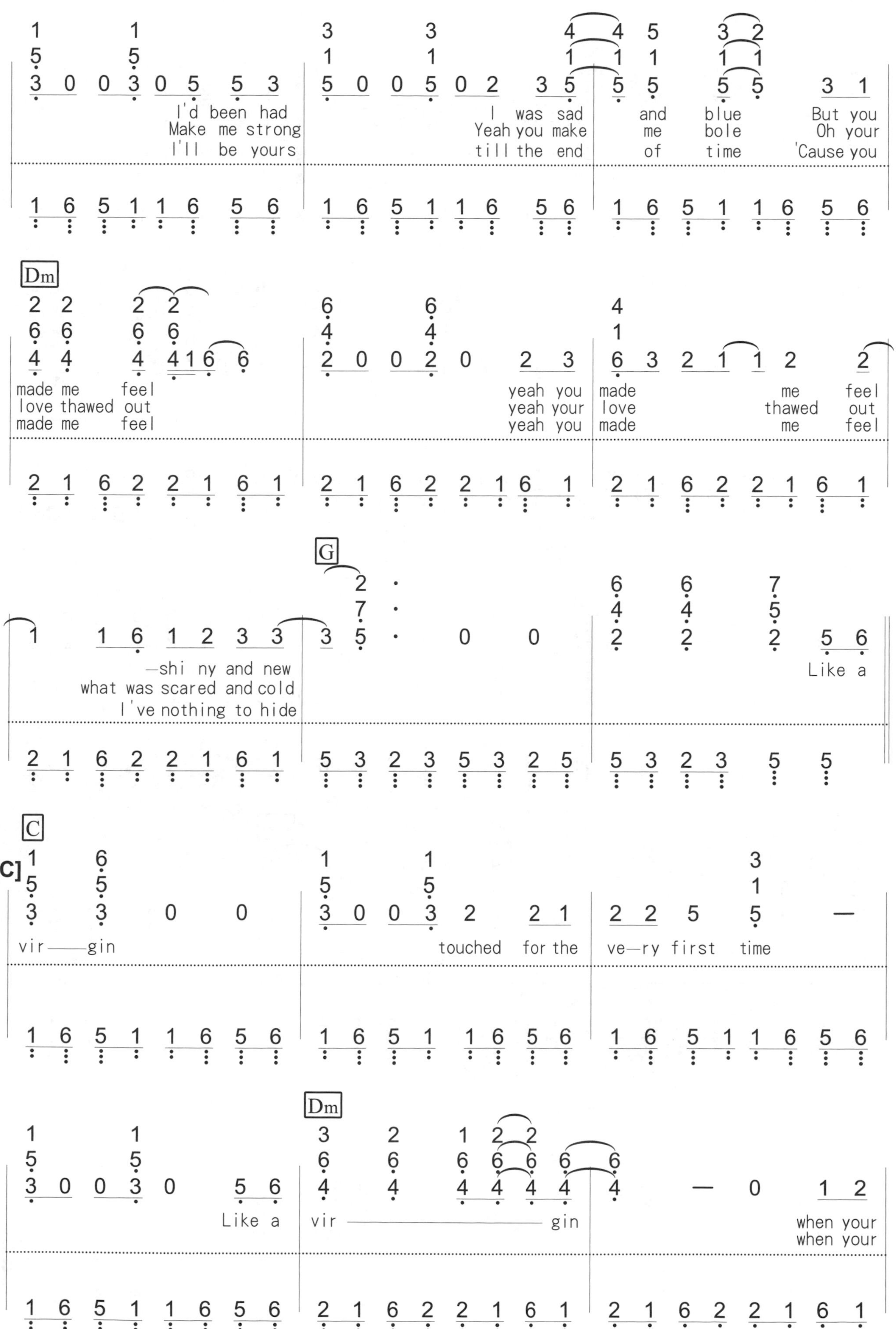
I'd been had
Make me strong
I'll be yours
I was sad
Yeah you make
till the end
and
me
of
blue
bole
time
But you
Oh your
'Cause you
Dm
made me feel
love thawed out
made me feel
yeah you
yeah your
yeah you
made
love
made
me
thawed
me
feel
out
feel
G
—shi ny and new
what was scared and cold
I've nothing to hide
Like a
C
[C]
vir——gin
touched for the
ve—ry first time
Like a
Dm
vir gin
when your
when your

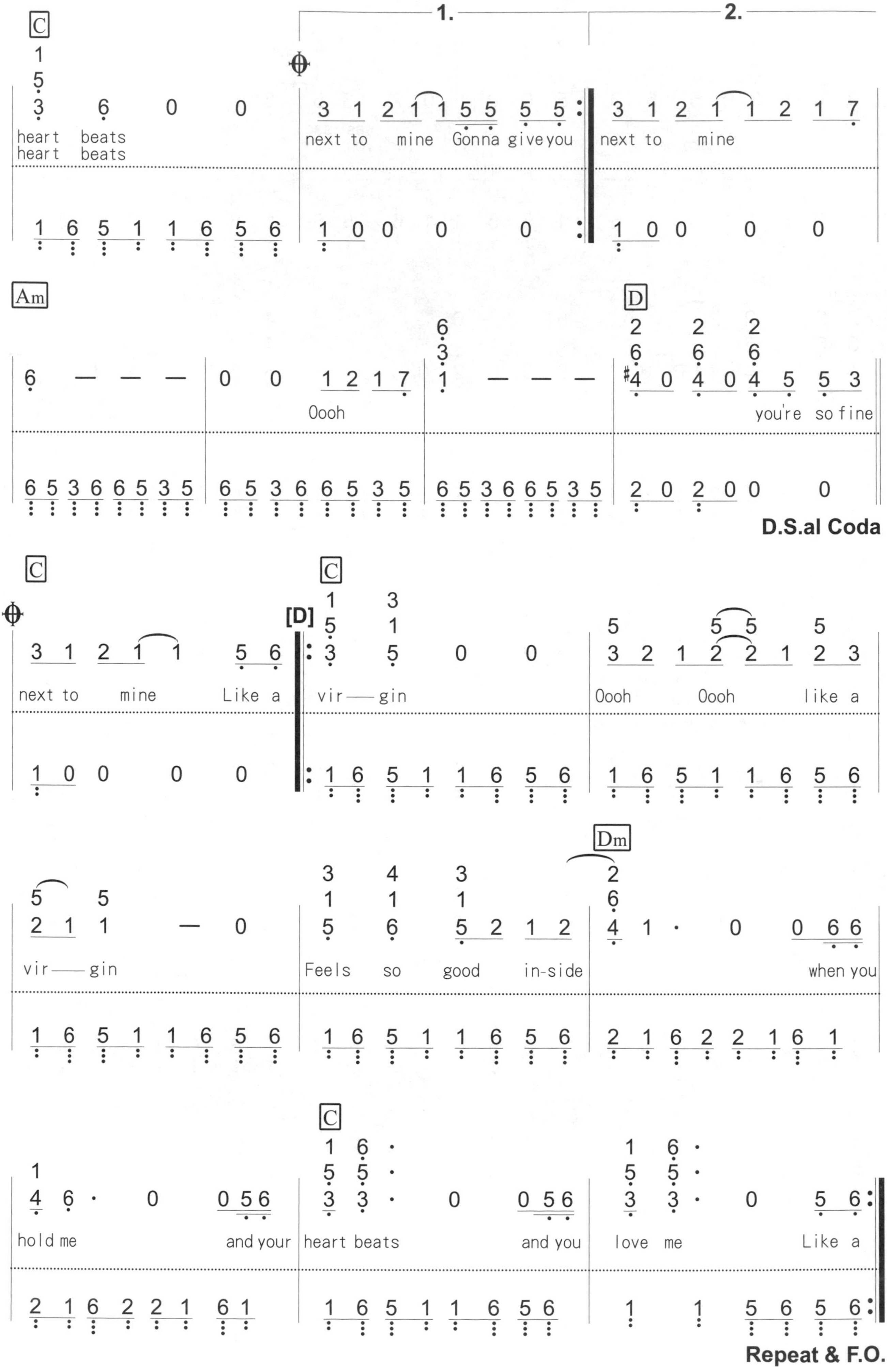

C

heart beats
heart beats

1.

next to mine Gonna give you

2.

next to mine

Am

Oooh

D

you're so fine

D.S.al Coda

C

next to mine Like a

[D]

C

vir — gin

Oooh Oooh like a

vir — gin

Feels so good in-side

Dm

when you

hold me and your

C

heart beats and you

love me Like a

Repeat & F.O.

More

詞 / 曲：Marcello Ciorciolini / Norman Newell / Nino Oliviero / Riziero N Ortolani 演唱：Frank Sinatra

♩ = 100 4/4

Key:C Moderato

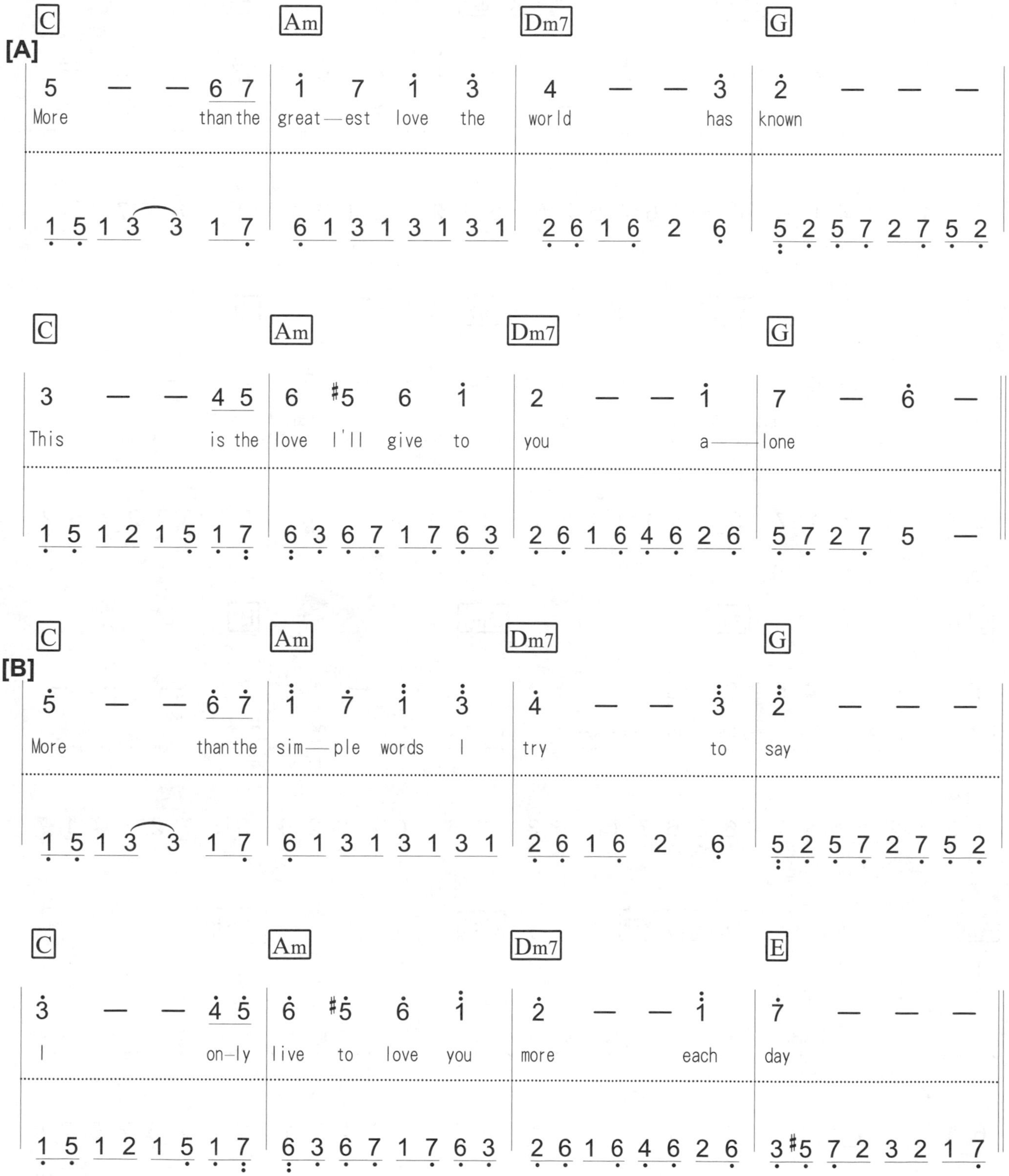

[A]

C	Am	Dm7	G
5 — — 6 7	1 7 1 3	4 — — 3	2 — — —
More than the	great — est love the	world has	known
1 5 1 3 3 1 7	6 1 3 1 3 1 3 1	2 6 1 6 2 6	5 2 5 7 2 7 5 2

C	Am	Dm7	G
3 — — 4 5	6 #5 6 1	2 — — 1	7 — 6 —
This is the	love I'll give to	you a —	lone
1 5 1 2 1 5 1 7	6 3 6 7 1 7 6 3	2 6 1 6 4 6 2 6	5 7 2 7 5 —

[B]

C	Am	Dm7	G
5 — — 6 7	1 7 1 3	4 — — 3	2 — — —
More than the	sim — ple words I	try to	say
1 5 1 3 3 1 7	6 1 3 1 3 1 3 1	2 6 1 6 2 6	5 2 5 7 2 7 5 2

C	Am	Dm7	E
3 — — 4 5	6 #5 6 1	2 — — 1	7 — — —
I on-ly	live to love you	more each	day
1 5 1 2 1 5 1 7	6 3 6 7 1 7 6 3	2 6 1 6 4 6 2 6	3 #5 7 2 3 2 1 7

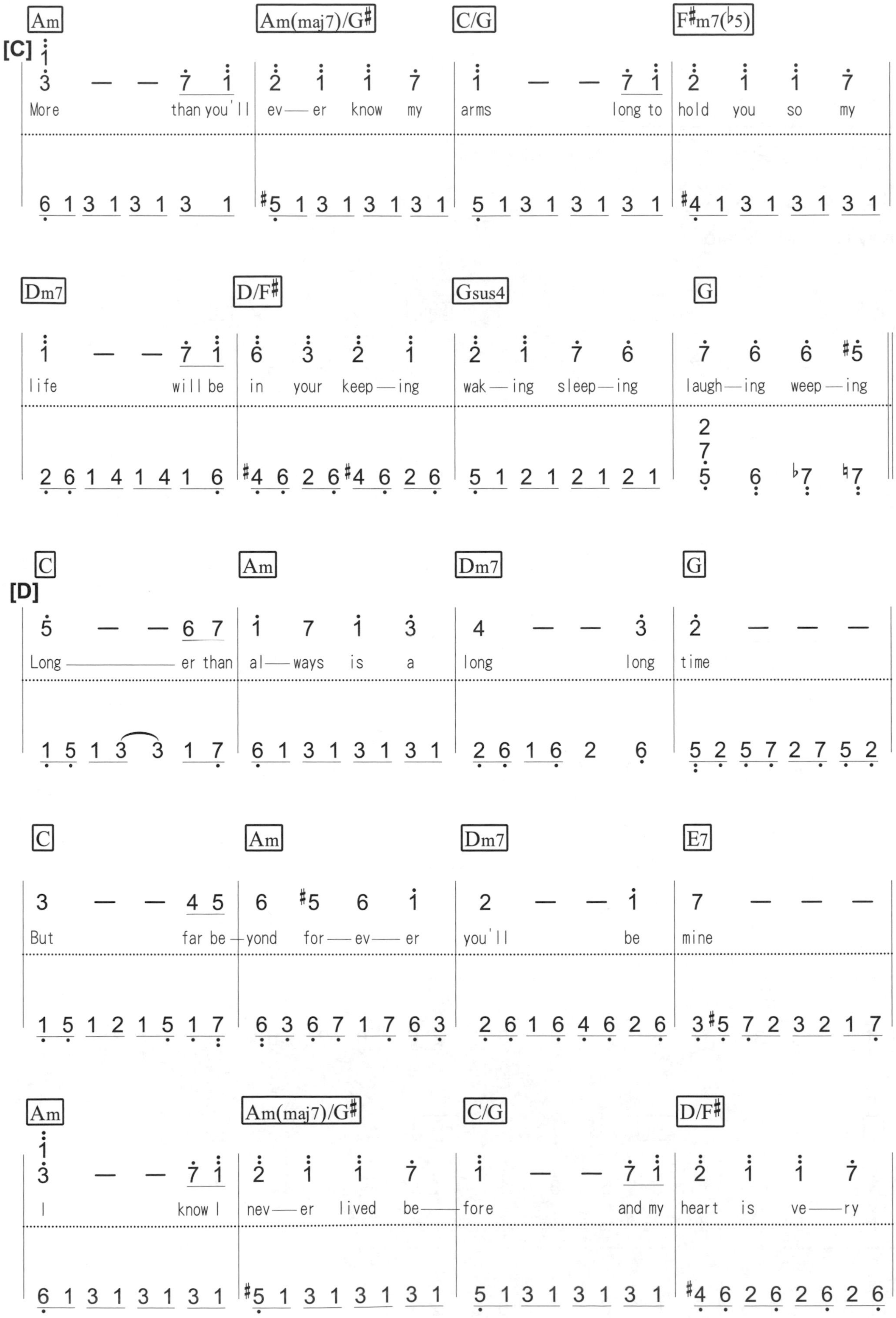

[C]

Am | Am(maj7)/G♯ | C/G | F♯m7(♭5)

3 — — 7 1 | 2 1 1 7 | 1 — — 7 1 | 2 1 1 7

More than you'll | ev—er know my | arms long to | hold you so my

6 1 3 1 3 1 3 1 | ♯5 1 3 1 3 1 3 1 | 5 1 3 1 3 1 3 1 | ♯4 1 3 1 3 1 3 1

Dm7 | D/F♯ | Gsus4 | G

1 — — 7 1 | 6 3 2 1 | 2 1 7 6 | 7 6 6 ♯5

life will be | in your keep—ing | wak—ing sleep—ing | laugh—ing weep—ing

2 6 1 4 1 4 1 6 | ♯4 6 2 6 ♯4 6 2 6 | 5 1 2 1 2 1 2 1 | 2 7 5 6 ♭7 ♮7

[D]

C | Am | Dm7 | G

5 — — 6 7 | 1 7 1 3 | 4 — — 3 | 2 — — —

Long——er than | al—ways is a | long long | time

1 5 1 3 3 1 7 | 6 1 3 1 3 1 3 1 | 2 6 1 6 2 6 | 5 2 5 7 2 7 5 2

C | Am | Dm7 | E7

3 — — 4 5 | 6 ♯5 6 1 | 2 — — 1 | 7 — — —

But far be—yond for—ev—er | you'll be | mine

1 5 1 2 1 5 1 7 | 6 3 6 7 1 7 6 3 | 2 6 1 6 4 6 2 6 | 3 ♯5 7 2 3 2 1 7

Am | Am(maj7)/G♯ | C/G | D/F♯

3 — — 7 1 | 2 1 1 7 | 1 — — 7 1 | 2 1 1 7

I know I | nev—er lived be—fore and my | heart is ve—ry

6 1 3 1 3 1 3 1 | ♯5 1 3 1 3 1 3 1 | 5 1 3 1 3 1 3 1 | ♯4 6 2 6 2 6 2 6

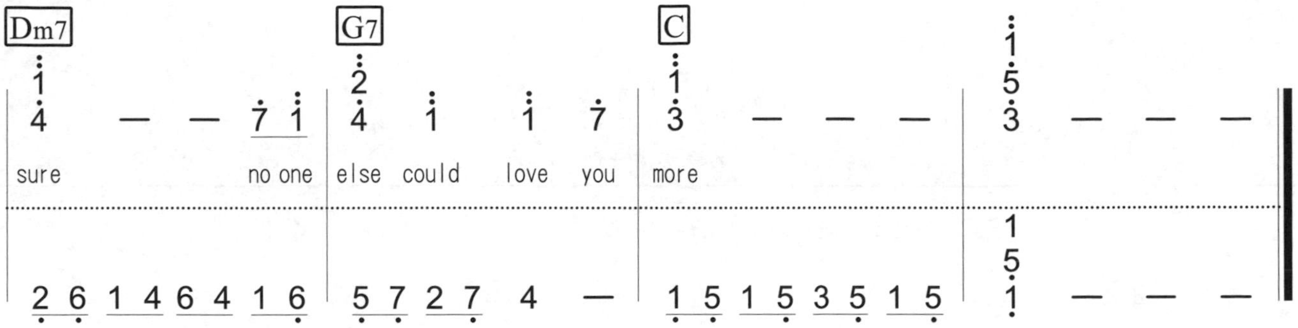

Dm7 | G7 | C |

4 — — 7 1 | 4 1 1 7 | 3 — — — | 3 — — — ‖

sure no one else could love you more

2 6 1 4 6 4 1 6 | 5 7 2 7 4 — | 1 5 1 5 3 5 1 5 | 1 — — — ‖

My Way

（電影"奪標"主題曲）

詞 / 曲：Claude Francois / Jacques Revaux / Paul Anka　演唱：Paul Anka

♩ = 74　4/4

Key:C

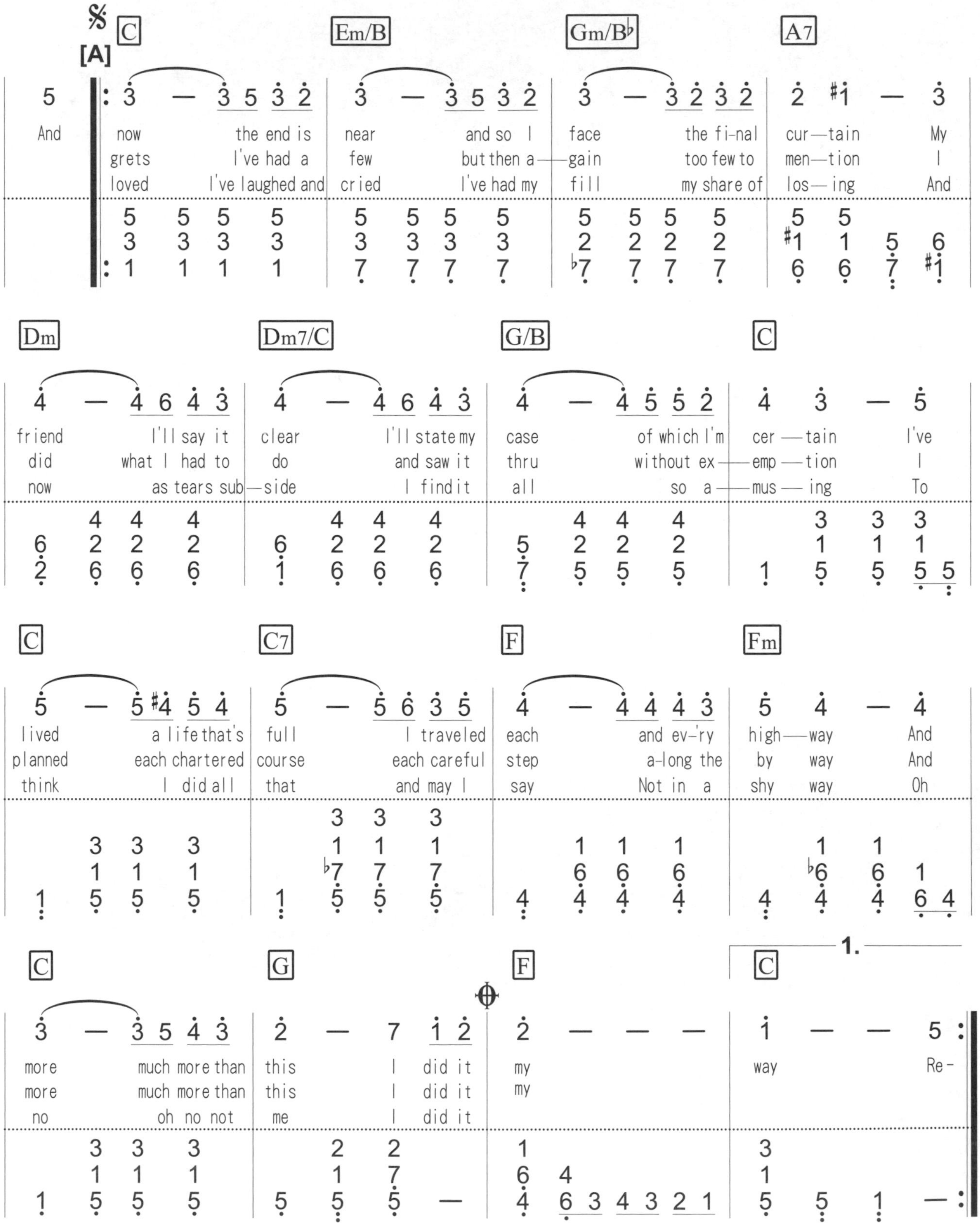

𝄋 [A]

C | Em/B | Gm/B♭ | A7

5 |: 3 — 3 5 3 2 | 3 — 3 5 3 2 | 3 — 3 2 3 2 | 2 #1 — 3

And now the end is near and so I face the fi-nal cur—tain My
grets I've had a few but then a—gain too few to men—tion I
loved I've laughed and cried I've had my fill my share of los—ing And

Dm | Dm7/C | G/B | C

4 — 4 6 4 3 | 4 — 4 6 4 3 | 4 — 4 5 5 2 | 4 3 — 5

friend I'll say it clear I'll state my case of which I'm cer—tain I've
did what I had to do and saw it thru without ex—emp—tion I
now as tears sub—side I find it all so a—mus—ing To

C | C7 | F | Fm

5 — 5 #4 5 4 | 5 — 5 6 3 5 | 4 — 4 4 4 3 | 5 4 — 4

lived a life that's full I traveled each and ev-'ry high—way And
planned each chartered course each careful step a-long the by way And
think I did all that and may I say Not in a shy way Oh

C | G | F 𝄌 | 1. C

3 — 3 5 4 3 | 2 — 7 1 2 | 2 — — — | 1 — — 5 :|

more much more than this I did it my way Re-
more much more than this I did it my
no oh no not me I did it

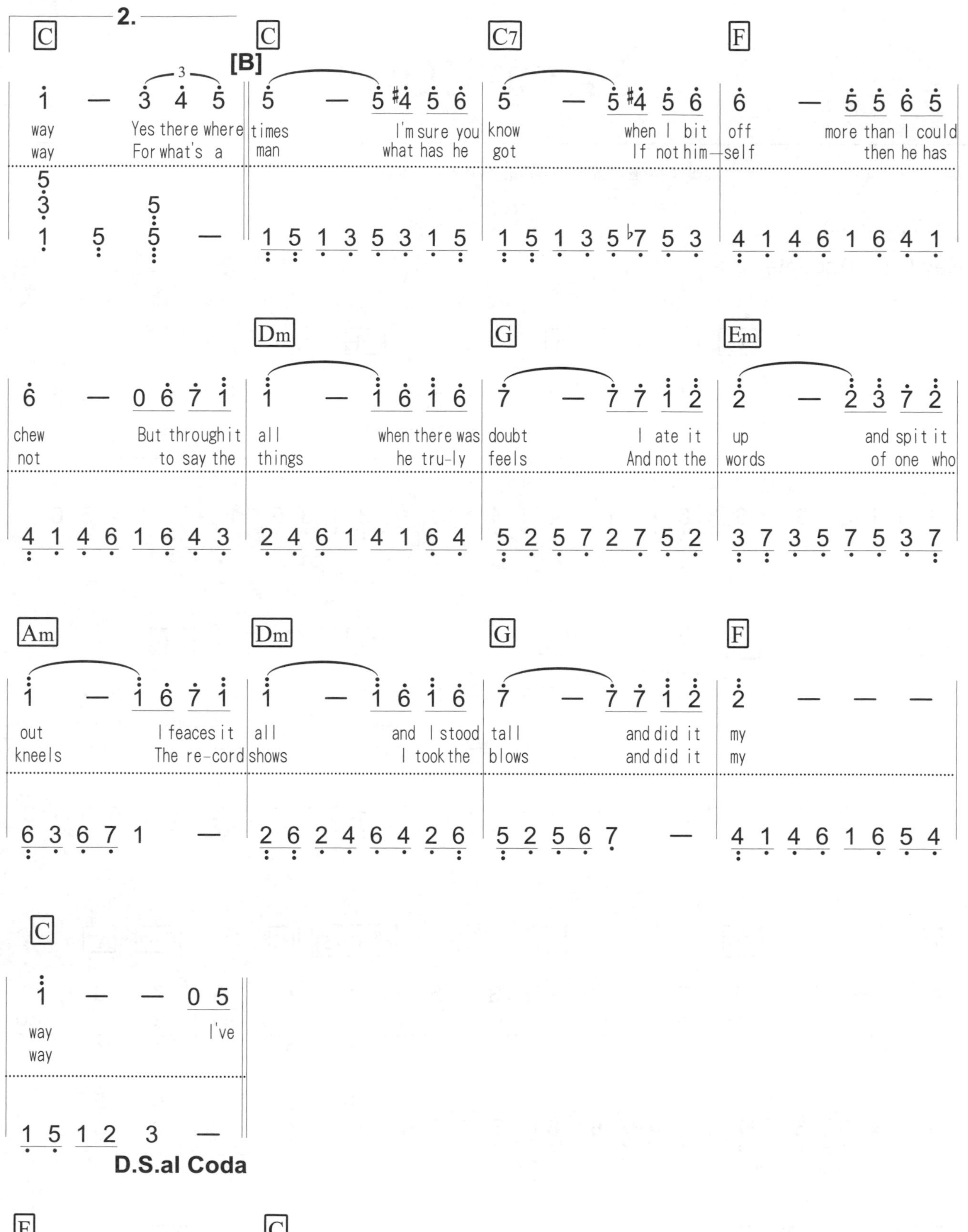
2.
[B]
C
C7
F
Dm
G
Em
Am
way Yes there where times I'm sure you know when I bit off more than I could
way For what's a man what has he got If not him-self then he has
chew But through it all when there was doubt I ate it up and spit it
not to say the things he tru-ly feels And not the words of one who
out I feaces it all and I stood tall and did it my
kneels The re-cord shows I took the blows and did it my
way I've
way
D.S.al Coda
my
way

Moon River

（電影"第凡內早餐"主題曲）

詞／曲：Johnny Mercer / Herry Mancini　演唱：Andy Williams

♩ = 72　3/4

Key:C　Andante

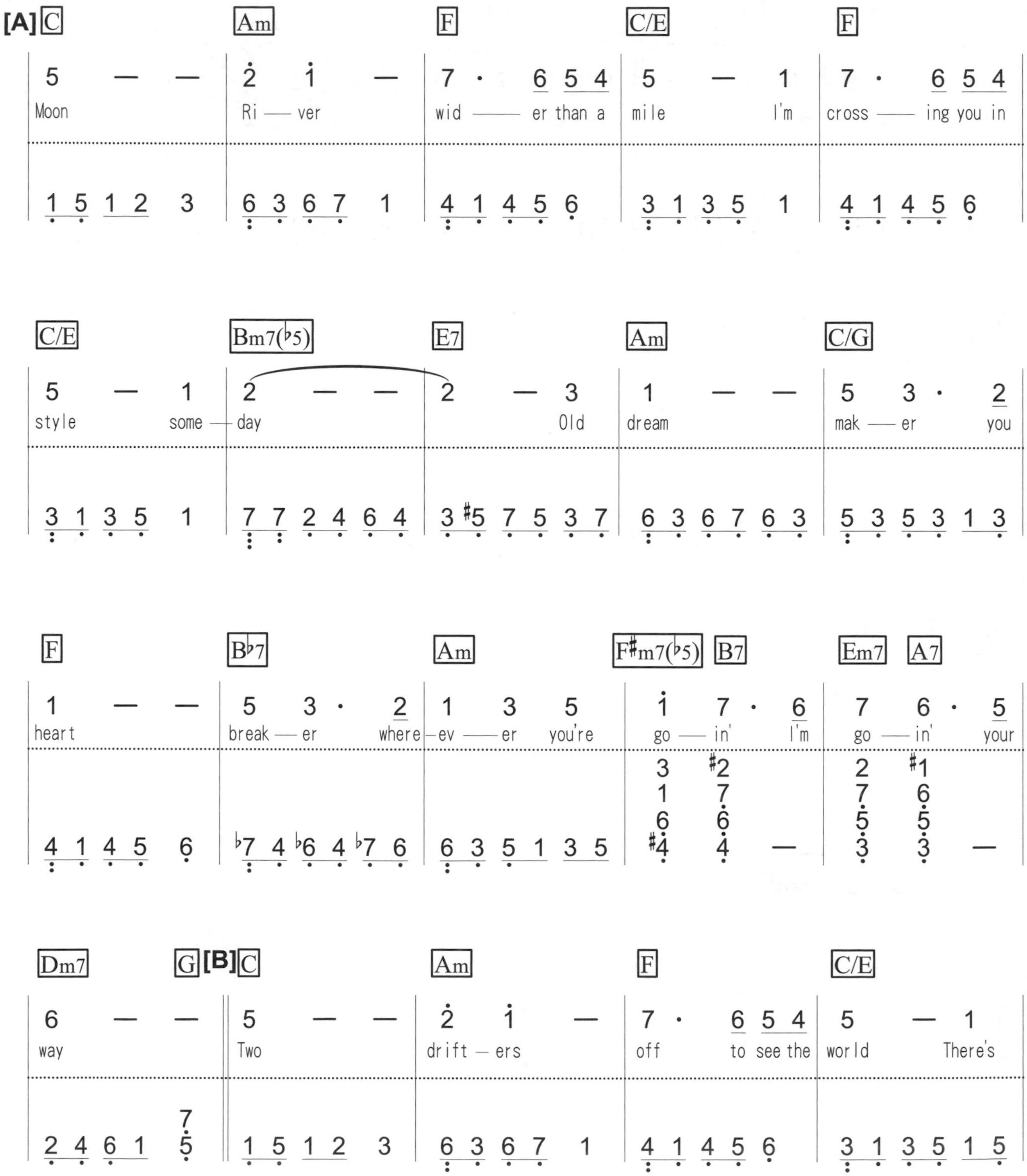

[A] C | Am | F | C/E | F

Moon　Ri — ver　wid —— er than a　mile　I'm　cross —— ing you in

C/E | Bm7(♭5) | E7 | Am | C/G

style　some — day　Old　dream　mak — er　you

F | B♭7 | Am | F♯m7(♭5) B7 | Em7 A7

heart　break — er　where — ev —— er　you're　go — in'　I'm　go — in'　your

Dm7 G | [B] C | Am | F | C/E

way　Two　drift — ers　off　to see the　world　There's

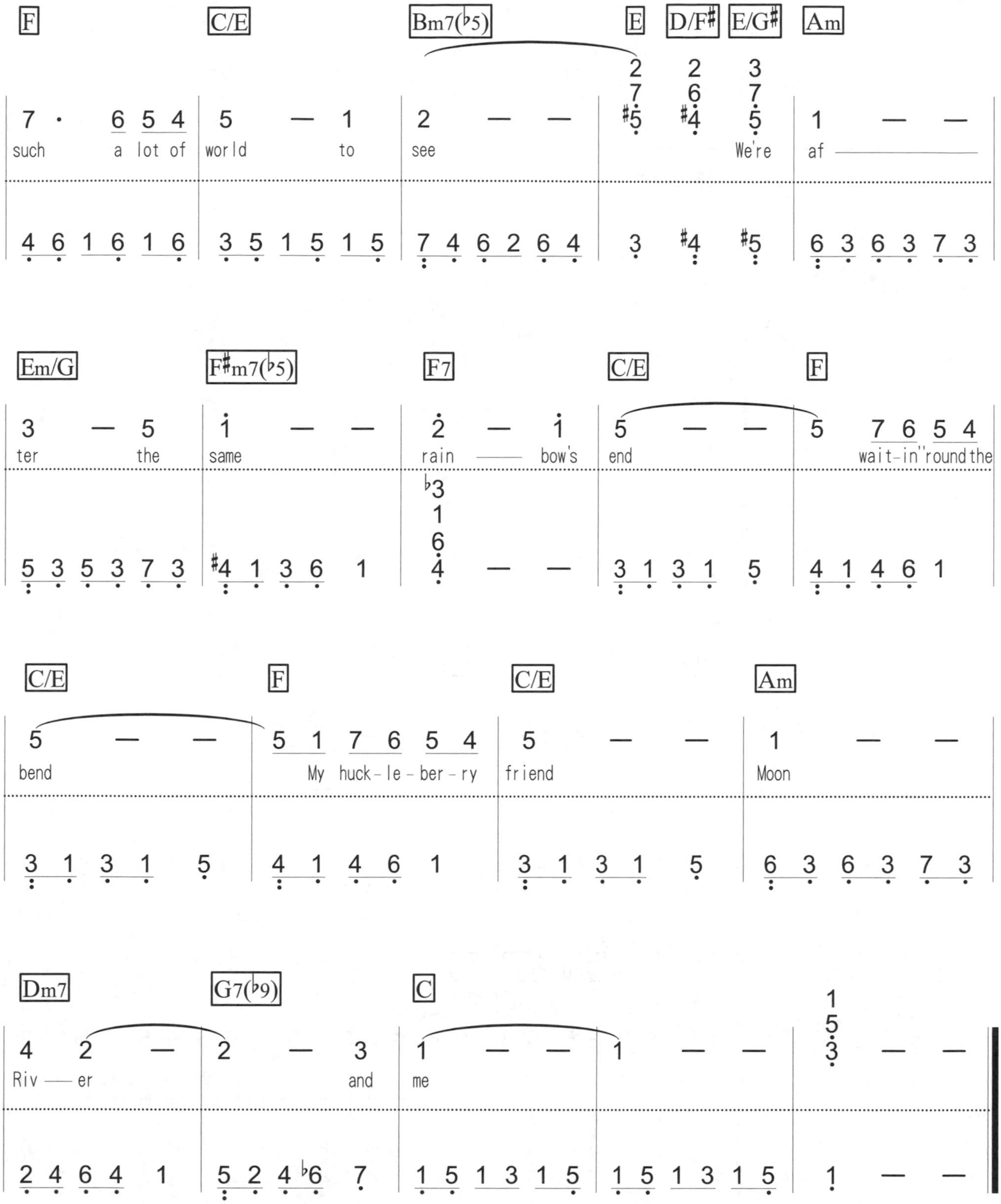

F | C/E | Bm7(♭5) | E D/F♯ E/G♯ | Am

7 · 6 5 4 | 5 — 1 | 2 — — | ♯5 ♯4 5 | 1 — —

such a lot of | world to | see | We're | af

Em/G | F♯m7(♭5) | F7 | C/E | F

3 — 5 | 1 — — | 2 — 1 | 5 — — | 5 7 6 5 4

ter the | same | rain bow's | end | wait-in' round the

C/E | F | C/E | Am

5 — — | 5 1 7 6 5 4 | 5 — — | 1 — —

bend | My huck-le-ber-ry | friend | Moon

Dm7 | G7(♭9) | C

4 2 — | 2 — 3 | 1 — — | 1 — — | 3 — —

Riv — er | and | me

More Than I Can Say

詞 / 曲：Allison Jerry I / Curtis Sonny　演唱：Leo Sayer

♩ = 72　4/4

Key:C　Andante

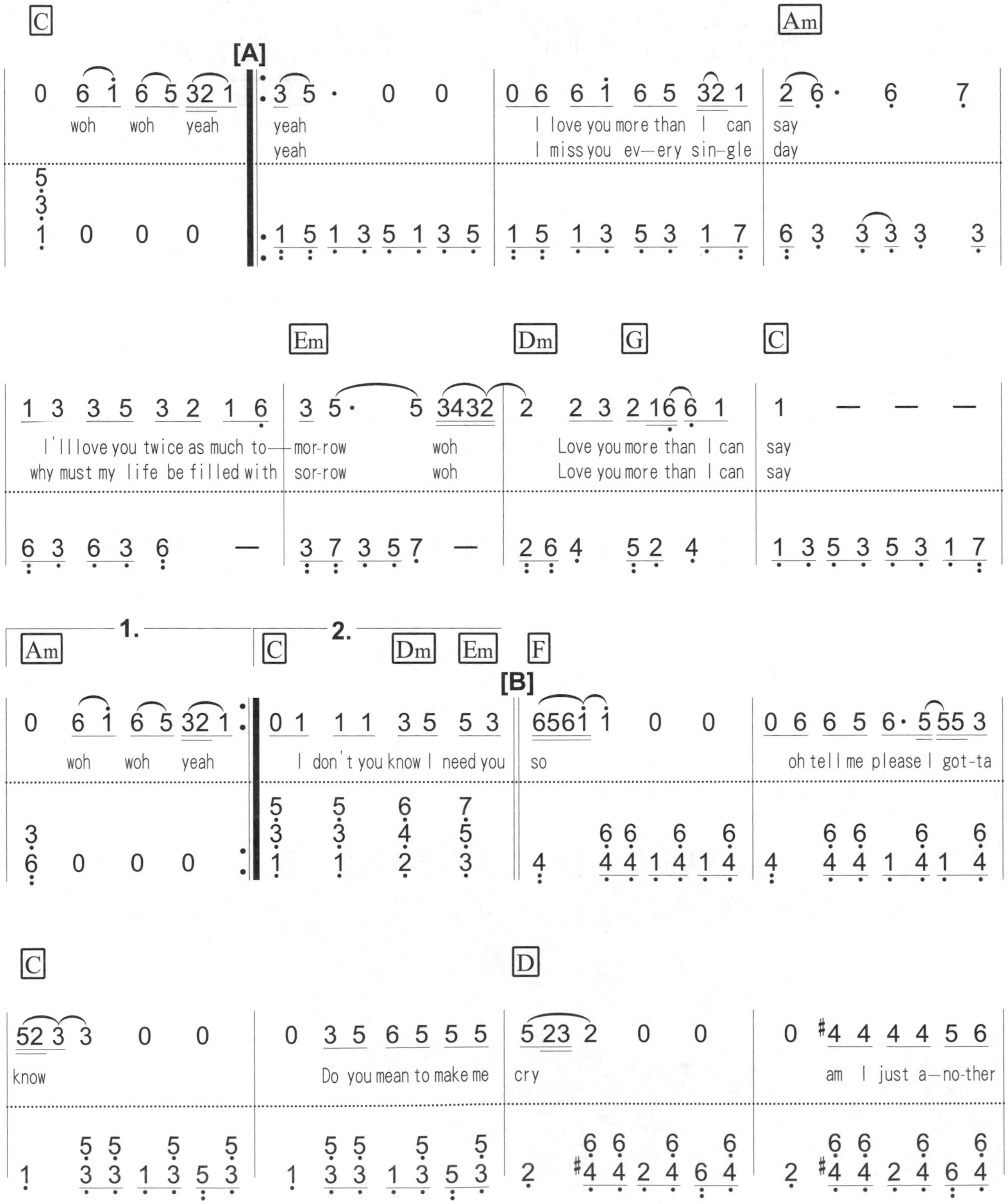

C　[A]　Am

woh woh yeah | yeah | I love you more than I can | say

yeah | I miss you ev–ery sin–gle | day

Em　Dm　G　C

I'll love you twice as much to– | –mor-row woh | Love you more than I can | say

why must my life be filled with | sor-row woh | Love you more than I can | say

Am　1.　C　2.　Dm　Em　F　[B]

woh woh yeah | I don't you know I need you | so | oh tell me please I got-ta

C　D

know | Do you mean to make me | cry | am I just a–no-ther

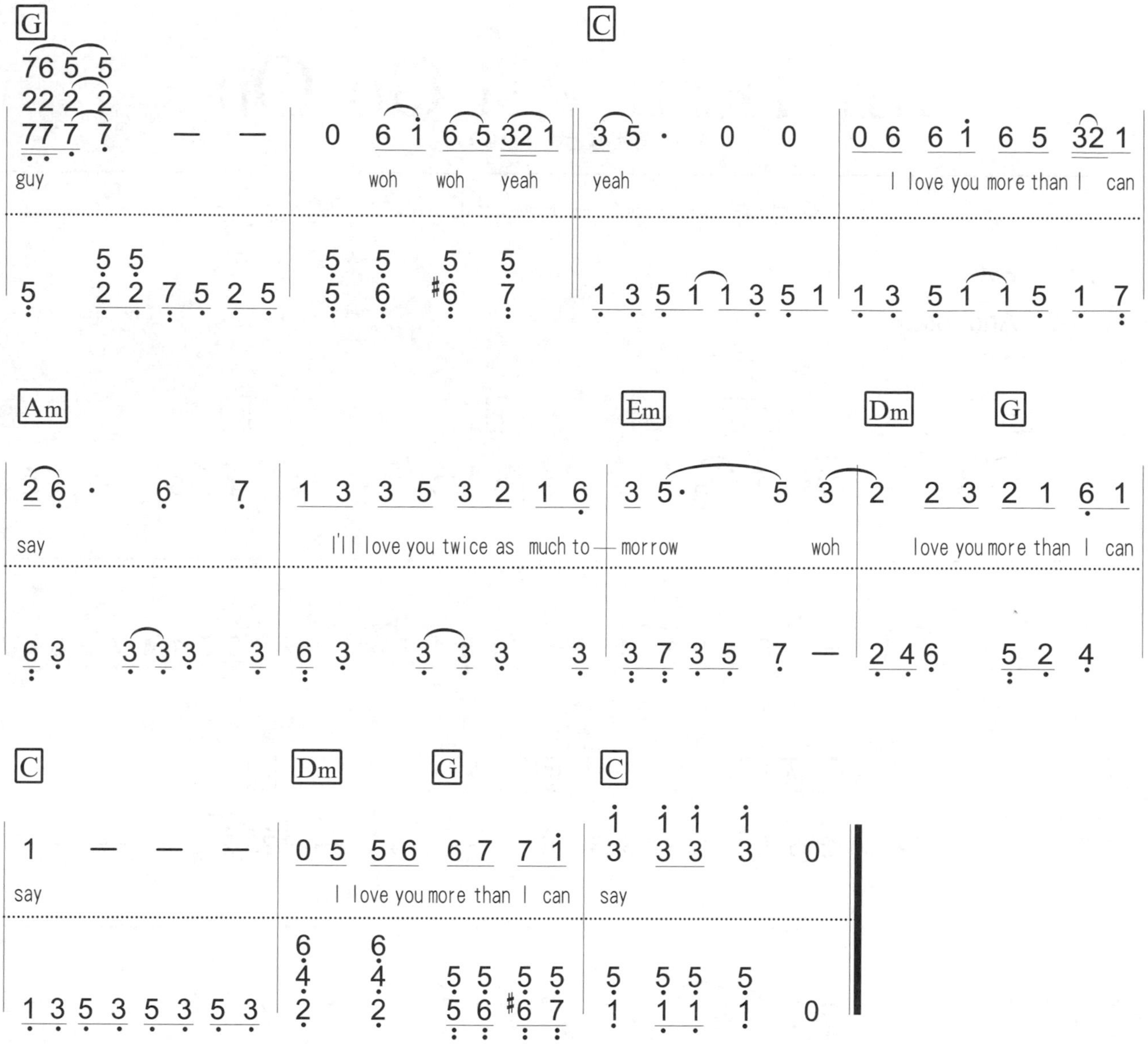

G | | C |
76 5 5 / 22 2 2 / 77 7 7 — — | 0 6 1 6 5 321 | 3 5 · 0 0 | 0 6 6 1 6 5 321
guy woh woh yeah yeah I love you more than I can
5 5 5 / 5 2 2 7 5 2 5 | 5 5 5 5 / 5 6 #6 7 | 1 3 5 1 1 3 5 1 | 1 3 5 1 1 5 1 7

Am | | Em | Dm G
2 6 · 6 7 | 1 3 3 5 3 2 1 6 | 3 5· 5 3 | 2 2 3 2 1 6 1
say I'll love you twice as much to—morrow woh love you more than I can
6 3 3 3 3 3 | 6 3 3 3 3 3 | 3 7 3 5 7 — | 2 4 6 5 2 4

C | Dm G | C
1 — — — | 0 5 5 6 6 7 7 1 | 1 1 1 1 / 3 3 3 3 0
say I love you more than I can say
1 3 5 3 5 3 5 3 | 6 6 / 4 4 / 2 2 5 5 5 5 / 5 6 #6 7 | 5 5 5 5 / 1 1 1 1 0

My Heart Will Go On

（電影"鐵達尼號"主題曲）

詞 / 曲：Will Jennings / James Horner　演唱：Celine Dion

♩ = 72　4/4

Key:C-E　Andante

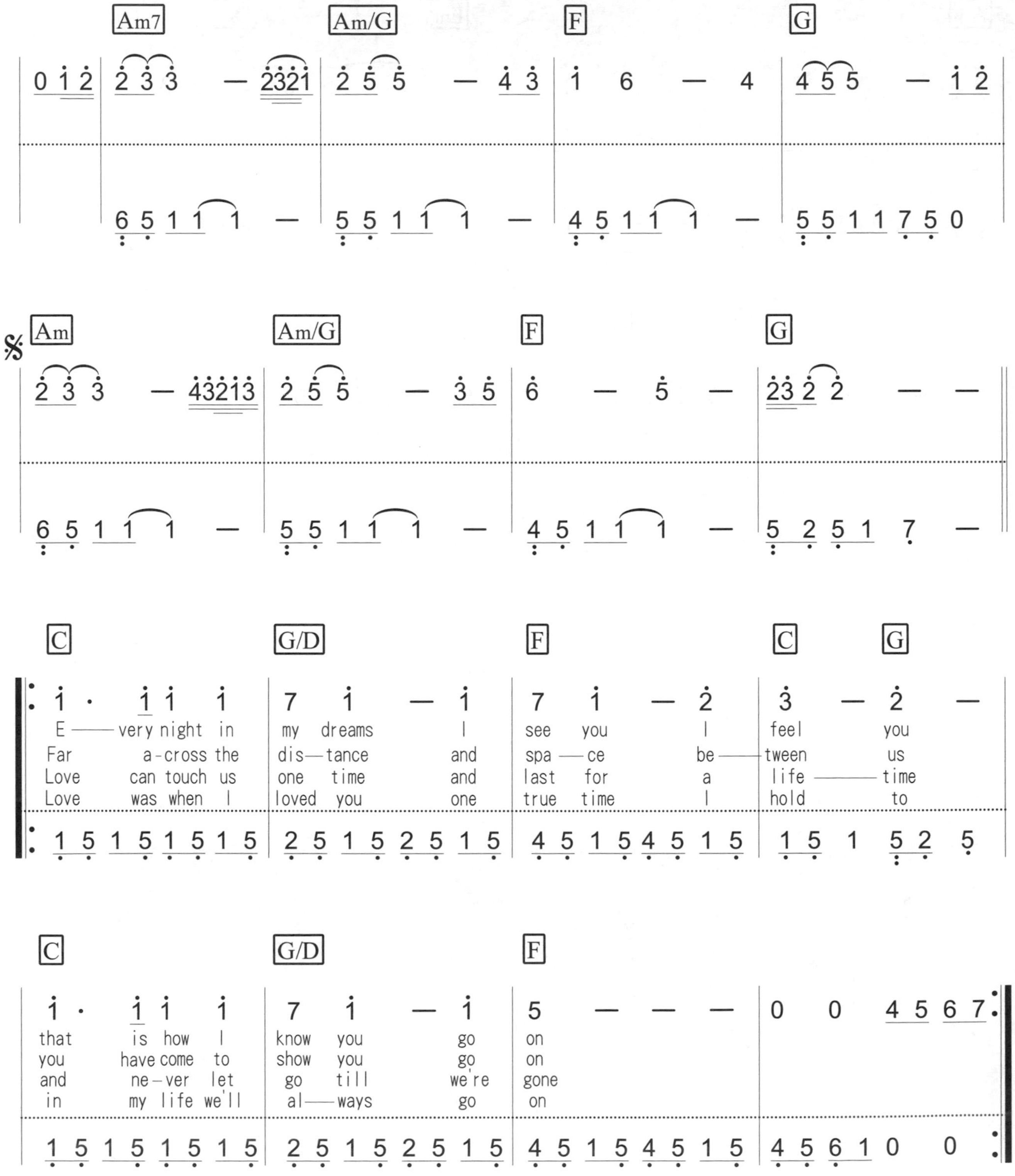

	Am7	Am/G	F	G
0 1 2	2 3 3 — 2321	2 5 5 — 4 3	1 6 — 4	4 5 5 — 1 2
	6 5 1 1 1 —	5 5 1 1 1 —	4 5 1 1 1 —	5 5 1 1 7 5 0

𝄋

Am	Am/G	F	G
2 3 3 — 43213	2 5 5 — 3 5	6 — 5 —	23 2 2 — —
6 5 1 1 1 —	5 5 1 1 1 —	4 5 1 1 1 —	5 2 5 1 7 —

C	G/D	F	C　G
1 · 1 1 1	7 1 — 1	7 1 — 2	3 — 2 —
E — very night in	my dreams I	see you I	feel you
Far a-cross the	dis — tance and	spa — ce be —	tween us
Love can touch us	one time and	last for a	life — time
Love was when I	loved you one	true time I	hold to
1 5 1 5 1 5 1 5	2 5 1 5 2 5 1 5	4 5 1 5 4 5 1 5	1 5 1 5 2 5

C	G/D	F	
1 · 1 1 1	7 1 — 1	5 — — —	0 0 4 5 6 7
that is how I	know you go	on	
you have come to	show you go	on	
and ne-ver let	go till we're	gone	
in my life we'll	al — ways go	on	
1 5 1 5 1 5 1 5	2 5 1 5 2 5 1 5	4 5 1 5 4 5 1 5	4 5 6 1 0 0

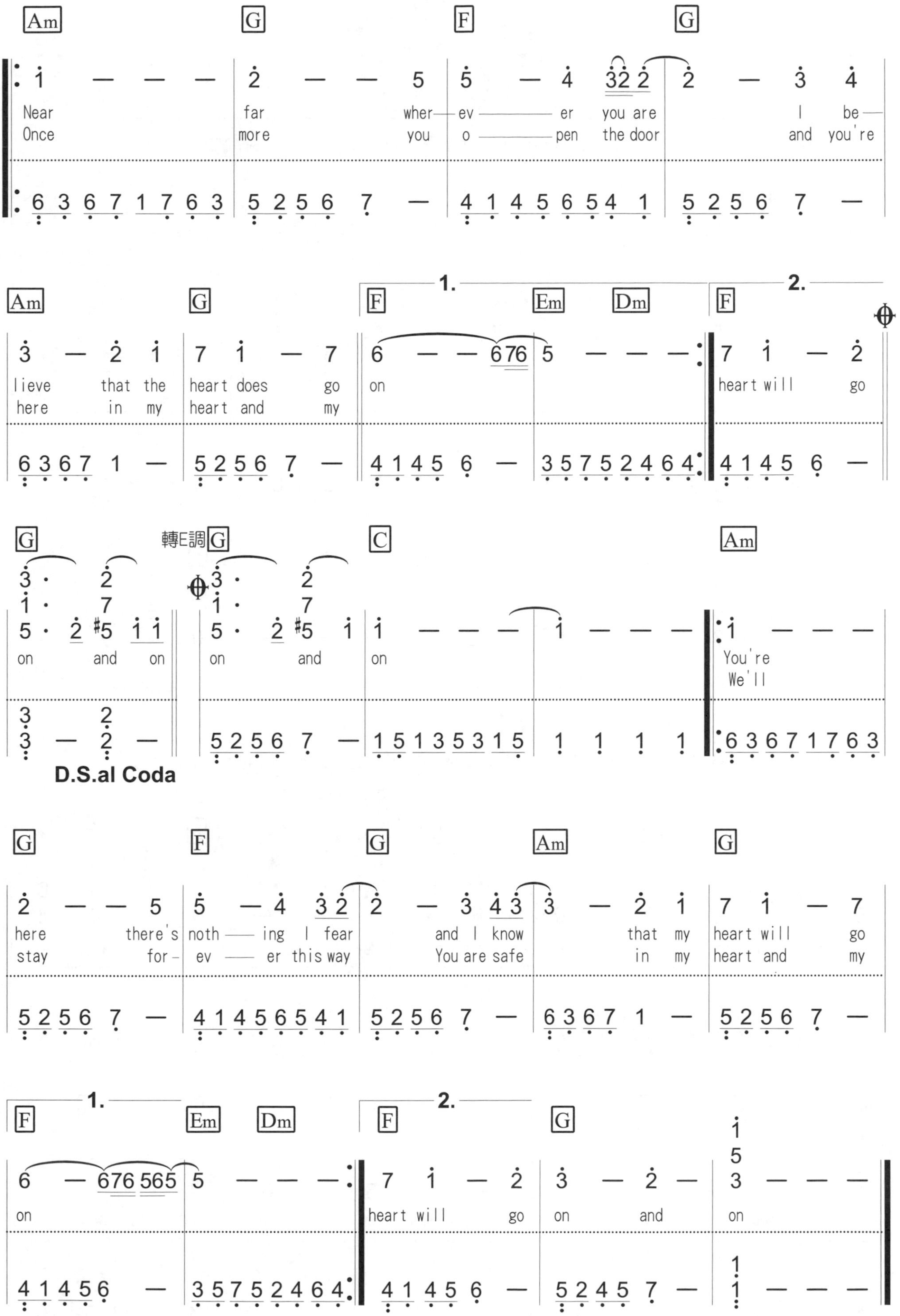

Am G F G

Near far wher- ev — er you are I be-
Once more you o — pen the door and you're

Am G 1. F Em Dm 2. F

lieve that the heart does go on heart will go
here in my heart and my

G 轉E調 G C Am

on and on on and on You're
We'll

D.S.al Coda

G F G Am G

here there's noth — ing I fear and I know that my heart will go
stay for- ev — er this way You are safe in my heart and my

1. F Em Dm 2. F G

on heart will go on and on

My Girl

（電影"小鬼初戀"主題曲）

詞 / 曲：Ronal A.White / William Robinson / Jr　演唱：The Temptation

♩ = 120　4/4

Key:C　Moderato

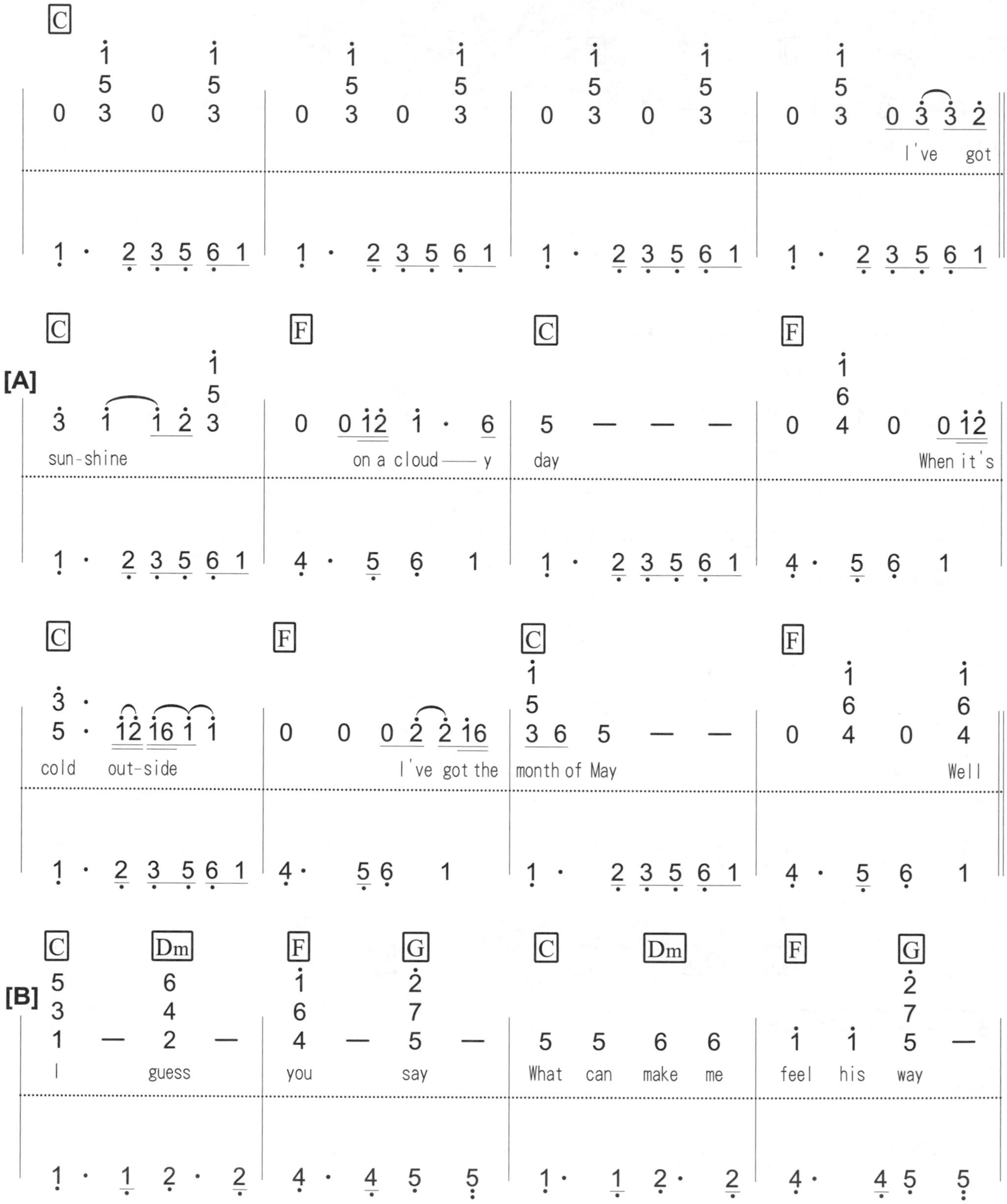

C

I've got

[A]

C　F　C　F

sun-shine　on a cloud — y　day　When it's

C　F　C　F

cold　out-side　I've got the　month of May　Well

[B]

C　Dm　F　G　C　Dm　F　G

I　guess　you　say　What　can　make　me　feel　his　way

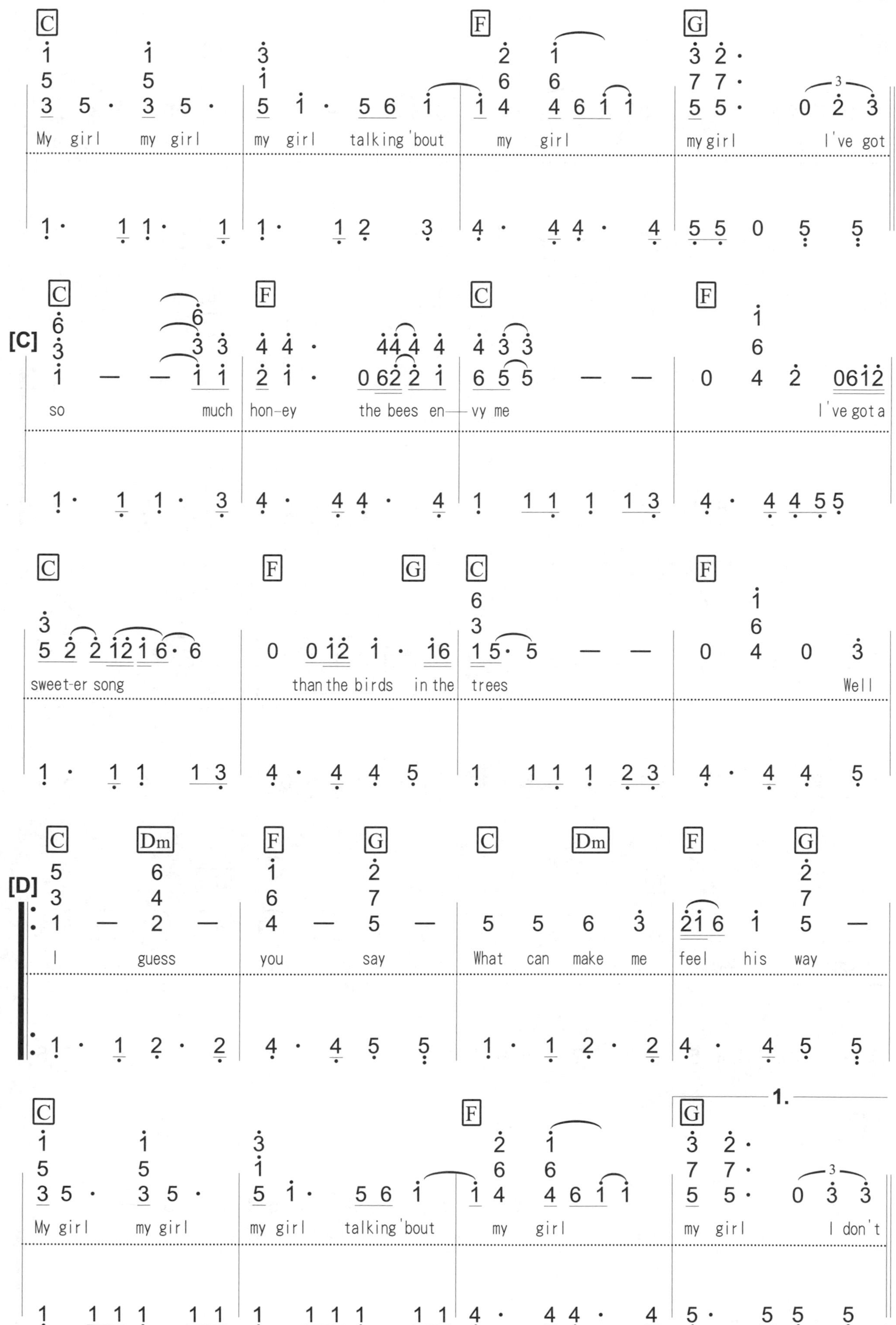
My girl my girl my girl talking 'bout my girl my girl I've got
[C]
so much hon-ey the bees en—vy me I've got a
sweet-er song than the birds in the trees Well
[D]
I guess you say What can make me feel his way
My girl my girl my girl talking 'bout my girl my girl I don't
1.

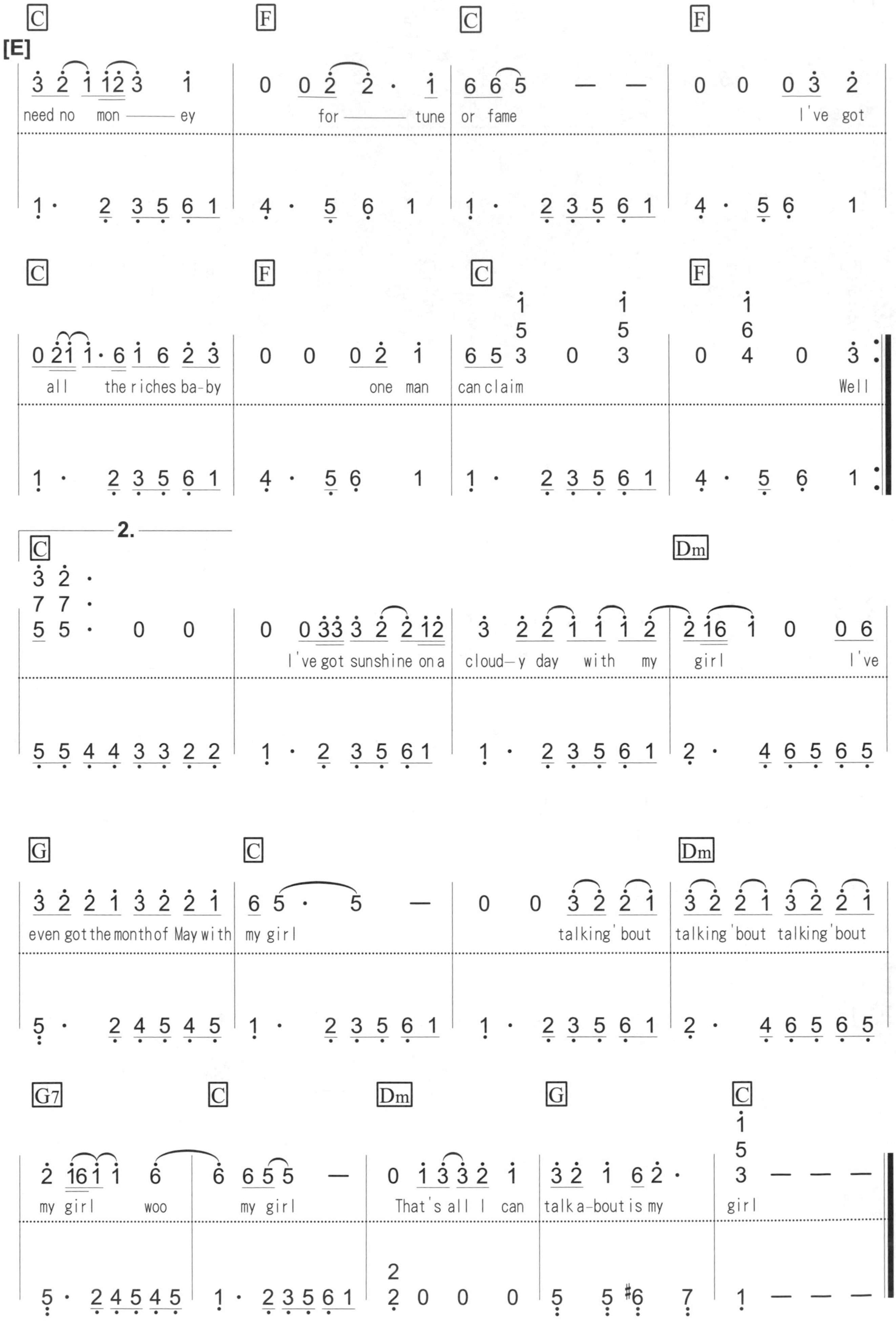

[E]

C | F | C | F

need no mon — ey for — tune or fame I've got

C | F | C | F

all the riches ba-by one man can claim Well

2.

C | | | Dm

I've got sunshine on a cloud-y day with my girl I've

G | C | | Dm

even got the month of May with my girl talking 'bout talking 'bout talking 'bout

G7 | C | Dm | G | C

my girl woo my girl That's all I can talk a-bout is my girl

Memory

（音樂劇"貓"主題曲）

詞 / 曲：Trevor Nunn / Andrew Lloyd Webber　演唱：Sarah Brightman

♩ = 100　12/8

Key:C　Moderato

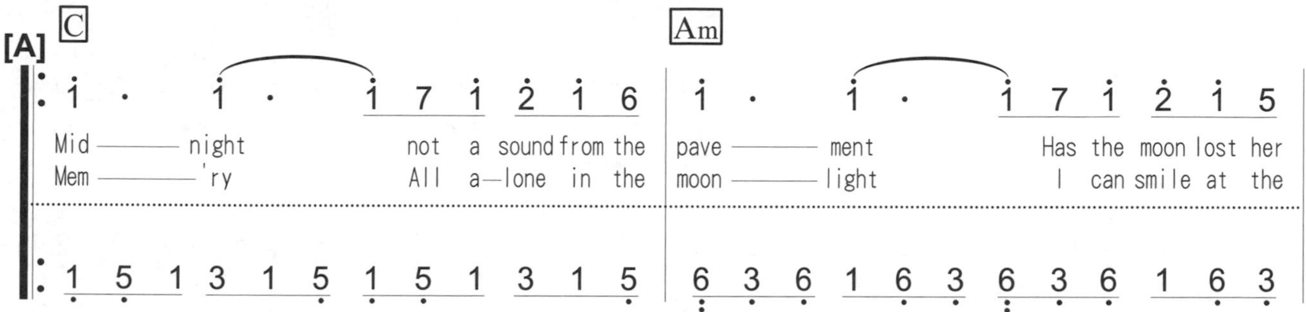

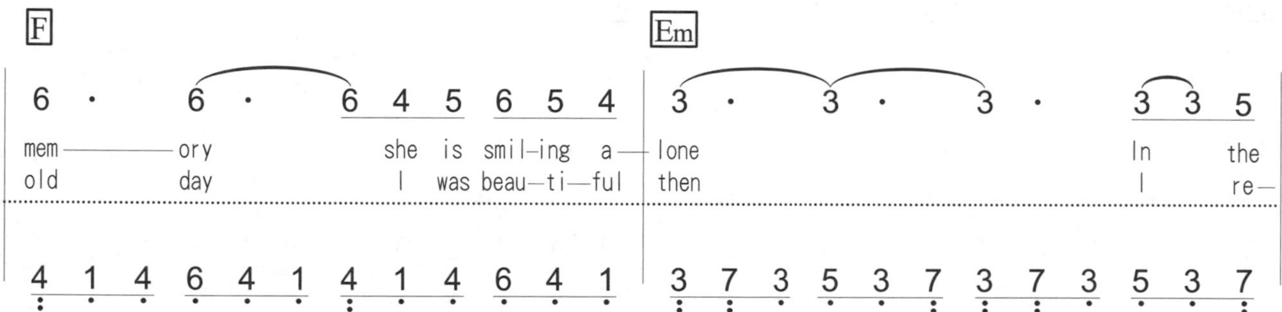

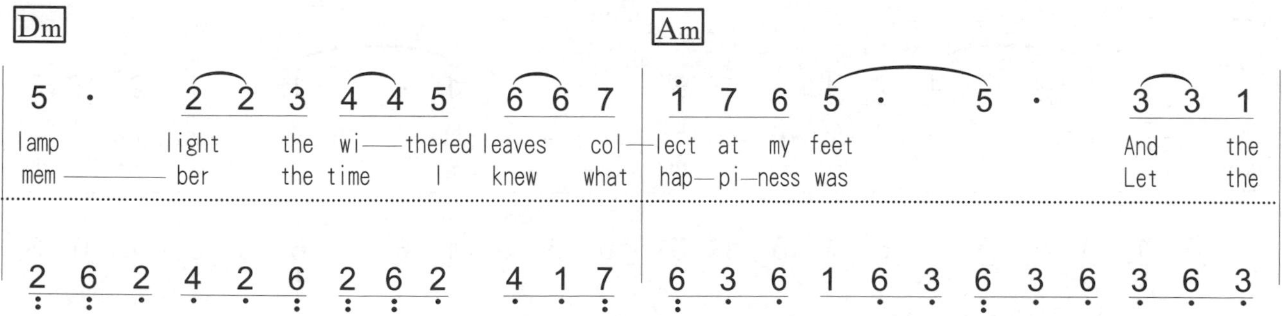

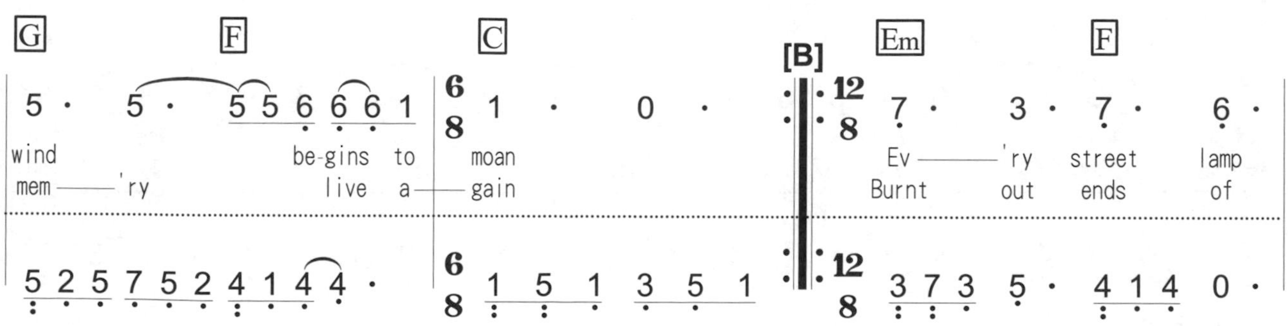

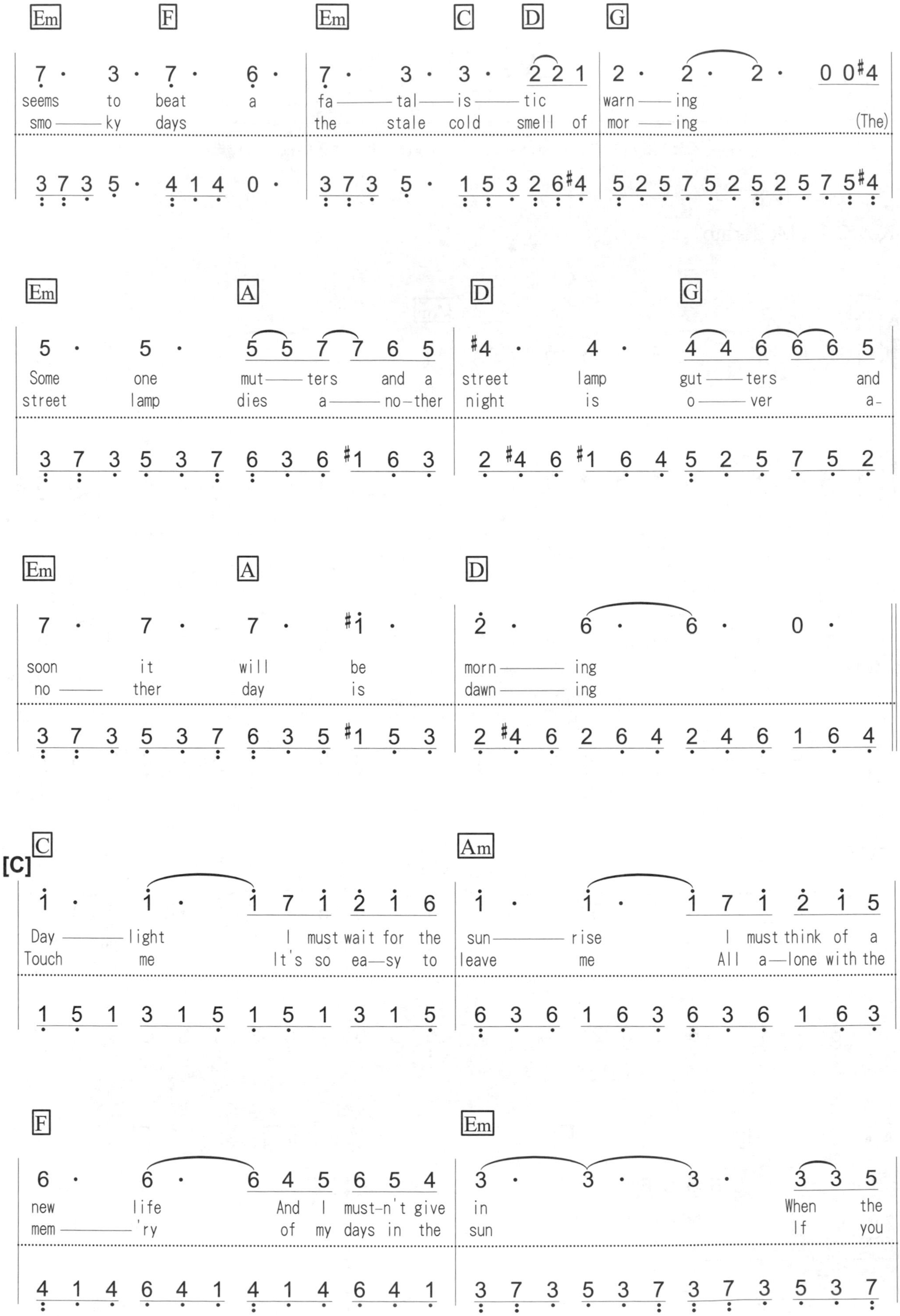

Em F | Em C D | G

7 · 3 · 7 · 6 · | 7 · 3 · 3 · 2 2 1 | 2 · 2 · 2 · 0 0 #4

seems to beat a | fa — tal — is — tic | warn — ing

smo — ky days | the stale cold smell of | mor — ing (The)

3 7 3 5 · 4 1 4 0 · | 3 7 3 5 · 1 5 3 2 6 #4 | 5 2 5 7 5 2 5 2 5 7 5 #4

Em A | D G

5 · 5 · 5 5 7 7 6 5 | #4 · 4 · 4 4 6 6 6 5

Some one mut — ters and a | street lamp gut — ters and

street lamp dies a — no-ther | night is o — ver a-

3 7 3 5 3 7 6 3 6 #1 6 3 | 2 #4 6 #1 6 4 5 2 5 7 5 2

Em A | D

7 · 7 · 7 · #1 · | 2 · 6 · 6 · 0 ·

soon it will be | morn — ing

no — ther day is | dawn — ing

3 7 3 5 3 7 6 3 5 #1 5 3 | 2 #4 6 2 6 4 2 4 6 1 6 4

[C]

C | Am

1 · 1 · 1 7 1 2 1 6 | 1 · 1 · 1 7 1 2 1 5

Day — light I must wait for the | sun — rise I must think of a

Touch me It's so ea—sy to | leave me All a—lone with the

1 5 1 3 1 5 1 5 1 3 1 5 | 6 3 6 1 6 3 6 3 6 1 6 3

F | Em

6 · 6 · 6 4 5 6 5 4 | 3 · 3 · 3 · 3 3 5

new life And I must-n't give | in When the

mem — 'ry of my days in the | sun If you

4 1 4 6 4 1 4 1 4 6 4 1 | 3 7 3 5 3 7 3 7 3 5 3 7

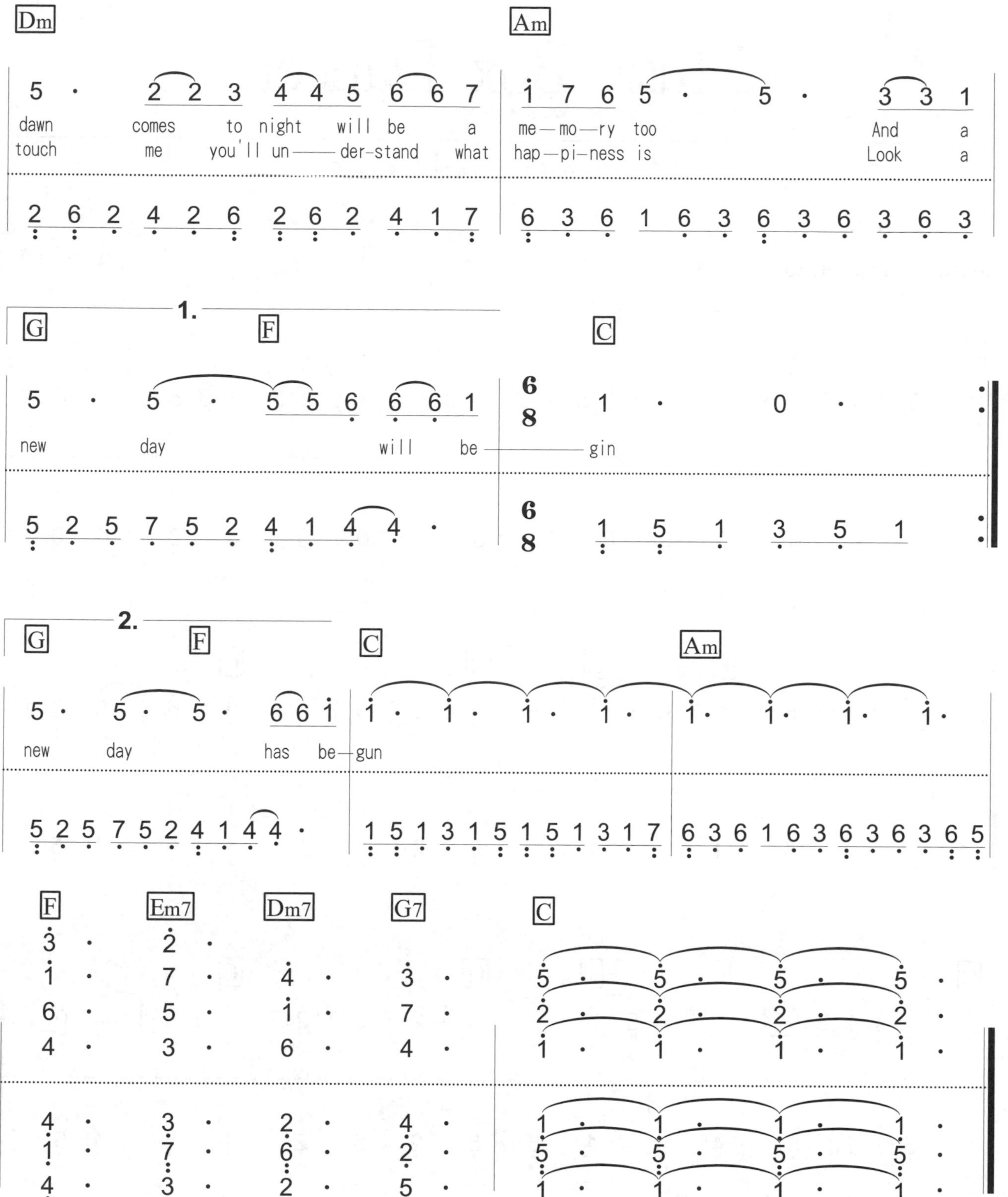
Dm
Am
dawn comes to night will be a
touch me you'll un—der-stand what
me—mo—ry too
hap—pi—ness is
And a
Look a
G
1.
F
C
new day will be—gin
2.
new day has be—gun
F
Em7
Dm7
G7

Music Box Dancer

詞 / 曲：Frank Mills　演唱：(演奏曲)

♩ = 120　4/4

Key:C　Moderato

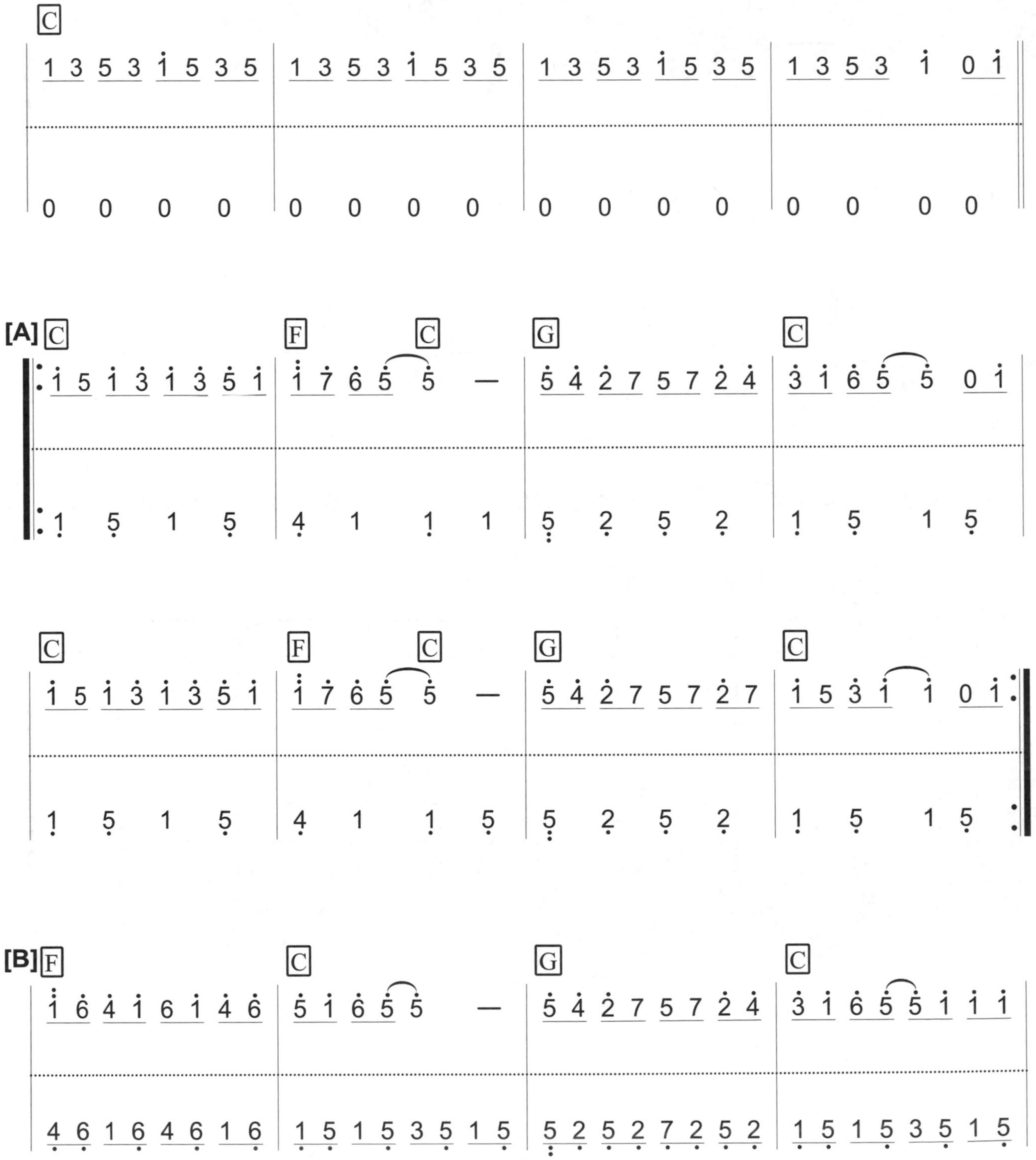

C

| 1 3 5 3 1 5 3 5 | 1 3 5 3 1 5 3 5 | 1 3 5 3 1 5 3 5 | 1 3 5 3 1 0 1 ||

| 0 0 0 0 | 0 0 0 0 | 0 0 0 0 | 0 0 0 0 ||

[A] C | F C | G | C

|: 1 5 1 3 1 3 5 1 | 1 7 6 5 5 — | 5 4 2 7 5 7 2 4 | 3 1 6 5 5 0 1 |

|: 1 5 1 5 | 4 1 1 1 | 5 2 5 2 | 1 5 1 5 |

C | F C | G | C

| 1 5 1 3 1 3 5 1 | 1 7 6 5 5 — | 5 4 2 7 5 7 2 7 | 1 5 3 1 1 0 1 :|

| 1 5 1 5 | 4 1 1 5 | 5 2 5 2 | 1 5 1 5 :|

[B] F | C | G | C

| 1 6 4 1 6 1 4 6 | 5 1 6 5 5 — | 5 4 2 7 5 7 2 4 | 3 1 6 5 5 1 1 1 |

| 4 6 1 6 4 6 1 6 | 1 5 1 5 3 5 1 5 | 5 2 5 2 7 2 5 2 | 1 5 1 5 3 5 1 5 |

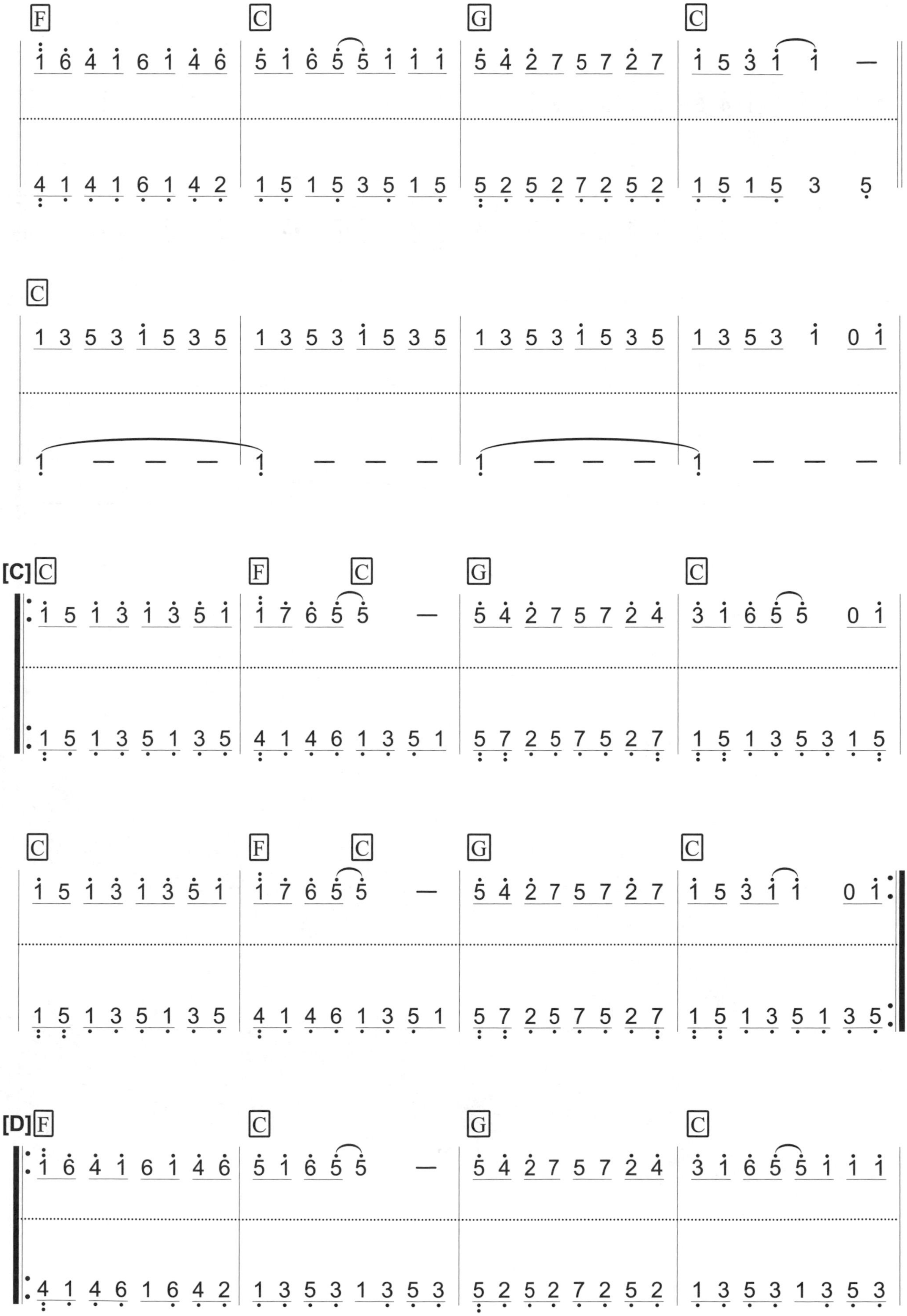

F | C | G | C

1 6 4 1 6 1 4 6 | 5 1 6 5 5 1 1 1 | 5 4 2 7 5 7 2 7 | 1 5 3 1 1 —

4 1 4 1 6 1 4 2 | 1 5 1 5 3 5 1 5 | 5 2 5 2 7 2 5 2 | 1 5 1 5 3 5

C

1 3 5 3 1 5 3 5 | 1 3 5 3 1 5 3 5 | 1 3 5 3 1 5 3 5 | 1 3 5 3 1 0 1

1 — — — | 1 — — — | 1 — — — | 1 — — —

[C] C | F C | G | C

1 5 1 3 1 3 5 1 | 1 7 6 5 5 — | 5 4 2 7 5 7 2 4 | 3 1 6 5 5 0 1

1 5 1 3 5 1 3 5 | 4 1 4 6 1 3 5 1 | 5 7 2 5 7 5 2 7 | 1 5 1 3 5 3 1 5

C | F C | G | C

1 5 1 3 1 3 5 1 | 1 7 6 5 5 — | 5 4 2 7 5 7 2 7 | 1 5 3 1 1 0 1

1 5 1 3 5 1 3 5 | 4 1 4 6 1 3 5 1 | 5 7 2 5 7 5 2 7 | 1 5 1 3 5 1 3 5

[D] F | C | G | C

1 6 4 1 6 1 4 6 | 5 1 6 5 5 — | 5 4 2 7 5 7 2 4 | 3 1 6 5 5 1 1 1

4 1 4 6 1 6 4 2 | 1 3 5 3 1 3 5 3 | 5 2 5 2 7 2 5 2 | 1 3 5 3 1 3 5 3

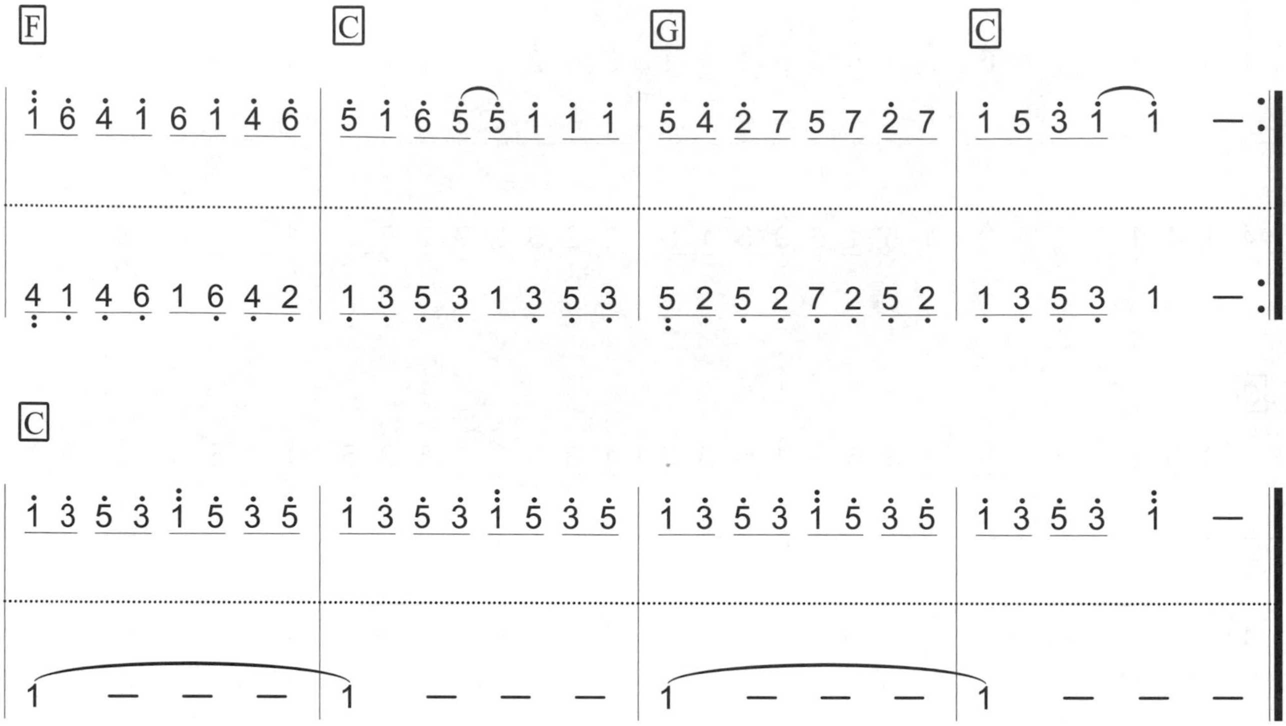

F | C | G | C

| 1 6 4 1 6 1 4 6 | 5 1 6 5 5 1 1 1 | 5 4 2 7 5 7 2 7 | 1 5 3 1 1 — :‖

| 4 1 4 6 1 6 4 2 | 1 3 5 3 1 3 5 3 | 5 2 5 2 7 2 5 2 | 1 3 5 3 1 — :‖

C

| 1 3 5 3 1 5 3 5 | 1 3 5 3 1 5 3 5 | 1 3 5 3 1 5 3 5 | 1 3 5 3 1 — ‖

| 1 — — — | 1 — — — | 1 — — — | 1 — — — ‖

Nothing's Gonna Change My Love For You

詞 / 曲：Gerry Goffin / Michael Masser　演唱：Glenn Medeiros

♩ = 68　4/4

Key:C　Andantino

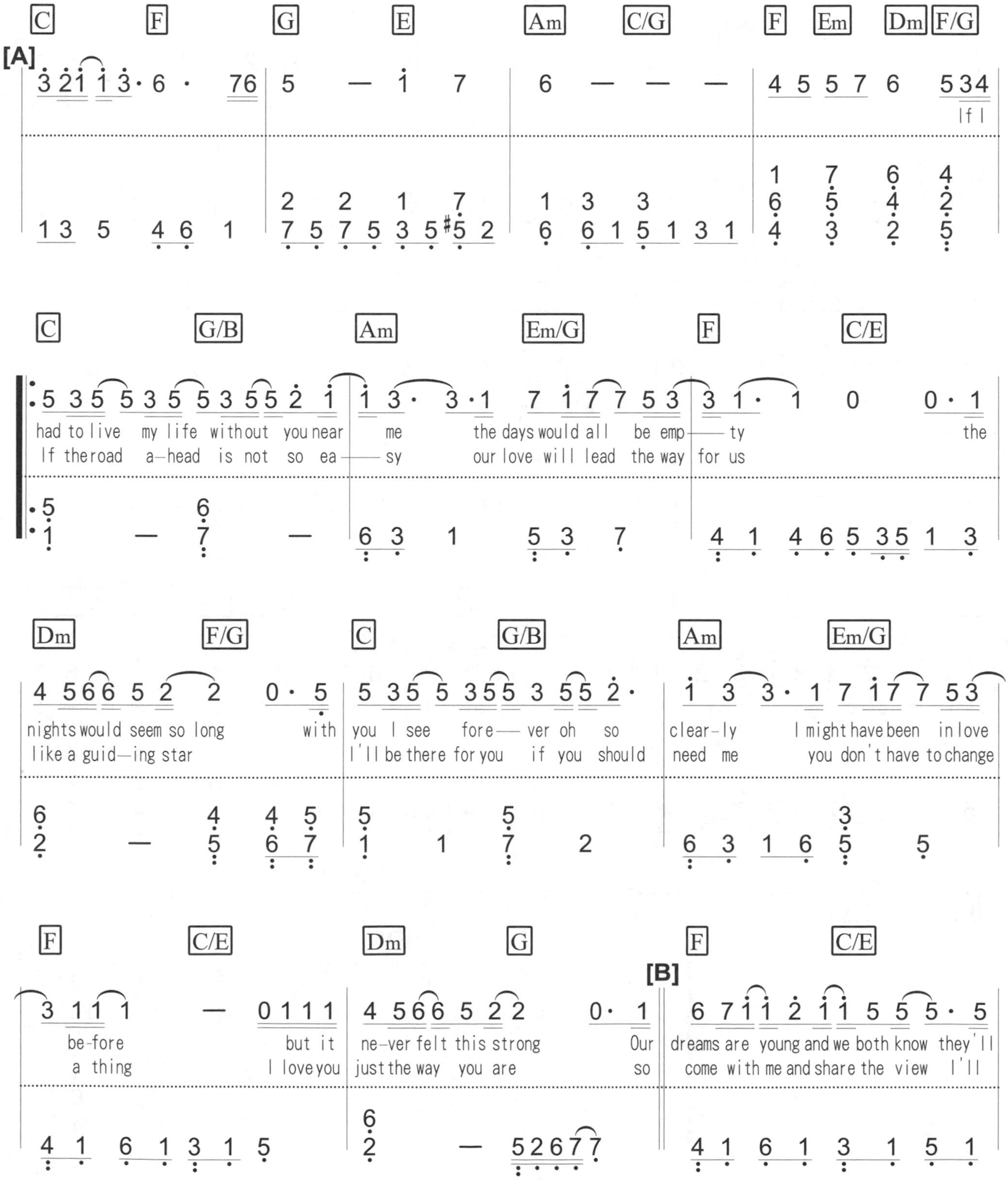

C　F　G　E　Am　C/G　F　Em　Dm　F/G

[A]

If I

C　G/B　Am　Em/G　F　C/E

had to live my life without you near me　the days would all be emp——ty　the

If the road a-head is not so ea——sy　our love will lead the way for us

Dm　F/G　C　G/B　Am　Em/G

nights would seem so long　with you I see fore——ver oh so clear-ly　I might have been in love

like a guid-ing star　I'll be there for you if you should need me　you don't have to change

F　C/E　Dm　G　F　C/E

[B]

be-fore　but it ne-ver felt this strong　Our dreams are young and we both know they'll

a thing　I love you just the way you are　so come with me and share the view　I'll

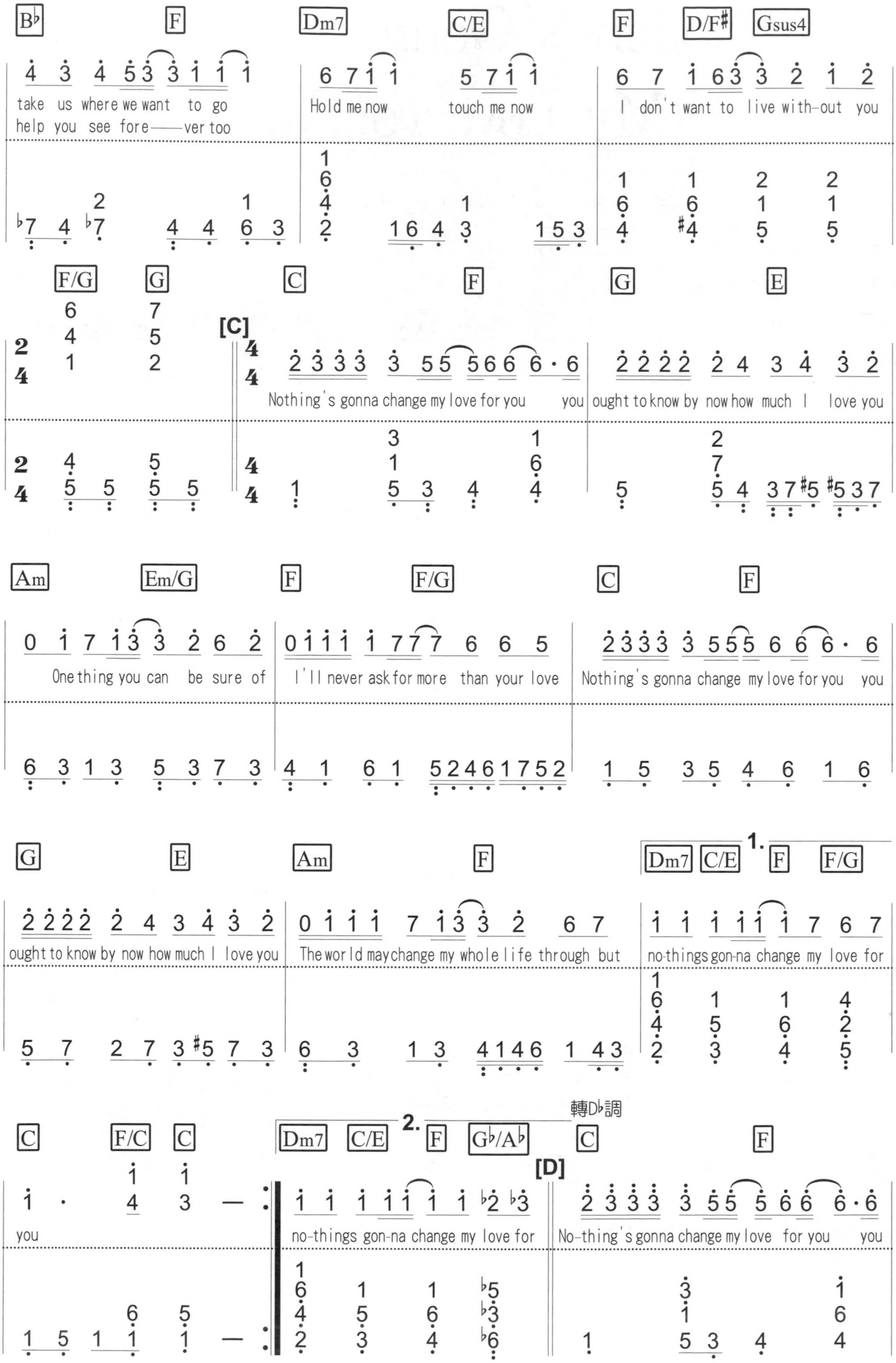

B♭ F Dm7 C/E F D/F♯ Gsus4

take us where we want to go Hold me now touch me now I don't want to live with-out you

help you see fore——ver too

F/G G [C] C F G E

Nothing's gonna change my love for you you ought to know by now how much I love you

Am Em/G F F/G C F

One thing you can be sure of I'll never ask for more than your love Nothing's gonna change my love for you you

G E Am F 1. Dm7 C/E F F/G

ought to know by now how much I love you The world may change my whole life through but no-things gon-na change my love for

C F/C C 2. Dm7 C/E F G♭/A♭ 轉D♭調 [D] C F

you no-things gon-na change my love for No-thing's gonna change my love for you you

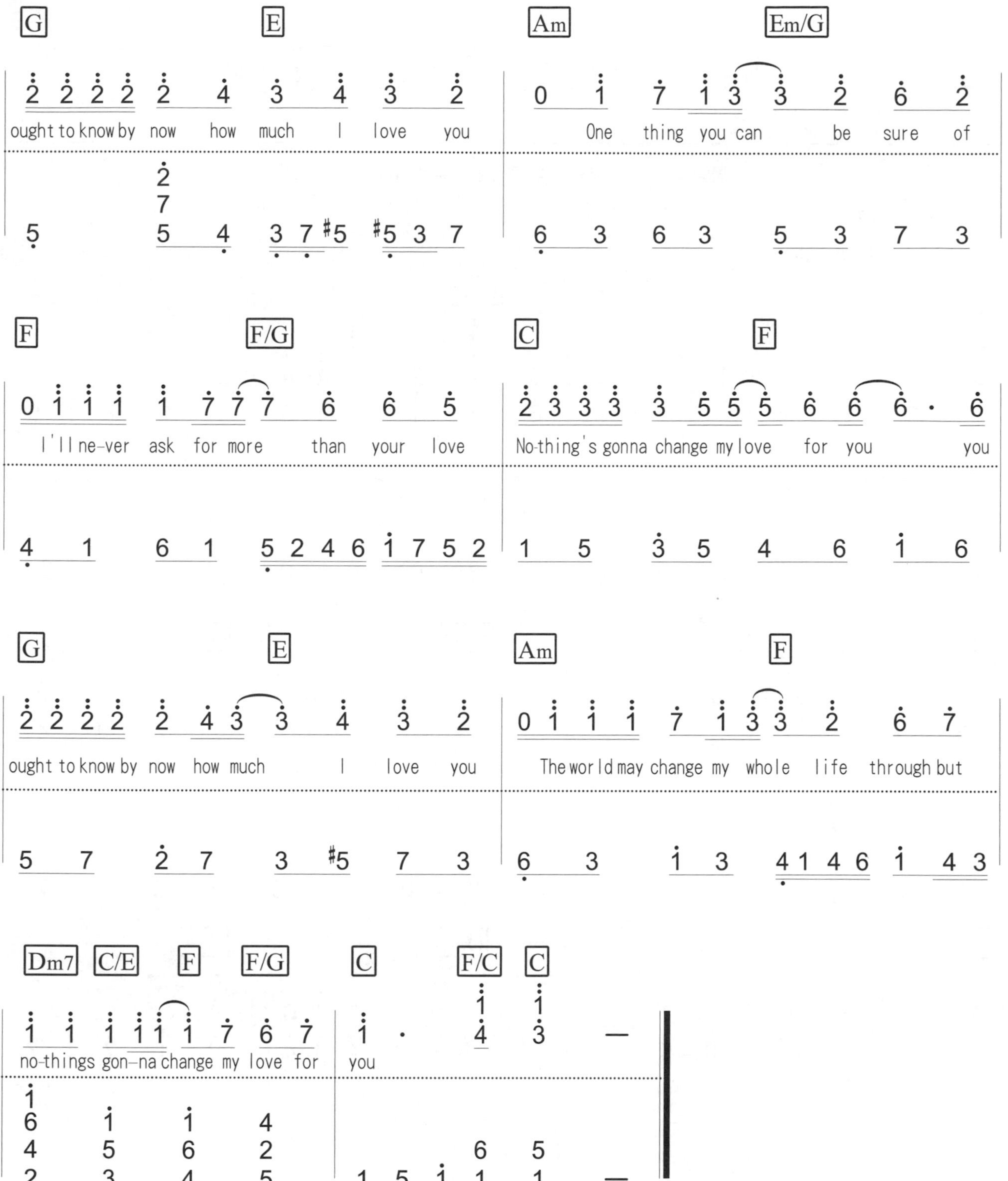
G E Am Em/G
ought to know by now how much I love you
One thing you can be sure of
F F/G C F
I'll ne-ver ask for more than your love
No-thing's gonna change my love for you you
G E Am F
ought to know by now how much I love you
The world may change my whole life through but
Dm7 C/E F F/G C F/C C
no-things gon-na change my love for
you

New York New York

詞／曲：Fred Ebb / John Kander　演唱：Frank Sinatra

♩ = 116　4/4

Key:C　Moderato

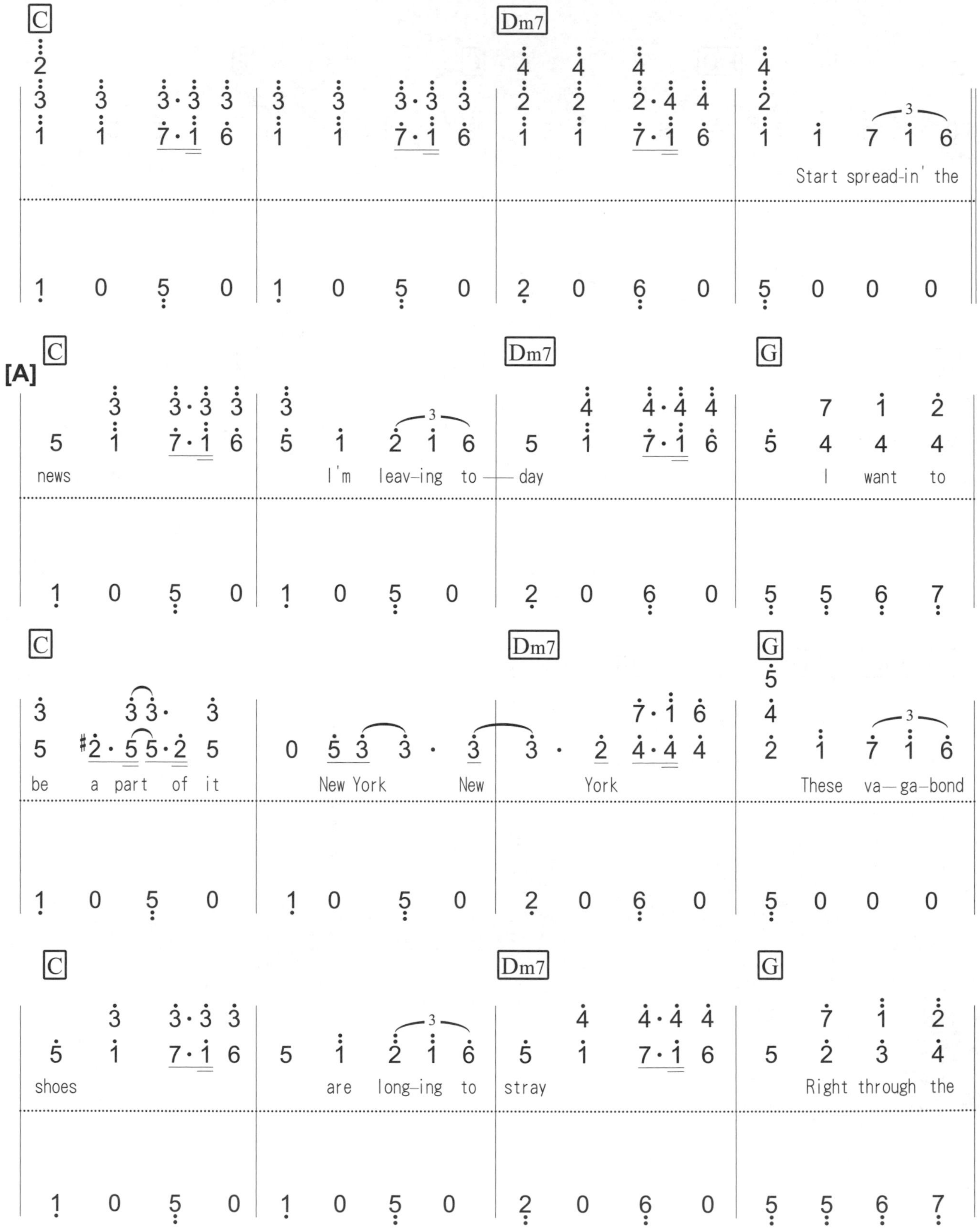

C　Dm7

Start spread-in' the

[A]

C　Dm7　G

news　I'm leav-ing to — day　I want to

C　Dm7　G

be a part of it　New York New York　These va-ga-bond

C　Dm7　G

shoes　are long-ing to stray　Right through the

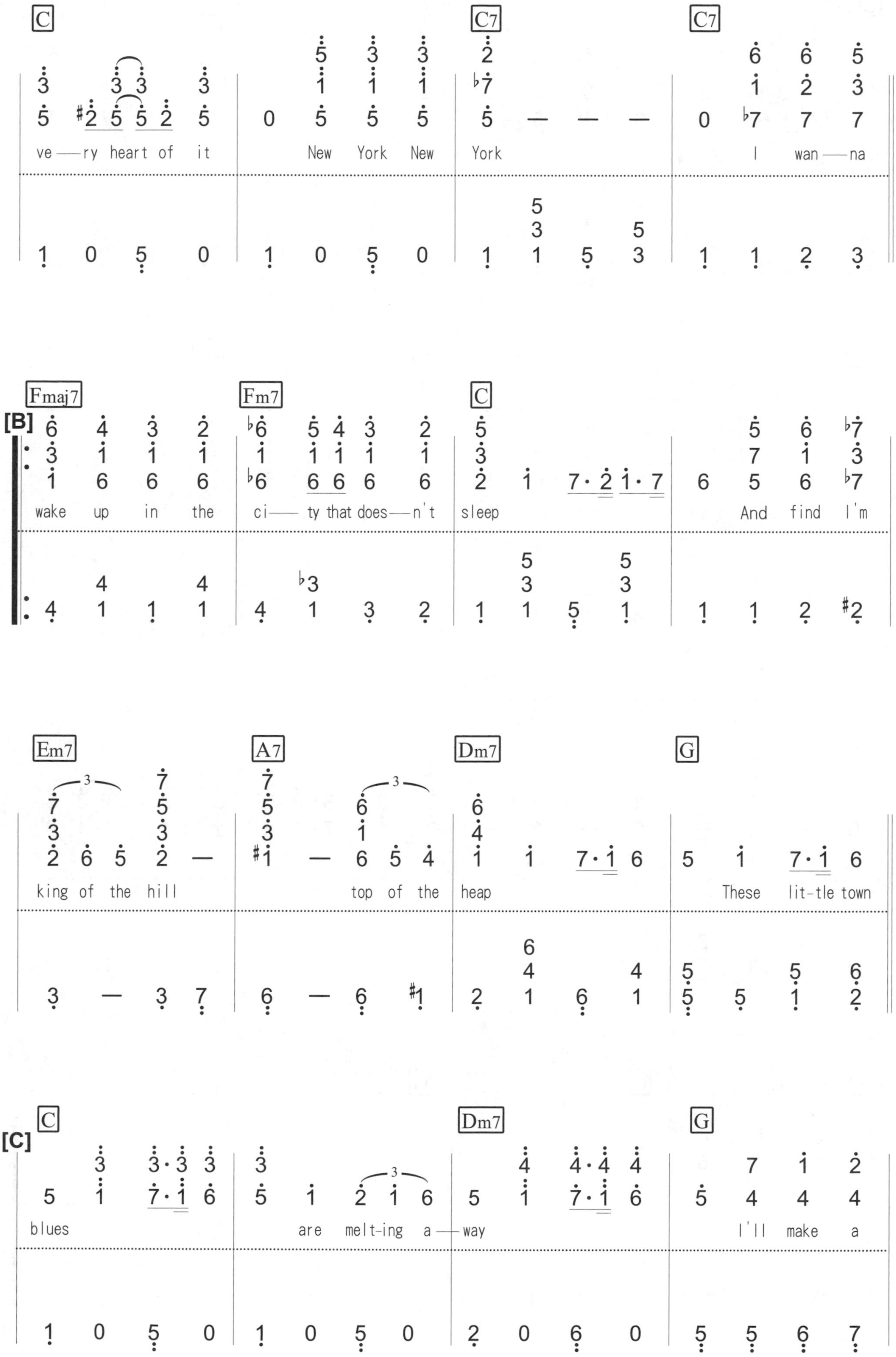

C　C7　C7

ve—ry heart of it New York New York I wan—na

[B]

Fmaj7　Fm7　C

wake up in the ci— ty that does—n't sleep And find I'm

Em7　A7　Dm7　G

king of the hill top of the heap These lit-tle town

[C]

C　Dm7　G

blues are melt-ing a—way I'll make a

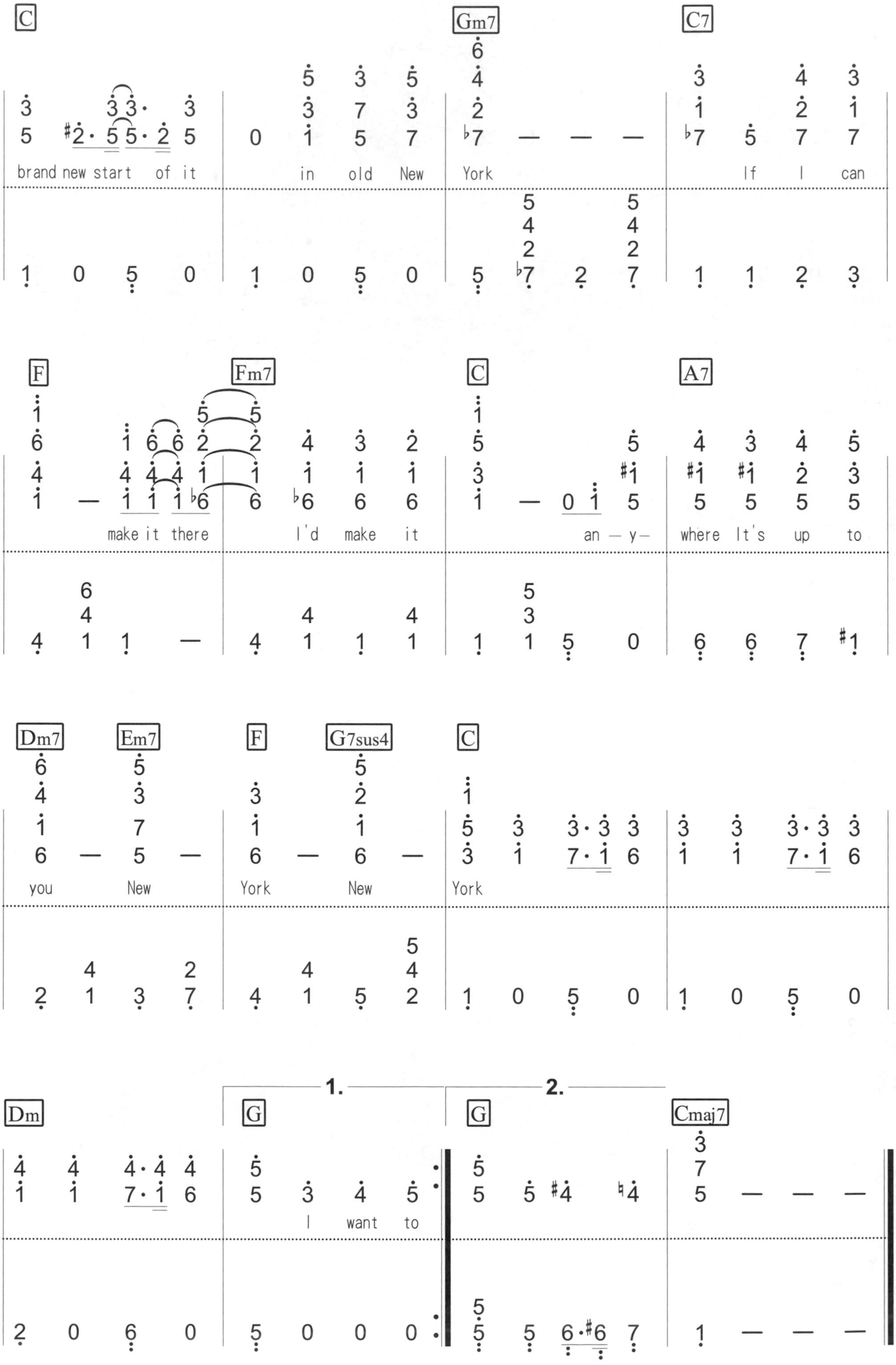

C Gm7 C7

brand new start of it in old New York If I can

F Fm7 C A7

make it there I'd make it an — y— where It's up to

Dm7 Em7 F G7sus4 C

you New York New York

Dm G G Cmaj7

1. 2.

I want to

Saving All My Love For You

詞 / 曲：Gerry Goffin / Michael Masser　演唱：Whitney Houston

♩ = 100　12/8
Key:C　Andantino

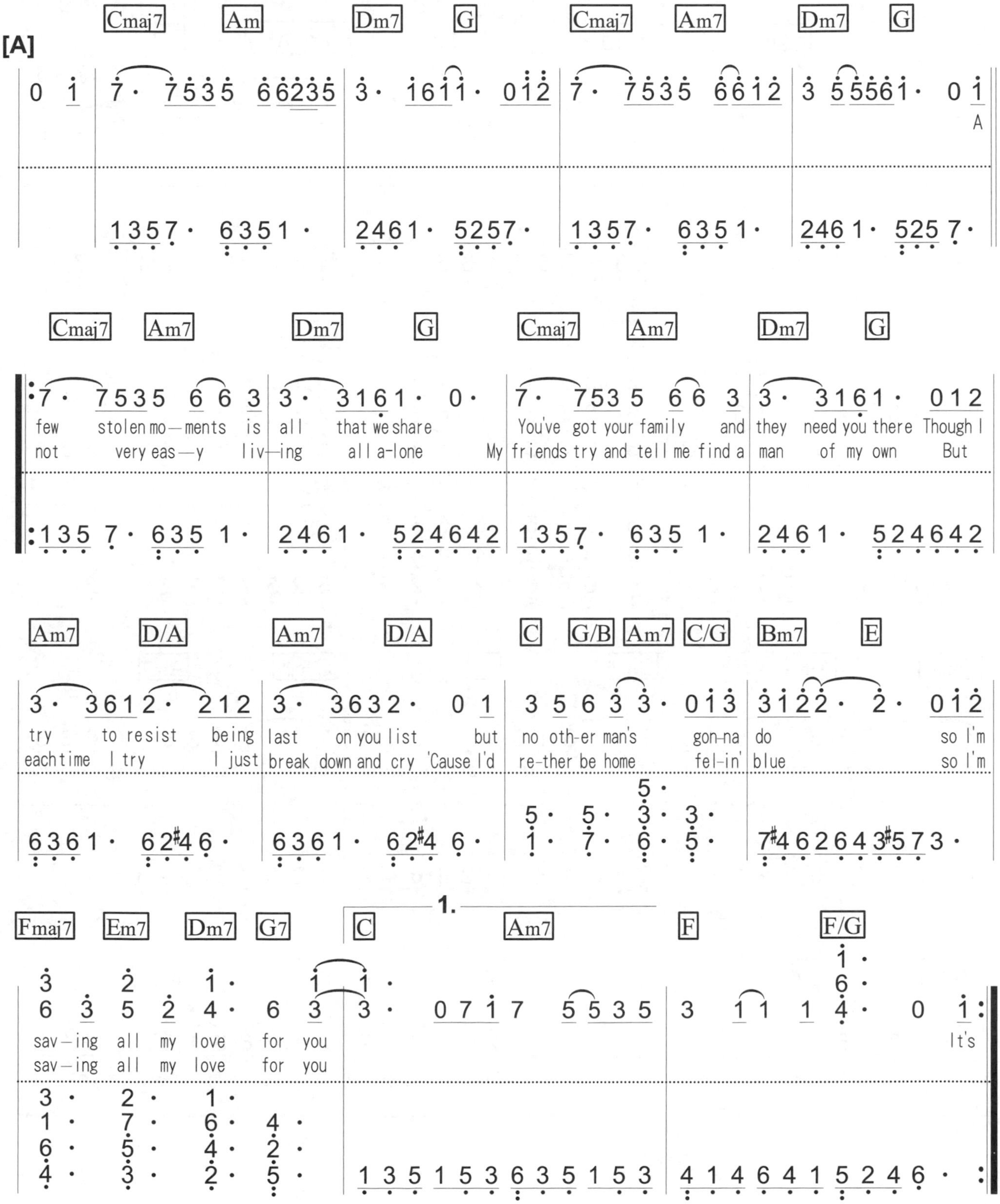

[A]

Cmaj7　Am　Dm7　G　Cmaj7　Am7　Dm7　G

Cmaj7　Am7　Dm7　G　Cmaj7　Am7　Dm7　G

few stolen mo—ments is all that we share　You've got your family and they need you there Though I
not very eas—y liv—ing all a-lone　My friends try and tell me find a man of my own　But

Am7　D/A　Am7　D/A　C　G/B　Am7　C/G　Bm7　E

try to resist being last on you list but no oth-er man's gon-na do　so I'm
each time I try I just break down and cry 'Cause I'd re-ther be home fel-in' blue　so I'm

Fmaj7　Em7　Dm7　G7　1. C　Am7　F　F/G

sav—ing all my love for you　It's
sav—ing all my love for you

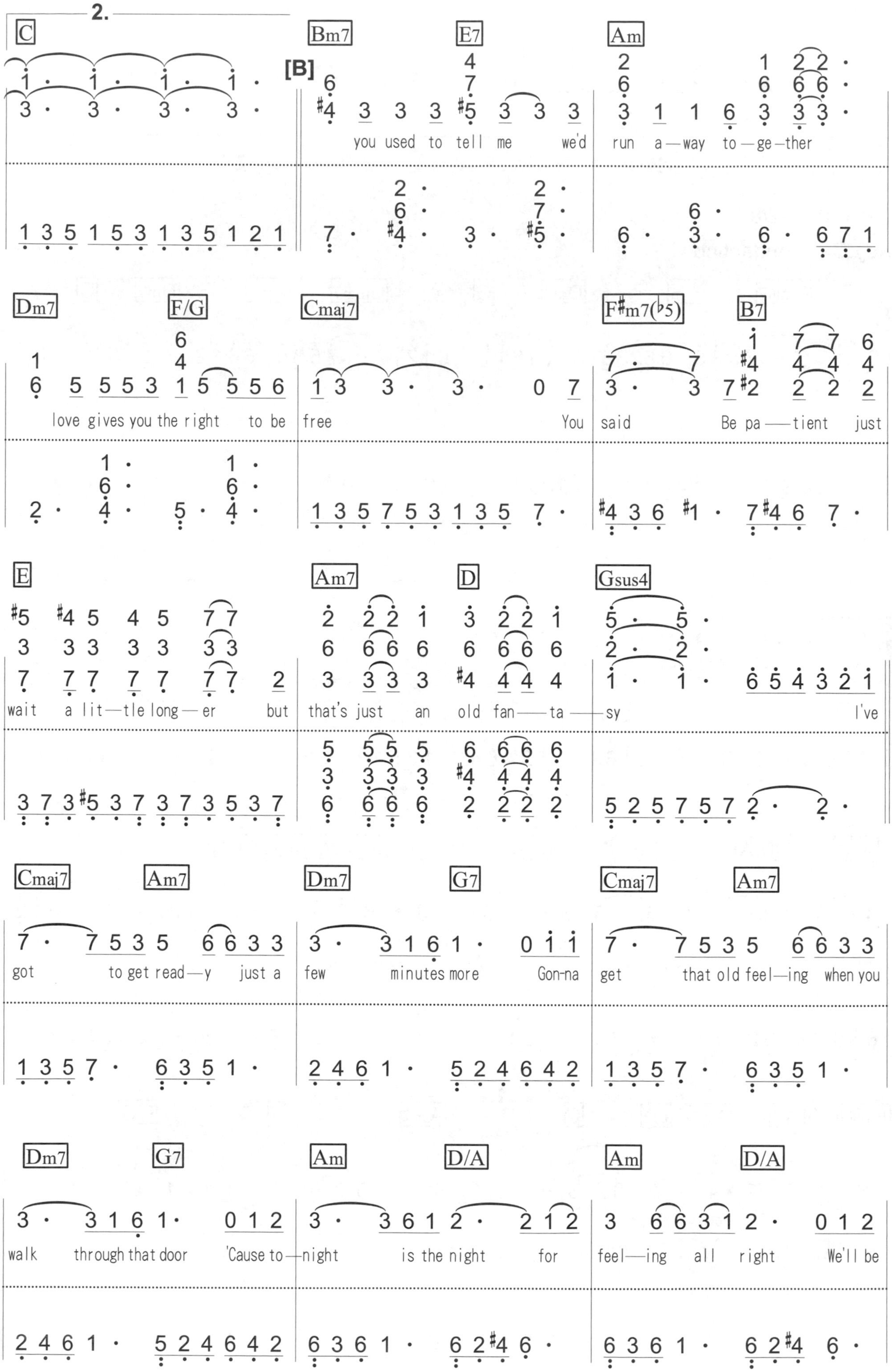

2. [B]

C | Bm7 E7 | Am

you used to tell me we'd run a—way to—ge—ther

Dm7 F/G | Cmaj7 | F#m7(♭5) B7

love gives you the right to be free You said Be pa—tient just

E | Am7 D | Gsus4

wait a lit—tle long—er but that's just an old fan—ta—sy I've

Cmaj7 Am7 | Dm7 G7 | Cmaj7 Am7

got to get read—y just a few minutes more Gon-na get that old feel—ing when you

Dm7 G7 | Am D/A | Am D/A

walk through that door 'Cause to—night is the night for feel—ing all right We'll be

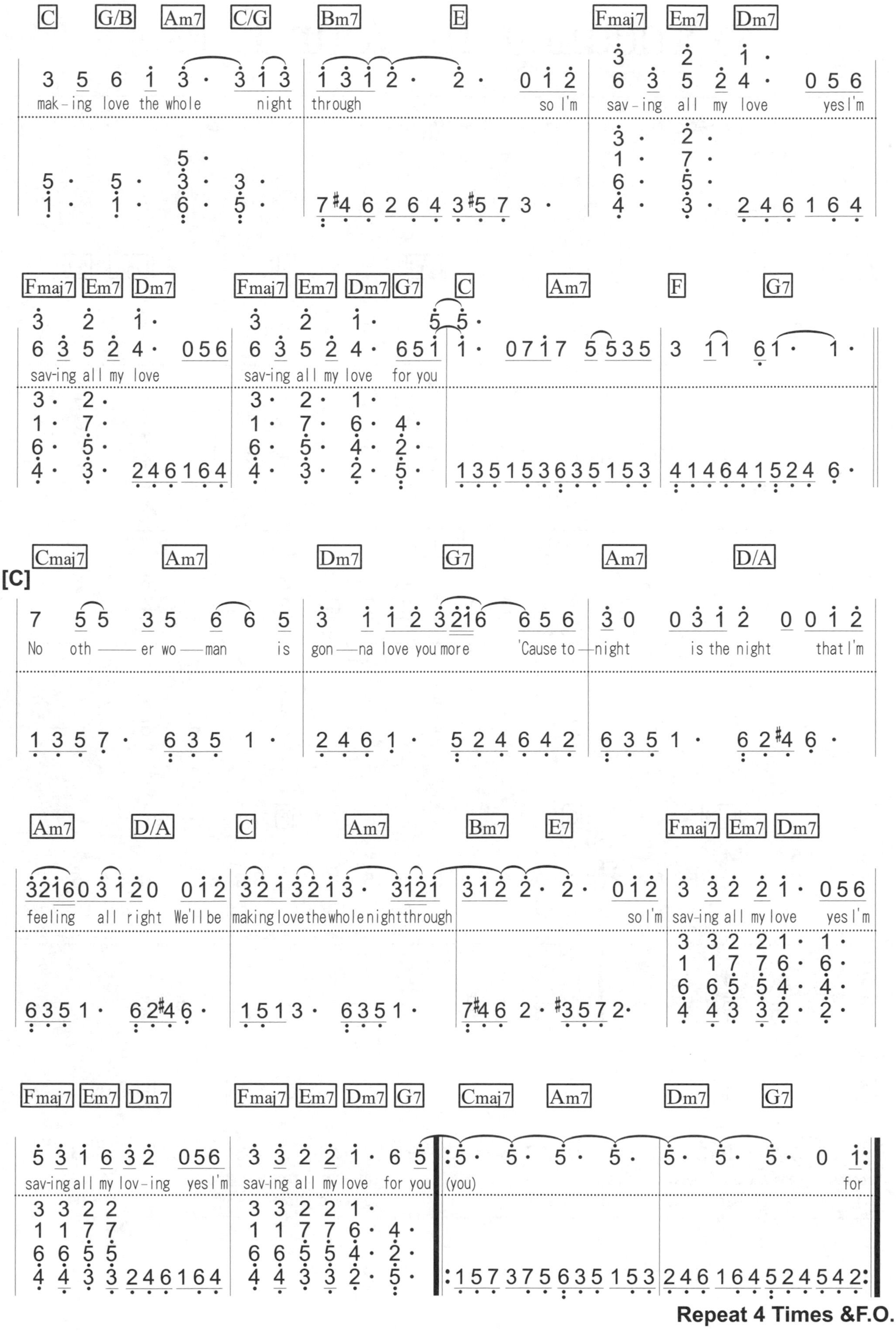

C G/B Am7 C/G | Bm7 E | Fmaj7 Em7 Dm7

mak-ing love the whole night | through so I'm | sav-ing all my love yes I'm

Fmaj7 Em7 Dm7 | Fmaj7 Em7 Dm7 G7 | C Am7 | F G7

sav-ing all my love | sav-ing all my love for you

[C]

Cmaj7 Am7 | Dm7 G7 | Am7 D/A

No oth —— er wo —— man is | gon —— na love you more 'Cause to — | night is the night that I'm

Am7 D/A | C Am7 | Bm7 E7 | Fmaj7 Em7 Dm7

feeling all right We'll be | making love the whole night through | so I'm | sav-ing all my love yes I'm

Fmaj7 Em7 Dm7 | Fmaj7 Em7 Dm7 G7 | Cmaj7 Am7 | Dm7 G7

sav-ing all my lov-ing yes I'm | sav-ing all my love for you | (you) | for

Repeat 4 Times &F.O.

Something In Your Eyes

詞 / 曲：Pamela Philips Oland / Richard Carpenter 演唱：Dusty Springfield

♩ = 72 4/4
Key:C Andante

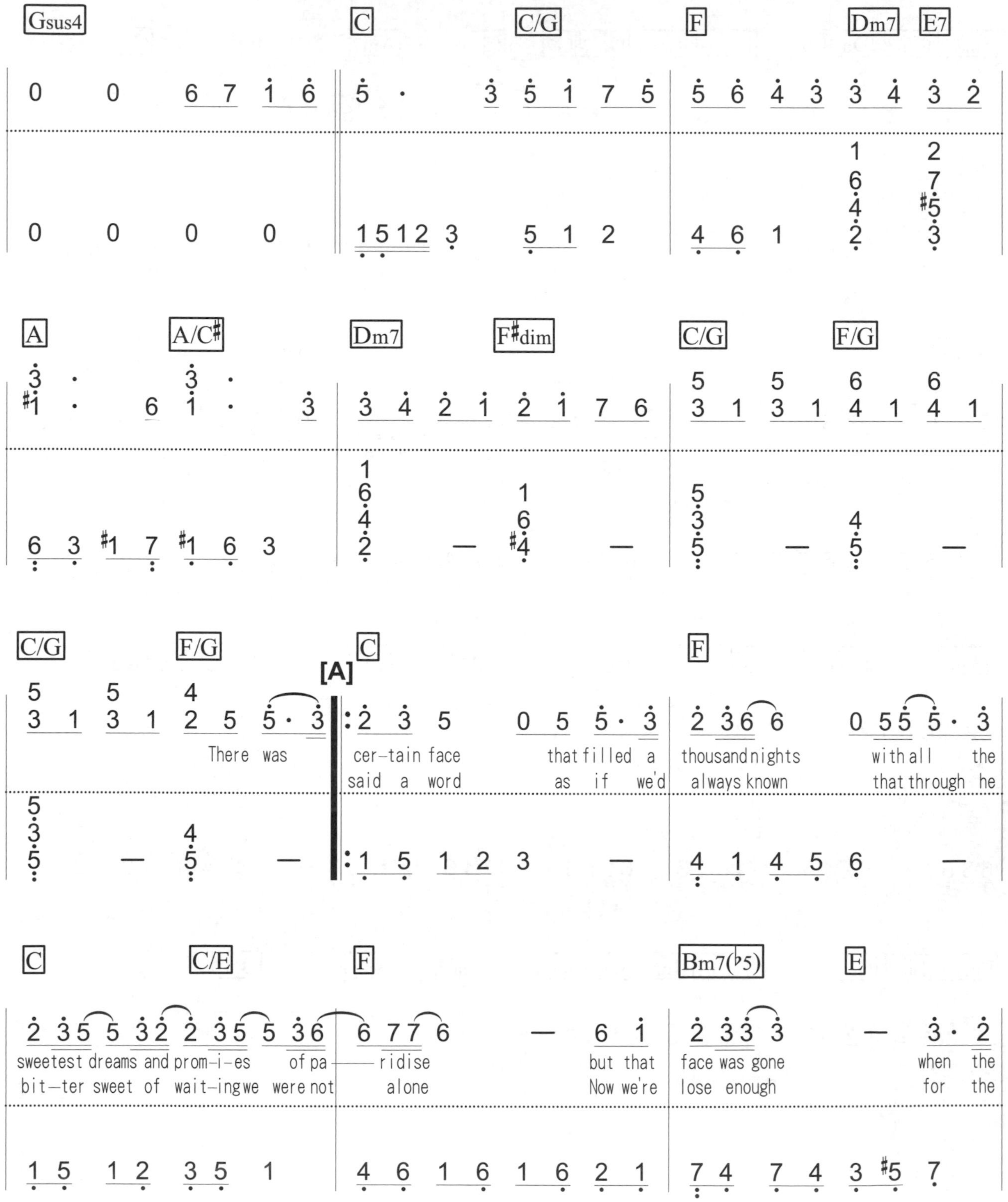

Gsus4 | C C/G | F Dm7 E7

| 0 0 6 7 1 6 | 5 · 3 5 1 7 5 | 5 6 4 3 3 4 3 2 |
| 0 0 0 0 | 1512 3 5 1 2 | 4 6 1 2/4/6/1 3/#5/7/2 |

A A/C# | Dm7 F#dim | C/G F/G

| #1/3 · 6 1/3 · 3 | 3 4 2 1 2 1 7 6 | 3/5 1 3/5 1 4/6 1 4/6 1 |
| 6 3 #1 7 #1 6 3 | 2/4/6/1 — #4/6/1 — | 5/3/5 — 5/4 — |

C/G F/G | [A] C | F

| 3/5 1 3/5 1 2/4 5 5 · 3 |: 2 3 5 0 5 5 · 3 | 2 36 6 0 55 5 · 3 |

There was cer-tain face that filled a thousand nights with all the
said a word as if we'd always known that through he

| 5/3/5 — 5/4 — |: 1 5 1 2 3 — | 4 1 4 5 6 — |

C C/E | F | Bm7(♭5) E

| 2 35 5 32 2 35 5 36 | 6 77 6 — 6 1 | 2 33 3 — 3 · 2 |

sweetest dreams and prom-i-es of pa-ridise but that face was gone when the
bit-ter sweet of wait-ing we were not alone Now we're lose enough for the

| 1 5 1 2 3 5 1 | 4 6 1 6 1 6 2 1 | 7 4 7 4 3 #5 7 |

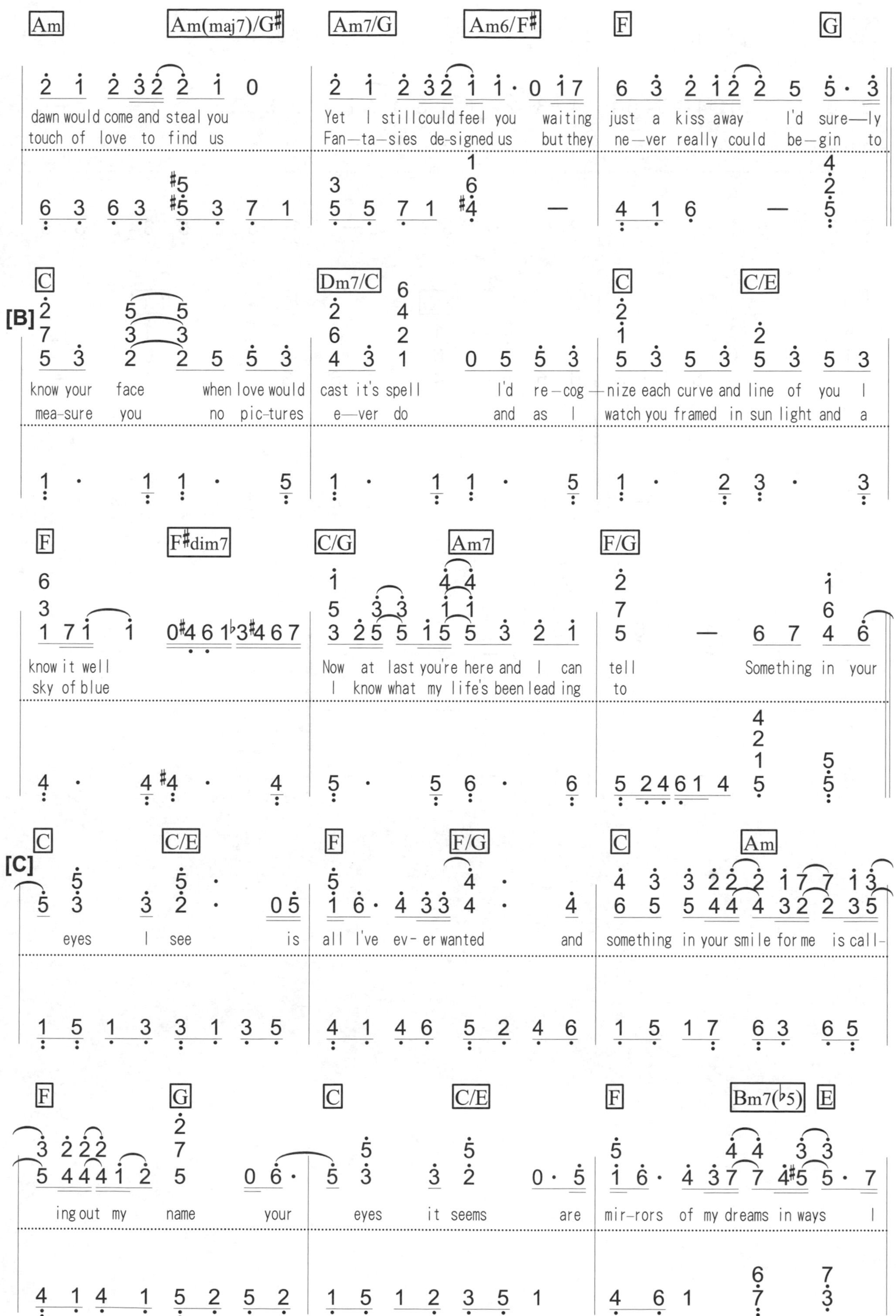
Am
Am(maj7)/G#
Am7/G
Am6/F#
F
G
dawn would come and steal you
touch of love to find us
Yet I still could feel you waiting
Fan—ta—sies de-signed us but they
just a kiss away I'd sure—ly
ne—ver really could be—gin to
[B]
C
Dm7/C
C
C/E
know your face when love would
mea-sure you no pic-tures
cast it's spell I'd re—cog
e—ver do and as I
—nize each curve and line of you I
watch you framed in sun light and a
F
F#dim7
C/G
Am7
F/G
know it well
sky of blue
Now at last you're here and I can
I know what my life's been lead ing
tell Something in your
to
[C]
C
C/E
F
F/G
C
Am
eyes I see is
all I've ev- er wanted and
something in your smile for me is call-
F
G
C
C/E
F
Bm7(♭5)
E
ing out my name your
eyes it seems are
mir-rors of my dreams in ways I

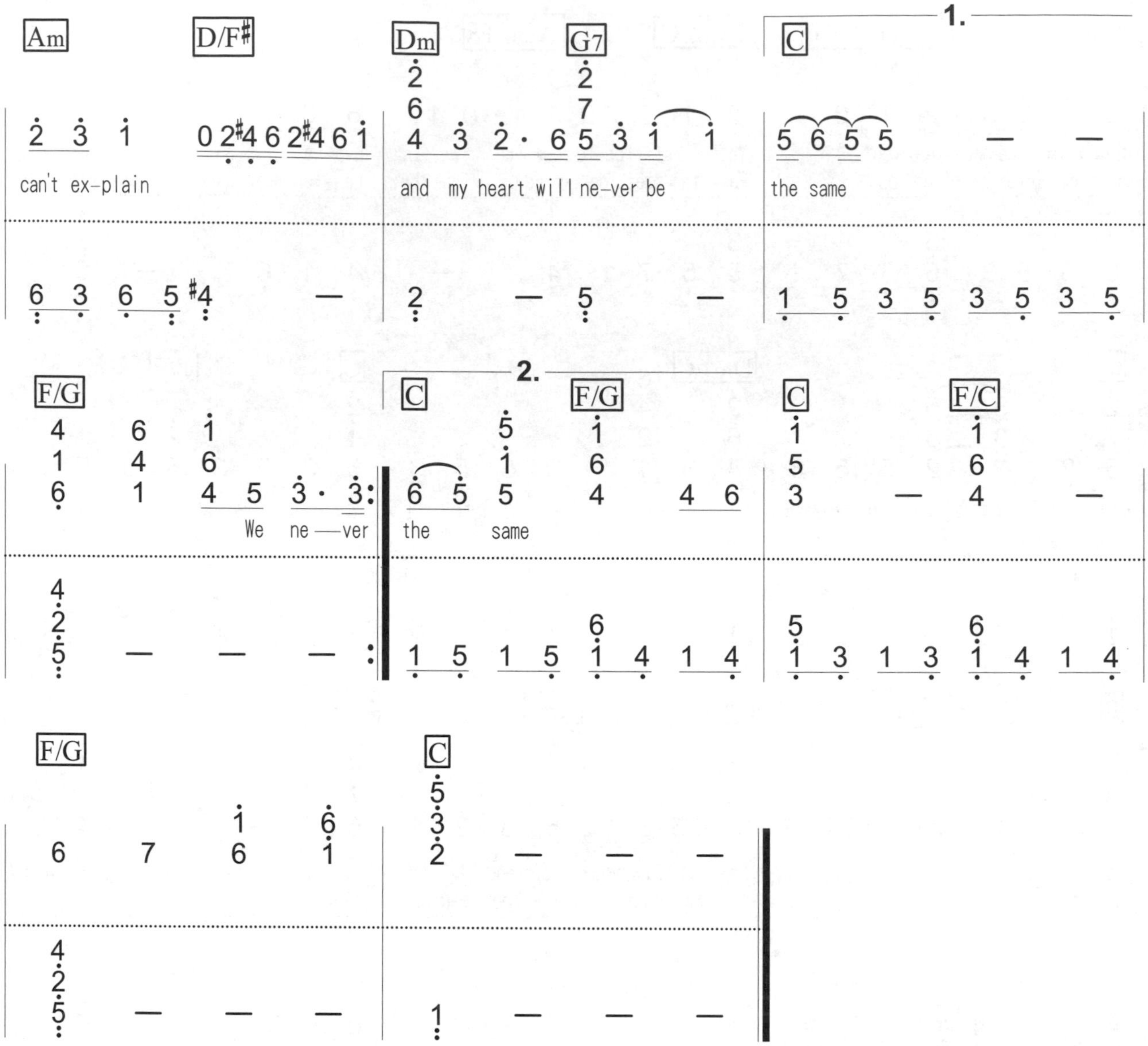

Am D/F♯ Dm G7 C (1.)

can't ex-plain and my heart will ne-ver be the same

F/G C (2.) F/G C F/C

We ne—ver the same

F/G C

Save The Best For Last

詞 / 曲：Phil Galdston.Jon Lind / Wendy Waldman　演唱：Vanessa Williams

♩ = 82　4/4
Key:C　Moderato

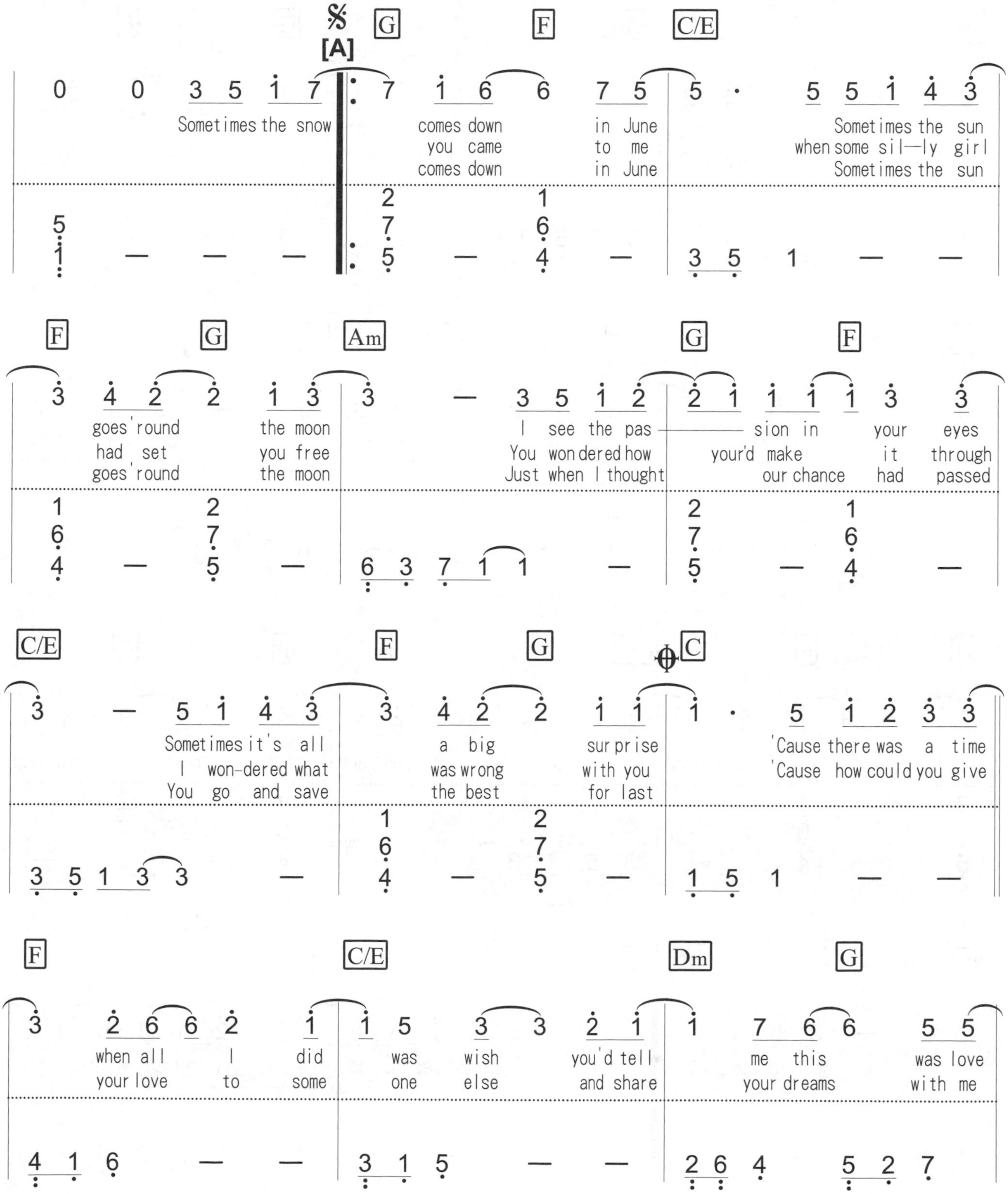

[A]

G　F　C/E

Sometimes the snow comes down in June Sometimes the sun
you came to me when some sil—ly girl
comes down in June Sometimes the sun

F　G　Am　G　F

goes' round the moon I see the pas — sion in your eyes
had set you free You wondered how your'd make it through
goes' round the moon Just when I thought our chance had passed

C/E　F　G　C

Sometimes it's all a big surprise 'Cause there was a time
I won-dered what was wrong with you 'Cause how could you give
You go and save the best for last

F　C/E　Dm　G

when all I did was wish you'd tell me this was love
your love to some one else and share your dreams with me

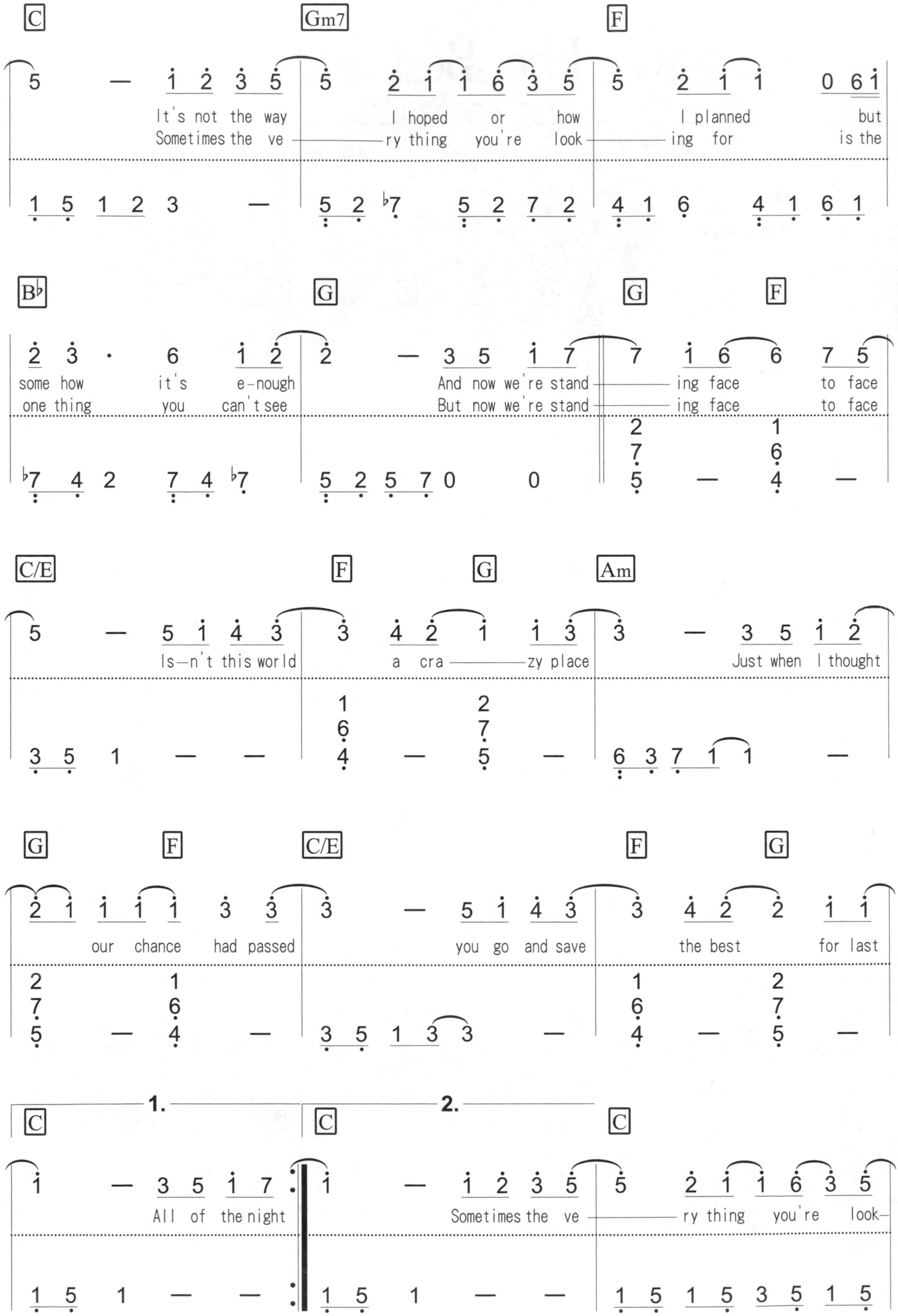

C | Gm7 | F

5 — 1 2 3 5 | 5 2 1 1 6 3 5 | 5 2 1 1 0 6 1

It's not the way I hoped or how I planned but

Sometimes the ve—ry thing you're look—ing for is the

1 5 1 2 3 — | 5 2 ♭7 5 2 7 2 | 4 1 6 4 1 6 1

B♭ | G | G F

2 3 · 6 1 2 | 2 — 3 5 1 7 | 7 1 6 6 7 5

some how it's e-nough And now we're stand—ing face to face

one thing you can't see But now we're stand—ing face to face

♭7 4 2 7 4 ♭7 | 5 2 5 7 0 0 | 2/7/5 — 1/6/4 —

C/E | F G | Am

5 — 5 1 4 3 | 3 4 2 1 1 3 | 3 — 3 5 1 2

Is—n't this world a cra—zy place Just when I thought

3 5 1 — — | 1/6/4 — 2/7/5 — | 6 3 7 1 1 —

G F | C/E | F G

2 1 1 1 1 3 3 | 3 — 5 1 4 3 | 3 4 2 2 1 1

our chance had passed you go and save the best for last

2/7/5 — 1/6/4 — | 3 5 1 3 3 — | 1/6/4 — 2/7/5 —

1. C | 2. C | C

1 — 3 5 1 7 :| 1 — 1 2 3 5 | 5 2 1 1 6 3 5

All of the night Sometimes the ve—ry thing you're look—

1 5 1 — — :| 1 5 1 — — | 1 5 1 5 3 5 1 5

G/B | Am | G

—— ing for is the | one thing you can't | see

Sometimes the snow

D.S.al Coda

C | Dm7 | C/E

You went and saved

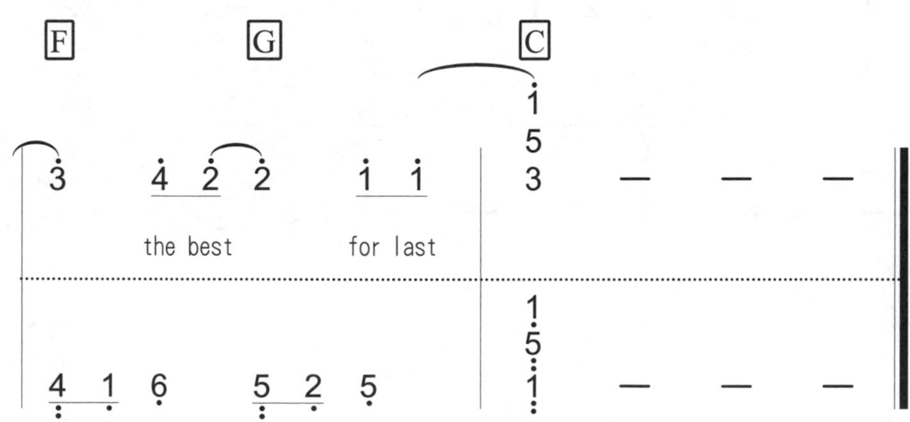

Sometimes When We Touch

詞 / 曲：Dan Hill / Barry Mann　演唱：Rod Stewart

♩ = 112　4/4

Key:C　Moderato

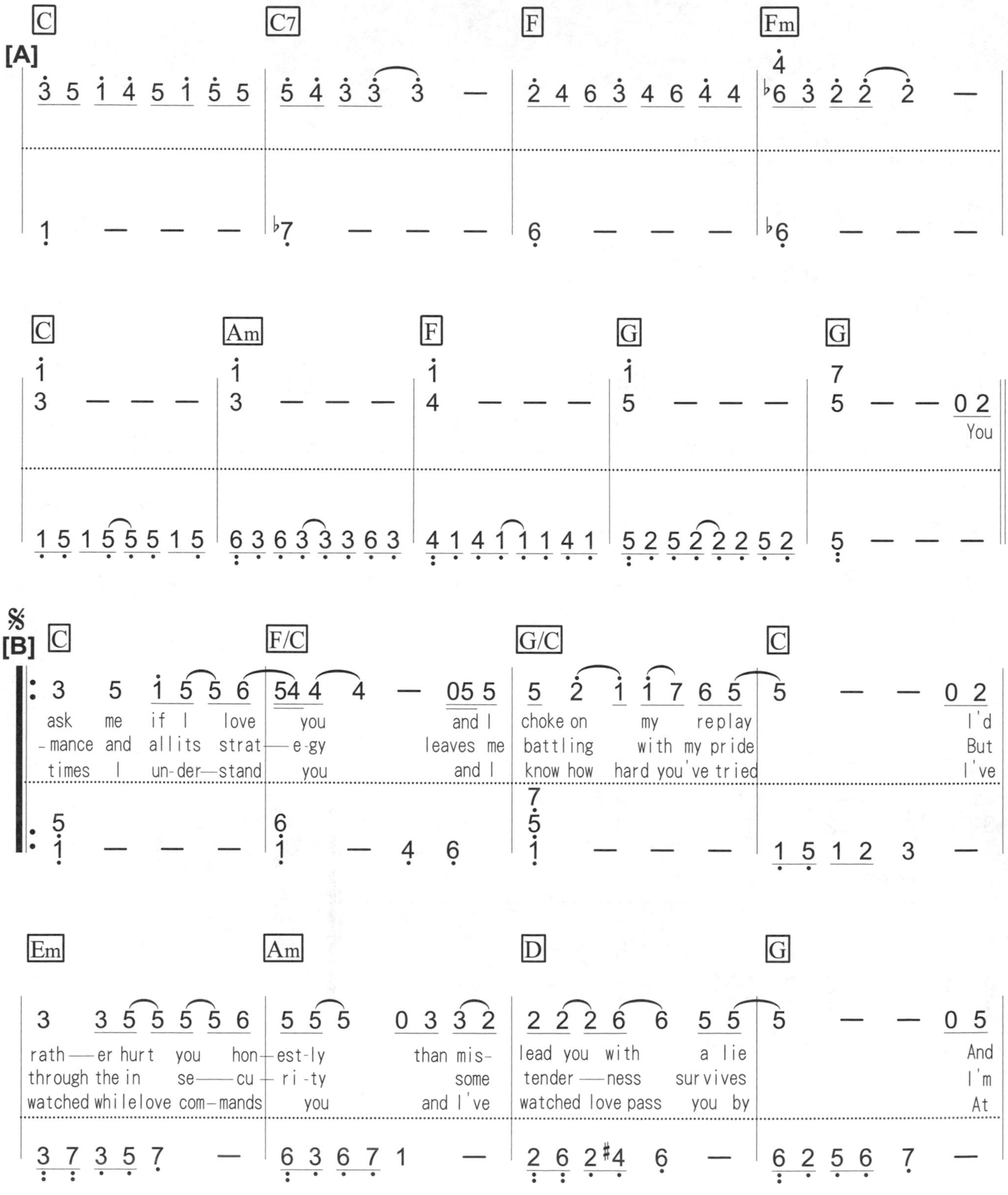

[A]

C　C7　F　Fm

C　Am　F　G　G

You

[B]

C　F/C　G/C　C

ask me if I love you and I choke on my replay I'd
-mance and all its strat-e-gy leaves me battling with my pride But
times I un-der-stand you and I know how hard you've tried I've

Em　Am　D　G

rath-er hurt you hon-est-ly than mis- lead you with a lie And
through the in se-cu-ri-ty some tender-ness survives I'm
watched while love com-mands you and I've watched love pass you by At

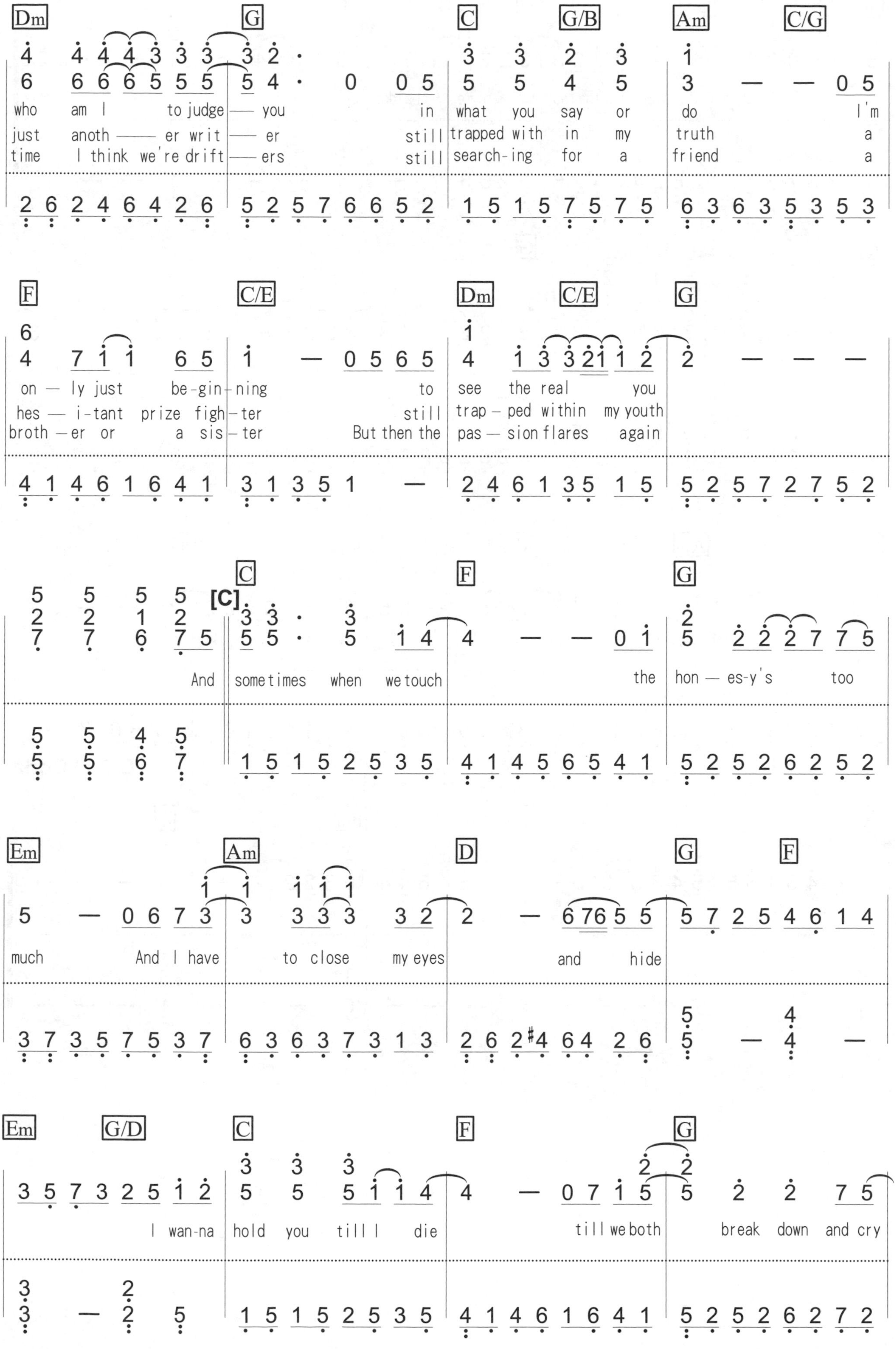

Dm G C G/B Am C/G

who am I to judge — you in what you say or do I'm
just anoth — er writ — er still trapped with in my truth a
time I think we're drift — ers still search-ing for a friend a

F C/E Dm C/E G

on — ly just be-gin-ning to see the real you
hes — i-tant prize figh-ter still trap — ped within my youth
broth — er or a sis-ter But then the pas — sion flares again

C F G

[C]

And sometimes when we touch the hon — es-y's too

Em Am D G F

much And I have to close my eyes and hide

Em G/D C F G

I wan-na hold you till I die till we both break down and cry

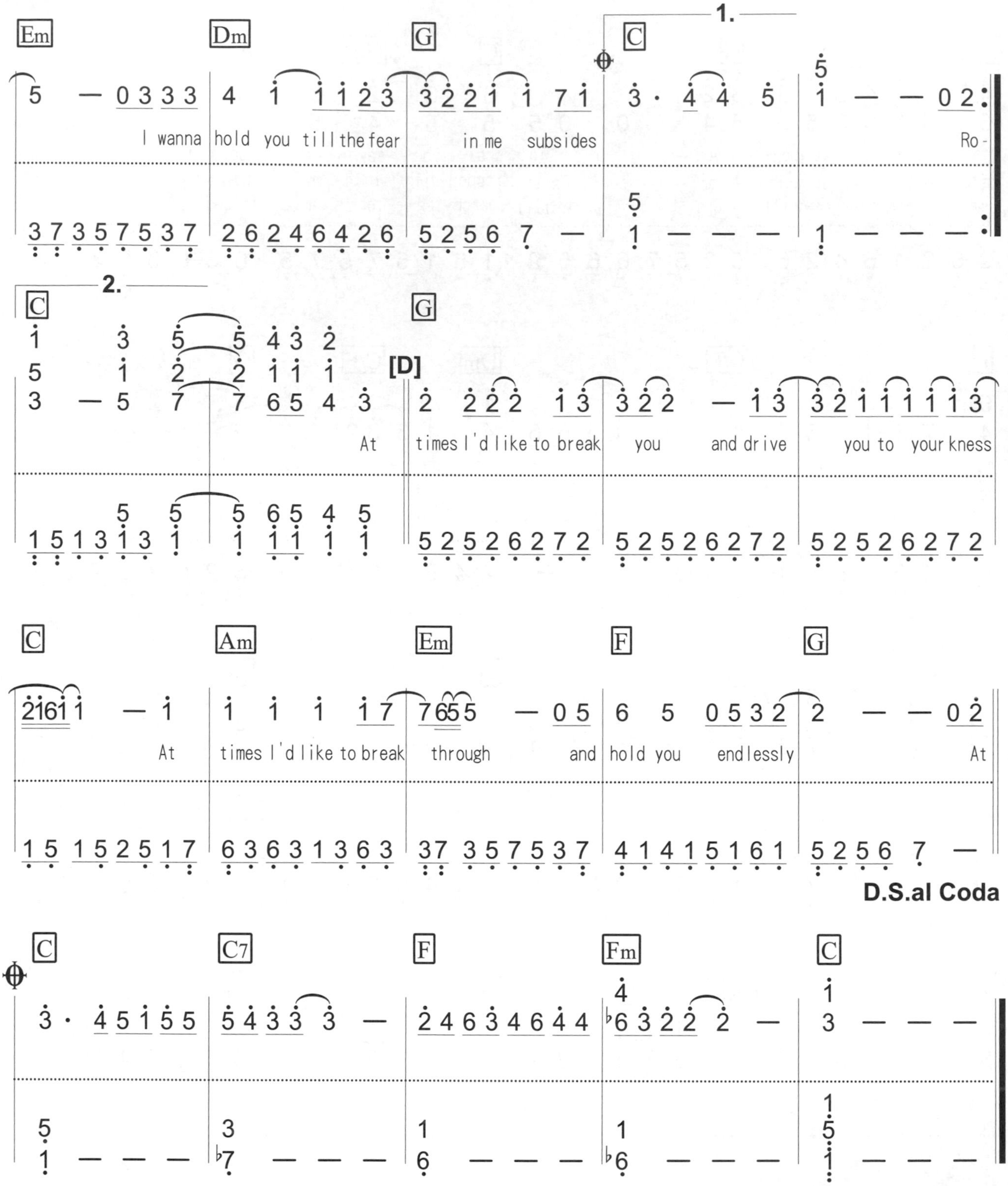

Em | Dm | G | C (1.)

I wanna hold you till the fear in me subsides Ro-

C (2.) | G

[D]

At times I'd like to break you and drive you to your kness

C | Am | Em | F | G

At times I'd like to break through and hold you endlessly At

D.S.al Coda

C | C7 | F | Fm | C

Say You Say Me

（電影"飛越蘇聯"主題曲）

詞 / 曲：Lionel Richie　演唱：Lionel Richie

♩ = 68　4/4

Key:C　Andante

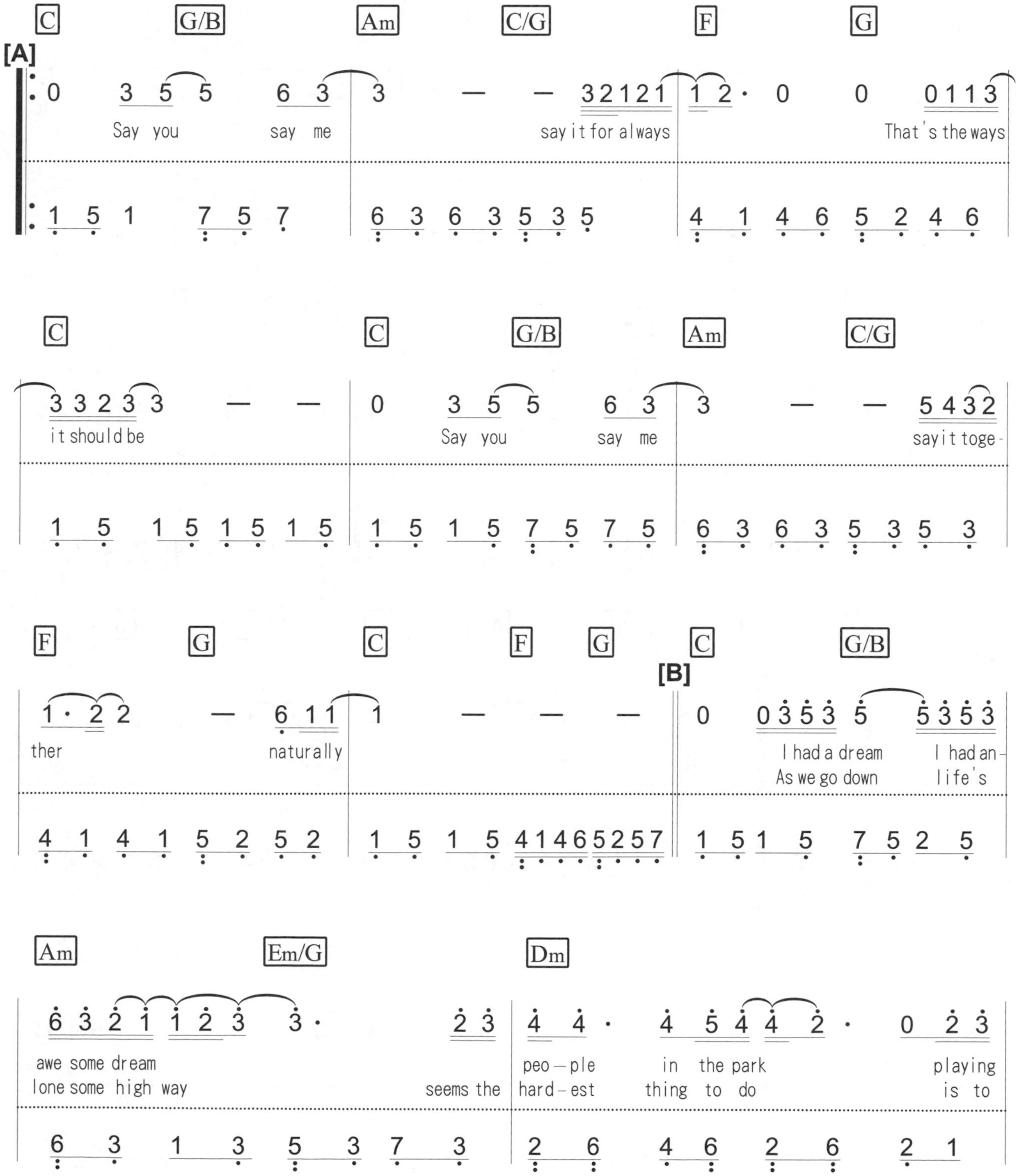

[A]

C　G/B　Am　C/G　F　G

0 3 5 5 6 3 | 3 — — 32121 | 1 2· 0 0 0113

Say you say me say it for always That's the ways

1 5 1 7 5 7 | 6 3 6 3 5 3 5 | 4 1 4 6 5 2 4 6

C　C　G/B　Am　C/G

33233 — — | 0 3 5 5 6 3 | 3 — — 5432

it should be Say you say me say it toge-

1 5 1 5 1 5 1 5 | 1 5 1 5 7 5 7 5 | 6 3 6 3 5 3 5 3

F　G　C　F　G　C　G/B

[B]

1· 2 2 — 6 11 | 1 — — — || 0 0353 5 5353

ther naturally I had a dream I had an-

As we go down life's

4 1 4 1 5 2 5 2 | 1 5 1 5 41465257 || 1 5 1 5 7 5 2 5

Am　Em/G　Dm

6321123 3· 2 3 | 4 4· 4 5 4 4 2· 0 2 3

awe some dream peo－ple in the park playing

lone some high way seems the hard－est thing to do is to

6 3 1 3 5 3 7 3 | 2 6 4 6 2 6 2 1

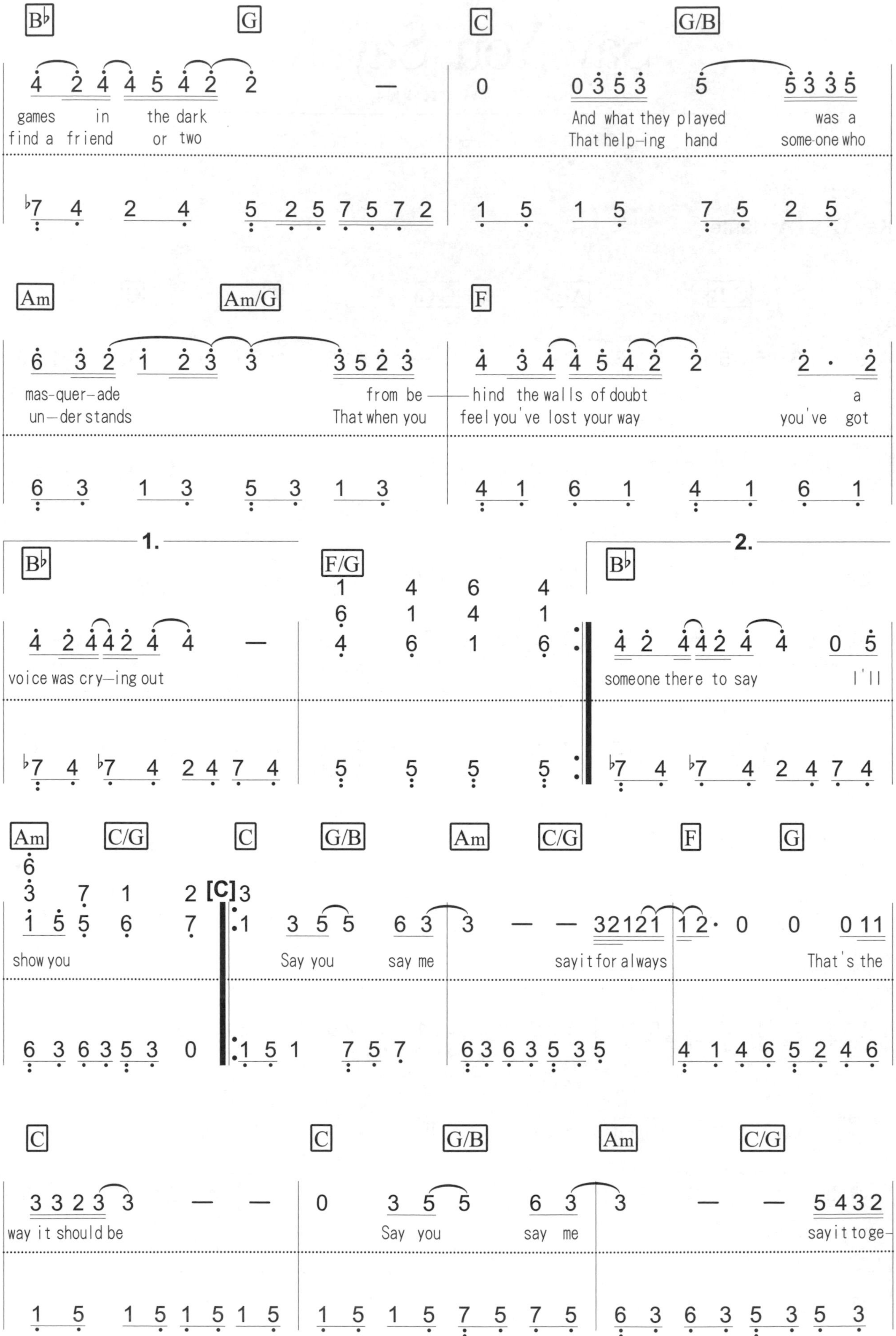

B♭ G C G/B

games in the dark ... And what they played was a
find a friend or two ... That help-ing hand some-one who

Am Am/G F

mas-quer-ade from be—hind the walls of doubt a
un—der stands That when you feel you've lost your way you've got

1. B♭ F/G 2. B♭

voice was cry—ing out ... someone there to say I'll

Am C/G [C] C G/B Am C/G F G

show you Say you say me say it for always That's the

C C G/B Am C/G

way it should be Say you say me say it toge-

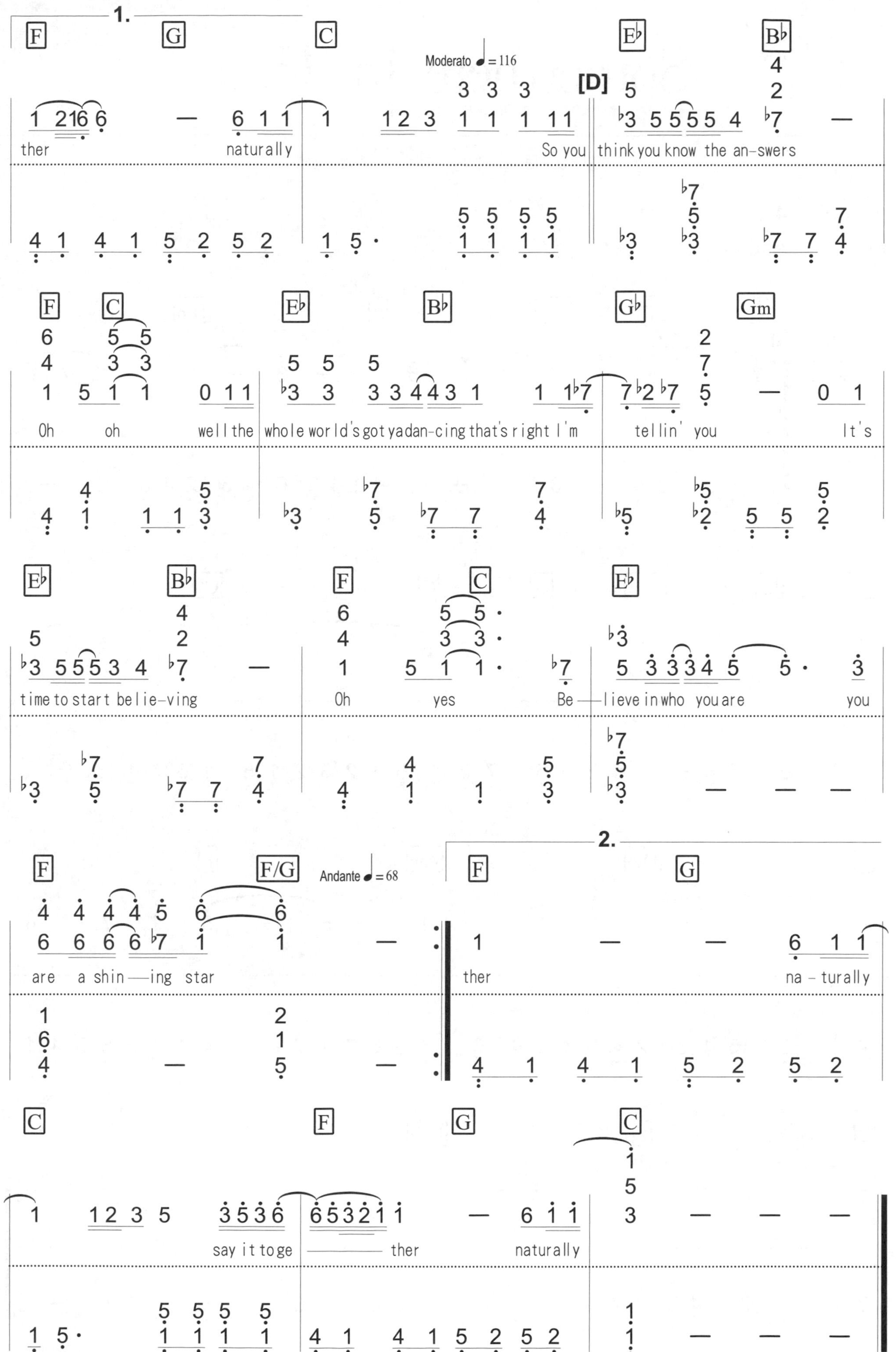
1.
Moderato ♩=116
[D]
ther naturally So you think you know the an-swers
Oh oh well the whole world's got ya dan-cing that's right I'm tellin' you It's
time to start be-lie-ving Oh yes Be-lieve in who you are you
are a shin-ing star
Andante ♩=68
2.
ther na-turally
say it toge-ther naturally

Somewhere In Time

（電影"似曾相識"主題音樂）

詞 / 曲：John Barry　演唱：(演奏曲)

♩ = 69　4/4

Key:C　Andante

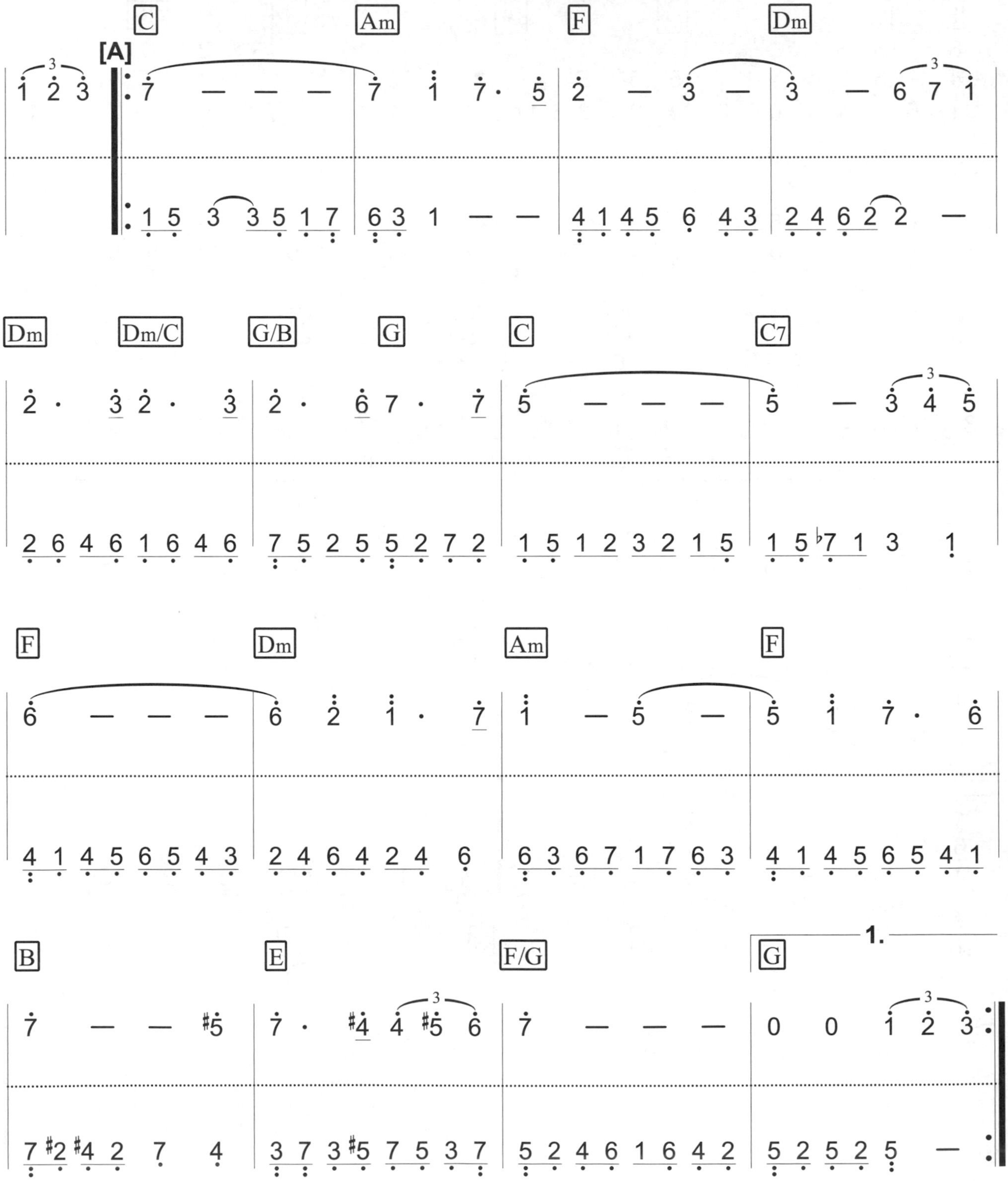

[A]

C　Am　F　Dm

Dm　Dm/C　G/B　G　C　C7

F　Dm　Am　F

B　E　F/G　1. G

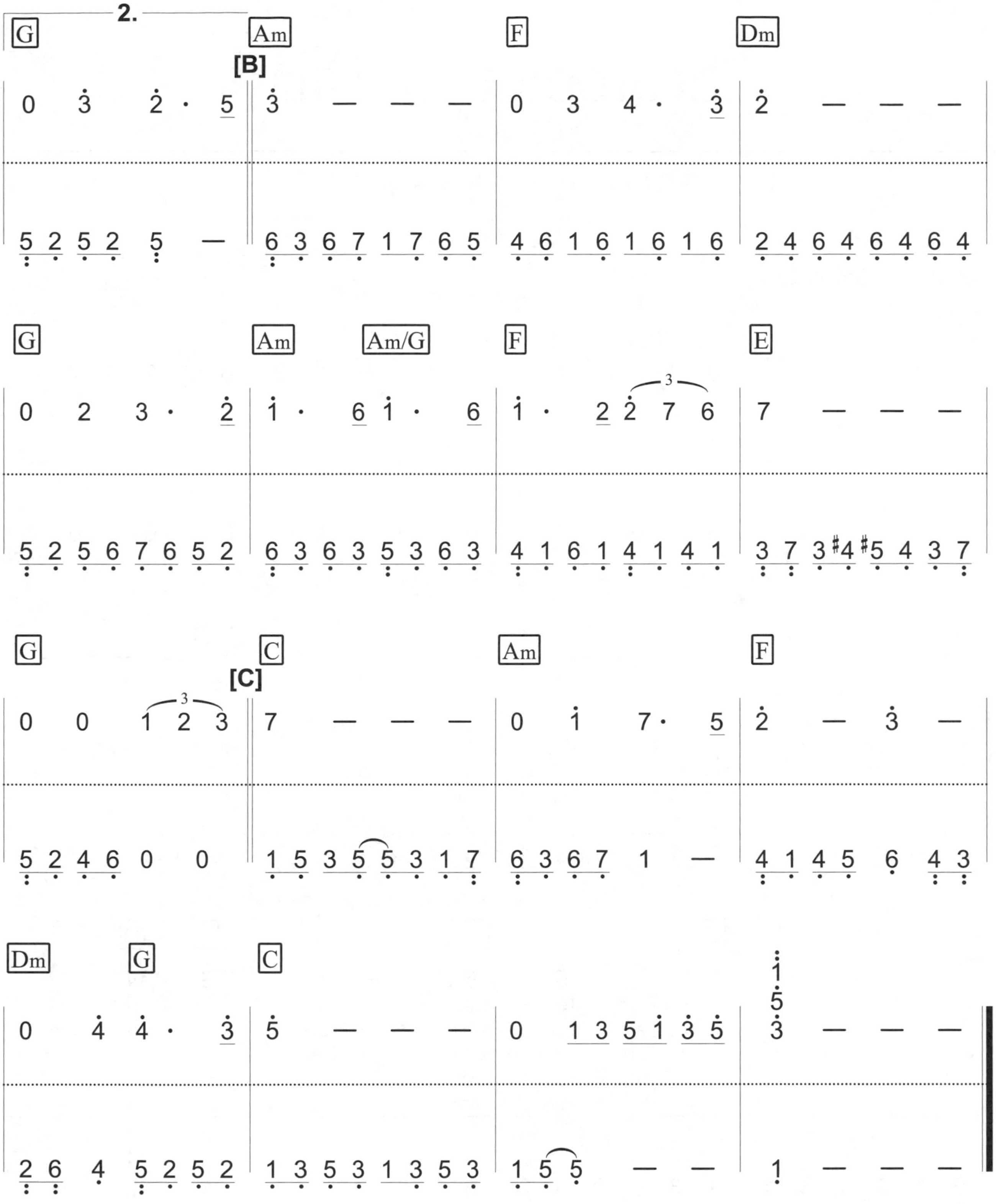

2.

G Am [B] F Dm

G Am Am/G F E

G C [C] Am F

Dm G C

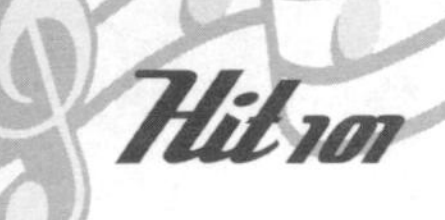

Scarborough Fair

(電影"畢業生"主題曲)

詞 / 曲：Paul Simon　演唱：Simon & Garfunkel

♩ = 100　3/4

Key:Am　Moderato

	Am			
Melody	6 3 5 #4 2 3	6 3 2 3 7 1	6 3 5 #4 2 3	6 3 2 3 7 1
Bass	0 0 0	0 0 0	0 0 0	0 0 0

	Am		G	Am
Melody	6 6 6	3 3 3 3 3	7· 1 7	6 — —
	Are you	go-ing to	Sca — bor-ough	Fair
	Tell her to	find me a	cam — bric	shirt
	Tell her to	find me an	a — vre of	land
	Tell her to	reap it with a	sick — le of	leather
	Are you	go-ing to	Sca — bor-ough	Fair
Bass	6 1 3 1 3 1	6 1 3 1 3 1	5 7 2 7 2 7	6 1 3 1 3 1

		C	Am	C D
Melody	6 — —	0 3 5	6 — 5	3 #4 2
		Pars — ley	sage rose —	ma — ry and
		Pars — ley	sage rose —	ma — ry and
		Pars — ley	sage rose —	ma — ry and
		Pars — ley	sage rose —	ma — ry and
		Pars — ley	sage rose —	ma — ry and
Bass	6 1 3 1 3 1	1 3 5 3 5 3	6 1 3 1 3 1	1/3/5 2/#4/6 —

	Am			
Melody	3 — —	3 — —	3 — —	3 — 6
	thyme			Re —
	thyme			With —
	thyme			Be —
	thyme			And
	thyme			Re —
Bass	6 1 3 1 3 1	6 1 3 1 3 1	6 1 3 1 3 1	6 1 3 1 3 1

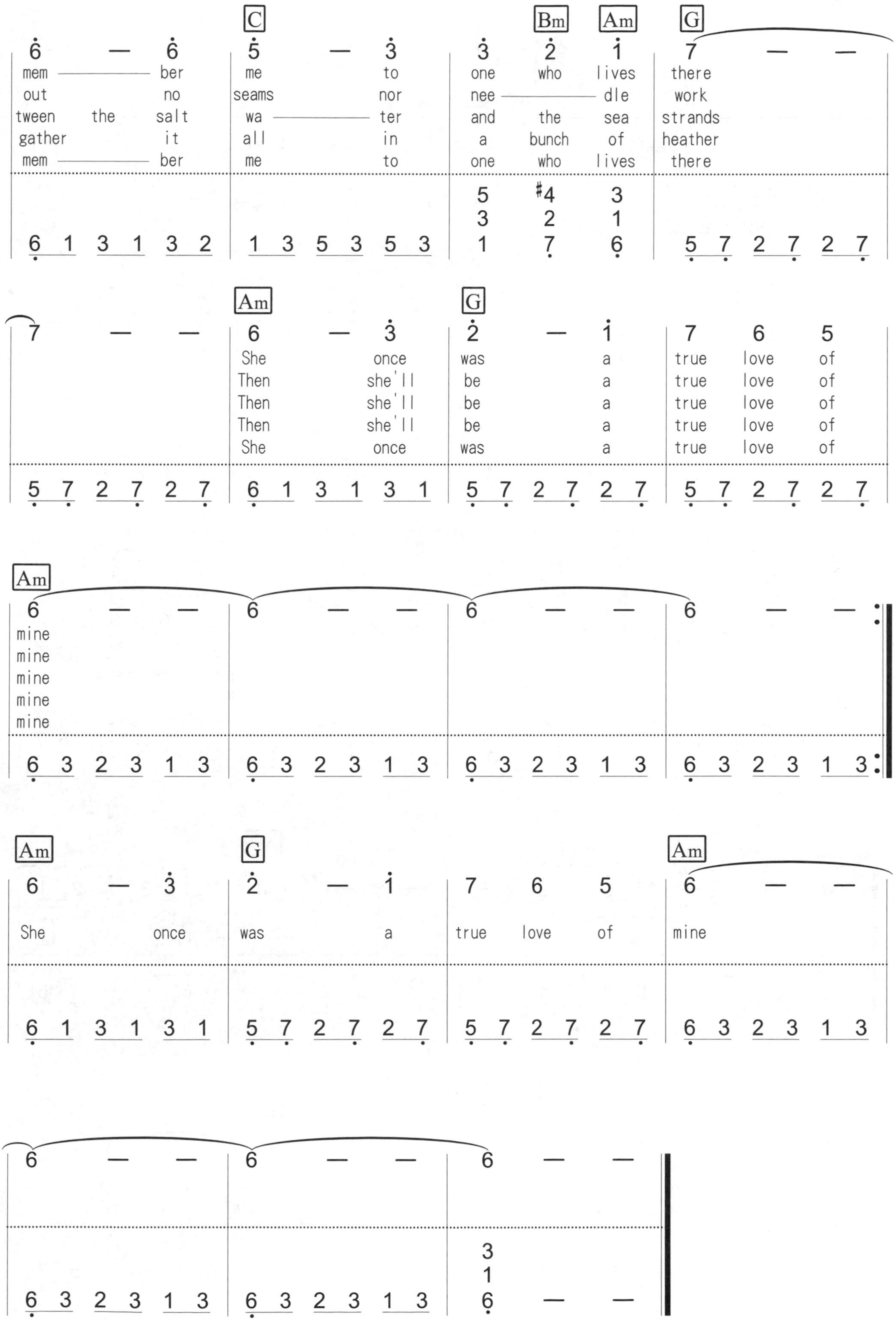

C Bm Am G

mem — ber me to one who lives there
out no seams nor nee — dle work
tween the salt wa — ter and the sea strands
gather it all in a bunch of heather
mem — ber me to one who lives there

Am G

She once was a true love of mine
Then she'll be a true love of mine
Then she'll be a true love of mine
Then she'll be a true love of mine
She once was a true love of mine

Am

Am G Am

She once was a true love of mine

Stand By Me

（電影"站在我這邊"主題曲）

詞 / 曲：Ben E. King / Mike Stoller / Jerry Leiber　演唱：Ben E. King

♩ = 120　4/4

Key:C　Moderato

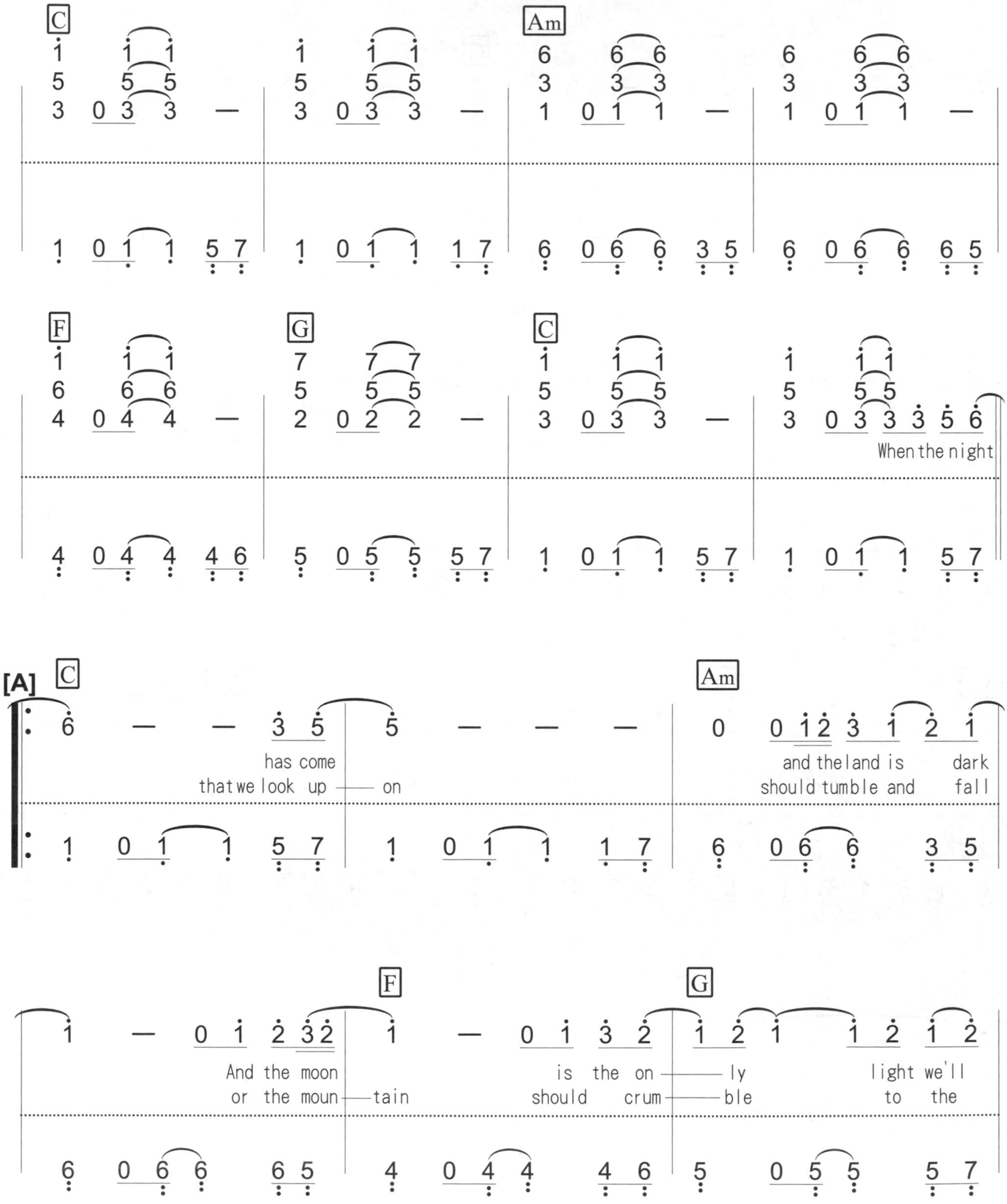

C　Am　F　G　C

When the night

[A] C　Am

has come
that we look up on

and the land is dark
should tumble and fall

F　G

And the moon is the on ly light we'll
or the moun tain should crum ble to the

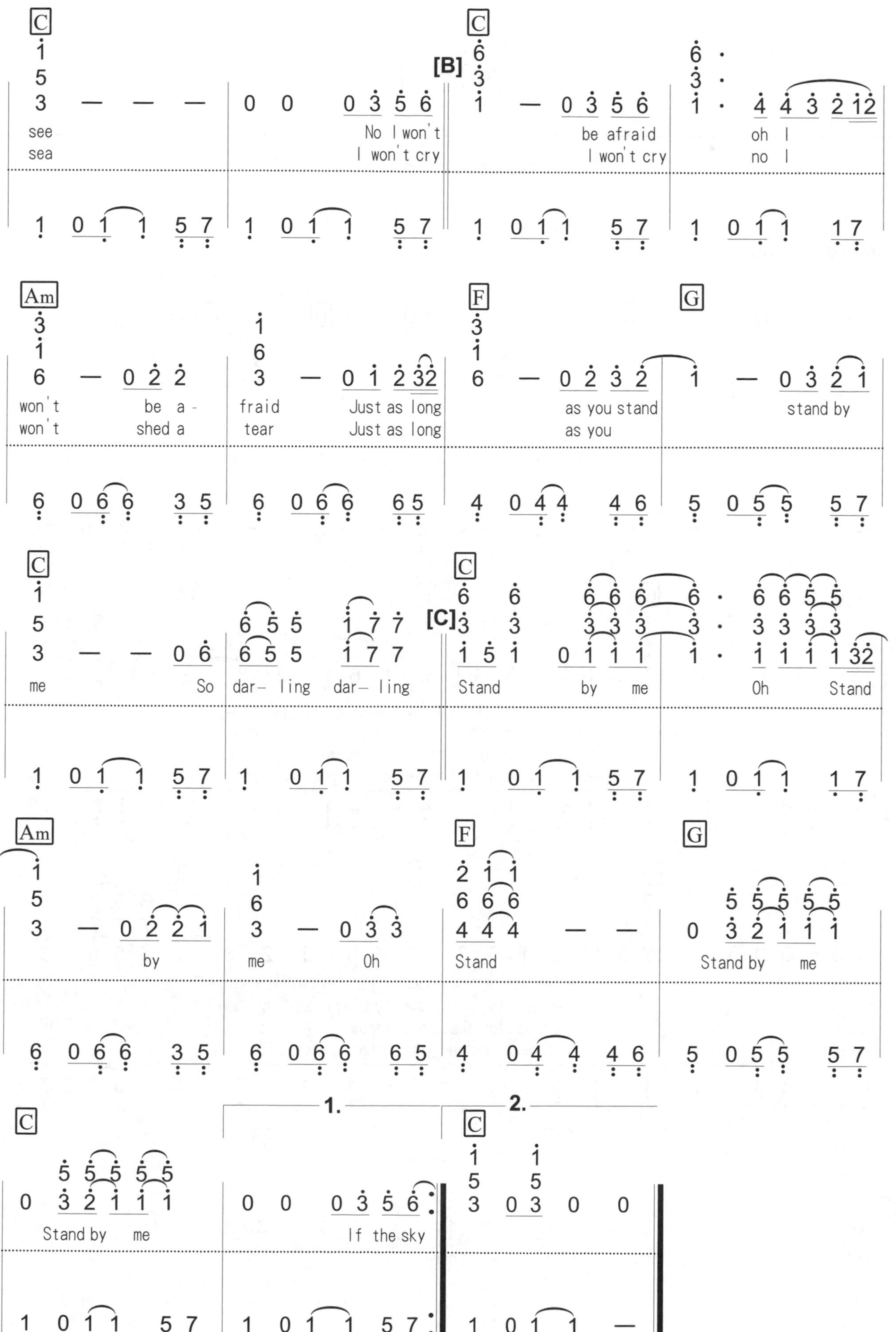
C
see
sea
No I won't
I won't cry
[B]
C
be afraid
I won't cry
oh I
no I
Am
won't be a-
won't shed a
fraid Just as long
tear Just as long
F
as you stand
as you
G
stand by
C
me So
dar- ling dar- ling
[C]
C
Stand by me
Oh Stand
Am
by
me Oh
F
Stand
G
Stand by me
C
Stand by me
1.
If the sky
2.
C

Sunny

詞 / 曲：Bobby Hebb　演唱：Frank Sinatra

♩ = 120　4/4

Key:Am　Andante

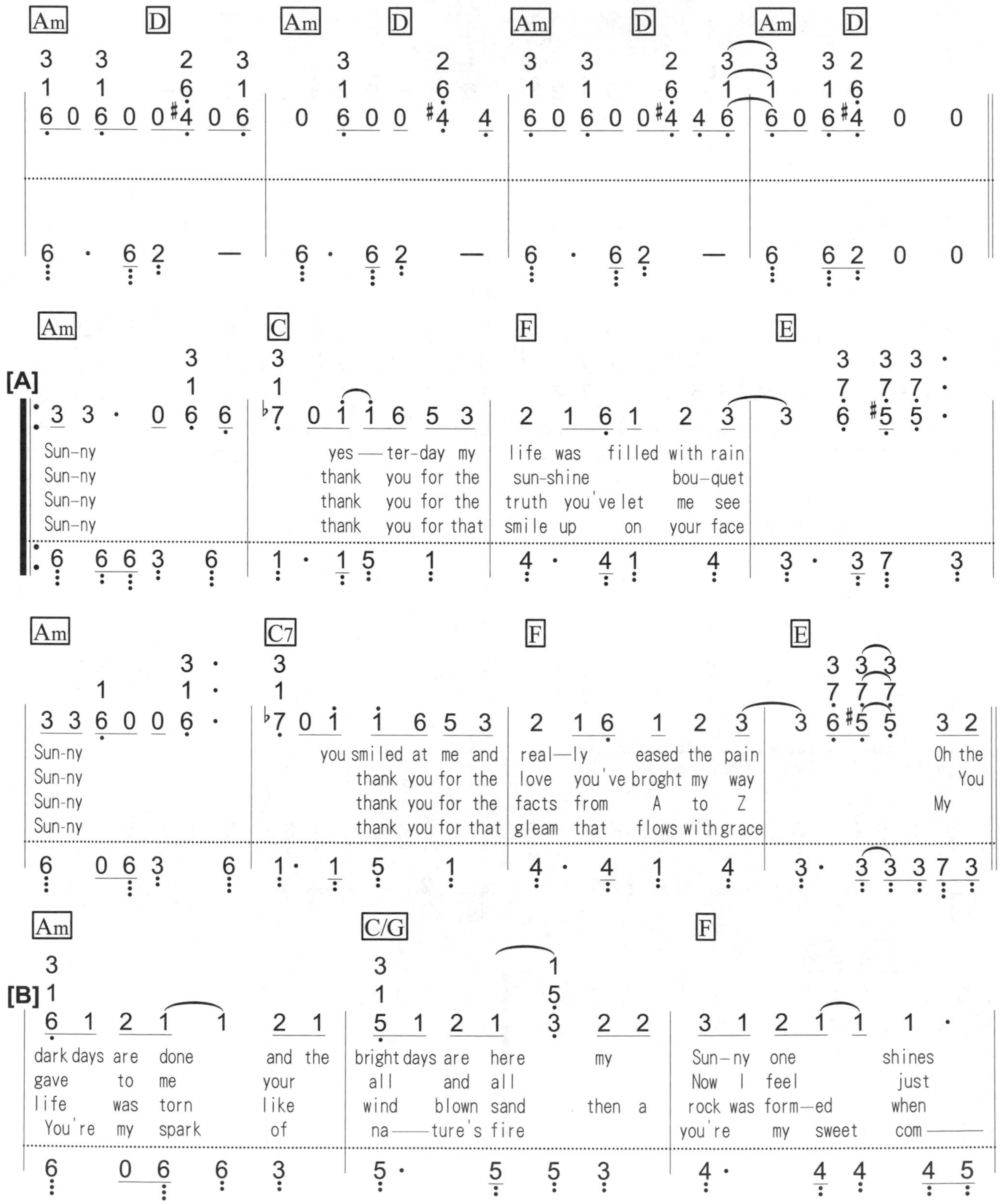

Am D | Am D | Am D | Am D

[A]

Am | C | F | E

Sun-ny yes — ter-day my life was filled with rain
Sun-ny thank you for the sun-shine bou-quet
Sun-ny thank you for the truth you've let me see
Sun-ny thank you for that smile up on your face

Am | C7 | F | E

Sun-ny you smiled at me and real—ly eased the pain Oh the
Sun-ny thank you for the love you've broght my way You
Sun-ny thank you for the facts from A to Z My
Sun-ny thank you for that gleam that flows with grace

[B]

Am | C/G | F

dark days are done and the bright days are here my Sun-ny one shines
gave to me your all and all Now I feel just
life was torn like wind blown sand then a rock was form-ed when
You're my spark of na — ture's fire you're my sweet com ———

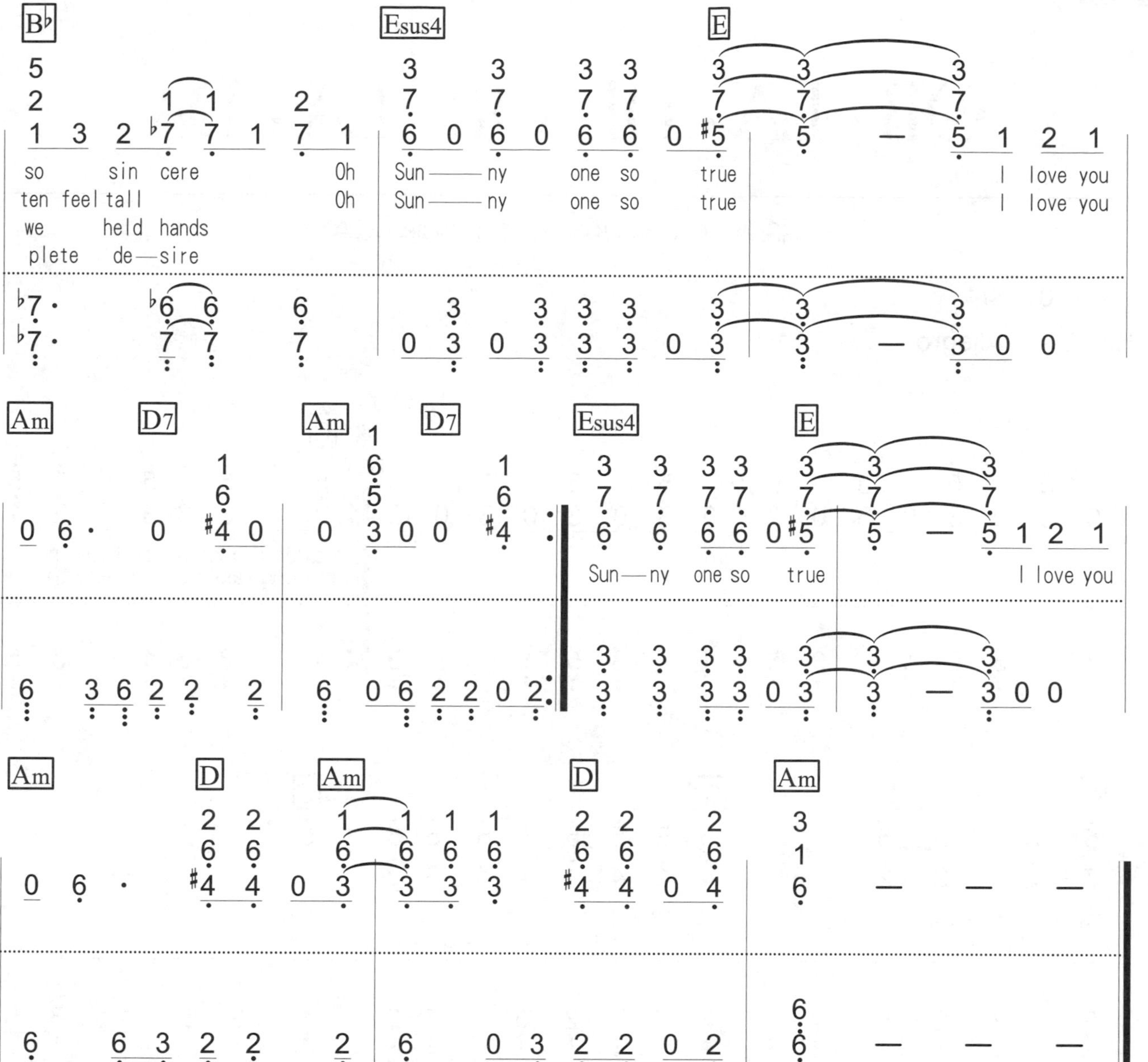
B♭
Esus4
E
so sin cere Oh
ten feel tall Oh
we held hands
plete de—sire
Sun——ny one so true I love you
Sun——ny one so true I love you
Am
D7
Am
D7
Esus4
E
Sun—ny one so true I love you
Am
D
Am
D
Am

OB - LA - DI , OB - LA - DA

詞 / 曲：Lennon / McCartney　演唱：The Beatles

♩ = 120　4/4
Key:C　Allegro

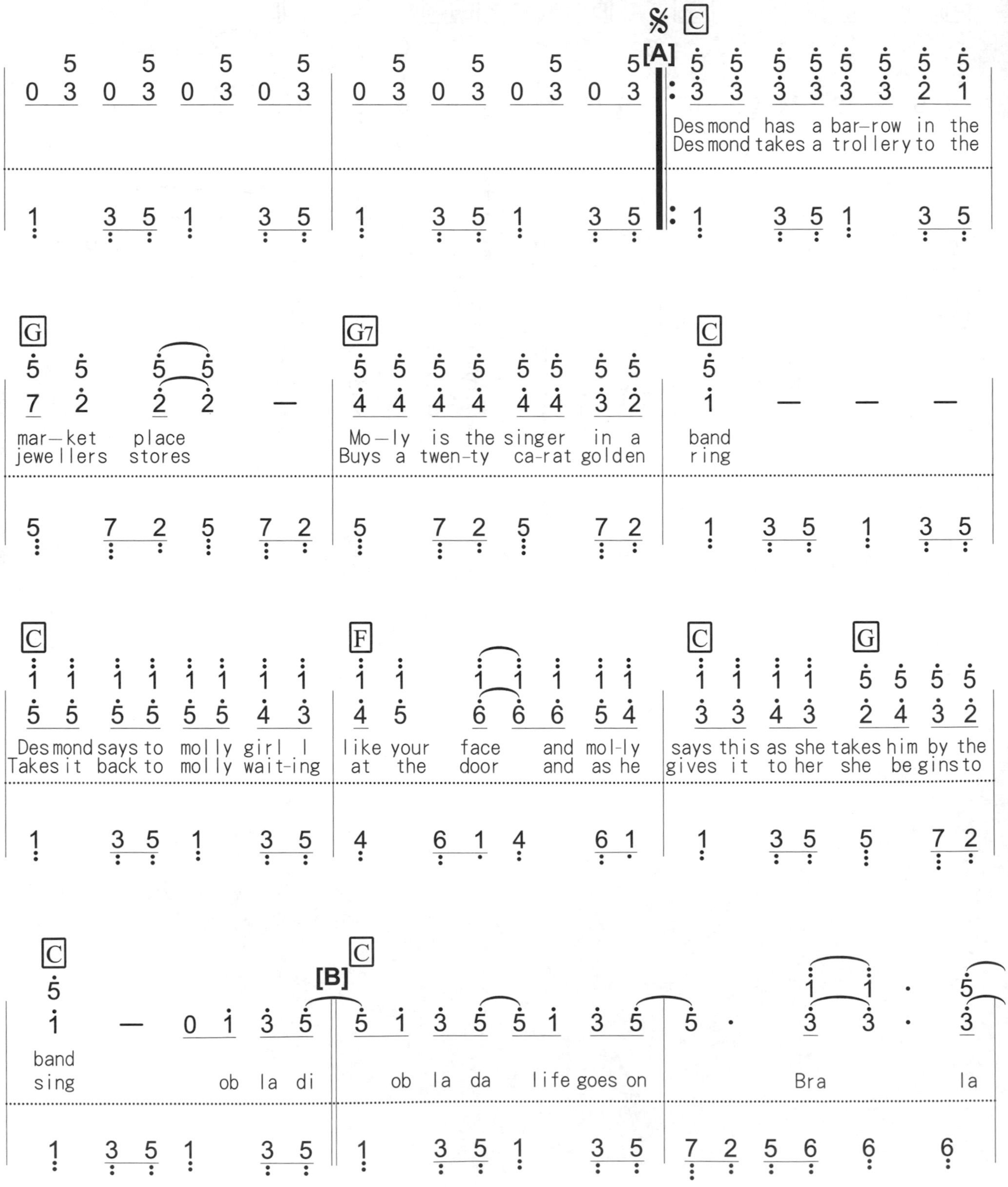

[A] C
Desmond has a bar-row in the
Desmond takes a trollery to the

G
mar-ket place
jewellers stores

G7
Mo-ly is the singer in a
Buys a twen-ty ca-rat golden

C
band
ring

C
Desmond says to molly girl I
Takes it back to molly wait-ing

F
like your face and mol-ly
at the door and as he

C　G
says this as she takes him by the
gives it to her she begins to

C
band
sing
ob la di

[B] C
ob la da life goes on
Bra la

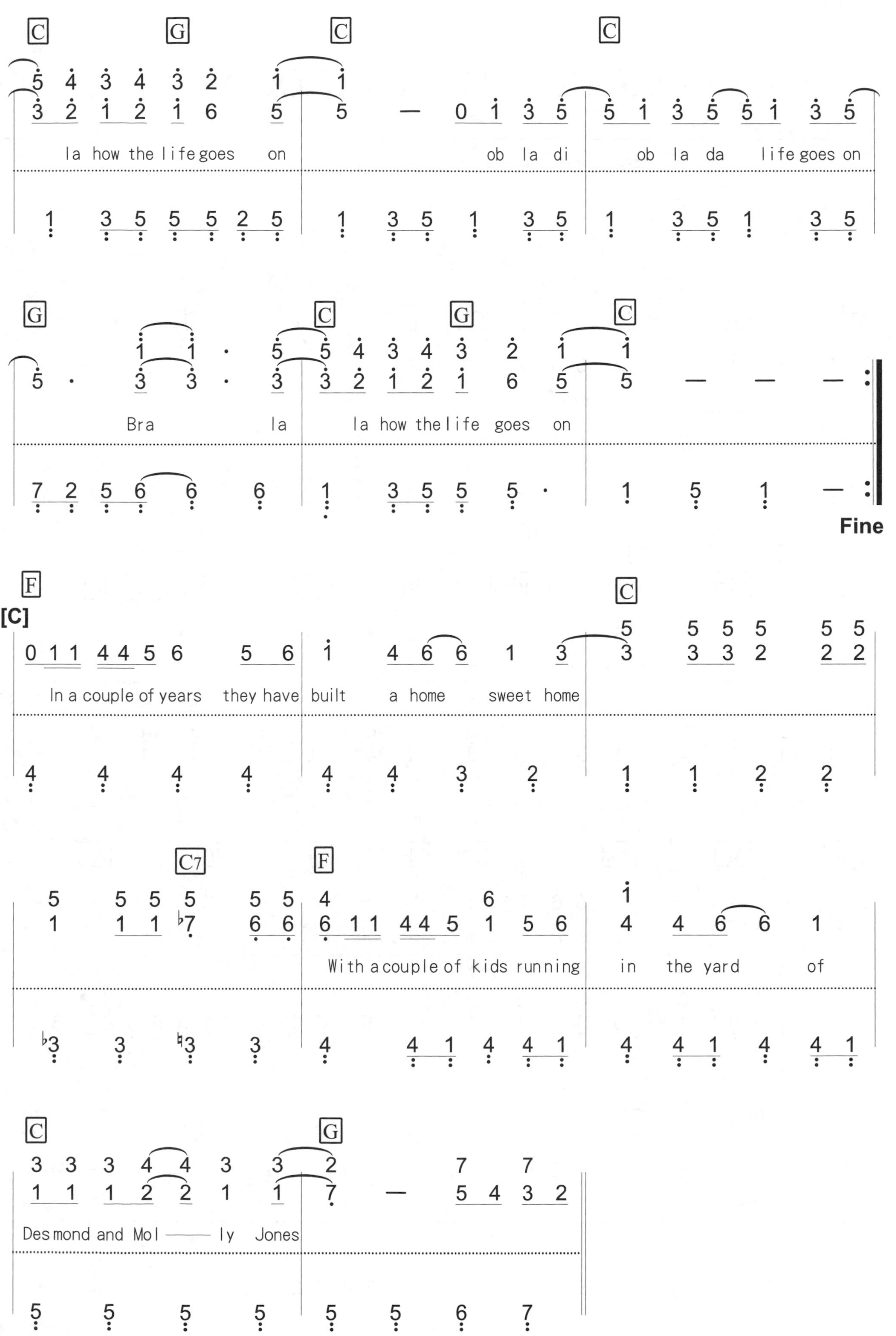
C G C C
la how the life goes on
ob la di
ob la da life goes on
G C G C
Bra la
la how the life goes on
Fine
F C
[C]
In a couple of years they have built a home sweet home
C7 F
With a couple of kids running in the yard of
C G
Des mond and Mol —— ly Jones
D.S.al Fine

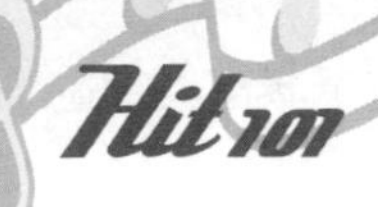

Over The Rainbow

（電影"綠野仙蹤"主題曲）

詞 / 曲：Harold Arlen / E.Y.Harburg　演唱：Judy Garland

♩ = 74　4/4

Key:C

[A] C　Am | Em　C7 | F　G | C

1 — 1 — | 7 5 6 7 1 | 0 1 6 — | 5 — — —

Some — where | o — ver the rain — bow | way up | hight

F　B♭7 | C　A7(♭9) | D　G7 | C　F/C　C

6 — 4 — | 3 1 2 3 4 | 2 7 1 2 3 | 1 — — —

There's a | land that I heard of | once in a lull — a — | by

[B] C　Am | Em　C7 | F　G | C　A7

1 — 1 — | 7 5 6 7 1 | 0 1 6 — | 5 — — —

Some — where | o — ver the rain — bow | skies are | blue

Dm　Fm | C　A7 | Dm　G | C　F/C　C

0 6 4 — | 3 1 2 3 4 | 2 7 1 2 3 | 1 — — 0 5

And the | dreams that you dare to | dream real-ly do come | true Some

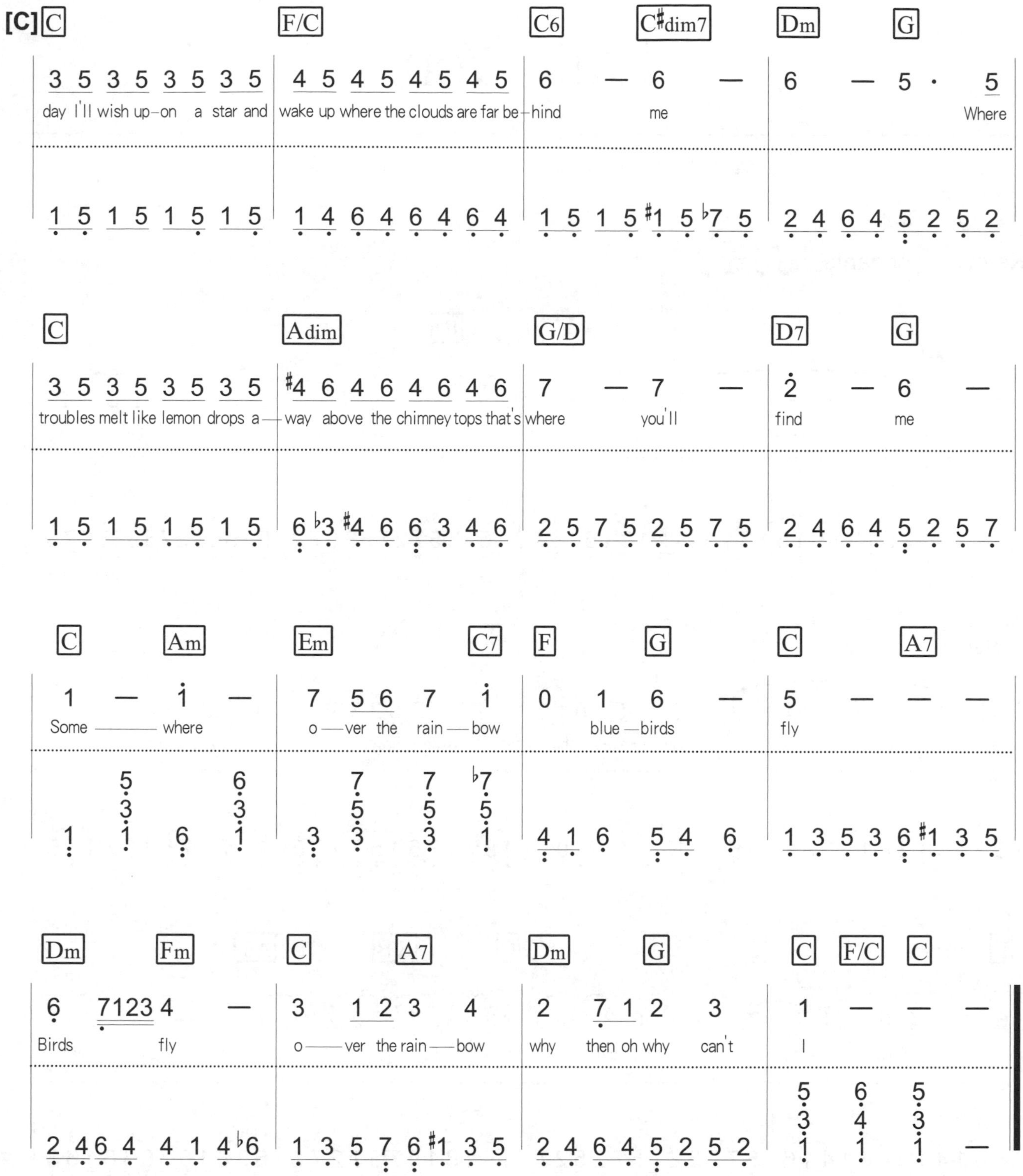

[C] C | F/C | C6 C#dim7 | Dm G

3 5 3 5 3 5 3 5 | 4 5 4 5 4 5 4 5 | 6 — 6 — | 6 — 5 · 5

day I'll wish up-on a star and | wake up where the clouds are far be- | hind me | Where

1 5 1 5 1 5 1 5 | 1 4 6 4 6 4 6 4 | 1 5 1 5 #1 5 b7 5 | 2 4 6 4 5 2 5 2

C | Adim | G/D | D7 G

3 5 3 5 3 5 3 5 | #4 6 4 6 4 6 4 6 | 7 — 7 — | 2 — 6 —

troubles melt like lemon drops a- | way above the chimney tops that's | where you'll | find me

1 5 1 5 1 5 1 5 | 6 b3 #4 6 6 3 4 6 | 2 5 7 5 2 5 7 5 | 2 4 6 4 5 2 5 7

C Am | Em C7 | F G | C A7

1 — 1 — | 7 5 6 7 1 | 0 1 6 — | 5 — — —

Some — where | o — ver the rain — bow | blue — birds | fly

1 531 6 631 | 3 753 753 b751 | 4 1 6 5 4 6 | 1 3 5 3 6 #1 3 5

Dm Fm | C A7 | Dm G | C F/C C

6 7123 4 — | 3 1 2 3 4 | 2 7 1 2 3 | 1 — — —

Birds fly | o — ver the rain — bow | why then oh why can't | I

2 4 6 4 4 1 4 b6 | 1 3 5 7 6 #1 3 5 | 2 4 6 4 5 2 5 2 | 531 641 531 —

Only You

詞 / 曲：Buck Ram / Andre Rand　演唱：The Platters

♩ = 72　4/4
Key:G　Andante

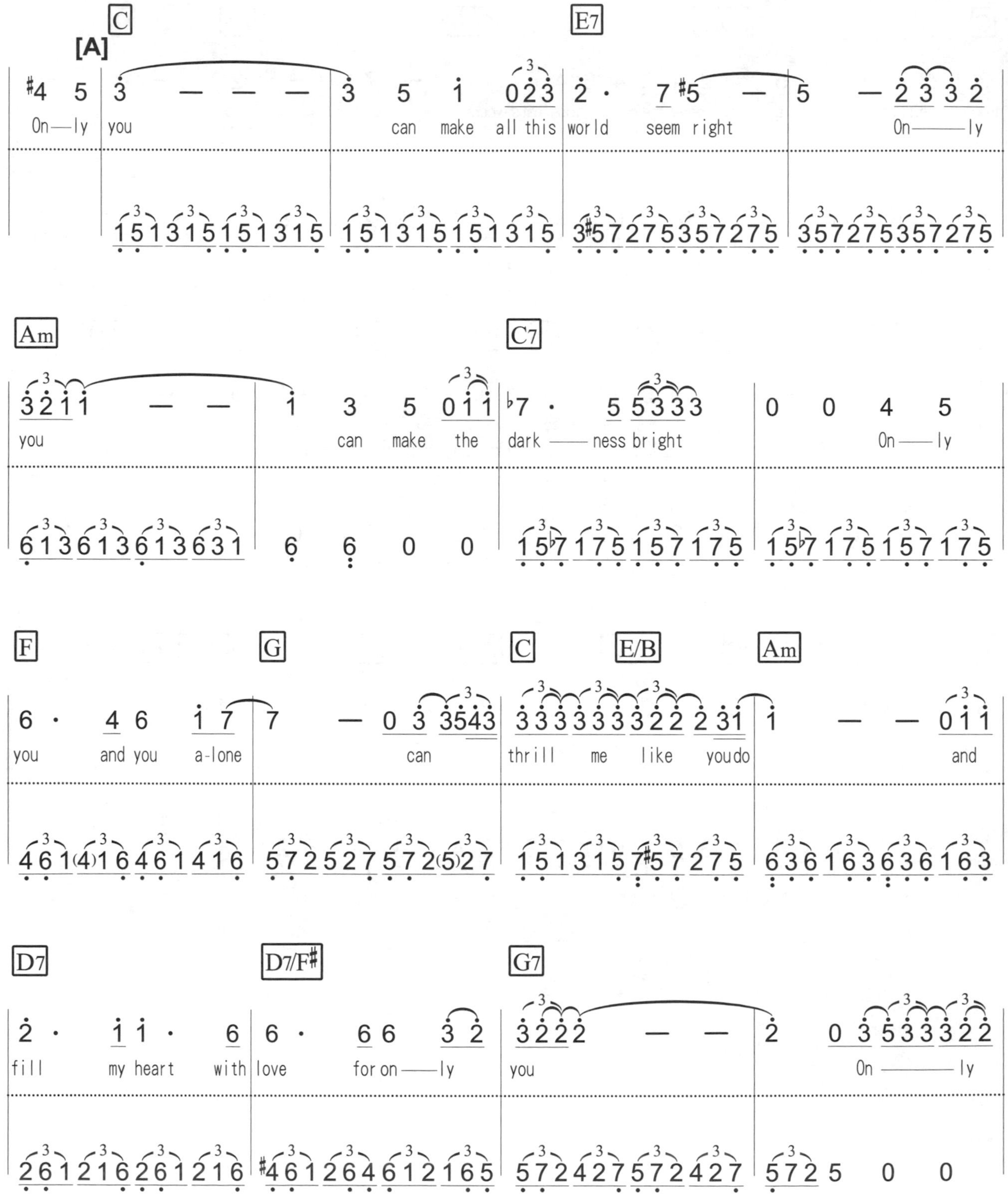

[A]

C　E7
On—ly you can make all this world seem right On——ly

Am　C7
you can make the dark —— ness bright On — ly

F　G　C　E/B　Am
you and you a-lone can thrill me like you do and

D7　D7/F♯　G7
fill my heart with love for on——ly you On ———— ly

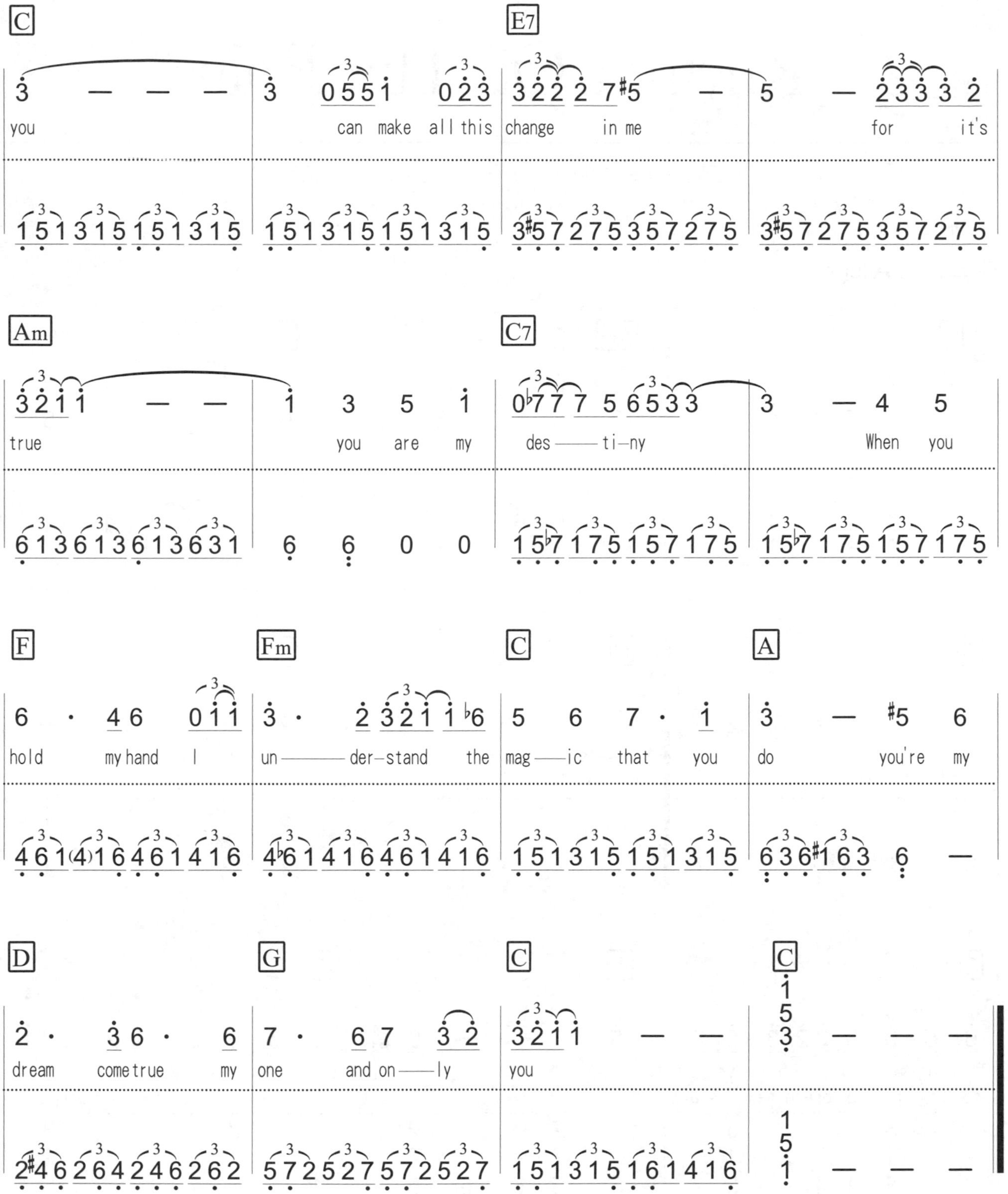

C | E7

you — can make all this | change in me — for it's

Am | C7

true — you are my | des — ti — ny — When you

F | Fm | C | A

hold my hand I | un — der-stand the | mag — ic that you | do you're my

D | G | C | C

dream come true my | one and on — ly | you

Rhythm Of The Rain

詞 / 曲：John Claude Gummoe　演唱：The Cascades

♩ = 124　4/4
Key:C　Allegro

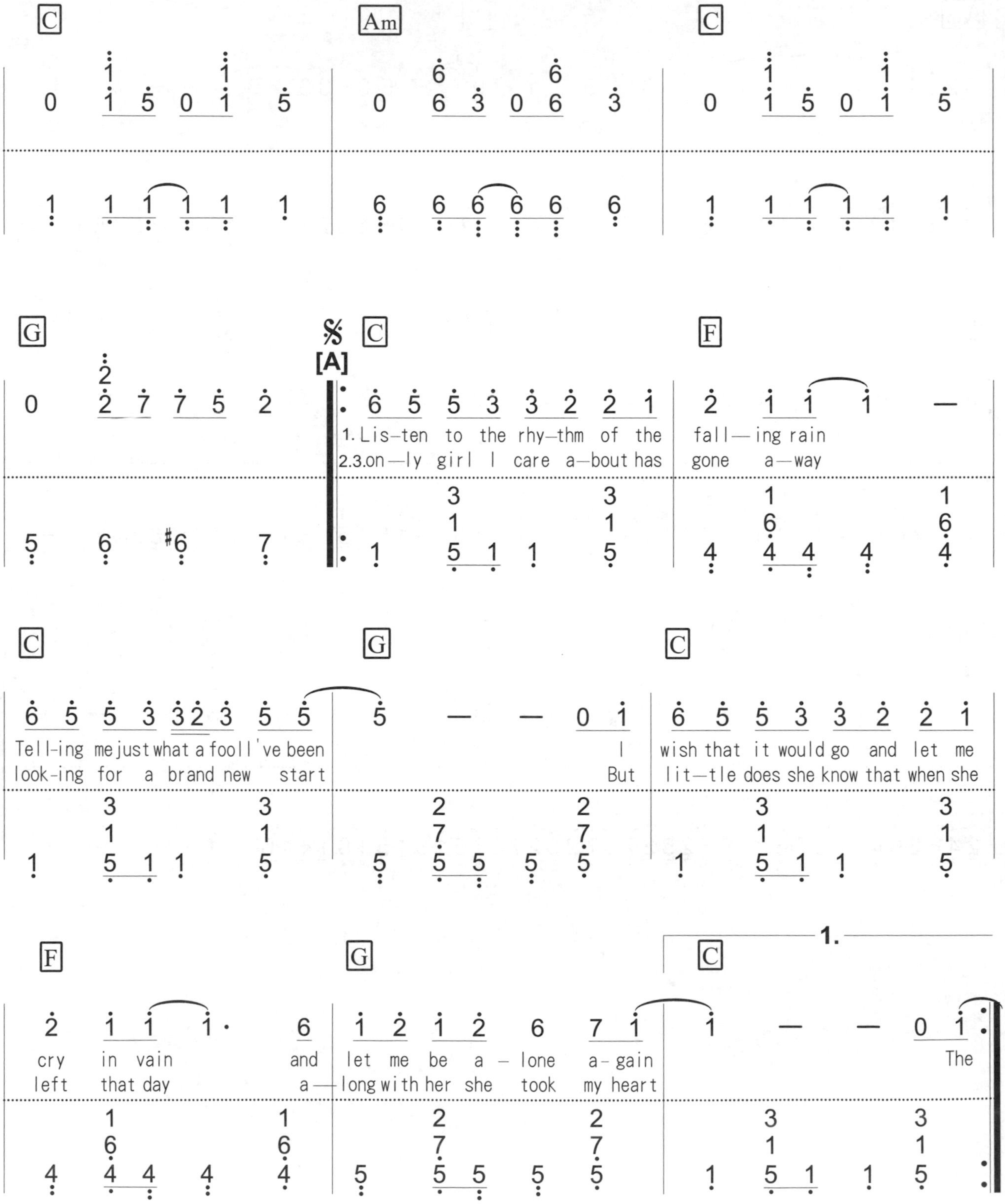

C　Am　C
G　𝄋 [A] C　F

1. Lis-ten to the rhy-thm of the fall-ing rain
2.3. on-ly girl I care a-bout has gone a-way

C　G　C

Tell-ing me just what a fool I've been I wish that it would go and let me
look-ing for a brand new start But lit-tle does she know that when she

F　G　1. C

cry in vain and let me be a-lone a-gain The
left that day a-long with her she took my heart

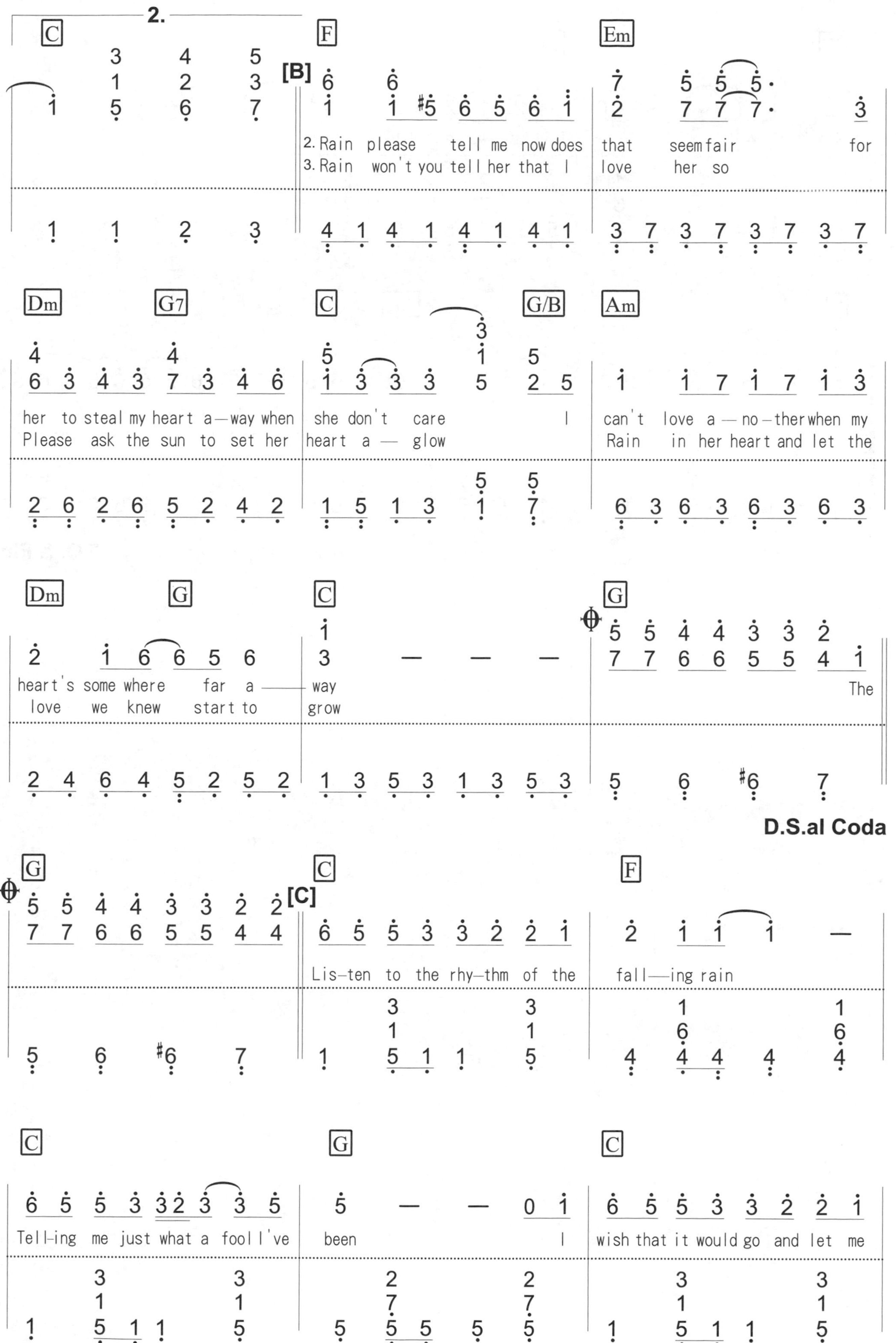
2.
[B]
2. Rain please tell me now does that seem fair for
3. Rain won't you tell her that I love her so
her to steal my heart a—way when she don't care I can't love a—no—ther when my
Please ask the sun to set her heart a—glow Rain in her heart and let the
heart's some where far a—way The
love we knew start to grow
D.S.al Coda
[C]
Lis-ten to the rhy-thm of the fall—ing rain
Tell-ing me just what a fool I've been I wish that it would go and let me

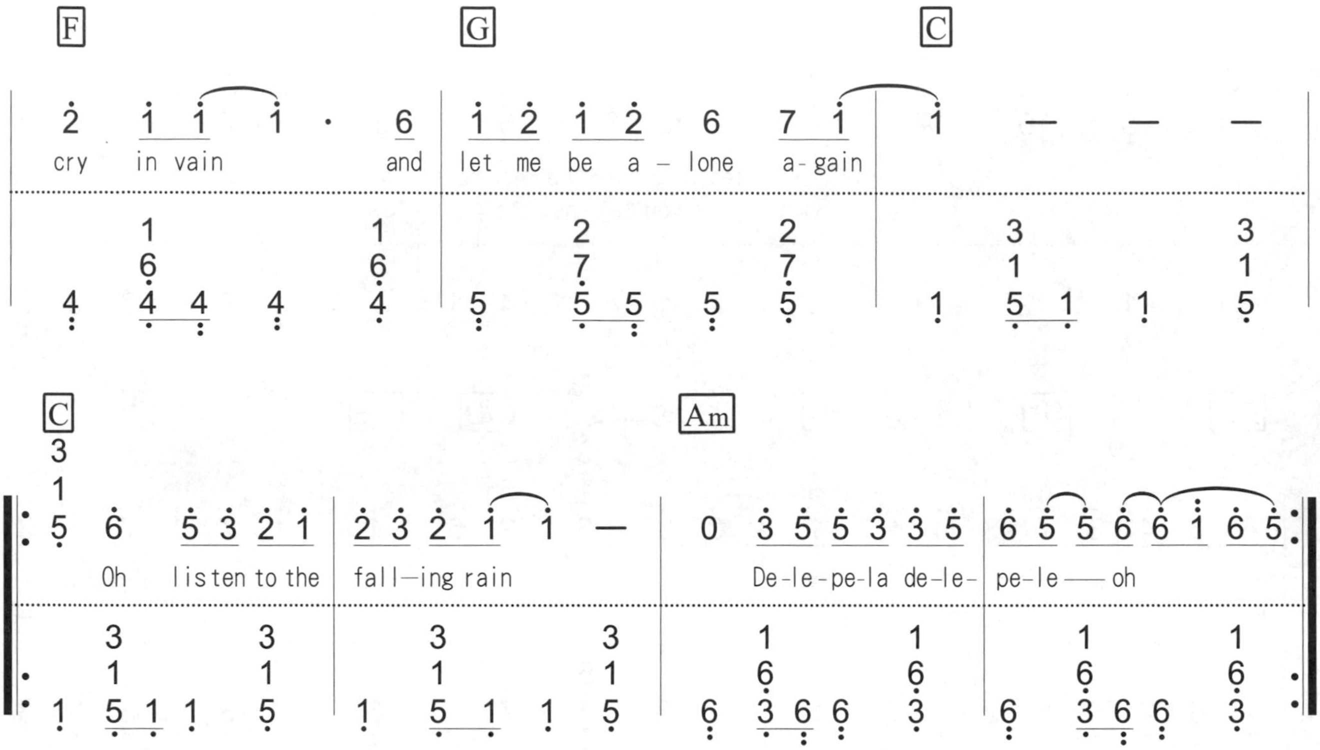

F | G | C

2 1 1 1 · 6 | 1 2 1 2 6 7 1 | 1 — — —

cry in vain and | let me be a – lone a-gain |

1 1 | 2 2 | 3 3
6 6 | 7 7 | 1 1
4 4 4 4 4 | 5 5 5 5 5 | 1 5 1 1 5

C | | Am |

3
1
5 6 5 3 2 1 | 2 3 2 1 1 — | 0 3 5 5 3 3 5 | 6 5 5 6 6 1 6 5

Oh listen to the | fall—ing rain | De-le-pe-la de-le- | pe-le—oh

3 3 | 3 3 | 1 1 | 1 1
1 1 | 1 1 | 6 6 | 6 6
1 5 1 1 5 | 1 5 1 1 5 | 6 3 6 6 3 | 6 3 6 6 3

F.O. & Fine

Reality

（電影"第一次接觸"主題曲）

詞 / 曲：Vladimir Cosma　演唱：Richard Sanderson

♩ = 69　4/4

Key:C　Andante

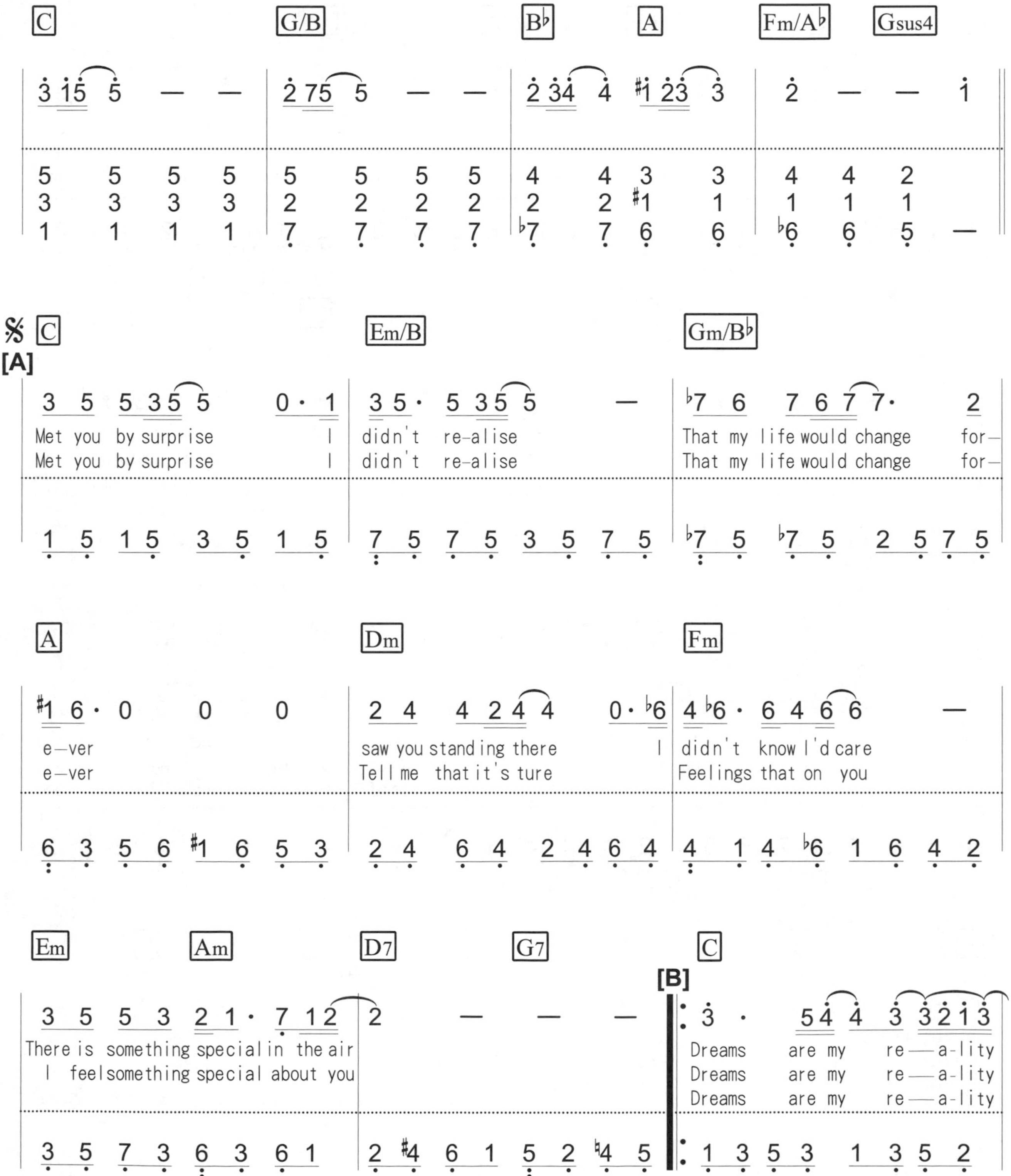

C　G/B　B♭　A　Fm/A♭　Gsus4

C　Em/B　Gm/B♭

[A]

Met you by surprise I didn't re-alise That my life would change for-
Met you by surprise I didn't re-alise That my life would change for-

A　Dm　Fm

e-ver saw you stand ing there I didn't know I'd care
e-ver Tell me that it's ture Feelings that on you

Em　Am　D7　G7　C

[B]

There is something special in the air
I feel something special about you

Dreams are my re-a-lity
Dreams are my re-a-lity
Dreams are my re-a-lity

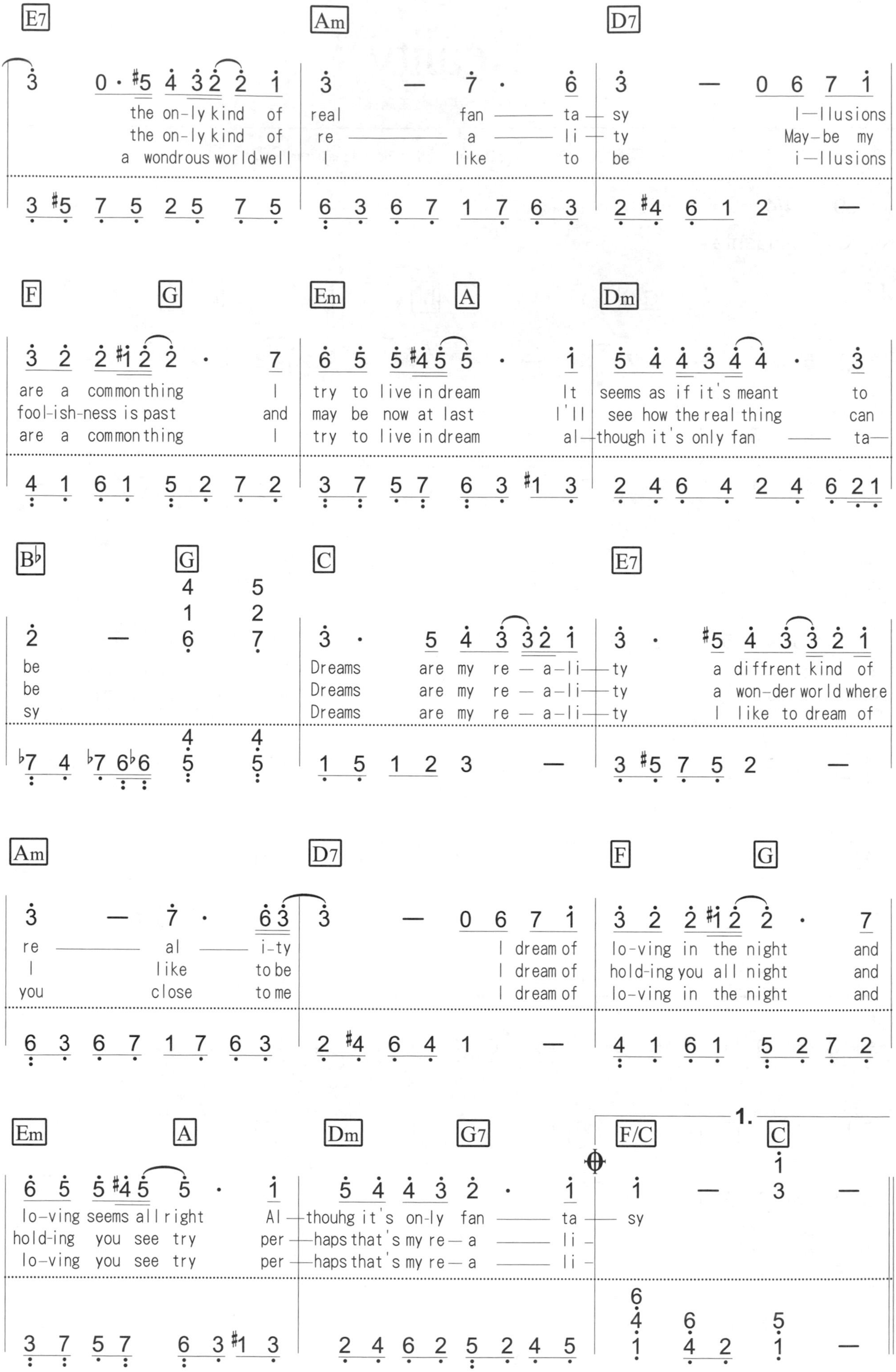

E7 | Am | D7

the on-ly kind of | real fan — ta — sy | I—llusions
the on-ly kind of | re — a — li — ty | May-be my
a wondrous world well | I like to | be i—llusions

F G | Em A | Dm

are a common thing I | try to live in dream It | seems as if it's meant to
fool-ish-ness is past and | may be now at last I'll | see how the real thing can
are a common thing I | try to live in dream al—|though it's only fan — ta—

B♭ G | C | E7

be | Dreams are my re — a-li—|ty a diffrent kind of
be | Dreams are my re — a-li—|ty a won-der world where
sy | Dreams are my re — a-li—|ty I like to dream of

Am | D7 | F G

re — al — i-ty | I dream of | lo-ving in the night and
I like to be | I dream of | hold-ing you all night and
you close to me | I dream of | lo-ving in the night and

Em A | Dm G7 | 1. F/C C

lo-ving seems all right Al—|thouhg it's on-ly fan — ta —|sy
hold-ing you see try per—|haps that's my re — a — li—
lo-ving you see try per—|haps that's my re — a — li—

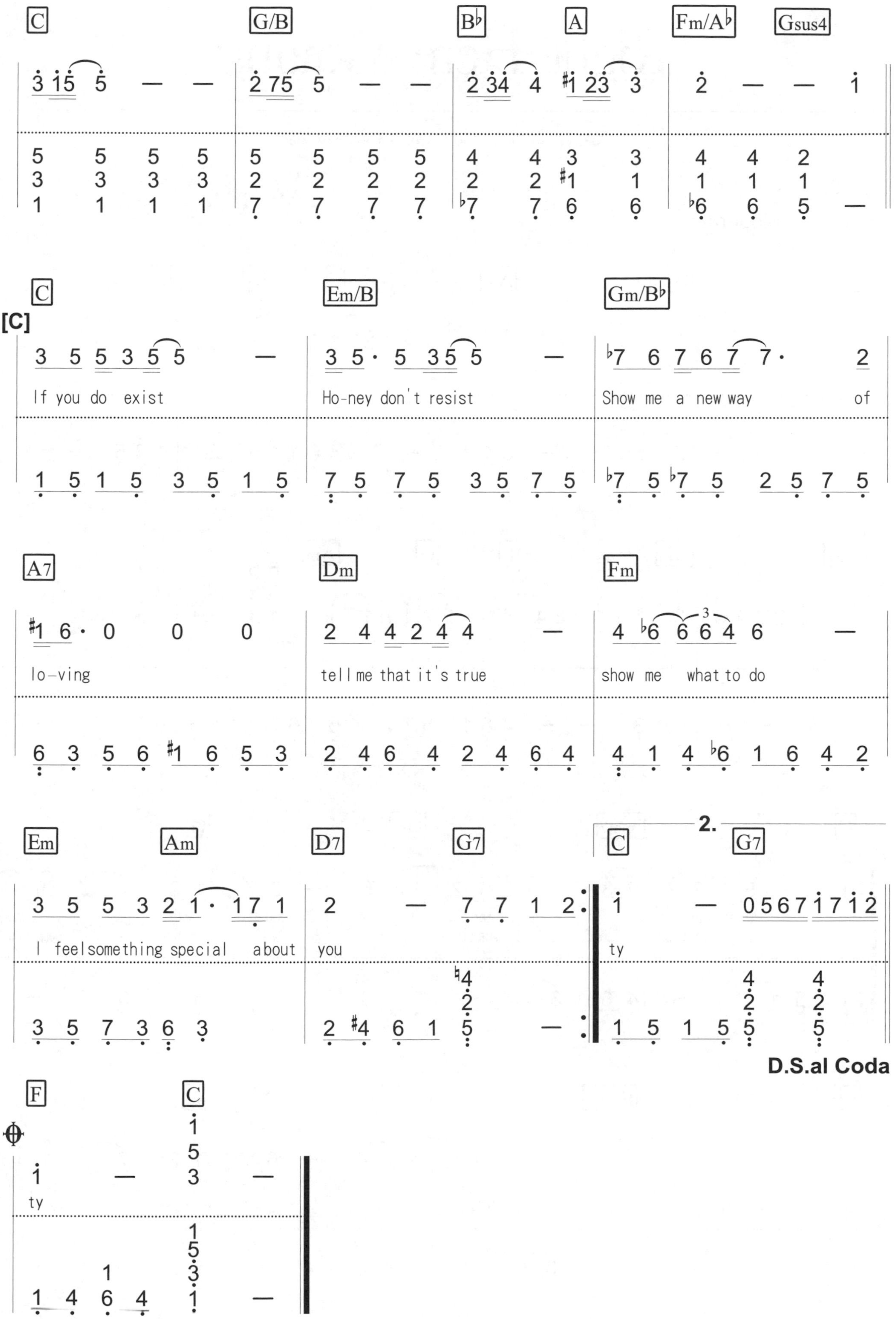

C G/B B♭ A Fm/A♭ Gsus4

[C]

C Em/B Gm/B♭

If you do exist Ho-ney don't resist Show me a new way of

A7 Dm Fm

lo-ving tell me that it's true show me what to do

Em Am D7 G7 | 2. C G7

I feel something special about you | ty

D.S.al Coda

F C

ty

Right Here Waiting

詞 / 曲：Richard Marx　演唱：Richard Marx

♩= 82　4/4
Key:C　Moderato

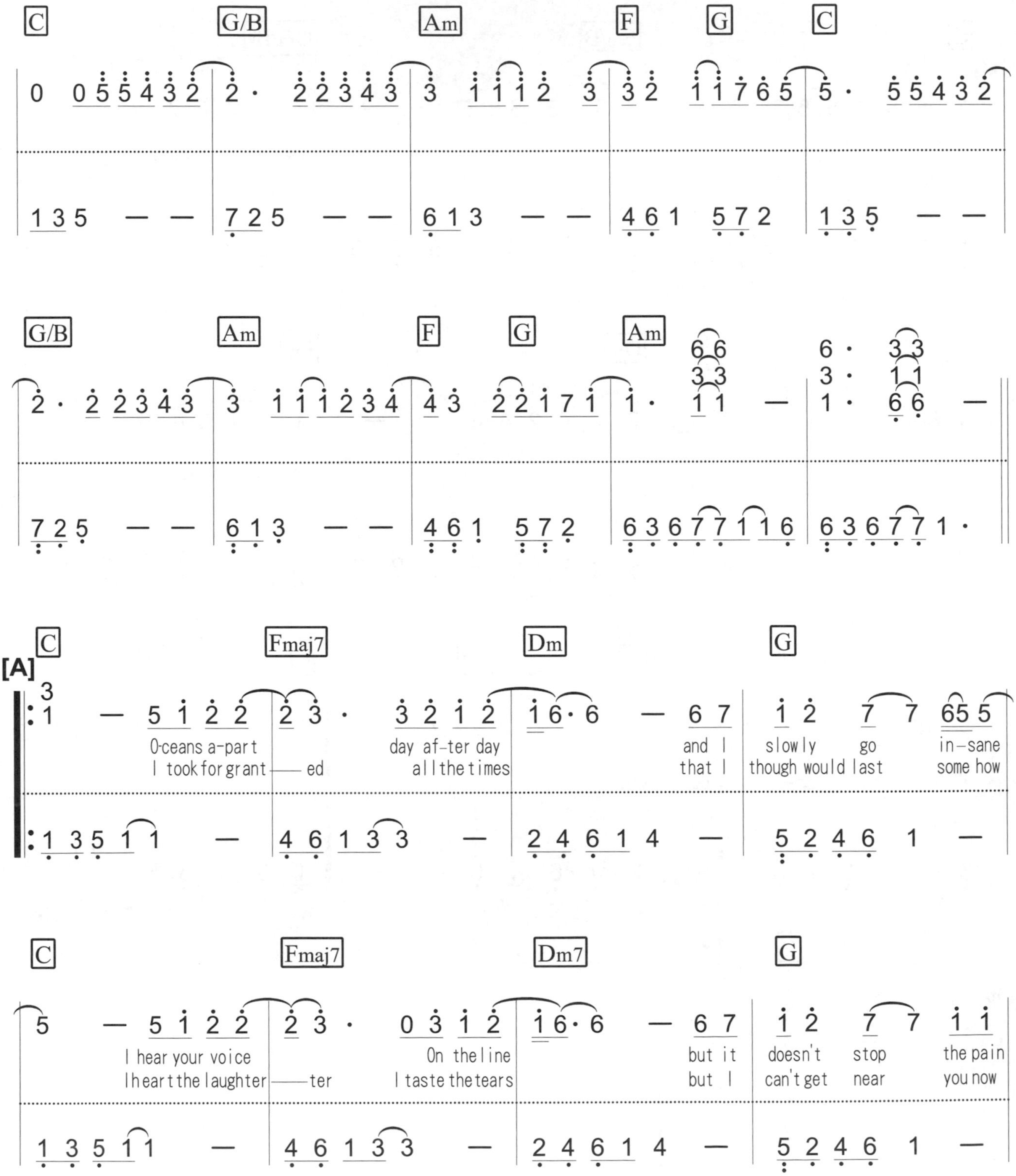

C　G/B　Am　F　G　C

0 0 5 5 4 3 2 | 2· 2 2 3 4 3 | 3 1 1 1 2 3 | 3 2 1 1 7 6 5 | 5· 5 5 4 3 2 |

1 3 5 — — | 7 2 5 — — | 6 1 3 — — | 4 6 1 5 7 2 | 1 3 5 — — |

G/B　Am　F　G　Am

2· 2 2 3 4 3 | 3 1 1 1 2 3 4 | 4 3 2 2 1 7 1 | 1· 1 1 (3 3, 6 6) — | 1· 6 6 (3· 1 1, 6· 3 3) — ||

7 2 5 — — | 6 1 3 — — | 4 6 1 5 7 2 | 6 3 6 7 7 1 1 6 | 6 3 6 7 7 1· ||

[A]

C　Fmaj7　Dm　G

1 (3) — 5 1 2 2 | 2 3· 3 2 1 2 | 1 6· 6 — 6 7 | 1 2 7 7 6 5 5 |

O-ceans a-part day af-ter day and I slow-ly go in-sane

I took for grant — ed all the times that I though would last some how

1 3 5 1 1 — | 4 6 1 3 3 — | 2 4 6 1 4 — | 5 2 4 6 1 — |

C　Fmaj7　Dm7　G

5 — 5 1 2 2 | 2 3· 0 3 1 2 | 1 6· 6 — 6 7 | 1 2 7 7 1 1 |

I hear your voice On the line but it doesn't stop the pain

I heart the laughter — ter I taste the tears but I can't get near you now

1 3 5 1 1 — | 4 6 1 3 3 — | 2 4 6 1 4 — | 5 2 4 6 1 — |

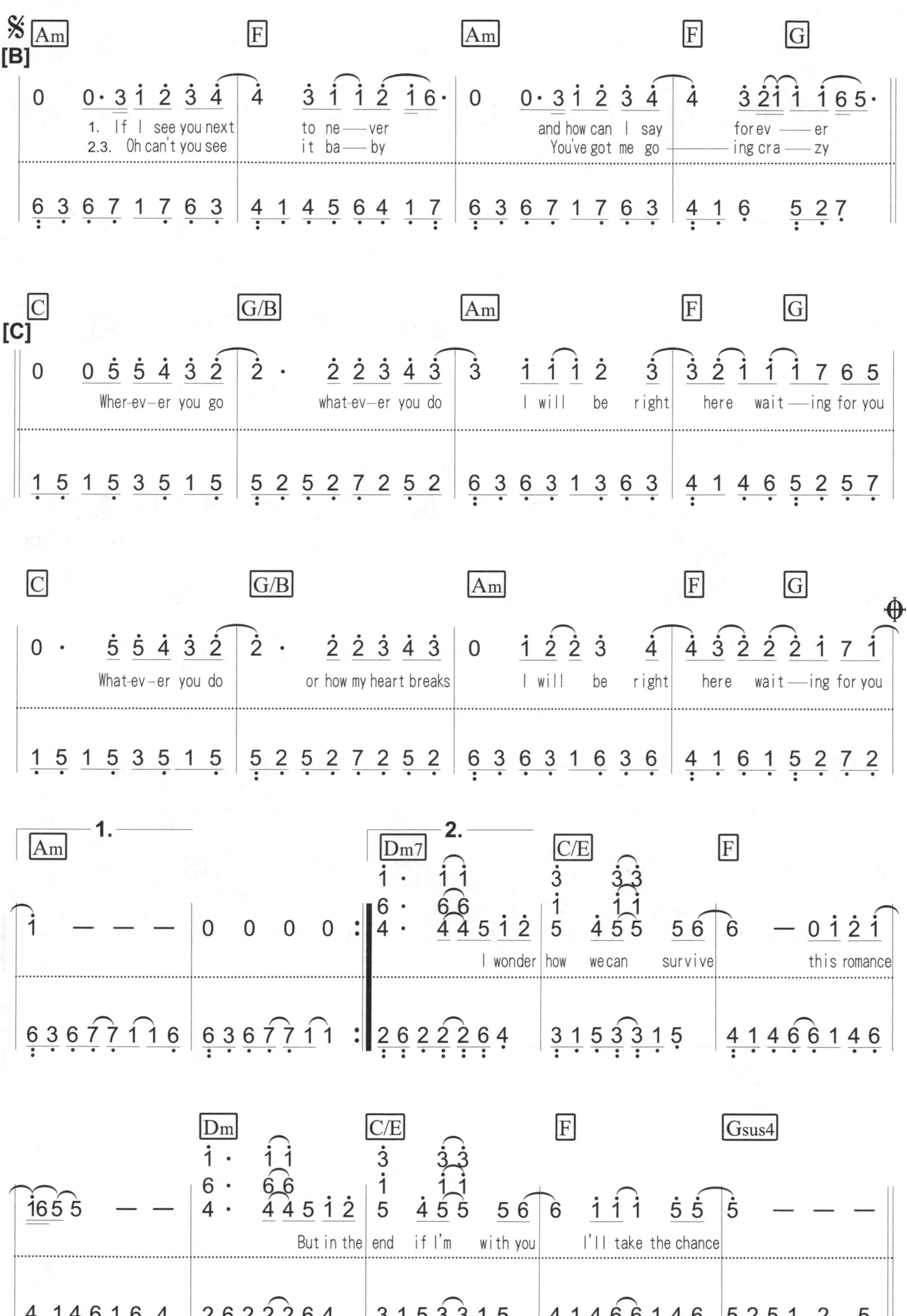
[B]
Am F Am F G
1. If I see you next to ne—ver and how can I say forev—er
2.3. Oh can't you see it ba—by You've got me go—ing cra—zy
[C]
C G/B Am F G
Wher-ev-er you go what-ev-er you do I will be right here wait—ing for you
C G/B Am F G
What-ev-er you do or how my heart breaks I will be right here wait—ing for you
1. Am
2. Dm7 C/E F
I wonder how we can survive this romance
Dm C/E F Gsus4
But in the end if I'm with you I'll take the chance

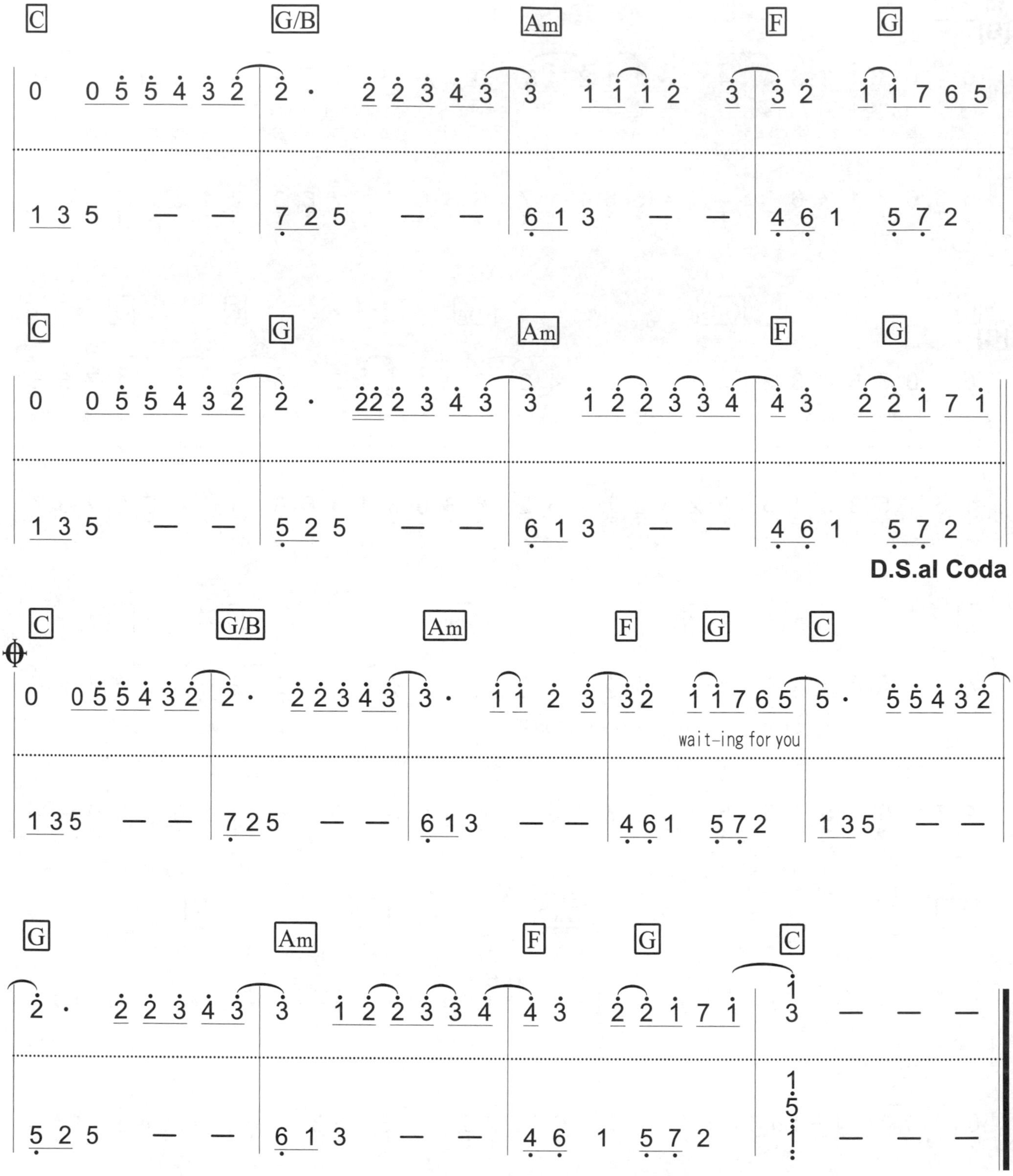

C G/B Am F G

0 0 5 5 4 3 2 | 2 · 2 2 3 4 3 | 3 1 1 1 2 3 | 3 2 1 1 7 6 5 |

1 3 5 — — | 7 2 5 — — | 6 1 3 — — | 4 6 1 5 7 2 |

C G Am F G

0 0 5 5 4 3 2 | 2 · 22 2 3 4 3 | 3 1 2 2 3 3 4 | 4 3 2 2 1 7 1 ||

1 3 5 — — | 5 2 5 — — | 6 1 3 — — | 4 6 1 5 7 2 ||

D.S.al Coda

C G/B Am F G C

Φ 0 0 5 5 4 3 2 | 2 · 2 2 3 4 3 | 3 · 1 1 2 3 | 3 2 1 1 7 6 5 | 5 · 5 5 4 3 2 |

wai-ing for you

1 3 5 — — | 7 2 5 — — | 6 1 3 — — | 4 6 1 5 7 2 | 1 3 5 — — |

G Am F G C

2 · 2 2 3 4 3 | 3 1 2 2 3 3 4 | 4 3 2 2 1 7 1 | 1 3 — — — ||

5 2 5 — — | 6 1 3 — — | 4 6 1 5 7 2 | 1 5 1 — — — ||

Raindrops Keep Falling On My Head

（電影"虎豹小霸王"主題曲）

詞 / 曲：Hal David / Burt Bacharach　演唱：B.J. Thomas

♩ = 100　4/4

Key:C　Moderato

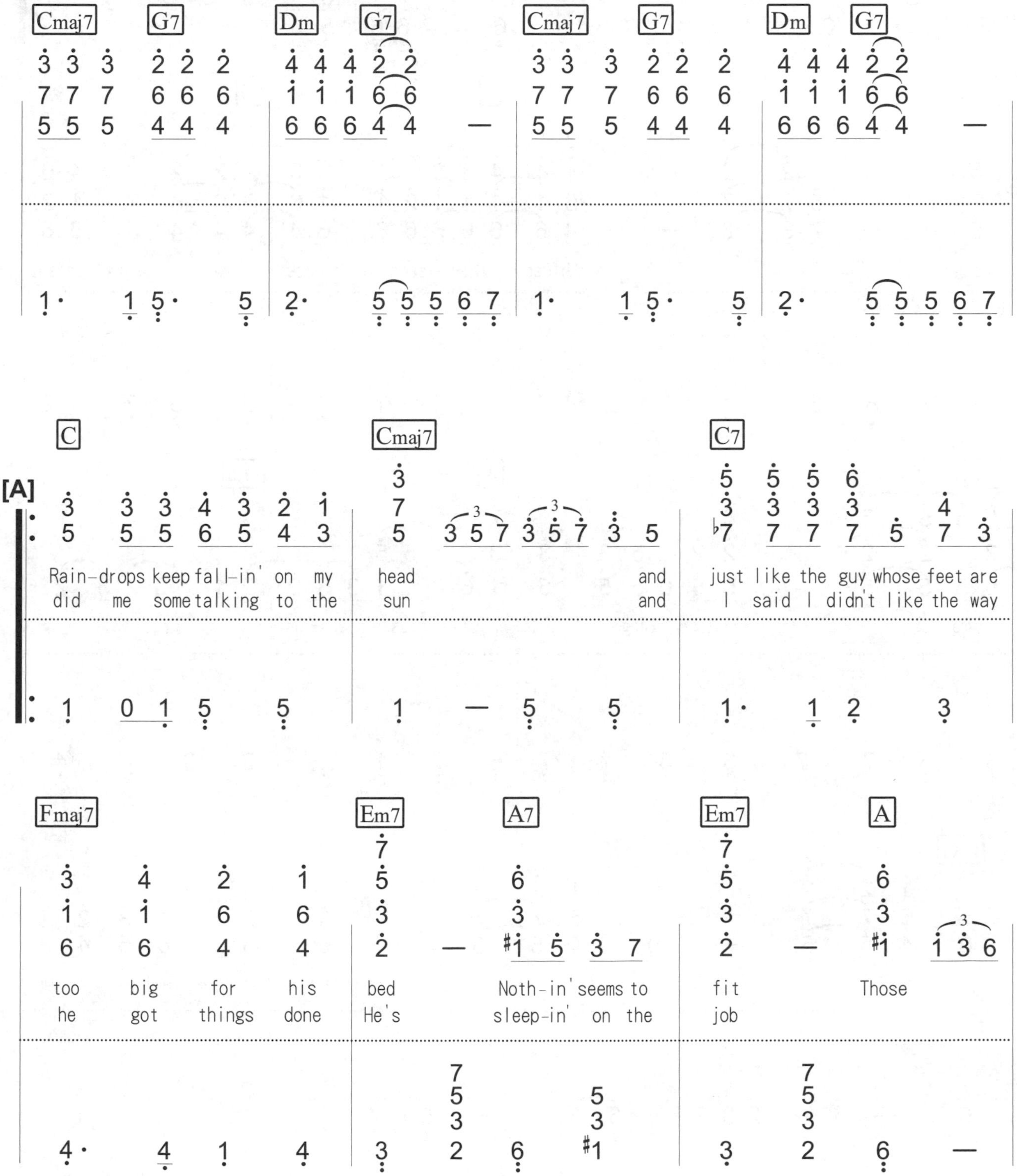

Cmaj7　G7　Dm　G7　Cmaj7　G7　Dm　G7

[A]

C　Cmaj7　C7

Rain-drops keep fall-in' on my head and just like the guy whose feet are

did me some talking to the sun and I said I didn't like the way

Fmaj7　Em7　A7　Em7　A

too big for his bed Noth-in' seems to fit Those

he got things done He's sleep-in' on the job

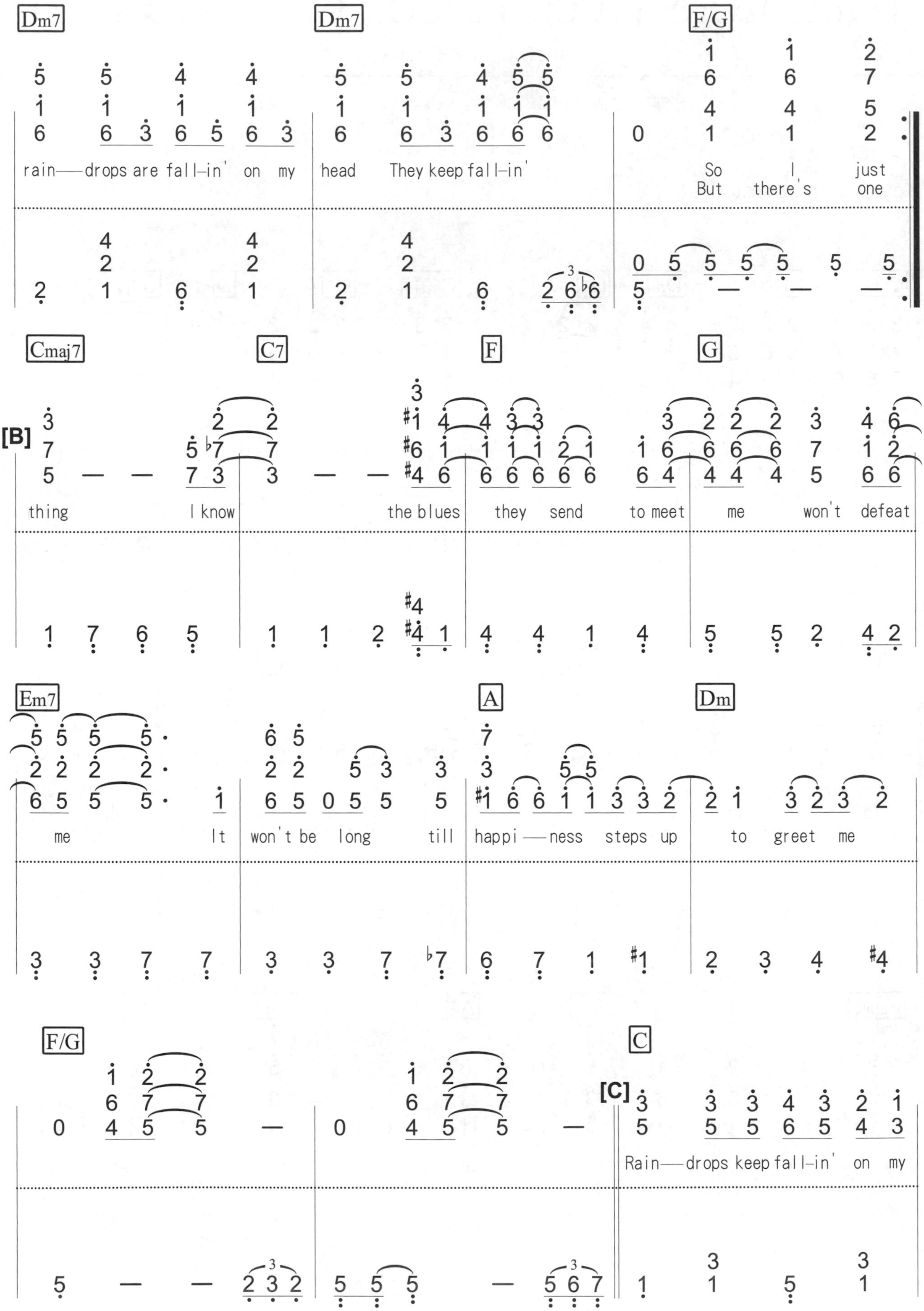

Dm7 | Dm7 | F/G

rain—drops are fal-lin' on my head They keep fal-lin' So I just
But there's one

Cmaj7 | C7 | F | G

[B]

thing I know the blues they send to meet me won't defeat

Em7 | A | Dm

me It won't be long till happi—ness steps up to greet me

F/G | C

[C]

Rain—drops keep fal-lin' on my

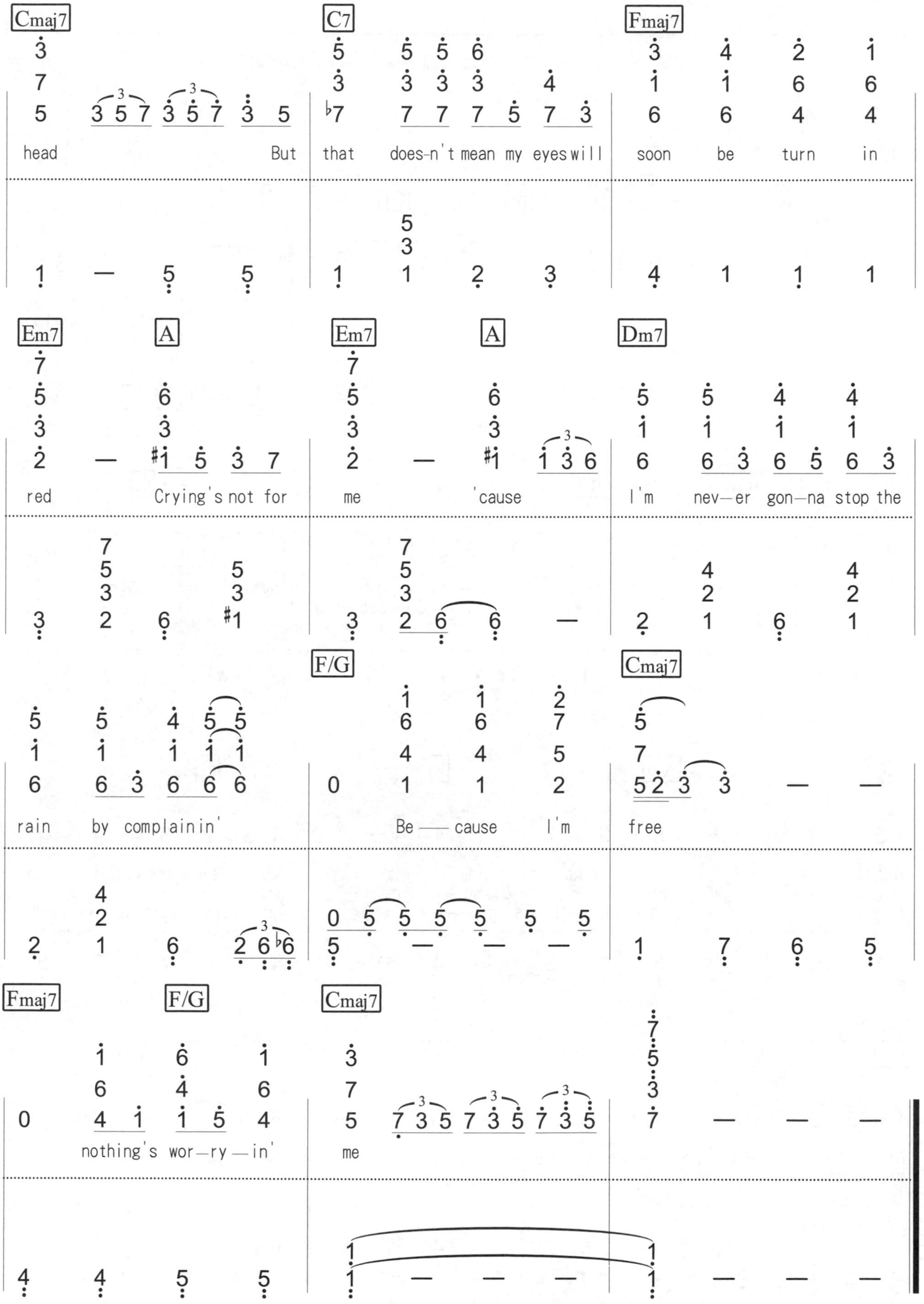

Cmaj7 | C7 | Fmaj7

head But | that does-n't mean my eyes will | soon be turn in

Em7 A | Em7 A | Dm7

red Crying's not for | me 'cause | I'm nev—er gon—na stop the

F/G | Cmaj7

rain by complainin' | Be — cause I'm | free

Fmaj7 F/G | Cmaj7

nothing's wor—ry—in' | me

Tonight I Celebrate My Love

詞 / 曲：Gerry Goffin　演唱：Peabo Bryson / Roberta Flack

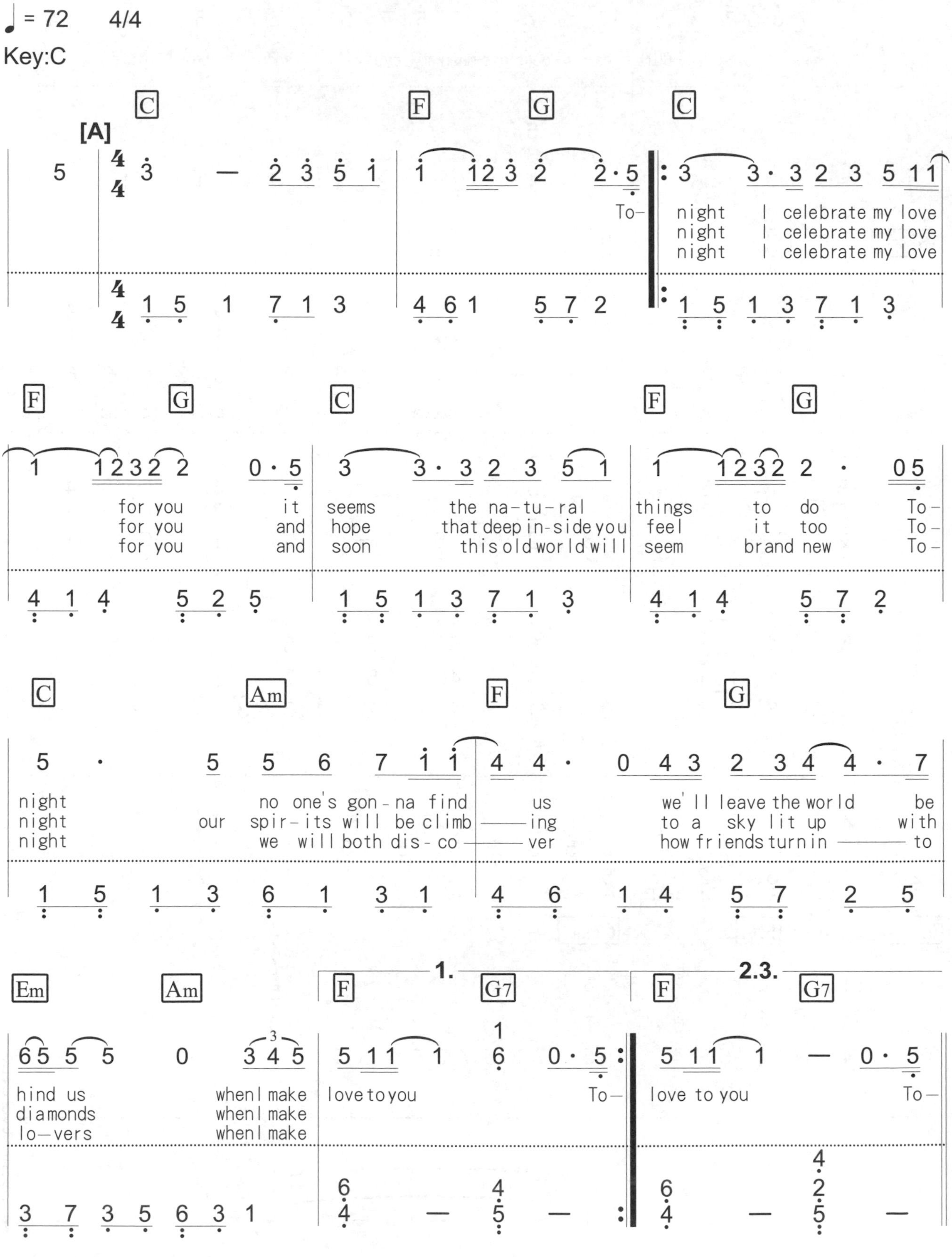

♩= 72　4/4

Key:C

[A]

C　F　G　C

To- night I celebrate my love
night I celebrate my love
night I celebrate my love

F　G　C　F　G

for you it seems the na-tu-ral things to do To-
for you and hope that deep in-side you feel it too To-
for you and soon this old world will seem brand new To-

C　Am　F　G

night no one's gon-na find us we'll leave the world be
night our spir-its will be climb-ing to a sky lit up with
night we will both dis-co-ver how friends turn in-to

Em　Am　1. F　G7　2.3. F　G7

hind us when I make love to you To- love to you To-
diamonds when I make
lo-vers when I make

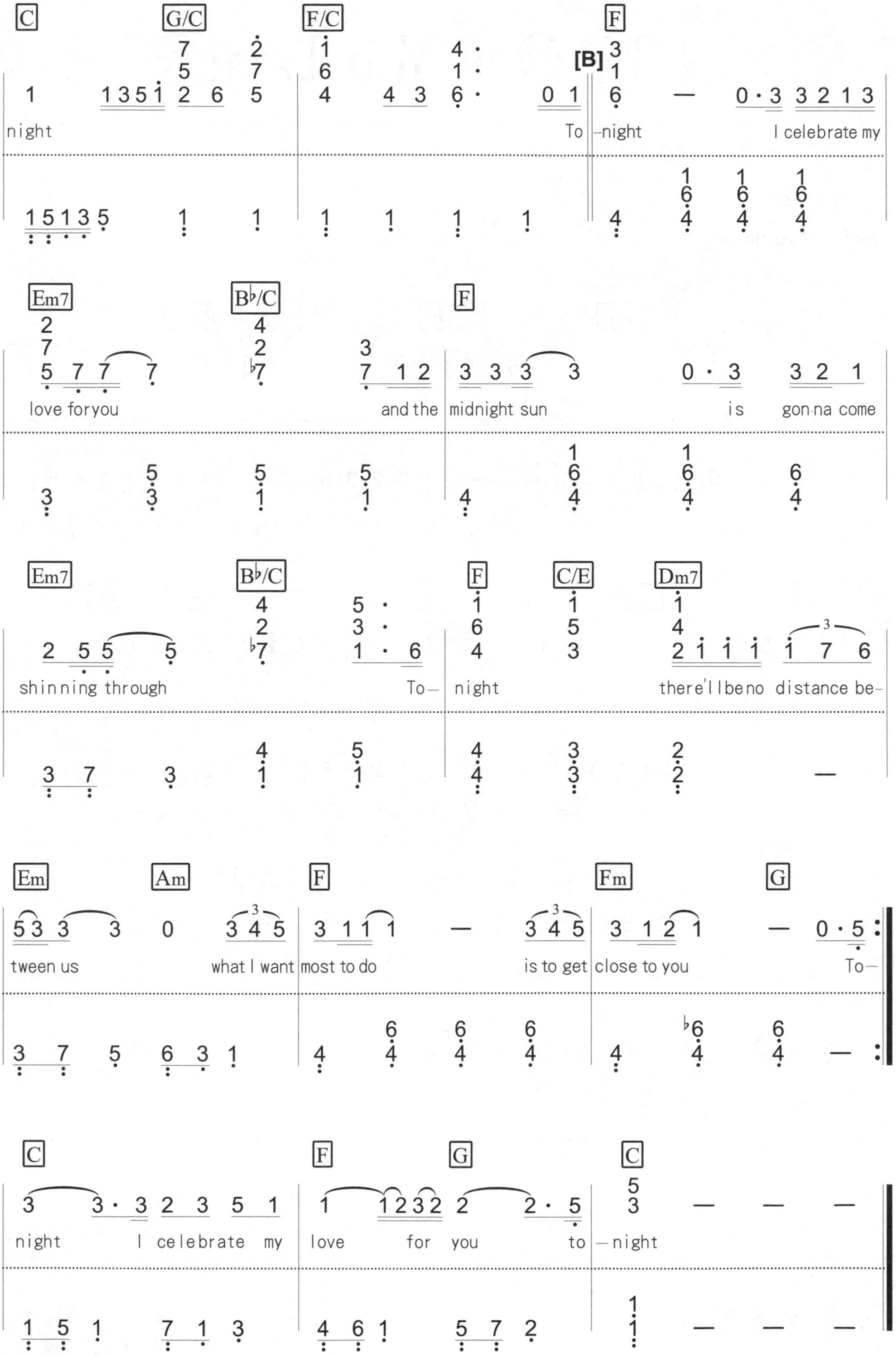

C G/C F/C [B] F

night To-night I celebrate my

Em7 B♭/C F

love for you and the midnight sun is gon-na come

Em7 B♭/C F C/E Dm7

shinning through To- night there'll be no distance be-

Em Am F Fm G

tween us what I want most to do is to get close to you To-

C F G C

night I celebrate my love for you to-night

The One You Love

詞 / 曲：Glenn Frey / Jack Tempchin 演唱：Glenn Frey

♩ = 72 4/4

Key:C Andante

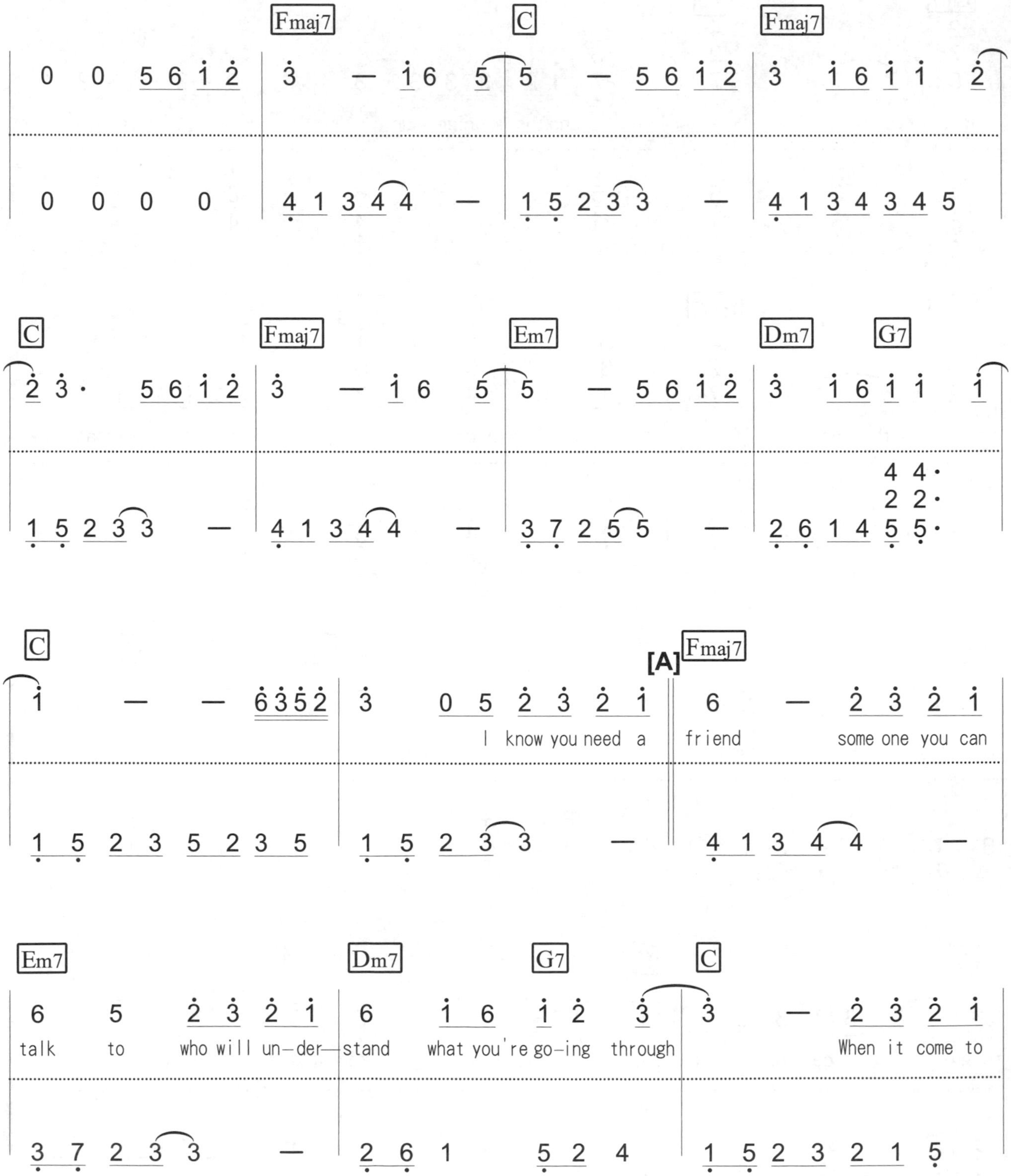

Fmaj7 C Fmaj7

C Fmaj7 Em7 Dm7 G7

C [A] Fmaj7

I know you need a friend some one you can

Em7 Dm7 G7 C

talk to who will un-der-stand what you're go-ing through When it come to

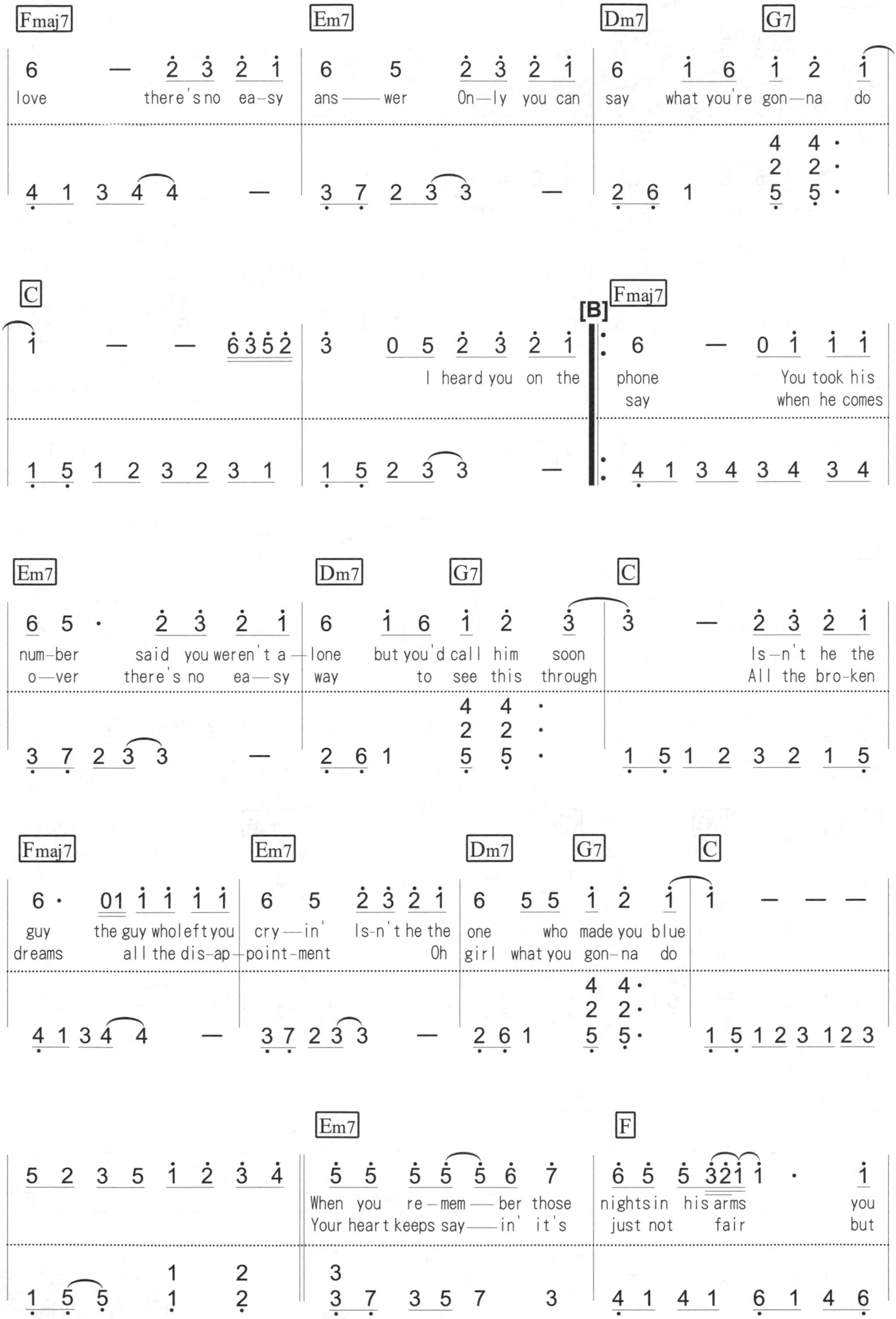

Fmaj7 Em7 Dm7 G7

love there's no ea-sy ans——wer On—ly you can say what you're gon—na do

C

I heard you on the

[B]

Fmaj7

phone You took his
say when he comes

Em7 Dm7 G7 C

num-ber said you weren't a—lone but you'd call him soon Is—n't he the
o—ver there's no ea—sy way to see this through All the bro-ken

Fmaj7 Em7 Dm7 G7 C

guy the guy who left you cry—in' Is-n't he the one who made you blue
dreams all the dis-ap—point-ment Oh girl what you gon-na do

Em7 F

When you re—mem——ber those nights in his arms you
Your heart keeps say——in' it's just not fair but

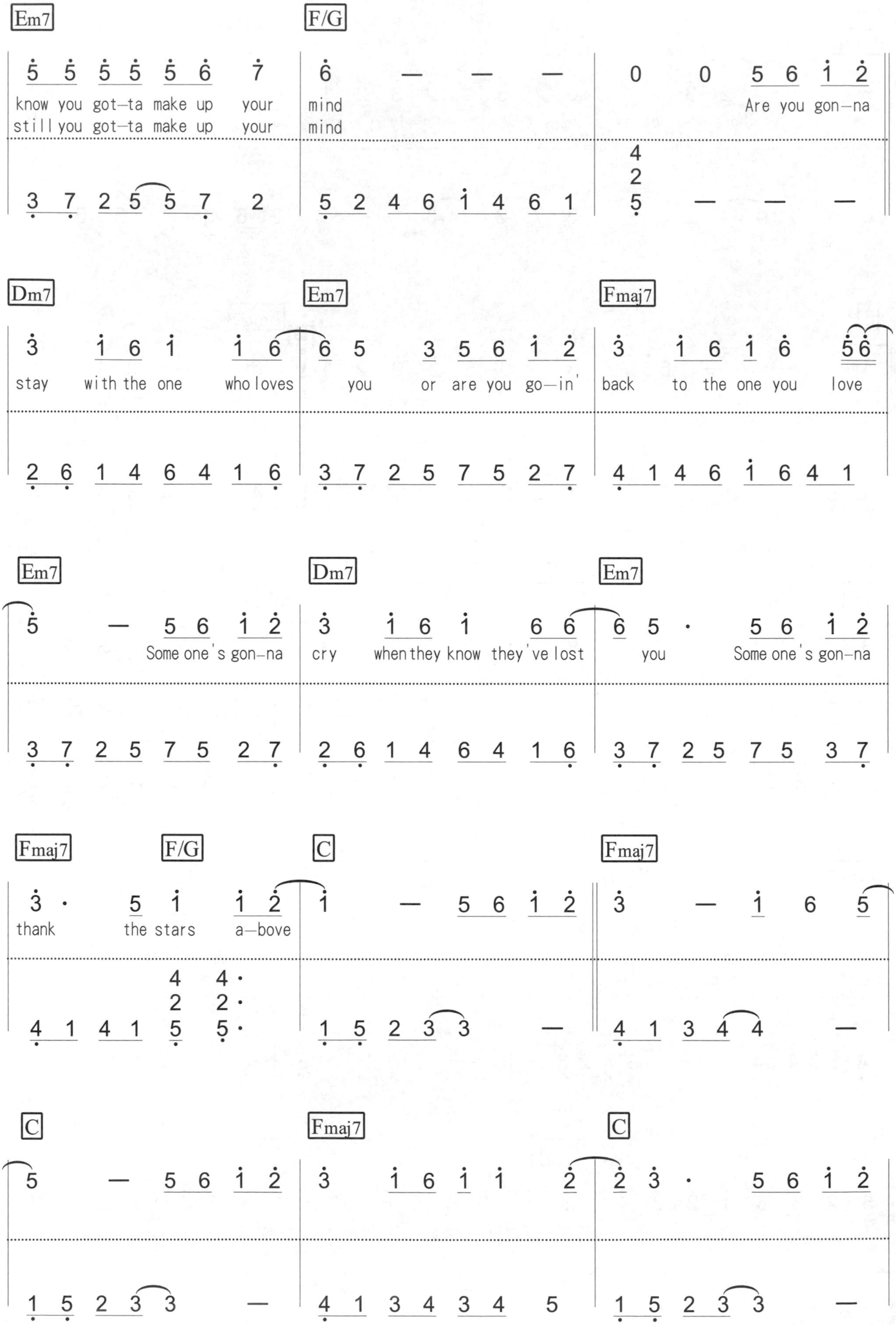

Em7 | F/G | |
5 5 5 5 5 6 7 | 6 — — — | 0 0 5 6 1 2
know you got-ta make up your | mind | Are you gon-na
still you got-ta make up your | mind |
3 7 2 5 5 7 2 | 5 2 4 6 1 4 6 1 | 4 2 5 — — —

Dm7 | Em7 | Fmaj7
3 1 6 1 1 6 | 6 5 3 5 6 1 2 | 3 1 6 1 6 5 6
stay with the one who loves | you or are you go—in' | back to the one you love
2 6 1 4 6 4 1 6 | 3 7 2 5 7 5 2 7 | 4 1 4 6 1 6 4 1

Em7 | Dm7 | Em7
5 — 5 6 1 2 | 3 1 6 1 6 6 | 6 5 · 5 6 1 2
Some one's gon—na | cry when they know they've lost | you Some one's gon—na
3 7 2 5 7 5 2 7 | 2 6 1 4 6 4 1 6 | 3 7 2 5 7 5 3 7

Fmaj7 F/G | C | Fmaj7
3 · 5 1 1 2 | 1 — 5 6 1 2 | 3 — 1 6 5
thank the stars a—bove | |
4 1 4 1 4 2 5 4 2 5 · | 1 5 2 3 3 — | 4 1 3 4 4 —

C | Fmaj7 | C
5 — 5 6 1 2 | 3 1 6 1 1 2 | 2 3 · 5 6 1 2
1 5 2 3 3 — | 4 1 3 4 3 4 5 | 1 5 2 3 3 —

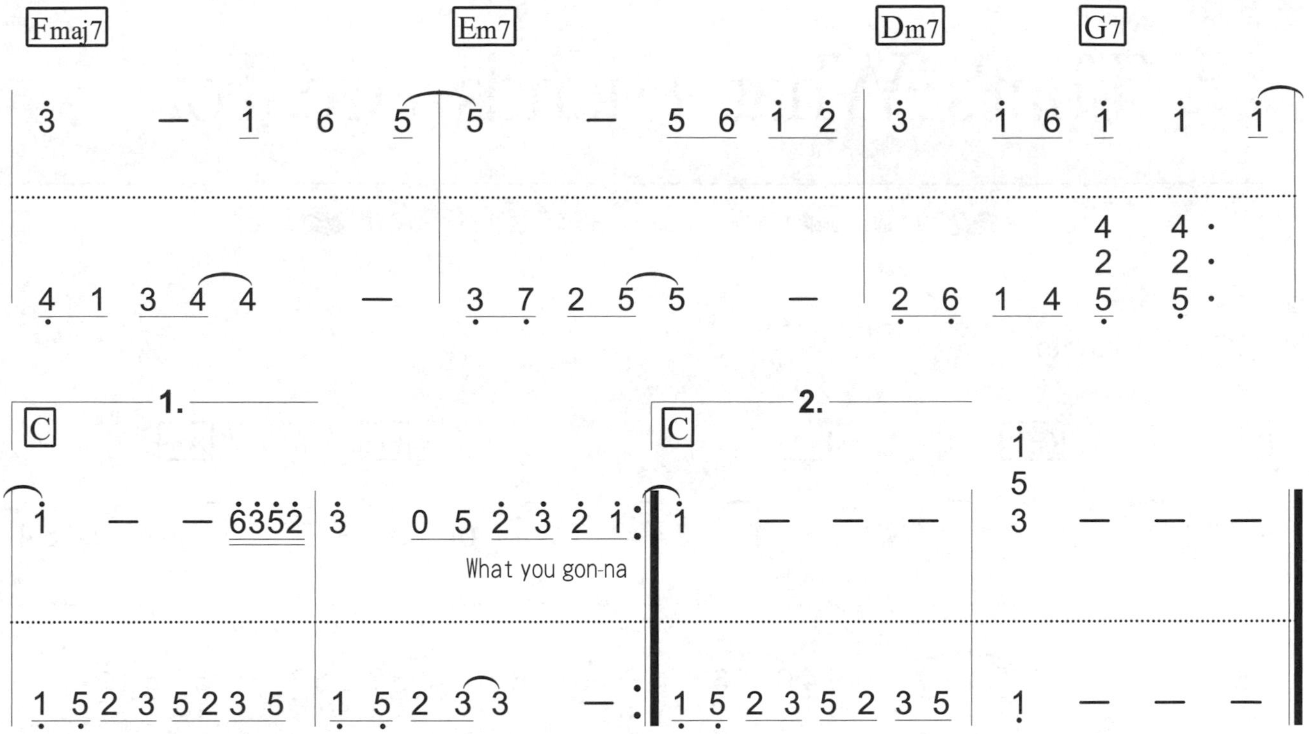

Fmaj7 | Em7 | Dm7 G7

| 3 — 1 6 5 | 5 — 5 6 1 2 | 3 1 6 1 1 1 |

| 4 1 3 4 4 — | 3 7 2 5 5 — | 2 6 1 4 5/2/4 5/2/4· |

1. C | | 2. C |

| 1 — — 6352 | 3 0 5 2 3 2 1 :| 1 — — — | 3/5/1 — — — ||

What you gon-na

| 1 5 2 3 5 2 3 5 | 1 5 2 3 3 — :| 1 5 2 3 5 2 3 5 | 1 — — — ||

That's What Friends Are For

詞 / 曲：Carole Bayer Sager / Burt Bacharach　演唱：Rod Stewart

♩ = 68　4/4

Key:C　Andante

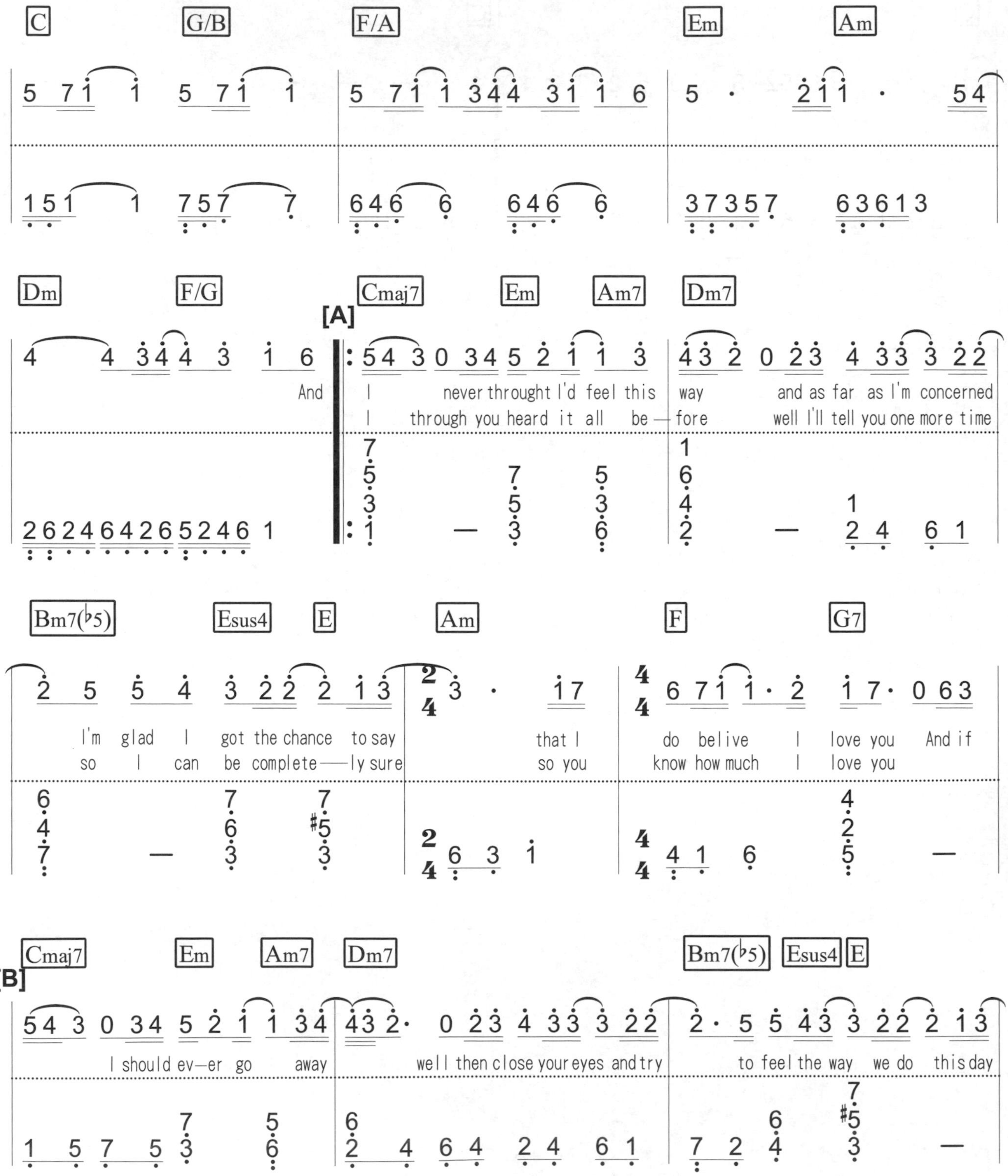

C　G/B　F/A　Em　Am

Dm　F/G

[A]

Cmaj7　Em　Am7　Dm7

And I never throught I'd feel this way and as far as I'm concerned

I through you heard it all be — fore well I'll tell you one more time

Bm7(♭5)　Esus4　E　Am　F　G7

I'm glad I got the chance to say that I do belive I love you And if

so I can be complete — ly sure so you know how much I love you

[B]

Cmaj7　Em　Am7　Dm7　Bm7(♭5)　Esus4　E

I should ev—er go away well then close your eyes and try to feel the way we do this day

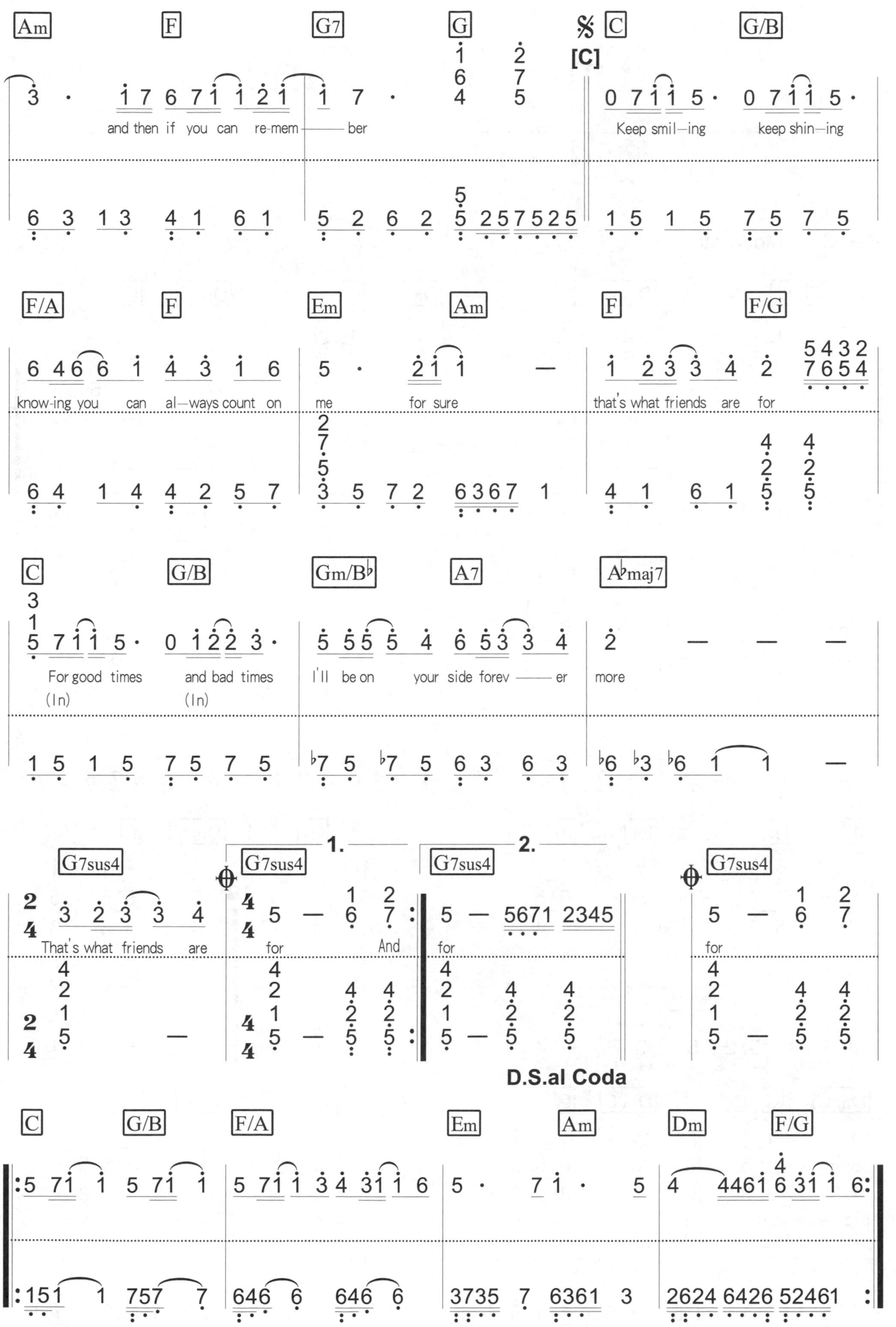
Am
F
G7
G
C
G/B
[C]
and then if you can re-mem — ber
Keep smil-ing
keep shin-ing
F/A
F
Em
Am
F
F/G
know-ing you can al-ways count on
me for sure
that's what friends are for
C
G/B
Gm/B♭
A7
A♭maj7
For good times
and bad times
(In)
(In)
I'll be on your side forev — er
more
G7sus4
1.
2.
That's what friends are
for
And
for
for
D.S.al Coda
C
G/B
F/A
Em
Am
Dm
F/G
Repeat & F.O.

Time After Time

詞 / 曲：Cyndi Lauper / Rob Hyman　演唱：Cyndi Lauper

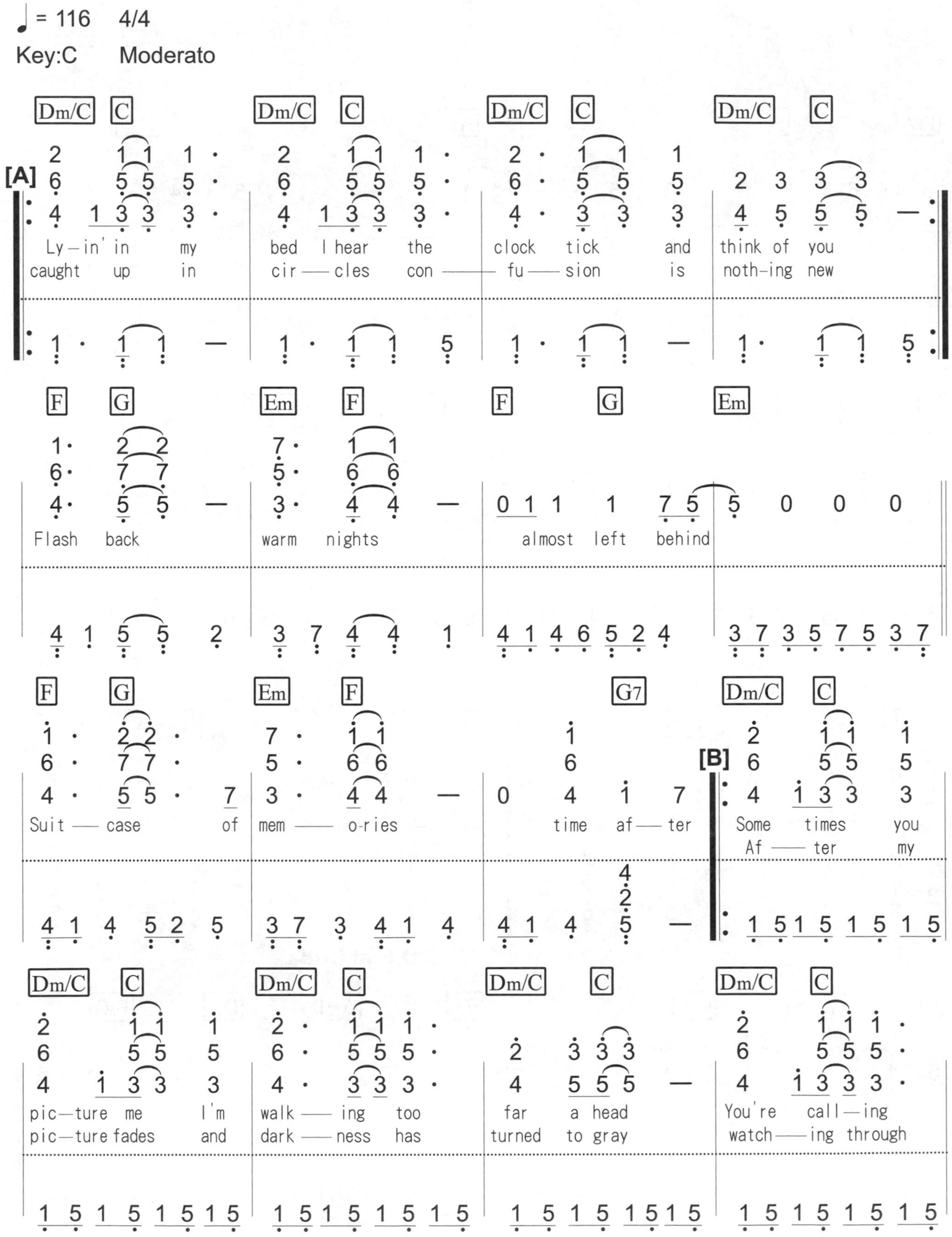

♩ = 116　4/4
Key:C　Moderato

[A]
Dm/C C | Dm/C C | Dm/C C | Dm/C C
Ly-in' in my bed I hear the clock tick and think of you
caught up in cir-cles con-fu-sion is noth-ing new

F G | Em F | F G | Em
Flash back warm nights almost left behind

F G | Em F | G7 |
Suit-case of mem-o-ries time af-ter

[B]
Dm/C C
Some times you
Af-ter my

Dm/C C | Dm/C C | Dm/C C | Dm/C C
pic-ture me I'm walk-ing too far a head You're call-ing
pic-ture fades and dark-ness has turned to gray watch-ing through

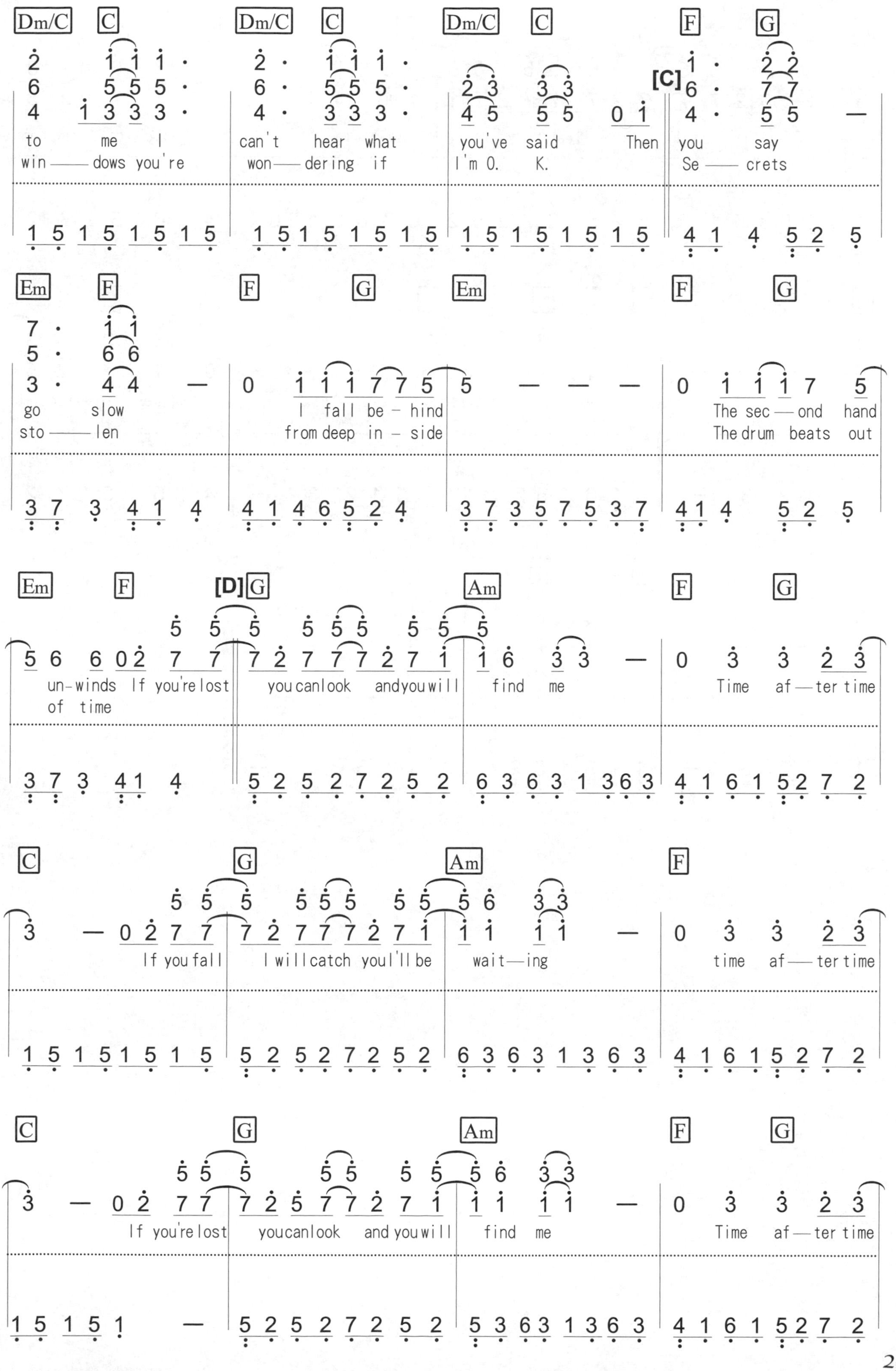

Dm/C C Dm/C C Dm/C C [C] F G

to me I can't hear what you've said Then you say
win — dows you're won — der ing if I'm O. K. Se — crets

Em F F G Em F G

go slow I fall be – hind The sec — ond hand
sto — len from deep in – side The drum beats out

Em F [D] G Am F G

un-winds If you're lost you can look and you will find me Time af — ter time
of time

C G Am F

If you fall I will catch you'll be wait — ing time af — ter time

C G Am F G

If you're lost you can look and you will find me Time af — ter time

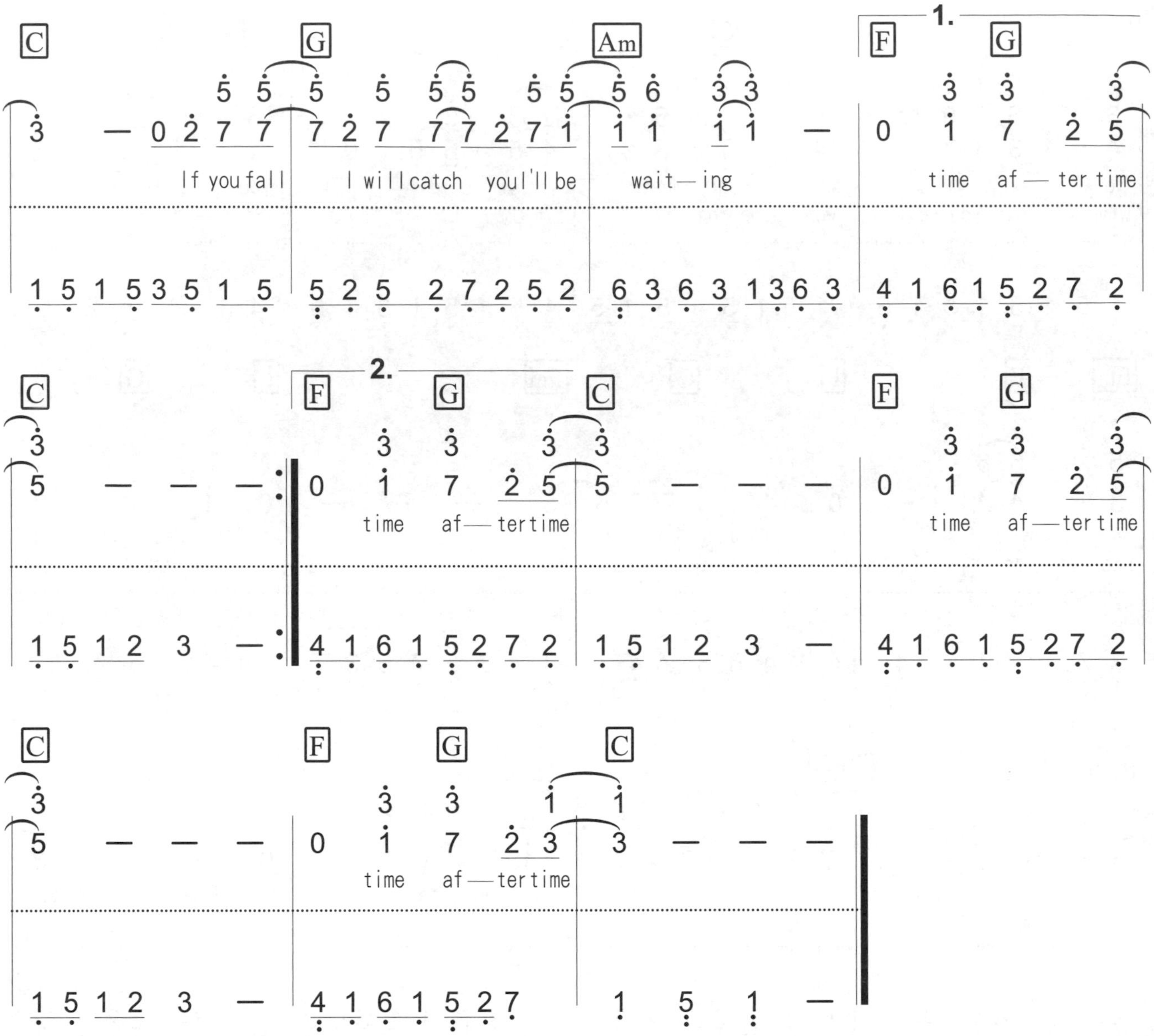

C G Am 1. F G

If you fall I will catch you'll be wait— ing time af— ter time

2.

C F G C F G

time af— ter time time af— ter time

C F G C

time af— ter time

Take My Breath Away

（電影"捍衛戰士"主題曲）

詞 / 曲：Whitlack Tom / Moroder Giorgio　演唱：Berlin

♩ = 96　4/4

Key:C　Andantino

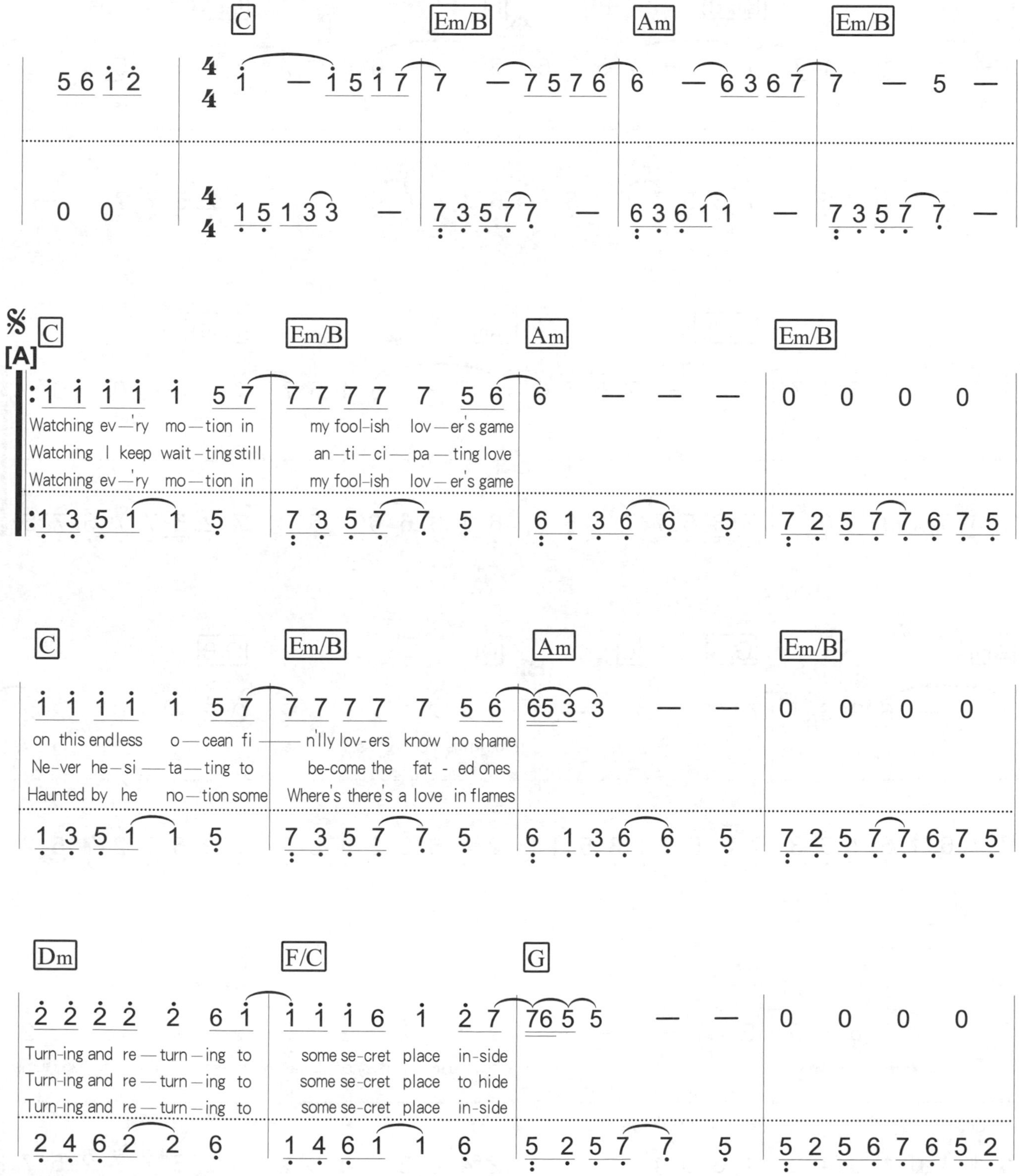

C　Em/B　Am　Em/B

[A]

C　Em/B　Am　Em/B

Watching ev—'ry mo—tion in my fool-ish lov—er's game
Watching I keep wait-ting still an-ti-ci-pa-ting love
Watching ev—'ry mo—tion in my fool-ish lov—er's game

C　Em/B　Am　Em/B

on this endless o—cean fi—n'lly lov-ers know no shame
Ne-ver he-si—ta—ting to be-come the fat - ed ones
Haunted by he no—tion some Where's there's a love in flames

Dm　F/C　G

Turn-ing and re—turn—ing to some se-cret place in-side
Turn-ing and re—turn—ing to some se-cret place to hide
Turn-ing and re—turn—ing to some se-cret place in-side

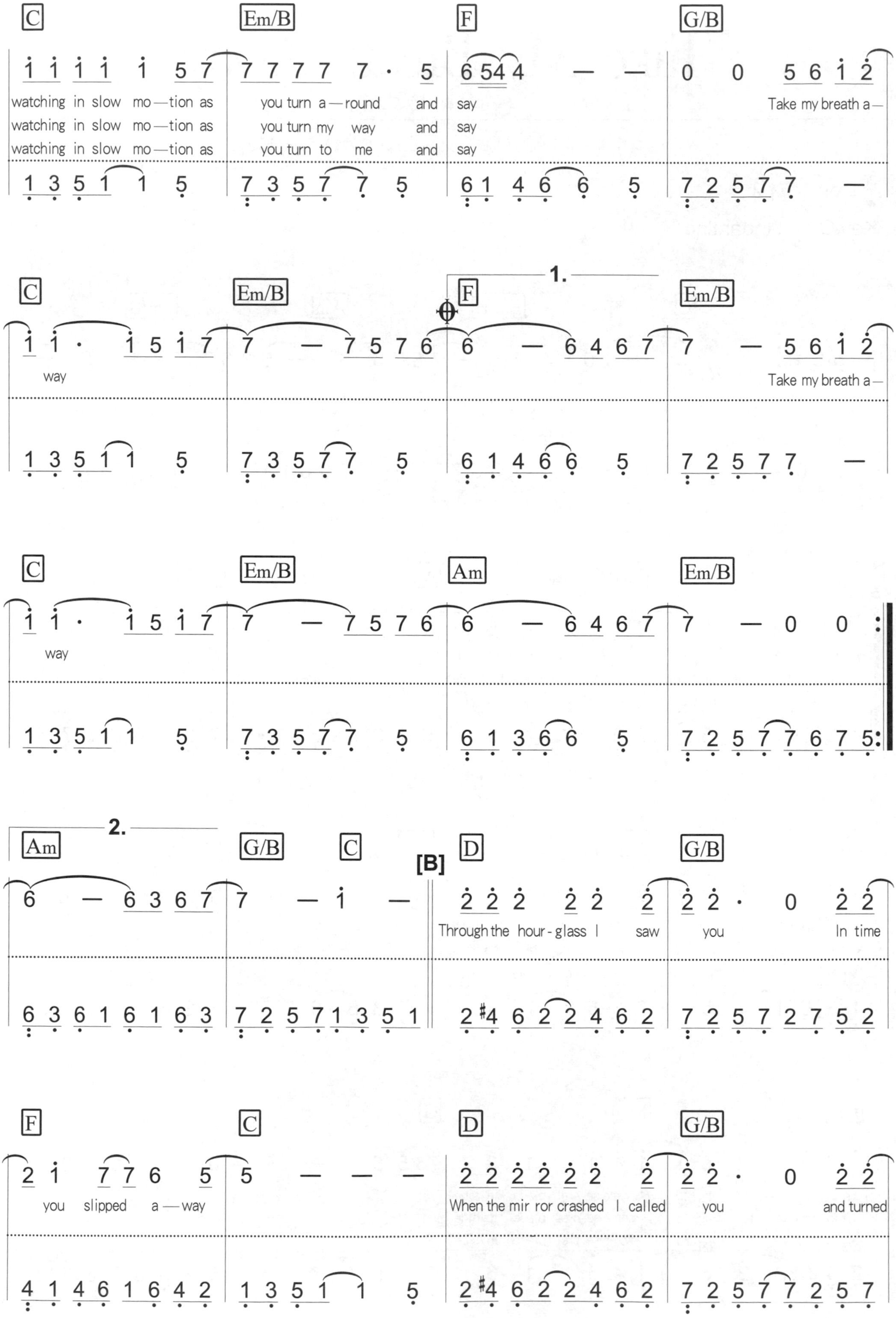

C | Em/B | F | G/B

1 1 1 1 1 5 7 | 7 7 7 7 7 · 5 | 6 54 4 — — | 0 0 5 6 1 2

watching in slow mo—tion as you turn a—round and say Take my breath a—
watching in slow mo—tion as you turn my way and say
watching in slow mo—tion as you turn to me and say

1 3 5 1 1 5 | 7 3 5 7 7 5 | 6 1 4 6 6 5 | 7 2 5 7 7 —

C | Em/B | 1. F | Em/B

1 1 · 1 5 1 7 | 7 — 7 5 7 6 | 6 — 6 4 6 7 | 7 — 5 6 1 2

way Take my breath a—

1 3 5 1 1 5 | 7 3 5 7 7 5 | 6 1 4 6 6 5 | 7 2 5 7 7 —

C | Em/B | Am | Em/B

1 1 · 1 5 1 7 | 7 — 7 5 7 6 | 6 — 6 4 6 7 | 7 — 0 0 :|

way

1 3 5 1 1 5 | 7 3 5 7 7 5 | 6 1 3 6 6 5 | 7 2 5 7 7 6 7 5 :|

2. Am | G/B C | [B] D | G/B

6 — 6 3 6 7 | 7 — 1 — || 2 2 2 2 2 2 | 2 2 · 0 2 2

Through the hour-glass I saw you In time

6 3 6 1 6 1 6 3 | 7 2 5 7 1 3 5 1 || 2 #4 6 2 2 4 6 2 | 7 2 5 7 2 7 5 2

F | C | D | G/B

2 1 7 7 6 5 | 5 — — — | 2 2 2 2 2 2 2 | 2 2 · 0 2 2

you slipped a—way When the mir ror crashed I called you and turned

4 1 4 6 1 6 4 2 | 1 3 5 1 1 5 | 2 #4 6 2 2 4 6 2 | 7 2 5 7 7 2 5 7

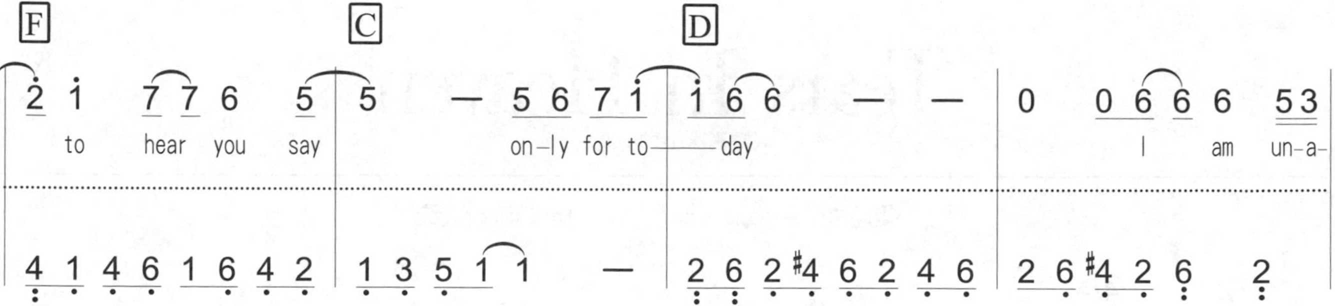

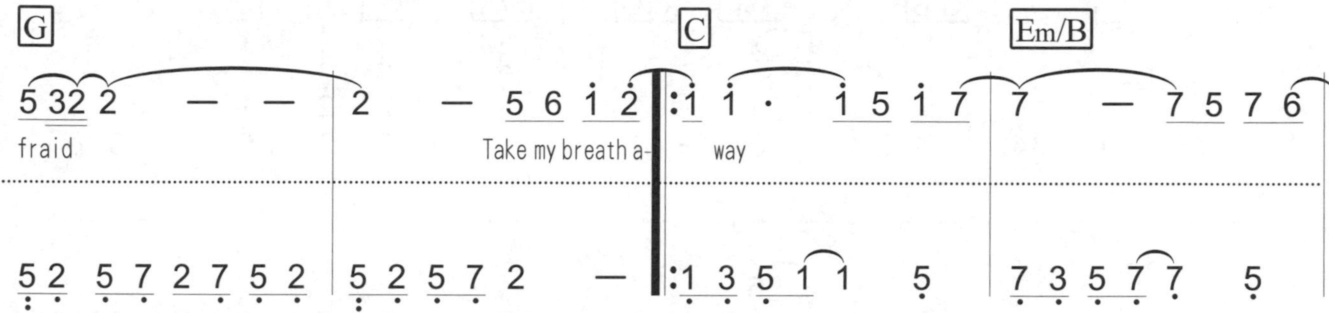

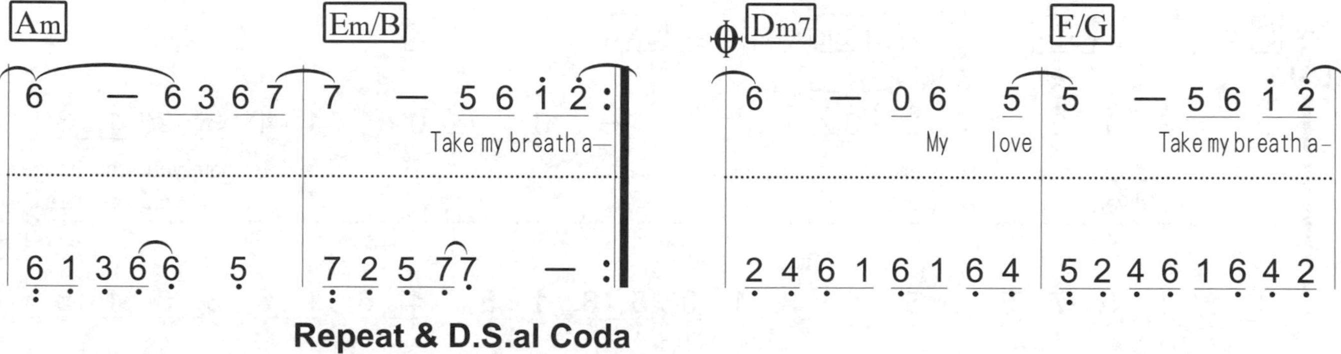

Repeat & D.S.al Coda

C Em/B Am Em/B

way My love Take my breath a-

Repeat & F.O.

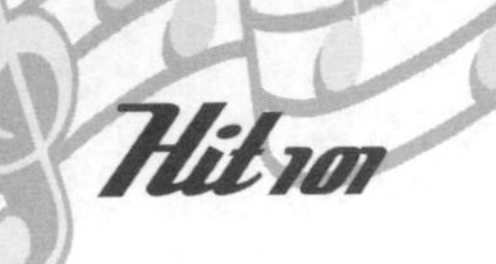

Tears In Heaven

（電影"Rush"主題曲）

詞 / 曲：Eric Clapton　演唱：Eric Clapton

♩ = 72　4/4

Key:C-B♭-C　Andante

C　G/B　Am7　C/G　F/A　G7　C

[A]

C　G/B　Am　C/G　F　C/E

Would you know my name　if I saw you in hea-
Would you hold my hand　if I saw you in hea-

Dm7　G　C　G/B　Am　C/G

ven　Would it be the same
ven　Would you help me stand

F　C/E　Dm7　G　Am　E/G♯

[B]

if I saw you in hea-ven　I must be strong
if I saw you in hea-ven　I'll find my way

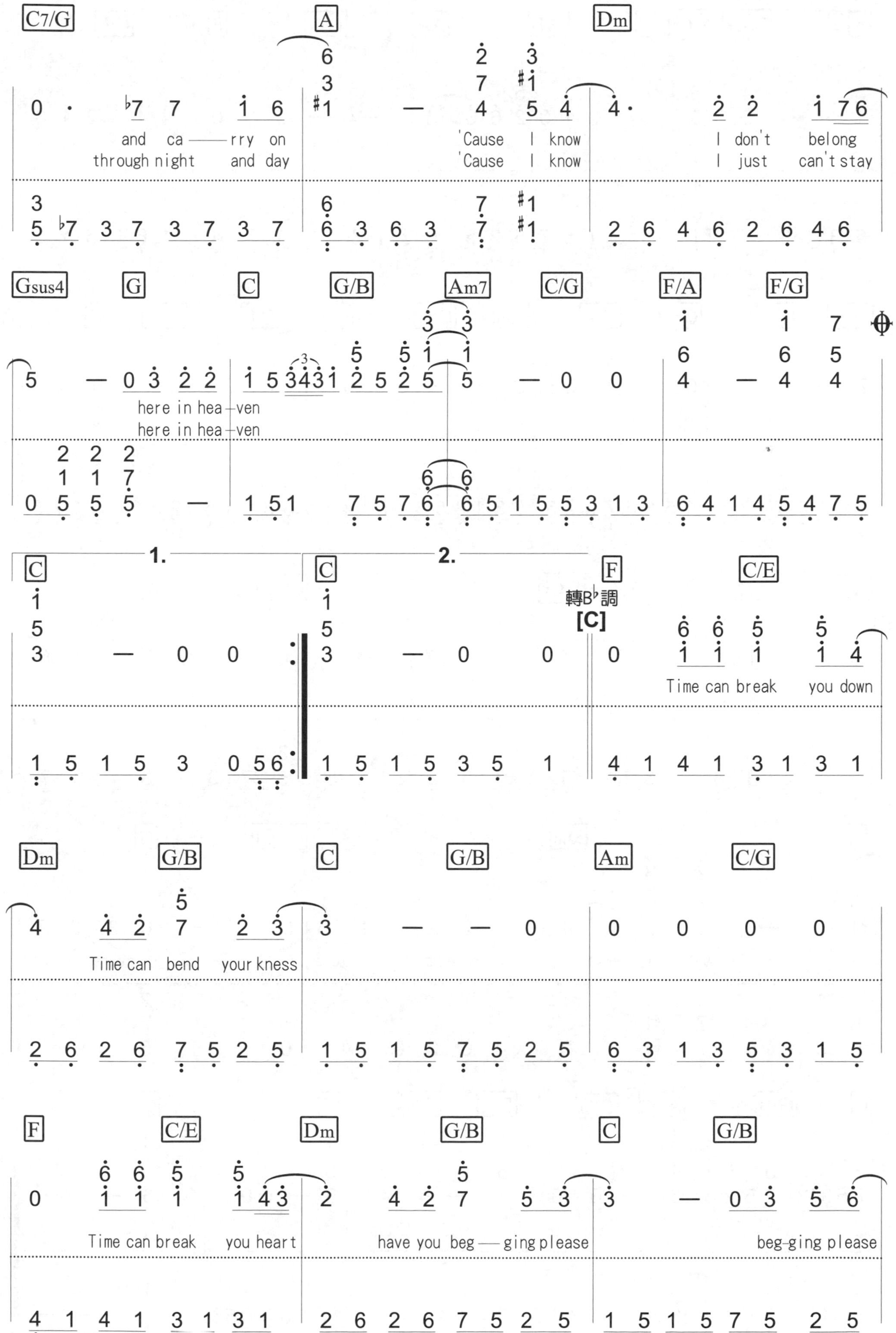
C7/G
A
Dm
and ca — rry on
through night and day
'Cause I know
'Cause I know
I don't belong
I just can't stay
Gsus4
G
C
G/B
Am7
C/G
F/A
F/G
here in hea-ven
here in hea-ven
C
1.
2.
F
C/E
轉B♭調
[C]
Time can break you down
Dm
G/B
Am
Time can bend your kness
F
Dm
Time can break you heart
have you beg — ging please
beg-ging please

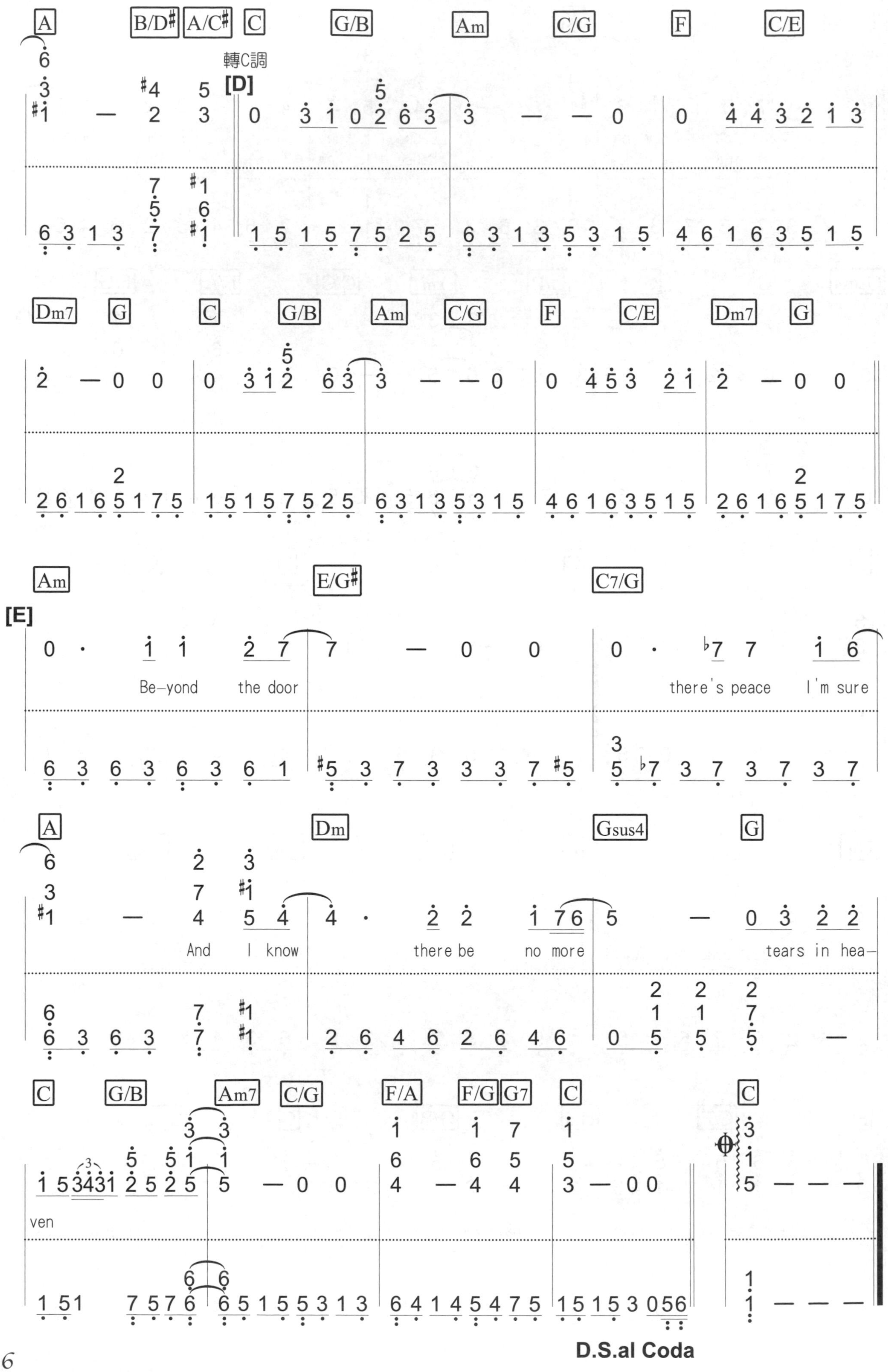

A B/D♯ A/C♯ C G/B Am C/G F C/E

轉C調

[D]

Dm7 G C G/B Am C/G F C/E Dm7 G

Am E/G♯ C7/G

[E]

Be-yond the door there's peace I'm sure

A Dm Gsus4 G

And I know there be no more tears in hea-

C G/B Am7 C/G F/A F/G G7 C C

ven

D.S.al Coda

Touch Me In The Morning

詞 / 曲：Ron Miller / Michael Masser 演唱：Diana Ross

♩= 68 4/4

Key:C

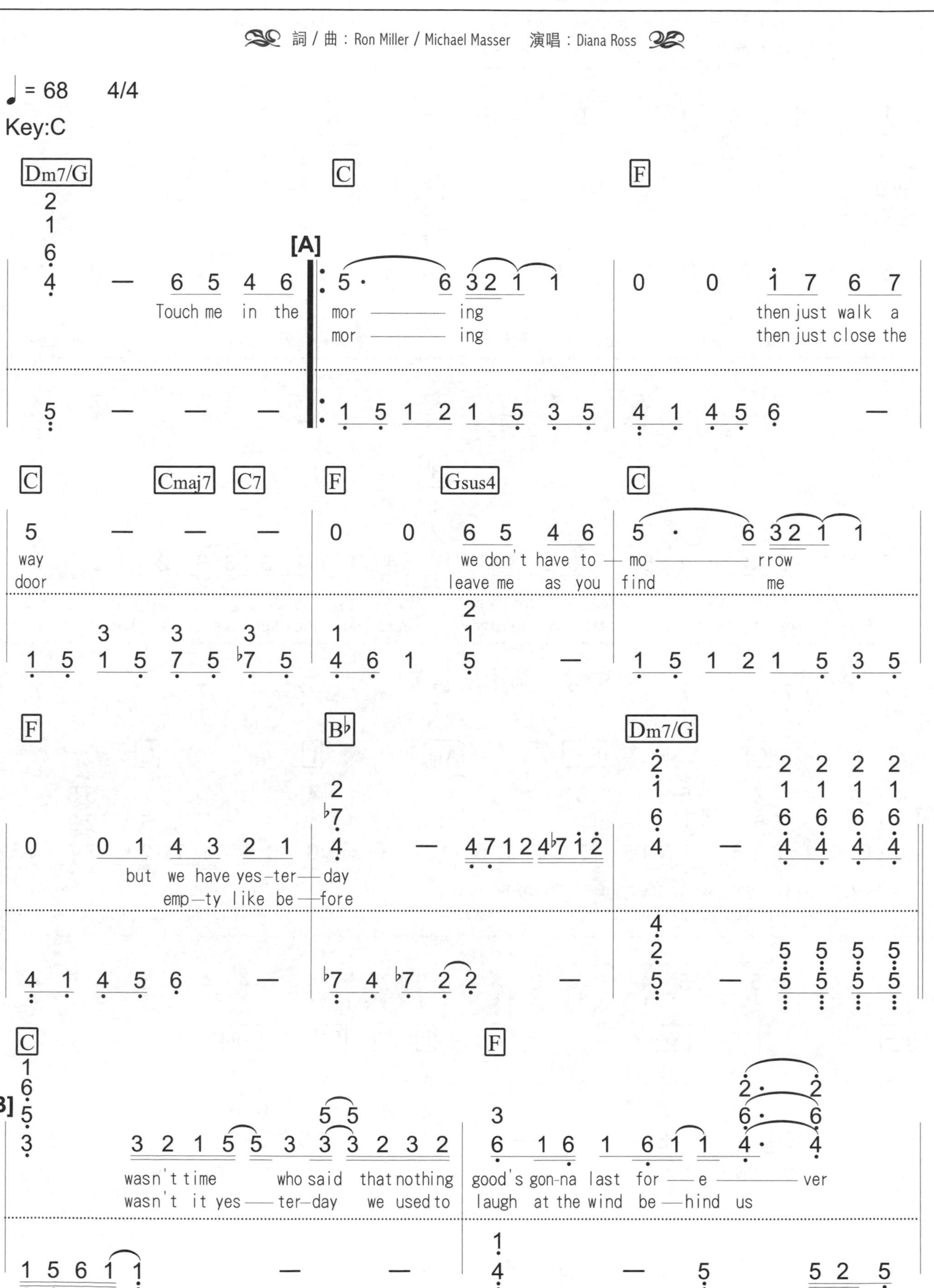

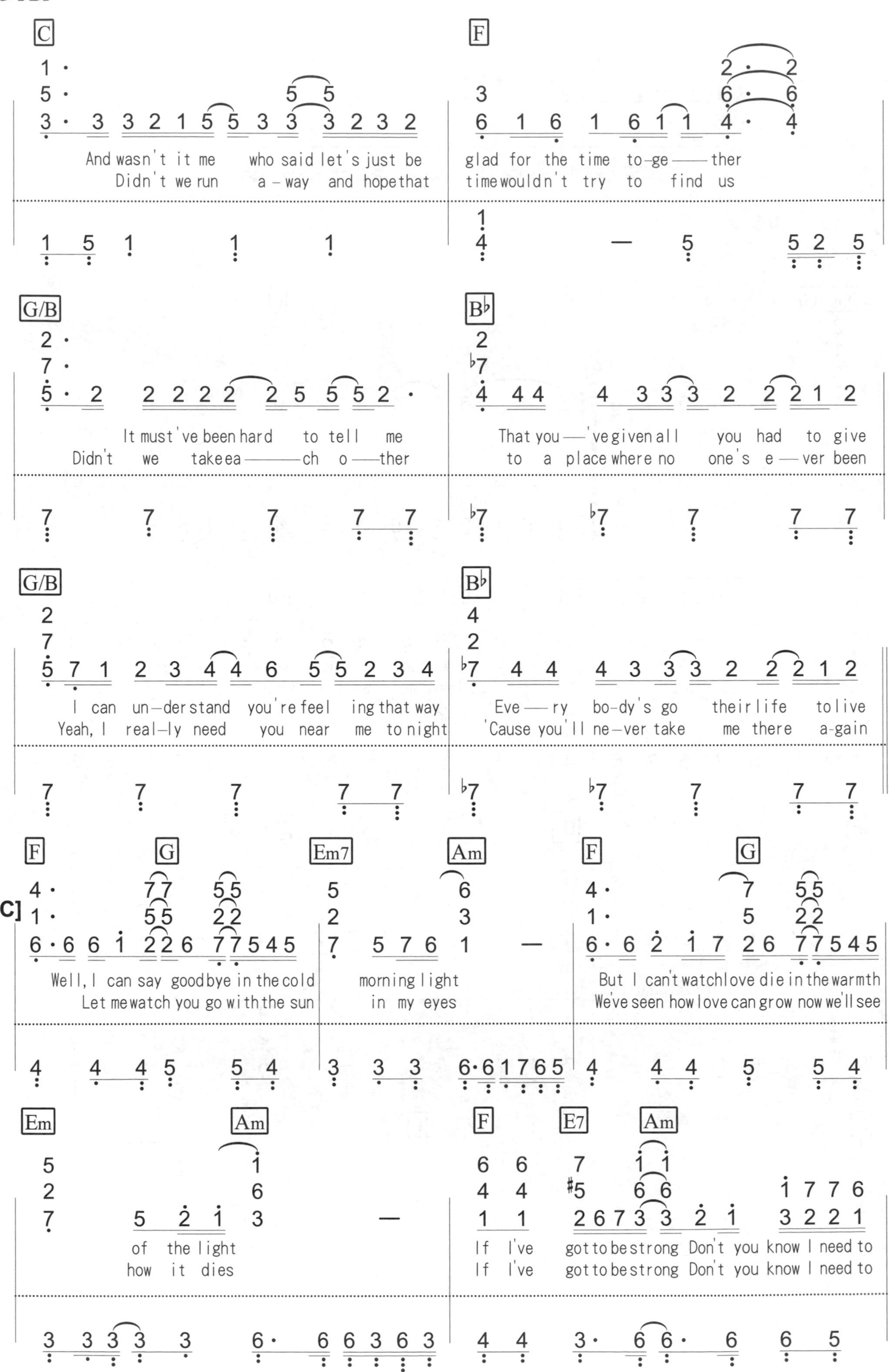
C
F
And wasn't it me who said let's just be glad for the time to-ge—ther
Didn't we run a-way and hope that time wouldn't try to find us
G/B
B♭
It must've been hard to tell me That you—'ve given all you had to give
Didn't we take ea—ch o—ther to a place where no one's e—ver been
G/B
B♭
I can un-der stand you're feel ing that way Eve—ry bo-dy's go their life to live
Yeah, I real-ly need you near me to night 'Cause you'll ne-ver take me there a-gain
F G Em7 Am F G
[C]
Well, I can say goodbye in the cold morning light But I can't watch love die in the warmth
Let me watch you go with the sun in my eyes We've seen how love can grow now we'll see
Em Am F E7 Am
of the light If I've got to be strong Don't you know I need to
how it dies If I've got to be strong Don't you know I need to

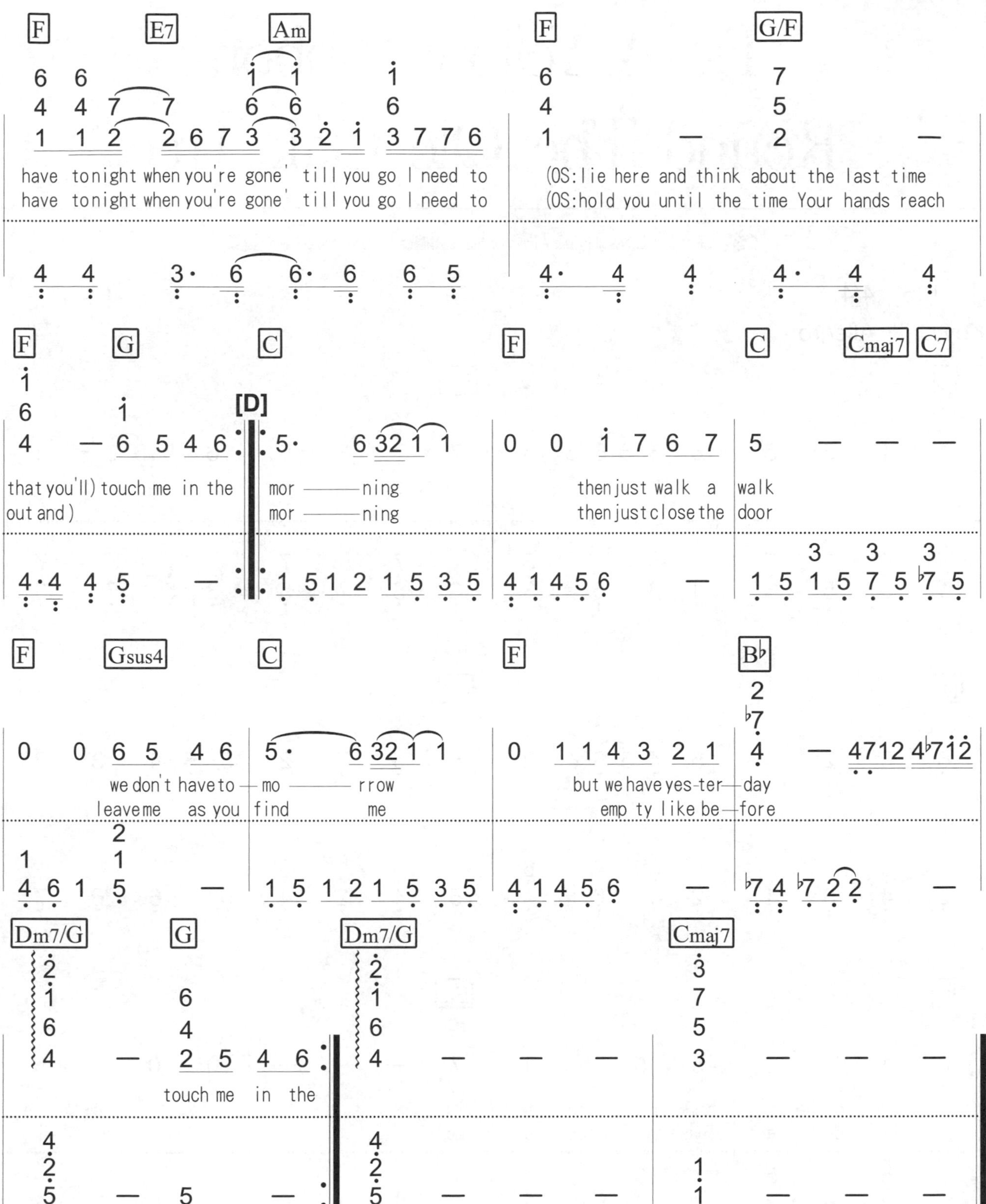
F
E7
Am
F
G/F
have tonight when you're gone' till you go I need to
have tonight when you're gone' till you go I need to
(OS:lie here and think about the last time
(OS:hold you until the time Your hands reach
F
G
C
[D]
F
C
Cmaj7
C7
that you'll) touch me in the
out and)
mor ning
mor ning
then just walk a
then just close the
walk
door
F
Gsus4
C
F
B♭
we don't have to mo rrow
leave me as you find me
but we have yes-ter day
emp ty like be fore
Dm7/G
G
Dm7/G
Cmaj7
touch me in the

Tie A Yellow Ribbon Round The Ole Oak Tree

詞 / 曲：L.Russell Brown / Irwin Levine　演唱：Tony Orlando & Dawn

♩ = 126　4/4
Key:C　Allegro

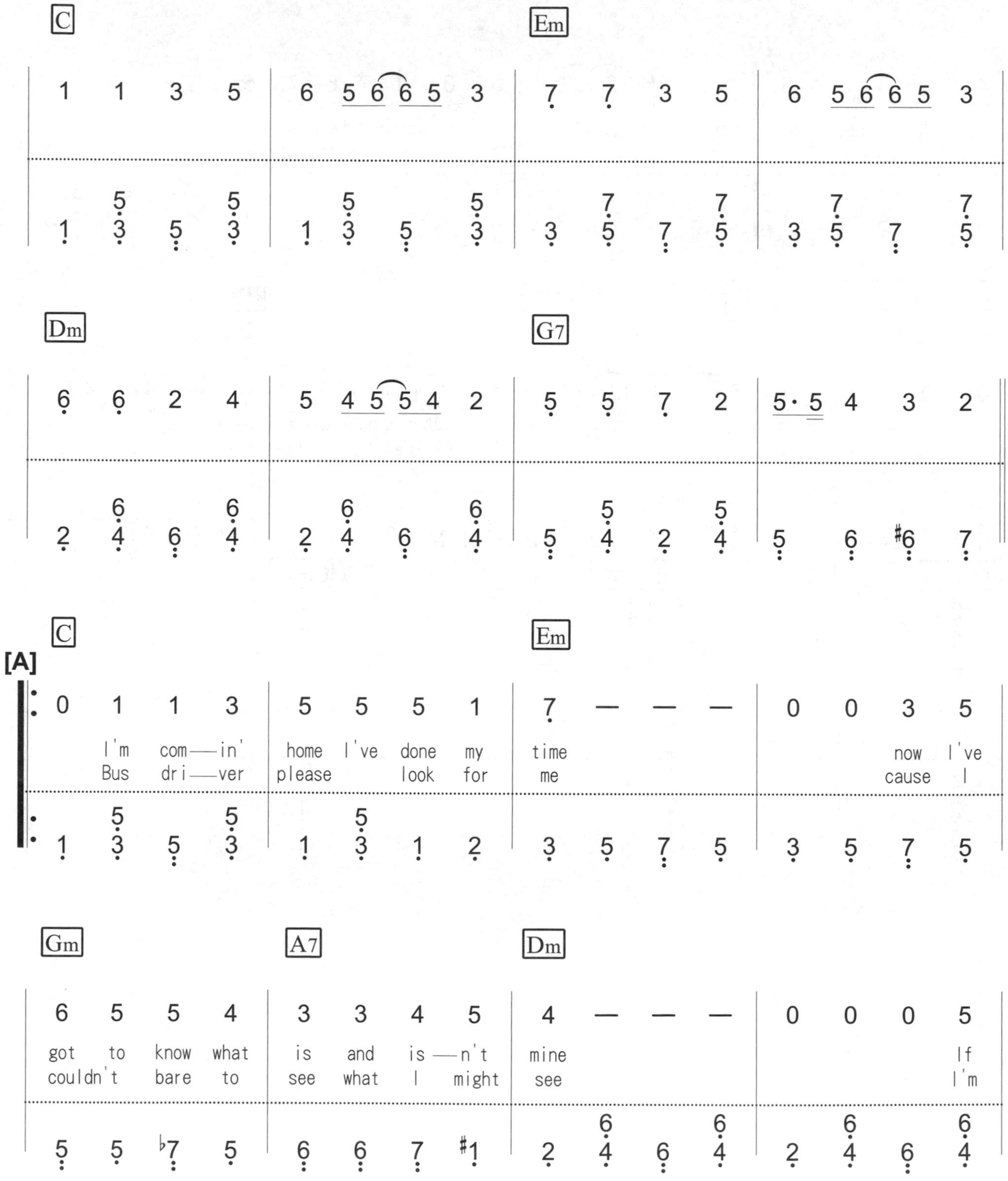

C | Em

| 1 1 3 5 | 6 5 6 6 5 3 | 7 7 3 5 | 6 5 6 6 5 3 |

| 1 5/3 5 5/3 | 1 5/3 5 5/3 | 3 7/5 7 7/5 | 3 7/5 7 7/5 |

Dm | G7

| 6 6 2 4 | 5 4 5 5 4 2 | 5 5 7 2 | 5· 5 4 3 2 ||

| 2 6/4 6 6/4 | 2 6/4 6 6/4 | 5 5/4 2 5/4 | 5 6 #6 7 ||

[A]

C | Em

|: 0 1 1 3 | 5 5 5 1 | 7 — — — | 0 0 3 5 |

I'm com—in' home I've done my time now I've
Bus dri—ver please look for me cause I

|: 1 5/3 5 5/3 | 1 5/3 1 2 | 3 5 7 5 | 3 5 7 5 |

Gm | A7 | Dm

| 6 5 5 4 | 3 3 4 5 | 4 — — — | 0 0 0 5 |

got to know what is and is—n't mine If
couldn't bare to see what I might see I'm

| 5 5 b7 5 | 6 6 7 #1 | 2 6/4 6 6/4 | 2 6/4 6 6/4 |

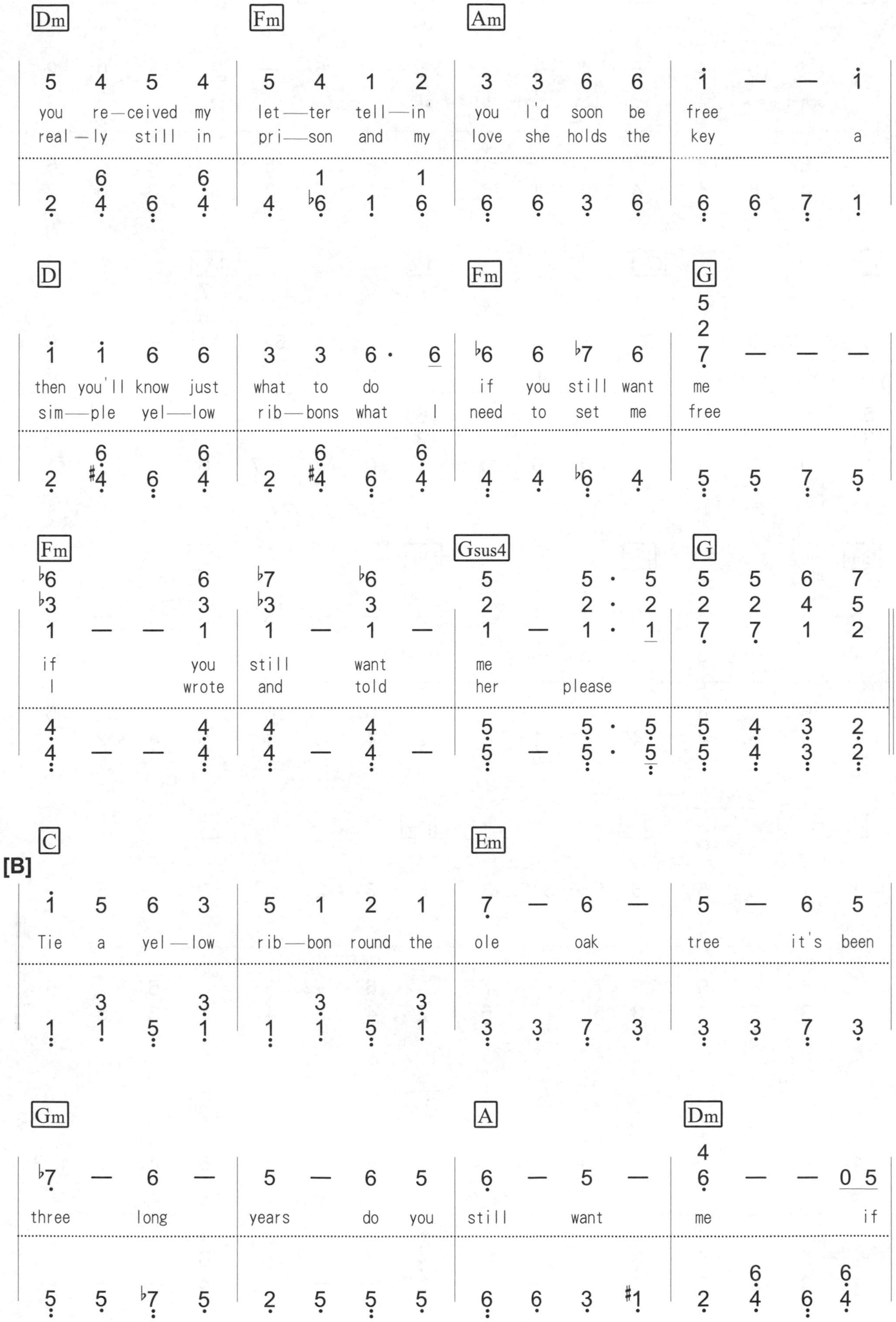

Dm | Fm | Am

| 5 4 5 4 | 5 4 1 2 | 3 3 6 6 | i — — i |
you re—ceived my | let—ter tell—in' | you I'd soon be | free
real—ly still in | pri—son and my | love she holds the | key a

| 2 4 6 4 | 4 ♭6 1 6 | 6 6 3 6 | 6 6 7 1 |

D | Fm | G

| i i 6 6 | 3 3 6· 6 | ♭6 6 ♭7 6 | 7 — — — |
then you'll know just | what to do | if you still want | me
sim—ple yel—low | rib—bons what I | need to set me | free

| 2 ♯4 6 4 | 2 ♯4 6 4 | 4 4 ♭6 4 | 5 5 7 5 |

Fm | Gsus4 | G

| 1 — — 1 | 1 — 1 — | 1 — 1· 1 | 7 7 1 2 |
if you | still want | me
I wrote | and told | her please

| 4 — — 4 | 4 — 4 — | 5 — 5· 5 | 5 4 3 2 |

[B]

C | Em

| i 5 6 3 | 5 1 2 1 | 7 — 6 — | 5 — 6 5 |
Tie a yel—low | rib—bon round the | ole oak | tree it's been

| 1 1 5 1 | 1 1 5 1 | 3 3 7 3 | 3 3 7 3 |

Gm | A | Dm

| ♭7 — 6 — | 5 — 6 5 | 6 — 5 — | 6 — — 0 5 |
three long | years do you | still want | me if

| 5 5 ♭7 5 | 2 5 5 5 | 6 6 3 ♯1 | 2 4 6 4 |

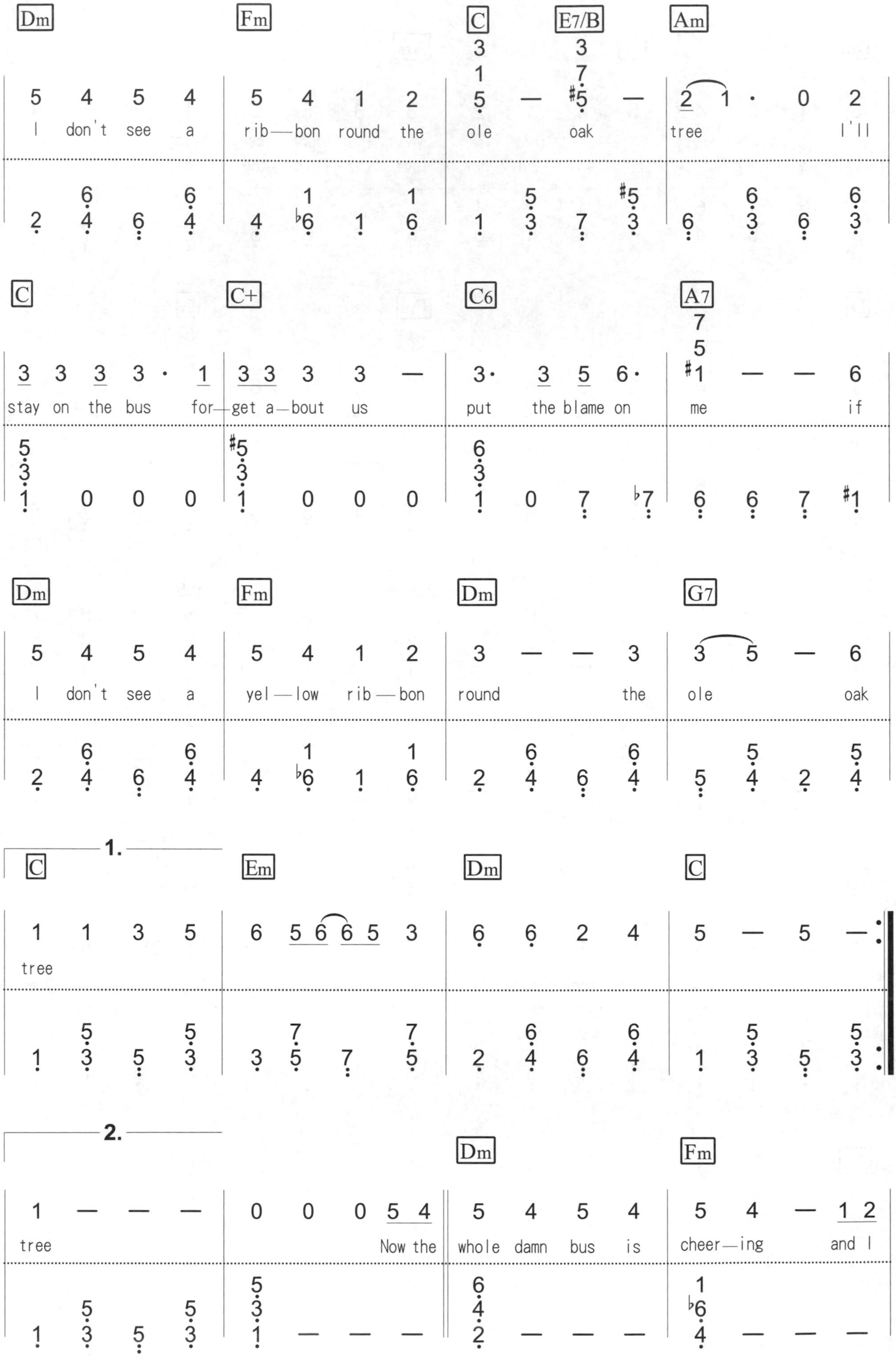

Dm Fm C E7/B Am

| 5 4 5 4 | 5 4 1 2 | 5 — #5 — | 2 1 · 0 2 |

I don't see a rib—bon round the ole oak tree I'll

C C+ C6 A7

| 3 3 3 3 · 1 | 3 3 3 3 — | 3· 3 5 6· | #1 — — 6 |

stay on the bus for—get a—bout us put the blame on me if

Dm Fm Dm G7

| 5 4 5 4 | 5 4 1 2 | 3 — — 3 | 3 5 — 6 |

I don't see a yel—low rib—bon round the ole oak

1.

C Em Dm C

| 1 1 3 5 | 6 5 6 6 5 3 | 6 6 2 4 | 5 — 5 — :|

tree

2.

Dm Fm

| 1 — — — | 0 0 0 5 4 || 5 4 5 4 | 5 4 — 1 2 |

tree Now the whole damn bus is cheer—ing and I

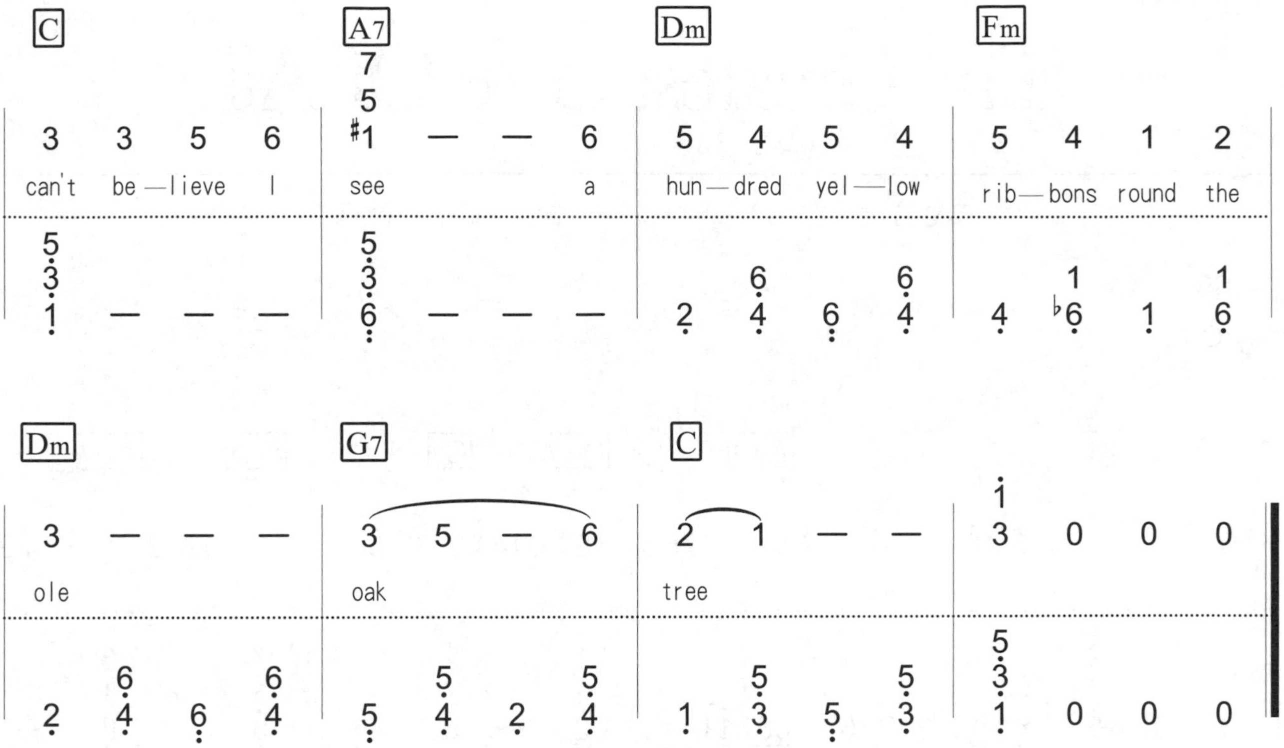

C	A7	Dm	Fm
3 3 5 6	(7 5 #1) — — 6	5 4 5 4	5 4 1 2
can't be—lieve I	see a	hun—dred yel—low	rib—bons round the
(5 3 1) — — —	(5 3 6) — — —	2 (6 4) 6 (6 4)	4 (1 ♭6) 1 (1 6)

Dm	G7	C	
3 — — —	3 5 — 6	2 1 — —	(1 3) 0 0 0
ole	oak	tree	
2 (6 4) 6 (6 4)	5 (5 4) 2 (5 4)	1 (5 3) 5 (5 3)	(5 3 1) 0 0 0

The Greatest Love Of All

詞 / 曲：Masser, Michael / Creed, Linda　演唱：Whitney Houston

♩ = 65　4/4

Key:C

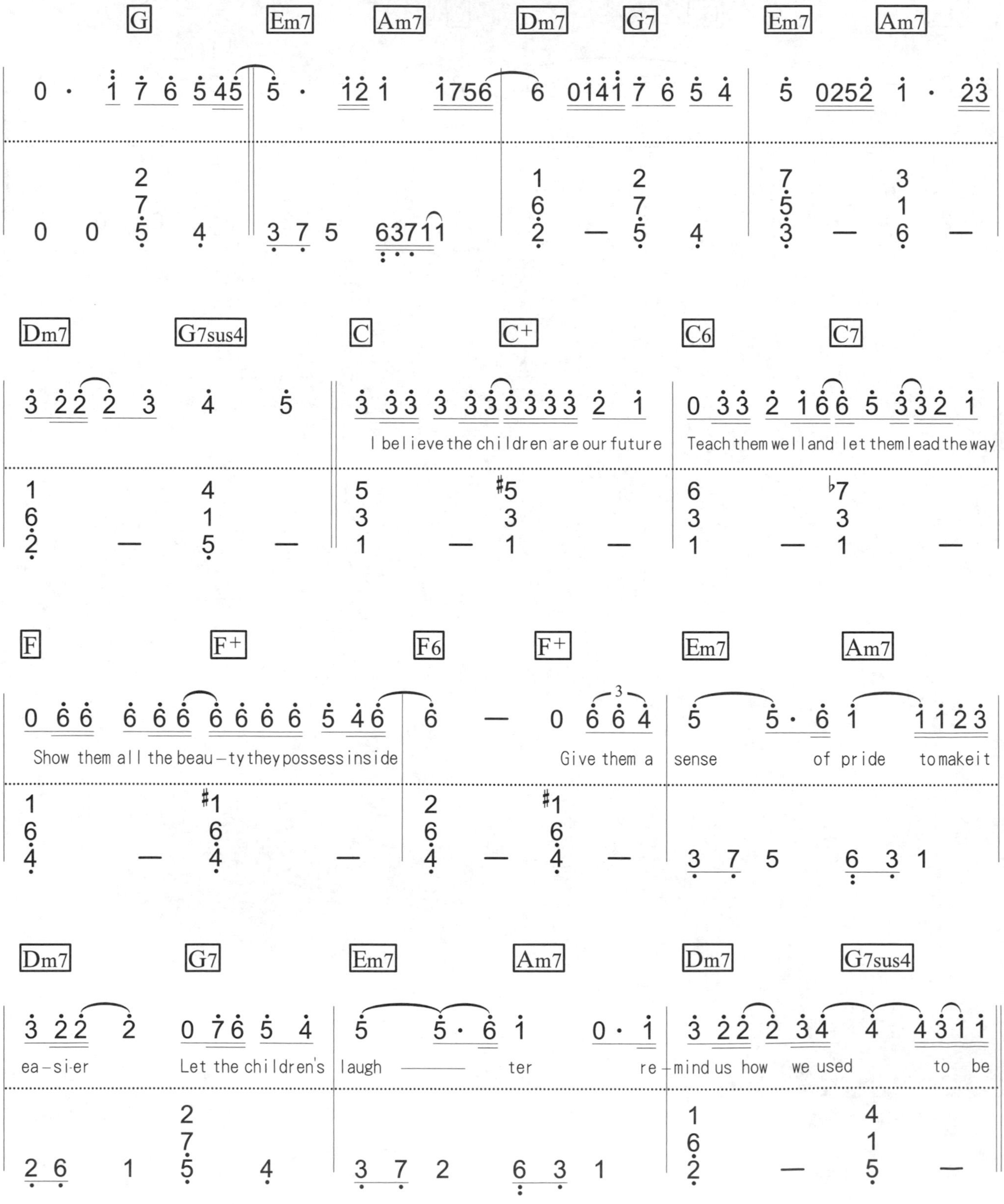

G　Em7　Am7　Dm7　G7　Em7　Am7

Dm7　G7sus4　C　C+　C6　C7

I believe the children are our future　Teach them well and let them lead the way

F　F+　F6　F+　Em7　Am7

Show them all the beau - ty they possess inside　Give them a　sense of pride to make it

Dm7　G7　Em7　Am7　Dm7　G7sus4

ea - si - er　Let the children's　laugh —— ter　re - mind us how we used to be

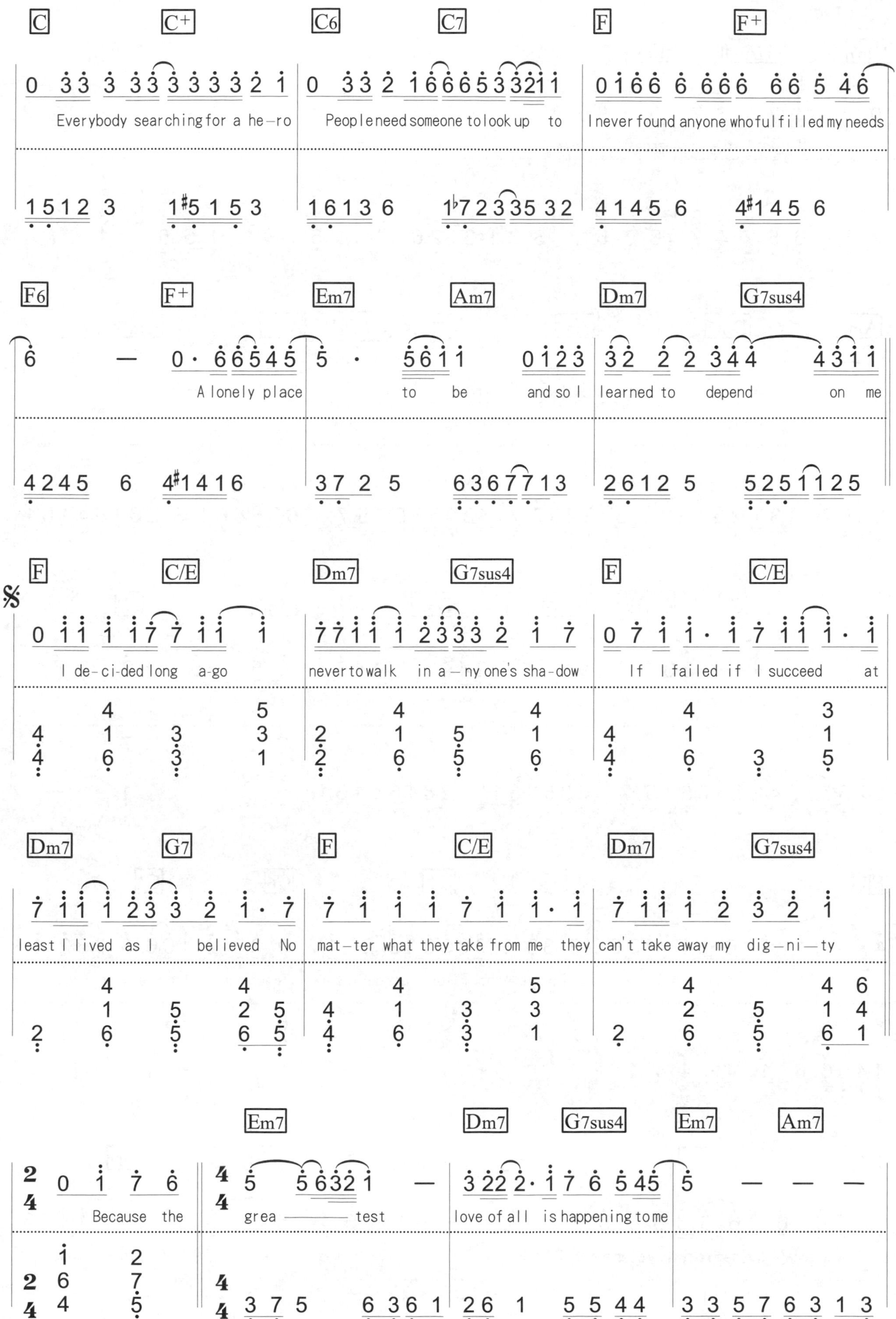
C C+ C6 C7 F F+
Everybody searching for a he-ro
People need someone to look up to
I never found anyone who fulfilled my needs
F6 F+ Em7 Am7 Dm7 G7sus4
A lonely place to be and so I learned to depend on me
F C/E Dm7 G7sus4 F C/E
I de-ci-ded long a-go
never to walk in a-ny one's sha-dow
If I failed if I succeed at
Dm7 G7 F C/E Dm7 G7sus4
least I lived as I believed No
mat-ter what they take from me they
can't take away my dig-ni-ty
Em7 Dm7 G7sus4 Em7 Am7
Because the
grea test
love of all is happening to me

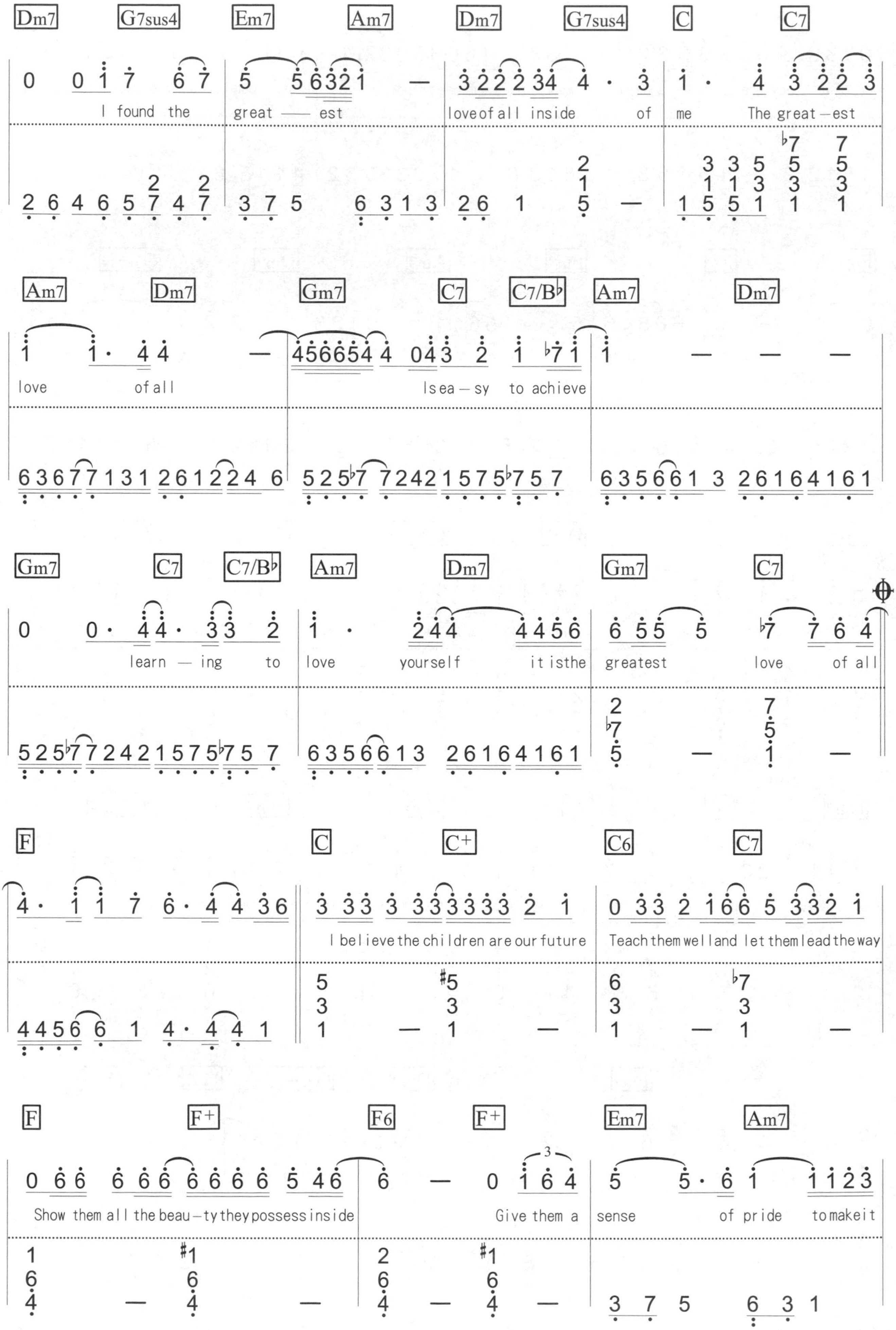

Dm7 G7sus4 Em7 Am7 Dm7 G7sus4 C C7

I found the great — est love of all inside of me The great — est

Am7 Dm7 Gm7 C7 C7/B♭ Am7 Dm7

love of all Is ea — sy to achieve

Gm7 C7 C7/B♭ Am7 Dm7 Gm7 C7

learn — ing to love yourself it is the greatest love of all

F C C+ C6 C7

I believe the children are our future Teach them well and let them lead the way

F F+ F6 F+ Em7 Am7

Show them all the beau — ty they possess inside Give them a sense of pride to make it

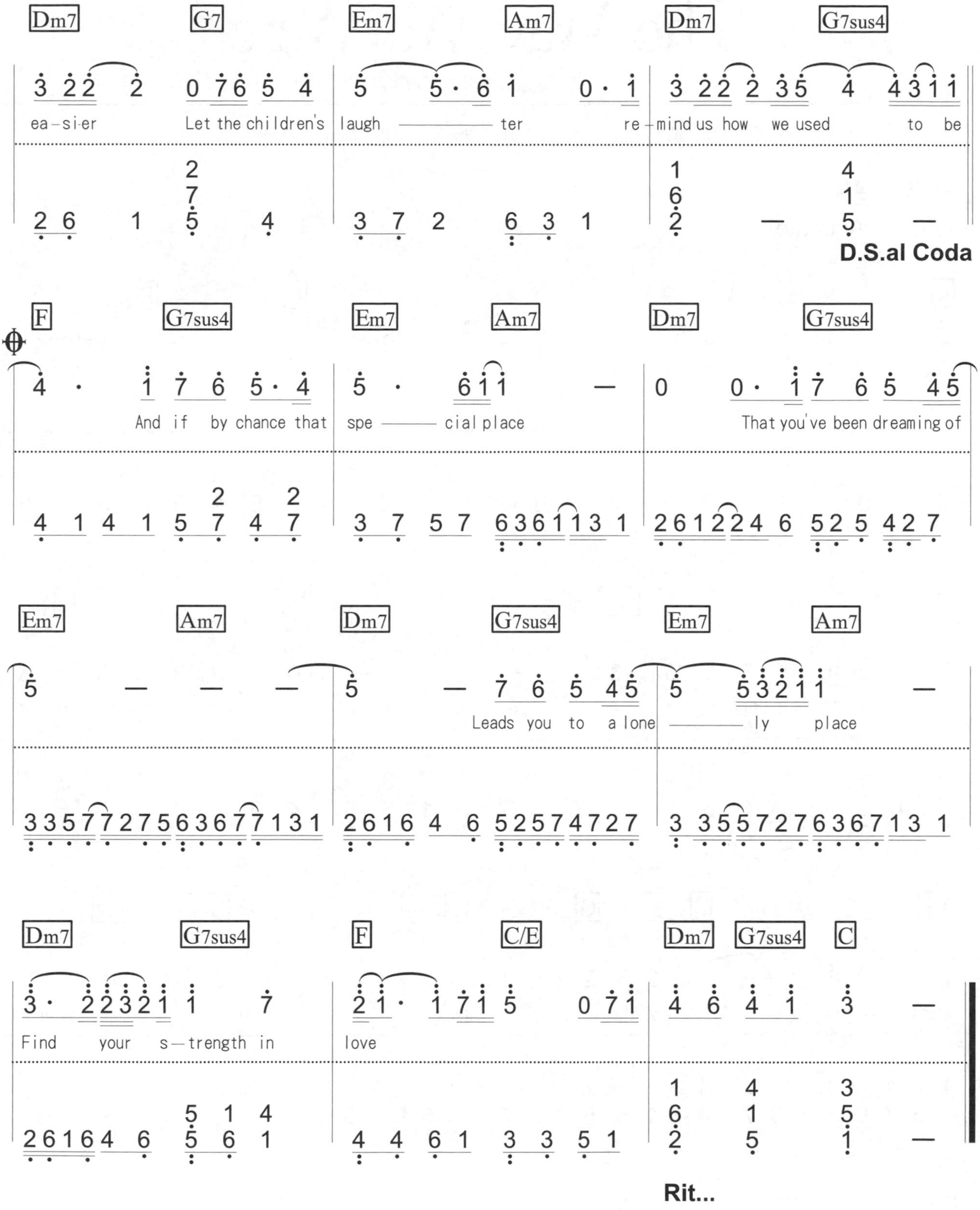

Dm7 G7 | Em7 Am7 | Dm7 G7sus4

3 22 2 0 76 5 4 | 5 5· 6 1 0· 1 | 3 22 2 35 4 4311

ea-si-er Let the children's laugh ter re-mind us how we used to be

26 1 5 4 (27) | 37 2 63 1 | 2 (61) — 5 (41) —

D.S.al Coda

F G7sus4 | Em7 Am7 | Dm7 G7sus4

Φ

4 · 1 7 6 5·4 | 5 · 611 — | 0 0· 17 65 45

And if by chance that spe cial place That you've been dreaming of

41 41 57 47 (2 2) | 37 57 636113 1 | 2612246 525 427

Em7 Am7 | Dm7 G7sus4 | Em7 Am7

5 — — — | 5 — 76 5 45 | 5 53211 —

Leads you to a lone ly place

3357727563677131 | 2616 4 6 52574727 | 3 3557276367131

Dm7 G7sus4 | F C/E | Dm7 G7sus4 C

3· 223321 1 7 | 21· 1711 5 0 71 | 4 6 4 1 3 —

Find your s—trength in love

26164 6 5 6 1 (5 1 4) | 44 61 33 51 | 2 (61) 5 (41) 1 (35) —

Rit...

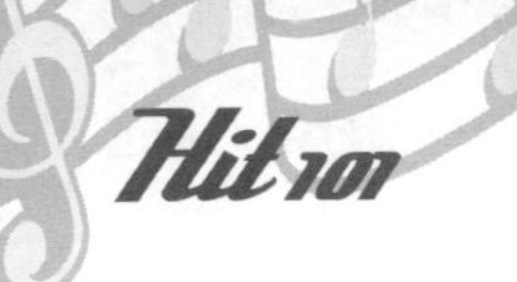

The Way We Were

（電影"往日情懷"主題曲）

詞 / 曲：A.Bergman / M.Bergman / M.Hamlish　演唱：Barbra Streisand

♩ = 72　4/4

Key:C　Andante

C | C Em [A]
Mem' — ries

F | Am | F Em E
light the cor-ners of my mind | Mist-y wa-ter col-or

Am F G | C | Dm7 G7
memo — ries of the way we were | Scat-tered

[B]
C Em | F | Am
pic — tures | of the smiles we left be-hind

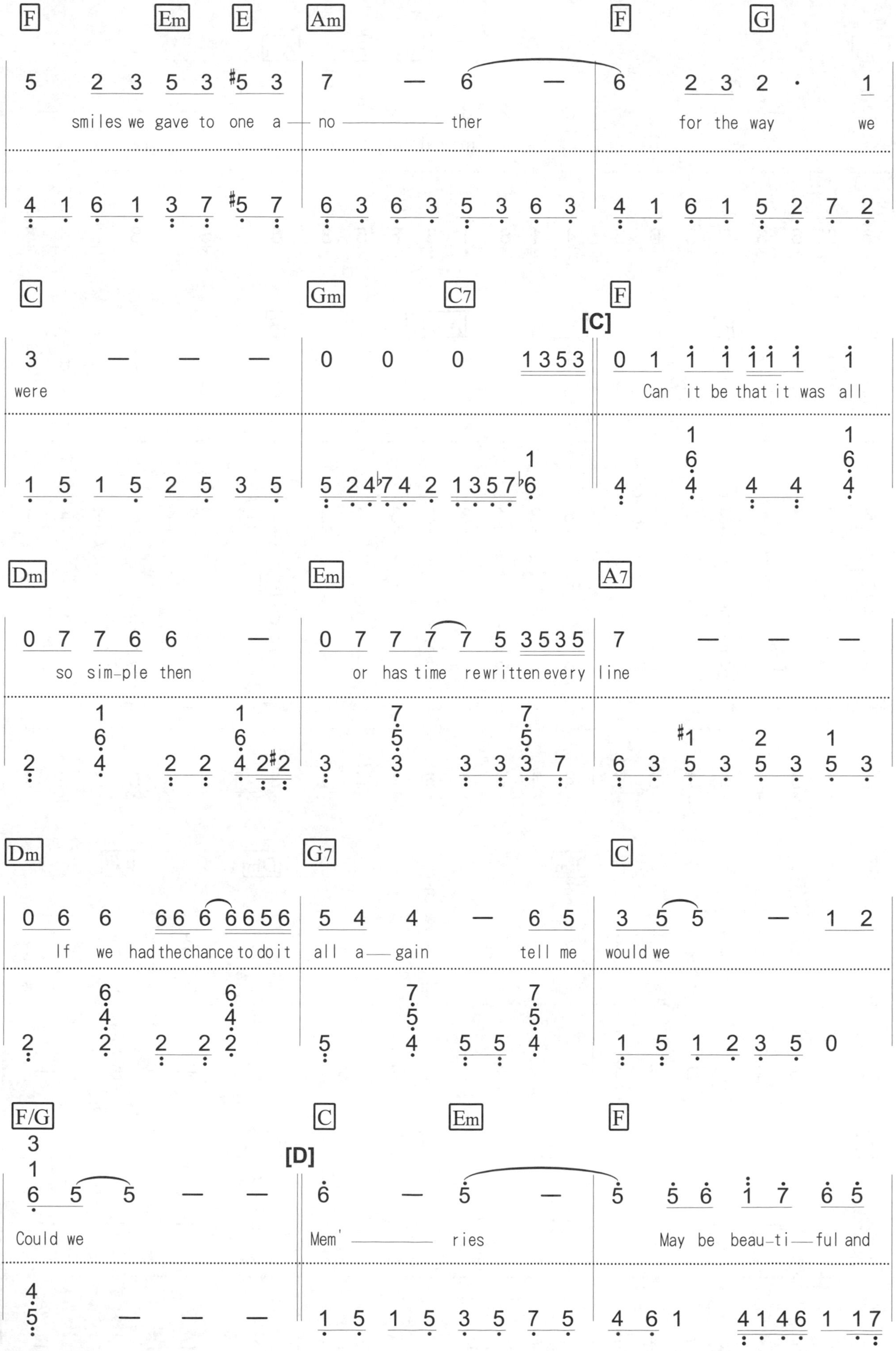

F Em E Am F G

smiles we gave to one a — no — ther for the way we

C Gm C7 F

[C]

were Can it be that it was all

Dm Em A7

so sim-ple then or has time rewritten every line

Dm G7 C

If we had the chance to do it all a — gain tell me would we

F/G C Em F

[D]

Could we Mem' — ries May be beau-ti — ful and

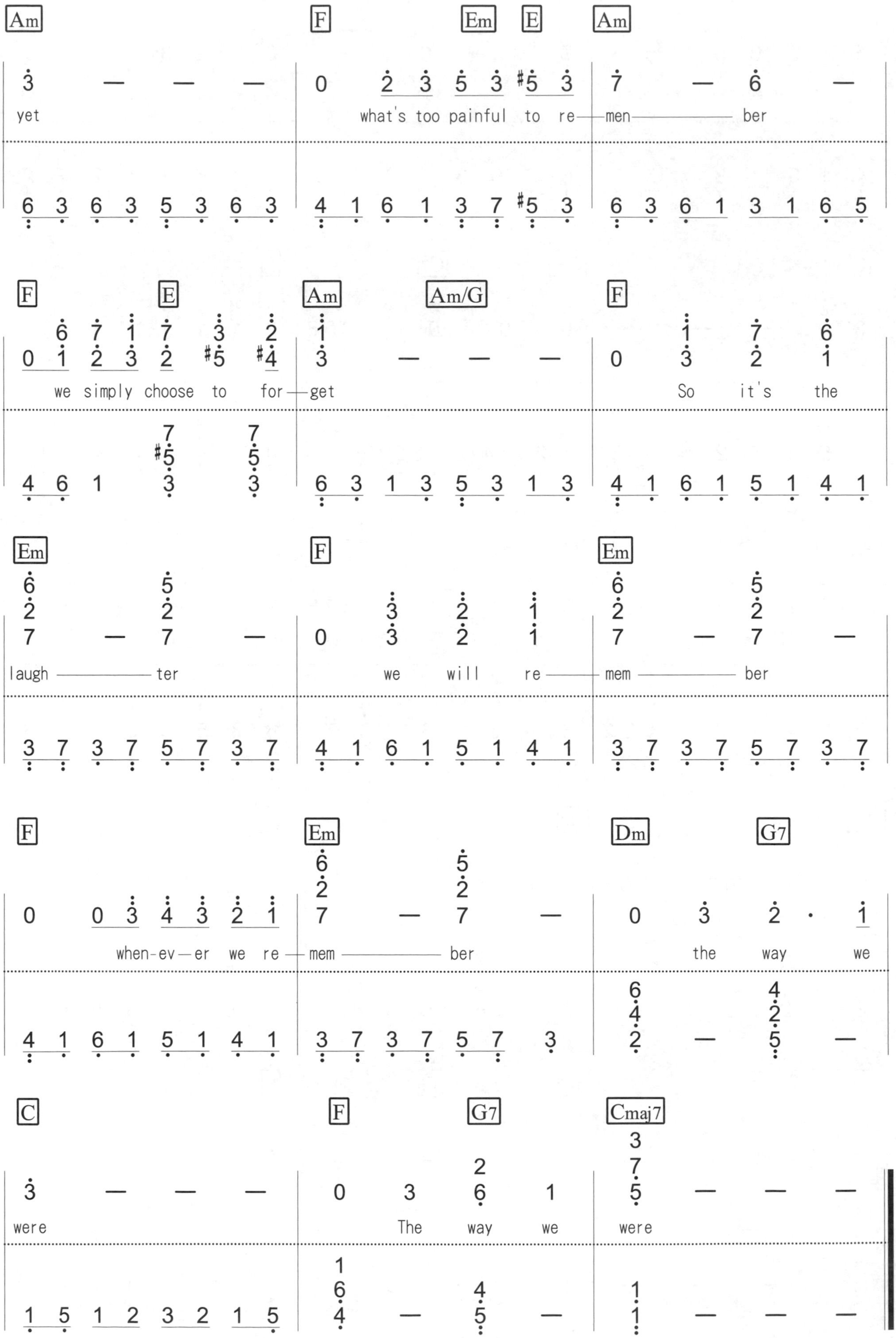

Am | F Em E | Am

3 — — — | 0 2 3 5 3 #5 3 | 7 — 6 —

yet | what's too painful to re— | men—— ber

6 3 6 3 5 3 6 3 | 4 1 6 1 3 7 #5 3 | 6 3 6 1 3 1 6 5

F E | Am Am/G | F

0 1 2 3 2 #5 #4 | 3 — — — | 0 3 2 1

we simply choose to for— | get | So it's the

4 6 1 3 3 | 6 3 1 3 5 3 1 3 | 4 1 6 1 5 1 4 1

Em | F | Em

7 — 7 — | 0 3 2 1 | 7 — 7 —

laugh —— ter | we will re— | mem —— ber

3 7 3 7 5 7 3 7 | 4 1 6 1 5 1 4 1 | 3 7 3 7 5 7 3 7

F | Em | Dm G7

0 0 3 4 3 2 1 | 7 — 7 — | 0 3 2 · 1

when-ev—er we re— | mem —— ber | the way we

4 1 6 1 5 1 4 1 | 3 7 3 7 5 7 3 | 2 — 5 —

C | F G7 | Cmaj7

3 — — — | 0 3 6 1 | 5 — — —

were | The way we | were

1 5 1 2 3 2 1 5 | 4 — 5 — | 1 — — —

Up Where We Belong

（電影"軍官與紳士"主題曲）

詞／曲：Alex North / Hy Zaret　演唱：Joe Cocker & Jennifer Warnes

♩ = 69　4/4

Key:C-D♭ Andante

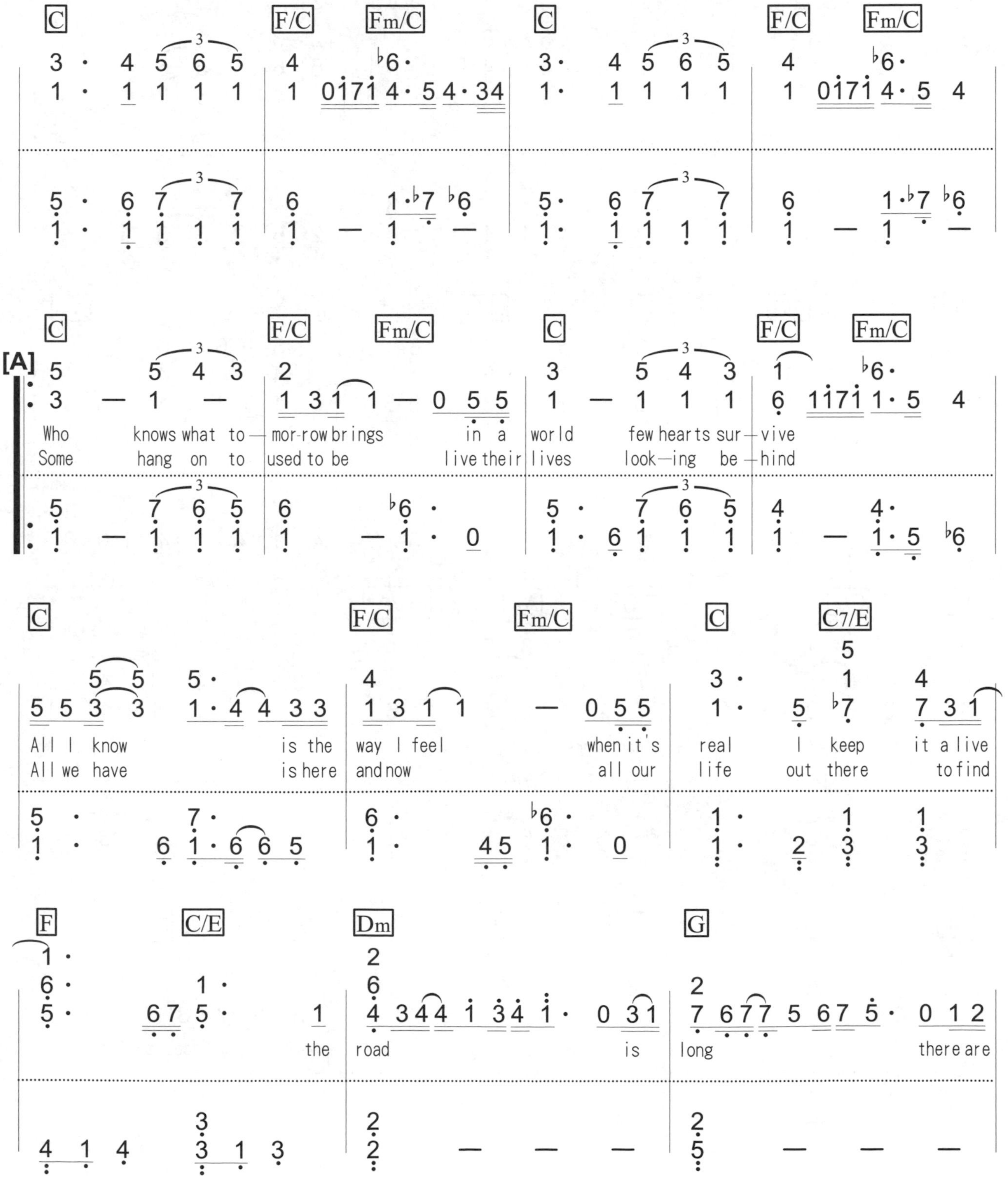

[A]

Who knows what to— mor-row brings in a world few hearts sur-vive

Some hang on to used to be live their lives look-ing be-hind

All I know is the way I feel when it's real I keep it a live

All we have is here and now all our life out there to find

the road is long there are

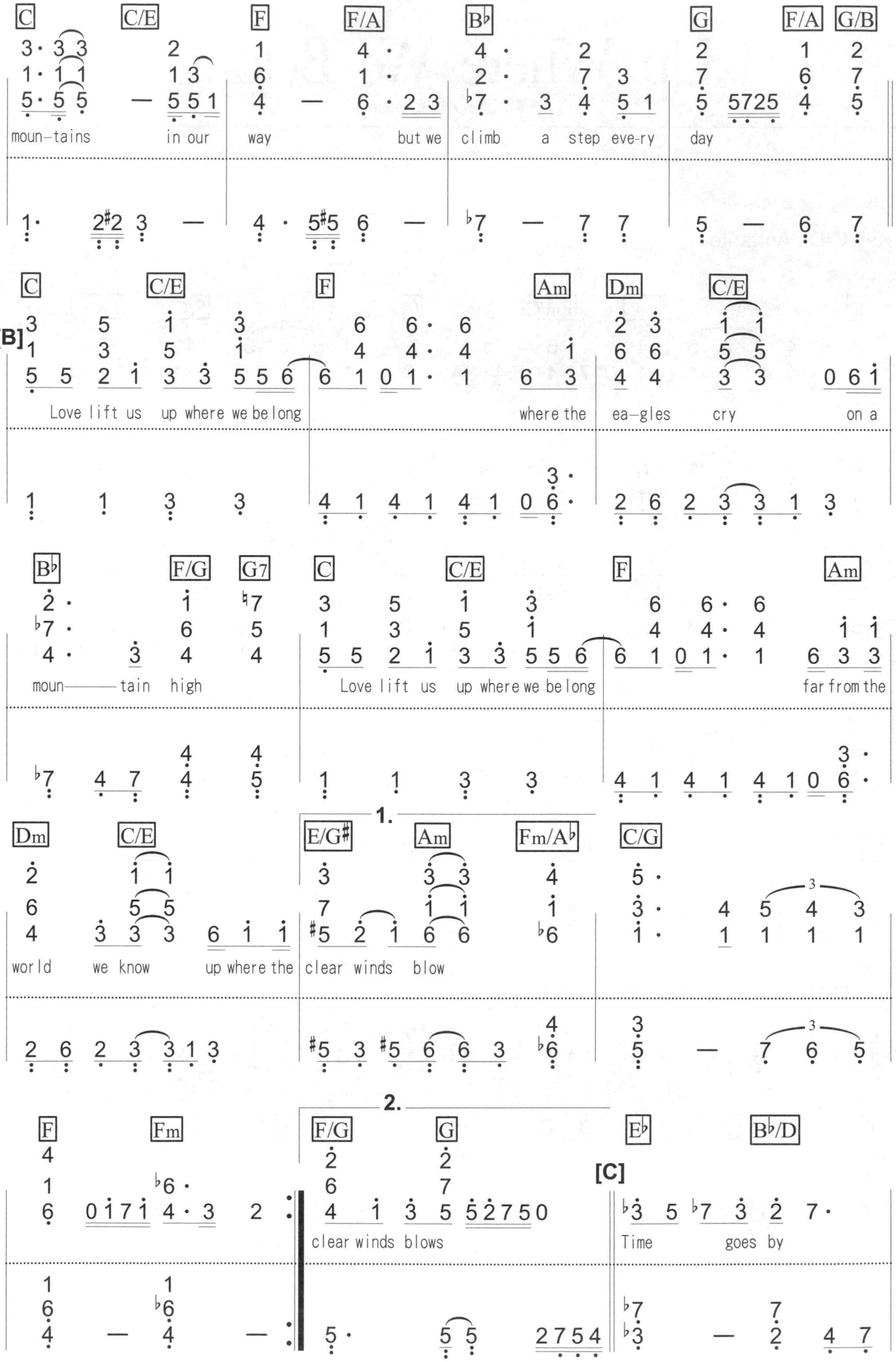

C C/E F F/A B♭ G F/A G/B

moun–tains in our way but we climb a step eve-ry day

[B]

C C/E F Am Dm C/E

Love lift us up where we be long where the ea–gles cry on a

B♭ F/G G7 C C/E F Am

moun—— tain high Love lift us up where we be long far from the

Dm C/E 1. E/G♯ Am Fm/A♭ C/G

world we know up where the clear winds blow

F Fm 2. F/G G E♭ B♭/D

[C]

clear winds blows Time goes by

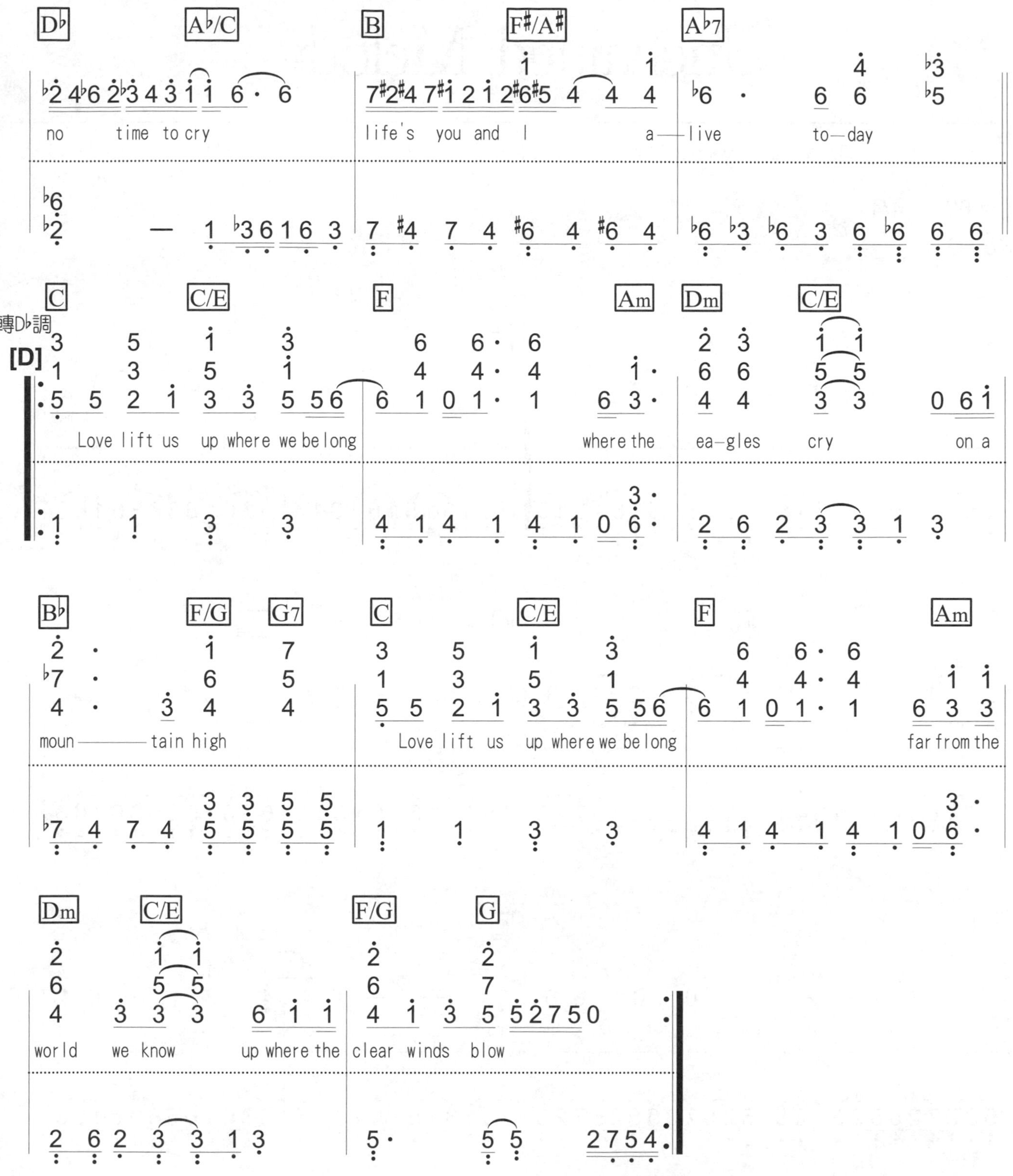
D♭ A♭/C B F♯/A♯ A♭7
no time to cry life's you and I a—live to—day
C C/E F Am Dm C/E
轉D♭調
[D]
Love lift us up where we be long where the ea-gles cry on a
B♭ F/G G7 C C/E F Am
moun——tain high Love lift us up where we be long far from the
Dm C/E F/G G
world we know up where the clear winds blow
Repeat & F.O.

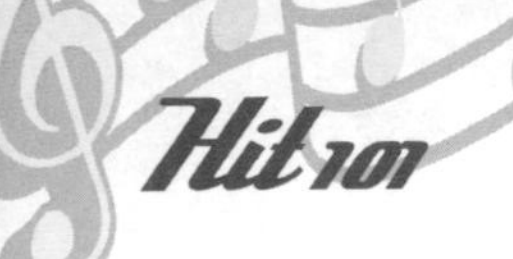

Unchained Melody

（電影"第六感生死戀"主題曲）

詞 / 曲：Will Jennings / Buffy Sainte - Marie / Jack Nitzsche　演唱：The Righteous Brothers

♩ = 69　4/4

Key:G

[A]

C　Am

Oh my love my

F　G　C　Am

darling I've hungered for your touch a long lonely

G　C　Am

time And time goes by so

F　G　C　Am

slowly and time can do so much Are you still

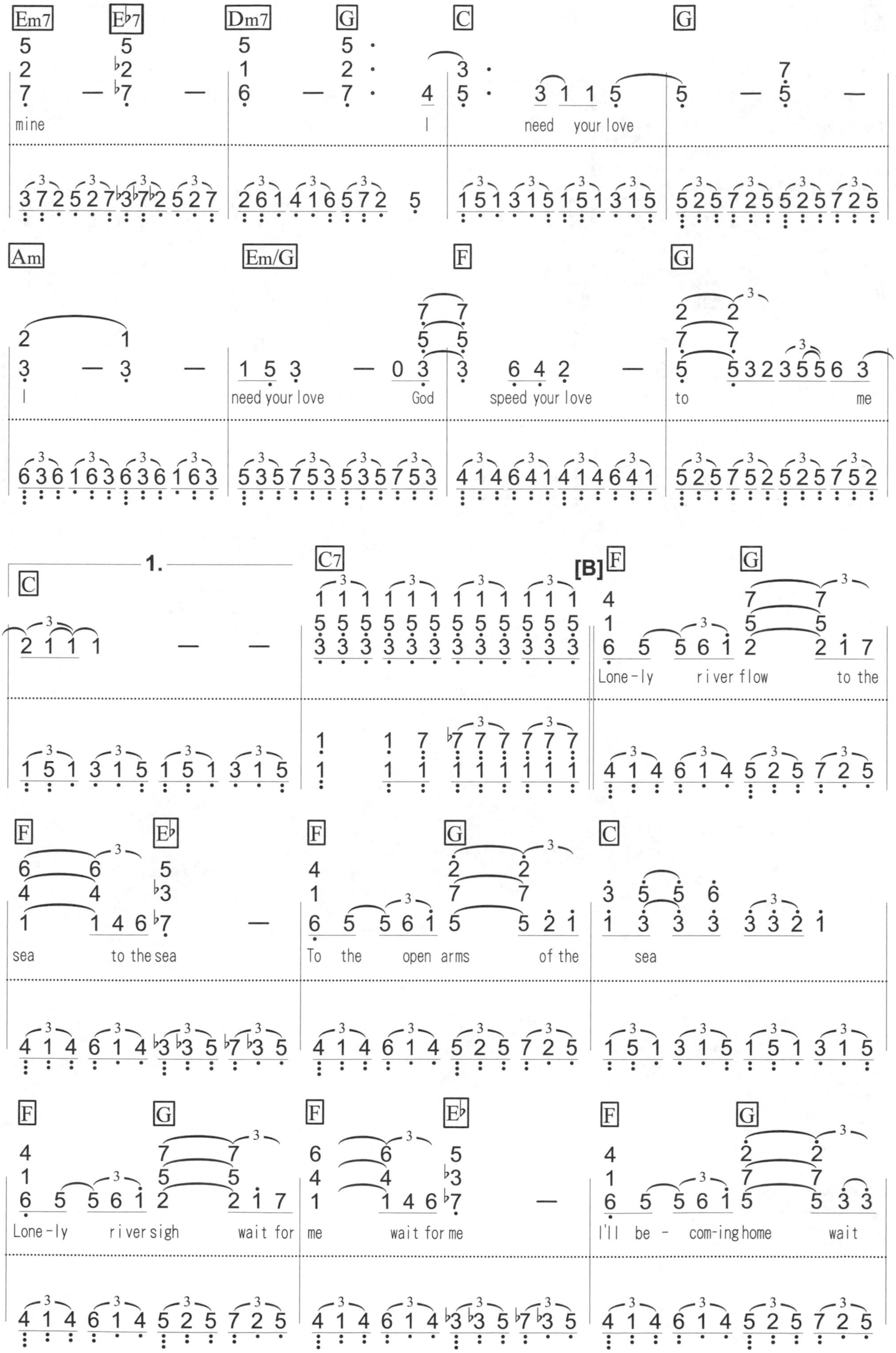

Em7 E♭7 Dm7 G C G

mine I need your love

Am Em/G F G

I need your love God speed your love to me

1. C C7 [B] F G

Lone-ly river flow to the

F E♭ F G C

sea to the sea To the open arms of the sea

F G F E♭ F G

Lone-ly river sigh wait for me wait for me I'll be - com-ing home wait

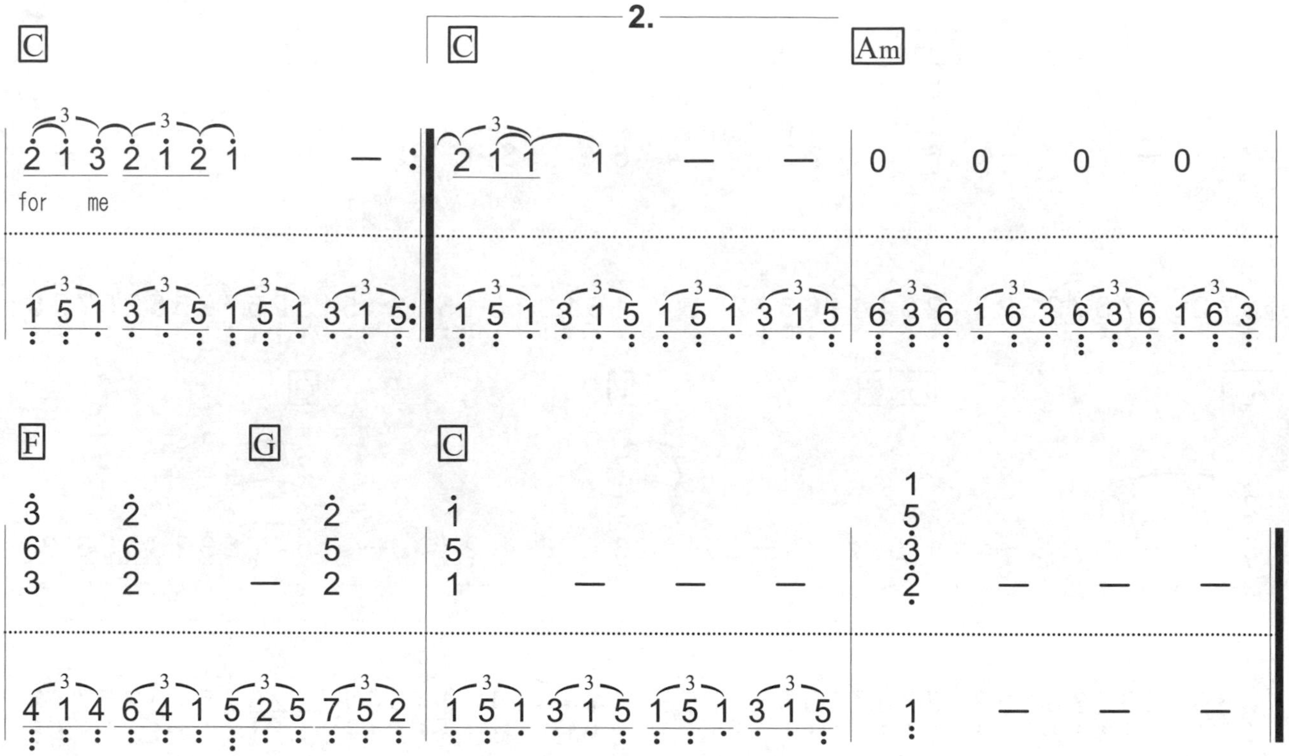

C | 2. C | Am

for me

F | G | C

Venus

詞 / 曲：Leeuwen / Robby Van　演唱：孫燕姿

♩ = 126　4/4

Key: C

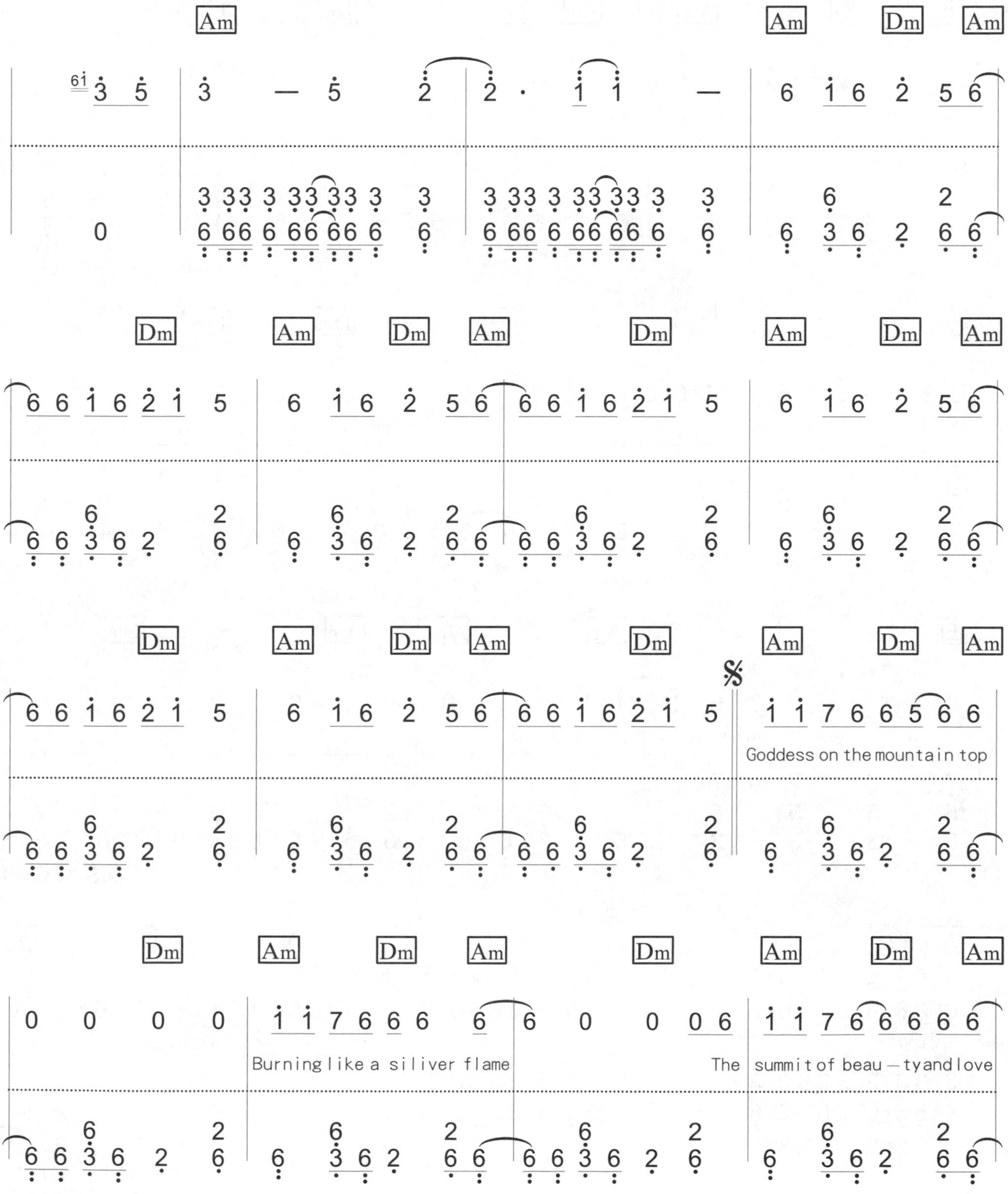

Goddess on the mountain top

Burning like a siliver flame

The summit of beau — ty and love

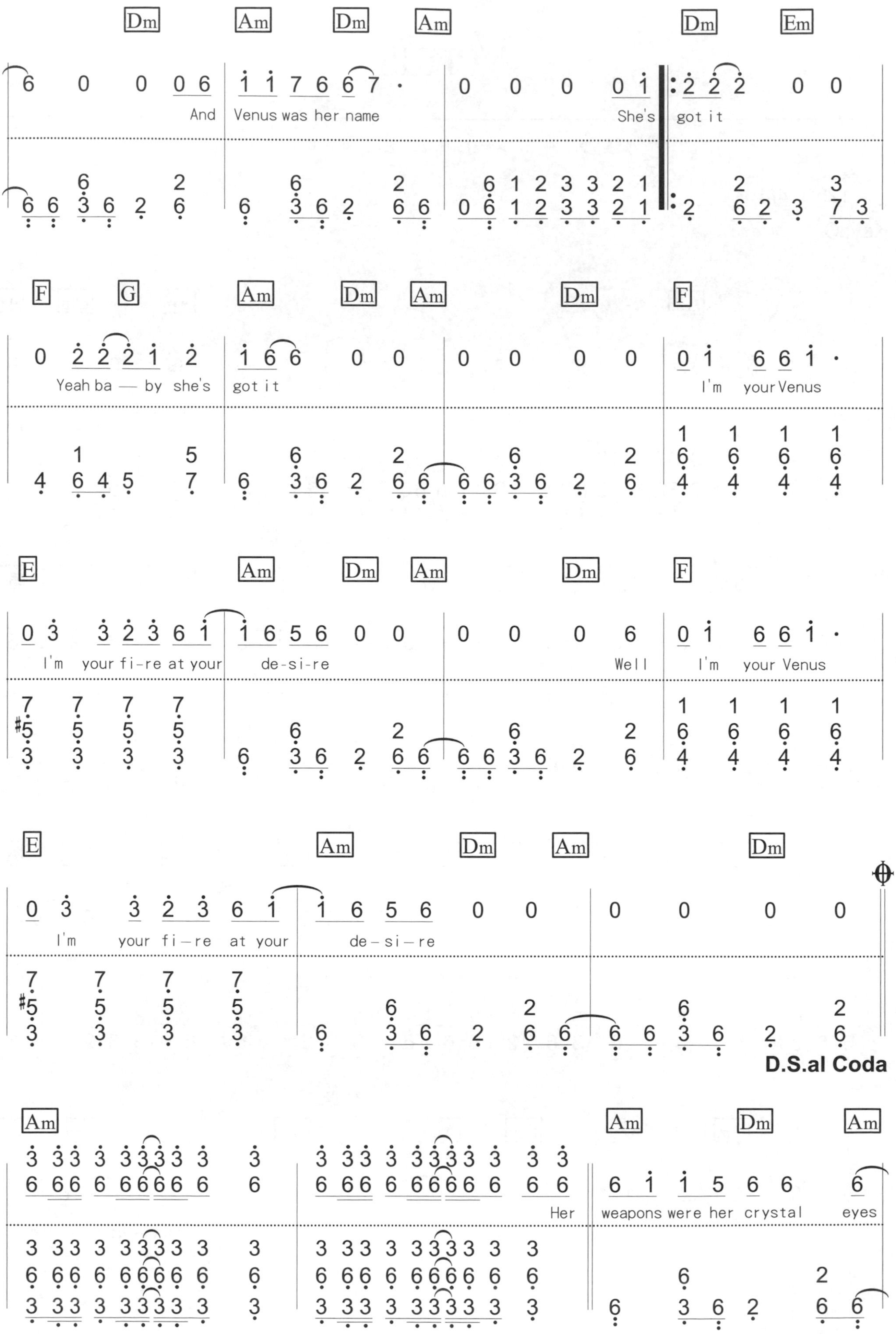

Dm Am Dm Am Dm Em

And Venus was her name She's got it

F G Am Dm Am Dm F

Yeah ba — by she's got it I'm your Venus

E Am Dm Am Dm F

I'm your fi-re at your de-si-re Well I'm your Venus

E Am Dm Am Dm

I'm your fi–re at your de–si–re

D.S.al Coda

Am Am Dm Am

Her weapons were her crystal eyes

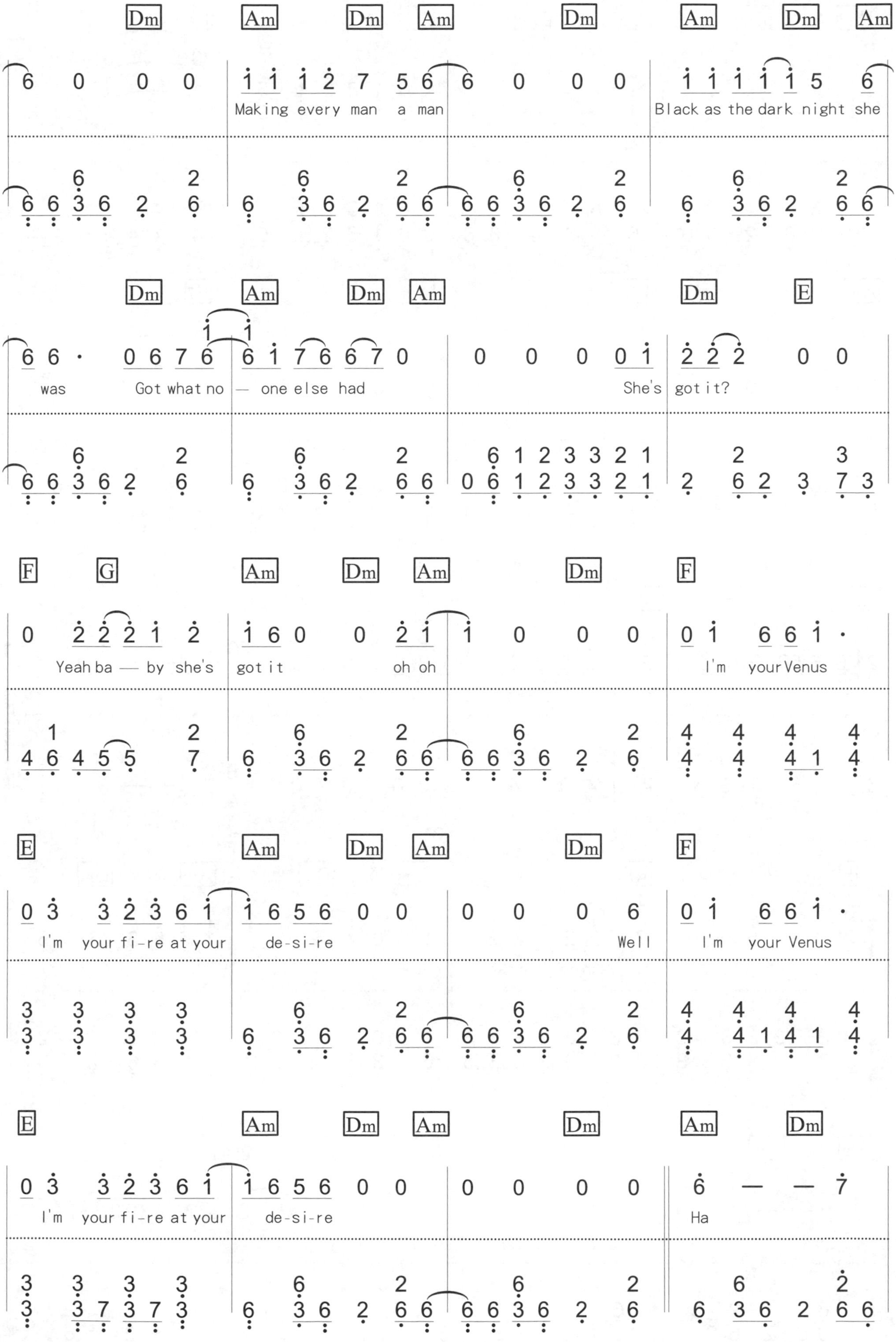

Dm Am Dm Am Dm Am Dm Am

Making every man a man

Black as the dark night she

Dm Am Dm Am Dm E

was Got what no — one else had

She's got it?

F G Am Dm Am Dm F

Yeah ba — by she's got it oh oh

I'm your Venus

E Am Dm Am Dm F

I'm your fi-re at your de-si-re

Well I'm your Venus

E Am Dm Am Dm Am Dm

I'm your fi-re at your de-si-re

Ha

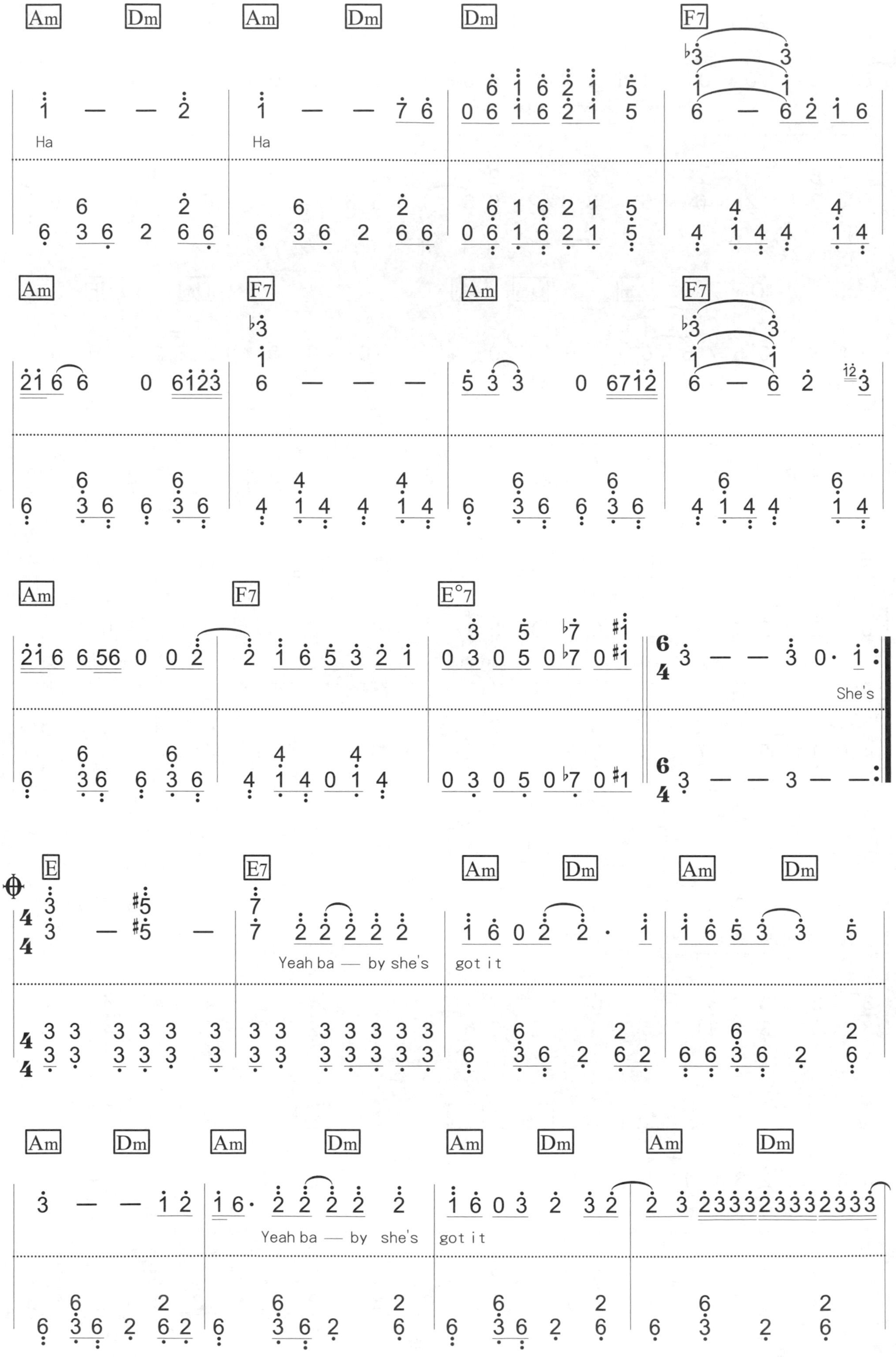

Am Dm Am Dm Dm F7

Ha Ha

Am F7 Am F7

Am F7 E°7

She's

E E7 Am Dm Am Dm

Yeah ba — by she's got it

Am Dm Am Dm Am Dm Am Dm

Yeah ba — by she's got it

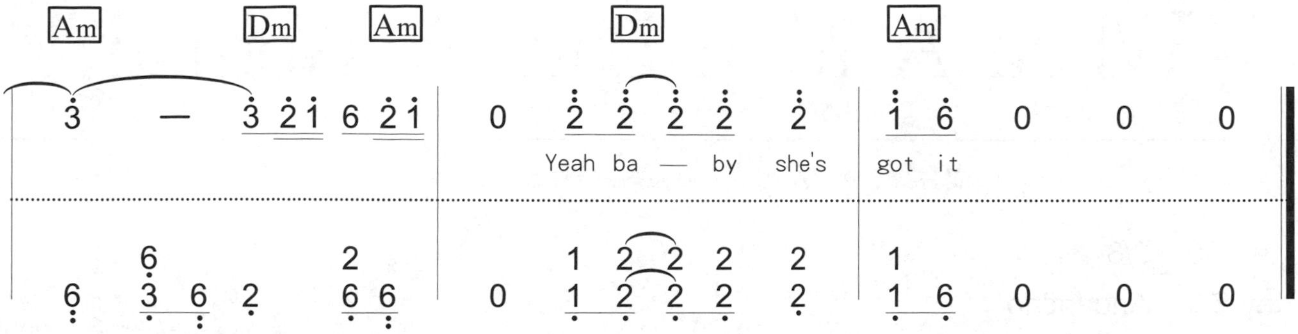

Am Dm Am Dm Am

3 — 3 21 6 21 | 0 2 2 2 2 2 | 1 6 0 0 0

Yeah ba — by she's got it

When A Man Love A Woman

詞 / 曲：Calvin Lewis / Andrew Wright　演唱：Michael Bolton

♩ = 100　6/8
Key:C　Andantino

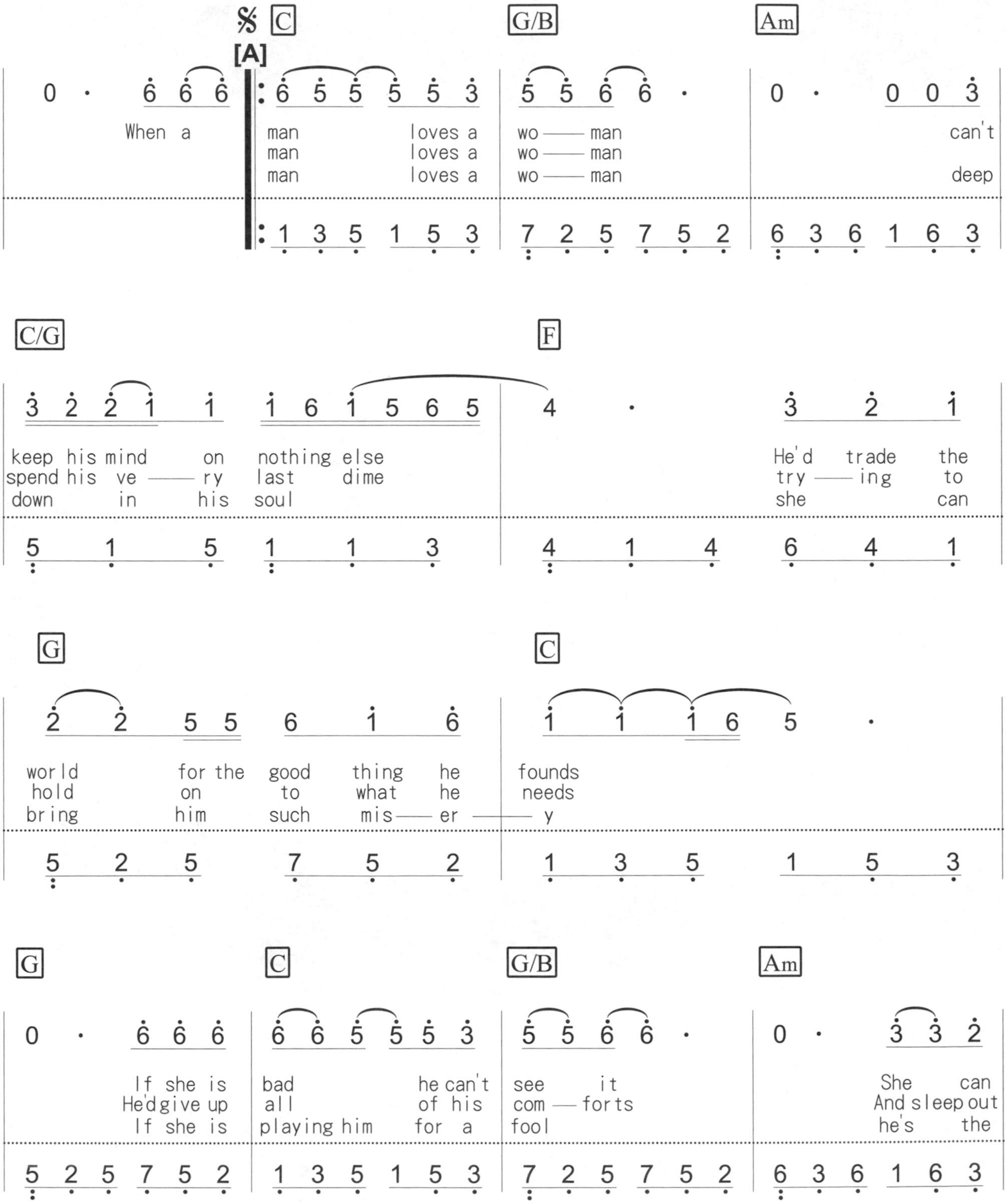

[A]

C　G/B　Am

When a
man loves a wo — man can't
man loves a wo — man
man loves a wo — man deep

C/G　F

keep his mind on nothing else He'd trade the
spend his ve — ry last dime try — ing to
down in his soul she can

G　C

world for the good thing he founds
hold on to what he needs
bring him such mis — er — y

G　C　G/B　Am

If she is bad he can't see it She can
He'd give up all of his com — forts And sleep out
If she is playing him for a fool he's the

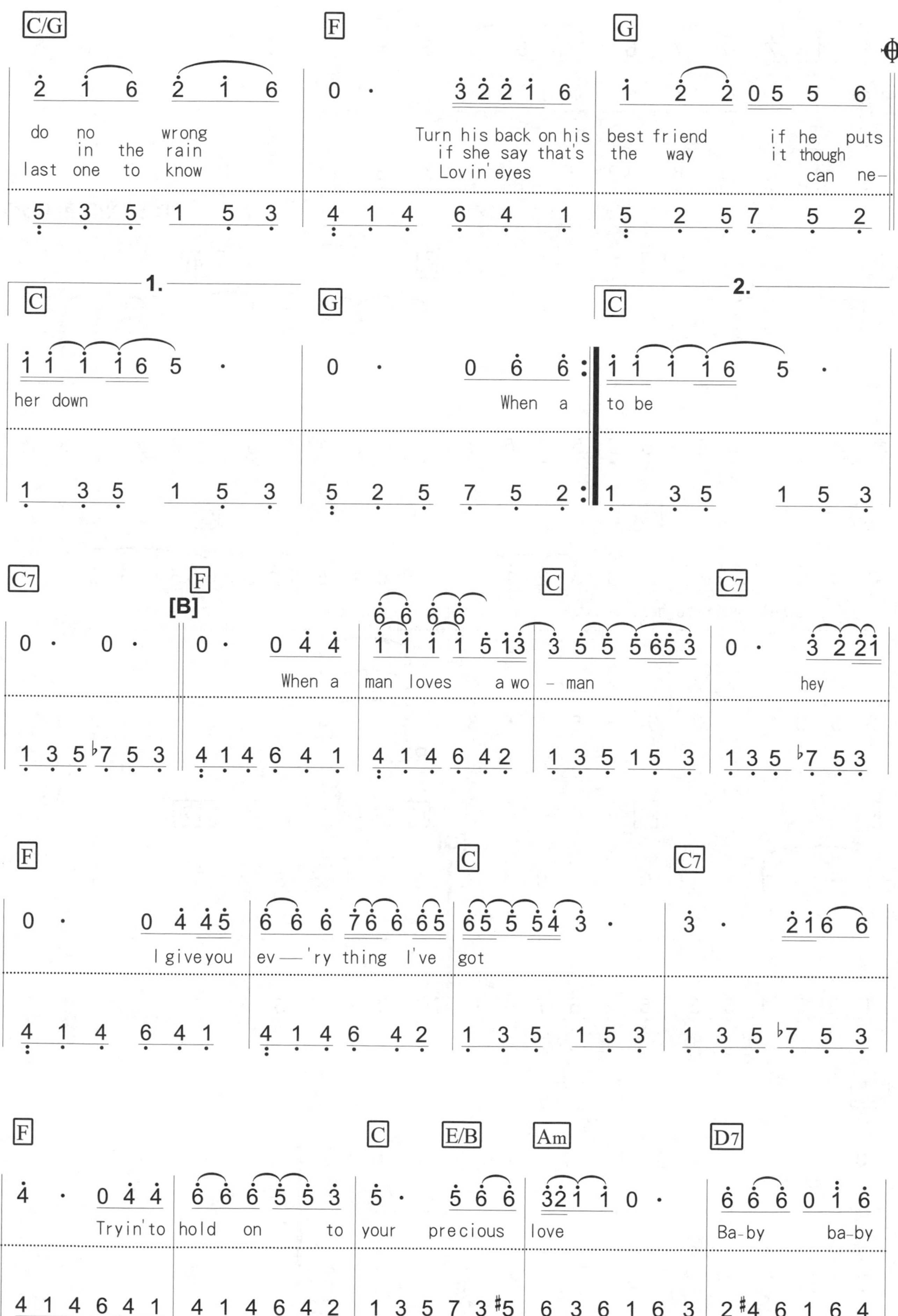
C/G
F
G
do no wrong
in the rain
last one to know
Turn his back on his
if she say that's
Lovin' eyes
best friend
the way
if he puts
it though
can ne-
1.
C
G
2.
C
her down
When a
to be
C7
F
[B]
C
C7
When a
man loves a wo - man
hey
F
C
C7
I give you
ev — 'ry thing I've
got
F
C
E/B
Am
D7
Tryin' to
hold on to
your precious
love
Ba-by ba-by

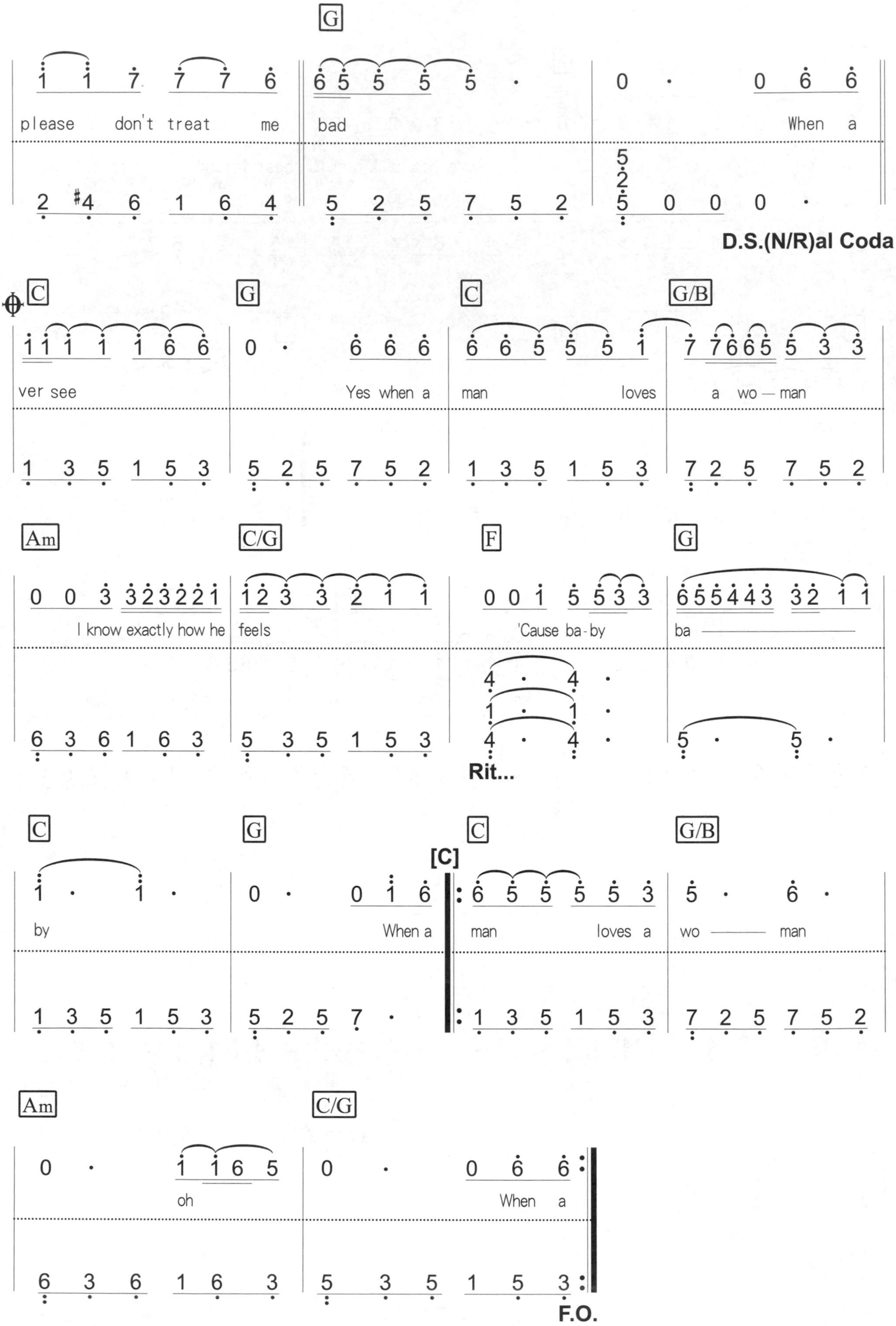

G

please don't treat me bad When a

D.S.(N/R)al Coda

⊕ C G C G/B

ver see Yes when a man loves a wo — man

Am C/G F G

I know exactly how he feels 'Cause ba-by ba ——

Rit...

C G [C] C G/B

by When a man loves a wo —— man

Am C/G

oh When a

F.O.

Without You

詞 / 曲：Wiliam Ham / Tom Evans　演唱：Mariah Carey

♩= 74　4/4
Key:G　Andante

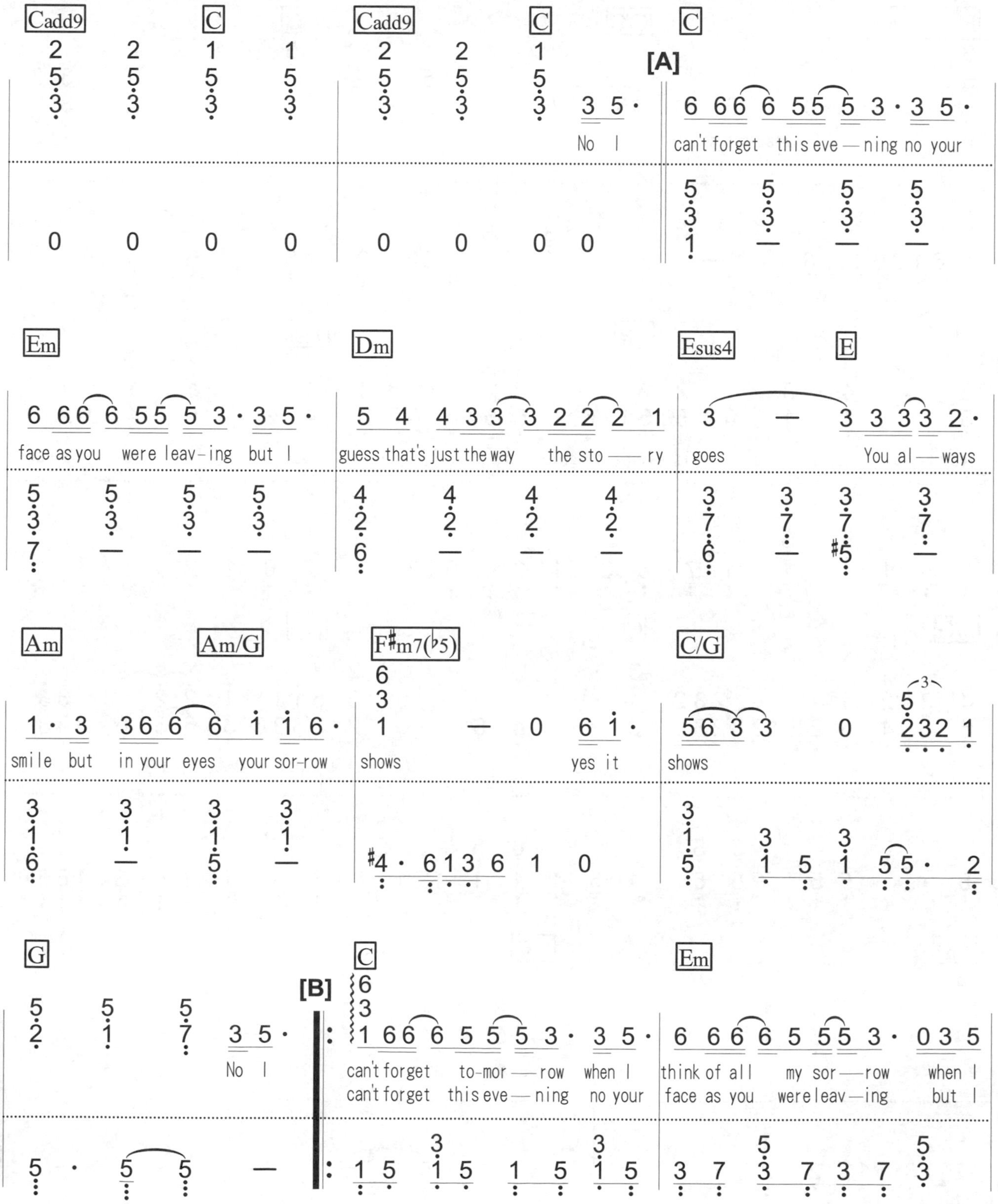

Cadd9　C　Cadd9　C　C

No I

[A]

can't forget this eve — ning no your

Em　Dm　Esus4　E

face as you were leav-ing but I guess that's just the way the sto — ry goes You al — ways

Am　Am/G　F♯m7(♭5)　C/G

smile but in your eyes your sor-row shows yes it shows

G　C　Em

No I

[B]

can't forget to-mor — row when I think of all my sor — row when I
can't forget this eve — ning no your face as you were leav — ing but I

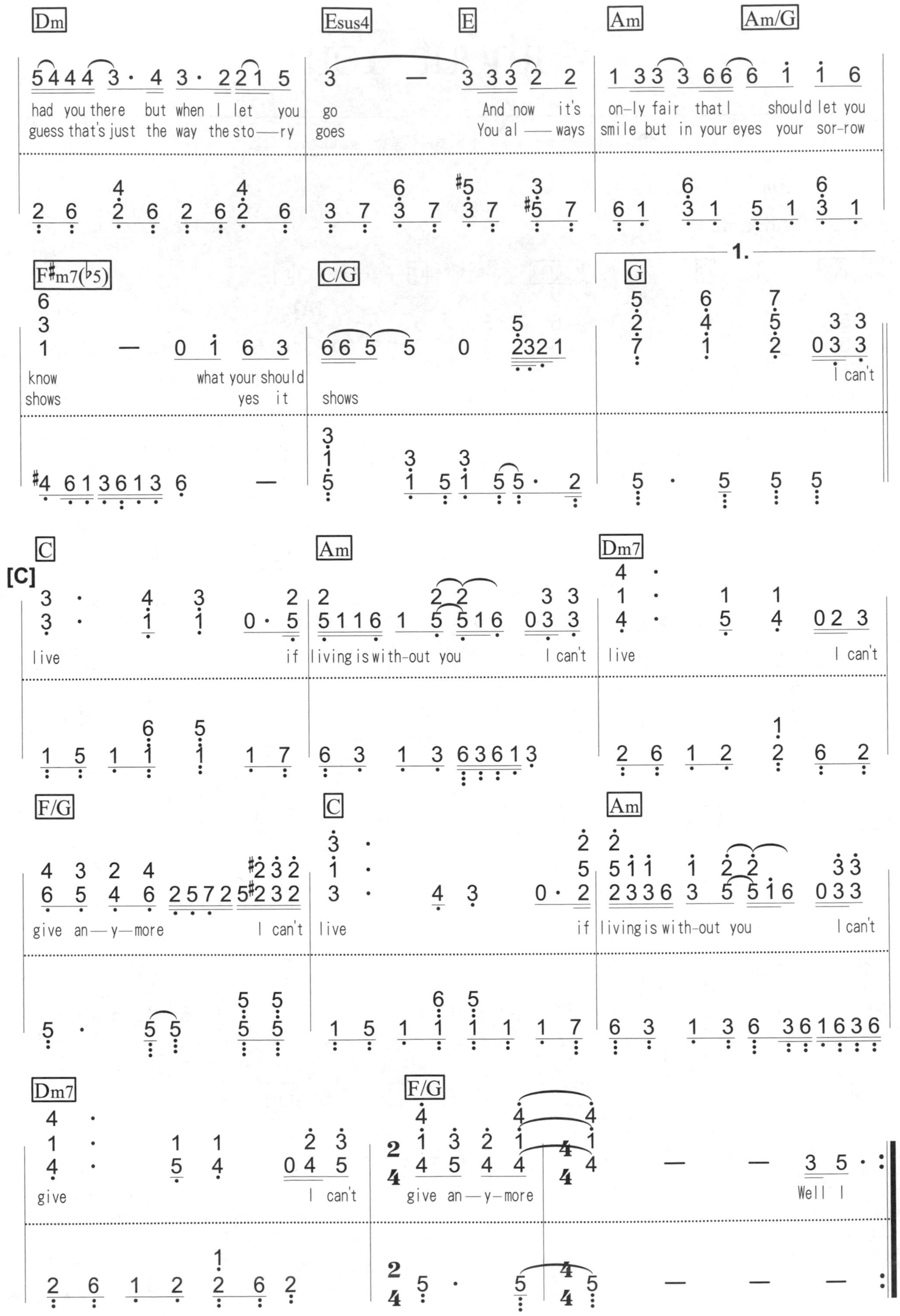

Dm | Esus4 E | Am Am/G

had you there but when I let you go | And now it's on-ly fair that I should let you

guess that's just the way the sto—ry goes | You al—ways smile but in your eyes your sor-row

F♯m7(♭5) | C/G | 1. G

know what your should | shows

shows yes it | shows | I can't

[C]

C | Am | Dm7

live if | living is with-out you I can't | live I can't

F/G | C | Am

give an—y—more I can't | live if | living is with-out you I can't

Dm7 | F/G

give I can't | 2/4 give an—y—more | 4/4 Well I

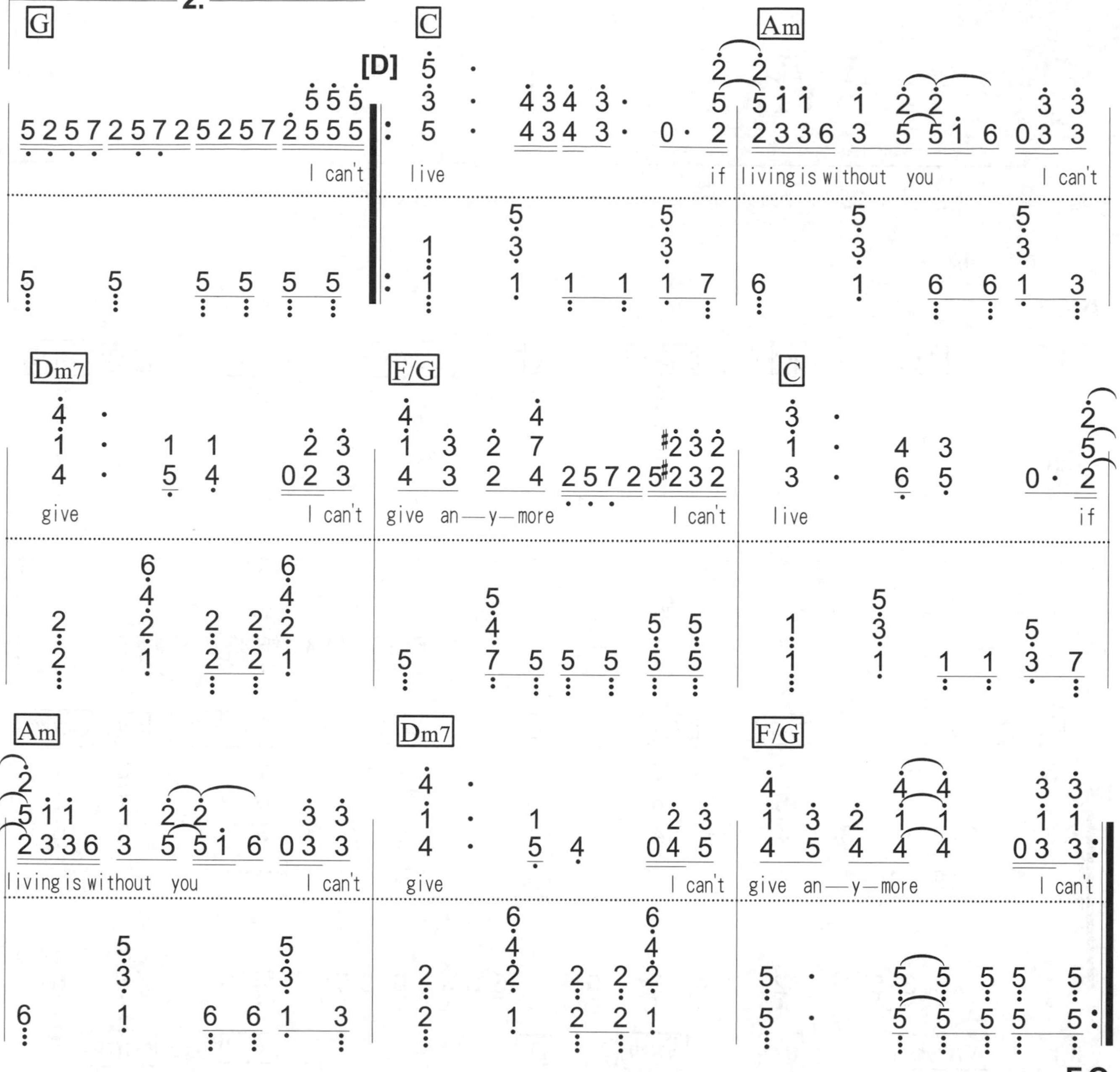
2.
G
[D]
C
Am
I can't
live
if
living is without you
I can't
Dm7
F/G
C
give
I can't
give an—y—more
I can't
live
if
Am
Dm7
F/G
living is without you
I can't
give
I can't
give an—y—more
I can't
F.O.

When I Fall In Love

詞 / 曲：Edward Heyman / Victor Young　演唱：Celine Dion & Clive Griffin

♩= 74　4/4

Key:C-D

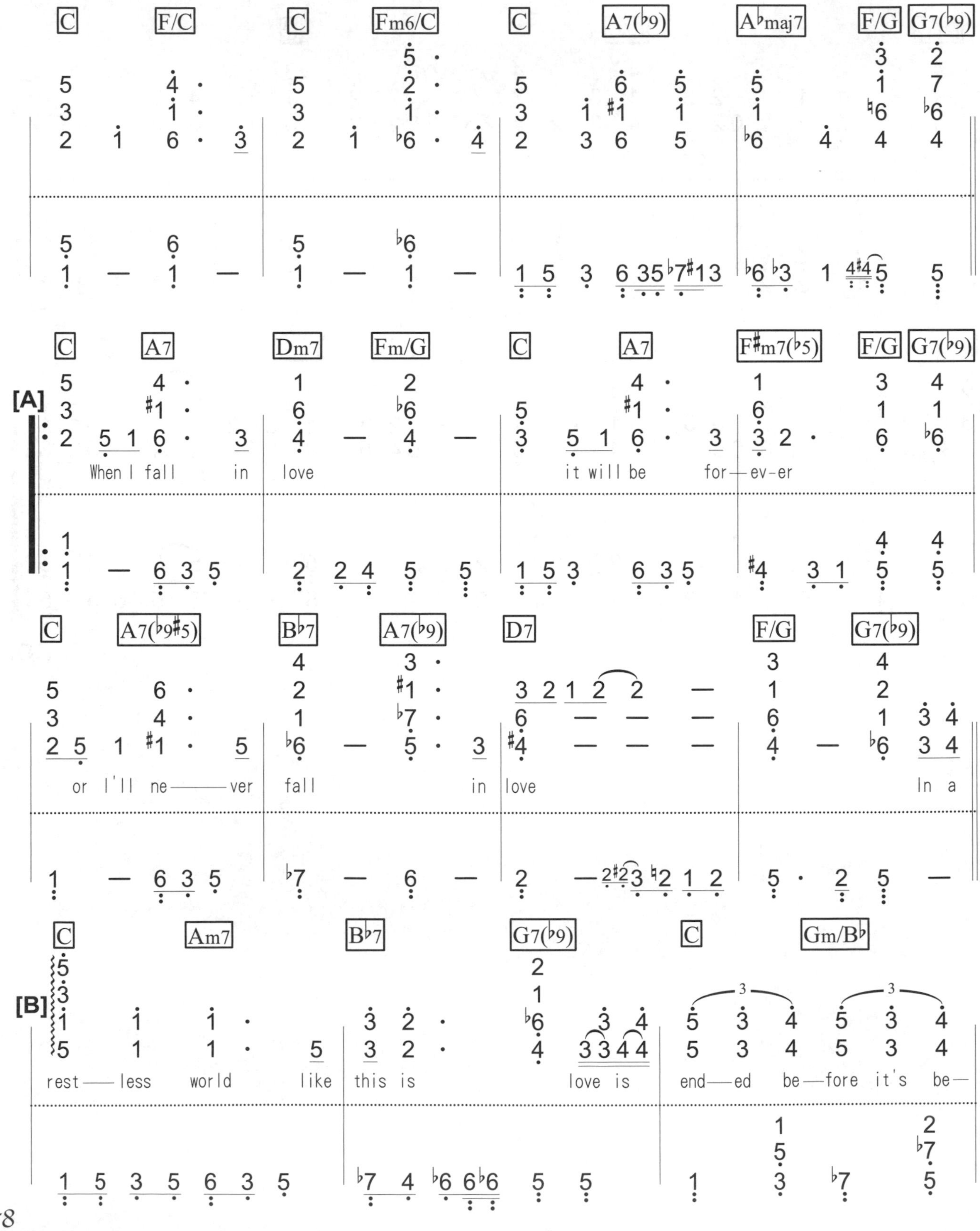

C　F/C　C　Fm6/C　C　A7(♭9)　A♭maj7　F/G　G7(♭9)

[A]

C　A7　Dm7　Fm/G　C　A7　F♯m7(♭5)　F/G　G7(♭9)

When I fall in love it will be for—ev-er

C　A7(♭9♯5)　B♭7　A7(♭9)　D7　F/G　G7(♭9)

or I'll ne——ver fall in love In a

[B]

C　Am7　B♭7　G7(♭9)　C　Gm/B♭

rest—less world like this is love is end—ed be—fore it's be—

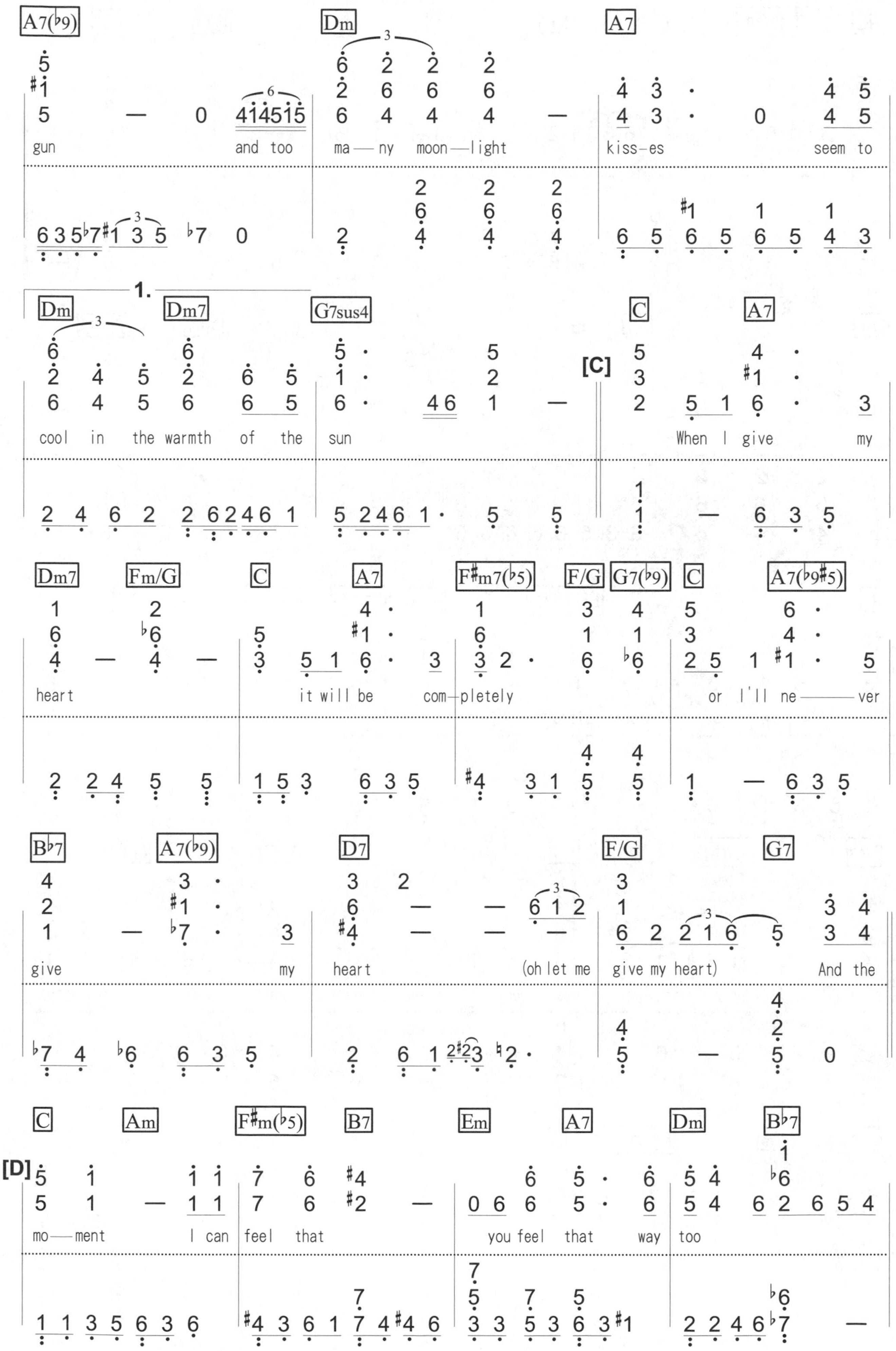

A7(♭9) Dm A7

gun and too ma — ny moon — light kiss-es seem to

1.

Dm Dm7 G7sus4 [C] C A7

cool in the warmth of the sun When I give my

Dm7 Fm/G C A7 F♯m7(♭5) F/G G7(♭9) C A7(♭9♯5)

heart it will be com — pletely or I'll ne — ver

B♭7 A7(♭9) D7 F/G G7

give my heart (oh let me give my heart) And the

[D]

C Am F♯m(♭5) B7 Em A7 Dm B♭7

mo — ment I can feel that you feel that way too

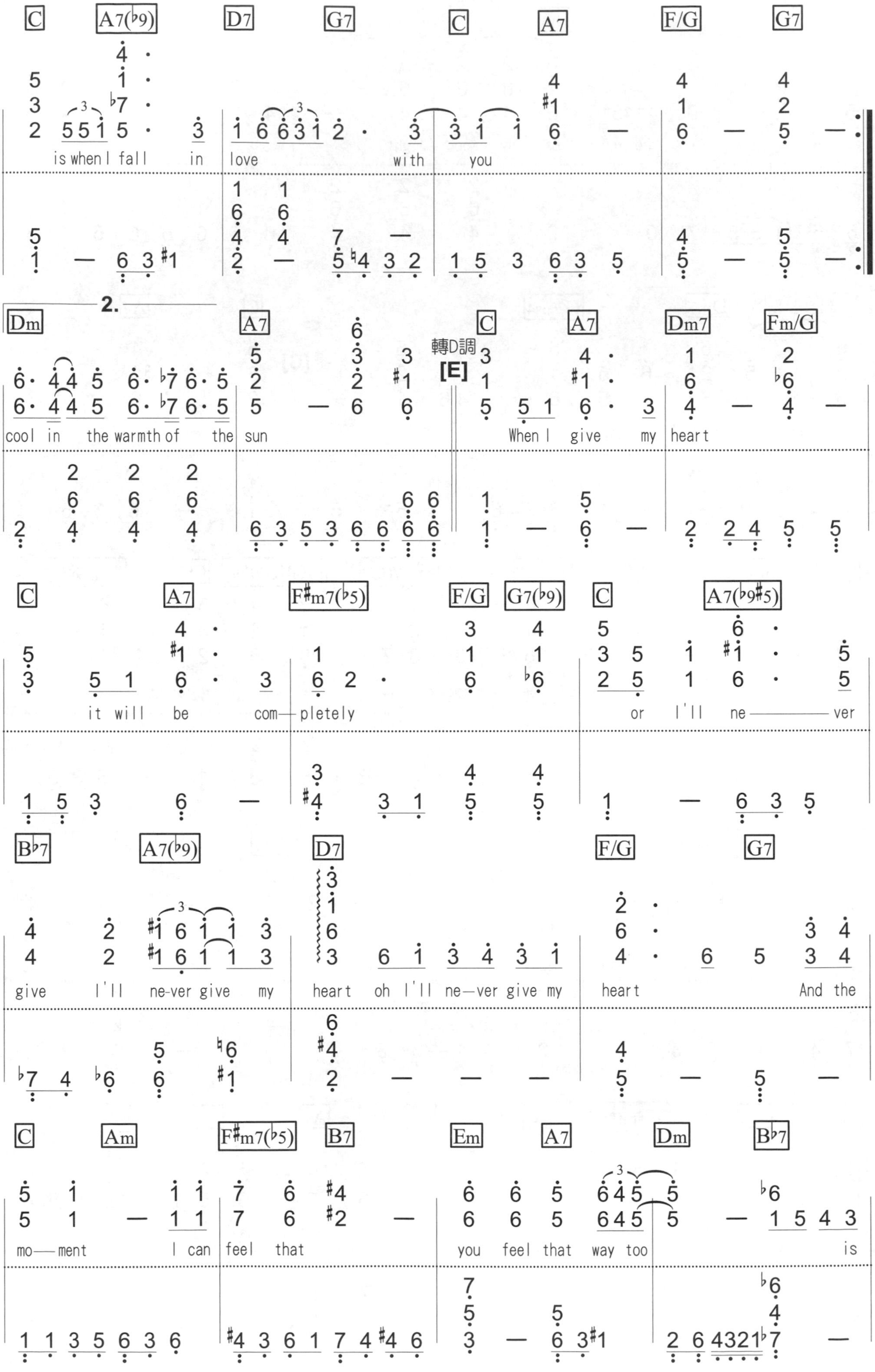

C A7(♭9) D7 G7 C A7 F/G G7

is when I fall in love with you

2.

Dm A7 轉D調 **[E]** C A7 Dm7 Fm/G

cool in the warmth of the sun When I give my heart

C A7 F♯m7(♭5) F/G G7(♭9) C A7(♭9♯5)

it will be com—pletely or I'll ne——ver

B♭7 A7(♭9) D7 F/G G7

give I'll ne-ver give my heart oh I'll ne—ver give my heart And the

C Am F♯m7(♭5) B7 Em A7 Dm B♭7

mo—ment I can feel that you feel that way too is

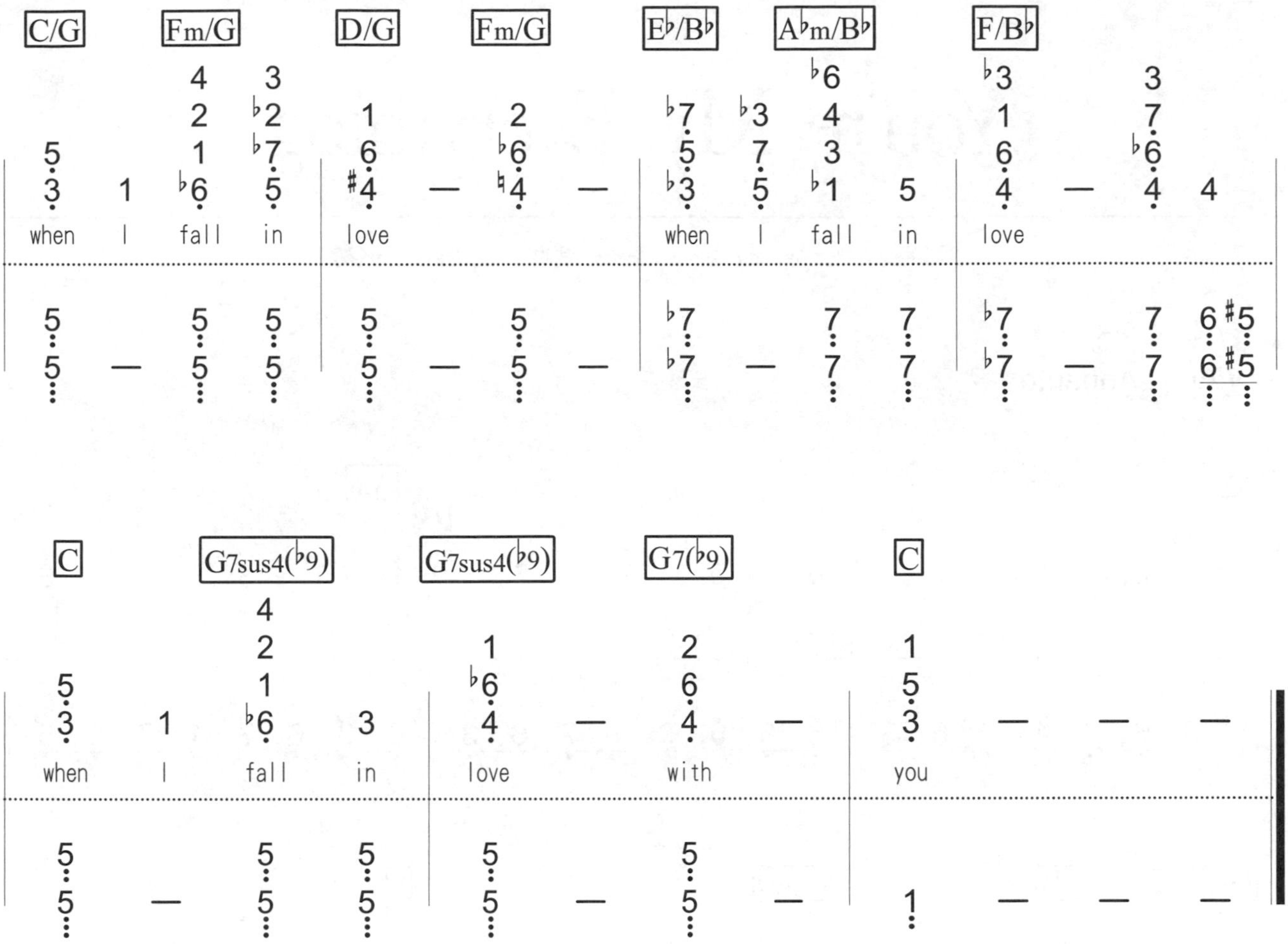

C/G Fm/G D/G Fm/G E♭/B♭ A♭m/B♭ F/B♭

when I fall in love when I fall in love

C G7sus4(♭9) G7sus4(♭9) G7(♭9) C

when I fall in love with you

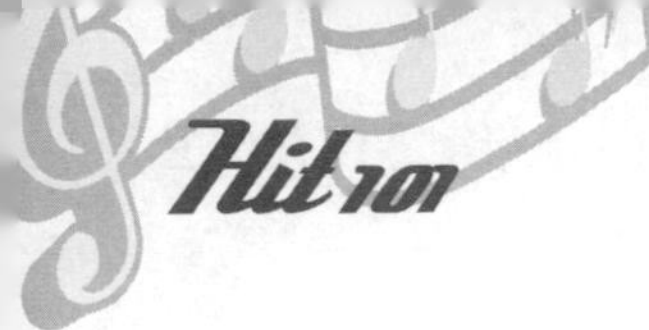

You're My Everything

詞 / 曲：Mobillon / Skorsky / Gomes 演唱：Santa Egmeralda

♩ = 72 4/4

Key:Am Andante

Am | Am [A]

0 0 0 0	0 0 6 7	1 · 3 3 · 3
	You're my	eve — ry-thing The
6 3 6 7 1 7 6 3	6 3 6 7 1 7 6 3	6 3 6 7 1 7 6 3

Dm7 G7 | Cmaj7 | F

3 2 2 1 1 1 7 7 67	7 · 3 3 · 2	2 1 1 7 7 6 6 5
sun that shines above you makes the blue	bird sing The	stars that twin-kle way up in the
2 4 6 1 5 2 4 5	1 3 5 7 5 7 5 3	4 1 4 6 1 6 4 3

Dm7 | F/G | C | Esus4 E

6 — — 7 1	6 · 76 5 · 2	3 — — —	0 0 6 7
sky tell me	I'm in	love	When I
2 4 6 1 6 1 6 4	5 2 4 6 1 6 4 2	1 3 5 7 5 7 5 4	7 6 3 — 7 #5 3 —

𝄋 [B] Am | Dm7 G7 | Cmaj7

1 · 3 3 · 3	3 2 2 1 1 7 7 6	7 · 3 3 · 2
kiss your lips I	feel the roll-ing thun-der to my	fin — ger tips And
eve — ry—thing I	live u—pon the land and see the	sky a—bove I
6 3 6 7 1 7 6 3	2 4 6 1 5 2 4 5	1 3 5 7 5 7 5 3

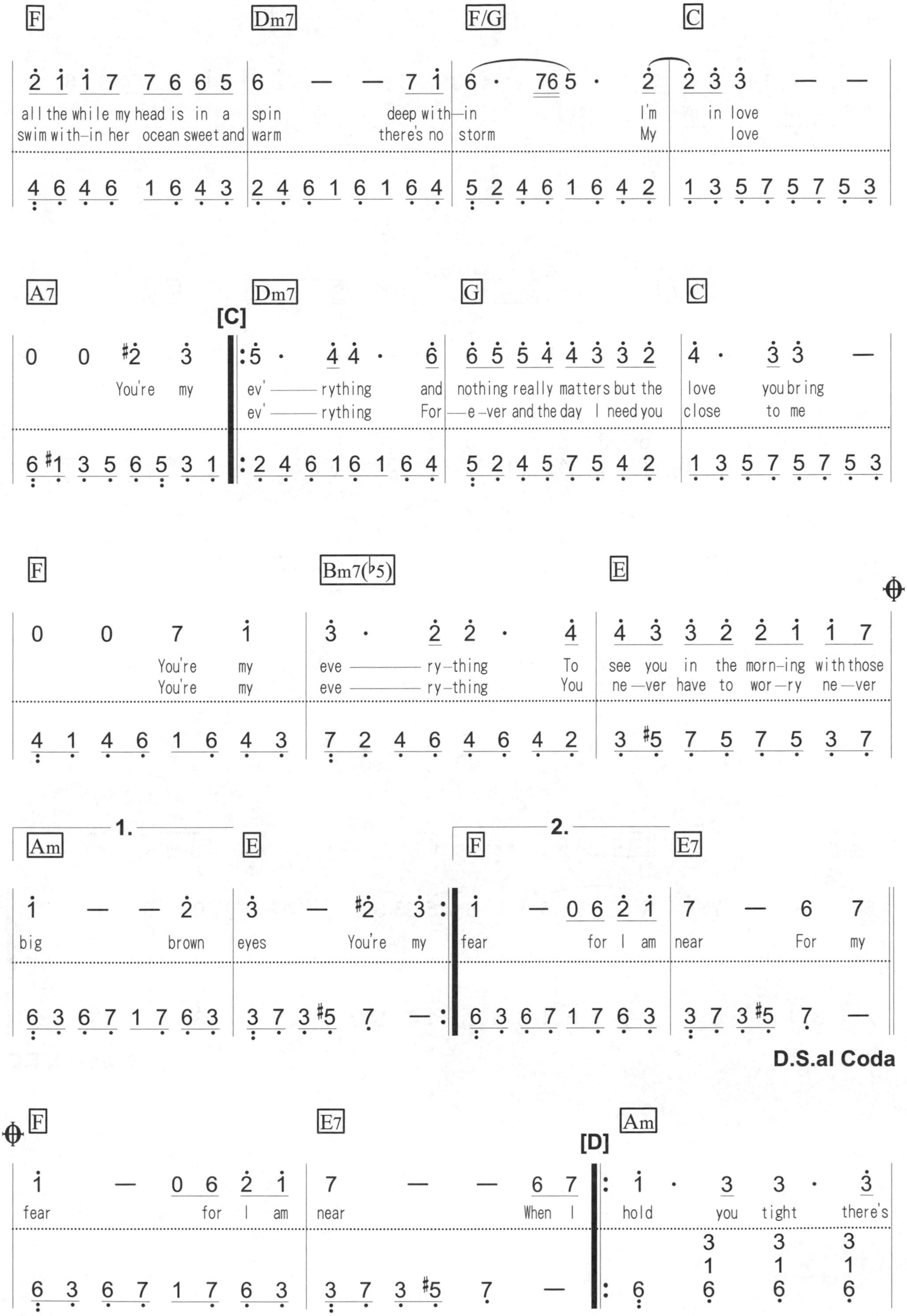

F | Dm7 | F/G | C

2 1 1 7 7 6 6 5 | 6 — — 7 1 | 6 · 76 5 · 2 | 2 3 3 — —

all the while my head is in a | spin deep with—in | I'm | in love
swim with–in her ocean sweet and | warm there's no | storm My | love

4 6 4 6 1 6 4 3 | 2 4 6 1 6 1 6 4 | 5 2 4 6 1 6 4 2 | 1 3 5 7 5 7 5 3

A7 | Dm7 | G | C

[C]

0 0 #2 3 |: 5 · 4 4 · 6 | 6 5 5 4 4 3 3 2 | 4 · 3 3 —

You're my | ev' —— rything and | nothing really matters but the | love you bring
| ev' —— rything For | —e–ver and the day I need you | close to me

6 #1 3 5 6 5 3 1 |: 2 4 6 1 6 1 6 4 | 5 2 4 5 7 5 4 2 | 1 3 5 7 5 7 5 3

F | Bm7(♭5) | E

0 0 7 1 | 3 · 2 2 · 4 | 4 3 3 2 2 1 1 7 ⊕

You're my | eve —— ry–thing To | see you in the morn–ing with those
You're my | eve —— ry–thing You | ne—ver have to wor—ry ne—ver

4 1 4 6 1 6 4 3 | 7 2 4 6 4 6 4 2 | 3 #5 7 5 7 5 3 7

1. Am | E || 2. F | E7

1 — — 2 | 3 — #2 3 :| 1 — 0 6 2 1 | 7 — 6 7

big brown | eyes You're my | fear for I am | near For my

6 3 6 7 1 7 6 3 | 3 7 3 #5 7 — :| 6 3 6 7 1 7 6 3 | 3 7 3 #5 7 —

D.S.al Coda

⊕ F | E7 | Am

[D]

1 — 0 6 2 1 | 7 — — 6 7 |: 1 · 3 3 · 3

fear for I am | near When I | hold you tight there's

6 3 6 7 1 7 6 3 | 3 7 3 #5 7 — |: 6 631 631 631

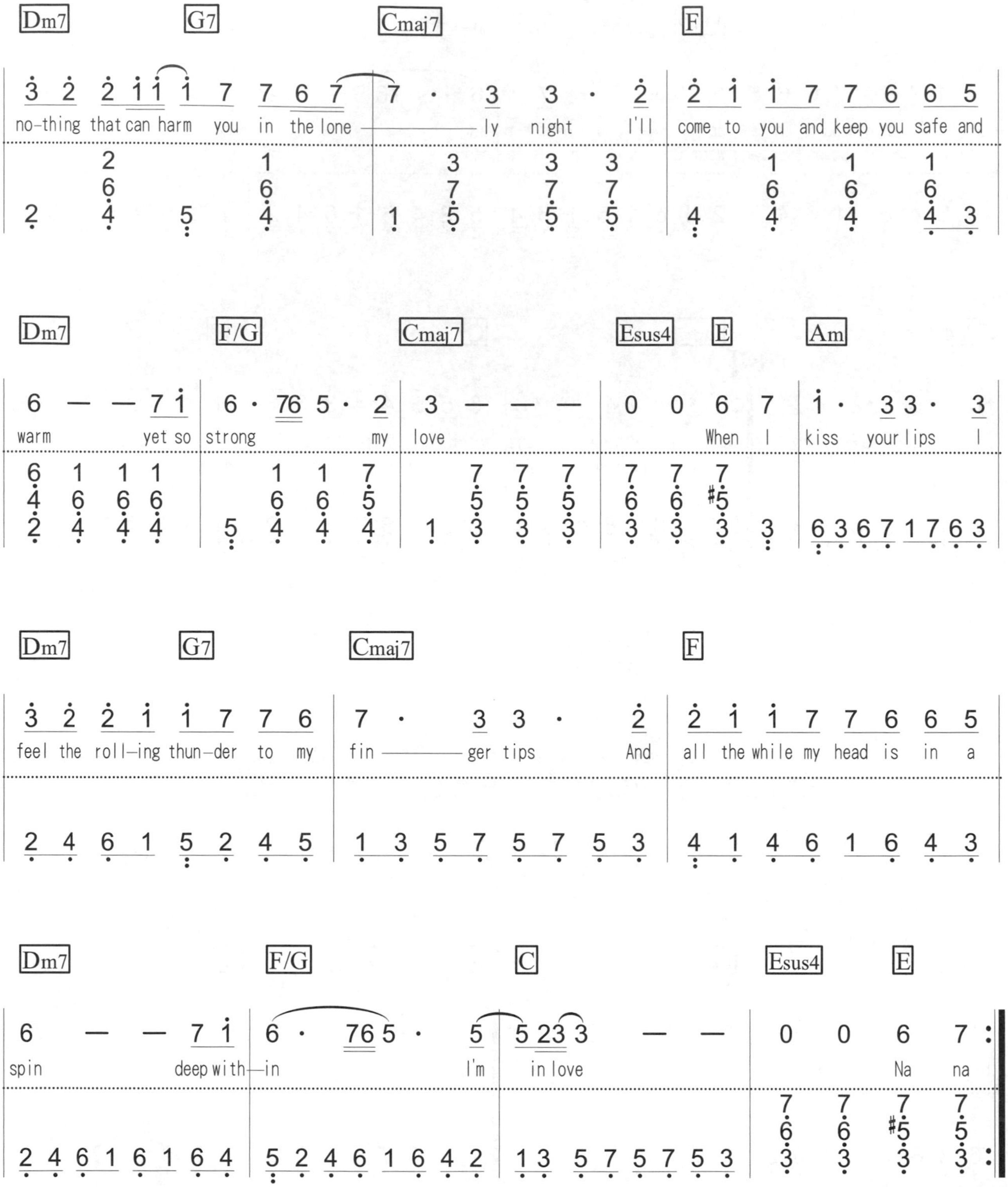

Dm7 G7 Cmaj7 F

| 3 2 2 1 1 1 7 7 6 7 | 7 · 3 3 · 2 | 2 1 1 7 7 6 6 5 |

no-thing that can harm you in the lone —— ly night I'll come to you and keep you safe and

| 2 4 6 2 5 4 6 1 | 1 5 7 3 5 7 3 5 7 3 | 4 4 6 1 4 6 1 4 6 1 4 3 |

Dm7 F/G Cmaj7 Esus4 E Am

| 6 — — 7 1 | 6 · 76 5 · 2 | 3 — — — | 0 0 6 7 | 1 · 3 3 · 3 |

warm yet so strong my love When I kiss your lips I

| 2 4 6 4 6 1 4 6 1 4 6 1 | 5 4 6 1 4 6 1 4 5 7 | 1 3 5 7 3 5 7 3 5 7 | 3 6 7 3 6 7 3 #5 7 3 | 6 3 6 7 1 7 6 3 |

Dm7 G7 Cmaj7 F

| 3 2 2 1 1 7 7 6 | 7 · 3 3 · 2 | 2 1 1 7 7 6 6 5 |

feel the roll-ing thun-der to my fin —— ger tips And all the while my head is in a

| 2 4 6 1 5 2 4 5 | 1 3 5 7 5 7 5 3 | 4 1 4 6 1 6 4 3 |

Dm7 F/G C Esus4 E

| 6 — — 7 1 | 6 · 76 5 · 5 | 5 23 3 — — | 0 0 6 7 :|

spin deep with-in I'm in love Na na

| 2 4 6 1 6 1 6 4 | 5 2 4 6 1 6 4 2 | 1 3 5 7 5 7 5 3 | 3 6 7 3 6 7 3 #5 7 3 5 7 :|

Repeat & F.O.

Yesterday Once More

詞 / 曲：Richard Carpenter / ohn Bettis　演唱：The Carpenters

♩= 72　4/4
Key:C　Andante

[A] C　Em　Am　Am/G　F　Em

When I was
young I'd lis-ten to the ra-di-o wait-ting for my favorite song when they played I'd sing a-long it made me smile
back on how it was in years gone by and the good times that I had makes to-day seem ra-ther sad so much has changed

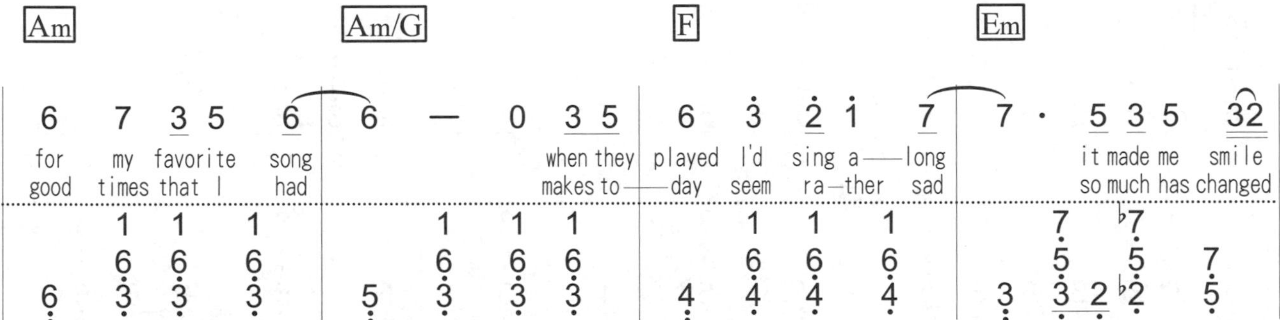

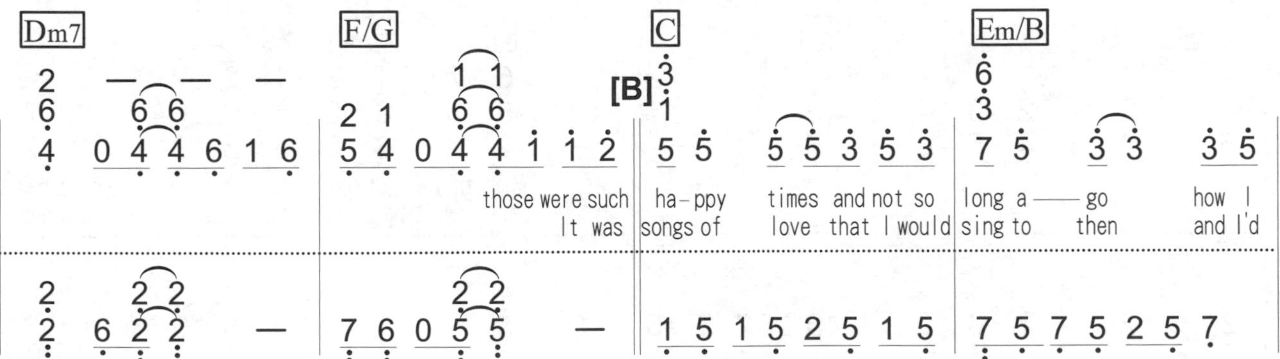

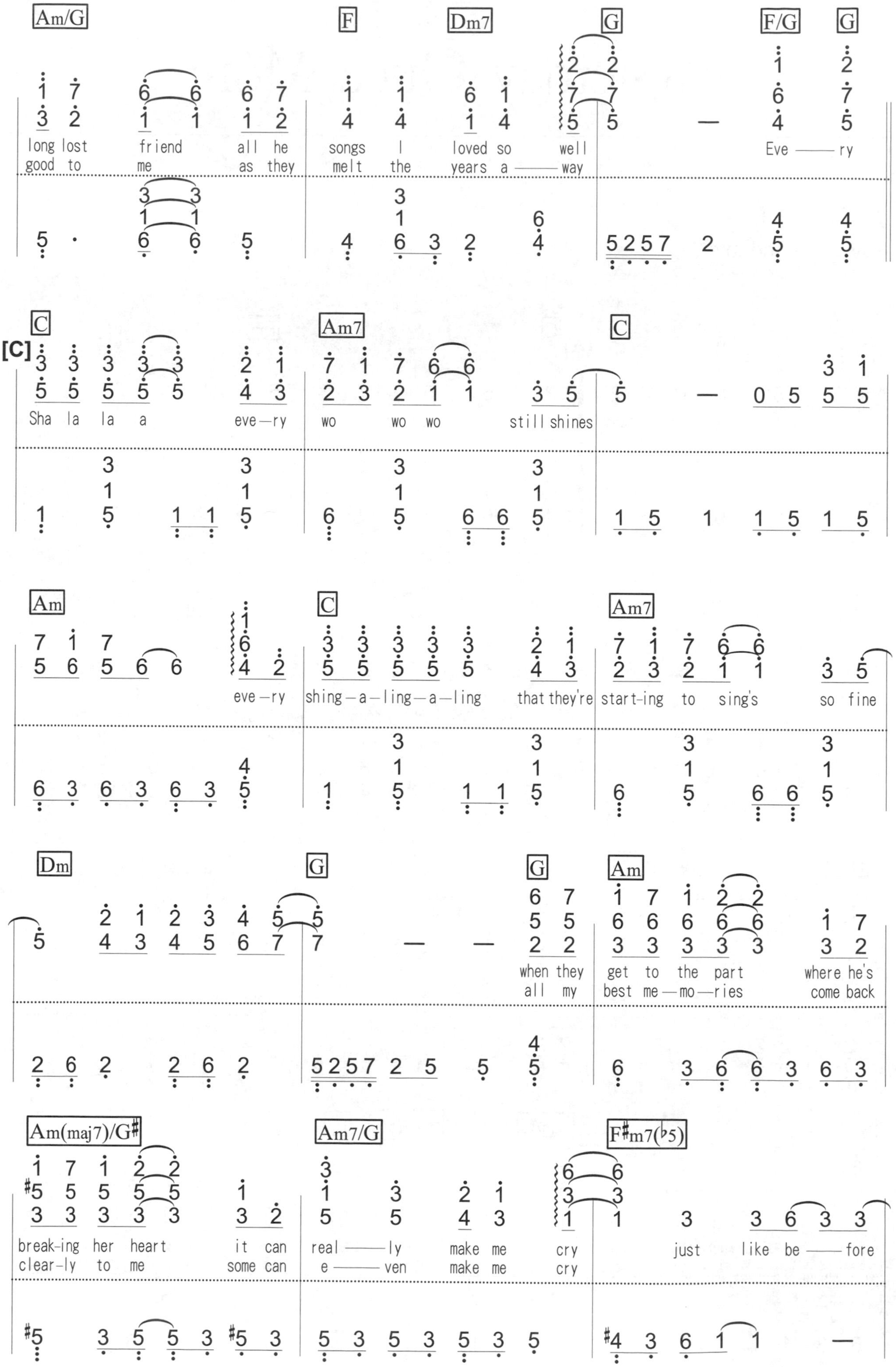

Am/G | F | Dm7 | G | F/G | G

long lost friend all he songs I loved so well Eve — ry

good to me as they melt the years a — way

[C]

C | Am7 | C

Sha la la a eve — ry wo wo wo still shines

Am | C | Am7

eve — ry shing — a — ling — a — ling that they're start-ing to sing's so fine

Dm | G | G | Am

when they get to the part where he's

all my best me — mo — ries come back

Am(maj7)/G# | Am7/G | F#m7(♭5)

break-ing her heart it can real — ly make me cry just like be — fore

clear-ly to me some can e — ven make me cry

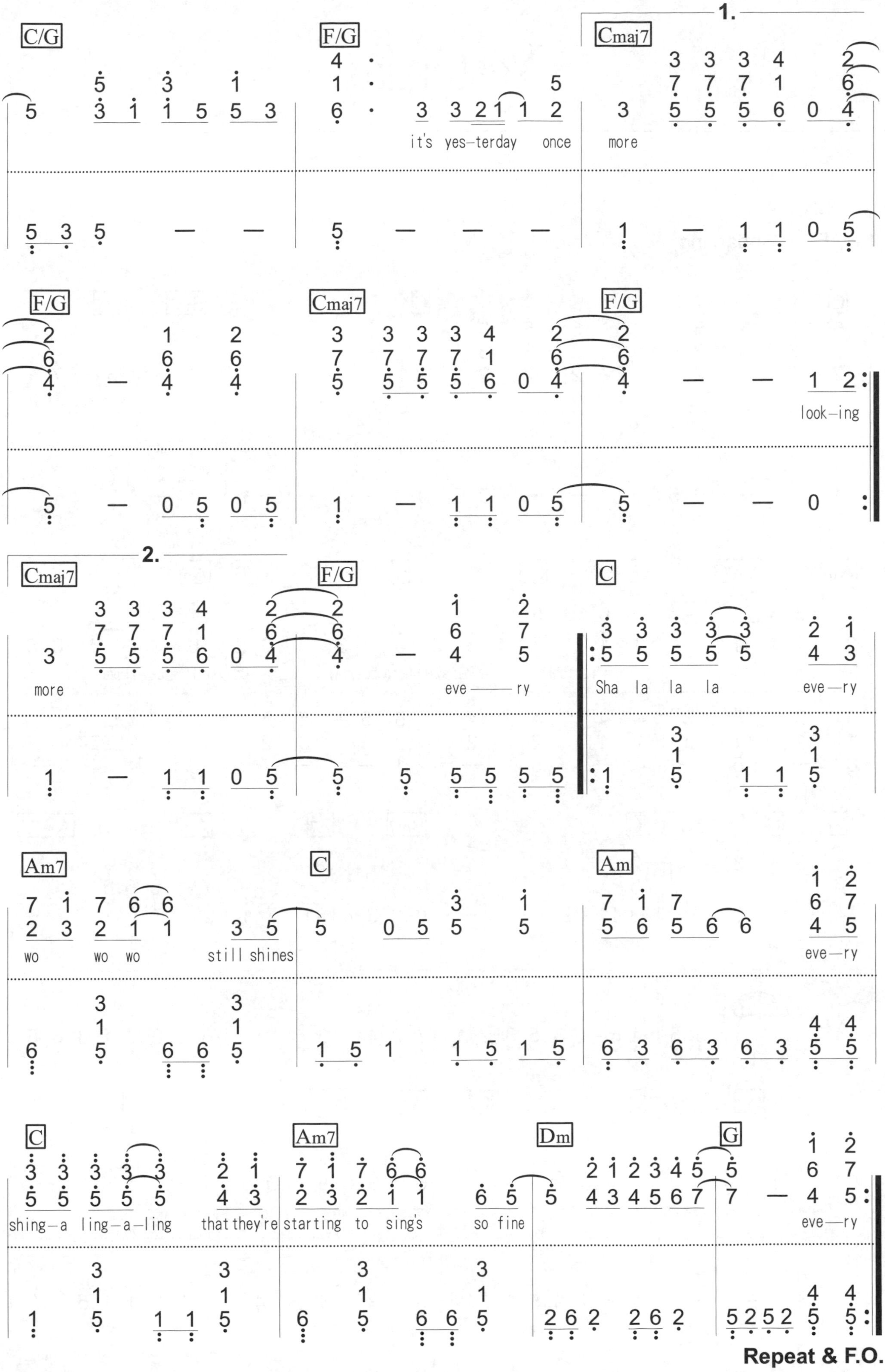

C/G | F/G | 1. Cmaj7

it's yes-terday once more

F/G | Cmaj7 | F/G

look-ing

2. Cmaj7 | F/G | C

more eve—ry Sha la la la eve—ry

Am7 | C | Am

wo wo wo still shines eve—ry

C | Am7 | Dm | G

shing-a ling-a-ling that they're starting to sing's so fine eve—ry

Repeat & F.O.

Yesterday

詞 / 曲：Paul Mccartney　演唱：The Beatles

♩ = 82　4/4

Key:F　Andantino

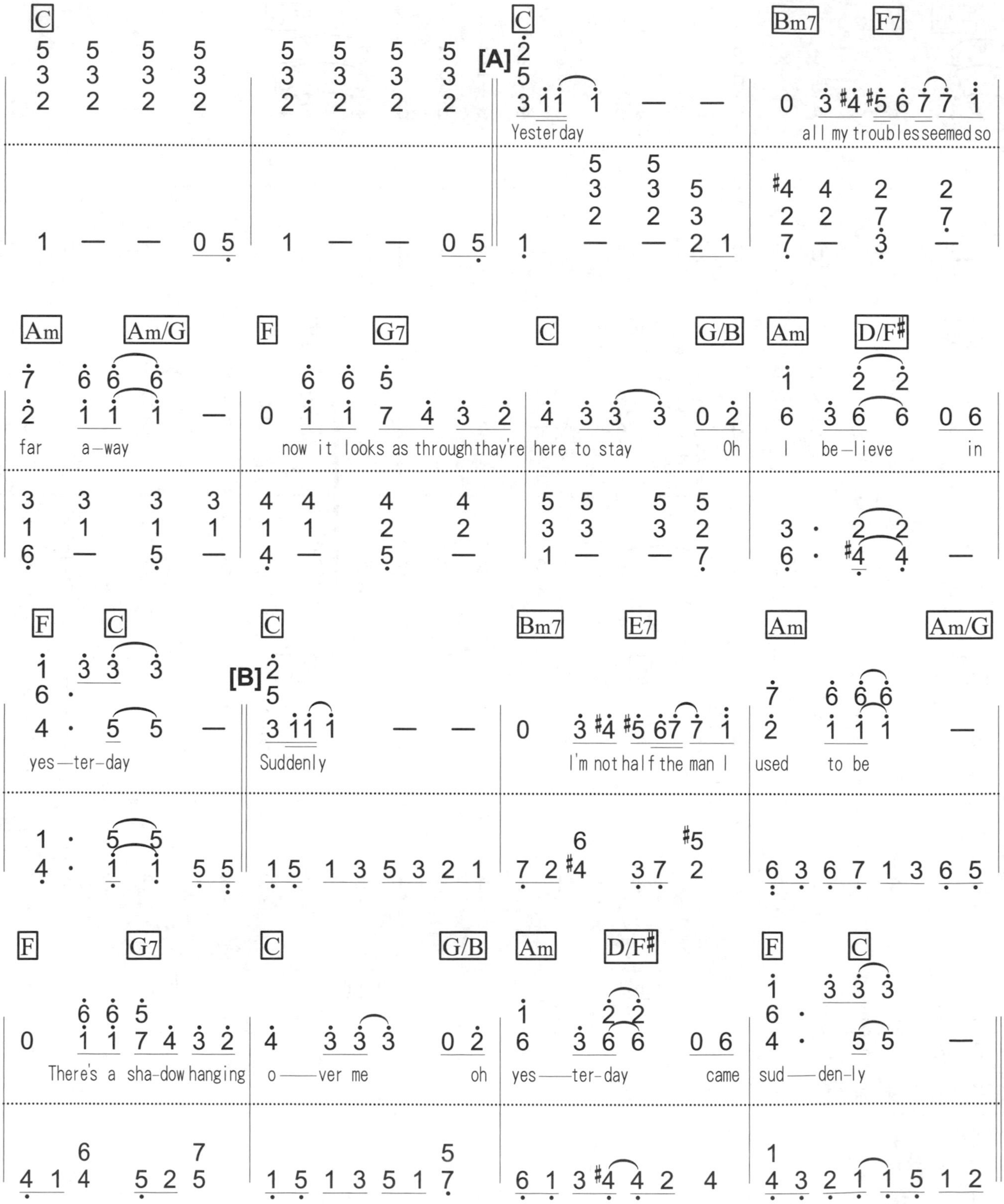

C　C　Bm7　F7

[A] Yesterday　all my troubles seemed so

Am　Am/G　F　G7　C　G/B　Am　D/F#

far a-way　now it looks as through thay're here to stay　Oh　I be-lieve in

F　C　C　Bm7　E7　Am　Am/G

yes-ter-day　[B] Suddenly　I'm not half the man I　used to be

F　G7　C　G/B　Am　D/F#　F　C

There's a sha-dow hanging　o-ver me　oh　yes-ter-day　came　sud-den-ly

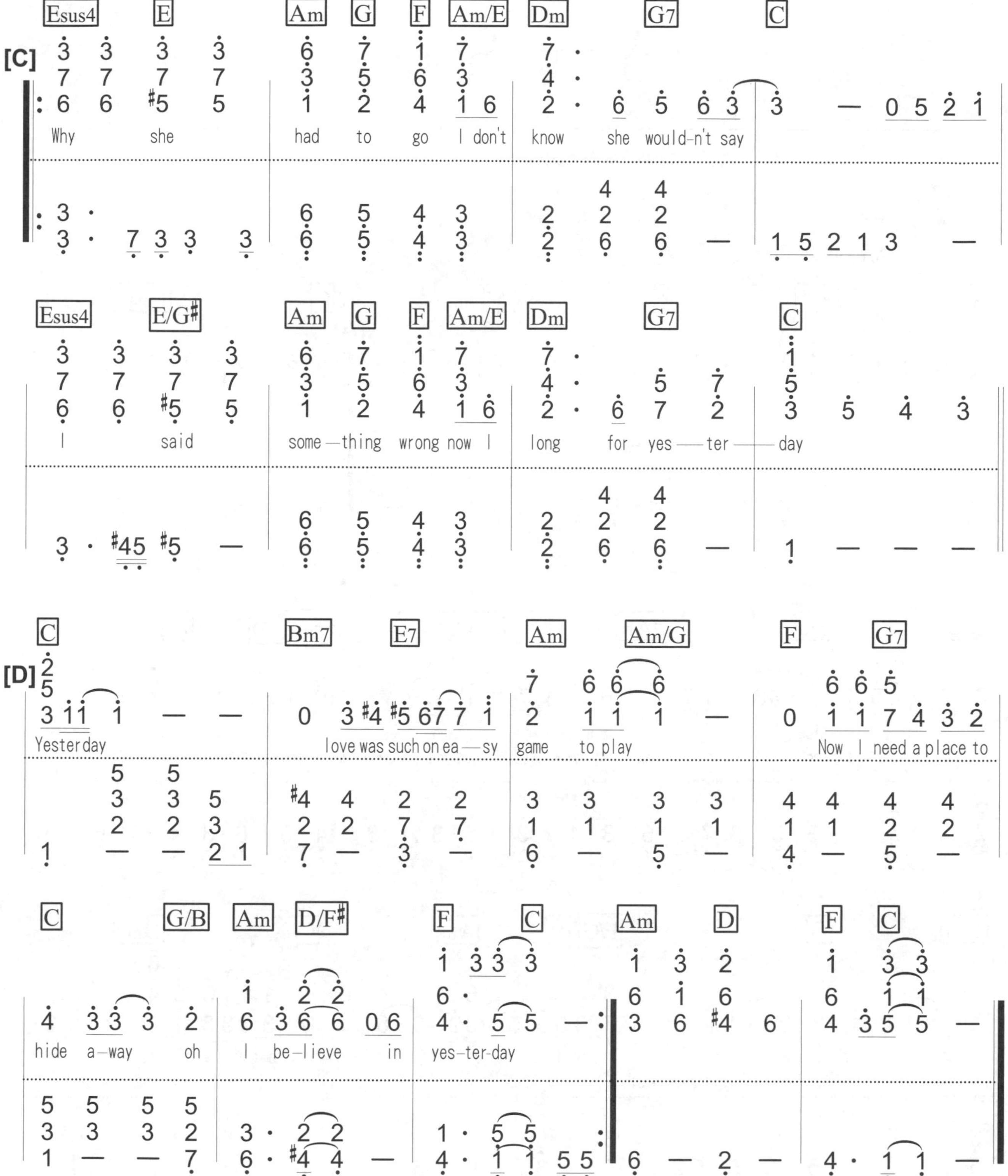
[C]
Esus4 E Am G F Am/E Dm G7 C
Why she had to go I don't know she would-n't say
Esus4 E/G♯ Am G F Am/E Dm G7 C
I said some—thing wrong now I long for yes—ter—day
[D]
C Bm7 E7 Am Am/G F G7
Yester day love was such on ea—sy game to play Now I need a place to
C G/B Am D/F♯ F C Am D F C
hide a-way oh I be-lieve in yes-ter-day

Your Song

詞 / 曲：Bernie Taupin / Elton John　演唱：Elton John

♩ = 72　4/4

Key:C　Andante

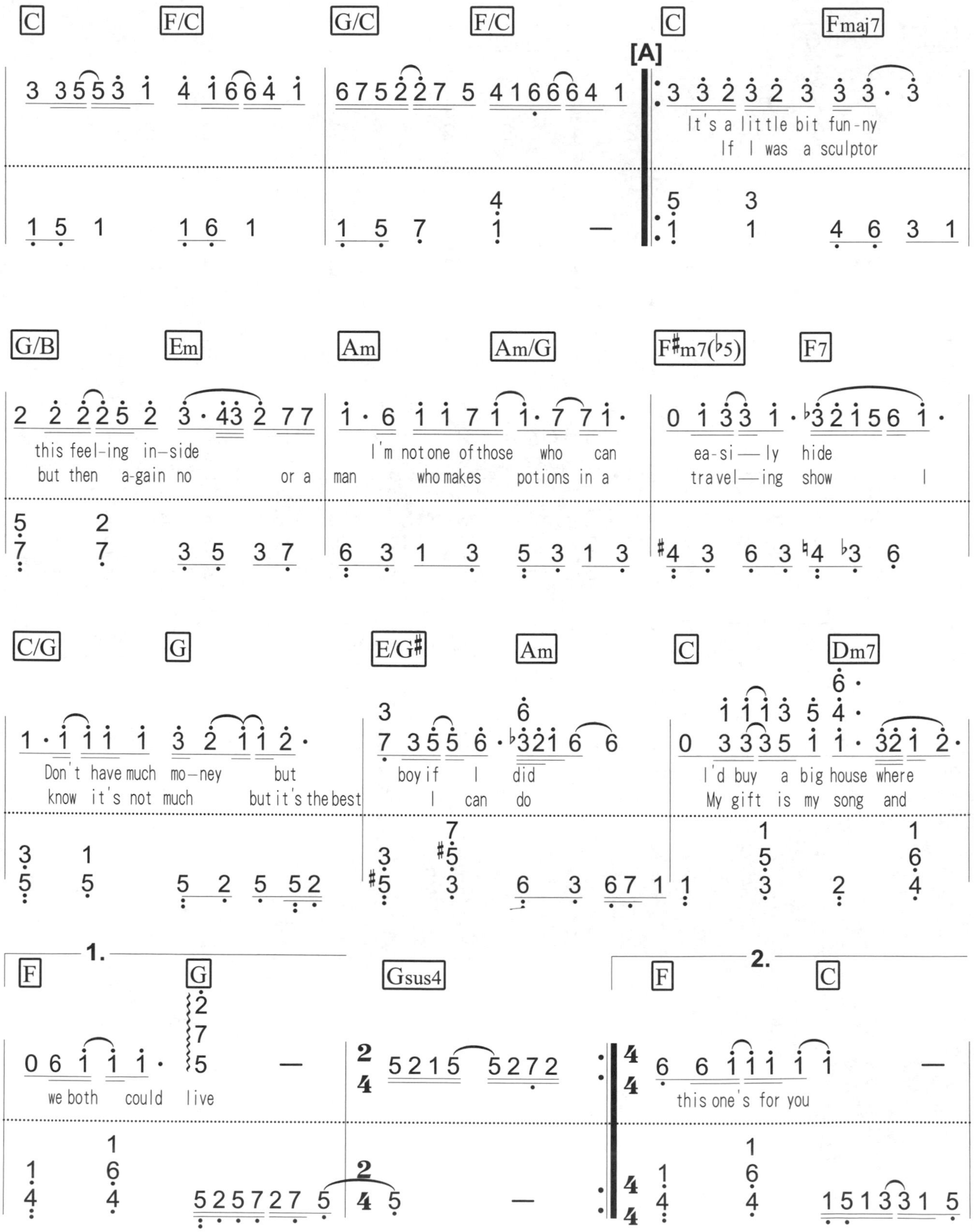

C　F/C　G/C　F/C

[A]

C　Fmaj7

It's a little bit fun-ny
If I was a sculptor

G/B　Em　Am　Am/G　F♯m7(♭5)　F7

this feel-ing in-side　I'm not one of those who can　ea-si—ly hide
but then a-gain no or a man who makes potions in a trav-el—ing show I

C/G　G　E/G♯　Am　C　Dm7

Don't have much mo—ney but boy if I did　I'd buy a big house where
know it's not much but it's the best I can do　My gift is my song and

1.

F　G　Gsus4

we both could live

2.

F　C

this one's for you

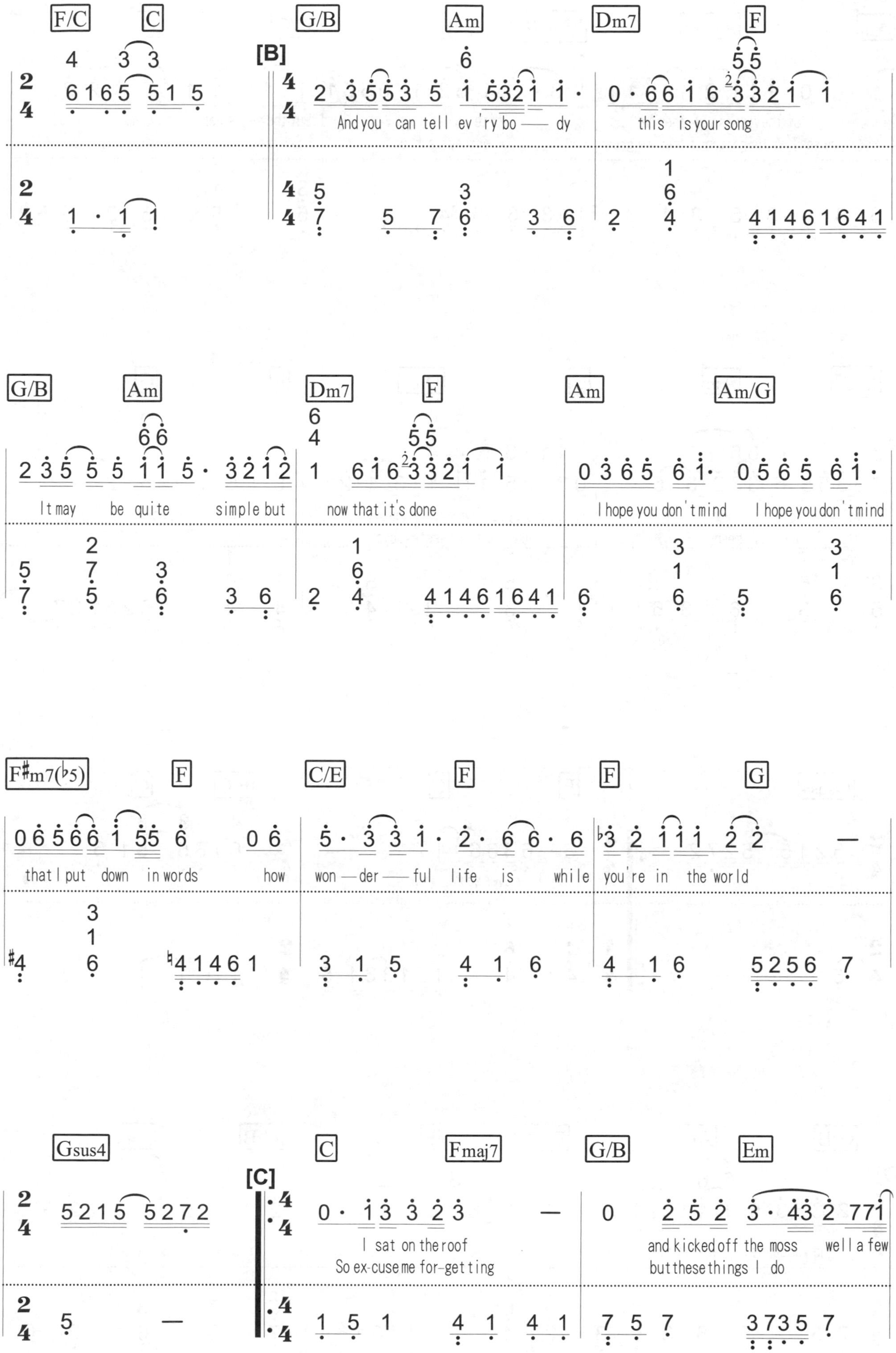

F/C C | G/B Am | Dm7 F

[B]

And you can tell ev'ry bo—dy this is your song

G/B Am | Dm7 F | Am Am/G

It may be quite simple but now that it's done I hope you don't mind I hope you don't mind

F♯m7(♭5) F | C/E F | F G

that I put down in words how won—der—ful life is while you're in the world

Gsus4 | C Fmaj7 | G/B Em

[C]

I sat on the roof and kicked off the moss well a few

So ex-cuse me for-get-ting but these things I do

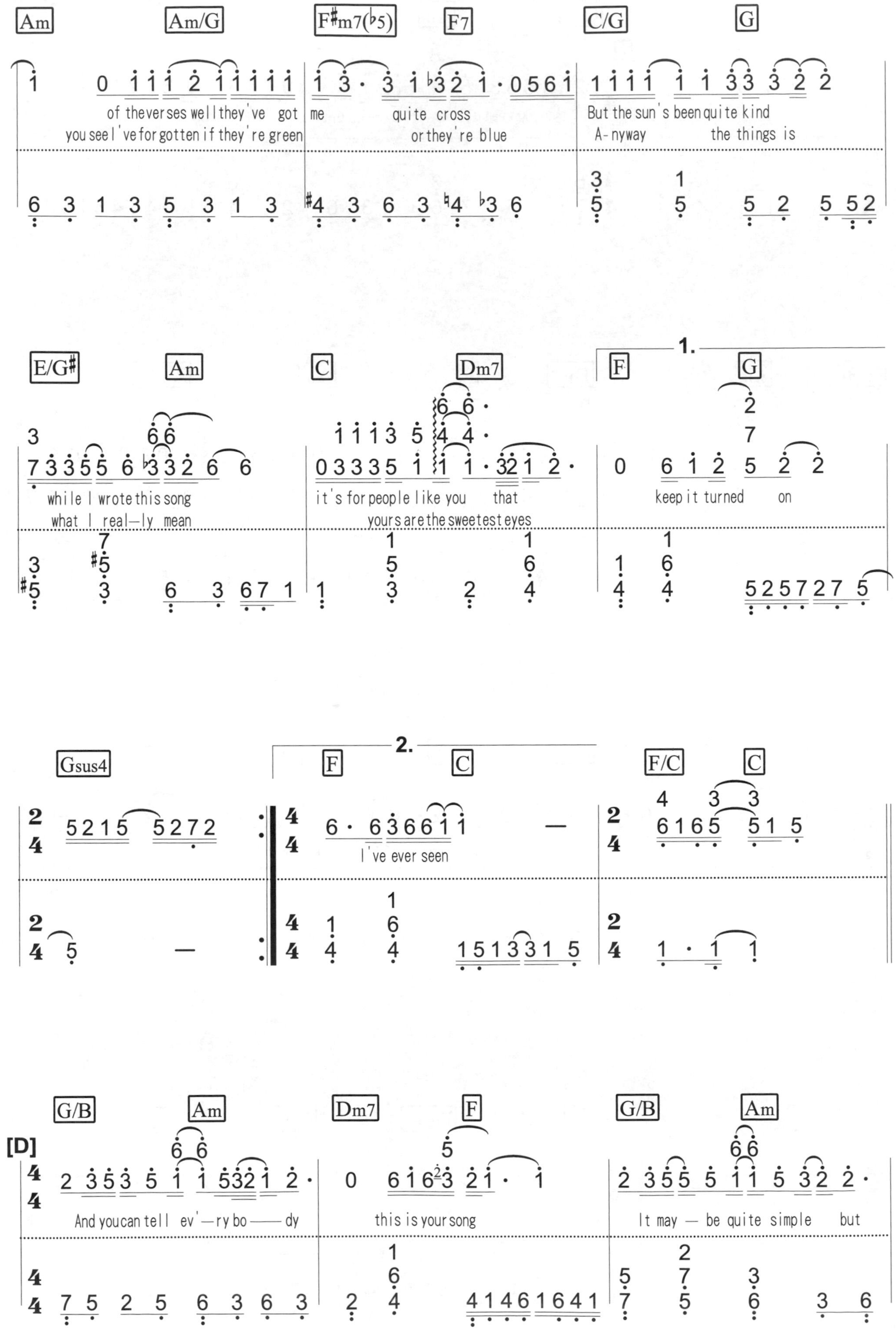

Am Am/G F#m7(b5) F7 C/G G

of the verses well they've got me quite cross But the sun's been quite kind

you see I've forgotten if they're green or they're blue A-nyway the things is

E/G# Am C Dm7 1. F G

while I wrote this song it's for people like you that keep it turned on

what I real—ly mean yours are the sweetest eyes

Gsus4 2. F C F/C C

I've ever seen

G/B Am Dm7 F G/B Am

[D]

And you can tell ev'—ry bo—dy this is your song It may — be quite simple but

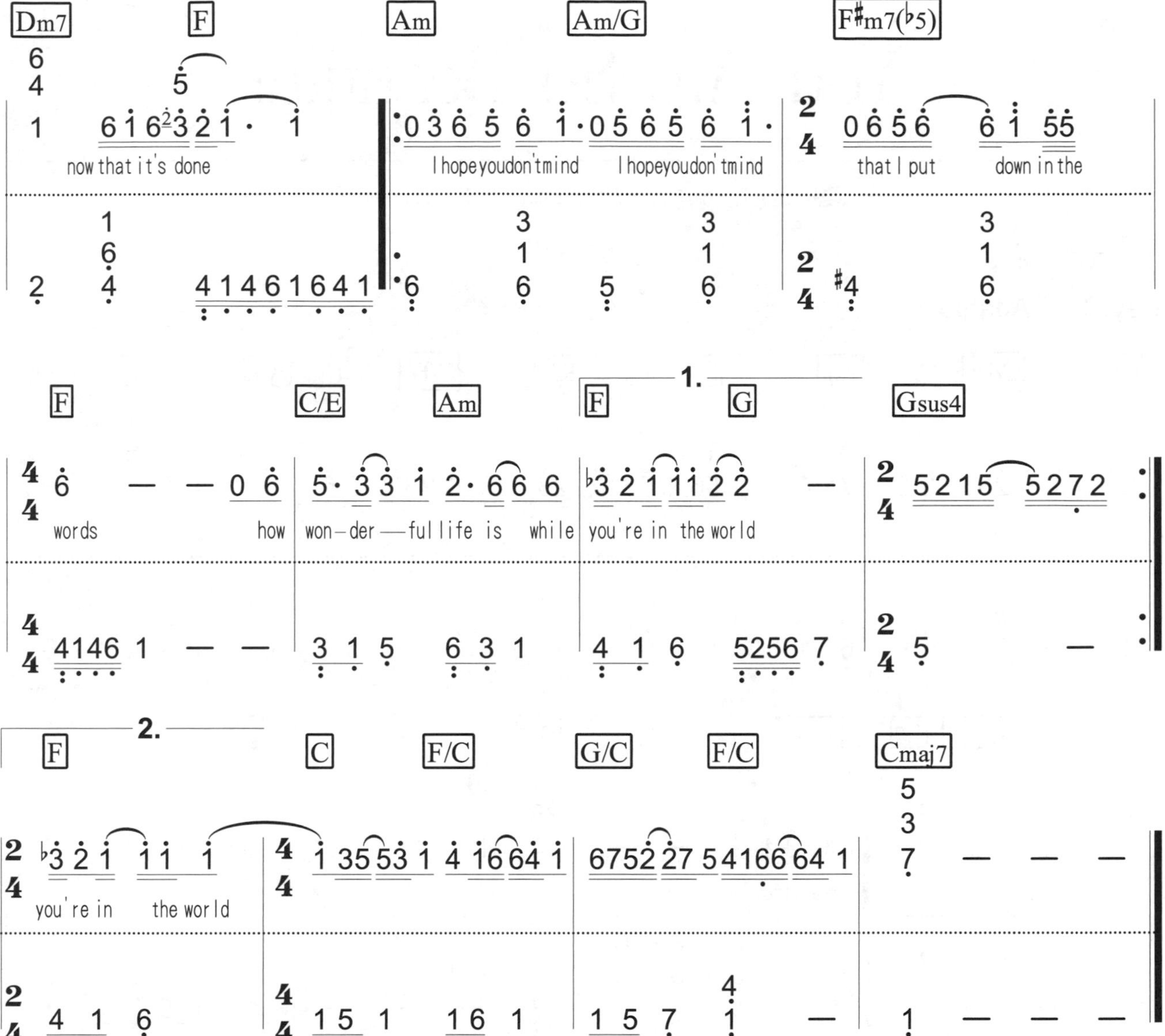
Dm7
F
Am
Am/G
F#m7(♭5)
now that it's done
I hope you don't mind
I hope you don't mind
that I put
down in the
F
C/E
Am
1.
F
G
Gsus4
words
how
won-der — ful life is
while
you're in the world
2.
F
C
F/C
G/C
F/C
Cmaj7
you're in
the world

You Are So Beautiful

詞 / 曲：Tilly Preston / Bruce Fisher　演唱：Joe Cocker

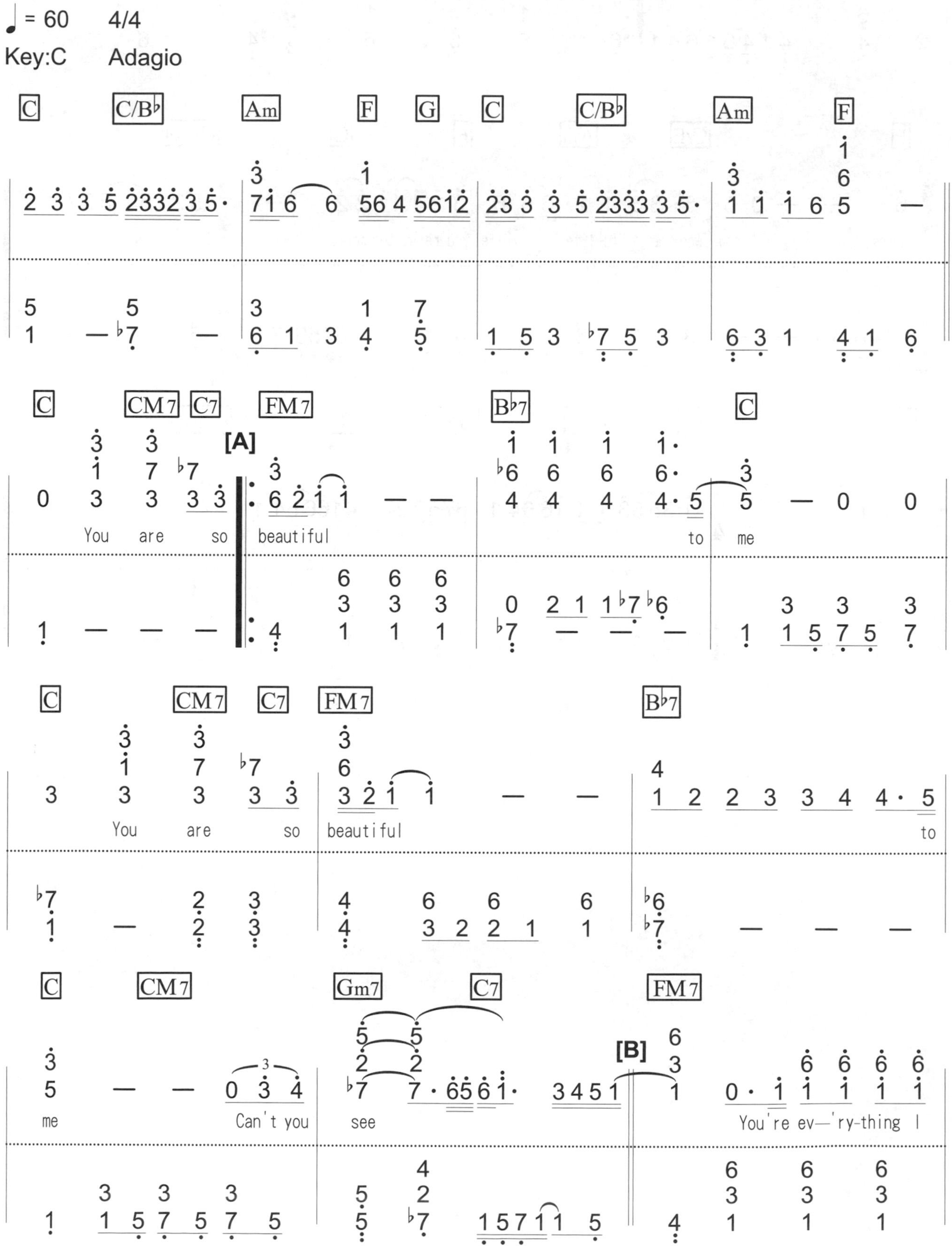

♩ = 60　4/4
Key:C　Adagio

C　C/B♭　Am　F　G　C　C/B♭　Am　F

C　CM7　C7　FM7　B♭7　C

[A]

You are so beautiful to me

C　CM7　C7　FM7　B♭7

You are so beautiful to

C　CM7　Gm7　C7　FM7

[B]

me Can't you see You're ev—'ry-thing I

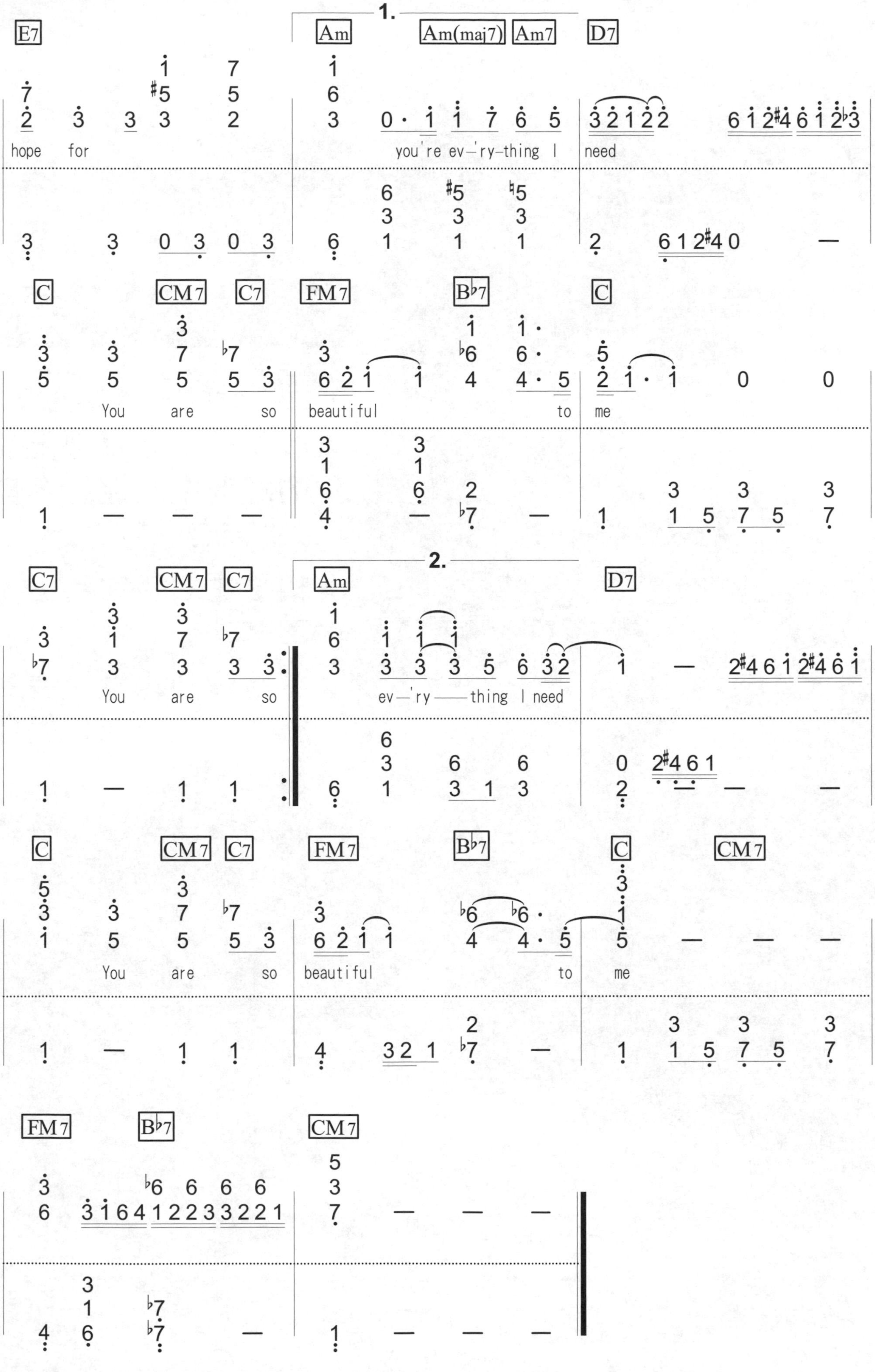

E7 | 1. Am Am(maj7) Am7 | D7

hope for | you're ev-'ry-thing I | need

C CM7 C7 | FM7 B♭7 | C

You are so | beautiful to | me

C7 CM7 C7 | 2. Am | D7

You are so | ev-'ry-thing I need

C CM7 C7 | FM7 B♭7 | C CM7

You are so | beautiful to | me

FM7 B♭7 | CM7

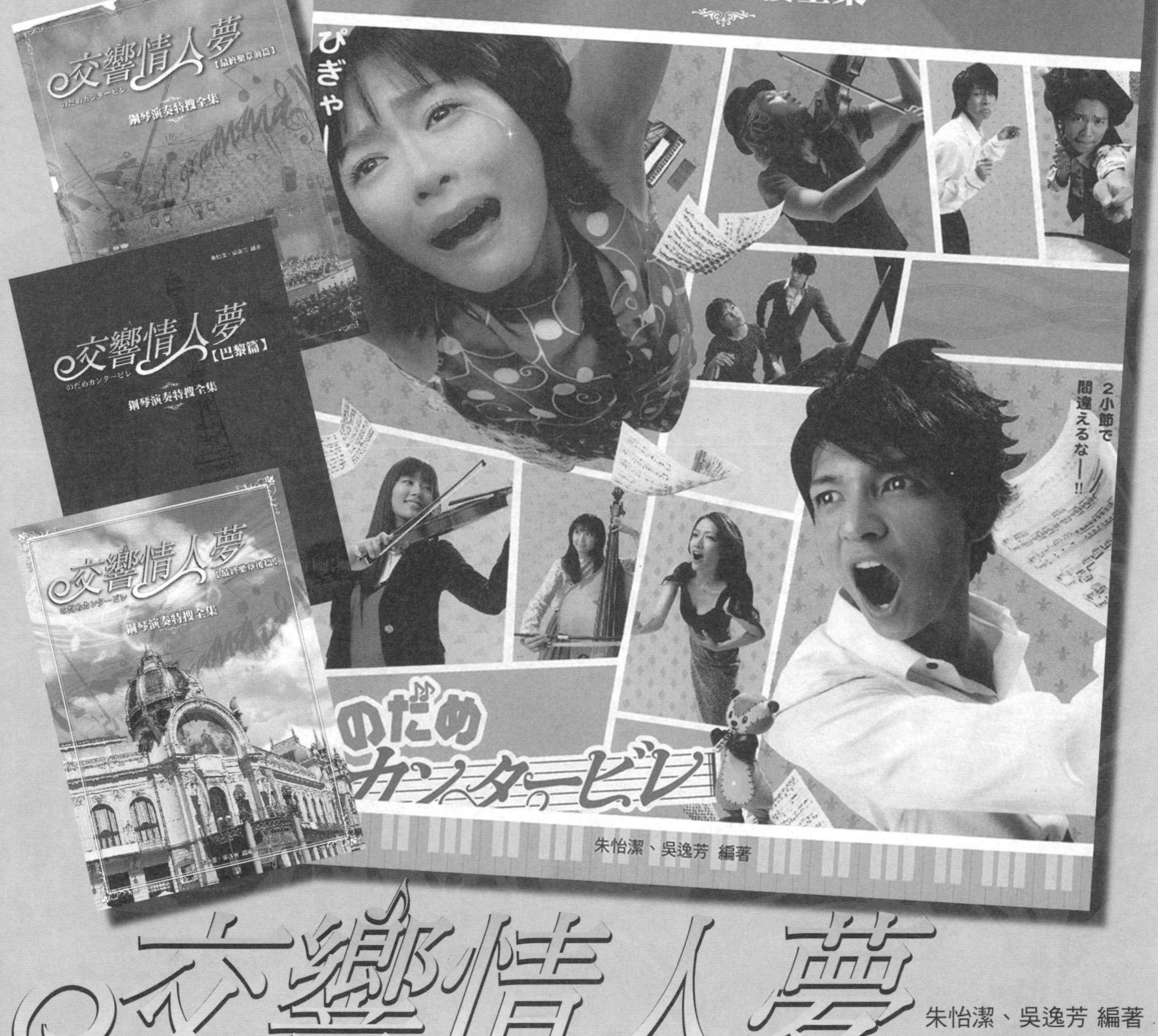
交響情人夢
のだめカンタービレ
鋼琴演奏特搜全集
ぴぎゃ
2小節で間違えるなー!!
のだめカンタービレ
朱怡潔、吳逸芳 編著
交響情人夢【巴黎篇】
のだめカンタービレ
鋼琴演奏特搜全集

Playtime 陪伴鋼琴系列

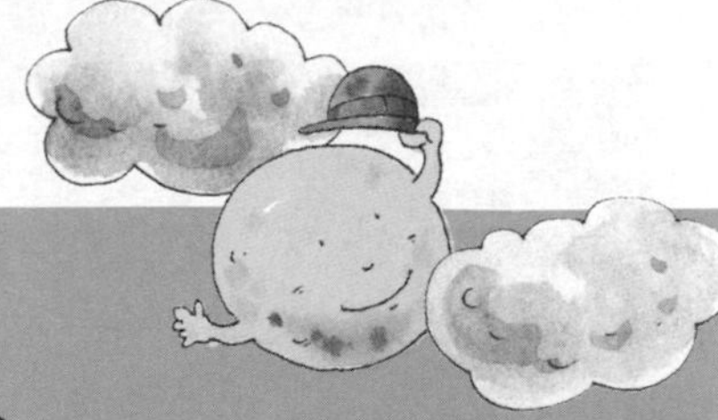

1～5

拜爾鋼琴教本

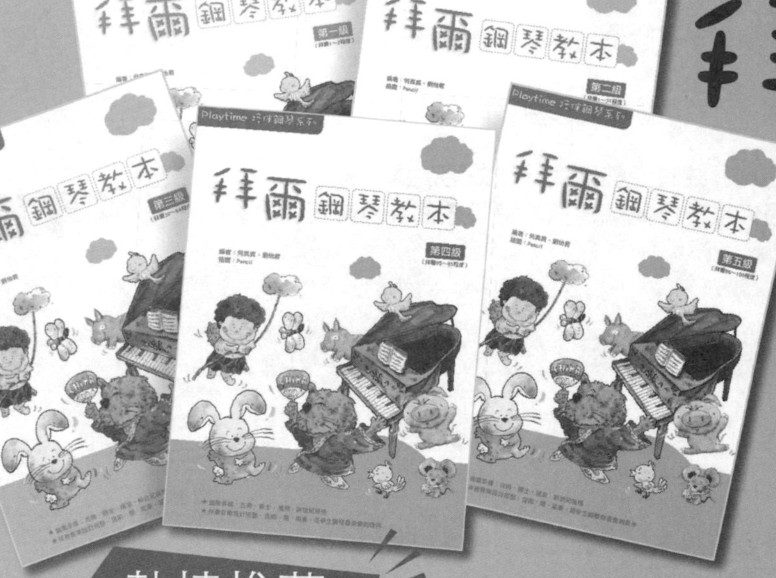

· 本書教導初學者如何正確地學習並演奏鋼琴。

· 從最基本的演奏姿勢談起，循序漸進地引導讀者奠定穩固紮實的鋼琴基礎。

· 加註樂理及學習指南，讓學習者更清楚掌握學習要點。

· 全彩印刷，精美插畫，增進學生學習興趣。

· 拜爾鋼琴教本（一）～（五）
特菊8開 / 附DVD / 定價每本250元

熱情推薦

· 拜爾併用曲集（一）～（二）特菊8開 / 附CD / 定價每本200元
· 拜爾併用曲集（三）～（五）特菊8開 / 雙CD / 定價每本250元

拜爾 1～5 併用曲集

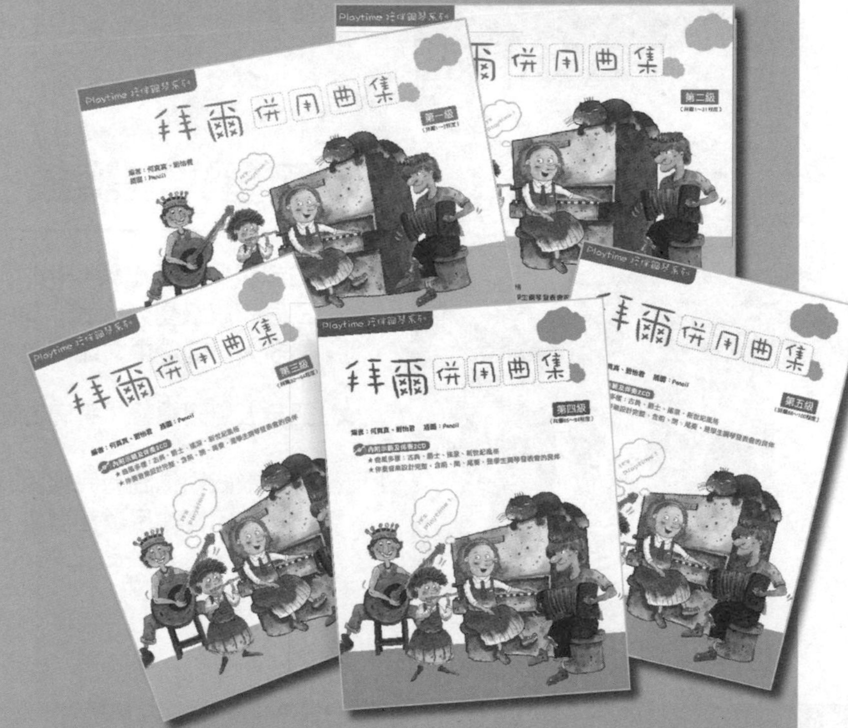

· 本套書藉為配合拜爾及其他教本所發展出之併用教材。

· 每一首曲子皆附優美好聽的伴奏卡拉。

· CD 之音樂風格多樣，古典、爵士、音樂視野。

· 每首 CD 曲子皆有前奏、間奏與尾奏，設計完整，是學生鋼琴發表會的良伴。

何真真、劉怡君 編著

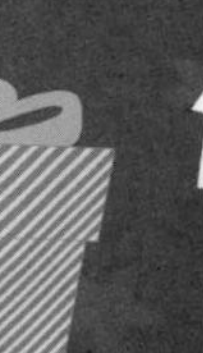

1＋1超優惠方案（滿千免郵資）

「鋼琴教本」、「併用曲集」各隨選1本搭配只要 380元

「拜爾鋼琴教本」/「拜爾併用曲集」任選一套優惠價 1000元

＊恕不搭配其他優惠方式

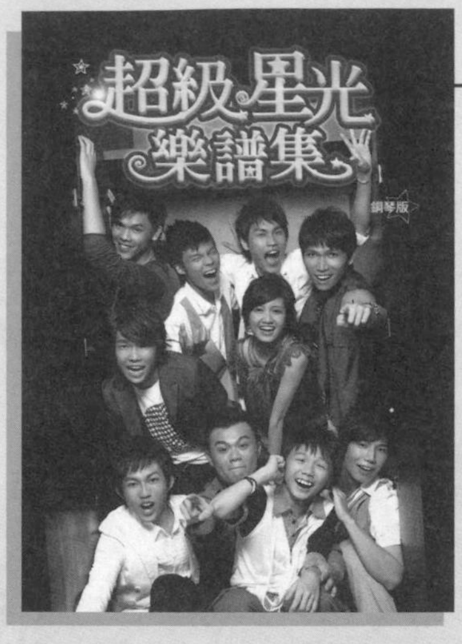

超級星光樂譜集（一）定價 380元

★ 收錄第一屆「超級星光大道」61首對戰歌曲中最經典、最膾炙人口的中文流行歌曲鋼琴套譜，讓您學習、彈唱一次擁有。

★「星光同學會」十強紀念專輯完整套譜。

★ 本書以鋼琴五線譜編著，另有吉他六線譜版本。

★ 每首歌曲均標註有完整歌詞、原曲速度與和弦名稱。善用音樂反覆記號編寫，每首歌曲翻頁降至最少。

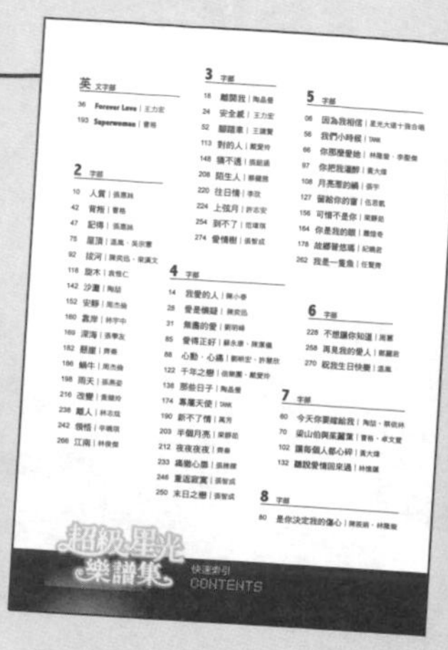

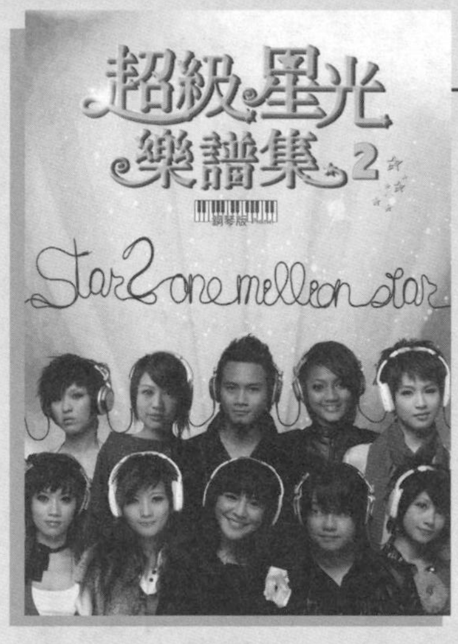

超級星光樂譜集（二）定價 380元

★ 收錄第二屆「超級星光大道」61首最經典、最多人傳唱之中文流行曲。

★「你們是我的星光」十強紀念專輯完整套譜。

★ 鋼琴五線譜編著，另有吉他六線譜版本。

★ 每首歌曲均標註有完整歌詞、原曲速度與和弦名稱。善用音樂反覆記號編寫，每首歌曲翻頁降至最少。

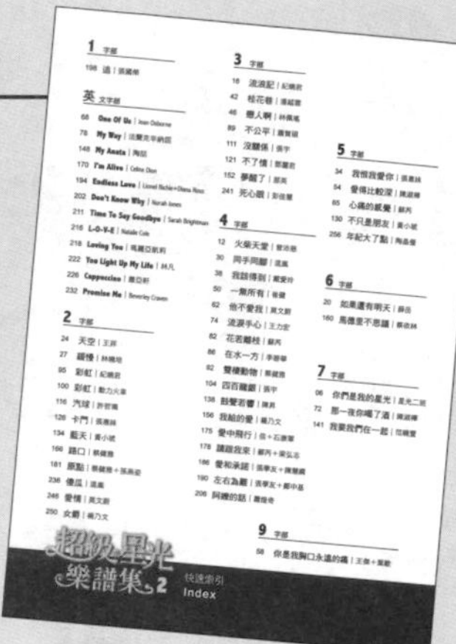

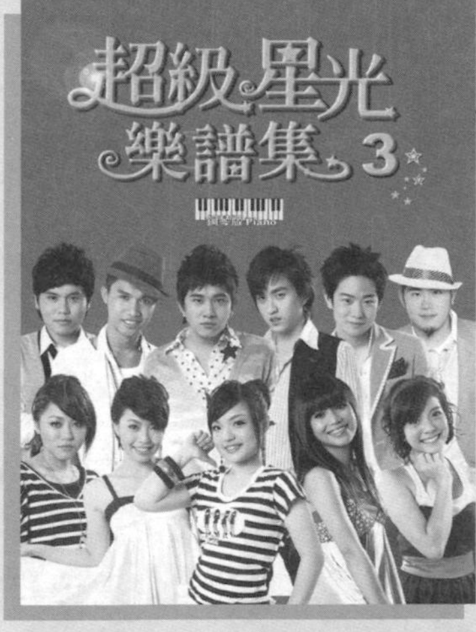

超級星光樂譜集（三）定價 380元

★ 繼超級星光樂譜集（一）（二）後，再度收錄第三屆「超級星光大道」61首近10年中最經典、最多人傳唱之中文流行曲。

★ 鋼琴五線譜編著，另有吉他六線譜版本。

★ 每首歌曲均標註有完整歌詞、原曲速度與和弦名稱。善用音樂反覆記號編寫，每首歌曲翻頁降至最少。

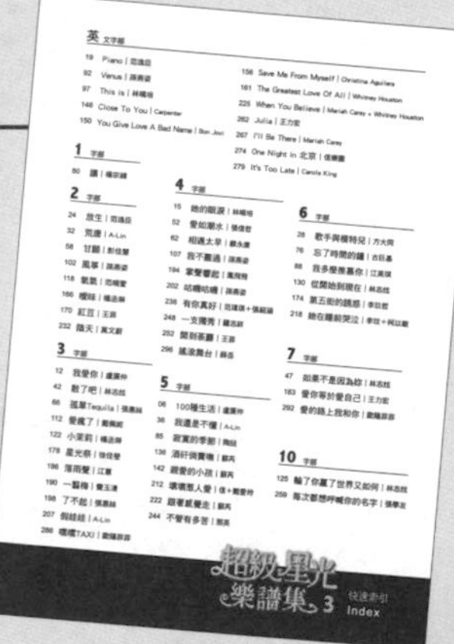

劃撥購買「超級星光樂譜集」（一）+（二）+（三）

特價 **1000** 元 【免郵資】
再贈送「愛星光」1本

十強爭霸　好歌不寂寞
星光現象　不可不知

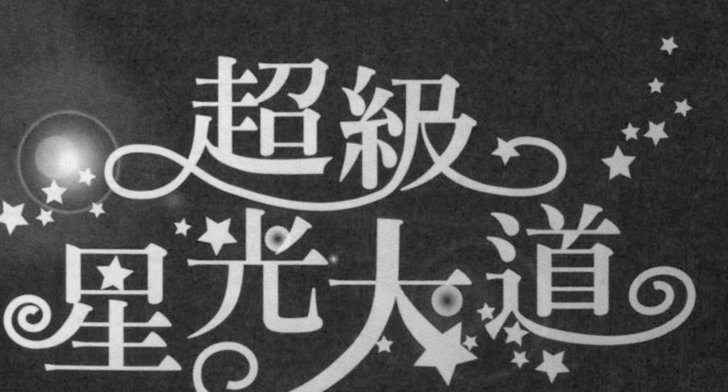

麥書國際文化事業有限公司　http://www.musicmusic.com.tw
全省書店、樂器行均售．洽詢專線：（02）2363-6166

郵政劃撥存款收據 注意事項

一、本收據請詳加核對並妥為保管，以便日後查考。

二、如欲查詢存款入帳詳情時，請檢附本收據及已填妥之查詢函向各連線郵局辦理。

三、本收據各項金額、數字係機器印製，如非機器列印或經塗改或無收款郵局收訖章者無效。

請寄款人注意

一、帳號、戶名及寄款人姓名通訊處各欄請詳細填明，以免誤寄；抵付票據之存款，務請於交換前一天存入。

二、每筆存款至少須在新台幣十五元以上，且限填至元位為止。

三、倘金額塗改時請更換存款單重新填寫。

四、本存款單不得黏貼或附寄任何文件。

五、本存款金額業經電腦登帳後，不得申請撤回。

六、本存款單備供電腦影像處理，請以正楷工整書寫並請勿摺疊。帳戶如需自印存款單，各欄文字及規格必須與本單完全相符；如有不符，各局應婉請寄款人更換郵局印製之存款單填寫，以利處理。

七、本存款單帳號及金額欄請以阿拉伯數字書寫。

八、帳戶本人在「付款局」所在直轄市或縣（市）以外之行政區域存款，需由帳戶內扣收手續費。

交易代號：0501、0502現金存款　0503票據存款　2212劃撥票據託收

本聯由儲匯處存查　保管五年

本公司可使用以下方式購書

1. 郵政劃撥
2. ATM轉帳服務
3. 信用卡付款

洽詢電話：（02）23636166

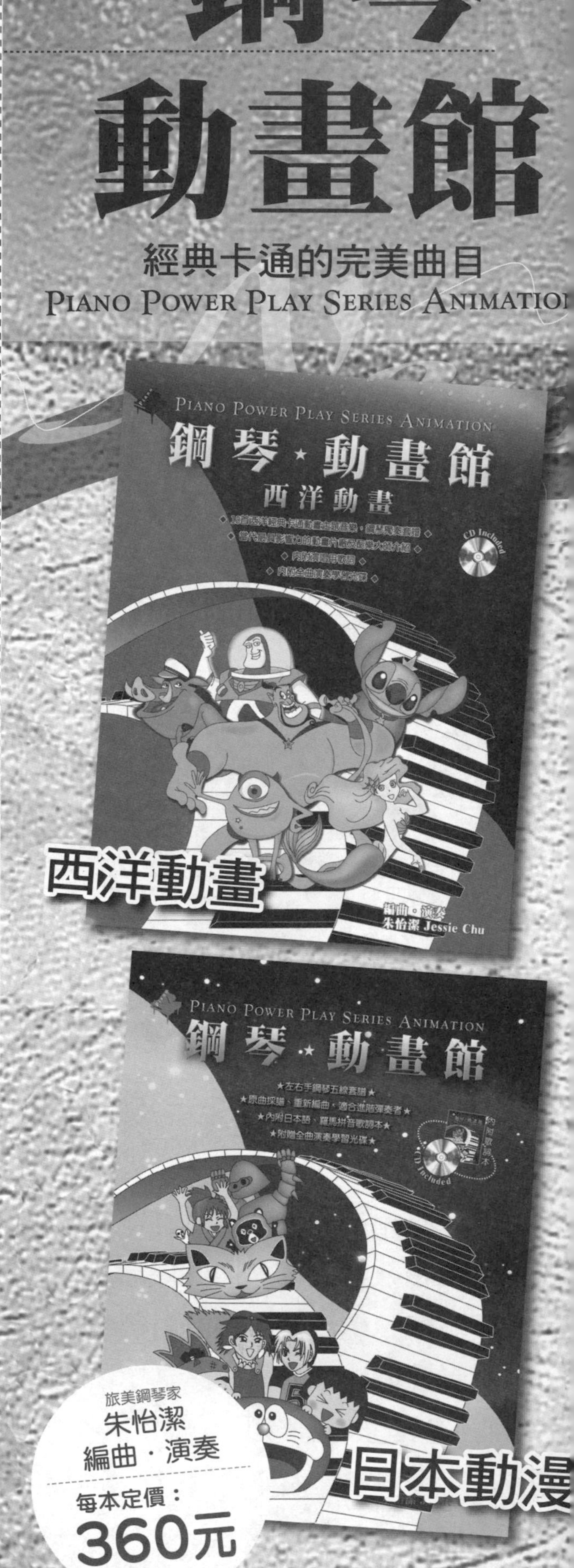

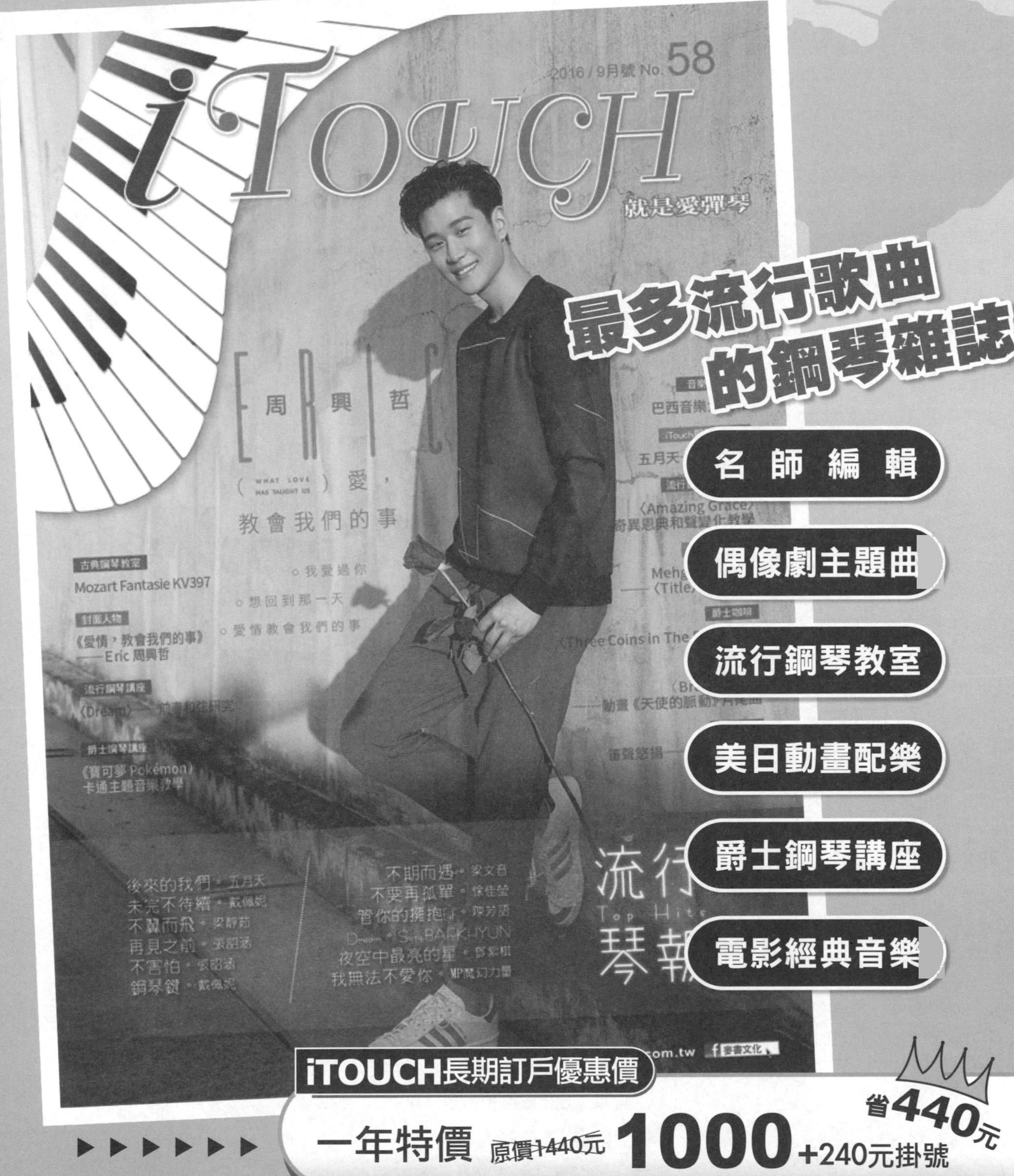
iTOUCH
2016/9月號 No.58
就是愛彈琴
最多流行歌曲
的鋼琴雜誌
名師編輯
偶像劇主題曲
流行鋼琴教室
美日動畫配樂
爵士鋼琴講座
電影經典音樂

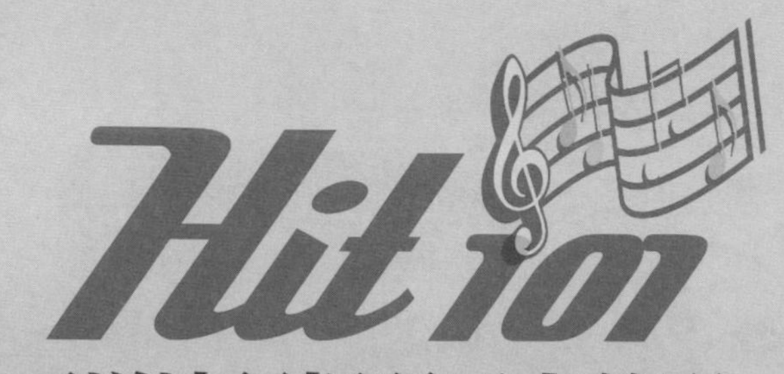

西洋流行鋼琴百大首選

簡譜版

【企劃製作】麥書國際文化事業有限公司
【監　製】潘尚文
【編　著】邱哲豐
【封面設計】陳姿穎．胡乃方
【美術編輯】陳姿穎．胡乃方
【譜面製作】何真真
【譜面校對】何真真
【譜面輸出】林聖堯．林怡君

【出　版】麥書國際文化事業有限公司
【登記證】行政院新聞局局版台業第6074號
【廣告回函】台灣北區郵政管理局登記證第03866號

【發　行】麥書國際文化事業有限公司
Vision Quest Media Publishing Inc.
【地　址】10647 台北市羅斯福路三段325號4F-2
4F.-2, No.325, Sec. 3, Roosevelt Rd., Da'an Dist.,
Taipei City 106, Taiwan (R.O.C.)
【電　話】886-2-23636166，886-2-23659859
【傳　真】886-2-23627353
【郵政劃撥】17694713
【戶　名】麥書國際文化事業有限公司

http://www.musicmusic.com.tw
E-mail:vision.quest@msa.hinet.net

中華民國105年12月　初版
本書若有破損、缺頁請寄回更換